黄天骥教授从教六十周年庆贺文集

康保成　欧阳光　黄仕忠 ◎ 编

中山大学出版社
·广州·

版权所有　翻印必究

图书在版编目（CIP）数据

黄天骥教授从教六十周年庆贺文集 / 康保成，欧阳光，黄仕忠编. —广州：中山大学出版社，2016.9

ISBN 978－7－306－05816－4

Ⅰ. ①黄…　Ⅱ. ①康…②欧…③黄…　Ⅲ. ①黄天骥—纪念文集　Ⅳ. ①K825.46－53

中国版本图书馆 CIP 数据核字（2016）第 205586 号

出 版 人：	徐　劲
责任编辑：	裴大泉
封面设计：	林绵华
责任校对：	刘丽丽
责任技编：	黄少伟
出版发行：	中山大学出版社
电　　话：	编辑部 020－84110771，84110283，84111997，84110779
	发行部 020－84111998，84111981，84111160
地　　址：	广州市新港西路 135 号
邮　　编：	510275　　　传　真：020－84036565
网　　址：	http://www.zsup.com.cn　E-mail:zdcbs@mail.sysu.edu.cn
印 刷 者：	佛山市浩文彩色印刷有限公司
规　　格：	889mm×1194mm　1/16　31.5 印张　846 千字
版次印次：	2016 年 9 月第 1 版　2016 年 9 月第 1 次印刷
定　　价：	198.00 元

如发现本书因印装质量影响阅读，请与出版社发行部联系调换

接受采访,谈广州文化(莫伟浓 摄影。2014 年 10 月 21 日)

2014年4月,中国戏剧史国际学术研讨会暨中国古代戏曲学会年会在广州召开。适逢黄天骥教授八十寿辰,与会部分专家及中大校友合影留念

一排左起:李炜、康保成、李昌集、赵山林、曾永义、黄天骥、冯卓然、叶长海、赵义山、薛瑞兆、马冀

二排左起:丘国新、宋俊华、张青飞、侯虹斌、倪彩霞、朱伟明、李舜华、杜桂萍、徐燕琳、白海英、卜亚丽、李计筹、丁春华、陈熙、张蕾、李静、钟东、张诗洋

三排左起:范元办、杨波、邹元江、彭恒礼、陈志勇、黄伟、李跃忠、黄仕忠、吕珍珍、陈维昭、陈建森、马跃敏、张大新、杨蕾、姚小鸥、周松芳、郑尚宪、刘晓明、熊静、仝婉澄、陈旭耀、黎国韬、董上德

1952年考入中山大学时的学籍照

1953年8月22日（农历七月十三），在《广州日报》副刊发表散文《重逢》，署名"黄花"。稿费7元。当时一个大学生每月的伙食费是9元

1956年夏，大学临毕业的一天傍晚，与53级的冯卓然散步于中大惺亭，偶遇摄影的梅仲元兄，留下相恋时珍贵的合影

1957年中文系教工团支部在中大北门合影。前排右起：陈雪梅、陆一帆、余伟文；后排右起：黄天骥、池淑霞、饶秉才、苏寰中、李增杰、余振生、郑芸珍

1958年夏,中文系老师在高明支农时与当地农友田间交谈。右起:商承祚(右5)、黄天骥(商先生后面站立者)、苏寰中(左3坐者)、潘允中(左2)、董修智(左1)

1958年夏,中文系老师在高明支农时合影。前排:罗宜辉(右1)、谭达先(右2)、黄天骥(右3)、商承祚(右4)、陆一帆(右5);后排:傅雨贤(右1)、苏寰中(右2)、邱世友(右5)、黄家教(右7)、潘允中(右8)

1958年10月10日起,中文系全体师生到东莞县虎门公社劳动锻炼三个多月。大合唱《虎门颂》为劳动后的一项汇报成果。1959年元旦回中大汇报演出,极为轰动。照片为当时在虎门排练大合唱时所摄。前排男女领唱为韩世华和潘丽珍,黄天骥指挥

1963年2月，与大女儿留影

1968年11月，全家合影

1970年夏，与中学同学到南海西樵山旅游。全家在此合影留念

1977年，恢复高考，恢复招收研究生。此照为当时在风雨操场处的旧礼堂（现中山楼址）指挥全系师生合唱

1983年，一批省市级老干部集议创办广州诗社。此照为广州诗社一次雅集之后的留影。右起：刘逸生、吴南生、许士杰、王季思、杨应彬、黄天骥

1980年代中期，在王季思先生家的一次雅集，示范戏曲表演的动作

1984年，为编《全元戏曲》做准备，研读元曲剧本

1984年，与王季思先生合招首批博士生薛瑞兆、康保成。此为与薛瑞兆的合影（摄于1980年代中）

1985年9月，到东区学生宿舍看望刚入校的85级新生。坐者左起：黄天骥（左3）、姜建中（左4）、刘思考（左5）

1986年，在中文系系主任任上，对本科教学大胆改革，浓缩为"固本培元"的三项要求：刻苦地自觉地创造性地学习；作文、古文、美文强化训练；笔头、口头、指头本领过硬。这三项基本要求，现在已成为中大中文系本科教学的一个传统

荔丹、宇丹相继考入中大。1987年春节,一家"校友"合影留念

与王季思先生商量《全元戏曲》编选的问题(摄于1987年)

1987年,与中文系部分员工游览中山,参观中山先生故居翠亨村并合影留念

1988年冬，稍有寒意，与夫人在家里留影一帧

1990年春，陪来访学者，中华书局的黄克（右1）和人民文学出版社的弥松颐（左1）参观珠海特区时合影

1990年11月11日，中大校庆六十六周年庆典时，与参加庆典的香港和海外校友嘉宾何谦善（左1）、缪锦安（左2）、梅仲元（右1）合影留念

1992年12月21日，参加在珠海举办的"纪念'南社'83周年学术研讨会"

1992年夏，应江静波先生邀请，到他家给生物系的研究生讲古诗词，并详析《春江花月夜》。正面坐者为王季思、黄天骥、江静波

1993年1月23日，到白天鹅宾馆会访系友梅仲元，并由梅掌镜合影留念。右起：黄天骥、卢叔度、丘宝萱、傅雨贤、张玉娥、叶春生、冯卓然

1993年4月，主持庆祝王季思先生从教75周年活动，前广东省委书记刘田夫专此前来看望王先生。左起：刘田夫、王季思、黄天骥

1993年12月8日,参加王季思主持的博士论文答辩会,会后答辩委员合影。站者右起:吴国钦(右一)、邓绍基(右二)、夏写时(右三)、黄天骥(右四),坐者为王季思先生

1994年夏,在日本九州大学文学部讲学。此时在讲《西厢记》

1997年,作为当年的授课老师,与吴宏聪先生(前排左6)一起参加67届系友的30周年聚会活动,合影于肇庆庆云寺前。前排左4:谭沃森;左5:苏森祐;左7:黄天骥;左8:唐钰明

1998年,在吴宏聪先生八十寿庆时,与几位老领导合影。右起:黄焕秋、曾桂友、吴宏聪

1999年,与中山大学古典戏曲研究室部分师生到广东山区进行田野调查

2000年6月24日,怀抱外孙,与夫人在美国曼哈顿大都会博物馆前留影

2001年11月22日,中山大学珠海校区启用时,课后留影

2002年12月15日,在"纪念詹安泰教授百年诞辰学术研讨会"上发言

2004年5月,赴山西临汾,考察晋东南古代戏曲舞台遗存和戏曲文物出土遗址时,于山西芮城永乐宫前留影。左起:韦道昌、欧阳光、黄竹三、黄天骥、王福才、康保成、袁宏轩

2004年5月28日,在山西师大戏曲文物研究所戏曲博物馆一室,参观该所临摹的山西洪洞广胜寺水神庙明应王殿元代戏曲壁画。右起:黄竹三、欧阳光、黄天骥、冯俊杰、康保成

2004年暑假，在广西柳州市，与系友参观柳侯祠（柳侯公园内）后留影。左1：李才尧（77级），右1：李平秋（79级）。78级骆驰摄影

2004年，中山大学80周年校庆纪念大会在中山纪念堂举行。黄天骥作为教师代表作大会发言

2005年，戏曲史博士后李连生作出站汇报后留影。右起：欧阳光、康保成、黄天骥、李连生、陈飞、黄仕忠

2005年10月，七十寿庆时，与部分学生合影留念

游泳归来，巧遇学生，欣然合影。2006年5月25日下午5点28分，时间在此时定格

2006年5月25日晚，主持每周一次的戏曲研究专题讨论。参加者为中大戏曲研究室导师组与戏曲专业博士生

2006年6月23日，与来访戏曲学者在中山大学中文堂前留影。右起：刘祯、王安奎、黄天骥、康保成、宋俊华

2007年7月28日，作为当年的任课老师，前往山西参加"祝贺黄竹三教授七十初度暨戏曲研究新思路漫谈会"并作发言。会议由山西师范大学文物研究所在山西五台山举办。右1：黄竹三；左1：郭启宏

2008年10月26日，中文系组织教工到惠阳进行一次文化考察活动。期间，在海边留影

2008年12月27日，在中山大学举办的中国文体学国际学术研讨会上发言

2009年11月10日，荣获第一届中山大学卓越服务奖

2009年11月12日，校庆日期间，同校长与来访系友合影。右起：丘克军、谭沃森、黄达人、黄天骥、林雄、陈心宇

2010年6月12日，家人合影

2011年5月2日，到罗浮山采风时与欧阳光（右）和黄仕忠（左）留影

2011年10月26日，参加中山大学与安陵书院合办的"中山大学中国文化研究院"（建于湖南郴州）成立仪式。"同侪既嘉曹君之志，复感其诚"，欣然受托，援笔作《安陵书院序》。左起：陈春声、李萍、黄天骥、张希惠、陈方敏、曹明慧（安陵书院重建人）

2012年11月10日，中山大学为77、78级校友举行"学位成礼仪式"，期间，主礼嘉宾老师合影。
一排左起：冯达文、黄天骥、李岳生、夏书章、陈国强
二排左起：陈树坚、李良德、姚卿达、梁必骐、陈俊合
三排左起：吕翠玲、施开良、肖洁文、袁家义、尤黎明、彭昆仁

2012年12月26日,正在上为2010级本科生开设的《诗词曲概论》选修课

2014年11月8日中山大学90周年校庆日,指挥全场合唱《山高水长》

2014年11月10日晚,在中山大学中文堂欢迎系友陈平原回母校讲座

2016年春节,与夫人在中大中文堂前。相伴一甲子,弹指一挥间

审校《全明戏曲》整理稿（2016年4月15日）

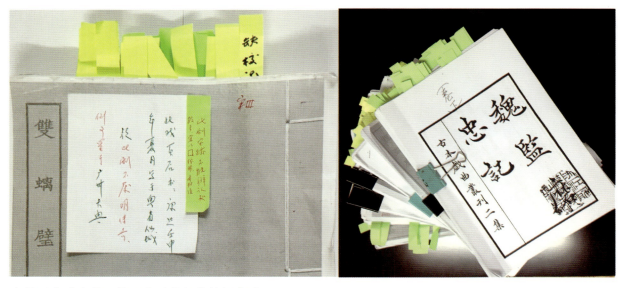

审校《全明戏曲》整理稿时的部分笔记卡片

著书立说"冷暖室"

"冷暖室"一角

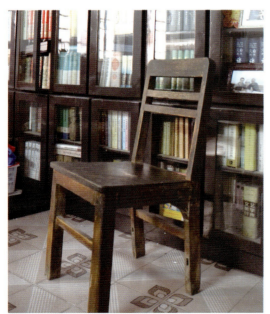

"冷暖室"的"冷板凳",已坐了一甲子

"冷暖室"里成果之一,编定三巨册的《董每戡文集》

序

陈春声

与自然科学和社会科学相比，人文学科最明显的特点之一，就是讲究"家法"和"学有所本"。与其他的学科门类不同，人文学科的学术发展，很大程度上不是因为经验知识或逻辑意义上的"取代"，而是更多地表现为艺术史意义上的"超越"。因而，人文学科的价值标准，也就更多地以本学科最优秀学者活生生的榜样为准绳，学术常常表现为一种思想与生活的方式，而不一定完全表达在看得见、可计量的论著上。在回忆文章中和接受采访的场合，黄天骥教授多次提到陈寅恪、王季思、董每戡、詹安泰、容庚等前辈学者的深远影响，他说："中大的传统，既重视微观，又重视宏观，既注重实证，又重视理论。我在中大学习那么多年，受老师的影响，乃至受整个学风的影响，无论走到什么地方去都肯定是摆脱不了的"，讲的就是这个道理。同样的，在黄老师从教60周年之际，中文系的师友们发起编撰《黄天骥教授从教六十周年庆贺文集》，既是缘于对黄老师道德文章的敬重与推崇，更是具有延续文化传统和传承学术命脉的意义。

每年毕业季学校举行学位授予仪式，在人文学科的场次，执中山大学权杖的资深学者，一定是黄天骥教授。在某种意义上，这位在康乐园里工作、生活了60多年的睿智而宽厚的长者，已经成为一种象征和符号。我们都知道，黄天骥教授是著名的古典文学研究大家，在戏曲史、戏曲文献、戏曲文学、戏剧形态和诗词研究等学术领域有卓越贡献。师承王季思、董每戡、詹安泰教授的学术传统，他和他的学生们形成了理论与实证相结合、文献考据与文学研究相结合、文献与文物研究相结合、文献梳理与田野调查相结合的学术风格，《全元戏曲》和《全明戏曲》更是在学术史上具有奠基性意义的大文化工程。这类工作在学术积累上的价值，将随着时间的推移而日益彰显，嘉惠一代一代后继的研究者，历久而弥新。而从学生的眼睛看上去，对这位渊博而可亲的老师印象更深的，恐怕还是课堂上的诲人不倦与声情并茂，还有日常生活中的循循善诱与亦师亦友。我们讲大学老师负有立德树人的责任，不但要教书，还要育人，黄老师就是一个典范。《文集》里的许多回忆文章都讲到这一点，让读者充分感受到一种师德的影响和感召，这就是为人与道德的力量。

黄天骥老师那一代学者经历过战争年代的烽火、新中国成立以后的火红岁月和改革开放的巨大变革，对国家民族的前途命运，有着后来者不易理解的关切和情怀。他在接受校报访问时曾真情地说道："我们那代人经历过抗日战争、国共内战和新中国的成立，经历过那段被外国人指着鼻子说是东亚病夫的日子，因此对民族的复兴无比渴望。""我对中大同学最大的希望，就是要爱国。"我们在庆贺这位卓越学者从教60周年的时候，一定要牢记他的教诲和嘱托，这也是这所由伟大革命先行者手创的大学的文化传统重要的组成部分。

我们都知道，大学负有文化传承创新的责任，而在现代大学的制度中，这个责任更多地是通过其杰出人文学者的学术和社会活动体现出来的。大学也常常会以各种形式，表彰或纪念各个学科的著名学者，以他们的学术经历和精神生活作为刚刚步入学术之门的青年学子的榜样。而我们也注意到，其中最多被提到的，还是人文学科的学者，人们在提到这些学者时，常常有着某种特别的情怀。其原因之一，就在于这些学者身上，寄托了社会对民族文化精神传承的希望。黄天骥教授无疑就是这样的卓越人文学者。

是为序。

二〇一六年七月十八日
于广州康乐园马岗松涛中

目 录

序 ··· 陈春声 I

上 卷

固本培元　融会贯通
　　——黄天骥教授访谈录 ·· 李　颖（3）
南国学人的志趣与情怀
　　——读黄天骥教授近著四种 ··· 陈平原（15）
林雄对话黄天骥，共论学术和文艺如何
　走出"象牙塔"：文艺有时让人会心一笑就可以了 ··························· 郭　珊（23）
漫说黄天骥老师的自信与底气 ·· 康保成（28）
九天骐骥岭南啸
　　——记承上启下的中大戏曲学名师黄天骥先生 ······························· 谢柏梁（35）
黄天骥先生的学术人生 ··· 宋俊华（38）
黄天骥：文章中冷暖自知 ··· 李怀宇（45）
莺啼序
　　——天骥师从教六十周年，特赋此为贺 ·· 曾　莹（51）
黄天骥：情解西厢　重探经典 ·· 龙迎春（52）
黄天骥：智欲圆而行欲方 ··· 陈　川（55）
中山大学黄天骥教授：这辈子就想当一座桥 ··· 邱瑞贤（58）
跟随黄天骥先生读书的二三事 ··· 李舜臣（60）
人师难得
　　——恩师黄天骥先生略记 ·· 钟　东（62）
名家视角中的散曲 ·· 徐燕琳（66）
经师可求，人师难得 ··· 刘红娟（68）
治学路上的八字真言
　　——记黄天骥老师 ··· 刘怀堂（73）
玉轮长在眼，掬影盼传承
　　——黄天骥老师琐记 ·· 吕珍珍（75）
吾爱吾师 ·· 王凤霞（79）

我的黄老师	杨　波（82）
记黄天骥先生雍容博雅之度	白海英（85）
黄天骥师从教六十周年谨以诗贺之	陈小辉（88）
通儒达识　淡泊明志	
——记我景仰的黄天骥老师	程鲁洁（89）
杜鹃花发，细数往昔	卢新杰（91）
黄门感旧	吴昕晖（92）
黄天骥：我的故事，是大时代里一滴水	颜　亮　曾　晶（93）
黄天骥教授学术活动年表	欧阳光　张诗洋（97）

下　卷

汉代散乐百戏与汉代俗乐运动	陈维昭（121）
明末清初"楚调"的兴起及其声腔的衍化	陈志勇（132）
《古本戏曲丛刊六集》整理札记	程鲁洁（143）
重新认识张庚"剧诗"说的表述形态与核心问题	
——兼及其"中国话语"特色	董上德（146）
元杂剧叙事僭越的合法性解证	龚德全（155）
《十八摸》知见录	胡文辉（167）
凡文以意趣神色为主	
——再谈"汤沈之争"的戏曲史意义	黄仕忠（180）
粤剧源流新探	
——以"江湖十八本"为考察对象	黄　伟（190）
《永乐大典戏文三种》的再发现与海峡两岸学术交流	康保成（202）
两宋教坊大曲队舞与传统体育运动	黎国韬（215）
汤惠休：古代诗僧的典范	李舜臣（225）
西藏七支民间藏戏队走出资金困境之我见	李　宜（239）
清代宫廷万寿戏"九九大庆"考辨	李跃忠（246）
汤显祖的文学史观与文体选择	廖可斌（253）
从"潜流"到"明河"：大戏剧观下的"戏"考（上篇）	
——"戏"之发生的历史逻辑	刘怀堂（270）
中国戏剧的一个特质：从快乐到生命自由的追求	刘晓明（287）
戴善夫《陶学士醉写风光好》杂剧本事嬗变探微	
——从杂传故事到通俗文学的个案考察	欧阳光（295）
邓志谟"争奇"系列作品的文体研究	
——兼论古代戏剧与小说的文体分野	戚世隽（302）
观念变迁与戏剧改良	
——从清末戏曲改良到文学革命运动	孙笛庐（312）
汤显祖戏曲在英语世界的译介、演出及其研究	徐永明（322）

日本内阁文库藏臧晋叔评改本《昙花记》考 ……………………………… 仝婉澄（336）
《知己》：从"白描"到"写意" ……………………………………………… 王 馗（347）
论西南地区阳戏之"源"与"流" ……………………………………………… 吴电雷（355）
移民、遗民、逸民，自由意志与岭南文化精神 ……………………………… 徐燕琳（367）
上博简《孔子诗论》"文亡隐意"说的文体学意义 …………………………… 徐正英（380）
唐墓壁画演剧图与《踏摇娘》的戏剧表演艺术研究 ………………… 姚小鸥 孟祥笑（390）
声诗元素与杂剧之"杂" ……………………………………………………… 曾 莹（399）
民俗演剧视阈下的乡民戏剧观 ……………………………………………… 詹双晖（410）
从杂剧《西厢记》到影戏《玉环扣》 ………………………………………… 张 军（418）
明刊戏曲插图之演变及其戏曲史意义 ……………………………………… 张青飞（426）
汤显祖的苍梧梦与岭南情 …………………………………………………… 周松芳（435）
从小说到戏曲：《红楼真梦》的文体转换与文化内涵 ……………………… 左鹏军（443）
戏曲艺术传承为何必须口传心授 …………………………………………… 吕珍珍（453）
【点绛唇】曲牌流变考 ……………………………………………………… 龙赛州（461）

后记 ………………………………………………………………………………（471）

上巻

固本培元　融会贯通
——黄天骥教授访谈录

李　颖

【问】黄老师，您好！我们受《文艺研究》杂志的委托，请您谈谈您的学术思想和学术道路。第八届全国戏剧文化奖揭晓，您获得了"戏曲教学与研究终身成就奖"。今年又适逢您八十大寿，我们一并向您表示祝贺。

【黄天骥】谢谢你们，也谢谢《文艺研究》杂志社的朋友。

走上戏曲研究之路

【问】近代以来的戏曲史研究者，王国维、吴梅是第一代，作为吴梅的学生，王季思先生等算是第二代，您则是第三代古代戏曲研究者中的代表性人物。请问您是如何走上戏曲研究这条学术之路的？

【黄天骥】我走上戏曲研究这条道路，是中山大学的学术环境使然。也有一定的偶然性，甚至可以说是带有一定戏剧性。我小的时候比较爱捣乱，进中大读书才十七岁，上课还开老师的玩笑。给我们上戏剧史课的是董每戡教授。董先生是知名的戏剧学家，他留着日本式的仁丹胡，样子颇为威严。有一天上课的时候，董先生因故来晚了，同学们都坐着等。我不老实，望望外面没人，便跑到教室前面，学着董先生平时走路的样子，弯着腰，大摆着臂，晃晃悠悠地走上讲台，又用食指擦擦鼻下的"胡子"，惹得同学们哄堂大笑。我正得意，却看到同学们安静下来。回头一望，原来董先生来了，正在教室门口盯着我，就赶快溜回自己的座位。下课后，董先生让我留下。我心想，完了，这下要准备挨批了。没想董先生一边拍打着衣袖上的粉笔灰，一边跟我说：我看你这个人模仿力很强，适合研究戏剧，以后跟我学戏剧吧！就是这么一句话，对我一生都有重要影响。可惜"反右"以后，董老师就不能上课了。先生是1953年到中山大学的，带我们时间不很长，大概是从1954年到1956年吧。但这三四年的影响是很大的。他让我去剧团实习，也是这几年的事。

【问】您研究戏曲不但重视文本，还很重视舞台。这与董每戡先生让您去剧团有关吧？

【黄天骥】是的，关系很大。董先生是一个非常全面的戏剧家。他集导演、编剧、戏剧理论家、戏剧史家和戏剧教育家于一身，具有多方面的成就。他在"左联"期间创作的三幕话剧《C夫人肖像》，轰动了当时的剧坛，得到鲁迅、郁达夫等人的赞许。著名电影演员赵丹是这部戏的主角，这是赵丹辉煌演艺生涯的开端。抗日战争期间，董先生以戏剧为武器，积极参加抗日救亡工作。先后创作了许多反映抗战内容的戏剧。其中有《敌》、《保卫领空》、《天罗地网》等多幕剧，也有《神鹰第一曲》、《最后的吼声》等独幕剧。这些剧作，讴歌了抗日将士，鞭挞了侵略者和卖国贼，给满怀抗战热忱的青年们以莫大的激励。他还和朋友一起自费创办《戏剧战线》月刊，写下了大量的戏剧评论。

董先生写戏非常注意舞台。战斗演剧队1938年3月首演《敌》的时候，董先生在《说明书》中写道：为了小剧团也能上演，这部三幕剧只用一个舞台面，全剧只用六个人物。怕演员吃力，注意照顾到每个角色的戏份。"绝对不写长篇大论的台词"，注意多写"舞台指示"，以便"使没有好导演的剧团易于排成"。这些都体现了董先生对舞台的重视。

等到我大学毕业，跟着他学习的时候，他说，到剧团去！到剧团，什么粤剧院啊，话剧团啊，我都跑去实习。他对我说，你参与人家导演，一些动作呢，能学就学。当然，翻跟斗是不可能的，但是一些基本的规程能够接触。他一方面让我参与舞台实践，另一方面又大量地给我看了斯坦尼拉夫斯基那套体系的理论书籍。

有董先生对我的这样一些训练，当我看剧本时，会跟一般人不一样。我手中拿着剧本，眼前就是一台戏。平常看戏的时候，这个舞台，这部戏的设计应该怎样，我肯定会生出另外一种不一样的看法。自然就会冒出这个东西来。

【问】您是著名《西厢记》专家王季思先生的学生，您的《〈西厢记〉创作论》既注目于古代戏剧的艺术欣赏，又关注文献的考辨。这一学术特点与王季思先生的影响有何关系？

【黄天骥】王先生对我的影响主要在文献考辨。我年轻的时候，调皮，爱玩。王先生说我是屁股尖，坐不住。留校以后，他要我跟他去编高教部委托的教材《中国戏剧选》，费了好几年，首先要来校点。点容易，校得很烦啊！要一个一个版本地对着校。这样，《西厢记》我读了三年，掌握了戏剧文献方面一些基本东西。

王先生对我说：搞研究必须从文献出发，作品本身的、内在的东西，你要尽可能挖掘。经过多年的学术历练，我觉得这样做真的很有意思。你不通过自己亲身的校勘工作，是读不出这个味道来的。举例来说，我在研究王实甫的《西厢记》时，发现他写莺莺认识张生的时候是19岁。我根据过去王先生教我的做法，把其他有关的材料拿来对比。拿元稹写的《莺莺传》一看，莺莺是16岁。我再找来董解元的《西厢记诸宫调》，一看，也是16岁。再看李绅写的一首诗，也是16岁。只有王实甫《西厢记》把她弄成19岁。王实甫为什么把元微之和董解元作品里莺莺的年龄，拖后了几年呢？这么一琢磨，就看出道理来了。按照《礼记》记载的古代制度和观念，15岁已经是及笄之年，可以出嫁了。《牡丹亭》的《惊梦》一出，杜丽娘看到花园里的春色，自叹："年已二八，未逢折桂之夫；急慕春情，怎得蟾宫之客。"年已二八，就是16岁的时候，有思春之意，有对爱情和婚姻的向往，是古代女子的正常心理。这时候，如果还"未逢折桂之夫"，还没碰到如意郎君，就要有想法了。那么王实甫《西厢记》把莺莺的年龄拖后三年，意思就出来了。16岁加上这三年是19岁，也就是说，莺莺认识张生的时候，两人在佛殿奇逢的时候，拿今天的话来说，她就是"剩女"啦！所以，她很多事情表现得主动，跟张生回眸相看，"临去秋波那一传"，就很生动地表现了这一心理。这跟元微之小说里的莺莺，跟董解元《西厢记诸宫调》里的莺莺，完全是两回事。把这个东西一校出来，就明白了，王实甫通过对莺莺年龄的改动，说明她对爱情的追求实在是合情合理。

【问】这个例子很生动地说明了文献考辨和艺术赏析并不是相互疏离，而是互为表里的。

【黄天骥】其实清代学者就已经认识到考据、义理和辞章三者是密切相关的。有考据的功夫，再来看文献，再进行赏析，与一般性地阅读，味道就完全不一样了。前面我只是举了一个小例子，对文本稍加留心，可以知道《西厢记》的艺术描写处处生彩。还来说剧中对崔莺莺思春之意的描写吧。你看，《西厢记》第一本第一折写崔莺莺上场的舞台提示是"莺莺引红娘拈花枝上"。作者让莺莺"拈"着花枝上场，这大有深意。在古典文学作品中，往往把花枝作为青春的譬喻。王实甫让莺莺拈着花枝出现，是让她"带戏上场"。不等开口，观众对角色的心理活动和可能的戏剧进程已经产生共鸣和期待了。如果不细读文献，如何能进行这样的艺术分析呢？

【问】我们知道，您关于《西厢记》中张生跳墙这一细节的艺术分析见解独特，请就此谈一谈。

【黄天骥】张生跳墙那个细节的确很有趣。王实甫的精彩构筑，使它成为《西厢记》中一个引人注目的亮点。回顾崔、张故事的艺术流变史，可以知道，从元稹的《莺莺传》到董解元《西厢记诸宫调》，都有张生跳墙的情节，但是这些作品中的张生跳墙都不如《王西厢》那么精彩。是王实甫使"跳墙"形成了相对独立的、有高度艺术价值的情节单元。

许多金元杂剧，如《墙头马上》、《东墙记》等，都有"跳墙"的描写。爱情戏中的"跳墙"，在情节叙述方面有表现男女私情的符号性作用，而且颇具舞台效果。演员在舞台上纵身一跳，乃是大幅度的形体动作，能够强烈地吸引观众的眼球。所以剧作家运用"跳墙"这一特定动作来表达一定的思想意蕴，甚至把它安排为戏剧矛盾的契机或焦点。但《王西厢》中"张生跳墙"的艺术价值绝不止此。

《西厢记》中的张生跳墙，出于王实甫对这部戏喜剧特质的把握。简单来说，主要就是误会法的巧妙使用。常言说，戏法人人会用，巧妙各有不同嘛。我国古代以爱情为题材的戏，多数是悲剧，但"天下夺魁"的《西厢记》却是"令人解颐"的喜剧。剧中许多情节的处理，皆生发于此。就"跳墙"而言，在其他剧目中往往只是一个过场，《王西厢》竟整整用了两折铺陈，可见作者的匠心。

张生的"跳墙"之举，起始于误读莺莺写给他的诗。莺莺的诗简是："待月西厢下，迎风户半开。隔墙花影动，疑是玉人来。"戏中写张生得到莺莺的诗简，大喜过望，神魂颠倒，马上误解为莺莺让他跳墙赴约。他喜滋滋地对红娘说："'待月西厢下'，着我月上来；'迎风户半开'，他开门待我；'隔墙花影动，疑是玉人来'着我跳过墙来。"就字面而言，莺莺的诗简无疑是允诺相会的音讯。但若说诗中有着张生跳墙的意思，恐怕是站不住的。你看，诗中"隔墙花影动"，在元稹《莺莺传》中原作"拂墙花影动"。"拂"和"隔"，一字之改，差别很大。"拂墙花影动"还有点"逾墙"的味道，"隔墙花影动"只能是莺莺的盼念之辞。她是在想象着隔墙花影摇动，意中人翩然而至的情境。张生猜这是着他跳墙，实在离谱太远了。

【问】您在文章中特别指出《西厢记》中莺莺所住别院与寺院之间是有角门相通的，您对角门与《西厢记》戏剧进程的关系分析得特别好。还有人在这一基础上专门写过元杂剧角门意象剖析的文章。《西厢记》中有红娘拦住张生，不许走角门，要他逾墙进别院的内容，所以有人认为张生跳墙进院并非因误解诗简，而是受红娘捉弄的结果。请您就此谈一谈。

【黄天骥】首先必须肯定，张生跳墙的根源是他对莺莺的诗简理解错了。围绕着"跳墙"的情节发展是《西厢记》作者苦心经营的艺术安排。这一点，并不是人人都能明白的。明代有一位名叫徐奋鹏的人，在《增改定本西厢记》中，把这一情节改为由于红娘气愤小姐对她不信任，把小姐打开的门悄悄关上了，逼得张生不能不跳过墙去。这一改本的审美趣味和艺术水准与原作是不能相比的。

在《王西厢》中，张生收到莺莺的诗简后，拍着胸脯对红娘打保票，自称："俺是猜诗谜的社家，风流隋何，浪子陆贾。"这个说法甚至连精明的红娘都被影响到了，以致在【耍孩儿】一曲中，红娘还演绎了张生这一自作聪明的猜测。被爱情胜利冲昏了头脑的张生，在"闹简"与

"赖简"中,三次自诩"猜谜的社家"。后来,红娘又三次用这个典故来嘲笑张生。同样的意思,接连出现六次之多。这并非行文累赘,而是作者有意为之,提醒人们注意张生的这一可笑误解。我在《〈西厢记〉创作论》中对此已经讲得比较清楚了,有兴趣的朋友可以找来看看。至于红娘在角门拦住张生,也起始于前述张生对诗简的误解,当然还有其他因素掺入其中。关于这一问题,有时间我可能再写文章予以阐明。

顺便说一下,在《莺莺传》中,莺莺致张生的诗简是有题目的,叫《明月三五夜》,这个题目明确了约会的日期。董解元的《西厢记诸宫调》对此也沿用了。《王西厢》故意删去了这个题目,有作者艺术上的考虑。就是用模糊处理的方式来加深误会,以增强喜剧效果。这些都是我在重新校勘的基础上发现的问题。

团队建设与中山大学的戏曲学研究

【问】中山大学的戏曲史和戏剧理论研究,由王季思、董每戡两位先生发轫,经您承前启后,现在有康保成、黄仕忠、欧阳光、董上德等知名学者,还有宋俊华、黎国韬、戚世隽、陈志勇等后起英俊。当代戏曲史研究队伍中,像中山大学这样连绵不断、传承有绪、重要成果叠出者,是不多见的。请具体介绍一下。

【黄天骥】"连绵不断、传承有绪",的确是中山大学中国古代戏曲研究团队的重要特色。经过几代人的努力,我们这个团队形成了理论与实证相结合、文献考据与文学研究相结合、文献与文物研究相结合、文献梳理与田野调查相结合的学术传统,在戏曲史、戏曲文献、戏曲文学、戏剧形态等各个分支,都取得了一定的成绩。就成果所反映的学术水平来说,康保成的戏剧形态研究、黄仕忠的戏曲文献整理与研究,在国内一线学者中堪称一流。他们都是 20 世纪 80 年代我协助王季思先生指导的博士生。近年来的博士培养也颇为喜人。我和康保成指导的宋俊华《中国古代戏剧服饰研究》、康保成指导的刘晓明《杂剧形成史》分别获得 2004 年和 2007 年的全国百篇优秀博士论文奖。康保成指导的黎国韬《古代乐官与古代戏剧》获全国百篇优秀博士论文提名奖。除了高质量的论著外,我们这个团队还获得过多种高级别的奖项,团队的学术创新能力持续增长,发展势头生猛,令人欣慰。

【问】据我们了解,中山大学的古代戏剧研究团队特别团结,这个良好的风气在很大程度得益于您的以身示范。您对王季思、董每戡先生恪尽弟子之礼,在学界传为美谈。董每戡先生身后的著作整理您出了大力。那时您已经六十多岁,作为一个人文学者,学术上已经成熟,很需要时间和精力来总结自己,可是您却把很多精力用在了董先生著作的整理上面。请就此谈一谈。

【黄天骥】古人有"薪尽火传"之说,形象地解说了人类文明传承的伦理。我作为中山大学戏剧学科承前启后的这么一个人,就有如何对待老师,如何对待学生的问题。尊师,我们中国人是有传统的。只顾自己,忘记了老师的教诲,岂不是忘本?况且,先师著作的整理出版,从小处说,记录了我们学科的发展历程;往大处说,有益学术乃至中国文化的积累,本不是一家一人之事。具体到整理董每戡先生的遗著,你们可能也知道,董先生本是水平很高、成果丰硕的学者,但他在 1957 年被错打成右派,遭受二十多年的苦难,1979 年 5 月,重新回到中山大学教书,可天不假年,1980 年 2 月就去世了。作为他的学生,为公,为私,我都有义务在先生身后为他整理一生的学术成果。

【问】说到公和私,听说董先生在解放前搭救过您做地下党的舅舅,是吗?

【黄天骥】是有这么回事,说来话长。我外祖父母生了十个子女,九个是女儿,最小的孩子是我的舅舅。我的生母和继母都是外祖父的女儿。我上小学不久,父亲就去世了。我和外祖家关系特别亲近。每天放学,都是先到外祖家看望,再回自己家中。我和舅舅很亲,长得也特别相像,一看就知道是一家人。舅舅只比我大几岁,他在思想上对我有很大影响。解放战争时期,舅舅在中央大学航空系参加地下党,搞学生运动,被国民党特务盯上,要抓他。董每戡先生知道后,秘密通知我舅舅赶快逃脱。《董每戡文集》出版后,舅舅看到了,很感慨,对我讲了董先生搭救他的事。舅舅说:如果不是董先生,恐怕早就没命了。此前,我并不知道这件事,所以我说的"为私",主要是师生情谊,并不涉及到先生搭救我舅舅的事。不过冥冥之中,难道我们两家的这一缘分也起了作用?

【问】董先生搭救您的舅舅,是为公;您为董先生整理身后学术总结,也是为公。您所说的"私",是受中国传统文化陶冶的您,在感情方面的一种表达吧?我们知道《董每戡文集》卷帙浩繁,整理不易。请您谈一下整理这部文集的经过。

【黄天骥】董每戡先生是浙江省温州市永嘉县人。1926年毕业于上海大学,在瞿秋白、恽代英的教育和影响下,参加了中国共产党。1927年8月,他受党的指派,回温州从事革命工作。不久,党组织被破坏,他遭到通缉,潜赴上海从事戏剧活动。1928年东渡日本,进日本大学研究院攻读戏剧。1929年回国,从此以戏剧创作和研究作为毕生的事业。就戏剧史而言,董先生早年即撰有《西洋戏剧简史》和《中国戏剧简史》。1949年,先生将所撰中国戏剧史专论五篇集为一册,名为《说剧》。解放后,又陆续增为30篇。其间艰苦卓绝不可胜说。这是一部具有深刻理论思维的戏剧学著作。先生所著《中国戏剧发展史》诸稿在"文革"中散失,他的学术卓见多赖此书得以保存。《董每戡文集》共计二百万字,包括理论著作和各类文学艺术作品。董先生零散著作的收集,陈寿楠先生做了大量工作。当然,我也出了力,文集编辑的那一年,我一篇文章也没写,全心投入整理。一些在抗战期间发表的论著,印在草纸上,英文字母 a 和 o 都分辨不清。我日夜苦干,把眼睛都搞坏了,这是值得的。

【问】《董每戡文集》的出版经您促成。请谈谈经过。

【黄天骥】董先生经历坎坷,许多著作的撰写过程特别感人。1957年6月中旬,"反右"前夕,广东省委书记陶铸来中大,在小礼堂召开座谈会,号召向党提意见。会议一度冷场,陶铸看到董先生,请他带头发言,还当场背诵了董先生的诗句:"倘若推诚真信赖,自能沥胆与披肝。"董先生和党一条心,受到激励,出语惊人,说:"一些党员,平时不接近群众,是寡妇面孔。"陶铸插话:"是冷若冰霜!"董先生接着说:"运动来了,则转为屠夫面孔,冷酷无情。""反右"运动中,他被打为"极右",决定了其后半生的命运。

生活的艰辛没能够摧毁董先生献身学术的意志。他在极为艰难的条件下坚持著述。"文革"中,他的十箱藏书和《中国戏剧发展史》等百万字书稿被抄走。他不灰心,重新撰写。买不起纸,就捡废纸作为稿纸。亲友来信的空白,也剪下粘贴起来使用。右手写坏了,就改用左手。后来左手也不行了,就用右手横握笔杆,以左手推着笔尖书写。他为了防备稿子再被抄走,藏在灶洞里,被老鼠啮去了一半,又凭记忆重写。他有诗记述:"一箱论稿十箱书,珍护何曾饱蠹鱼?病手推成文百万,无端野火付焚如。""文革"后出版的《五大名剧论》等著作是焚掠之余。其中一些论著因为是写在废纸上的,为抄家者忽略,一些因寄亲友处,得以保全。

1997年底,温州戏剧史料专家陈寿楠先生寄来他所辑录的《温州进步戏剧史料集》,其中载有董每戡先生的剧本和对他怀念的文字。陈先生来信说,他钦敬董先生的道德文章,一直努力搜集,但未能找到出版社付印。当时,我刚好写了一篇纪念董先生的文章,这个信息,正合夙愿。

我找到广东高等教育出版社，社长杨明新亲赴长沙，征得董先生独子董苗的同意，由我和陈寿楠先生合作编定，终在1999年8月出版。

【问】《董每戡文集》只印行了两千册，出版社是赔钱出版的吧？

【黄天骥】是啊。听说出版社为这部书投入了25万元钱，在当时确实不是小数目。你想，《董每戡文集》全部码洋才12万元啊，出版社赔了不少。这显示了广东高教出版社的学术品位。文集出版顺利，也有一些其他原因。广东高教出版社当时的社长杨明新，毕业于中山大学。他的毕业论文是我指导的，当然相信我的学术判断。杨明新毕业后，被分配到农场，后来到县里工作。他热爱学术，将毕业论文修改后寄给我，我和王季思先生联名推荐给《文学遗产》。文章发表后，他被抽调到教育厅，后到高教出版社。董先生文集的出版，有这么一点历史渊源在里头吧。文集出版后，董先生的儿子董苗在阁楼上发现了董先生《海沫集》的全稿，我又拿到广东高教社出版了。

【问】中山大学戏曲研究团队多年来在戏曲文献的整理和研究方面成绩卓著，您本人在这方面也有很深的功底和重要贡献。您现在作为首席专家主持国家社科基金重大项目"《全明戏曲》编纂和明代戏曲研究"。报道说，黄仕忠教授参与了这个项目的主编工作，这体现了中山大学老中青三代学者共同合作的传统。请您谈谈这方面的工作及其意义。

【黄天骥】中山大学戏曲研究团队最早的带头人是王季思先生。60年代初期，他受教育部门的委托，搞统编教材《中国戏曲选》，让我和苏寰中具体负责。那一段，我们每天到王先生家里坐班，利用他的藏书和搜集的资料卡片，校对、注释，花了五六年的功夫才搞好。刚要交付中华书局，"文革"一来，被造反派一把火烧掉了。"文革"以后，我们又用三年多的时间重新编写。交由人民文学出版社出版。这一番风风雨雨，先后耗费了十年光景，但也使我磨砺了基本功。上世纪末，王先生牵头整理出版《全元戏曲》，汇集有元一代的戏曲作品，填补了文学总集编辑整理方面的一个空白。我们曾协助他完成这项工作。现在我领衔搞《全明戏曲》，初步计算是五千万字的样子，不是大家一起合作，怎么能完成？大项目需要一批人的合作。精神上，感情上，学问上能不能互相支撑、互相促进，这对任何学术单位都是一个考验，而我们这个问题解决得比较好。互相之间的切磋、砥砺，在我们这个团队是成风气的。受益的不只是晚辈。我到了现在，脑筋还能够动起来，不至于迟钝，不至于太慢，真的也是受益的。

人要能够提得起，放得下，放手让年青人超过自己。比如黄仕忠研究戏剧文献比我熟练。让他来参与项目的主编工作，协调各方面，博士生们也都参加。通过做项目让同学们熟悉文献，得到锻炼，为将来的发展打下坚实的基础。这也是当年王季思先生带我的经验。

【问】您和康保成教授联袂主编的《中国古代戏剧形态研究》八十余万字，煌煌巨册，是一部基于新的学术理念的戏剧史著作。请介绍一下这部书的主要内容及学术思想。

【黄天骥】《中国古代戏剧形态研究》分为七篇四十八章，由纵、横两个方面来进行论述。书中汲取了前贤今人的许多成果，我们的独立见解也引人注目。"唐前戏剧形态篇"第一次在通史性戏剧论著中全文引录杨公骥教授所破解的汉代歌舞剧《公莫舞》的科仪本，并指出："从戏剧史的角度重新研究乐府，无疑是具有前沿性的崭新课题。"在该篇中，我们提出我国戏剧起源于巫和巫术，形成于汉魏，成熟于宋元。在"杂剧院本篇"中，我们发现了"杂剧"的最早出处，阐述了"杂剧"的审美特征及"杂剧"之"杂"的历史渊源。"明清传奇篇"从戏剧形态多样性的角度出发，对一些特殊演出形态辟专章予以讨论。从横的方面来说，"脚色渊源篇"从"旦"、"末"、"捷机"这几个脚色的命义出发，观照外来文化与中国戏剧的关系问题。"演出场所篇"从佛典中找出了"勾栏"、"瓦舍"的来历，对我国古代剧场发展演变的规律进行了新的探索。"戏剧服饰篇"结合中国古代服饰的历史，考察和分析了古代戏剧服饰的审美特征。"音乐唱腔篇"勾勒出明清两代主要唱腔的源流、特征及其基本走向。

我们所追求的不是几个具体结论的简单相加，而是探寻中国古代戏剧发生、发展的规律。要做到这一点，就要在学术方法上有所创新。除了文本蕴含的信息外，还要挖掘其他资料。书中大量引用图像资料，与此有一定关系。当然，正如本书《绪论》所指出，真相和真理都是相对的，永远不可能被穷尽。本书出版后，戏剧学界又有许多新的发现。比如2009年3月发现的韩城宋墓壁画杂剧演出图是关于宋代戏剧演出的重要新资料。当年，姚小鸥会同康保成和山西师大戏剧文物研究所的车文明、延保全等人对此进行了研究，那组文章当年发表于《文艺研究》。这些成果尚未能反映于本书之中。关于古代戏剧文物，听说近来又有新的发现，这些我们都愿意在将来吸收到研究中来。

【问】 近年来，注意戏剧形态，注意戏剧的舞台呈现，渐成风气。你们的研究得风气之先，请谈谈其意义所在。

【黄天骥】 前面说过，中山大学的古代戏剧研究，起始于王季思教授和董每戡教授。王季思教授从20世纪50年代开始，带领中文系的青年教师合编了《桃花扇校注》、《元人杂剧选》和《中国戏曲选》，使我们这些青年教师受到戏曲文献方面的很好训练。这一过程中，在中山大学古代戏剧学科形成了严谨求实的学术风气。董每戡教授长于戏剧理论，重视舞台及戏剧史上的演出形态。这些都给我们很大启发。中山大学戏剧研究团队能从戏剧形态入手，取得一系列的成果，从渊源来说，得益于两位老师的教诲。

任何事物的存在，脱离不开形式。不从形式入手，难以揭示事物的本质特征。戏剧形态研究，是从形式入手探究戏剧本质的切入口。这一点，我们的确有些优长。大学中文系在古代戏曲文本的研究中，历来重视其文学形态，但古代戏曲文献和其他文学艺术部类的文本不同，它不只是戏曲文学的历史遗存，更重要的是反映了作为综合艺术的古代戏剧的面貌。不考虑昔日的舞台呈现，脱离舞台特性来研究戏曲文本，无疑有隔靴搔痒之嫌。

中国古代戏剧形态研究不是一项纯粹书斋式的学问。我们希望能够以古代戏曲为经验材料，更好地揭示戏曲这一中国传统艺术的审美特征。历史从来都不是与现实脱节的。今天的我们来自我们民族的历史存在，今天的中国戏剧由古代戏剧发展而来。对民族辉煌历史的追索，可以从一个侧面增强民族的自尊心与自信心。具体到我们的这项工作，或可为当下戏曲事业的发展提供参考。

诗词研究和诗文创作

【问】 除戏曲以外，您在诗词研究和诗词创作方面也颇有成就，请就此谈一谈。

【黄天骥】 我刚来中山大学读书的时候，实际喜欢的是诗词。因为我的父亲也是中山大学中文系毕业的，抗战前哪！到中文系读书当然要背诗词，或许是因为我小时候就学过一些，所以也特别有兴趣。当时中山大学中文系大师云集，许多老师喜欢我，对我有影响的有好几位。在诗词写作方面詹安泰先生对我的影响很大。我有了问题，到他府上请教，詹先生会一边请我喝"功夫茶"，一边给我讲解。他告诉我，写诗如何才能写出一些特点，怎么写可以有不同他人的地方。他自己写一首诗，就摇头晃脑地给我分析，告诉我，他是怎么写出来的。分析温庭筠的一首词，他会告诉我，人家怎么理解，他是怎么理解的，把道理跟我说。这样我就知道了，原来对诗词的理解，可从很多方面去考说的。大学二、三年级时，我还是写陶渊明研究这类东西。三年级的学年论文就是关于陶渊明的，有幸被《文学遗产》发表了。后来虽然受董每戡先生的影响，研究重点转到戏曲方面，但对诗词的喜爱深藏于心，常常写一点，有机会也搞些研究。

【问】诗词和戏曲属于不同的艺术门类，研究方法有差别吧？

【黄天骥】诗词和戏曲研究有很多不同，但道理是相通的。比如都要有考据，而考据最要讲究内证。大概是在 1980 年前后吧，我研究起纳兰性德来了，写了一本《纳兰性德和他的词》。纳兰性德的词中，写得最动人的是那些怀念他太太的作品。他的太太死得早，但具体什么时候死的呢？不清楚，她的传记材料没有留下来。我按王先生告诉我的方法，找内证。分析之后发现，他的太太死在康熙十五年、十六年之间。因为纳兰性德在【沁园春】一词的"小序"中说，重阳前三天，梦见他的太太，时间是康熙十六年。也就是说，康熙十六年重阳之前，他的太太已经死了。再看其他材料。他的朋友顾贞观，对纳兰性德的这首词和过一首。顾贞观是康熙十五年才认识纳兰性德的，那么可以肯定纳兰性德太太死的时间一定是在康熙十五年和十六年之间。进一步追索，纳兰性德的【金缕曲】（亡妇忌日有感）中有"葬花天气"之句。说明他的太太死在暮春时节。我于是判断她死在康熙十六年的 4 月份。书出版后，纳兰性德纪念馆发现了纳兰性德太太的墓碑，上面写的时间是康熙十六年的 5 月份，和我的推断只差了一个月。这就是重视内证的一个具体的收获吧。

【问】《纳兰性德和他的词》是一本具有开创性的词学著作。60 年代朱东润先生主编的《中国历代文学作品选》明清部分，陈维崧的词选了八首，纳兰性德的词选两首，比例为四比一。近年袁世硕先生主编的《中国古代文学作品选》，陈维崧词选四首，纳兰性德的词则增为三首。袁行霈先生主编《中国文学作品选注》选编与袁世硕本相类。这反映了学术界对您研究成果的采信。另外，在我们印象中，詹安泰先生似乎研究先秦文学啊？

【黄天骥】学术界对我的研究成果有所汲取，我当然是高兴的。不过我不专攻词学，近些年来对诗词的关注主要在创作理论方面，有机缘自己也写一点。说到詹安泰先生的学术专长，你们所言只是一个方面。詹先生学识渊博，他曾参加高教部主持的中国文学史教材编写工作，所著《中国文学史（先秦两汉部分）》被选为大学教材。搞先秦的，可能有这个印象，但其主攻乃是词学。学界有"南詹北夏，一代词宗"之说，夏指夏承焘先生。詹先生的词学著作除"文革"中焚毁者外，辑为《宋词散论》和《詹安泰诗词集》，在"文革"后出版。

詹先生学问好，课也上得精彩。他是一个老派学者，但思想并不保守。解放前夕，中山大学一批进步教授和学生被捕，他作为系主任，四处奔走，营救被捕师生。"反右"前夕，他因为常和董每戡等几位教授在浆栏路的"蛇王满"酒家吃蛇羹，"反右"时引蛇出洞，被打成右派。按当时的情况，他应该被取消上课资格，但系里找不到别人顶替，只好还由他给学生讲授宋词。有些同学对安排右派分子上课不满意，系领导给大家打招呼，让同学们上下课时，不要起立，以示有所区别。当詹先生默默地走上讲台时，班长按组织上的安排，没有发出起立的口令，多数人没有起立，但还是有些同学按习惯站了起来，一时场面颇为尴尬。詹先生学识精深，虽然戴着右派帽子，但一上讲台，侃侃而谈，见解精辟，同学们听得入迷。不觉到了下课时间，詹先生收起讲稿，说："同学们，我正在接受改造，以后上下课时，请大家不要起立了。"说罢，正欲离开，只见同学们全都起立注目。詹先生赶紧欠身回礼，随即含泪离开。这是我们大学毕业 50 年聚会时，校友老梅所言在他们班发生的事情。有这样的好老师精心指导，加之自己爱好，所以我虽不专攻，但在上大学时，已经对诗词打下了较好的基础。

【问】当初看到您的《诗词创作发凡》时，还觉得奇怪。现在知道，原来您的诗词功夫曾得高人真传。其实前辈大师都不专一门。不过您写这本书，总要有起因的吧？

【黄天骥】我不能算是大师，也不喜欢别人这样称呼我。不过你们所说前辈学者涉猎广泛，倒是于我心有戚戚焉。我写这本书的确有缘由。《诗词创作发凡》的开篇说：古老的中国，是一个诗的国度。在世界上，没有哪一个国家，哪一个民族，能像我们，产生过如此众多的卓越诗人，创作过如此数量浩瀚、成就如此辉煌的诗篇，具有如此绵长、曲折的诗歌发展史，持有如此丰厚的诗歌遗产。这是我的肺腑之言。真的，不要说《诗经》、《楚辞》、乐府和唐诗、宋词，即如戏曲而言，尤其是元明戏曲，关目之外，最引人注目的不就是它优美的曲词吗？当然，《诗词创作发凡》所涉及的主要是狭义的诗词，即律诗、歌行和词。诗词在古代是相当普及的艺术样式，今天也不应锁入深闺。

在我的学术生涯中，虽说是以戏曲为主，但不曾中断诗词的写作和研究。我父亲去世得早，小时候祖父要我背唐诗。背多了，也偷偷学作几首。毕业留校工作，我根据工作需要和本人爱好，自己定了"戏曲为主，兼学别样"的目标。前些年，我给本科同学讲授诗词创作入门的知识，发现同学们很感兴趣。《诗词创作发凡》就是在教学过程中逐渐形成的一部论著。广东人民出版社知道有这么一部书稿，陈海烈社长在百忙中亲自来寒舍取阅，使这本书得以顺利出版。这固然出于海烈社长出版家的敬业，也反映了社会的需要。对此，我颇感欣慰。

【问】您的《诗词创作发凡》第一篇讲诗词格律，能在近乎纯粹技术的层面写得引人入胜，真不容易。

【黄天骥】这是过奖。不过这本书的确有我一些心得在里头。我希望在合乎规矩的前提下，把书写得生动活泼些，让读者喜欢，阅后能够获益。你们提到诗词格律，在通论性质的书中，基本知识当然是不可少的，但我的一些学术思想也试图有所贯彻。如果问我写这本书的优势在哪里，我想，一是我六十多年来写诗、填词有些实践；二是长期研究古典文学，对古人的佳作有些心得；三是我在大学中文系教书近六十年，能够体察到学生想学什么。

【问】您的天赋也是一个重要因素吧？前人说，凡成功，一半天生一半学。您的《围棋咏》写以聂卫平为代表的中国围棋队在首届中日围棋擂台赛中的辉煌战绩，激情澎湃，妙语连珠，很有唐人歌行的味道。结句"迎风独立三边静，秋山黄叶落纷纷"，余味无穷。您的古文和赋也很出色。香港回归那年，看到您在《光明日报》上发表的庆祝香港回归的赋作，曾打电话表示祝贺。这次到中山大学来，看到新建楼堂所立"碑记"，皆为您的大作，为校园增色不少。黄修己教授曾笑称为"桐城谬种"、"选学妖孽"。听说您立下规矩，让中文系本科生一年级要写100篇文章，这是以自己的成功经验引领后生吧？

【黄天骥】中文系的学生要学会写文章，这是起码的要求，也是很高的要求。学会写文章，从小处说，将来出去工作能用得上；从根本上来说，是锻炼学生的思维能力。这些年大家议论本科教育质量下滑，作为一个老师，管不了天下的事，自己的学生总要教好。实践证明，这个规定对提高中山大学中文系的本科教学质量成效很大。

【问】从学术研究来讲，您戏曲、诗词兼理，还研究《周易》。写作方面，您诗、词、歌、赋，再加上古文，样样精通。涉猎如此之广，如何能够做到的呢？

【黄天骥】不能说样样精通，至于涉猎较广，除多年不敢懈怠外，一点心得就是注意打通。就戏曲与诗词之间的关系来说吧，我常说：如果说诗词是作者内心的抒发，那么戏曲是人物性格和内心矛盾的体现。一些诗词有情节性的冲突，戏曲的情节，经常也有诗词般的意境。两者其实是相通的。我常常是带着诗词的眼光去研究戏曲，又带着戏曲的眼光去研究诗词。打通了，能够事半功倍。研究《周易》的情况也类似。

【问】您研究《周易》有什么机缘啊？

【黄天骥】我搞一点《周易》研究，也和"打通"二字有关。从1993年开始，我带领中国戏曲史的研究生读先秦经典，打通前后段。先后读过《老子》、《庄子》、《论语》等，一些教师也有参加。读《周易》的时候，我陆续产生了一些想法，随手写下来。讨论时产生的想法，也记到书边上。这样，渐渐形成了比较完整的学术思想。

《周易》的研究，历来有"象数"和"义理"两派，我不是简单地比附两派中的任何一家，而是以卦爻辞的语言现象为内证，解析其内涵。这样，语言文字就是第一关。我早年和著名古文字家容庚先生接触很多，常和他一起打羽毛球。他给我上过课，我从他那里知道一些文字的规律，但没有专门跟他去学习古文字。他常常跟我说，你怎么不跟我学古文字呀，古文字很好玩嘛。我原来觉得容先生在学问方面没有对我建立什么影响，是一个遗憾，因为我十分敬重他的为人。前些年读《周易》时，才发现自己一些有关古文字的知识，正是当年从容老师那里耳濡目染，不知不觉地学来的。

我发现，《周易》每卦六个爻辞是一片片碎片，把它们组织起来就成为一个个特定的情景。把各卦爻辞的占断之词，如"吉"、"凶"之类去掉，就形成一种互相关联的东西，能够比较完整地反映社会生活的某一个侧面。从这点出发观照《周易》，可以看到，六十四卦对古代社会生活的反映相当广泛。从形式上来说，每卦六爻之间多押韵，实际就是一首首诗歌。2008年，我出了一本《周易辨原》，想拨开罩在《周易》上的一些迷雾，揭示其本来面目。

我的想法粗看新奇，但并非无源之水，无本之木。以语言文字为根基、以内证来说《易》，有我自己的独创，但前人、时贤的许多精义，我也都尽量汲取。例如，傅剑平先生《周易·需卦探源》论证《孟簋》铭文"無需"当为"舞骨"，并以此为基础，讨论《需》卦之义。我吸收了这一成果，进一步指出"舞骨"当读为"舞雩"。"舞雩"据《礼记·祭法》，是古代的一种祭礼，与"祭水旱"有关。这就将《需》卦所述内容与古代的礼制和民俗建立了联系。综观各爻可知，《需》卦的意思是说，有灾难了，拿起火把来进行旱祭。《周易》一书的内容丰富，《周易辨原》一书的篇幅也比较大，今天就不详细述说了。

岭南文化研究

【问】您是岭南的代表性学者，对岭南文化素有研究，请谈谈岭南文化的主要特点是什么。

【黄天骥】我是土生土长的广东人，祖籍是广东新会。曾祖父到广州做料器生意，发了点财，安下家来。我的祖父是有文化的。父亲抗战时为了躲避日本人，到澳门工作，染上霍乱，去世得早。祖父对我督责很多。我从小爱学习，也很调皮。上中学的时候，跟同学到荔枝湾划船游玩，摘树上的荔枝，不小心掉到水里头。要不是果农出手相救，差点淹死。小文《荔枝湾情趣》记述了此事。说起来，我的性格在广东人中还真的有点代表性。在我看来，真正的广东人不够沉稳。在广东谋生容易。做到了一定程度，就下海去了，出洋去了。根本就不需要像我们这么坐冷板凳的。土生土长的广东人，我们一辈中，坐冷板凳一起搞几十年的，真不多。所以我觉得，哎呀，广东也该有些人坐冷板凳的。当然现在年轻一辈要好得多了。

岭南文化，这里主要是说广东文化，是很有特色的。有特色，就是不千篇一律，文化最怕千篇一律。我们中华民族的文化，就是由中原文化、齐鲁文化、巴蜀文化、吴越文化、岭南文化以及各民族、各地区的文化共同构筑而成的，具有丰富内涵的文化整体。去掉各地区的文化特色，中华民族文化的丰厚内涵从何谈起？有段时间，什么都强求一律，讲话要按上级的调子，文科、理科都要求统一教材，经济发展也要一个模式。这怎么行呢？在历史上，广东文化的起步比中原地区晚些，但我们善于吸收各种文化要素，发展起来比别的地区要快。我曾提出"生猛广州，淡定广州"说，认为这反映了广州人的精神特征，是新时期广州文化品位的形象概括，也是反映广东文化特色的代表性语汇。所谓生猛，是说广东人很敏捷，反应快，有活力，敢于创新。生猛和淡定，又是相辅相成的，广东人会享受生活，豁达乐观，遇事从容镇定。广东文化的另一个特点是善于融会贯通，这一点和我的治学之路也有很大关系。

【问】您所说广东文化善于融会贯通有什么具体所指？

【黄天骥】国外的一个老兄问我，岭南文化的特点是什么？我回答说，首先是包容，跟着便是交融。你要来，就来吧，来者不拒。广州人厉害之处是，把好东西包容进来后，便让它与本土的传统事物交融在一块：不中不西，不土不洋，不新不旧。广州最好吃的点心是"蛋挞"，它刚好是中西结合的词语。"旦"是汉语词素，"挞"是英语 tart 的音译，指馅料外露的馅饼。制作方法，则是把中西食材和制法融合在一块儿。这是日常生活的例子。从艺术样式来说，粤剧非常典型。本来并没有"粤剧"这个词，就叫广东戏，是用官话唱的，属于京剧的支派，但后来粤剧的皮黄和京剧的皮黄就大不一样了。上世纪 20 年代，粤剧艺人把广东戏从官话改为用粤语演唱，腔调就变了。马师曾是粤剧发展史上一个了不起的人物，在戏曲与话剧融合方面下了不少功夫。红线女是粤剧发展史上另一个著名演员，她的过人之处，在于融入了西洋唱腔的发声方法。粤剧的另一个名家薛觉先率先引入西洋乐器，丰富了粤剧的音乐。岭南文化在对外来文化要素的融会贯通中，变和不变，虽说不讲条条框框，实际都是有道理的。拿今天的粤剧来说吧，只要是用粤语演唱，曲调就变不到哪里去，这是语言与音乐的关系所决定的嘛。观众能听懂、能喜欢，剧种就能发展。

【问】您的散文集《中大往事》和《岭南感旧》，多从自己的经历谈岭南文化。请谈谈它们的立意。

【黄天骥】你们观察得很仔细。我这些年的散文，是科研和教学之余，用以调整脑筋之作，确实以回忆自己的经历为多。提高到哲学的高度来说，这其实也是一个带有普遍性的、规律性的问题。《易传》不是讲"近取诸身，远取诸物"吗？古人认为从自身的经验出发，深入思考，才能"通神明之德"、"类万物之情"。换句话说，这是人们认识世界、探寻真理的一般途径。当然，开始写的时候，我并没有想这么多，只是对生活有所感悟，不吐不快，想结合社会变迁，把自己的亲历讲出来。我在中山大学学习、工作六十多年，对中大自然谈得比较多。2004 年出版的第一本散文集名为《中大往事》，就反映了这一点。

【问】您的《岭南感旧》从抗战时期写到改革开放。沧海桑田、翻云覆雨，半个多世纪的历史画卷，在您的笔下展开，运笔从容而蕴含丰富。您的学生胡传吉教授说这本书"以自身经历，证家国变迁"，"以贵族的风度，述布衣之情怀"。请您谈一下著述时的心情。

【黄天骥】人到了一定年纪，总会思前想后，回忆自己所走过的道路。我是岭南人，生于斯，长于斯。岭南的历史，个人的命运，无不和整个国家的历史发展息息相关。我不是一个哲学家，也不是一个严格意义上的历史学家，我只想把不同时期的经历和感受真实地记录下来，倾吐自己的心声，再现历史的细节，使年青一代通过了解岭南历史的真相，对国家的未来作更冷静的思考，从而促使社会的发展更为顺畅。

【问】文集中，《买水与招魂》述说给父亲招魂的路上，你们母子被日本兵欺侮；《花姑娘，花姑娘！》记述日本兵闯入你们家中企图肆虐。读到这里，心都揪起来了。不过，对我们后辈来说,《往事未必如烟》之类的文章更有深刻的现实意义。

【黄天骥】《中大往事》和《岭南感旧》中的文章选编各有侧重,罕有重复,但记述董每戡先生遭遇的《杏花零落香》例外。《往事未必如烟》是对前者的必要补充。它不止补述了历史细节,而且记录了人们如何翻过中山大学的历史,其实也是我们国家历史上艰难的一页。1993年,学校为王季思先生举行从教70周年庆祝会。会上,大家纷纷赞扬他在教学和科研上的贡献,他自己在答辞中却说:"也走过一些弯路,写过一些错误文章,既批错了自己,也损害过别人。"作为一个老知识分子,王先生解放后对共产党心悦诚服,在运动中紧跟组织,做过伤害别人的事。"文革"的历史警醒了他。从教70周年庆祝会的前后几年,他对一些政治事件的态度表现出觉醒后的独立思考和知识分子的不屈精神。中山大学是岭南地区最有影响的大学,中山大学历史的这一部分,是岭南历史和文化不能磨灭的一页。

【问】近两年,您的文章讲岭南民俗的内容渐多,能否谈谈其中的缘由。

【黄天骥】关心地方文化,是中国知识分子的传统。历代文人对地方文化的记录,一是通过方志的编撰,二是著作笔记小说。我这些有关岭南文化,有关广州地区民俗的文章,从性质来说,属于后者。

一般来说,方志具有官方的性质,笔记则有志皆可撰著。唐宋人的笔记,就我们使用较多的《隋唐嘉话》、《封氏闻见记》、《东京梦华录》、《武林旧事》等来说,莫不如此。今天研究古代戏剧史,说到《踏摇娘》,首先要引《隋唐嘉话》;谈到宋杂剧,首先要讲《东京梦华录》。赵师侠为《东京梦华录》所作的《跋》中说:"不有传记小说,一时风俗之华,人物之盛,讵可得而传焉?"凡此,皆可见笔记的价值所在。历史的细节完全依靠正史传承是不可能的。现代社会变化急剧,不要说青少年,即使中年人,对"文革"前的社会风俗都不甚了了,何况更早时期的家乡历史风貌。传承文化,为今日所急。即使从播布见闻的角度来说,有关传统民风民俗的文章也是大众所喜见的。前一段,我的妹妹佩瑜在街头买蜂蜜,见小贩在读《广州日报》上我所开设的《生猛广州,淡定广州》专栏,无意中提到自己是作者的妹妹,小贩马上主动给她打八折。从这件小事可见民众对这类文章的喜爱。

我的这些文章,涉及岭南民俗的各个方面。有谈广州建筑的细节,如《闲话"趟栊"》讲昔日的门禁,《骑楼的学问》讲商业建筑的智慧,《寂寥古牌坊》则从中大校园中残存的"乙丑进士"牌坊的命运,抒发自己的怀旧之情。《说"生猛"》、《说"淡定"》谈广州人的性格特征。广州人会生活,表现之一就是"食在广州"。《叹早茶的情趣》、《风寒深巷卖云吞》,从题目即可知其大意。《东风夜放花千树》、《赛龙夺锦话端阳》讲广州的节气民俗。"及第粥"是广州的名吃。据说清代状元林召棠爱吃,遂得名。这品粥以猪肉丸子、牛膀、腰花入煮,意谓"状元、榜眼、探花"三及第,符合广州人"讲意头"的风气。所以很受考生欢迎。不过据我看,主要是它味道鲜美,又符合广州人饮食的审美趣味。详情不多说了,近期这些文章已由花城出版社结集出版,名曰《岭南新语》,请你们批评指正。

【问】您谈话的内容太丰富了,感谢您。

【黄天骥】谢谢你们辛苦采访,也谢谢《文艺研究》编辑部的美意。

(原刊《文艺研究》2015年第9期)

南国学人的志趣与情怀

——读黄天骥教授近著四种

陈平原

壹 访谈内外

读《文艺研究》今年（2015）第 9 期所刊《固本培元 融会贯通——黄天骥教授访谈录》（李颖），感觉甚好，当即给黄老师发去短信，表示祝贺。作为中国艺术学科最为重要的学术刊物，《文艺研究》每期推出一位著名学者的访谈录，已经坚持许多年。有的学者学问很好，但铜壶里煮水饺，倒不出来；有的学者则相反，说得天花乱坠，但学问平平。学问好，人有趣，且能说善道，这样的天作之合其实不太多。

几年前，我为自家《京西答客问》（南京：凤凰出版社，2012 年）写序，谈及此类由"问"与"答"构成的"文章"，称"这里涉及合作双方的意愿、时机与能力，牵涉整理的过程与宗旨，最后，编辑乃至总编都还会插一杠子"。除了现代新闻学的视角，"答问"还有一个古老的渊源："问对体者，载昔人一时问答之辞，或设客难以著其意者也。"（吴讷《文章辨体序说》）中文系教授自然明白此中奥秘，接受专访并最终整理成文时，并非只是"畅所欲言"，往往还会将其作为"文章"来经营。

黄天骥先生的这篇专访，包含"戏曲研究之路"、"团队建设与中山大学的戏曲学研究"、"诗词研究和诗文创作"、"岭南文化研究"四个部分，总的感觉是平实、准确，但不够"生猛"。这大概与被访者的刻意低调有关。黄老师回复我短信说："我生怕他们把我拔高了，反贻笑大方。"其实，放开谈，以黄老师的为人与为学，会有更精彩的呈现。

即便如此，专访中谈及中大研究团队以及黄教授个人志趣的两段话，对我很有启示。上世纪末王季思先生牵头整理出版《全元戏曲》，现在黄老师又领衔主编《全明戏曲》，建造如此浩大的学术工程，很容易给人错觉，以为中大的戏曲学研究就是整理文献。其实，中山大学的古代戏剧研究，起始于王季思教授和董每戡教授，前者的戏曲文献功夫与后者的重视舞台及戏剧史上的演出形态，可谓双翼齐飞。只是因董先生 1957 年被打成右派，离开中大回湖南，直到 1979 年 5 月落实政策方才归来，可第二年又病逝了，以致外界对于中大戏曲研究传统的理解，大都局限于王季思先生这条线。除了撰写多篇回忆文章，花时间编辑《董每戡文集》，黄老师还到处传扬董先生的学问与为人。

更重要的是，以我对中大戏曲学团队的了解，能传承王季思先生学问的，不仅黄老师一人；而因个人才情及志趣，接续董每戡先生这条线的，大概只有黄天骥。在《情解西厢——〈西厢记〉创作论》（广州：南方日报出版社，2011年）的结语中，黄老师提及："我在中山大学求学期间，王老师教我如何从事古代戏曲考证校注的工作，董老师教我如何从舞台演出的角度看待剧本。"因此，若讲黄天骥在学术史上的重要性，就在于其同时接受两位前辈的衣钵，兼及文献与舞台，熔考证史料与鉴赏体会于一炉，使得中大的戏曲学研究不限于一家，而有更为开阔的学术视野，也具有了更多发展的可能性。这就用得上黄老师答问中的一段话："经过几代人的努力，我们这个团队形成了理论与实证相结合、文献考据与文学研究相结合、文献与文物研究相结合、文献梳理与田野调查相结合的学术传统，在戏曲史、戏曲文献、戏曲文学、戏剧形态等各个分支，都取得了一定成绩。"话说得低调，但很到位。作为"不见外"的"外人"，我可以补充一句：放眼国内外，眼下没有比中大更强大的戏曲学研究团队。

还有一层意思，我早就意识到，但没像黄老师本人说得那么清楚："在我的学术生涯中，虽说是以戏曲为主，但不曾中断诗词的写作和研究。……我常常是带着诗词的眼光去研究戏曲，又带着戏曲的眼光去研究诗词。"为什么这么说呢？自王国维《宋元戏曲考》及吴梅《顾曲麈谈》问世，"中国戏曲史"逐渐成为一个专门领域，吸引了国内外很多专门家。这样一来，很少学者同时研究"唐诗宋词"与"元明清戏曲"；即便这么做，成功的几率也不高。而对于坚信"岭南文化"的特点一是包容、二是交融的黄天骥来说，诗词与戏曲互参，属于"打通了，事半功倍"，故值得认真尝试。

考虑到黄老师在诗词研究及戏曲学方面早已声名显赫，我更愿意谈论其业余写作的近著四种：《岭南感旧》，广州：南方日报出版社，2012年8月；《岭南新语》，广州：花城出版社，2014年11月；《中大往事》（增订本），广州：南方日报出版社，2014年10月；《黄天骥诗词曲十讲》，广州：花城出版社，2015年8月。在我看来，上述四书更能代表这位南国学人的志趣与情怀。

贰　课堂魅力

黄天骥先生是戏曲史研究专家，但在我以及很多中大人眼中，黄老师首先是中山大学中文系教授。之所以强调"教师"这一"第一身份"，并非多此一举，而是大有深意。几年前，我写过长文《"文学"如何"教育"——关于"文学课堂"的追怀、重构与阐释》（［香港］《中国文学学报》创刊号，2010年12月；收入《作为学科的文学史》，北京大学出版社，2011年），谈到"后人论及某某教授，只谈'学问'大小，而不关心其'教学'好坏，这其实是偏颇的"。之所以如此重科研而轻教学，从技术层面看，"那是因为，文字寿于金石，声音随风飘逝，当初五彩缤纷的'课堂'，早已永远消失在历史深处"。直到今天，我还是认定，教授的第一位置应该是讲台，而不是书斋或实验室。只以"科研成果"论英雄、排座次，其结果便是今天中国大学课堂的"严重坍塌"。

黄天骥不一样，学问之外，讲课效果非常好。三十多年前在康乐园里听先生讲魏晋隋唐文学史的印象，至今仍历历在目。我在《失落在康乐园的那些记忆》（《同舟共进》2013年第2期）中，曾回忆当初中大中文系的课程，其中涉及黄老师的是这一段：

> 毕业后同学聚会，最常提及的是黄老师的课，因他学问好，讲课很投入，声情并茂，当初就有很多粉丝。这回阅读课程表，有个"重大发现"——黄老师对自己的"讲课魅力"

很自信,居然将为中文系七七级讲授"中国古代文学史"(二),排在星期六上午第一、二节!今天谁要是这么排课,那准是疯了。可当初没有任何问题,我们都起得来,未见有人抱怨或抗争。

这就能理解,我为何还没拿到《黄天骥诗词曲十讲》,就已经充满期待。

《黄天骥诗词曲十讲》的第一讲"学习诗词曲的缘由",主要谈"形象思维与逻辑思维"的关系,举汉代的天文学家张衡与意大利著名画家达·芬奇为例,这不稀奇,别人也会这么做。值得赞赏的,是黄老师拈出著名数学家、曾任复旦大学校长的苏步青先生的七律《咏水仙》。苏先生诗写得好,黄老师的解说也很精彩,更何况这首诗长期挂在中大名教授王季思先生家客厅,人生阅历加上师友情谊,着实让人感动。接下来,黄老师开始拿中大教授"说事"了:

> 中山大学著名的昆虫学家蒲蛰龙院士,和微生物学江静波教授(法国外籍院士),一位精于小提琴,曾应邀参加"羊城音乐花会"的演出,一位竟创作了长篇小说《师姐》,一时成为畅销书,获得了广东省的"鲁迅文学奖",后来还被珠江电影制片厂改编成电影。(2—3页)

关于中大校园里文理兼修的教授,我还可以补充中文系黄家教教授的父亲黄际遇先生的故事。十多年前,我给师兄吴定宇编《走近中大》(成都:四川人民出版社,2000年)写序,专门表彰这位抗战胜利后不幸于归程溺水而死的名教授。黄际遇教授乃中大数学天文系主任,兼教中文系高年级的"历代骈文",而且擅长书法,上课时用篆文书写黑板;还是围棋高手,著有《畴庵坐隐》。

第二讲"解开诗词的密码"中,讲述李商隐《锦瑟》诗部分很精彩:"当我们了解李商隐五十年来的生活与感情,再抓住'思华年'这有总括意义的三个字,捕捉住'惘然'的意境,诗的美学密码便可打开了。"(40页)第八讲"理趣,诗和哲理的结合"着重分析初唐张若虚的《春江花月夜》,则让我仿佛进入时间隧道,回到当年的文学课堂。记得很清楚,那一讲黄老师特别动情,我们则听得如痴如醉。此讲是黄老师的保留节目,每回"演出"都很精彩。不过,我注意到,当年只在文学史的框架中上挂下联,这回则引入闻一多的"宇宙意识",还有霍金的《时间简史》,最后还从接受美学的角度,探讨这首名篇为何到明代中叶才引起广泛关注。

最有趣的还属第三讲"从比较中鉴析"。苏轼的《念奴娇·赤壁怀古》其实不好讲,因这首词早已进入中学课本。在大学讲,必须上一个台阶,才能吸引听众。引入杜牧的七绝《赤壁》、罗贯中的《三国演义》,还有苏轼本人在黄州所写的其他作品(如《赤壁赋》),这都在意料中。真正出奇制胜的是,在分析这首词的全篇结构时,黄老师竟引入戏曲表演中的"元帅出场":"显然,经过一番衬托,千呼万唤始出来的人,才是真正的主角。我觉得,苏轼在《念奴娇》中的表现手法,和上述元帅出场的模样颇为相似。请勿以为他突出写周郎,便以为他以周郎为主角,其实,最后出场的元帅,正是苏轼自己。多情的周郎,也只不过是配角。"(94页)说《赤壁怀古》中"周郎是宾,自己是主",清人已有言在先;但引入戏曲表演的"元帅出场",此前我没见过如此生动的解说。这显然与黄老师兼及诗词与戏剧的治学方法有关。

在《黄天骥诗词曲十讲》的"后记"中,黄老师提及1979年给我们77级同学讲魏晋隋唐文学史,得到了某才女的笔记,"字迹娟秀,记录又十分详尽",于是占为己有,算是教书几十年的纪念。这一回则是鸟枪换炮,听课学生将这门课的录音整理成文字,交给了他/她们特别崇拜的黄老师。"有了这份录音文本作基础，本书的编写工作就比较省力了。……文字上也作了改动，但尽可能保留原来讲课的语气。"说起来轻巧，真做起来，其实不容易。多年前，北大中文系研究生也曾将我讲授"明清散文研究"的课堂录音转化为文字，可我整理成书（《从文人之文到学者之文——明清散文研究》，北京：三联书店，2004年）时，却花了不少功夫。此中甘苦在于，课堂讲究的是临场发挥，不以"深刻"或"严谨"见长。那些效果很好的"声音"，一旦落在纸上，很可能因不太准确或游离主题，而在后期制作时被删去。可缺了这些"闲话"，课堂实录也就少了许多趣味。

"后记"谦称此书"有时信口开河"，"语气也不够连贯清晰"，这其实正是课堂的特点——只有回到课堂，才能理解此书的好处。本该生动活泼、诗意盎然的文学课堂，不能讲得滴水不漏。文采飞扬中，偶有节外生枝或不严谨处，那是"必要的缺失"，完全可以接受。如今的中文系，普遍重学问而轻鉴赏，把文学课讲得干巴巴，绝不是好现象。

近年风气略有变化，其中一个突出表现是，顾随的弟子叶嘉莹在南开大学以及全国各地讲授古诗词，受到热烈追捧。以我对黄老师的了解，若愿意暂时搁置戏曲研究的重任，专心经营诗词曲的讲授，其效果当不在叶嘉莹之下。谓予不信，请读这册"行文纵横捭阖，佳句随手拈来"的《黄天骥诗词曲十讲》。

叁　大学故事

讲述老大学的故事，这本来是我的强项。自1998年刊行《北大旧事》（编）及《老北大的故事》（著），可以说是引领了好一阵子的"风骚"。去年，为纪念中山大学九十周年校庆，我在花城出版社刊行了《怀想中大》。这本小册子属于急就章，比起黄老师的《中大往事》（增订本）来，实在是小巫见大巫。唯一的好处是，经由一番尝试，我了解讲述中大故事的难处何在。

喜欢倾听或乐于传播中大故事的，除了校友，就是广东的民众及媒体。单就书籍的"卖点"而言，"中大故事"无论如何比不过"北大故事"。可也正因为不是热门话题，讲述者比较从容，没必要"满嘴跑火车"。这样的文章，交给1956年毕业于中山大学，而后长期任教中大中文系，至今仍在康乐园里辛勤耕耘的黄天骥教授来做，无疑是最合适的。作为多年老友，同为中大中文系教授的金钦俊先生为《中大往事》增订版撰序，称："作为一种学者散文，此书充盈着茉莉花香似的淡淡的、幽幽的书卷香气。……至于行文中令人会心粲笑的庄谐并出，别具心思的雅中带俗，更是作者活泼、诙谐、生猛、灵动性情的折光，语趣意远，耐人寻味。"我同意金老师的判断，书中怀念黄海章、董每戡、容庚、王季思、吴宏聪那几篇，是写得最好的。笔下有温情，多细节描写，善于自嘲，且未曾刻意拔高自己的师长——甚至专门谈及王季思先生"文革"后的自我反省（251—254页）。所有这些好处，几乎是一目了然。因此，我更愿意推荐以下几篇。

上世纪五六十年代中国的大学生活遗憾多多，但不该被污名化。谈及当初学苏联时的"一边倒"，黄老师有深刻的反省，但并未全盘否定（《"一边倒"种种》）。述及"大跃进"中在东莞虎门劳动，厕所内外师生对话，真的是妙趣横生（《赤脚大仙》）。此等文人谐谑，马上让我联想到废名的妙语："莫须有先生脚踏双砖之上，悠然见南山。"（《莫须有先生传》）至于《"四清"漫记》中麦校长的自杀，着实让人感叹嘘唏；而讲述"文革"初期疯狂日子的《斗"牛"》，更是让人惊心动魄——作者的反省也很重要："更有意思的是，有些被斗过的'牛'，被'解放'以后，或是好了疮疤忘了痛，或是本身就有兽性，为了某种需要，也回过头来整人。其手法一如

'斗牛者'。'左'的法力，真使人'叹为观止'，更使人心寒。"（93—94 页）

最让我感兴趣的是以下二文：《"课堂讨论"和"拔白旗"》、《高校"鸳鸯楼"纪事》。从苏联引进的"课堂讨论"，作为一种很不错的教学方式，如何在"拔白旗"运动中发挥巨大作用，这我从来没有想过。文中这一段，值得教育史及思想史学者关注：

> 于是，长期以来经过"课堂讨论"养成的犀利泼辣的词锋，便大派用场了。为了在气势上压倒"白旗"，参加"拔旗"者，也会断章取义，引经据典。由于教师在一开始就被置于"挨批"的位置上，因此，尽管师生围坐于一室，但实际上是不平等的。（42 页）

拔白旗运动对被批斗的教师造成了严重伤害，也养成了强词夺理的霸道学风，但"要说服老师，同学们不得不经过认真准备"，也有教授从某位同学批判他的发言中，觉察到这个青年的学术潜力。

书中写得最好的，当属《高校"鸳鸯楼"纪事》（95—106 页）。中山大学西区那栋教工集体宿舍，曾拥有"鸳鸯楼"的雅号，很多人则直呼之为"夫妇宿舍"。1960 至 1970 年间，这里住着年轻的教职工夫妇，发生过很多让人啼笑皆非的故事。作者的笔墨很克制，且不乏自我调侃（如走廊上做饭如何充满乐趣等），但眼前发生的故事——如钱老师的精神错乱、余老师的闯下大祸等，实在让人笑不出来，甚至有点欲哭无泪的感觉。几年前，我曾约请北大中文系老师追怀筒子楼岁月，出版了《筒子楼的故事》（北京大学出版社，2010 年）一书；单就文章而言，难得有像《高校"鸳鸯楼"纪事》这么精彩的篇章。大概是自幼调皮捣蛋，加上学的是戏曲，黄老师对生活中有趣的细节很关注，且擅长讲故事，故其回忆文章好读。

《中大往事》（增订本）中最让我感兴趣的，还是其附录的那 21 则碑记。上世纪 80 年代初，位于改革开放前线的中山大学，在全国高校首开接受外资捐楼的先例。为了答谢捐赠者，不仅命名，而且立碑。而这撰写碑文的工作，就落在了中文系名教授黄天骥头上。如今漫步中大校园，凡新立的碑记，大都出自黄老师之手。若干年前，我曾应邀为中大某处建筑撰写碑文，思考了两天，还是断然谢绝——我知道碑记的分量，更晓得现代人撰写碑记的难处。像《重修乙丑进士牌坊记》（285 页），或《中山大学北门广场记》（289 页）那样的文章，涉及文物或校史，我努努力，大概也能写好；在我看来难度最大的，是为捐资建楼者立碑，如《梁銶琚堂记》《曾宪梓堂记》《英东体育中心落成记》等。好话要说够，但又不能说过头，免得后人戳脊梁骨；捐赠者乃工商名流，讲述其头衔及事迹，必定文白夹杂，很难保持风格的统一。立场必须不卑不亢，文章则追求雅俗共赏，这都不是容易做到的。读《"碑记"后面的故事》，方知黄教授在这方面做了很多探索："吃透捐建者的意愿和学校方面的想法、政策，当然是首要的；同时，采用什么样的表达形式、格调，也是必须考虑妥帖的。"而最后决定采取"骈散结合的较浅近的文言文"，目的是"让稍有文化修养的人，大致能看得懂；让文化水平较高的人，也觉得稍有嚼头"（160—161 页）。至于此文提及学校恭请商承祚教授书写某碑记时，商老因对"德高望重"四字看不下去，拒绝完成任务；直到改成"龄高德重"，他才愿意续写。如此一丝不苟中，透出读书人的傲气与骨气，实在令人敬佩。

肆　文化关怀

在《中大往事》（增订本）所收答问中，黄老师提及："我觉得中大的学术风格最能体现岭南文化的特色——既是务实的、创新的，又是包容的、严谨的"；"我觉得几代中大人形成的'中大精神'，实际上是'岭南文化'在学术领域中的体现。"（310—311页）这或许是作为中大教授，黄老师愿意花很多时间，撰写"一个老广州人的文化随笔"的缘故。

十年前，我为南方日报出版社推出的《广东历史文化行》撰写"引言"，其中有两句话，至今坚信不疑："并非每个出生于或长期生活在广东的'读书人'，都对这一区域的历史文化有足够的了解"；"如何深情地凝视你生于斯长于斯的'这一方水土'，是个既古老又新鲜的挑战。"（《深情凝视"这一方水土"》，《同舟共进》2006年第4期）很抱歉，我只是说说而已，并没有真为"这一方水土"做出贡献。黄老师不一样，竟然在主编卷帙浩繁的《全明戏曲》之余，抱着"写点散文，换换脑筋"的心态，在《南方都市报》开设"岭南感旧"、在《广州日报》开设"生猛广州·淡定广州"两个专栏，且最终均结集成书。

《岭南感旧》的开局很好，《八月十五竖中秋》《佳节又重阳》《市声》等，均在风土志与回忆录之间迂回徘徊，摇曳多姿，其中征引《东京梦华录》《广东新语》《羊城竹枝词》等，更是隐约可见其文体渊源。我对卷首的插页《蝶恋花·羊城十二月咏》特有好感，因其让我回到三十多年前羊城读书、春节逛花市的青春岁月：

　　二月倾城看花市，你买绯红，我买青蓝紫。灯下买花香满臂，眉头眼角盈春意。正爱花容姣若此，更爱花枝，都似凌云骥。"卖懒"儿童知奋起，一声爆竹齐"恭喜"。

花市场景我熟悉，"卖懒"习俗却是读了《岭南感旧》中的《团年卖懒买花回》，方才有所了解。另外，这里的"眉头眼角盈春意"，不仅是写实，更象征着改革开放初期广东人兴奋喜悦的心情。为何如此解读，因这组词撰于1983年春节期间，"记录我们这辈人在上世纪80年代初的心境"（参见《〈岭南感旧〉后记》）。

就像《岭南感旧》的"后记"所说，作者"不'感'则已，一'感'起来，百感交集"，于是整个写作，越来越倾向于作为中大学人的回忆录，而不是岭南风土志。因此，书中的若干篇章，日后收入《中大往事》（增订本），就一点也不奇怪了。

胡传吉为《岭南感旧》撰序，提及"古有屈大均先生的《广东新语》，今有黄天骥先生的《岭南感旧》，两者对照，更见世事沧桑"。其实，单就写作宗旨及篇章结构而言，接近清人屈大均《广东新语》的，不是《岭南感旧》，而是其续作《岭南新语》。

《岭南新语》的分类虽没有《广东新语》那么繁复，但将72则短文分成"岁时"、"城垣"、"食俗"、"粤韵"、"市声"等五辑，可见其追摹目标。回忆录的线索仍在，但风土志的轮廓日渐明晰，因此，《岭南感旧》的七夕、登高、卖懒、花市等习俗，在《岭南新语》中"重生"，并获得了另一种精彩呈现。作者世居广州西关，对广州城、广州人、广州的历史文化及生活习俗有深刻的理解，加上心态洒脱，文笔简洁，为这座历史悠久但又充满生机的古城撰写"新语"，是再适合不过的人选。

显然，作者不满足于传统的风土志，还希望有所拓展与创新，于是《岭南新语》还收录了

12 篇论述及访谈。单看题目，你就明白其立场与志趣：《生猛广州论说》《"及第粥"是观察广州人精神的一个窗口》《岭南文化就像一锅及第粥，讲究融合》《岭南文化是"不中不西，有中有西"》。为何说"及第粥"最能体现广州人的精神及趣味，黄老师是这么描述的：

> 及第粥的制作，其精妙处，正在于包容。它的材料，包容了植物和动物。植物有无味的米，有微辣的姜，微香的葱；动物有水上游的，地上跑的；肉质有稍稍松软的，有较具嚼头的，它们各具有不同的蛋白质和养分。至于烹饪，则包容了文火、武火等方式。有些外地朋友，以单纯为美，讲究地道、正宗，而广州人却乐于把不同特质的东西汇于一炉。这兼容并蓄的品性，也直接作用于广州人的舌头，于是我们的味蕾，也有包容的嗜好。（130—131页）
>
> 除了味道鲜美，还有广州人重口彩、讲意头的风气，这才促成了考生临阵前吃及第粥的习俗。而从这习俗中，黄天骥先生读出了"善于吸纳交融而至于创新，乃是广州人特具的品性"（131 页）。

谈及岭南文化的特质，黄先生不喜欢"务实"、"进取"等空洞的口号，而更倾向于从食品及习俗角度展开论述，这我是很认同的。同样生活在广东这块土地上，广府人、潮汕人、客家人三大族群，无论方言、习俗还是文化趣味，均有不小的差异。只是放在全国范围，非要为"广东人"画一幅肖像（即便是漫画像）不可，黄老师的描述还是相当精彩的：

> 广东人最大的特点就是生猛和淡定。生猛指的是广东人思维活跃；淡定指的是我们对生活有信心，很会享受生活，比较乐天知命。所以在接受外来文化的时候，也不会有那么强的抗拒心理。（356 页）

研究地方文化时，专挑好的说，且要求朗朗上口，这是大众传媒的特点；至于有一利必有一弊，广东人性格上的缺憾，那就留给专家们去辨析吧。

我对黄老师拈出"生猛"和"淡定"来描述广东人的性格很感兴趣。因为一般理解，"生猛"者风风火火、朝气蓬勃；"淡定"者则优游舒泰、从容不迫，二者截然相反，如何熔为一炉？这你就不用着急了，黄老师自有办法：

> 古人有云："动如脱兔，静如处子。"广州人的品性，庶几近之。（5 页）

如此动静结合，张弛有度，当然很好了，但就怕过于理想化。好在还有一句老话："虽不能至，心向往之。"

伍　学人志趣

虽说离开康乐园已经三十多年，因工作关系，我经常回母校。目的是看看绿草如茵的校园，探望日渐衰老的师长，也欣赏青春勃发的学弟学妹。很奇怪，别的人会长大，也会变老，但黄老师似乎三十年没什么变化，永远都是那么乐呵呵的，且童心不泯。偶然校园里碰见，居然从脚踏车飞身而下，打个招呼，说声游泳去，转眼就不见了人影。猛然间想起，我这位活力四射的老师，1935 年出生，今年该过八十大寿了，居然还如此"生猛"。

我在中大读了本科及硕士，康乐园里有不少我所熟悉的学识渊博的师长。但像黄老师这样喜欢跟年轻人混在一起（如出书时专找年轻人写序），说说笑笑、吵吵闹闹的，却是独一份。很多学弟学妹告诉我，跟黄老师在一起，双方都没有精神负担，很愉快。这大概是黄老师"永葆青春"的独门秘诀。看他在校园里走路、讲课、发言，从来都是眉飞色舞——热爱自己的专业，热爱自己的大学，热爱自己的城市，热爱自己的生活方式，这样的教授当然可爱。

某次我在中文堂演讲，黄老师自告奋勇当主持。说实话，我当时的感觉是压力山大。因为黄老师调动现场听众情绪的能力，非我所能及。相形之下，我精心准备的专题演讲，被他的诸多即兴发挥压下去了。后来想想，这也没什么，黄老师本来就是研究戏剧的，将讲台变成了舞台，乃是本色当行。

有学问，勤著述，拿得起，放得下，能雅能俗，没大没小，这样的教授，我在北京没有见到过。我当中大北京校友会会长那几年，凡学校派人来京组织活动，代表团中必有黄老师；而有黄老师在的场子，必定是红红火火。后来才知道，每回中大组织大型活动，如毕业典礼或校友聚会，都会恭请黄老师"友情出演"；而黄老师也都欣然接受，且每次都不辱使命。研究戏剧的黄天骥老师，"舞台感"很好，且有"人来疯"的一面，越是大场子，他的表演就越出色。

这就说到了南国学人的志趣与情怀：有足够的聪明才智，但从不故作高深，也不推崇悬梁苦读，欢天喜地做学问，能走多远算多远，这或许就是黄天骥教授之所以"生猛"且"淡定"的缘故。

2015 年 11 月 23 日于京西圆明园花园

（原刊《羊城晚报》2015 年 11 月 29 日）

林雄对话黄天骥，共论学术和文艺如何走出"象牙塔"：文艺有时让人会心一笑就可以了

郭 珊

开篇的话

即将召开的省委十届七次全会将专题研究建设文化强省，并出台《广东省建设文化强省规划纲要》。省委全会专门探讨文化工作，规格之高，在广东省历史上少见。

自去年8月提出"建设文化强省"，广东深化文化体制改革，锐意创新，文化建设步入快车道：2009年广东文化产业增加值连续第七年名列全国榜首，第六届文博会总成交额过千亿大关，创历史新纪录；今年九艺节一举夺得11个"文华奖"，占全国获奖剧目的1/6；广州大剧院、省博物馆新馆等一批文化新"地标"纷纷落成，周末去听讲座、逛博物馆、看戏正成为老广们追捧的新时尚，重视文化成为广东上上下下不言而喻的共识。

文化不仅是经济的根，更是我们每个人存在的理由。正如中共中央政治局委员、省委书记汪洋所言：一个健康的社会如果没有绚丽多彩的文化艺术，就像大自然没有阳光、空气和水一样，是无法存续的。广东当前处于转变经济发展方式的关键时期，离开文化谈科学发展、和谐社会建设，无异于缘木求鱼。广东建设文化强省根基在哪里，软肋又在何处？为什么迫切需要提升广东整体文化形象？素以"低调务实"著称的广东人，在文化建设中如何处理好文化与经济的关系，历史与现实的关系，务实与务虚的关系，长远与眼前的关系？在30年经济高速发展之后，作为全国经济排头兵的广东又该如何实现比GDP数字更为深刻的人文跃升，为广东在中国现代转型中的优势地位、先行作用新添绵延后劲？这些疑惑时时刻刻都在叩问人心，促人警醒。

广东省委、省政府于日前向社会各界多次发出"动员令"，集思广益，诚邀各方力量为实施文化强省战略献计献策：6月初，省委书记汪洋分别与省内文化企业代表、文化官员以及红线女等文艺界知名人士举行三次座谈；6月17日，省长黄华华又专门听取省人大代表、政协委员、民主党派、工商联、无党派人士的意见和建议。同时，5月起，广东省还借鉴"网络问政"的经验，向网友市民征集"金点子"。

"建设文化强省，需要通力合作，更需要众'智'成城。"省委常委、宣传部长林雄日前主动登门拜访了张汉青、黄天骥、吕雷、张磊、潘鹤、黄树森、饶芃子、范以锦等八位来自政界、学界、美术界、文学界、传媒界等不同领域的文化名人，围绕当前文化建设的热点、焦点与难点交换看法，高处着眼，细处着手，共商广东文化繁荣之策。

从今日起，林雄与八位文化名人的对话将在本报陆续发表，第一篇是林雄与中山大学教授、著名学者黄天骥的对话。

广东文化"不是'富二代'，更要奋发向上"

近日，林雄在中山大学中文堂拜访了著名学者黄天骥教授。之所以选择中大作为"问策"的第一站，林雄表示，因为高校是人才资源最为集中的一块"智力高地"，特别是人文科学的研究成果，应该在建设文化强省中发挥更大作用。

黄天骥和林雄的对话从广东人的文化个性，论及高校的文化责任，期间穿插"大学去行政化"、"企业文化热潮"等时事新闻，话题任意纵横，气氛融洽轻松。黄天骥善打比方，"金句"频现，例如用"及第粥"说明广东人包容出新的性格。对于广东人至今甩不掉"文化沙漠"的帽子，黄天骥反问："沙漠"有什么不好？沙漠下面有石油啊！难道说人家中东国家就只有经济没文化？广东要把经济优势转为文化优势，就如同把石油卖出去赚来的钱，用来灌溉"绿洲"。接着他又抛出一个例子："人人都说文化是最大财富，你看这个'财'字，一半是贝，意思是搞文化要钱，一半是才，也就是要靠人才，没钱没人才搞不了文化啊！"

谈到广东人的文化底气，双方的共识便是，文化上的自信，不见得一定等同于地下埋了多少文物宝贝，或者"文化血统"上如何高贵、纯粹，代代相传的踏实作风、"活化"的精神馈赠更为可贵。两人感叹："不是'富二代'，更要奋发向上！"

广东的底气不是靠"祖上积福"

林雄：广东历来商业文化发达，广东人精明，身上有一种"不安分"的倾向。

黄天骥：在广东，中西文化率先实现了碰撞、交融，这就造就了广东人包容、接受力强、易变通的个性。广东地方小吃"及第粥"，就是一个"包容出新"的典型。

林雄：作为改革开放先行地，广东在经济领域取得的成就是举世公认的，但另一方面，广东曾长期被人认为是"文化沙漠"，现在省委省政府提出要打造文化强省，您对这一举措有何看法？

黄天骥：从近代以来，广东在中国历史的"节点"上扮演过两次"火车头"的角色，一次是辛亥革命：从郑观应的《盛世危言》，黄遵宪倡导的"诗界革命"，到康梁的变法维新思想，再到孙中山的革命主张，这些思想在当时何止是先进啊，都是了不得的！另外一次是改革开放，如果广东人不能充分理解小平同志南巡讲话的精髓，又如何能积极推行改革开放的政策？为什么这两次大的转折点都发生在广东？说到底还是广东的文化"土壤"具备孕育先行者的养分，从这个角度来说，广东早就是文化强省！

林雄：当初小平同志为什么单单在广东"画了一个圈"，而不是从别的地方着手开展"试验"？一定是广东的文化特质与老人家的高瞻远瞩产生了某种呼应。比如说，广东位于五岭之外，"南蛮"一隅，尊重中原正统文化但又不至于背上沉重的包袱；这里历来商业文化发达，广东人很精明，身上有一种"不安分"的倾向，在计划经济高度集中的年代，广东人很早就有意识地在条条框框的缝隙间打"擦边球"。从文化本质上来说，您会怎么来形容和概括这种"不安分"的特点？创造力，个性还是崇尚自由？

黄天骥：是岭南地域文化决定了广东人的特殊性格。准确说来，岭南文化是自宋代之后取得长足发展的。一方面，在明朝，葡萄牙占据澳门之后，广东开始遭遇异质文化的渗透和冲击，资本主义经济逐步萌芽；另一方面，随着历史上几次中原人口大迁徙，包括中原古音、习俗在内的传统文化在广东得以保留和传承。在广东，中西文化率先实现了碰撞、交融，这就造就了广东人包容、接受力强、易变通的个性。拿市场经济和计划经济来说，在中央提出"社会主义市场经济"这一概念之前，广东人就很敏感地察觉到两者并非截然对立，而是可以结合起来的。广东人的想法是，只要上面没有规定一定不许干，就意味着在指令之外还有自由发挥的空间，于是广东人就变成了"打擦边球"的高手。

林雄：您把广东人最根本的文化性格归结于"包容"，它是广东经济光环背后的"助推器"，这种包容性又如何与文化建设相挂钩呢？

黄天骥：我的看法是，"有包容必有创新"。举个最浅显的例子，广东地方小吃"及第粥"，就是一个"包容出新"的典型：粥里面每一样东西都是有寓意的，猪肉丸寓意"状元"，猪肝比喻"榜眼"，粉肠或者猪腰，指代"探花"，又称"三元及第"。而且一定要有葱，就是"通"的意思。千年科举文化，就全都在一碗小小的"猪杂粥"里了，就我所知，这道菜是广东特有，别处都无。

广东人的性格在我看来是既"生猛"又"淡定"的矛盾统一体。"生猛"在于敢饮头啖汤，有活力，善于创新；"淡定"是"不争论"，"不折腾"，豁达乐观，危机面前镇定从容。你看，非典时期街上也没多少人戴口罩，该干嘛还干嘛去，既来之则安之，绝对没有恐慌失措，这就是广东人的大气、自信。

广东人的信心来自哪里？广东是平民社会，等级观念比较淡薄，不摆架子，不为自己设定虚无缥缈的目标，他们的底气不是靠"祖上积福"，而是来自于现实生活中过得踏踏实实。文化"出身"上我比不过你，没关系，只要自己过得好就OK！有些文化积淀很深的地区，反而处处受祖宗"家法"、"规矩"所累，不敢越雷池一步，而广东人就没有这种负担，轻松上路是敢为人先的必要条件。

中国人很看重一个"趣"字

黄天骥：从审美心理来说，中国人还是很看重一个"趣"字的，再严肃的"正剧"也注重主题性和娱乐性的相互调剂。

林雄：不一定每时每刻都强调文艺的"教化"功能，现代人生活压力大，有时能让人会心一笑也就可以了。

林雄：改革开放30年了，现在从中央到地方，大家都意识到中国的发展理念要调整，尤其是要转变经济发展方式，产业结构要升级换代，要走可持续发展之路，文化软实力备受重视，今日的广东人亟待在"文化"上有更大作为。

黄天骥：改革之路既然是在摸索中前进，就注定是需要时刻反省和调整的，对文化建设来说也是一样。过去人们常说"文化搭台经济唱戏"，这种说法今天看来就是值得商榷的。文化不是经济的附庸或者说手段，文化本身就是"唱戏"的主角。以前我们一说搞文化建设，觉得无非是搞两部舞台精品，或者出一些文艺作品，发表一些学术文章，事实上都远远不够。要想在文化上有大作为，一定要唤起全社会的热情和踊跃参与的积极性，让每个人都亲身感受到文化的滋养，从而乐于为文化建设献策献力。

这两年有两部舞台作品给我启发很大，一部是"昆曲义工"白先勇牵头排演的青春版《牡丹亭》。白先勇跟我说，这部戏挣钱不算多，因为成本太高，他说光是他打越洋电话遥控指挥就花了100万美金。但是肯定是有效益的，而且收获远不止票房上的回报。这部戏在海外吸引到众多企业、基金会为之慷慨解囊，开创了商业运作的新模式，让濒临失传的"百戏之祖"昆曲，从"文化遗产"变成了大众趋之若鹜的"潮流"。另外一部是省话剧团儿童剧团的《朋友总动员》，它的排练经费来自企业赞助，首演也是企业包场，让企业直接参与创作、组织消费，解决了剧团的后顾之忧。

林雄：《朋友总动员》可说是剧团和企业通过紧密协作，良性互动，实现双赢的典型。当然，"文化"的价值不一定都是以效益来衡量的，也可以是一种精神上的感召力，思想上的无形财富，譬如学术研究。我一直认为，高校是人才资源最为集中的一块"智力高地"，应该在建设文化强省的各项工作中发挥更大作用，尤其是让高校的研究成果，特别是人文科学与文化建设的需求结合起来，为时代所用，为大众共享。您是怎么看待学问的"独立性"和"经世致用"这两者之间的关系的？

黄天骥：中大校长黄达人说过一番话，大意是大学既是"象牙塔"，也是"发动机"，它首先必须是学术的殿堂，是一块知识的净土，但同时它又必须成为推进社会经济全面发展的一种力量。如何使这二者统一起来，是我们这些身处"象牙塔"中的人，不能回避的责任。我是赞成他的看法的，我的态度是"象牙塔"和"发动机"要结合起来诚然很难，不用强求，但如果有结合的契机，那是最好不过的。

举个例子，我是研究古代戏剧史的，为什么元代杂剧从剧本到表演都已非常完善，一点都不"杂"，但还是以"杂"剧命名？我的一点浅见是，元代戏班在演戏过程中，常常会在幕间休息时"掺杂"一些与剧情无关的串场表演，通常很富娱乐性，老百姓很爱看。换言之，从审美心理来说，中国人还是很看重一个"趣"字的，再严肃的"正剧"也注重主题性和娱乐性的相互调剂。这个观点就可以用来指导我们今天各种文艺形式的剧本创作。

林雄：也就是说，不一定每时每刻都强调文艺的"教化"功能，现代人生活压力大，有时能让人会心一笑也就可以了。

黄天骥：要让老百姓开心，自然要做到通俗，但通俗不等于媚俗，这就需要引导和提高。赵本山对于二人转的推广之功，是有目共睹的，他主张搞"绿色二人转"，剔除黄段子成分，又按照观众的欣赏口味，对于原来的二人转形式进行了调整和修改。这些措施从思路上来说我认为都是对的，传统曲艺一成不变肯定会缺乏活力走向衰微的，至于改革的效果如何，还有待时间检验。

需要形成激励人文学术成果转换的常规机制

林雄：现行教育评估体系没有将人文学术成果转换的社会效益纳入高校教师业绩考核范围，这个机制上的缺憾可能是造成高校内外文化传导"脱节"的原因之一。

黄天骥：谁来做校长？不论是什么人，这个人必须是教育家。现在学校出这么多问题，关键就在于治校者不是教育家，这一点非改不可。

林雄：如您所说，人文学科研究是可以参与到文化建设中来，而且潜力巨大。但换个角度来看，可以参与不等于一定要参与，您认为应不应该鼓励学术成果面向社会进行转化、推广？政府在这个过程中又该起到什么样的作用？

黄天骥：我觉得学术的钻研和普及客观上存在矛盾性，结合得不好便会觉得处处掣肘，左右为难；但只要做得好，就不觉得矛盾，在这个过程中，政府的引导、组织、支持都是很重要的。比方说，中国非物质文化遗产研究中心就设在中大，他们协助许多地方政府撰写"申遗"材料，参与当地非遗项目的保护和开发，反过来也促进了"非遗"学科研究的不断深化。省文化厅艺术研究所与中山大学中文系刚刚共同举办了"广东省高级戏剧编导培训班"，这些都是很好的尝试。

林雄：据我所知，目前政府部门开展一项活动需要学术界支持时，通常还是通过朋友、师生等私人关系寻求帮助，高校和社会之间并没有形成一套建立在普遍适用原则之上的、激励人文学术成果转换的常规机制。现行教育评估体系没有将人文学术成果转换的社会效益纳入高校教师业绩考核范围，这个机制上的缺憾应该说是造成高校内外文化传导"脱节"的原因之一。

黄天骥：可能部分院校个别院系有开展这方面的试验，但总体上来说，激励学术成果转化的机制，基本上仍是空白。话说回来，鼓励转化不等于盲目转化，不等于搞一窝蜂，一哄而上，首先还是要回归教学，把本职工作搞好，防止浮躁心态，尤其是搞基础学科研究的更要耐得住寂寞。

林雄：最近社会上对"大学去行政化"的问题议论很多，大学"去官化"、"教授治校"等种种说法不绝于耳。我很想听听您在这个问题上的看法。

黄天骥：这两年高校出了很多问题，针对现行高等教育机制的批评意见很多，但高校的问题很复杂，不光是学术或者行政上的问题。要是真的搞成"教授治校"，效果不见得一定就会好。谁来做校长？我觉得不一定非得要院士出马，但不论什么人，这个人必须是教育家。现在学校出这么多问题，关键就在于治校者不是教育家，这一点非改不可。

（原刊 2010 年 6 月 28 日《南方日报》）

漫说黄天骥老师的自信与底气

康保成

一

有这么一个故事：一位名不见经传的民间棋手和一位名满天下的高手对弈。最初，这位民间棋手并不知道对手就是大名鼎鼎的棋王，连弈三盘，盘盘皆赢。到知道对方的大名之后，再弈三局，接连败北，再也赢不了对方了。

显然，这位民间棋手是被对方的名气吓倒了。但我想，归根结蒂，他还是缺乏了一点自信和底气。这和秦舞阳在嬴政宫廷瑟瑟发抖的故事如出一辙。燕国勇士秦舞阳十二岁就敢于杀人，人们都不敢面对面地看他。但他作为荆轲的副手，却被秦始皇的威严吓得面如土色，秦始皇因而生疑，荆轲刺秦王的大业也因此功败垂成。按说，秦舞阳并不是没有实力，只是遇到了比他更强的对手，丧失了自信而已。

在高手林立的学术界，自然是强中更有强中手，山外有山人外有人，能够保持足够的自信和底气并不容易，而黄天骥老师就是这样的人。

中大校友陈平原说："研究戏剧的黄天骥老师，'舞台感'很好，且有'人来疯'的一面，越是大场子，他的表演就越出色。"（陈平原《南国学人的志趣与情怀——读黄天骥教授近著四种》，《羊城晚报》2015年11月29日，第A11版。以下陈平原文均引自此文）2004年，中山大学校庆八十周年纪念大会在广州中山纪念堂举行，4729个席位座无虚席。更加"威严"的是，主席台上的省市领导、各方要员，一个个正襟危坐，注视着演讲台。天骥师作为教师代表发言，不带片纸，他操着带有浓重广州方言味道的普通话，谈笑自若，妙语连珠，赢得了全场最热烈的掌声——没有之一。这个场面，印证了陈平原对天骥师的描绘。

那么，黄天骥老师的自信与底气从何而来？要回答这个问题，我们得先从学术之外谈起。

二

1984年秋，也就是我和薛瑞兆师兄入校后的第二个学期，中山大学迎来了校庆六十周年。一天，我和瑞兆兄骑车路过东区体育场，听到围墙内传出一阵雄壮的军乐声。我俩好奇，遂停下车想看个究竟。不料，我们看到的竟然是天骥师右手高举指挥棒，左手做着手势，正在精神抖擞地指挥着一支庞大的军乐团的英姿。后来才知道，天骥师本来是要到中央音乐学院学音乐的，只是由于某个家长的反对才上了中大中文系。但他对音乐的热爱却始终不减。60年代初期，他曾为中大师生集体创作的《虎门颂》作曲，并亲自担任指挥。改革开放乃至到了他七十岁以后，还经常指挥大合唱。其风采，其水平，俨然是一个专业的指挥家。

在学术圈内外，天骥师坚持游泳的故事为许多人所津津乐道，但中大之外亲眼见过他游泳的人就很少了，我是其中的一个。说来惭愧，本人当过五年海军，自诩游得还可以。但一看到他的泳姿，就再也羞言当过海军了。他最擅长的是蛙泳，姿势矫健、漂亮，腿一蹬就能把人甩出老远。有一年，他参加广东业余游泳大赛，得了老年组银奖。要知道，所谓"业余大赛"，其实参加者多是年轻时的专业游泳队员呐！天骥师谦虚地说他不擅长自由泳，但看到他展开双臂，在浪中搏击前行的样子，我们就只有在一旁羡慕的份。"凝眉奋臂挽狂澜，划转潮头越险滩；禹门三尺桃花浪，几人沉坠几人还？"（黄天骥《秋泳曲》）对于黄天骥老师来说，游泳已经不仅仅是一种体育锻炼方式，而是他生活中不可或缺的组成部分。如今，年过八旬的黄天骥老师，依然常常活跃在泳池中。他用游泳排遣出心中的郁闷，强健了自己的身心，加深了对社会对人生的认识。泳池中的黄天骥老师，显得格外潇洒、年轻。

三

诗词歌赋和散文创作是天骥师学术研究之外又一个亮点。正如平原兄所言，"漫步中大校园，凡新立的碑记，大都出自黄老师之手。"这些碑文堂记，立场的"不卑不亢"，"骈散结合的较浅近的文言文"风格，乃至最终达到"雅俗共赏"的效果，"这都不是容易做到的"。在这里，我愿意谈一点自己的切身感受。

2007年7月下旬，我应邀陪天骥师到山西北部考察，在海峡两岸享有盛名的戏曲研究大家曾永义先生也参加了这次考察。在忻州的阎锡山旧居，有一副"五姑娘"的雕像独居一室。这位"五姑娘"是阎锡山的堂妹阎慧卿，传说她钟情于阎锡山而终生未嫁，可阎锡山却把她抛在老家自己去了台湾。这个故事使得原本就孤身一人的雕像显得更加冷落、凄美。曾永义先生口占一首《咏五姑娘》诗，表达对"五姑娘"的哀悯与同情，天骥师应声唱和，后出转精。在五台山，同样是曾先生首倡，天骥师唱和。一路上，两位先生出口成章，才思敏捷，让我们这些随行的后学大饱眼福，大开眼界。现在想来，这场景可不是每个人都能遇到的，值得在心底里永久收藏。

旧体诗词如何贴近当代生活？这是诗词学界久议未决的问题。我们的两位老师——王季思和黄天骥，以自己的创作实践回答了这个问题。相比而言，天骥师的社会实践更多，兴趣和特长更广泛，因而他的作品题材也更广泛，对社会对人生的思索以及他丰富的想象力和艺术才华，也更多地体现在作品中。不妨先胪列一些天骥师创作的旧体诗篇目：《花市行》《足球吟》《围棋咏》《虎门吟》《花城灯月吟》《迎春扫屋吟》《回归吟》《买桔行》（以上为歌行体），《秦始皇兵马俑》《清平路即事》《看时装展销会》《中大中文系学生售旗募捐》《白云山远眺》《访泰国见闻》《邓世昌百年祭》《随季思师游武汉东湖》《悼耀邦同志》《看足球世界杯有感》（以上为律师绝句）。他还有不少词作，限于篇幅，不一一罗列了。

1989年4月，曾任中共中央总书记的胡耀邦与世长辞。天骥师为作《悼耀邦同志》绝句六首，其一为："京华四月景凄迷，杜宇西山带血啼。创业艰难公竟去，斯人生死系安危！"短短二十八字，不仅倾诉了内心的悲痛，还预言般地揭示了其后不久发生的那场政治风波。由于众所周知的原因，几代知识分子都对胡耀邦有着特殊的感情。想起季思师在【沁园春·悼念胡耀邦同志】词中说："一代英豪，千秋功罪，谁为分明？""为国兴才，鞠躬尽瘁，长使诗人泪满倾。"

天骥师和季思师的心是相通的。

在旧体诗词中，天骥师最擅长歌行体。据他说，歌行体既有格律要求，又有较多自由发挥的空间，所以很喜欢这种体裁。写足球，他把球员比喻成雄狮、饿虎、燕子、鲤鱼，球员们的长传、冲顶、倒钩、射门等动作全都跃然纸上，栩栩如生。例如其中的四句为："霹雳轰顶不须忧，雄狮震鬣猛摇头；珠球洒落三山外，仰天长啸乱云收。"写龙舟竞渡，他又把河道与世道相联系，把屈原的悲剧与文人的期待自然地纳入诗中："前波翻浪后波推，处处瞿塘滟滪堆；河道应知如世路，暗礁激水遏船回。""宴罢登楼各赋诗，投诗入水问蛟螭；一自楚臣沉沙底，几多赤子盼明时！"

天骥师的代表作当属七言歌行《围棋咏》。中国围棋源远流长，以围棋为题的诗赋数不胜数。仅从东汉到南朝，就有"五赋三论"，即东汉马融和西晋蔡洪、曹摅及梁武帝萧衍、南朝诗人沈约的五篇《围棋赋》，东汉班固的《弈旨》、三国魏朝应场的《弈势》，南朝梁代沈约的《棋品序》，都是名作，要超越他们实在不容易。天骥师的《围棋咏》成功突破了前人的藩篱，显示出他过人的才华和豪放不羁的风格。全诗如下：

秋风猎猎银鹰举，国手东征跨海去；回望齐州九点烟，扶桑只隔一帘雨。雨滴波生白玉堂，汉家豪客振棋纲；千金宇内求骐骥，五色云间下凤凰。拂衣直上攻擂处，呖乱鸟声啼不住；一决雄雌壮士心，莺鸣求友情常驻。横戈驻马阵云高，雨卷龙腥出海涛；北线穷阴围荆莽，南边巨浸接深壕。棋枰对坐千山静，敛气凝眸看日影；兜鍪不动战旗斜，霹雳收勒听军令。须臾子落起风雷，顿觉眉间剑气吹；布下"小星"光闪灼，犄角连环不可摧。迎敌分兵开虎口，坚城滚石大如斗；直插"天元""宇宙流"，应手从容饮杯酒。酒酣顺势发奇兵，魏貅怒跳入空营；振臂一呼惊草木，敲棋犹作乱金鸣。中腹大空尖、顶、靠，栈道明修瞒敌哨；"小飞"斜出渡陈仓，微晚金鳌抛锦罩。锦罩腾挪动九天，六军翻似油锅煎；露重鼓寒声尽死，戟锁重关马不前。满座但闻风索索，赤日炎炎霜雪落；气结生吞血欲凝，惟有哀兵夜吹角。楚歌四面月将残，紫塞荒凉暮色寒；大局行看江海泻，谁人只手挽狂澜？咬牙搔首沉吟久，拍案急抛"胜负手"；拼掷头颅决死生，五岳乍崩天乱抖。雕弓晓射踏霜蹄，沙场骨白血肥泥；短兵搏杀"收官子"，孤棋"打劫"系安危。胜负安危休细数，渐散尘烟收战鼓；斗酣转觉友情浓，投袂推枰齐起舞。纹枰三尺入玄机，黑白分明接翠微；覆雨翻云千载事，落花流水一招棋。一着只差势尽倒，当时曾把黄龙捣；古今中外几多人，功败垂成没芳草。京华恰见聂旋风，凯歌高唱入云中；漫把棋形连世势，拈花微笑论英雄。手谈斗智兼斗力，国运蹉跎棋运戚；元戎卓识与天齐，助我雄飞张羽翼。卧薪尝胆几春秋，报国心丹耀斗牛；锻砺矛戈期一战，岂能徒白少年头。心底无私思路广，虎穴龙潭由我闯；囊棋仗剑走天涯，铲平沧海千层浪。闻君此语倍精神，昌棋爱国竟难分；烂柯仙叟跨龙去，尚留豪气满乾坤。满乾坤，说聂君，"杀伤电脑"慑心魂；迎风独立三边静，秋山黄叶落纷纷。

一首《围棋咏》，像极了唐代的边塞诗。从大将出征到胜利凯旋，从运筹帷幄到短兵相接。有明修栈道暗度陈仓，有四面楚歌、直捣黄龙。每四句一转韵，每韵都有独立的事项，环环相扣，首尾呼应。诗中关于围棋的典故、术语也都信手拈来，运用自如。一曲读完，余音袅袅。难怪著名书法家、中大七八级校友许鸿基，在庆祝他们毕业三十周年时，工工整整地用毛笔把这篇《围棋咏》用大字抄写出来，放置在中大中文堂最显眼的地方，以表达他们这一届同学对这篇作品的热爱和对天骥师的崇拜。

四

我没在中大读过本科，无缘享用如平原兄所说的听天骥师讲《春江花月夜》"听得如痴如醉"的精神大餐，但却多次听过他的讲座和论文报告，有时候还"附骥尾"，和他同台讲座。2014年4月，天骥师在国际学术会议上作主旨演讲，题目是"元杂剧《单刀会》中的祭祀因素"。半个小时，不用PPT，不带片纸。会后叶长海先生告诉我说，这场报告，不用改动，记录下来就是一篇学术含量很高的论文。

有一次，我有幸和他一起在北方的一所大学为本科生做讲座，天骥师讲的是"岭南文化的特征"。照样是不用PPT，不带片纸。他从广州的五羊雕像谈到广东人对中原文化的认同与向往，再进入主题，畅谈岭南文化的豁达开放、兼容并蓄。侃侃而谈，从容不迫。一个小时下来，场上掌声雷动。

师弟李恒义告诉我：一次会议，天骥师当众作报告，照着稿子念，抑扬顿挫，铿锵有力，没有半点语病。恒义纳闷了，黄老师是最讨厌照本宣科的，怎么读起稿子来了？他悄悄凑到跟前一看，天呐，黄老师手上拿的是一张没写字的白纸！事后，恒义揣摩，不写稿子，或许会被会议主办方误解为不重视，所以才拿一张白纸"作秀"吧？恒义猜的是不是对，我没找天骥师求证过。总之，天骥师的学问是在他肚子里，而我们的学问是写在纸上。而且，天骥师的学问已经融会贯通，所以才能信口拈来，举一反三，左右逢源。

天骥师常说，他是"带着诗词的眼光去研究戏曲，又带着戏曲的眼光去研究诗词"。这一点，我们学不了，只能心向往之。哪怕就是在戏曲领域里，我们最多只是做点案头功夫，而天骥师兼得王季思、董每戡两先生真传，是案头场上两擅其美的戏剧理论家。平原兄说：在中大的戏曲学团队中，"能传承王季思先生学问的，不仅黄老师一人；而因个人才情及志趣，接续董每戡先生这条线的，大概只有黄天骥。"这话没有说错。

平心而论，天骥师看戏不多，但每看则必有精到的点评。华东某京剧院的一部新编历史剧，被公认为是新经典，好评如潮。但天骥师看后指出，这个戏在舞台调度上还有不少有待提高的空间。记得那天讨论这个戏，天骥师娓娓道来，鞭辟入里；同学们大为叹服，拍案叫绝。有位学兄说："这堂课，应该让该剧的编导来听听。"还有一次，北方某梆子剧种来广州演出新编五大南戏中的一个剧目，天骥师一眼就看出，这出戏过多地使用了话剧的手法和布景，不利于演员充分运用戏曲的表演技巧。

很可惜也很惭愧，虽然明明知道研究戏曲必须懂得舞台艺术，但天骥师对舞台艺术的深厚的理论修养和独到的审美眼光，吾辈迄今还没有学到。

五

天骥师常说，在学术研究方面，他是"以戏曲为主，兼学别样"。

在戏曲方面，他提出的元代南北两个戏剧圈的主张，已经写入文学史，获得广泛认同。他的《元剧的"杂"及其审美特征》、《"旦""末"与外来文化》等论文，都是小中见大的典范之作。其特点是：从对某一具体事项的考辨入手，联系到时代风尚或中外文化交流大局。他对关汉卿生平的考证，对王实甫《西厢记》、汤显祖、李笠翁、"南洪北孔"的个案研究，也都能在前人研究的基础上另辟蹊径，令人耳目一新。更为可贵的是，天骥师作为中文系出身的典型的"学院派"学者，还主动介入到宗教、民俗与戏曲的关系研究和戏剧形态研究，写出了《论参军戏与傩——兼谈中国戏曲形态发展的主脉》、《从"引戏"到"冲末"——戏曲文物、文献参证之一得》、《〈牡丹亭〉的创作和民俗素材提炼》、《论丑和副净——兼谈南戏形态发展的一条轨迹》等论文。他做学问的不拘一格、与时俱进可见一斑。

众所周知，天骥师不是学究型的学者，而是才子型的学者。然而，在王季思老师主编《全元戏曲》之后，天骥师担纲主编《全明戏曲》，而后者的篇幅是前者的五六倍以上！为了减轻天骥师审稿的负担，我们本来采取的是分卷主编负责制。但天骥师作为总主编，不仅对每部交上来的作品都细细审看，一一纠正初校、二校的错误，而且连许多本该分卷主编承担的二次审稿工作也"截"过去。所以，他手头的稿子，有许多是未经分卷主编二校的，其工作量可想而知。天骥师说："你们几位（指我和宋俊华师弟等）工作忙（指教育部基地工作），审稿的工作就由我代劳了。"

戏曲之外，他对吴伟业、朱彝尊、陈维崧、纳兰性德的研究最引人注目。尤其是对后者的研究。1982年，他的论文《纳兰性德和他的词》在《社会科学战线》发表，是最早研究纳兰词的重要论文。翌年，同名专著在广东人民出版社出版。书中对纳兰性德生平的考证，对纳兰词的鉴赏和对纳兰词风格的归纳，迄今仍为不刊之论。从出版社某编辑处获悉，这部30多年前出版的专著迄今无人超越，即将再版。

在中国戏曲史方向的研究生课堂上，天骥师强调中国文化的根在先秦，带领大家精读老、庄、孔、孟，《礼记》、《周易》等典籍。而同学们最喜欢听的，则是在众人发言之后，被他自己称之为"胡思乱想"、"胡说八道"的一家之言。可惜的是他在这些场合的"信口开河"绝大多数都没有记录、整理出来，只有一部煌煌50万言的《周易辨原》，留下了当年课堂讨论的雪泥鸿爪。一位研究戏曲的学者竟然一不留神成了《周易》研究专家，您道是奇也不奇？

六

1984年春节过后的一天，我和薛瑞兆兄作为中山大学中文系招收的第一届博士生，来到位于中山大学马岗顶的王季思先生家。先生请我们在宽敞的客厅坐下后，随即拿起电话，说："我把天骥叫过来，他和我一起带你们。"当时天骥师还不是博士生导师，但从我们入校报到的那一天起，我和薛瑞兆师兄实际上就是在季思师、天骥师的共同指导下完成学业和博士学位论文的。

32年过去了，当时的情景历历在目。32年来，我有幸留在两位老师的身边，边工作，边继续学习。1996年季思师仙逝以后，天骥师便成为中山大学中国古代文学、古代戏曲研究团队的领军人物和灵魂。他的为人为学，一言一行，一举一动，深刻影响着我们这一代乃至目前在读的研究生们。

我们进入中大的时候，季思师已进入暮年，78岁；天骥师年富力强，49岁，不久就被任命为系主任，又几乎同时被国务院学科评议组批准为博士生导师，再后来接替季思师担任第二届国务院学科评议组成员。天骥师常常谦虚地对我和瑞兆兄说：我们其实是师兄弟。但我们两人清醒地认识到，学术上的师承关系不像血缘关系那样纹丝不乱，我们和天骥师都是季思师的学生，同时我们二人又是两位老师共同的弟子。

在天骥师担任系主任的日子里，中大中文系里除王季思老师之外，还有好几位德高望重的老教授，如商承祚、黄海章、楼栖、卢叔度、陈则光、吴宏聪等先生。作为系主任的天骥师，对待所有的老教授一视同仁，同样敬重，绝不厚此薄彼，即使是对待自己的恩师季思师，也没有半点特殊。我们从天骥师所写的回忆容庚、冼玉清、黄海章、吴宏聪、董每戡等前辈的文章里，可以深切地感受到这一点。

上世纪80年代后期，天骥师的职务调整为研究生院常务副院长。不久，一件意想不到的事情发生了。天骥师对季思师的感情，在特殊的年代里得到升华。

1990年夏季的一天上午，我到"党办"领取"调离教学岗位"通知书。"党办"离季思师家很近，就顺便去看望老师，并想向他汇报此事。没想到刚踏进门，家中的保姆就慌慌张张地告诉我："赶快找人把阿姨送医院"。原来，师母姜海燕患了急病。我打电话找来董上德师弟，用担架把师母送上救护车，没想到师母这一去就再也没有回来。她患的是登革热，上午送进医院，傍晚就与世长辞了。

师母岁数比季思师小十多岁，而且素来身体很好。长期以来，季思师的生活起居都是师母一手操持的。她的突然离世，对季思师不啻晴天霹雳。一个85岁的老人，能不能经得住突如其来的打击？在天骥师的周密安排和亲自参与下，季思师安然渡过了这一关。

天骥师安排，先把季思师送往医院，住进病房，告诉他是例行体检。然后每天向他报告师母姜海燕的"病情"，有时"严重"，有时"缓和"。待季思师有了心理准备，再向他报告实情。在报告时，医生就在隔壁，预备好抢救器材和药物，以防不测。由于有了充分的铺垫，季思师的情绪很快便稳定下来。天骥师安排老人家继续在医院休养一个多月，后来被家住深圳的女儿接去小住。在季思师住院期间，所有的师兄弟齐上阵，有的陪床，有的煲汤送汤。天骥师还专门请来季思师的温州老乡、中大图书馆原馆长连珍先生到病房来，和季思师聊天，劝慰和开导季思师。

季思师从深圳女儿家回广州的住所之后，其日常生活遇到了困难，尤其是洗澡问题。广州的湿热天气一天不洗澡都难以熬过，而师母去世后无人能帮助老人家洗澡。天骥师不仅安排师兄弟们轮流给季思师洗澡，而且他还和苏寰中老师身先士卒，身体力行，亲自为季思师洗澡。

羊年的春节很快来临了，每逢佳节倍思亲，季思师的情绪会不会起波动？天骥师一直挂在心上。他在后来的一篇文章中回忆："我惦挂着老人家，他和女儿静静地守岁，心情不知怎样？年初一大清早，带了些糕点，便赶往他的寓所。"当看到季思师家门贴着一副老人家亲拟的红彤彤的春联的时候，"我不禁眼眶一热，心头上的那块石头，也落下了。"

1993年4月，在天骥师的主持和操办下，"王季思教授从教七十周年庆祝大会"在中山大学隆重举行。广州市政协主席杨资元、中山大学校长曾汉民到会讲话，国内许多著名学者和中大中文系师生250余人参加了大会。会后，《文学遗产》编辑部和中山大学古文献研究所、古代戏曲研究室，联合举办了"王季思学术思想研讨会"。天骥师亲自撰写的《余霞尚满天——记王季思教授》，先发表在《人物》杂志1992年第1期，后收入1993年12月出版的《王季思从教七十周年纪念文集》。

从一个人怎样对待父母和老师，就大体可以看出他的人品。天骥师父母早已去世，他像对待父母一样对待身处困境的季思师，在学术圈内外有口皆碑。然而，天骥师经常说，我们尊敬老师，但绝不搞门户之见和师道尊严。这一点，天骥师与季思师一脉相承。

在我们的戏曲研究团队，虽有年龄、辈分之不同，但在学术上是完全平等的。天骥师考证有两个关汉卿，季思师不以为然。季思师否定"王作关续"说，认为元初的王实甫是《西厢记》的唯一作者，天骥师则认为艺术上如此成熟的《西厢记》不可能完成于元代。考入中大之前，我针对天骥师关于洪昇《长生殿自序》中的一句话的理解写过一篇商榷文章，发表在《光明日报·文学遗产》。入校后很长时间我才知道，就是这篇文章，成为我被录取的原因之一。

七

黄天骥老师是自信的、有底气的。但正如平原兄所说，黄老师的谦虚与低调，也是真诚的，发自内心的。《文艺研究》的访谈文章，我是最早的知情者。当时该刊刚刚发表了李学勤先生的访谈文章。天骥师听说该刊要对他进行访谈时的第一个反应是：我可比李先生差远了。在整个采访过程中，天骥师一再叮嘱采访者，千万要实事求是，不要拔高。

一次，同学们在一起谈论起某著作，天骥师坦然承认："这种穷尽一切材料的功底深厚的学术著作，我没有。"平时，天骥师常挂在嘴边的学者，有傅璇琮、章培恒、罗宗强、袁行霈、李修生、袁世硕、宁宗一、吴新雷、齐森华、曾永义、叶长海以及中大的蔡鸿生、姜伯勤等先生。他告诫我们师兄弟："我的学问不如他们，你们要多读他们的书，转益多师。"我至今还记得，20多年前，他把姜伯勤老师请到自己家中为我们上课的情景。姜老师谈起做学问的酸甜苦辣，禁不住大放悲声，深深触动了我们这些初出茅庐的莘莘学子。

校友黄竹三先生虽仅比天骥师小三岁，但对天骥师执弟子礼甚恭。黄竹三七十寿辰，天骥师欣然道贺，亲临会场。袁行霈先生主编的《中国文学史》"宋元卷"，天骥师署名第二主编，第一主编莫砺锋兄是"文革"后的研究生，是天骥师的晚辈。但天骥师从未有过半点抱怨，而总是说宋在先元在后，这样署名理所当然。近十几年来，中大中文系吴承学兄成果卓著，声名鹊起。天骥师主动推举吴承学取代自己，担任广东省古代文学学会会长和中大中文学科一级学科带头人。

即使在中大戏曲研究团队，天骥师也经常说："仕忠的戏曲文献研究、版本研究比我强多了"，"保成的傩戏研究和戏剧形态研究比我强多了"之类的话。其他诸如：欧阳光思考问题之缜密、校对文献之细致，董上德上课之旁征博引、生动有趣，刘晓明、宋俊华之成熟老练，黎国韬、王馗之厚积薄发，戚世隽之内秀聪慧，锺东之淡泊名利以及在书法上的精进，倪彩霞博士论文之新颖，陈志勇独立完成《全明戏曲》辑佚，等等，几乎每个师兄弟的优点、长处他都看在眼中。至于博士下海、廉洁能干的薛瑞兆，找工作时反替竞争对手说好话的欧阳江琳，就更是天骥师教育每一届新同学的好教材。

上世纪90年代初，我因故情绪低沉，一度想调离中大。天骥师为作《赠保成学弟》五律一首加以劝勉，情意款款，读来如沐春风。我请书家用正楷抄、裱后一直挂在客厅墙壁正中，当做座右铭。如今，牙牙学语的小外孙常常伸出他那稚嫩的小手指向这首诗，我则一遍又一遍、不厌其烦地念给他听。小家伙哪里知道，我其实是在字里行间反复咀嚼黄天骥老师的志趣与情怀，自信和底气，宽容与低调，品味32年来那一桩桩充满师生情谊的温馨如昨的往事。

（原刊《粤海风》2016年第2期。本文收入此《文集》，改为原寄稿时的标题，个别处略有校改）

九天骐骥岭南啸
——记承上启下的中大戏曲学名师黄天骥先生

谢柏梁

中山大学是华南地区最好的综合性大学，中文系曾经是全国最好的同类系科之一。建国之后，古汉语大家王力先生调往北京大学，民间文学的开拓者钟敬文先生调任北京师范大学，中大中文系最强的学科，就只有容庚先生和商承祚教授领军、曾宪通教授等继任的古文字学，还有王起先生与董每戡先生领军、黄天骥教授等继任的戏曲学。

如果把中大第一代学科领军人物称之为开山之祖、第二代称为学派之宗的话，那么黄天骥教授就是中大戏曲学承上启下的名师。当然，估计这一称谓得不到黄教授自己的认同，因为他还是喜欢学生称他为老师，他认为这一称呼最为亲切也最为平易。由此，学生们私下会称之为黄老师，或者干脆称之为"黄天老师"，兼有"皇天后土"的尊敬与亲和兼具的调侃意味。

余生也晚，入学也迟，直到1986年才到中大中文系，跟随王起、黄天骥二位导师攻读博士学位。忝列王门、黄门徒子徒孙之列的在下，不由得幸运感、幸福感和惶恐感并生。

幸运感是因为考进中大的王牌专业，实属不易。王起先生是中文系老主任，黄天骥老师是现任中文系主任。能否考进去，挤进康乐园中的桃李门墙中去，当然由二位老师仲裁决定。初试的时候，我的戏曲史专业还不错，但是文艺学考试的分数并不讨好。这当然令我很郁闷，我是从文艺学传统极其丰厚的华东师范大学过来的硕士生，按道理文艺学理论是我的擅长，却如何得分不高呢？

郁闷尽管郁闷，名落孙山事所必然。就在山穷水尽之时，柳暗花明的转机却出现了，黄老师与王先生商量的结果，是给我一个单独复试的机会，让我再做一张考卷。这次的考卷，是关于李渔的《香草亭传奇序》文的解析。"或寄情草木，或托兴昆虫，无口而使之言，无知识情欲而使之悲欢离合，总以极文情之变，而使我胸中磊块唾出殆尽而后已"。看到此题，我不禁哑然失笑。这篇文章尽管对一般人言较为生疏，但是我曾经在京沪图书馆做过近三年的古代戏曲序跋的收集抄写工作，所以做这道题目也还是游刃有余。

在我硕士毕业之时，武汉华中师范大学的人事处处长在华东师大招待所等我，他希望我去华中师大任教。中国戏曲学院戏文系的奎生主任也在沪等我，他希望接我北上京华。就在这一或返乡、或北上的当口，中山大学的博士录取通知书寄来了。好在华中师大和中国戏曲学院的领导都很理解我，他们都支持我到中大深造。进了中大之后，才知道王先生、黄老师对我的专业答卷还算满意，但是因为我文艺学答卷的得分并不理想，故此大费踌躇；为了无遗珠之憾，黄老师按照规定做了一个加试，加试的结果又算满意，这才让我幸运感与幸福感并生，一下子成为中大王牌专业和知名教授的入室弟子。

称心满意地进入风景如画的中大之后，接下来便是与之并生的惶恐感。黄天骥老师很善于接续中大的传统，在无形之中让我们意识到学生自身的责任。他亦庄亦谐地给我们谈 1917 年在北大开设词曲课的开山老祖吴梅先生，也给我们谈王先生曾经遭受过的苦难与治学特色，偶然也说几段张生跳墙、"王（起）生跳船"的逸闻趣事，还多次提及董每戡先生、詹安泰先生的治学态度及其人生起伏，也盛赞容庚先生的人格精神。我在不经意之间与大师们精神交汇，兴奋不已；同时也清楚地认识到：在这样的学科背景下与大们师的光照之下，学问做得好一点理所应当，做得不好只能是自己的无能。

惶恐感还源于黄老师的过人才华，给我们以心向往之而不能至、可望而不可即的遥远距离感。他可以 16 岁考上中大；他可以在当助教之时，与本科生的年岁彼此相当；他可以在当中文系主任繁忙的事务之余，频繁在《文学遗产》等杂志上发文章，哪怕是关于诗词、关于梵文的论文，他都能义理与文章兼具，写出可以传世的好论文。我也曾跟着黄老师，去现场感受他给本科生上课的风采，那种自信与从容，那种幽默与逗趣，那种把知识与智慧融汇到明白晓畅的演讲过程中的大师风范，令我如沐春风但又压力倍增。他要求本科生作文、古文和英文俱佳，笔头、口头和心头兼善，哪怕是作为博士生，要做得好又谈何容易！

在经历了幸运感、幸福感和恐惧感的次第过渡之后，我开始在美丽的中山大学发愤著文。在黄老师的启发之下，我自己当时定的指标是每个月写一篇论文，一年争取发表 6 篇左右的论文。夜以继日，坚持不懈，于是就有了获得中山大学研究生优秀学术成果奖的资格，于是就引来了黄老师的关心、爱护和一些建议。

黄老师对学生的关心爱护是落在实处的。在中大读书时，我已经是拖家带口之人，于是就从古色古香的东三文虎堂三层，搬迁到了女生宿舍广寒宫前、东湖边上的东 16 宿舍。这间宿舍自带卫生间，当然方便许多。但是当黄老师知道我写作已经进入疯魔状态，小孩子有时候吵闹，会影响写作时，他又将中大南门花园内的二层小别墅中的一间房屋提供给我，让我在那里借住写作。在芭蕉叶、凤尾竹的婆婆起舞中，在南国丽日蓝天的优美环境下，在"山中大学"的世外桃源的氛围中，彼时我的科研速度之快，论文写作之勤，可以说创造了人生经历中难忘的华章。

我的论文写作与发表之勤，令黄老师一则以喜，一则以忧，他几次对我说才华横溢、写作勤奋是好事，但是写论文还要注意材料的收集与论证的准确，这样的论文才能够留得下去。我的博士论文选题是《中国悲剧史纲》，黄老师始终认为这个题目太大，一本书与一篇博士论文，不能够等量齐观，也难得深入下去。

余生也狂，因为仗着老师对我的娇宠，便与老师无话不说。一次我提到国内著名大学的一位学者，看起来著作不多，为什么天下知名？是否因为平台好所以就名气大？黄老师这次可没有放过我，他正色说道：你应该看到那位先生的考据功夫下的多细致，你应该想想人家遭受过多少人生的无妄之灾，你看看人家的学生们都从材料出发，其系列年谱论文写得多扎实！后来，黄老师还介绍我与那位学者联系，让我进一步领会其学问人格之正气与大气。

离开中大康乐园、离开王先生和黄老师的羽翼照应，一晃已经 27 年了。少年子弟江湖老，当年康乐园中的小年轻，如今很快就要进入 60 老人的序列了。仗着中大博士的名气，承着老师的福荫，我在北京南京、中国外国，跑过不少高校，做了将近 20 年近乎职业化的三个省级特聘教授，也长期担任过不同高校中文系和戏文系的主任，在戏曲领域内，或多或少也有了一定层面的影响。可是我清醒地知道，如果说自己有一丁点成绩，都是因为中大戏曲学之华丽大家族的恩赐；如果自己做得不好，那就是没有将老师们做人治学的精神学到家，还是急功近利，学养不足所致。

记得康保成师兄曾经对我说，他曾经与黄老师在东京的书店，不经意间看到我的专著，序言中也提到过中山大学求学的经历。黄老师就感叹地说：看来小谢还是没有忘记母校。

是啊，从中大出发，游子走得再遥远，但是母校之爱、师生之情，又怎能一日或忘呢？

黄老师的身体好，大家都知道。可是好身体也一定要有好的锻炼和调理。回顾前尘，尽管我写过、编过近百种书，可是迄今为止我的视力极佳、身体甚好、睡眠特香，其中有一个重要原因就是几十年如一日地坚持锻炼身体。在康乐园中，黄老师给我们树立了最好的榜样，他游泳与散步之勤，极大地保障了他工作的有效性，也为他做学问、事教学提供了最好的身体保障。老师的言传身教，极大地影响到我持之以恒的身体锻炼。

十三年来，我先后在上海交通大学和中国戏曲学院担任中文系或戏文系的主任。我常常充满希望地对同学们说：你们谁能够在乒乓球桌上打输我，我就请你们吃饭。言犹在耳，这么多年来除了上海交大时期的博士生，尚且在球桌上互有输赢之外，本科生和硕士生始终尚无打破纪录者，我始终没有机会因为输球的原因请他们吃饭。在纪念老师教学生涯的时候，写此趣事博老师一粲，也因此感恩于老师哪怕在体育锻炼方面对我产生的深远影响。

前年，我所兼职的中国戏剧文学学会要给黄天骥师颁发教学与科研终身成就奖。当我请示他时，老师一再表示得奖并无多大必要。当我说这是对一批终生献身于教学科研的戏曲学者的共同表彰时，他才勉强同意此举，但是又叮嘱我说，不要只是评选中大的老师，要做到客观公正，外校外地的学者也一定要给予应有的奖项，这样的奖对于今后在教学第一线默默奉献的人，也许还有一些激励和鼓舞的作用。

在高等教育出版社重新修订袁行霈版《中国文学史》的时候，放眼一看，该书的戏曲部分率多出自于中大学人，这说明学术界对于中大人治戏曲学的整体认同，我想这应该是老师觉得最高兴的事。当出版社与编委们商量诸多事宜之后，黄老师又恳切地建议该社多给参加编写文学史的中青年学者出书，为学者们提供更好的平台。这样的建议，出以公心，造福后辈，赢得了大家的共鸣和支持。

黄老师不愿意大家为他祝寿，但却愿意参与学生们为他筹办的从教60周年的纪念活动。我想这其中是有深意的，这一活动还是在鞭策我们这些在高校执教的学生们，我们的教学生涯还长，还是不可以有片刻的懈怠。只有树立起终生执教的信念，我们的每一堂课才会上得精彩一些，百年树人的目标和信念才会更加久远一些。

老师自有老师的深意，可是我作为学生之一却黯然神伤。比方我个人的高校教学生涯，满打满算都不会达到四十年。这就是师生之间的巨大差距，所以还是对不可超越的老师心存敬畏，永远保留作为学生的幸运感、幸福感和惶恐感，还有高山仰止而不能至的崇拜感啊。

2016年3月26日，写于中国戏曲学院

（作者单位：中国戏曲学院）

黄天骥先生的学术人生

宋俊华

在学术界，一提起中国古代戏曲研究，人们自然而然地就会想到中山大学古代戏曲研究团队。在近十年里，这个团队不仅规模大，梯队合理，而且在戏曲研究上不断刷新自己，创造新纪录，完成了两项国家社科基金重点课题，新获得了两项国家社科基金重大招标课题，产生了一批重要的学术成果，所培养博士生中有两人是全国优秀博士论文奖获得者，一人获提名奖等。这个团队带头人就是黄天骥先生。

黄天骥先生，1935年11月出生于广东省广州市。1952年考入中山大学中文系读书，当时，著名词曲学者詹安泰、董每戡和王季思等先生在中文系任教，分别给学生开设了诗词、戏曲史和宋元词曲等课程，对黄先生后来走向诗词、戏曲研究的学术道路影响很大。1956年毕业，他留在中文系古代文学教研室工作，给本科生讲授元明清文学课程，同时协助王季思先生从事戏曲和诗词研究工作，先后担任讲师和副教授，1983年晋升为教授，1985年被国务院人事部定为博士生导师和国务院学位委员会学科评议组成员，1986年被国务院人事部评为有突出贡献的中青年专家。并曾任中文系主任、古代文学学科带头人、中山大学研究生院常务副院长、教育部人文社会科学重点研究基地中山大学中国非物质文化遗产研究中心学术委员会副主任等，现任国家古籍整理规划出版领导小组成员，全国高校古籍整理研究委员会成员，中国戏曲学会副会长，中国古代戏曲学会会长，广东省文史馆名誉馆员等。黄天骥先生热爱学术、热爱学生、热爱教学、热爱他所工作的中山大学，在中山大学从事学术与教学已60年，取得了丰硕的成果。如今，年近81岁的黄天骥先生仍活跃在学术、教学第一线，他已把对学术、教学、学生、中山大学的热爱完全融进了他的生命之中，用自己整个生命进行诠释。

一

黄天骥先生的学术研究是从整理和校注戏曲文献开始的。

上世纪60年代初，著名戏曲学家王季思先生接受教育部门委托，编选全国教材《中国戏曲选》，他让黄先生和苏寰中先生具体负责此项工作。那段时间，黄先生天天到王先生家"上班"，利用王先生藏书和资料，逐字逐句地整理剧本，探索版本源流，注释疑难词语，花了五六年工夫才完成书稿，正要交付中华书局出版时，"文革"开始了，造反派一把火把书稿烧掉了。"文革"以后，他们又用了三年时间，重新编写书稿，交由人民文学出版社出版。这项前后耗时近十年的工作，磨练了黄先生的文献基本功。此后，他经常和王季思先生合作，陆续完成出版了《评注聊斋志异选》、《元杂剧选》、《全元戏曲》、《四大名剧》，与欧阳光合作出版《李笠翁喜剧选》，与康保成先生合作出版了《元明清散曲精选》等等，其中《全元戏曲》于1999年出齐后立刻在学术界产生了广泛影响，2001 年获得国家古籍整理一等奖，2002 年获得教育部人文社会科学优秀成果一等奖。

这些看似枯燥的文献整理工作，为黄先生一生从事戏曲研究奠定了坚实的基础，也展现了他在文献整理方面的扎实功底和灵活原则。

黄先生秉承王季思先生的主张，认为整理古籍特别是诗文时，要努力寻求古本、真本，并以之作为校注的底本，这是一般的要求。但校注古代戏曲，却要根据具体情况而定，不能过于拘泥。故校注明清时代的传奇、杂剧，就应力求找寻出真本、古本来，因为明清的传奇、杂剧，无论是曲文还是科、白，均由作者一手写定，而在校注元代杂剧时，则没有必要只从古本、真本着眼了。

现存最早的元代剧本是《元刊杂剧三十种》，而它的曲文虽算完整，说白却十分简略；故事情节和人物性格，也只能大致揣度。如果把它作为整理元代戏剧的底本，只能让人看得糊里糊涂。其实，即以《元刊杂剧三十种》而论，其中的二十九种，均标明"新编"或"新刊"字样。这说明它与最初的本子也并非一个样，否则就无所谓"新"了。

《元刊杂剧三十种》曲白的情况，还说明了一个问题，即：元代杂剧的曲文，由作家写定；而在演出时，说白由艺人临时发挥。换句话说，元杂剧的剧本，应视为演员和剧作家集体创作的成果。很可能是剧作家与演员在创作前，首先对剧情进展取得了共识，规定了情节框架，然后，剧作家提供曲文，演员则根据临场情况和自己的理解，加插科介说白，使之成为完整的作品。元代杂剧创作主体的复合性以及演员第二度创作的随机性，决定了它在流传过程中，文本必然会被加工、改造。

所以，要整理出版元杂剧，只能选用明代刊刻的《元曲选》、《息机子元人杂剧选》、《阳春奏》、《元明杂剧》、《古名家杂剧》、《古杂剧》、《脉望馆抄本古今杂剧》、《柳枝集》、《酹江集》等合适的剧目为底本。至于怎样才算合适，校注者可以根据自己的判断，择善而从。而且，这择善而从的原则，也适用于整理像《水浒传》那样在流传中不断被刊刻者增删的古代通俗小说。

黄天骥先生这些认识和做法，是师承王季思的学术思想和长期从事戏曲文献工作的经验总结，也是他对文献整理既重视原则又善于变通的实事求是态度的最好体现。目前，黄天骥先生正在主持国家社科基金重大招标课题"《全明戏曲》编纂及明代戏曲文献研究"，这是继《全元戏曲》之后的又一项戏曲文献整理的大工程。另外，黄天骥先生的学生——黄仕忠先生正在主持的一项国家社科基金重大招标课题"海外藏珍稀戏曲俗曲文献汇萃与研究"也在同时进行，这些都充分显示了以黄天骥先生为首的中山大学古代戏曲研究团队在戏曲文献整理方面的实力和气魄。

二

黄天骥先生在校注戏曲文献的过程中，还逐步形成了自己的一套研究戏曲的方法，那就是通过对戏曲微观的考察，扩展到对戏曲体制、形态的探索。

他在注释元代杂剧时，首先碰到的问题是：元剧何以被称为"杂剧"。按照王国维的说法：自元剧始，"而后我国之真戏曲出焉"（《宋元戏曲史》第八章"元杂剧的渊源"）。从现存元剧文本看，它们情节连贯，结构完整，确属纯粹的"真戏曲"，人们怎能称之为"杂"呢？董每戡先生也早在他的《说剧》中就提出疑问，他说两宋时代演出的杂剧，包括口技、杂耍、说唱之类，称之为"杂"，那是名符其实的，而元剧，则"一点儿也不杂，不知为什么沿袭了这个名称"(《说剧》,人民文学出版社 1983 年版,第 167 页)。

受董先生的启发,黄先生决定从戏曲体制入手来解决这个问题,他先把元杂剧与明清传奇的体制作了一番比较,然后结合他对现存元代剧本的深入考察,发现元剧确实很"杂":由于元剧只由正旦或正末一人主唱,而主唱者又往往要扮演不同的角色,这样,在每一套曲亦即每一折之间,起码存在着改换装扮的问题,像关汉卿的《单刀会》,第二折正末扮司马徽,第三折正末扮关羽,角色由隐士变为武将,不换装怎么行?而改变穿戴扮相,是要花费时间的。于是,折与折之间,便出现时间空隙。在元代,为了弥补折与折之间的冷场,便以诸般伎艺、小品、杂耍补空,据臧晋叔在《改订玉茗堂四种传奇》之《还魂记》眉批上指出:"北剧每折间以爨弄、队舞、吹打,故旦末当有余力。"是知他在编纂《元曲选》时,知道元剧演出时有爨弄、队舞、吹打之类安插其中,只是他没有把那些杂七杂八的伎艺记录在案,致使后人以为它"一点儿也不杂"而已。据此,黄先生又考查了现存的元代杂剧剧本,在一些剧目的折与折之间,发现了"爨弄、队舞、吹打"的痕迹。于是把对一个词语的考证,扩展为《元剧的"杂"及其审美特征》的论文,发表在《文学遗产》1998 年第 3 期上。文章结论是:"在元代,叙事性文学第一次居于主导地位,舞台上出现了故事表演,这当然是戏曲史上的飞跃,而大量戏曲伎艺性杂耍的存在,也表明了当时观众喜爱并习惯于观看伎艺性节目。观众既需要从完整的故事情节中获得教益,也需要从精湛的伎艺表演中获得愉悦;而因教育与娱乐的双重需求在表演的层面上尚未统一、渗透,元代的戏剧演出体制便呈现为'杂'了。"显然,这篇考证扎实的文章不是为考证而考证的,而是在考证基础上阐述了元杂剧体制这样一个理论问题,不仅深化了元杂剧理论研究,而且开创了新的戏曲研究方法。

后来,黄先生还把对元剧"杂"的认识,延伸到明代传奇,他与徐燕琳合写了《闹热的〈牡丹亭〉——论明代传奇的"俗"和"杂"》(《文学遗产》2004 年第 2 期)论文。论文指出,《牡丹亭》表面上看是不闹热的,洪昇在《长生殿·例言》中说有人称《长生殿》是"一部闹热《牡丹亭》",言外之意《牡丹亭》是不闹热的。但从实际表演看,《牡丹亭》却是闹热的,尤其是《冥判》,把民俗的东西也搬上了舞台,这些内容与情节主线是游离的,今天如果把这个戏搬上舞台,这些部分肯定是要删掉,但是明代这些是一起要演的,演出起来场景是非常闹热的。那么,黄先生为什么要研究这个"闹热"?他说:"我不是仅仅为了研究《牡丹亭》,我从《牡丹亭》这个'一',插入了整个明代戏曲这个'万',其实整个明代的戏曲,都是闹热的,通过大量文本的分析,来看整个中国的古代戏曲。从元杂剧开始就追求一个'杂',把各种的技艺都穿插在里面表演,追求一个闹热的欣赏效果,这个是中国戏曲的共性。这个共性好不好?那是另外一回事,但是传统就是这样的,就像打火锅一样,把什么东西都放进去。"

通过微观考证来揭示戏曲理论问题的研究方法,也体现在他对戏剧脚色问题上。在戏曲的脚色中的"旦",就是女演员。但是,女演员何以被称为"旦",却难以说清。过去有人说:"旦,狚也。"狚是母猴;又有人说,戏剧用的都是反语,"妇宜夜",夜是旦之反,于是扮演女性者就叫旦。针对这些牵强迂腐说法,黄先生翻查了大量唐宋文献,发现以旦称演员的做法很早就出现过,像《玉壶野史》提到,南唐韩熙载"畜声乐四十余人","与宾客生旦杂处"。在《教坊记》开列的曲名中,有"木笪"一项,许多学者认为"笪"与"旦"有关。宋代则有写旦为"姐"。总之,旦、笪、姐等,写法不同,所指则一。说明,宋唐之际人们以"旦"标音,确指某一事物。而标音的词,往往是外来语。于是,他联想到许地山和常任侠曾对梵剧和唐健舞梵文根源的研究,发现唐宋之际梵语传入我国后,人们习惯用"旦"这个梵语标音词来称舞者,后来沿用泛称女演员。以同样的方法,他发现"末"也与梵语舞者意义密切相关。于是撰写了《旦、末和外来文化》的论文,发表在《文学遗产》1986 年第 2 期上,通过对旦、末称谓的考察,"揭示了戏曲源流多元性的一个方面,即文化交流对戏曲形成的影响"。这一研究,为中国戏曲的脚色乃至源流等问题提出了一个新的解释,在学术界产生了深远的影响,为戏曲研究开创了新视角、新方法。围绕脚色,他还发表了《元剧"冲末""外末"辨释》(《中山大学学报》1964 年第 2 期)、《从"引戏"到"冲末"——戏曲文物、文献参证之一得》(《传统文化与现代化》1998 年第 5 期)等文章,前者通过对"冲末"和"外末"的微观考证,梳理了中国戏曲"副末开场"的发展脉络;后者通过对"引戏"和"冲末"的考察,探讨了元剧分期与戏剧繁荣等戏曲史问题。

黄先生对戏曲结构问题等的研究,也是从微观问题入手的。分场在元杂剧中被称为"折",在南戏、传奇中则被称"出"或"齣"。至于何谓"折",何谓"出"、"齣",此前学术界没有一致的看法。黄先生于是对这个问题进行了探讨,先对杂剧"折"和南戏传奇"出"、"齣"的实际情况进行了深入、细致的考证,发现"杂剧以套曲分场,重视的是曲;南戏传奇根据时空转换和人物上下分场,并以齐整的韵白结合趋跄的舞态作为程式,则显示情节、伎艺两者并重"。他认为,"折"和"出"、"齣",一着眼于唱,一着眼于舞,在一定程度上,标志着两种戏曲形态的分野。进而,他经过深入研究,提出了"只要是通过唱、做、念、打表演故事,或者通过故事情节表现唱、做、念、打,都是戏曲"的戏曲本体理论,弥补了人们对戏曲本体理解存在的缺陷,大大推进了戏曲本体研究的进程。

2008 年,黄先生和康保成先生主持的国家社科基金重点项目"中国古代戏剧形态研究"完成结项,并被评为优秀结项成果,该成果已在河南人民出版社正式出版。80 多万字《中国古代戏剧形态研究》,既是黄先生长期对戏剧形态问题思考与研究的结晶,也是以他为首的中山大学老中青三代学者多年共同努力的结果。

三

研究戏曲作品的题旨、内涵,是从事教学和研究中不可缺少的环节。50 年来,黄先生对戏曲史上许多重要的作家作品作了广泛而深刻的研究,写了不少论文。他知道对一部戏曲作品的理解是否全面、深刻,既取决于研究者当时审美能力、理论修养和所掌握资料以及当时社会风气和舆论导向,又受制于作品文体的特殊性。所以,他在研究中,一方面坚持辩证唯物主义和历史唯物主义,不断拓展和修正自己的观点。如对《长生殿》的研究,前后写了三篇论文,50 年代在《中山大学学报》发表的《弛了朝纲,占了情场》,肯定洪昇揭露了杨、李的误国殃民,但对杨、李爱情的描写重视不够。80 年代初在《文学评论》(1982 年第 2 期)上发表的《论洪昇的〈长生殿〉》,注意研究杨、李的矛盾,揭示了封建时代妇女对爱情专一的要求和必然的悲剧结局。90 年代在《文学遗产》(1993 年第 3 期)上发表的《〈长生殿〉的意境》,注意从文化特色审视戏曲作品,发现《长生殿》后半部原来别有真谛,认识到作者写杨、李的悔恨,是要使观众由此及彼,捉摸到世道浮沉、社会兴替的轨迹,从更宽广的角度领悟人生境界。这三篇论文真实反映了黄先生对《长生殿》的认识不断走向全面和深入的历程,也表现了他实事求是和敢于自我修正的严谨的学术态度。

另一方面有意识地从戏曲文体特殊性即舞台演出的角度去分析剧本。80 年代初,他研究李笠翁"十种曲"时,就注意从李笠翁写戏追求"一夫不笑是吾忧"的喜剧性去研究,发现了其荒诞、变形的情节背后却包藏着一些颇为严肃的题旨，于是发表了《论李渔的思想和剧作》（《文学评论》1983年第1期）和《风筝误的艺术特色琐谈》（《剧论》1990年第1期）等论文，纠正了人们对李渔作品的错误认识，肯定了其作品的价值，并指出，作家追求作品的娱乐性正是一定历史时期市民意识萌动的反映，推动和深化了对李渔戏曲的研究。

从舞台演出的角度审视剧本，还能发现剧作者一些微妙的艺术处理，从而深化对作品意蕴的认识。像王实甫在《西厢记》中写张生跳墙，这个细节，明代有人认为是个漏洞。当代一些著名的戏剧家也认为"莺莺分明开门等待，为何跳过墙去呢？这是几百年未解决的问题"。黄先生在《张生为什么跳墙》（《南国戏剧》1980年第3期）一文中，试图从演出的角度把握作者的艺术构思，发现王实甫把董解元《西厢记诸宫调》所设置的场景改变了。董《西厢》写"迎风户半开"的门，是厢房的门，张生要逃过墙，才能到达房门。王实甫却把这门改为花园的"角门"，写莺莺到花园里去会张生。当角门明明半开着时，张生却扑地跳过墙来，把莺莺吓一大跳，这就产生强烈的戏剧效果。其实，莺莺让红娘递简，是约张生从角门过来的。张生接到诗简时，也明明说："'迎风户半开'，他开门待我"；可是，他又说："'隔墙花影动，疑是玉人来'，着我跳过墙来。"这"跳"字是怎么生出来的呢？诗句中根本没有着他跳的意思，可见，张生解错了诗。这是张生在大喜过望时头脑发昏，便连最明白的诗也解错了。关于张生解错了诗这一点，王实甫实处处关照着的，他让张生经常拍着胸膛说："我是个猜诗谜的社家"，后来事情弄僵，连红娘也嘲笑他。在《闹简》、《赖简》两折，"猜诗谜"的意思反复出现六次之多。显然，王实甫正是通过张生解错了诗所产生的喜剧性误会，表明这聪明一世的才子，在狂热的追求中成了懵懂一时的"傻角"。黄先生的这个分析，合情合理，令人茅塞顿开。另外，《〈西厢记〉为什么要出现欢郎》一文，也是他从演出角度研究剧本的创获。这些成果不仅解决了许多戏剧学界几百年来悬而未解的问题，而且为人们进一步分析戏曲作品提供了方法论的启示。

除了戏曲研究之外，黄先生还致力于古典诗词的创作和研究，对古代小说、周易文化研究也有涉及。

从上世纪90年代起，黄先生陆续发表了《元明词三百首》、《纳兰性德和他的词》、《元明清散曲精选》等著作以及《辽金元三代诗坛》、《元明词平议》、《吴梅村的诗风与人品》、《朱彝尊、陈维崧词风的比较》等论文。这些研究不仅解决了元明清诗词、散曲研究中一些具体问题，而且对纠正学术偏见，提高元明清诗词、散曲的学术研究地位发挥了重要作用。他结合自己多年诗词创作实践经验而写成的《诗词创作发凡》，是一部系统探讨古典诗词创作理论的著作。此外，他的《〈西厢记〉创作论》也是从创作的角度重新审视经典剧本《西厢记》的一部新著，2013年获得"第九届鲁迅文学艺术奖"。

黄先生对少数民族出身的诗人对当时诗坛的影响、封建时代后期异端思想对诗坛的冲激及诗词审美观念的新变化等表现了一定的关注。黄先生认为：少数民族诗人的诗歌具有阳刚之气，在一定程度上冲淡了当时诗坛的甜腻；而封建时代后期异端思想家们在其诗词中表现出来的题旨、情趣的变化，则表现了张扬人性的异端思想对诗坛思想内容与审美观念的冲激。

黄先生还对周易也有很深的造诣，出版了长达50万字的专著《周易辨原》，对周易文化有了新的诠释。

四

  黄天骥先生的学术研究，和他对教学、学生和中山大学的深厚感情是密不可分的。从 1952 年在中山大学读书至今，60 多年来他一直在中山大学，几乎把自己整个人生全部奉献给了中山大学，他的学术研究总是和教学紧紧关联在一起。

  黄先生把在学术上的心得贯穿到教学中，他从个人学术研究与诗词创作的经验中认识到写作训练对中文系学生的重要性，1985 年他在担任中山大学中文系主任时，提出了中文系本科生一年级写作百篇作文与二年级写作八篇读书报告的教学理念开始并付诸实施，至今已坚持了快 30 年了，已成为中山大学中文系本科生培养的品牌，许多中文系校友毕业多年后回忆其母系母校，印象最深、收获最大的就是这种近乎魔鬼式的写作训练。

  黄先生在研究生培养上，主张发挥团队优势，开设类似学术沙龙的戏曲师生集体讨论课，鼓励大家大胆发言，敢于"胡说"，通过具有头脑风暴式的讨论，既让研究生能够学习到不同老师学术研究的特长，又能激发研究生敢于创新、敢于发现问题的意识。实践证明，这种师生集体讨论课是行之有效的，在作为衡量研究生培养水平重要指标之一的全国优秀博士论文奖评选中，至今共评出 3 个古代戏曲方向全国优秀博士论文奖，中山大学戏曲团队就独占了 2 个。

  黄先生热爱学生，学生们都特别喜欢黄先生，无论是毕业多年的学生，还是在校的学生，一提起中山大学中文系，无不想到黄先生，他已成为学生们心目中对母校感情的一个重要寄托，很多毕业多年的学生直言不讳地说，他之所以经常想起母校，想回母校看看，是因为有像黄先生这样的老师还在那里。

  黄天骥先生这样对学术、对教学、对学生和对中山大学的热爱和投入，不仅为他赢得了等身的荣誉，如全国教学名师、全国戏剧文化奖——戏曲教学与研究终身成就奖等，而且赢得了学术界的普遍尊重和学生们的普遍爱戴。

  总之，黄先生的学术研究，秉承了王季思、董每戡、詹安泰老一辈学者的优良传统。在戏曲研究上，他一贯坚持微观考证与宏观理论、理性分析与感性体悟相结合的研究方法。首重"大"字：关注学术研究中的大问题、本质问题、关键问题、前沿问题、理论问题，做学问的根本目的就是为了探求真理、解决问题，要"眼高"、"远识"、"大视野"、"大胆设想"、"有理论头脑"。与"大"相联系，他还强调"小"字：从小处着手、以小见大、小心求证，要用"清代朴学"的方法，踏踏实实、认认真真、实事求是地研究。这一大一小，是黄先生学术研究的辩证法。他的研究无不是从"大处着眼，小处着手"的，他的《元剧的"杂"及其审美特征》、《"旦"、"末"与外来文化》、《从"引戏"到"冲末"》、《张生为什么跳墙》等论文无不体现了这种学术理念。

  黄先生主张做学问要融会贯通，他认为，"我国古代戏曲与诗歌创作联系密切"，"如果说诗词是人内心的抒发，那么戏曲是人物性格和人内心矛盾的具体体现。一些诗词有情节性的冲突；一些戏曲的情节，经常也有诗词般的意境。因此，诗词与戏曲其实有着相通的一面。"因此，黄先生经常是"带着诗词的眼光去研究戏曲，又带着戏曲的眼光去研究诗词"。

  此外，黄先生认为在对待文学尤其是戏曲研究上，还应有感情的投入。他说："文学作品，包括戏曲作品，本来是活生生的，有血有肉的。有人认为文学批评应是一把解剖刀。我不同意这种见解，因为它很容易使人把评论家和研究者误解为法医，以为他们的工作就像冷冰冰地解剖冰冷的尸体。我主张人文学科的学者，在研究中把自己的审美感受传达出来。当然，感受会因人而异，也未必准确，但总会在一定程度上帮助读者提高欣赏能力和艺术修养，否则，文学研究便味同嚼蜡，失去了学术的个性。"所以，黄先生无论是写论文还是讲课，他都能深入浅出，用生动、风趣的语言来传达他对戏曲的独特感悟，从而给人以一种美的享受。

黄先生从教60年来，出版发表了《纳兰性德和他的词》，《诗词创作发凡》，《黄天骥自选集》：《冷暖集》、《深浅集》、《俯仰集》等多部学术专著、古籍整理校注和几十篇学术论文，在海内外同行中产生了一定的社会影响。

黄先生待人接物平和、宽厚，胸怀坦荡，为人谦虚，从不以长者自居，也不以自己的好恶裁断是非、品评人物，体现了真正的大家风范。黄先生对自己的学生没有统一的要求，善于因材施教，引导学生根据自己的爱好确定自己的研究方向，鼓励学生独立思考和发表与众不同的学术见解。他培养了许多硕士、博士研究生，为全国各行业输送了许多高层次人才。他们之中许多已经成为单位的骨干，有的成为重点大学的学术带头人，可谓桃李满天下。王季思、董每戡先生所开创的戏曲研究传统，正在中山大学薪火相传，不断发扬光大。

（原载《岭南文史》2014年第1期）

黄天骥：文章中冷暖自知

李怀宇

黄天骥教授的书房名为"冷暖室"，取自他在1982年出版的文集《冷暖集》。那一年，黄天骥同时出版了《纳兰性德和他的词》一书，而纳兰性德的著作《饮水词》便源于"如鱼饮水，冷暖自知"的成语。黄天骥说："人生在世，包括写文章，也如饮水一样，冷暖自知。我是1952年进中山大学读书的，1956年毕业留校。从1956年到80年代，这二十多年经过了很多风雨，也冷也暖。"

从父亲起，黄天骥一家三代都是中山大学中文系毕业生。他的父亲留下不少书籍，其中《十三经注疏》是大开木刻本，可谓珍本。在大学三年级期间，黄天骥在《文学遗产》发表了一篇论文，他的祖父专门买了一本杜甫诗注本《杜诗镜铨》奖励他。黄天骥家住西关，珍藏了一些好版本，却在"文革"中散光了，当时对他打击很大。不过，他在中山大学中文系读书后，也受到一些时代思潮的影响，接受了完整的苏联式教育。他说："苏联的教育体系，我的理解是受老欧洲的教育思想影响，主导是严谨的英国、德国的思想，除了受计划经济以及政治影响外，也有很值得借鉴的地方，不应视为是斯大林式的东西。我们这一辈人在学科锻炼上，比较注重学术的系统性、逻辑性。"时风所及，读书是为了用的，便就没有藏书的念头。因此，黄天骥购书都尽可能选平装本，也没有兴趣专门收罗珍贵版本，如今在他的书房里，多半是平装书。

在中山大学中文系，黄天骥发现，系主任王季思教授的藏书也不是很多。不过，当年黄天骥醉心研究戏剧，王季思为了鼓励他，送了《西厢记》和《长生殿》两套书给他，都是好的版本。在研究中，黄天骥认同一点：中国戏曲往往不是出自一个人之手，像关汉卿、马致远等名家的作品可能有完整的剧本，但是演出的时候，剧团会增减，又变成一个新的本子。这是一个有趣的现象。黄天骥深受王季思的影响，研究版本是"择善而从"，不迷信最原始的版本。他说："我理解的'善'就是从中研究作家创作的技巧，从中研究不同时代的创作思想和发展规律。我不是追求版本多么珍贵。"黄天骥毕业以后，王季思觉得他的性格比较好动，整天蹦蹦跳跳，就磨练他，让他花三年工夫，对不同的版本进行校注和考证，为日后的研究打下基本功。

黄天骥的另一位老师董每戡既是戏曲史家，又是编剧、导演，曾和田汉、夏衍同时成名。董每戡上课时告诉学生："赵丹是我的学生。"赵丹演的第一出戏《C夫人肖像》，便是董先生的剧本。董每戡讲课以舞台为中心，仔细分析每场戏，跟一般文学家分析作品不同，这对黄天骥产生了极大的影响。本来黄天骥在三年级的论文是研究陶渊明的诗，后来选择以古代戏剧为专业研究方向，纯粹偶然。当时，他是班长，有一天下雨，董每戡来迟了，黄天骥就跑到教室门口，学着董先生走路的样子，怎么摆动手，怎么摸胡子，一连串有趣的动作模仿得惟妙惟肖，同学们哈哈大笑。当黄天骥猛一回头时，发现原来董先生就站在后面看着他胡闹。黄天骥吓了一跳，谁知下课后，董先生告诉他："你的模仿力很强，不如跟我一起研究戏剧。"从此，黄天骥对戏曲下了功夫，四年级时写了关于《桃花扇》的论文。黄天骥毕业后，董每戡还让他到剧团去实习，看人家怎么排戏、演戏，怎么导演，怎么改剧本。有一段时期，黄天骥有空就往剧团跑。

1956 年毕业后，黄天骥留在中山大学中文系古代文学教研室当助教。王季思和董每戡的言传身教，奠定了他一生的研究方向。另一位教授詹安泰先生，则影响了他对诗词的研究和创作。黄天骥说："我当然无法跟几位老师相比，但从老师们身上吸收了不同的研究方法。我后来写研究古代戏剧、诗词方面的论文和专著，自己都感觉到哪些方面是得益于王先生，哪些是得益于董先生，哪些是得益于詹先生。"

黄天骥的老师王季思、董每戡和詹安泰，在历史巨变中都深受打击。黄天骥回忆："董每戡先生和我接触的时间不算长，我读本科生的时候，他既讲莎士比亚、契诃夫等外国文学作品，同时也教戏剧史。那几年，对我一生的影响很大。可是董先生 1957 年被错划成右派了，离开了中山大学。王季思先生是系主任，当时比较严肃，跟董先生不一样。王先生是'左派'，是反右领导小组里的成员，他内心怎么考虑，思想上有什么矛盾，我们以前不知道，只知道他是领导反右的。本来，他们两人的交情是很好的，董先生来中山大学，还是由王先生引荐的，而且他们是同乡，都是温州人。"

从 1957 年到 1966 年，黄天骥从中山大学中文系的助教做到讲师，经常下乡，跟王季思接触并不算多，感情也不算密切。但是在"文革"时，王季思被红卫兵定为"反动学术权威"，多次被批斗，也受了很大的冲击，还被打断了骨头，黄天骥很同情他。"我觉得王先生在政治上比较幼稚。我当时也直言不讳地说他是'左倾幼稚病'。跟王先生接触多了以后，感觉到王先生是'真诚的左'。他绝不是因为董先生在学术上成就很高，才想出一个方法要压倒董先生。我觉得王先生绝对是相信毛主席说一句等于一万句。王先生吃尽苦头，我真的很同情他。他对我也非常好，后来他病重，他太太去世，乃至王先生在 1996 年仙逝，后事就是我一手领着师兄弟们操办。"

1979 年，"落实政策"，董每戡从长沙回到中山大学，住在一个只有二十八平方米的房子里。有一天晚上，黄天骥在董家和老师闲谈，王季思夫妇专门过访，黄天骥当面听到王季思诚恳地道歉："每戡，我错了。以后好好合作。"董每戡说："过去了，过去了。"黄天骥回忆："我想董先生内心也未必完全释然，从 1957 到 1979 年，整整二十多年，由于被错判了右派，他的家庭多么艰苦，他的儿子受了多大的牵累，真使闻者心酸。后来，我在 1998 年编了董先生的文集，花了一年的工夫，有一些漫漶不清的书稿看起来很吃力，以致把眼睛也搞出毛病了，但是我觉得值得。"

回首中大往事，黄天骥相信，即使风雨飘摇，也磨灭不了学术传承。他说："陈寅恪先生在历史学方面有那么大的成就，除了对中国历史精熟、还精通很多国家的语言之外，他研究中国历史的做法是很多历史学家所没有的。比如他研究唐代的政治史，就把唐代宫廷内部的斗争，理解为不同利益集团和不同门阀之间的斗争，这跟中国过去写帝王将相的历史不一样。陈寅恪先生的《柳如是别传》，对明清之交的知识分子都有触及，也可能包含他自己的一些感受。他是从考证入手，但不光是考证柳如是。我的理解，如果光写柳如是就没有意义了。尽管我不在历史系，陈先生也没有直接教过我，但是作为中大学生，我很仰慕陈先生，并且很自豪在自己的学校中有这样的大学者。在看他的书时，感受是不一样的，受到的影响也会更深刻。我记得我三年级做学年论文的时候，研究陶渊明，当时就找到陈先生研究桃花源的文章来看，尽管没有直接受教，但也受到陈先生各方面的熏陶了。陈先生开风气，其实他对理论问题也很是重视。中大的传统，既重视微观，又重视宏观；既注重实证，又注重理论。我在中大学习那么多年，受老师的影响，乃至受整个学风的影响，无论到哪个地方去都摆脱不了。"

黄天骥在大学期间读了许多外国小说，爱听古典音乐，学交谊舞，觉得这是苏联文化的影响。"我绝不是认为计划经济有什么好处。苏联文化有很多思想是属于老欧洲的思想，包括教育体系。苏联很多老教授，强调学生要看经典小说。那时候，我们学的交谊舞，也是西方很典雅的东西。如果从思想深度来讲，我觉得欧洲的东西好，这方面我可能受了董每戡先生影响，董先生很赞赏欧洲文学。我这一辈，其间接受老欧洲的教育比较多，所以不太接受实用主义的东西。"

在中山大学中文系，黄天骥培养了许多英才。目前，他仍在第一线工作，依然致力于以中国古代戏剧为主的研究。他说："我觉得中国戏剧的发展，是永远在变的，明代就不同于元代那种表演的形式，唱腔、角色都在变。按照我们的统计，中国大概有三百六十多种的地方戏，有些已消亡了。现在我们的任务是抢救，有些抢救不过来了。"白先勇力推昆曲艺术时，到广州曾和黄天骥探讨学术问题。黄天骥笑道："如果从我的角度来讲，我觉得粤剧更好听，其实粤语有八九个声调，粤曲相应显得更婉转，旋律更高低抑扬，我认为比昆曲还要好听。民国初年，粤曲的音乐还受到西方标题音乐的影响，所以出现了像吕文成那批的粤曲作家，写出了《雨打芭蕉》、《赛龙夺锦》那类非常经典的作品。岭南文化跟东南文化还不完全相同，它善于把中西交融。但是到了现在，戏曲包括粤剧，已经没有办法像过去那么繁荣了。有了电视，谁还跑去看大戏？有一个时期，连电影都不行，话剧也是跟戏曲同一个命运。在欧洲，那些中产阶级去听交响乐，是作为一种礼仪和身份的象征的，也许我国以后可能会发展到这一步。"

黄天骥把岭南文化比喻为"及第粥"：什么东西都放进去，再产生一种新的东西。现在一般说广东人务实、包容、创新，他认为这种说法不容易显示出岭南文化的特点："因为说包容，现在哪个地方不包容？北京有故宫，现在有大裤衩、鸟巢，也容下去了。国家大剧院是一个大鸭蛋，慢慢看惯了也行。而广州的中山纪念堂则最能够表现岭南文化，外面看来是中国式的，里边的建筑艺术完全是西方的，五千多个座位的大厅，没有一根柱子，把中国和西方的建筑特点融合起来。岭南文化所谓的包容，不仅是低层次的容纳，以我的理解，岭南文化是能把不同的文化交融在一起，从而演化为新的品种、品质。就是说，从古以来，岭南就接受了中原文化传统，而本土的广府文化、潮州文化、客家文化，互相在广州交汇，互相影响，融合为一体，成为中华文化的一个部分。在这基础上，广州又较早接受西方文化的影响。广州人不排外，在这里，什么人都能够和平共处。共处以后，文化就交融在一块了。总之，岭南人以我为主，对外来的东西，拿过来，融进去。所以我说岭南文化是'不中不西，有中有西'的。"

李怀宇：昆曲在明代鼎盛，有什么样的原因？

黄天骥：从明代中叶以后。昆剧在东南这一带成了一个非常重要的剧种。东南的演员、作家，在明代中后期，对中国的戏剧发展起了很大作用。昆区很雅，明代的戏曲后来越来越雅化了。但是《牡丹亭》未必是用昆曲来谱写的，所以当时一些东南的文人、作家就反对《牡丹亭》。汤显祖是江西人，江西那边更多的是参考弋阳腔的腔调，所以他对昆曲不熟悉。结果他不满意人家改他的作品：你要用音乐腔调来框我，是框不住的。在明代，有以昆曲为主的五个唱腔，昆曲影响最大，那些作家用昆腔来写剧本最多。昆曲除文字上典雅之外，还讲究演，动作优雅，考虑到身段。我觉得《牡丹亭》很特别，青春版《牡丹亭》尤为成功，所以跟白先勇先生能够谈得来。我当时跟白先勇先生说，柳梦梅是岭南人，而且是广州人，他具有岭南人的性格。

李怀宇：中国戏曲经历无数变迁，你在变化中发现有许多有趣的问题？

黄天骥：如果从剧本的文学性来讲，元代的剧本应该算是精华的比较多；如果从整个演出即包括唱念做打来说，就应该是清末的成就最高。可以说，清末是戏曲发展的最高峰，到清末以后，这个高峰就下来了。一般来说，中国的戏曲在宋金就形成了，但我更喜欢元剧，例如《西厢记》。这故事原来取材于唐代小说《莺莺传》，后来金代的董解元又写了《西厢记诸宫调》，我们简称"董西厢"。以前，大家都没注意到一个非常有趣的问题，唐代的《莺莺传》里，莺莺跟张生相见的年龄是十五岁。金代董解元改成唱本也是十五岁，可是等到王实甫创作《西厢记》的时候，她的年龄改成十九岁。在唐代，十五岁是法定结婚的年龄，可以出嫁了，十九岁就是大龄青年。所以《牡丹亭》的杜丽娘也叹息："吾今年已二八，未逢折桂之夫。"二八，即十六岁。十六岁还没有结婚，还未碰到好的对象，已经是发神经，患上忧郁症了。"王西厢"把崔莺莺改为十九岁，今天来讲，是"剩女"了。王实甫这样改，便突出地表明了崔莺莺主动追求爱情，是合情、合理、合法的。我从这里面不仅仅看出是反封建婚姻制度的问题，还有王实甫对人性的追求。

李怀宇：你在研究戏曲中有一个重要的观点，说"四大名剧"是中国人性解放的一个表现，在戏曲里面，人的身份突出了。

黄天骥：这也许是"大胆"的想法。在"文革"以前，界定作品是精华还是糟粕，往往根据它是不是反映现实，特别是能不能反映人民对封建势力的反抗。为什么当时人们老把《窦娥冤》排在前面呢？因为它体现了主人公敢于反抗统治阶级和封建制度。当然这方面也是受苏联或者毛主席文艺思想的影响，有其合理性、革命性。但文学是人学，一个作品的成败，在于能不能写出生动的人。能够如实地刻画人的内心感情，就是成功的。

什么是"人"？在这里，我们接触到如何看待人、人性以及人道主义的问题。我们常说："物以类聚，人以群分。"在社会上，存在着不同的利益集团，构成了不同的阶级或阶层，这就是群。不同的"群"，有不同的甚至是对立的阶级属性。但是，不同的"群"，又都是人。凡属是人，就都有"人"的共同点。什么是人的本性、本能？无非一是生存，二是要发展、繁殖。在世界上，所有生物，概莫能外。所以，"人"有自然性和社会性两方面的本质属性，二者缺一，都不是"人"。在明代，资本主义萌芽，市民社会已经出现，李卓吾等思想家已经对人性和人的价值有所认识，他们提出要顺从人的自然性，包括对"性"的追求，也应顺其自然。所以汤显祖通过杜丽娘之口说："一生儿爱好是天然。"四大名剧的出现，是人们对人性认识的反映，不管是自觉还是不自觉，文学发展的态势已经跟唐代以前完全不一样了。像《西厢记》，我认为最重要是写出了对人性的追求。《西厢记》谈到"性"，但不算太严重，因为宋代谈"性"已经谈得厉害了，连极文雅的宋词里都谈"性"，李清照的词写到"被翻红浪"，不就涉"性"了吗？到明代，已经有很多摆地摊的"性"书了。《金瓶梅》的出现绝不是偶然的，所以《西厢记》写到偷情，有些话说得比较出格一些，但不算什么，注意有所批判就行了。我认为《西厢记》反映了整个中国封建后期的人的思想，而不单单是元代人的思想。

李怀宇：在西方文艺复兴时期，也非常注重人性的解放，摆脱宗教的束缚，莎士比亚的作品也是这样的产物？

黄天骥：对，就是人性的解放。当然，如果没有清朝的满族从东北打过来，中国的发展完全不是现在这个模式。因为明代后期实际上已有资本主义萌芽因素，到清朝顺治年间，忽然搞了经济上的逆转。清代初年，经济上从原来农商并重的政策，回复为重农。本来，明代晚期重商的味道已经越来越浓了。清代一来，儒家正统的重农思想又回潮了，经济政策是倒退的。当然，朝廷的政策并不能够左右整个历史的进展，商业仍有所发展，所以有所谓"康乾盛世"。但是，朝廷主导的思想路线、经济政策，是倒退的。所以当时进步的思想家像方以智等，便跟上层展开斗争。总的来说，保守的经济政策的复辟，阻碍中国经济的发展，到了清代中叶，整个社会就走下坡路了。晚清大变局之后，因为中国积贫积弱，所以处处受人家欺负。但是，与此同时，西方先进的东西也开始影响我们。我们被侵略，反过来又促进了民族的觉醒。

李怀宇：为什么很多电视连续剧老是在歌颂康乾时代？

黄天骥：说实在的，一些编剧家不是文学家，更不是思想家，他们关注的恐怕只是市场。如果真是一个有深度思想、搞学问的人，应该知道中国的历史。清官当然比贪官好，但是靠清官是不能根本解决问题的。靠好皇帝，这是农民的思想。中国目前群众的思想就只是走到这一步，还没有自觉地意识到，这个问题是不能靠一两个人来解决的。不错，人是有作用的，但是没有制度的保障，就靠一两个好官、清官、好皇帝，能解决问题吗？所以我觉得不能对编剧要求太高，他们到底不是思想家，不能够高瞻远瞩地从世界大局去考虑问题，觉得好看就弄这个。搞多了真有副作用，按他们的想法、手法，社会如果没有清官，不就完了吗？

李怀宇：为什么中国的传统戏剧很多都是讲帝王将相、才子佳人的故事？

黄天骥：这是必然的，尽管我说有人性的东西出现了，但的确不是主流。在当时的自然经济条件下，尽管有商业因素，市场在发育，毕竟不是主流，所以必然是帝王将相、才子佳人作为主角，必然是他们主宰历史，没有办法以我们的意志来转移。中国的自然经济是男耕女织，重农。尽管在明代后期市场已经发育了，特别是广州这一带，但毕竟没能突破自然经济。包括《西厢记》也好，《牡丹亭》也好，最后还不是皇帝出来说了算吗？清代的金圣叹非常了不起，他批改了《西厢记》，他说他见过一个没有大团圆结局的版本。也许他在说大话，他认为不要后面那个大团圆会更好。不管他看过没看过，反正明代后期就有人认为不一定需要大团圆。金圣叹的思想很先进，他砍了《水浒传》起义军接受招安这部分。他有市民思想，当然，儒、道、佛思想也是兼而有之，比较复杂。

李怀宇：莎士比亚的戏剧有很多也讲所谓英国的帝王将相，但是他是凸显人性的，跟中国的汤显祖有没有可比性？

黄天骥：他们之间没有必然的联系。莎士比亚对中国，或者汤显祖对莎士比亚，其实是互不了解的。杜丽娘对人性的追求跟罗密欧、朱丽叶是不一样的，欧洲亚洲有不同的文化。杜丽娘追求什么呢？就是说，汤显祖追求什么呢？他追求人性自然，"似这般花花草草由人恋，生生死死随人愿，便酸酸楚楚无人怨"，这是他的《牡丹亭》的主题。希望顺从人性的自然，她该嫁就嫁，不要不让她嫁，这是中国在明代对人性的一种看法。但是，当时毕竟自然经济还是社会的经济基础，汤显祖有异端的思想，朦朦胧胧地知道人性是不能压抑的，却又不是当时社会思潮的主流。莎士比亚就不同了，西方当时人性解放的思想居主流地位。如果比较一下，可以看出两种不同的文化，不同的发展阶段。古代中国的封建等级制度、封建的重农主义，长期压抑着人性。汤显祖追求人性，也只是有限度的人性，跟西方人对个性解放的理解是两回事。正如现在我们的市场经济跟西方经济相比，也并不一样。在这方面，我还没有成熟的看法。总之，我觉得，太机械地去类比是没有必要的。有些人真的做这样的文章，我觉得没有必要。

李怀宇：在清末民初，广东出了很多影响全国的人物，像康有为、梁启超、孙中山、廖仲恺、汪精卫，为什么会出现这种现象？

黄天骥：广东人喜欢饮头啖汤，开风气之先。如果说岭南文化的特点在于交融，那么，孙中山、梁启超的思想是交融的产物。孙中山就把儒家思想和西方民主思想融在一块变成三民主义；梁启超也是受了西方的影响，但毕竟骨子里还是儒家的思想，他也保皇，而立宪是西方的东西。广东人没有北方人那么沉稳，他们饮了头啖汤，对第二啖，就兴趣不大了。他们创了新，但开风气不为师，不坚持。广东人有一个满于现状的弱点，所以做大学问的广东人，往往是去了北方以后，受了北方风气的影响，成就才变得大的，包括梁启超都是这样。因为广东这个地方农业生产发达，比内地缺水的地方好得多。而且经商发财容易，耕田种菜、捕鱼捞虾，容易温饱，这造成了许多广东人没有恒心的弱点。我觉得，广东人的性格，总体来说，是既生猛，又淡定。生猛与淡定是一对矛盾，二者又相互交融。生猛则灵活机敏，但不易持久；淡定则恬静豁达，但也有好享受和进取心不足的一面。

李怀宇： 以前说"省港"，广州文化对香港文化有影响，香港起飞后也对广州文化产生影响？

黄天骥： 岭南文化，当然也包括客家、潮州的文化，粤东粤西都不可忽视的。主体是珠三角，因为在近代以来，交通最便利的就是珠三角，而且外国人来广东，首先是从澳门、香港进入。我的理解，香港文化是广东文化的一部分，过去，省港两地是一体的。从前，我们去香港哪里办过通行证啊？早上去了，晚上就可以回来，我们很多亲友，也都住在香港。"文革"前，在北方，如果你有一个香港的亲友，人们会另眼相看，觉得奇怪。而在广州，没有香港亲友，这才奇怪，因为两地本来是一体的。一百多年前，香港还是个小渔村，广州人陆续到那里居住，当然后来上海人也去了。在"文革"以前，香港根本比不上广州那么发达。我小时候曾在澳门读过小学，也去过香港，觉得它和广州没有什么不同。后来香港发展很快，原因很复杂。就文化而言，它固然属于岭南文化，但西方的文化大力渗入。回归前，香港的政治体制是英国的体制。"文革"时期，我们经济大倒退，香港经济却迅猛飞腾。现在，香港文化跟广州文化确也有所区别了，他们更多地接受西方的东西。有一个现象很有趣，香港很开放，很西化，却在某些方面，比广州还更多地保留了旧的岭南民俗。所以，香港文化与现在的广州文化，发展情况是不一样了。例如香港的粤菜，比广州做的粤菜，显得洋味浓。特别是冰淇淋，真好吃，广州是比不上的。所以我认为，也不必强求深圳、广州、香港联合起来搞成一个文化圈。

李怀宇： 晚清以来，西方的文化慢慢影响中国人做学问的方式。你在1949年以后又受到苏联文化的影响，西方理论对你研究中国学问产生了什么影响？

黄天骥： 人在社会里，总会受到社会各方面的影响。我的文艺观点，过去受苏联的影响较深。在董每戡等老师的影响下，也特别喜爱欧洲古典小说、戏剧、音乐。老实说，我对时下的流行歌曲，老是背不过来。我的学生陈小奇写过《涛声依旧》那么好的作品，我就唱了一两句，就忘了。但西方的交响乐、古典音乐我真爱听，而且也都还记得一些。我认为那是高雅的东西，对我这一辈人，一直影响很深，不容易摆脱。传统儒家、道家的思想，对我这一辈的人的影响也不容易摆脱。至于时下的一些西方文艺理论，有些我也能够接受。例如弗洛伊德的一些观点，以及符号学等等，我觉得未尝没有可以吸取之处。但是，我没有把它作为思想的主体。比如符号学，我可以运用，但是我在分析研究文学作品的时候，不会从符号学角度去研究它的主体、总体。现在有些搞现当代文学研究的朋友，真的就按西方那套东西去做了，我可做不到。比如我讲《牡丹亭》，我可以运用符号学说明为什么汤显祖会用"牡丹亭"作为剧本的名字，因为从唐代以来，已经出现一种提法，把"牡丹亭"看成是男女野合的地方，元代一些剧本也是如此。这相当于我们说梅花代表高洁，松树代表长寿，梅和松，不就是符号吗？我觉得，参考某些西方新的理论、观点，来分析文学作品的某些细节、某些片段、某些现象，有可取之处，但我不会用符号学或弗洛伊德的理论，指导自己研究《牡丹亭》这整部作品。

（原载李怀宇《与天下共醒——当代中国二十位知识人谈话录》，中华书局，2016年版）

莺啼序
——天骥师从教六十周年，特赋此为贺

曾 莹

惺亭一襟月影，染清光无限。翩然意、笔底烟霞，演彻人世寒暖。俯仰际、方圆虑却，黄昏展卷春灯畔。念杜鹃开未，木棉着花深浅。

五纪晨昏，穷经治曲，树芝兰九畹。得意处、周易穷原，解情西厢宛转。步词林、纳兰侧帽，治杂剧、别开生面。牡丹亭，闹热清深，游丝纤软。

满园桃李，芳树葱茏，春星繁且粲。骋径寸、拳拳家国，难得人师，赤子青衿，历落可见。长波落照，天涯草色，遥岑远目思无极，润物心、细雨流光绚。楼头过雁，曾舞冉冉晴岚，长记月华如练。

圆荷风好，逸兴无边，啸咏斜阳遍。绕芳甸、烟江云卷。万顷摇空，素抱铿然，青山满眼。新篇赋就，挥毫今古，岭南感旧生浩叹，棹苍茫、冲豁无涯岸。纵横海雨天风，焕映千般，灿然星汉。

丙申仲春

（作者单位：云南大学文学院）

黄天骥：情解西厢　重探经典

龙迎春

"临去秋波那一转"是全剧关窍

中山大学黄天骥教授继 50 万字的《周易辨原》后，又推出了近 40 万字的学术著作《情解西厢——〈西厢记〉创作论》（以下简称《情解西厢》）。

元明之际，曲家贾仲明为王实甫补撰悼词，誉其为"新杂剧，旧传奇，《西厢记》天下夺魁"。对于这一元杂剧中的"夺魁"之作，学术史上研究亦多：明才子金圣叹批、删"西厢"；上世纪四五十年代黄天骥先生的老师、中山大学王季思教授校注"西厢"；而黄天骥教授自己，自上世纪 60 年代以来亦曾写过多篇《西厢记》研究的论文。那么，这本《〈西厢记〉创作论》的学术专著，又是从何处辟径而入，于 21 世纪重读文学经典，有何创新之处？对今天学界及读者，有何启示？

本报记者约采了黄天骥教授，听他从"人道"着手，将莺莺、张生，乃至学问、文学娓娓道来。

学人个性：学术性论著可以有文学色彩

广州日报："苍山如海，直道如坻，三晋雄风，奔来眼底。公路的两旁，树影婆娑，柳荫中有人摆摊叫卖，摊上堆放着鹅黄的杏子，晶莹可爱；槐树下，间或有红男绿女，携手同行，情态亲昵……"很难想象，这是《情解西厢》的开篇，更像文化散文，又像是戏剧，舞台上时空人物色彩都有，写法上跟一般的学术论著完全不同。

黄天骥：这是楔子，文学的意味的确比较浓，是我们当时去晋南永济普救寺考察途中的描写。《情解西厢》当然是学术著作，但学术著作决不要干巴巴的，因为它的研究对象是文学，一位前苏联的作家说过，文学研究应该像一把解剖刀，条分缕析地将生活和对象剖析出来。

我上学的时候就不接受这个观点。文学、艺术是活生生的，有血有肉，有生命的对象，研究的时候，怎么能像医生、法医对尸体那样，一刀刀地割下来？如是这样，读者理解起来就毫无趣味了，文学评论和文学研究本身就应该是文学作品，似乎学术界一直忽略这一点。

广州日报：我们都知道您在学问之外擅长诗文，您也说过从事文学研究的人会点创作，可以对古人的文学创作有"同情"之理解。

黄天骥：人文学者应该会点创作，这是我跟学生们常常说起的。有了对古人文学创作的同情理解，才可以在考证和文献积累之外有独到的眼光，具通识、善裁断，最终从筋节窍髓中探得作品的七情生动之微。在这本书中，我是将写散文和写论文，抒情性和理论性结合起来了。其实一直以来，即使写考证性的论文，我都是按这个思路来做的，只是目前更加自觉。

依我看，抒情和论理，原本就是一对矛盾统一体，就像阴阳的对立统一。可以说，《情解西厢》写在《周易辨原》之后，以《易经》所揭示的对立统一的东方智慧，去看世间万物，莫不如此。

其实，岭南先哲梁启超就说过：写理论文章应"笔锋常带感情"。据此，岭南学人也可以有自身学派特色和学术个性。

研究视角：《西厢记》中的人与情

广州日报：新中国成立后，研究《西厢记》的论著已出了很多，为什么您又重读并且重新研究经典？

黄天骥：一位外国专家说：《西厢记》属世界伟大经典之列，每隔一代人就应有新的研究。我同意这观点，因为随着时间和认识的发展，人们对经典的理解会更加深入。例如，近代以来，学者们对《西厢记》的反封建精神都是肯定的，但对它写出在封建社会后期，人们对人性的醒觉追求、人道的关怀、情欲的追求，就很少注意，甚至不敢去想。今天，重读经典作品《西厢记》，便发现过去讳言人情、人性、人道的失误。由此，也有必要重新观察、探索我国文艺史、思想史发展的轨迹。

广州日报：在《情解西厢》中，您有一个观点，说"临去秋波那一转"是全剧关窍。这是莺莺主动追求爱情的表现吗？

黄天骥：自有《西厢记》以来，一个很简单，但却被历来的研究者所忽视的一个问题，就是王实甫的《西厢记》（《王西厢》）将莺莺的年龄写成了19岁，而元稹的《会真记》和董解元的《西厢记》（《董西厢》）中莺莺却是十六七岁的少女。在封建社会，19岁的莺莺就是一个"大龄剩女"了。王实甫的故意改动，使得莺莺对情与欲的追求成为合理、合情。王实甫写莺莺在佛殿上，看见张生，"临去秋波那一转"的细节，成为了全剧的关窍。莺莺的"回顾"，是"有女怀春"的情态，是对张生的一见钟情，是对爱情的主动追求，由此，才引发了张生的狂思乱想，"怎当她临去秋波那一转，便是铁石人也意惹心牵。"这一个回头，在封建社会的礼教下是绝不允许的，而在《王西厢》中，莺莺对张生，不仅只有这一次"回觑"，还一而再，再而三地回看了三次。正是基于这一"觑"的基础，才有了后面的花前月下，张生救美，有情人终成眷属。

广州日报：可不可以说《情解西厢》要解决的学术命题，是怎么看人？怎么看人性？

黄天骥：这正是《西厢记》的启示和意义所在，说它"天下夺魁"，不仅因为它完整的戏剧结构、戏剧冲突的精彩、文采之美（《西厢记》因词句之美，被誉为"花间美人"），之前的所有戏曲作品无一能及，更重要的是它所展示出的人性觉醒，这是《西厢记》在文学史一个非常杰出的表现，也是一个社会进步、划时代的标志。人作为自然人，具有其本能和权利，但人一出生，就产生了人与人之间的关系，就是自然和社会两面的人。这是一种二元对立，人生来就有作为自然人的权利和作为社会人的责任。封建社会，强调伦理道德，压抑和否定了人的自然本性，是不对的，所以最后才会分崩离析；而现在出现的一些道德滑坡现象，则将个人主义强调到极点，也是不对的。理解《西厢记》对人性觉醒的描写，能使我们正确地对待人、理解人。

研究角度：以舞台的眼光解读戏剧文本

广州日报：听黄老师讲《西厢记》，真是有常读常新之感。

黄天骥：仅就作品产生的年代，学界就有不同观点，徐朔方先生认为它出自元初，陈中凡先生认为是元末人，二者相差了九十年左右。我倒是觉得，王实甫是元初的人，《西厢记》基本上是他写的，但整个元代，不断经人加工、改动，甚至到明代还有改动。这是古代文献考证的意义所在，考证作品的年代，对文学史是有意义的，将作品抠死在某一个时期，是有局限性的。但可以肯定的是，《王西厢》对人性觉醒的描写，代表了封建后期的思想。研究大作家，要不断研究新的问题，才有创新价值，也是文学研究的必由之路。要有新的发现，只能细读原文。在《西厢记》里，从张生、莺莺、老夫人、红娘，了解过去的人怎么对待爱情，实在是咀嚼不完的精彩。例如张生见了莺莺，一句"我死也"，立时一个情痴便活脱脱出现在眼前。这是作者经过千锤百炼，才有如此之妙。读者也只有仔细咀嚼，才能领悟其中之妙。当下的网络文学，虽可浏览，但文化快餐不太可能有此传神之笔！

广州日报：您说过，现在年纪大了，给学生讲课，讲诗词还可以，讲戏曲则会忍不住"手舞足蹈"，便觉累了。戚世隽老师是您的学生，她给您写的序言中说您研究戏剧文本的方法，不同于学术界一般的做法，是这样吗？

黄天骥：说起来，我要感谢我的两位老师，一位是董每戡，一位是王季思。董每戡本身就是一名导演，是赵丹的老师，与田汉同辈。他经常跟我们说，读戏曲作品，要有舞台的眼光，舞台上的一举一动，都要看到演员和导演的意图。我留校任教后董先生让我到剧团参加一些实践。我在话剧团、戏剧团看别人如何拍戏，导演讨论的时候也参与其中，提出自己的看法。慢慢地，看戏我就有舞台感了。所以我看《桃花扇》、《长生殿》、《琵琶记》，是在看文学作品，但更是像"看"到舞台演出一般。看戏剧文本，心中是戏，人物便是动的，这是我读戏剧作品别于读诗词、小说的地方。而王季思老师则是研究文本方面的权威，他严谨的考证、校注方法，给我们打下了扎实的功底。一般中文系的老师重视文本，戏剧学院的老师重视舞台，而我的两位老师恰好一位重视文本，一位重视舞台，我受到很大的益处。此外还有詹安泰老师，他卓越的诗词造诣，对我理解曲文也有很大的启示。做学问，要将不同学科融会贯通，结合起来考虑问题，才天地自宽。

（原刊 2012 年 10 月 29 日《广州日报》）

黄天骥：智欲圆而行欲方

陈　川

中山大学中文系的很多学生都知道，黄天骥老师既可以是讨教专业学术问题的师长，也可以是一起热议社会话题的老友。和先生聊天是一件非常愉悦的事，他热情亲切，思维活跃，妙语连珠。从他的新作到古代戏曲，从教育问题到经典新看，正如他的学术研究一样，这个访谈也充满了"跨界"的乐趣。

广州日报："跨界"之美

与上世纪八九十年代时出版过的三本论文集《冷暖集》、《深浅集》、《俯仰集》相似，黄天骥授为自己的新作取名《方圆集》。这些文字读起来，不仅有着错落而和谐的韵律美，更是充满对立统一辩证意味的组合，这正是著者的着意所在。黄天骥说："在编集这本书的时候，我想起了'无规矩不成方圆'的古训，更重要的另一句，'智欲圆而行欲方'，说的是为人要方正，处事需灵活，这些是我的座右铭，作为对自己的惕励与鞭策。"

《方圆集》收录了自2000年后大概十年里黄天骥发表过的论文，以及为他的学术界、教育界、诗词界师友著作撰写的序文，还有近年应各方之邀撰刻的一些碑铭，以及一些诗词。众所周知，黄天骥是古代戏曲史研究领域的权威专家，他从事中国文学史和戏曲史研究及教学50余载，在诗词与戏曲研究乃至中国古代文学研究领域内取得了卓越的成就。但《方圆集》显然并不局囿在"学术"的领域里，除了论文外，不乏对大学教育的深思，也有对岭南文化的言说。

实际上，黄天骥的"跨界"并不只在这本新作里，2010年出版的《周易辨原》就曾经让学术界惊诧于他的"破门而出"。对此黄天骥却只是笑笑，不以为意："别人认为我是研究古代文学古代戏曲的，这是越界了，但我觉得这是学术的应有之义。说我'破门而出'只是因为有人把门开很窄而我把门开得很宽而已。"

"做学问到最后要融会贯通，才可能有创新。"这是黄天骥年轻时师从老一辈学人王起、詹安泰等诸位先生时就领悟到的道理，不仅要把文学史本身打通，更要和其他学科连通。"我很佩服李政道先生，他曾经在《文艺研究》发表过关于艺术与科学的文章，很有启发。"与数学、物理等自然科学专业的学者交流，也是让黄天骥很享受的一件事，他从中曾屡获启发。他曾经听数学系老师谈及公式之美，才知道越是简练越是出人意料的论证方式就是美的，这与文学不正是异曲同工吗？在写到诗词创作的"象外之象，景外之景"意境说时，他借用了物理学中关于粒子的"场"的概念，因觉得两者之间非常相似。

回到古代戏曲，黄天骥说，近年来中大中文系的戏曲研究从文本转入形态，也离不开对人类学研究方法和成果的利用。2009年，黄天骥和康保成主编的90万字的《中国古代戏剧形态研究》出版，超越了过去只有文本研究的模式，对古代戏曲的服装、唱腔等形态有深入研究和创见，许多结论都需要经过田野考察得来。

人文学科应鼓励百花齐放

如果从1952年入校开始算起，黄天骥在中大的校园里已经度过了整整60个寒暑，对于校园、学生、教育的情感总是在他的言辞中不经意地流露出来，在《方圆集》里也收录了他为中大前校长等人的教育论文集写的序文。50余载的从教生涯，使他对现行的大学教育有很多洞见，可谓爱之深责之切。

重新出版的民国老教材近年备受追捧，黄天骥亲历过那个时代，他认为过于追捧倒也不必，大概是因为今人眼界不够宽所致。他小学和中学用的都是民国教材，和现在相比，当时的教材并没有统编，老师可以根据自己的理解将最好的东西介绍给学生，他记得，选入的都是名家作品，如徐志摩、冰心、朱自清等。有多年大学教材编写经历的黄天骥坦言，其实现在问题不是出在教材本身，而是出在过于强调统一上，尤其对大学而言。

"大学统编教材是过去计划经济的产物。在大学里上课，真正有水平的老师都会脱离教材的，只会照搬教材的老师是不受同学们欢迎的。比如文学史教材，无非是强调某个作家不强调某个作家，强调某个问题不强调某个问题，教材只要给个方向就行了。只要不偏离文学史常识，老师最好能根据自己所长发挥。尤其是人文学科应该鼓励百花齐放，有不同学派的主张，这样学术才会发展。"

对于现行的以发表论文数量及其发表刊物级别来量化教师职称的学术制度，黄天骥也认为不符合学术精神和规律。"在这个指挥棒下，为了方便老师发表论文，很多学校即使没有条件也大量办学报和刊物，质量无法保证。有的老师一年可以发表50多篇论文，简直荒唐！"说到此处，黄天骥加重了语气。

黄天骥还以自己为例："我的写作速度不算慢，著作也不算少，但如果从青年时期开始发表论文算的话，将近60年的时间里，总共加起来也不过百来篇。"他说，文章不在多，而在于有没有真正的创见，过去的大师如陈寅恪先生，著作并不多，但谁能否认他的学术成就？

经典要不断重新解释

去年，黄天骥40万字的《〈西厢记〉创作论》出版。令人好奇的是，这本名著为什么还能引起这位古代戏曲史专家如此大的兴趣？

黄天骥说，再次进入《西厢记》，可以追溯到他的两位老师：王起先生和董每戡先生。两位先生都是中国古代戏曲研究的泰斗，王起研究《西厢记》最出名，董每戡则是戏曲史家，又是导演和编剧，以研究舞台闻名，写过著名的《五大名剧论》。"我从两位老师那里受益很多，不过现在距离他们研究《西厢记》已经有几十年了，我想看看，能不能在两个老师后面有什么新发现。而且我的写作有个习惯，喜欢否定自己此前写的，训练创新意识。"

另一个契机是古代戏曲形态研究近年的发展。从上世纪80年代中期90年代初开始，黄天骥就意识到光是研究文本是不行的，局限在主题思想上的研究需要找到新的出路，对于古代戏曲是怎么演的如果弄不清，用今天看话剧电影的眼光看过去的戏，那是隔靴搔痒。"中文系老师懂文本，艺术学院老师懂表演，把两者结合起来就会有新的看法"，在对古代戏曲形态有所了解后再回到文本，就会有新的发现。《〈西厢记〉创作论》就是在这样的契机下写出来的。

黄天骥认为，经典需要不断重新解释，接受者对原来的理解会根据时代不同而变化，根据时代精神看作品，能看到更深刻的东西，使解释不断深入。"也许以后我也能像董每戡先生一样，来个新的'五大名剧论'。"很显然，77岁的黄天骥先生接下来还有更多的学术计划要实现。

书房主人问答

信息时报：现在您会给学生开书单吗？为什么？

黄天骥：目前的教育是用实用主义的眼光，学生从中小学到大学，为了对付考试，必须把课本弄清楚，跟着教科书说的做，这是很失败的。我读书时老师说的话我总是又听又不听，因为老师给我独立思考的余地，特别是到大学，我自己整天泡图书馆，翻书架，围绕自己的问题找书看。哪有什么现成的结论，都是要通过自己研究想出来的。读死书是绝不行的，问题是我们现在的教育往往引导大家读死书，追求分数、排名，结果只要死读课本，按照它思考，抹杀了创造性。比如曾经有个刚入学的博士生问我要看什么书，都读到博士了还要问我看什么书，我反问他，你觉得应该看什么书，还让他两周后告诉我要读什么书。

信息时报：您有藏书的爱好吗？

黄天骥：我读书都是用书，没有藏书。虽然我是国务院古籍整理出版规划小组的成员，正在主持五千万字的全明戏曲，但版本这方面确实不是我所长。现在想想也有点后悔，古代文学老师应该有这方面修养，这跟解放后更注重理论学习不重视版本有关系，我也受这影响。我以前都不买线装书，因为整天下乡，住的地方很窄，没那么多地方放书，也没有经济条件，所以只买书不藏书，顶多利用图书馆。

信息时报：现在看什么书比较多？

黄天骥：现在我看书跟一般年轻人不同，不会固定看一本书，不过在某个时期围绕自己工作主题，有些书要反复细看。比如有个时期引导学生读丹纳的《艺术哲学》。研究易经的时候看和易经有关的书。有段时间看老子。研究《西厢记》，虽然我都能背出来，还是要反复细看，有关的论文专著都要看，这样才能提出不同的观点，才有必要出书。

（原刊2012年8月26日《信息时报》）

中山大学黄天骥教授：这辈子就想当一座桥

邱瑞贤

"师生之情所独具的温厚清醇，往往难以言传。"——黄天骥

近日，教育部正式公布了获第二届"国家级教学名师奖"的100位高校教师名单，广东省共有两位教师获奖，分别是中山大学中文系的黄天骥教授和南方医科大学的丁彦青教授。

明天，他们将在人民大会堂接受颁奖。本报记者昨日（8日）分别对这两位教授进行了专访。

在中山大学的菁菁校园里，今年是黄天骥教授任教的第50个年头。昨日，面对记者，黄天骥教授的话语是一贯的亲切和淡然："这一辈子我只是努力去当一座桥梁，这是我的使命。拿了这个奖，我压力大了，只怕名不副实。"而黄天骥的学生却一直铭记着老师身体力行的那句话——对学生、对学校、对职业都要永怀一腔深情。

年过七旬几乎记得每个学生

70多岁的黄天骥，在今日校园里的身影依然英姿勃发。中山大学中文系的学生们都知道，这是一位能和他们"混"在一起的名教授。"大家在校道上看到他，都亲热得不得了。"在学生眼里，这位名师既是能就专业问题高谈阔论的师长，又是可以就一个热门社会现象进行一番海阔天空神聊的老友。

曾经师从黄天骥、并在导师指导下以《中国古代戏剧服饰研究》一文获得全国百篇优秀博士论文奖，实现广东中文学科优秀博士论文评奖中零的突破的宋俊华，今日也成了中大中文系的一名教师。他最佩服自己恩师的就是——直到今日都保持着对自己学生的"好记性"。"只要是上过他的课的学生，哪怕是只上一门选修课的本科生，大部分他都能记得名字记得样子。我总是很惊奇，说起哪个学生上过他的课，哪个学生毕业以后现在在哪工作，他都记得。"

饭后散步常探访学生宿舍

正因此，很多本科生都说，能上黄天骥的课实在是一种幸运，黄天骥一直坚持着让这种"幸运"延续下来。2000年中山大学珠海校区刚建立的时候，已经退休的黄天骥以66岁的年纪主动请缨，前往珠海为一、二年级本科生开课。"去上两节课一来一回光是路上都要花四五个小时，看着他年纪那么大还有着沛的热情。当时这对年轻老师们有着极大的触动。"宋俊华说。

而宋俊华做学生时最感动的事情是，在他"闭关""熬"论文的时候，黄天骥经常会在傍晚打来电话："没什么，就是过来看看你。"然后，黄天骥就会从自己的住所步行出来，一直走到学生的宿舍里。"他知道论文写作的过程很苦，经常会有'卡壳'的时候，又怕我有压力，就亲自上门来，每次来都给我关键启示。"宋俊华说，每天饭后黄天骥都喜欢散步，经常是散着散着就走到学生的宿舍里去了。

黄天骥在中大80周年校庆时写下的《中大往事》中曾感叹道，师生之情所独具的温厚清醇，往往难以言传。在书中，他还引述了自己的老师王季思先生常说的一句话："爱青年，爱学生，是当教师自然而然的事。"

很多学生奔着黄天骥而来

在劝说黄天骥参评"国家级教学名师奖"时，学校没少费口舌。但一听说参评要上交一段讲课的摄像内容，黄天骥怎么都不愿意了："干吗要拉学生为了我作秀？我不愿意。"最后，还是系里找到了他过去曾经录下的精品课程摄像资料，才交了差。

在康乐园里，不知有多少学生是奔着黄天骥而来的。2004年中大80年校庆时，中大党委书记李延保曾说："许多校友对母校的感情，常常与对黄天骥老师这样的名师的感情联系在一起。"

黄天骥总是笑称自己是"半个世纪的中大人"。"中大在广东人心目中的地位很高，很神圣。当时的中大名师云集，人才荟萃，聚集了陈寅恪、姜立夫、陈心陶、容庚、商承祚、王力等一流的学者，在全国的影响力非常大。我记得1952年我报考大学时填的志愿是：第一志愿中大，第二志愿北大。"

当一个中大老一辈学人和年轻一辈学生之间的"桥梁"，被黄天骥看作是一辈子最重要的使命。"我清楚自己不可能做大师，我只希望能做好一座桥梁，只要做好老一辈和年轻一辈之间的桥梁，我就完成任务了。"

（原刊2006年9月8日《广州日报》）

跟随黄天骥先生读书的二三事

李舜臣

光阴荏苒，转眼间，我离开中大已十三年了，黄天骥先生的从教生涯也走过了六十个春秋。这些年来，有些记忆已经模糊，但回望跟随黄先生读书的日子，仍历历在目。

坦率地说，我在成为黄先生的学生前，并不深知他的学养、声名。只是去中大考试时，漫步美丽的康乐园，看到很多建筑前的碑文都是出自先生之手，才知道自己遇到了一位名师。今天想来，我那时真如井底之蛙，无知者无畏。先生的考题倒是很寻常，譬如"李商隐《锦瑟》赏析"、"'有我之境'与'无我之境'的区别"。但即便如此，我的答卷也不是很理想。面试的时候，我有些忐忑，生怕黄先生提的问题，一个也答不上来。但出乎意料的是，先生只问了一些非常简单的问题，比如"你读了哪些书"，"你知道王起先生吗？"半小时下来，我通共没说十句话，都是他在讲，讲中大的学风、传统和掌故，滔滔不绝。我心想："这位老师真有意思，简直就像我面试他一样！"坐在旁边的康保成老师，很熟知先生的个性，一直微笑着。

面试很轻松、随意，但总成绩却不理想，仅排名第三，可招生名额只有两个，我甚至准备打点行装，到北方一所高校任职。恰巧，那时正与我热恋的妻子欧阳江琳也报考了康保成老师的博士，并获得了录取资格。情急之下，我硬着头皮打电话，向先生坦白了这一情况，没想到他听后，竟为我们着急起来："你女朋友考上了，你去北方工作，那你们不就分开了吗？我明天到研究生院，看看是否还有指标。"过了些天，先生给我来电话，告诉我："研究生院特批了一个指标，你被录取了，好好准备读博士吧！"我当时简直感激涕零，暗下决心，决不辜负先生的成人之美。

从学于天骥师，实在是我人生莫大的幸事。先生学问广博，扎根戏曲，兼长诗文。读博三年，我从对先生无所知，到弥见其学问深远，无时不有如望汪洋、如沐春风之感。他带着我们一起读《老子》、《周易》，研讨戏曲、诗歌的相关问题，思想之活，专研之深，妙言机趣，往往能让人于一室欢笑中，触动灵心。一次，他拿来一首长诗，逐字逐句地串讲，一边讲一边问，好在哪里，不好在哪里，随堂学生踊跃指评，纷纷献言。不料，他最后狡黠一笑：此诗乃黄某人作也。一座学生大惊。先生欲藉此法，引导长诗结构、肌理、语言的解读，其风趣若此，深心若此！有时，讲至情切处，他还手足并用。谈到"爨舞"，便踏足联翩起舞；谈到杂剧"冲末"，又模拟冲末"冲上"的神态动作。其生动的肢体语言，柔长而顿挫的粤普音调，十多年后回忆起来，仍令人会心一笑。

中大校园绿草茵茵，茂林蔽日。晚饭后，先生常携师生徜徉美景，边行边聊，很多思想的火花都在漫步中迸发。我刚入校，一度为论文选题焦头烂额，既想随先生研治戏曲，又觉着根底浅薄，亦非兴趣所在。先生数次邀我黄昏散步，要我定下心来，踏实看书，从以前空而不当的学术思路，转入精微谨严的实学之风，再寻找选题突破口。经过四个多月的读书，我逐渐找到了治学感觉。一日随侍先生，散步康乐园。晚风习习，榕叶垂垂，先生谈兴甚浓，不自觉提到古代僧侣的诗歌创作。他忽地顿住脚步，双眸炯炯，说："这个题目很有意思，你值得去做一做。"当晚，我的头脑像烧灼了一般，深觉先生提议的可贵。数日查阅资料后，逐渐发现这个学术领域的广阔，在获得先生充分肯定后，我的博士论文最终定为《清初岭南诗僧群研究》。此后十多年，我仍扎根于僧诗研究这一领域，先后进行了《元明清诗僧研究》、《历代释家别集叙录》等课题的研究。今天想来，那次美妙的漫步，竟冥冥中决定了我的治学方向，先生敏锐的学术眼光，灼亮了我的学术生涯。

先生对弟子既严又爱。我出身寒门，资质驽钝。刚入校，与同门拜谒先生家中。先生站在阳台上，向我们挥手，见我们带了些杂七杂八的水果，便开玩笑："你们拿这些东西来干嘛？我又不是开杂货铺的。"闲谈中，他关切地问起我的家境，见我长发披额，身体瘦削，便使劲地捏我的胳膊，笑着说"努力加餐饭"，不要做披头士。第二天上课，先生将昨日奉送的水果，原封不动带到课堂，笑云借花献佛，于是大家大快朵颐，其乐融融。对于一些学生深夜苦读，先生很担心他们的健康，时常借用王季思先生的话"学术不是靠拼命，而是靠长命"，告诫大家不要冲得太猛，要细水长流。他自己也热爱运动，散步、游泳、骑车。时常见他穿着白衬衣，骑一辆旧式自行车，驰行于康乐园，我们背后戏谑曰"旋风小子"。

2009年我因患眼疾，到广州做手术。赴穗之前，曾给先生电话。先生至为关心，很快帮我联系了眼科医院的大夫。到达广州后，我和妻子先拜访了康保成老师，听到先生近日扭伤了腰。我心中充满愧疚，先生没有告诉我腰病，却担心我的眼疾。正在此时，门口有人急切问道："舜臣呢，舜臣在哪里？"听到这熟悉的声音，我顿时心里一酸，眼泪几欲夺眶而出。扶门而立的，正是六年未见的恩师。他一只手叉着腰，平移脚步，两鬓也花白了许多。此后，每每电话、来信，先生总要问及我的视力，叮嘱我注意休息。

几度春秋，韶光流逝，先生已经年逾八十，从教也满六十周年了。"岁月无涯而有涯，人生无情而有情"，先生以学者之性、诗人之情、长者之心，依然坚持在教学科研第一线，不断贡献学术篇章，雕琢后学弟子，藻雪人生精神……

（作者单位：江西师范大学文学院）

人师难得
——恩师黄天骥先生略记

锺 东

一

恩师黄天骥先生在我心中留下颇为深刻印象的，是他的为人。

与恩师结为师生，应当是在1993年了，当时一心考博。那时候对于学术的兴趣，是在唐宋。我带了几篇习作小文给黄老师看，当时他对我的评价，认为没有太好的才气。但是，他还是在众多的考生中，录取了我，这是我一生一世，享受做他弟子的福报。

当时，老师还说了一句话，让我一直心中暖洋洋的："你研究的韩愈，我就不熟悉。有空我向你请教啊。"我听了不禁一愣，令我景仰已久的导师，学问清通博大，居然这样谦虚，这样鼓励学生，这长者的风范，我永远记住了。我记得，当时他还鼓励我说："有人早慧，有人大器晚成。"

我读博期间，在广州另一间大学的年轻老师沈君，出了一本古代文学的论文集，托我带给认识的一些师长。过了好些天，沈君告诉我，送出去的那些书，只有黄老师给他写了亲笔回信。其实，当时黄老师任中山大学研究生院的领导，工作十分忙碌，可是他决不忘记给一位年轻的学者回复亲笔书信，这也让我学习到了老师的为人。

若干年前，黄老师讲过多次，说中文系古代戏曲的老师们中，有几位老师同时有资格评职称，但指标有限。在这种情况下，他们互相礼让，自觉地把自己放在后面。他鼓励这种风格，这也是他作为长者的示范作用，让这个团队的人们，能够精诚团结，互相砥砺，自动让同事先上职称，而不是见利忘义，仅为自己打小算盘。

今年春节前，黄老师把我叫去，是要打听图书馆的一位装裱师傅，我开头以为他要装裱字画呢，连忙说让他交给我就行了。结果他不是这样子的，他是为校外事办的一件事情操心。当时，学校的外事活动，恩师拟撰了一副对联，请张振林老师毛笔墨宝，当时恩师送去装裱，费用两千多人民币。装裱师傅在外事办报销不出来，恩师让我打通了电话，表示由他自己负担装裱费。本来是学校的公事，由于公家财务制度的规定所限，他自己一力承担，愿意自费解决。更重要的是，他向装裱师傅反复地解释，学校财务制度有规定，这项费用不能在公款里列支，希望装裱师傅谅解。在黄老师看来，学校的事情，就是自己的事情；同时，不管如何，决不能让装裱师傅的钱给欠着。

二

恩师在我人生中留下深刻印象的，还有他的尊师重道。

在随恩师攻读中国古典文学之初，他便经常谈及王季思（1906—1996）先生的种种故事，比如说王先生讲过："聪明人要下笨功夫"，比如王先生如何研究《西厢记》，等等。他又经常谈及戏曲研究的团队，在中山大学是怎样建立起来的，也无不时谈到王季思先生的开创之功。他对王季思先生的缅怀，写在文章《余霞尚满天》中。

除了王季思先生之外，讲起戏曲表演的学习，黄老师一定会谈起董每戡（1907—1980）先生。他说董先生精于戏曲表演艺术，恩师做学生的时候，因为有一次在课前模仿董先生上课，被董先生留下来，说他模仿得很像，可以学习表演。恩师自此便向董先生学习了舞台表演的艺术。恩师又说董先生被打成右派后生活极其困难，在困境中坚持学术研究与写作，董先生的不少戏曲文章手稿，就是在极艰苦的情况下，用香烟的包装纸写出来的。

恩师对众多中大师长的缅怀，往往形诸文字，这些文章较为集中地放在了《中大往事》这本书中，很多他的师长辈，都在这本书中留下了形象、生动、逼真的肖像。这些师长的记述，放在一定的历史时期中，表现出极为丰富的历史内涵，甚至有些是令人心酸的怪异，但是，有一个中心，就是恩师对他的师长辈的敬重，以及他对道业与文明的敬重。

想起一件有趣的事情，在我读博期间，恩师一直让我充满神秘感，认为他就是老师的老师，是第一伟大而有名的。直到有一次，我才明白，恩师的成功，也是离不开师长的栽培的。那一次，是我恩师让我带了十本书，送到住在起义路的孔老师家去。孔老师是恩师黄天骥中学时代的老师。我见到孔老师，没有想到是一位耄耋，他用广州话问了关于恩师许多情况，记得最为深刻的是："阿骥近来点样啊？"那一声"阿骥"的称呼，让我更加尊重我的恩师黄天骥，也让我更加懂得恩师做老师的内涵了。

恩师特别注意扶植、鼓励后学，让后学的特长发挥出来。比如近几年他出版的图书中，每一本都请自己中文系的年轻人为作序。黎国韬老师为《方圆集》作序，魏朝勇老师为《诗词曲十讲》作序，戚世隽老师为《情解西厢》作序。而书法方面，恩师也借他的书，为本系的老师团队作展示，陈斯鹏、田炜与我等数子，都应邀为恩师的著作配上书法图片，因为我们几个是业余书法爱好者，我们的书法作品，成为恩师书中的插图。恩师的用意很明确，就是中文系后继有人，有一个整体的团队。而其意义，或者更为广大，我感觉到与王季思先生"长留春眼看春星"的意味一样，深长而久远。这其中，充满着恩师对于道业永存的期待。

三

恩师在我人生中留下深刻印象的，有他的"趣"。

恩师雅人深致，是有真趣、妙趣与深趣之人。读师文字、陪师侍座、听师讲课，都能明显感受到恩师对一切都充满着好奇心，总能发表生活与学问的种种趣味，并且用文学艺术的形式表现出来。

当年刚刚认识老师，他说厨房的醋是很妙的东西，可以让软的变硬，让硬的变软，然后看他说完便听到他开怀的大笑。他哪里是在谈炒菜啊,他分明在讲生活的哲理。后来看到他把这个道理写进了文章。

游泳,是恩师平生最爱,几十年来,每天清晨,不分春秋冬夏,他都会去泳池。很多年前,就听他说过游泳的种种趣事,后来他写了《游泳记趣》一文,收录在《中大往事》之中。这篇文章把他几十年如一日的玩水之趣,表现得活灵活现。试想,在生活中如果对游泳没有真兴趣真体验的人,怎么能写出文字来呢。其中有一个细节,可见端的,这便是他在文中写到"游泳之趣,还在呛水",恩师写道:"有人说,呛水很难受,怎么反说有趣?其实,难受和有趣的差别,只在一转念之间。只要心里不觉难受,那么,即使是难受的事,也会转化为有趣。这道理,和川、湘朋友在饭菜中加辣子是一样的。"(《中大往事》增订本,第150页)恩师便是这样,生活中也是一转念之间,把很多别人看起来麻烦的事情,都转化为兴趣。

用一转念间的思想,恩师回忆"文革"期间"五七干校"锻炼的艰苦日子,也以"趣"笔出之。他的散文《旧梦记"趣"》,就是写那段旧事。有许多古怪而辛酸的事情,对一般人来说不堪回首,而在文章中却被恩师写得妙趣横生,发人深省。像"五七"战士的打扮,在乡下老太看来还以为是来了天兵天将;像人家出于好意,可是却让"走资张"突然死去;像装成山猪偷姜的人;像躲进茅厕吃花生的人;还有只顾脸面而被蛇咬了屁股的人。"趣"即是用审美的眼光去看日常生活,恩师观察得细,感受得深,而成以文章,聊以"趣"名。

恩师对于人生,每有禅趣。恩师知我平日关注广东佛门文献,而与方外往来有年,有时候也会同我谈起他对佛教、禅理的见解与体悟。在我听来,他是有正知正见者,不是寻常学问家的理解。他的文章结集题名,本来就透露出他很早便领会了禅趣、悟得禅味。比如他的《冷暖集》,显然取义于宋释道原《景德传灯录·袁州蒙山道明禅师》:"某甲虽在黄梅随众,实未省自己面目。今蒙指授入处,如人饮水,冷暖自知。"《冷暖集》之趣味,亦在这禅意之中的。恩师的其他诸集《深浅集》、《俯仰集》、《方圆集》之书名,释解之义虽在多途,但又何尝不是消除了二元对立,不碍两边,唯在中间的空观中道之见解呢?

在生活中,恩师给人以达观自在的印象,但这不只是在外的表象,实际上他是能搞掂自己内心的人。他的人生多少风波、抉择,这使他对于祸福得失,早已超越在塞翁失马之上,而悟得佛禅之空观中道了。

四

恩师给我人生深刻印象的,还在于他精彩的讲课。这儿我只写一则记录,以见一斑。那是2015年11月25日晚上,陪恩师到珠海中大校区,听他对本科学生的一堂讲座。

当时,恩师的讲题是《戏曲的传统与传统的戏曲》。恩师首先讲清戏曲的概念,他说戏曲是融会美之学问,是综合了古代艺术的各个方面而成为的,有唱、念、做、打的艺术。那么,什么是戏曲?恩师引用了王国维的一个定义:"以歌舞演故事。"但是他说,实际上也可能会是以故事演歌舞的。古代有优、伶、倡、俳,优便是可以装扮的。我们中山大学戏曲研究有一致的看法,戏曲起源于祭祀。一个例子是优孟衣冠,扮演的是令尹子文(叔孙敖),让楚王明白亏待了大臣的后人。

顺着祭祀的思路,结合王国维的概念,恩师继续说:祭祀中,巫,是沟通神人之间的人,巫即是舞(举篆书象形字为例),从古文字中,看到戏曲第一个要素就是巫(舞)。至于戏曲第二要素，即是扮（如优孟衣冠）。戏曲第三个要素便是表演。戏曲还有第四个要素，这就是故事。中山大学的戏曲学派认为，从四个要素看来，汉代已经形成了戏曲。

恩师讲座中指出，汉代有百戏，也即把戏（粤语），如：扛鼎、冲狭、跳丸、吞刀、走索、角觝。角觝见自张衡《西京赋》，载有剧目《东海黄公》，类似日本今天能见到的相扑。到了唐代，就更加丰富了，有传奇《会真记》、《虬髯客传》、《李娃传》、《弥勒会真记》，另有胡旋（梵文）、浑脱（粤语之晕陀陀）、笪鞊妲（引舞）。唐代最有名的戏曲是《踏摇娘》，苏郎中打老婆。有"丈夫若妇人者，徐步入歌场"，"踏摇，和来"，"调弄又典库"，就是在演的同时，观众也参与说"和来"，类似今天在足球场上看台的声音。

恩师认为，浑脱就是晕陀陀。妲的来历，徐文长认为是狙，又有人认为是姐，皆未能成立。踏摇娘的传统审美：简约、参与、圆满。

讲明了戏曲的概念与历史源流，恩师就向学生们说，中国戏曲有什么特点呢？最明显的两个：虚拟性、程式化。

他先说虚拟性。他用亚里士多德的三一律、瓦赫坦戈夫幻想现实主义，与中国戏曲作了比较。然后从表演、化妆、动作、空间、时间、道具分别举例，讲明中国戏曲表演的虚拟性，是以俯视的视角，而不是像戏剧舞台用三面墙开口给人看。

他再说程式化。所谓程式，即是规范、标准。《荀子》，程者，物之准也。戏曲注重表意、表情。恩师一边讲，一边演，上马、写字、甩发。程式的内容，便是手、眼、身、法、步。比如方步表示志得意满，云步表示鬼怪神灵，欲进反退法。又如手法，兰指表示女子优雅，剑指表示男子阳刚，对立统一，突出主要。诸如此类，恩师皆讲明程式有生活依据，而在舞台上夸大变化。程式是"练死了，演活了"。

恩师讲戏曲课，往往边讲边演。他讲诗词课，也表演性很强。他教学既讲得有条理，更讲得极生动。

恩师给我人生的深刻印记，还在于他的学术。这部分，师兄弟写得多了，在此我就避而不谈。本文仅对恩师在日常生活与教学工作中对我的影响，记述如上。

（作者单位：中山大学中国古文献研究所）

名家视角中的散曲

徐燕琳

"蒹葭苍苍，白露为霜"是远古的天籁，"枯藤老树昏鸦，小桥流水人家"则是元代的水墨淡彩。隔着历史灰黛的重帷，那些悠远的民歌传来时，只漏下如丝的轻响，如同秋夜竹林间筛落稀疏的月影。那曾绚烂的色，也自斑驳黯淡了。但它们确实存在过，并令我们骄傲地依然存在着。

江苏古籍出版社 2002 年出版的《名家视角》丛书提醒着我们。十册的厚重，编、选、注、评、印的精雅，透露着出版社和编选者的缜密。单看看承担这些自千年文化积淀中钩沉这些诗词曲赋文精品的大家的名字，你就不由得肃然起敬：余冠英、曹道衡、霍松林、王水照、吴雄和、程千帆、黄天骥、康保成、严迪昌、郭预衡、钱仲联……不是简单的名家崇拜，而是相信这些皓首穷经、兀兀穷年的大学者，在努力将自己固守的传统文化化作细雨，润泽国人时的真挚喜悦和拳拳心意。封面设计萧散淡远，手工绘图，纸页是本色的白，捧在手里，温润如玉。你会和引路的人一起，到清凉界，得大自在。

名家中，有中山大学黄天骥教授和康保成教授。两位先生近年新作迭出，为这套丛书作的是《元明清散曲精选》。多年的研究，令他们的专业眼光和审美品位高蹈尘寰。虽然只是对元明清散曲的选评，却建立在广泛而深厚的学术研究基础上，亦包含对传统诗词文赋文体特征、艺术审美的深刻理解；既海纳百川，兼收众长，又视野寥远，新见独造；既有专业的精深和大雅，又平易近人而可通俗。出版者在前言里说，出版这套书，是希望有更多的人，通过名家的引导，能进入人类文学遗产的艺术殿堂，体验或感悟中国古代文学的魅力。这一主旨，在书中得到很好的体现。

无论是从文学欣赏还是从专业品评的角度说，这本《精选》确是难得的精品。据任讷先生《散曲概论》统计，元散曲家可考者 227 人，明代 330 人。凌景埏、谢伯阳先生《全清散曲》所载作家 342 人。在这近千人的队伍中，该书仅仅选录了 61 位散曲作家 111 篇作品。选本是文学批评的方式之一。用什么标准编和选，亦是批评家观点和学识的体现。《元明清散曲精选》一书能够结合散曲本身的发展及不同阶段的特征并突出重点，亦能兼收并蓄，对不同风格、不同内容的作品采取了宽容和审慎的态度。唐诗宋词元曲三者鼎足而立，作为元曲重要部分的散曲，今天影响虽不及杂剧，却以其自然本色、汪洋恣肆啸傲文坛，并确立了这一文体的基本形式和风貌，如音乐建制、体裁篇制、风格特征等。书中所收，过半为元人所制，本身即对元曲成就和特色的肯定。但重元并不意味着轻明清。明的放宕，清的低徊，以及清深、豪旷、婉丽三品在各个时期的交织，时时反映于所选诗作。从作家来说，有白朴、关汉卿、马致远、张养浩、康海、冯惟敏、朱彝尊等大家，亦有王和卿、刘效祖等这些存曲不多的作家，还有并不完全以曲名的倪瓒等。杨朝英《双调得胜令》、汤式《商调望远行·春》、刘庭信《双调折桂令·忆别》、王磐《中吕朝天子·瓶杏为鼠所啮》、黄峨《双调雁儿落带过得胜令》一类戏剧性很强、尖新俚俗的作品亦广泛收入，以见散曲特色之一斑。

在同一作家作品的选评中，编选者也有所考虑。比如明初朱有燉，作杂剧31种，内容多为宣扬教化、颂扬太平；《诚斋乐府》两卷，多流连光景、风花雪月之作，似乎雍容闲雅。此书仅收入《中吕朱履曲·途中晓行》一首："悬碧汉一弯月影，隔荒村三唱鸡声，客途人枕上梦魂惊。 溪山高下路，风雨短长亭，叹人生如泛梗。"看起来只是普通的客途慨叹，但编选者能够从屈原"路漫漫其修远兮，吾将上下而求索"、李白"行路难、行路难，多歧路，今安在"等入手，由作品表面的旅途劳顿、道路艰辛以及由此而生的对人生漂泊、险辛的反映，将观众的视角，引入到对作者内心世界的思考：虽贵为皇胄，衣锦玉食，却虎狼群伺，时时有一柄无形的达莫克利斯之剑悬在面前；虽有安邦济国之志，却困守藩城，无力施展。因此，这些似乎是冶情小品的散曲，亦成了他唯一可以显示才华的天地和避祸之具。选择《中吕朱履曲·途中晓行》这首有特色的作品，亦说明了编选的眼光。杨慎作品收入三首，《双调驻马听·和王舜卿舟行》空灵迷茫，可比"孤篇存世"的《春江花月夜》，《南桑调黄莺儿》孤凄哀恻，《中吕普天乐·别张愈光》慨感跌宕。三首曲，风格各不相同，可互相参看；对于全方位、多角度地了解作家、分析作品，虽是一脔，就我们这些无从知其鼎味的读者来说，实为难得的开人眼目的参考。

选可见眼光，评更显功力。每个作家，书中都有简介，字字皆有来处，证据不足者俱存疑，足见学者的审慎。并有新见迭出，如范康《仙吕寄生草》、《涵虚子论曲》评张可久等皆是，不赘录。品评中，既有对作家总体风格的概括，又有对诗作前人的集评和具体的分析，善于在比较中见不同，不同中出个性。以渔父为题材的词曲不少，一般也只着眼于描绘他们生活的逍遥惬意，如刘秉忠的《清平乐·渔舟横渡》所谓："自任飞来飞去，伴他鸥鹭忘机。"杂剧名家白朴，书中收录《双调沉醉东风·渔父》一首："黄芦岸白蘋渡口，绿杨堤红蓼滩头。虽无刎颈交，却有忘机友，点秋江白鹭沙鸥。傲煞人间万户侯，不识字烟波钓叟。"编选者逐层分析曲中岸、渡、堤、岸、芦、蘋、蓼柳等意象，于枝叶疏爽，色彩明丽，江水澄澈之境，见鸥鹭而忘机，烘托出性格的高洁，对尘浊的厌弃。后句格调峭拔，强调渔父"不识字"，可以无忧无虑，傲视王侯，正是以知人论世的方法，点出作者虽优游山水，实则块垒未消，并非一味洒脱。白贲作品亦收入《正宫鹦鹉曲》："侬家鹦鹉洲边住，是个不识字渔父。浪花中一叶扁舟，睡煞江南烟雨。【幺】觉来时满眼青山，抖擞绿蓑归去。算从前错怨天公，甚也有安排我处。"品评中同样点出"不识字"，但指出，与白朴不同的地方，在于虽有牢骚不平，但因江南烟雨而息心避世，更显得文心跌宕，飘逸自适。总体风格是疏淡中见豪放，洒脱中见不羁，直抒胸臆而情景兼备，是为其妙。乔吉《中吕满庭芳·渔父词》，又因严光的典故，突出它"牵动一潭星"的开阔，显现他乐于避世而不甘寂寞的心情和典雅中有天籁、婉丽中有洒脱的风格。由于视野开阔，因此，品评并不仅仅限于文词的解释和疏理。锺嗣成《正宫醉太平》，透过乞儿自述的表面，显其寓庄于谐、儒丐结合的特点，实为对现实的蔑视。张善鸣的《中吕普天乐·嘲西席》，言者谆谆，听者藐藐，比作读者熟悉的《牡丹亭》闺塾一出，深有会心。评康海《中吕满庭芳·华山》，将其与杜甫、李贺诗作作比，以见华山诗作立足高渺的共性和其视角的俯仰多姿的个性。各篇的品评俱有特色，绝非泛泛，确乎名家所选评之名篇。

料峭春寒，一卷在手，陶然忘机。愿公诸同好，奇文共赏。

(作者单位：华南农业大学，加拿大英属哥伦比亚大学)

经师可求，人师难得

刘红娟

一、初见天骥师

2005年，我从华师硕士毕业，当年报考了中山大学康保成先生和浙江大学廖可斌先生的博士。记得中大成绩很快就公布了，成绩下来，排名第三，当时康老师说我们戏曲史方向招2名学生，显然我是没有机会了。后经某位老师的指点，说也许可以调剂到黄天老师处，然后我就抱着试一试的心情给黄天老师打了通电话。大概黄天老师说"文学是人学"，文学的理解是需要阅历的丰富的。放下电话我非常的沮丧，心想也许黄天老师认为我是应届生，阅历有限，故而理解人生理解作品不会很深刻，也就是说可能不会录取我了吧。就这样带着欲罢不能的惆怅，我又参加了浙江大学的博士入学初试。也许是广东人惯有的思维，加之在广州读书多年，多次参观中大校园，早已被新港西中大校园的红楼群和校园里的大草坪所吸引，那是南国秀美的中大校园，沉静而端庄。几次路过中大校园，仰望着中大的那一片天空，心想如果我能在里面学习多好！可想当时去浙大考试的心情，是如何的备受打击了。到了四五月间，承蒙康保成先生的眷顾，中大又可以录取我了，这时浙大也通知已经顺利通过初试，准备要去面试。盛产文人俊士的江浙、烟雨朦胧的西湖对于我还是很有吸引力的，不过中大离家更近，还是做了个很广东的选择，挣扎之后，忍痛割爱，致歉所报考的导师廖可斌先生。我终于如愿进入中山大学学习。

9月8号晚上是入学生见面会，地点在中文楼八楼的戏曲教研室。教研室里面有两排很大的书柜，放着各种戏曲典籍。其中一面墙上，挂着一副黄天骥老师等人纪念王季思先生从教70周年送的匾额，上面写着"经师可求，人师难得"。当时出席的老师有黄天骥老师、康保成老师和黄仕忠老师。黄天骥老师给我们一年级的新生博士介绍了中大中文系戏曲研究的传统。先给我们介绍王季思先生的为人与为学。虽然多次听说王季思先生的故事，但第一次坐在中大，听黄老师这么近距离地讲王季思先生还是第一次。接着黄老师讲述了王季思、董每戡、詹安泰等前辈先生的学术特色。联系前辈学者的研究特色，黄老师要求我们未来的学术，要注意宏观的概括，也注意微观的考证；他说考证是为了说明一个问题；不赞成谈空话，像80年代对西方理论的生吞活剥，为理论而理论。黄老师还激励我们学习孙中山先生的名言，学生"要立志做大事，不要做大官"。

印象特别深刻的是，黄天老师特意给我们交代了几条读博期间的规矩：首先，在读博期间，既要学做学问，也要学怎么做人，而且做人比做学问更重要；其次，教师节等逢年过节不允许学生给老师送礼，发张电子贺卡就可以了；再是，学生和老师在学术面前都是平等的，上课发言或是平时，学生可以和老师互相答疑辩难，更期待学生超越老师。见面会的时间正好是教师节的前两天，本来同学们还商量如何给老师庆祝教师节，被黄老师这么一说，大家都不敢轻举妄动，甚至在整个攻博期间，大家都悄悄把对老师的爱戴藏在心底，不敢以任何"世俗"的形式表达对老师的尊敬。当时黄仕忠老师期待我们继承发扬中大的戏曲研究传统；康老师告诫我们"胸襟与学问成正比"。硕士期间，多次听到导师何天杰教授与华师的周国雄教授、左鹏军教授对中大戏曲研究团队的高度评价。第一次的师生见面会，让我已经深深感受到作为全国戏曲研究重镇的中山大学戏曲研究团队，学风的严谨、融洽、民主。黄天骥老师当时已是古稀之年，但穿件白衬衫，干净整洁，神采奕奕，给新生的谆谆教诲中，我们能感受到他对这个团队倾注的心血和对下一代的殷殷期待。

二、课堂中的天骥师

中大戏曲专业博士毕业的同学，大概都对该专业的集体讨论课印象深刻。博士入学的第一学年，我们除了上英语政治公共课以外，要上一门集体讨论的专业课。中大戏曲团队的协作不仅仅表现在科研团队的协作，在博士生的培养过程中也体现了团队的协作精神。虽然每个同学都有自己的导师，但是入校以后，导师会强调他们是一个导师组共同指导的。大家一同上课、一起开题、一起答辩，有问题老师们共同把关诊脉，知无不言，言无不尽。即使当时没有给我们上课的相关专业的老师，导师也会介绍我们读他们的专著，学习借鉴他们的方法，如有问题也是可以向他们当面请教的。在中大的几年，同学们都特别享受这种民主、宽松又紧张的学术氛围。

记得我们年级是每周四晚上上专业集体讨论课。中国戏曲史、民俗学、元明清文学方向的导师团队一起给该方向的博士生上集体讨论课。事先老师们会布置下一次讨论课的主题，围绕主题，同学们去查找文献发现问题。讨论的主题有时候是一个剧本，有时候是某学术杂志上的一篇论文，或是某位学者的某本专著，或是大家一同观摩的戏剧演出。当时一起上课的导师有黄天骥老师、康保成老师、欧阳光老师、黄仕忠老师等。上课的地点仍然是中文系老楼的戏曲教研室。大家分属不同的学科，看问题的角度会不尽相同。虽然没有规定每个学生都要发言，或是发言多长时间，但是每次上课，大家都争先恐后地发言，讨论很热烈，往往到下课时间大家还意犹未尽，在回宿舍的路上大家还继续着课上的话题。每次的讨论课，黄老师总是有精彩的发挥。

我印象最深刻的是 2005 年白先勇先生带着他的《青春版牡丹亭》到中大巡演。我们先是听了白先勇的报告，后来在学校的梁銶琚礼堂看了三晚的《牡丹亭》全本演出。看完以后，我们作为学生的，震撼的是《青春版牡丹亭》全是手工苏绣的华美戏服、浓烈香醇的爱情在昆曲舞台上如何典雅端庄地演绎。这一周的讨论课，当然离不开《青春版牡丹亭》的话题。黄天老师给我们详细分析了《青春版牡丹亭》改编的得失，其中有的话我至今记忆犹新。大概的意思是说，"'但是相思莫相负，牡丹亭上三生路'，汤显祖强调'牡丹亭上三生路'，而白先勇先生的《青春版牡丹亭》更强调'莫相负'，用了三分之二的篇幅演绎'莫相负'，以前我们比较少注意到，我比较认同白先勇的主题判断，今天强调爱情的'莫相负'是很有积极意义的"。黄老师总是能够高屋建瓴，一针见血地指出本质。在我们的讨论课上，黄老师倡言大家勇于胡说八道。黄老师认为《青春版牡丹亭》演绎《离魂》这一出，有些处理得不太恰当。本来在汤显祖的原著中，这一出是很悲痛的，八月中秋，月亮不出来，偏偏萧萧瑟瑟飘着秋雨，杜丽娘感慨生命之花即将枯萎，"但愿那月落重生灯再红"。白先勇此前安排了石道姑出场，黄天老师认为这样大大冲淡了悲剧的氛围。但是白先勇在处理杜丽娘断气后，安排众花神出场，簇拥着杜丽娘换上红袍简直是

"妙极了"，"可能是从《人鬼情未了》学来的，感觉灵魂上天了"。黄老师就是这样出其不意，能把古典戏剧的当代演绎与外国的电影联系在一起。黄老师类似的奇思妙想很多，让我们感受到黄老师的思维是活跃的发散的。黄老师提倡学生"胡说八道"，其实是让我们发散思维，勇于提出新见解，但我们往往感叹，黄老师的聪明智慧，我们是学不来的，那是黄老师的才情经过弥久岁月与书香的浸润后的睿智与通脱。

说起黄老师的睿智，我想起了另外一个学者——台湾的曾永义先生。曾先生是台湾戏曲学界的重头人物，2015年当选为台湾中研院文科院士，即使在大陆也享有盛誉。2015年在台湾访学时，我曾拜访曾先生。曾先生在席间仍然念念不忘与黄天老师2007年在山西两人共同参加学术会议考察期间互相唱和的情景，他说自己吟诗作对或是写文章，虽然快是快了些，但终究黄天老师的更老到。这一点，他极为佩服。

黄老师多次在课堂上叮嘱我们不仅要从文本中看戏曲，更要从舞台的动态中去体会戏曲。也主张不同的领域、不同的方法贯通来进行学术研究。我们入校之后跨戏曲史、元明清文学、民俗学、非物质文化遗产学等专业的集体课，老师们甚至要求我们积极参加历史、人类学、社会学等学科的讲座，已经让我们有了跨学科、"交叉学科"思考问题的习惯，这对于我们日后的研究都甚有裨益。黄老师倡言包容，"还包括学科相互渗透交叉的内涵"（《春风·秋雨·芳草——康乐园纪事》，《中大往事》第6页）。黄天老师自己也多次强调"在我的学术生涯中，虽说是以戏曲为主，但不曾中断诗词的写作和研究。……我常常是带着诗词的眼光去研究戏曲，又带着戏曲的眼光去研究诗词"。（李颖：《固本培元 融会贯通：黄天骥教授访谈录》，《文艺研究》2005年第9期，第80页）确实如此，黄老师的学术研究领域，不仅有戏剧戏曲的老本行，也有吴伟业、朱彝尊、陈维崧、纳兰性德等人的诗词研究引人注目；2008年，黄老师还出版了周易研究的皇皇巨著《周易辨原》！

我们早已听说黄老师的课讲得特别好，曾荣获国家级教学名师的光荣称号。可是我们无缘在本科课堂上享受黄天老师授课的精神大餐。我们除了博士生的集体讨论课，还可以从黄老师的讲座中领略黄老师的另一种风采。2012年，黄天骥老师和康老师一起要到开封开会。当年我和几位同事一起获得国家社科项目，学校要求我们做一个项目的开题。我们几位一商量，决定正好邀请黄老师和康老师作为外聘专家给我们开题。院领导知道了以后，极力要求黄老师和康老师同台做客郑州大学的"名师名家讲坛"，为我们的学生做讲座。记得到郑州的第一天是黄老师的生日。康老师反复交代，叫我不要声张。我只是悄悄订了一个蛋糕，在吃饭的时候与大家一起祝福黄老师和冯师母，就这样我们草草地给黄老师过了个生日，我心里忐忑不安。黄老师和冯师母却是很客气，倒让我手足无措。

我记得黄老师原来给我预报的题目是有关治学的心得，康老师讲《我国非物质文化遗产的现状及存在问题》。后来黄天骥老师临时改了题目，讲《岭南文化的特征》，没有讲稿，没有PPT，我还担心旅途劳顿影响黄老师的演讲。但是，黄老师从广州的及第粥的做法——什么东西都放一点，形成新的美味讲广州的包容与创新，从沙琪玛、葡式蛋挞传统食材与西式方法造就的外酥里嫩中西合璧讲广州的文化特性，从广州的五羊雕塑讲岭南文化与中原农耕文化的联系，一个多小时下来，台下的学生听得如痴如醉，结束了还意犹未尽，叽叽喳喳的一圈仰着脸围着黄老师提问题。黄老师连上个厕所的时间都没有。黄老师似乎有与生俱来的亲和力，站在一边护驾的我，看着这种情形，真是自豪和幸福！后来才从康老师和李恒义师兄口中得知，黄老师是天才的演说家，曾经在一个郑重的场合手拿白纸激情昂扬地演讲！难怪中大校友陈平原先生说"研究戏剧的黄天骥老师，'舞台感'很好，且有'人来疯'的一面，越是大场子，他的表演就越出色"。（陈平原:《南国学人的志趣与情怀——读黄天骥教授近著四种》,《羊城晚报》2015 年 11 月 29 日,第 A11 版。)大场面尚且如此游刃有余,区区一个小讲座又何能难倒黄天老师呢!

黄老师和康老师这一次来郑州,不仅给学校和院系师生带来一场宝贵的精神盛宴,在我和我先生,更是一顿精神大餐。我们在工作单位,还算兢兢业业,有一点点微不足道的进步,黄老师和康老师却似乎颇为欣慰。讲座之余,宝贵的时间空当,两位先生对我们事无巨细、关怀备至。离开中大,毕业多年,我和我先生两位外乡人在异乡见到来自母校、来自家乡的自己亲爱的导师,再次接受两位老师的耳提面命,至今想起仍是心潮澎湃、激动万分。

三、生活中的天骥师

在中大读博期间,我们发现,学生们总是愿意跟黄老师一起说话,倾诉自己的困惑与烦恼。黄老师出现的时候,往往他身边会有同学围着说话。确实如此,每次见到黄老师,黄老师的笑脸就如阳春三月的阳光,可以让人忘却一切烦恼,温暖、乐观。我们都熟知黄天老师的"五爱","爱祖国、爱中大、爱学术、爱教学、爱学生"。我们这些黄老师的徒子徒孙,都愿意跟黄老师讲述自己学术的瓶颈,生活、工作的困难,也乐意跟黄老师分享收获的喜悦,每当这时,黄老师总是耐心地聆听,指点迷津,或是给予鼓励鞭策。毕业以后,我们不断地回望中大,也依然一直幸福地享受着黄天老师对我们这些徒子徒孙们的关爱。康老师戏言我们这是典型的"隔代亲"现象。

中大毕业后,我到郑州大学工作(后来到了华南农业大学)。初到郑州,黄老师大概很担心我这位土生土长的广东人在异乡不习惯,很关心我的生活和工作。每次给黄老师打电话,他总是很细致地问我,吃得习惯吗?气候习惯吗?课多不多?工作环境怎么样?同事关系融洽吗?得知我分到房子,黄老师叮嘱我好好珍惜,安定才能发展。有一点点的成绩,也能得到黄老师许多的肯定与鼓励。每次节日给老师写信,黄老师总是很认真地回信,信中细细地叮咛,谆谆地教诲,每每让我很感动。即使是平时的一个简单的手机短信,黄老师的回复也是很亲切很温暖的。"润物细无声",黄老师总是在不经意间给我们人生态度、科研思路方面的点拨。黄老师从来没有教导过我们应该怎么做人,应该怎么跟学生打交道。但是,黄老师的谦和、真诚、关心学生,已经在他身上做了最好的诠释,我们已经知道该怎么做了。

自己出来工作以后,更能体会老师以前对我们学生种种的好。到了工作单位,自己很快面临辅导学生论文。每到五六月的答辩季,学生总是迟迟不交毕业论文,非要等到预答辩的前两天才交论文。每到这时我总是想"教训教训"学生。这时候我就会想起,当时我们读书的时候,也是几乎踩着点给老师提交论文的。而这个时候,老师们也从来没有任何的怨言。在导师们中,黄天老师的年龄最大,但是看的论文一点不少,应该是最为吃力。但他总是表示理解,在答辩的那一天,他总会说,我昨晚看了一个通宵。我们读书的时候,黄天老师已经是七十多岁了!现在回想起来,真是惭愧!

天骥师的人格魅力似乎是矛盾对立又辩证统一的。天骥师在《岭南新语》的《说生猛》一文中说道,"本来,'生猛'与'淡定',是对立的概念,却辩证统一在广州的精神层面上。古人有云:'动如脱兔,静如处子'。广州人的品性,庶几近之"。"生猛"与"淡定",又何尝不是天骥师这位老广州的特色?天骥师说"广州人的生猛,表现在朝气蓬勃,思路活跃,机变开放,敢为人先"(《说"生猛"》,《岭南新语》,第 4 页)。天骥师既能长时间担任系主任、研究生院常务副院长等重要职务从事行政工作，也能坐在书斋做扎实、有分量的学问，可见其生猛；天骥师能作为主将参加王季思老师主编的《全元戏曲》，再担纲主编《全明戏曲》嘉惠学界，可见其"生猛"；天骥师承王季思、董每戡等先生建设维护一支堪称全国戏曲研究重镇的队伍，亦见其生猛；游泳池矫健的泳姿、讲台上敏捷的身影、神采飞扬的讲演、走廊上与学生爽朗干脆的笑声……生活中处处可见天骥师的"生猛"。

"生猛"的同时，天骥师又是"淡定"的。"淡定"，用天骥师的话来说，是指"优游舒泰，自得其乐，享受生活"（《说淡定》，《岭南新语》，第7页）。我们可以发现，黄老师在主持国家重大攻关项目《全明戏曲》的繁重工作的同时，还可以一边在《广州日报》《南方都市报》开个人的随笔专栏，或写轻松、活泼、幽默的散文，或写特殊年代里的"带泪的微笑"；在撰写严谨的学术论文的同时，也能创作诗词歌赋，样样精通，艺术的精湛有时能乱入古人。有时能在校园里听到同学们奔走相告，"黄天老师要担任学校合唱团的指挥客串演出啦！"黄天老师擅长游泳坚持游泳，也是康乐园人所共知的佳话。据说曾经还参加过广东业余游泳大赛，捧回老年组的银奖。年逾八旬的天骥师，还能在泳池展示矫健的泳姿。据说因师母的身体关系，天骥师善于烹饪，也乐于烹饪。谁也没有想到，天骥师这么一位重量级的学者，繁忙的工作之余，他会在家里来一场锅碗瓢盆葱姜蒜的交响乐。这难道不是天骥师的"淡定"么？

天骥师的生猛，是其积极进取的人生态度的外化，其淡定，是热爱生活热爱工作的升华。天骥师既是一位阅历丰富、宽厚温和的长者，又是精力充沛、活力四射的"资深年轻帅小伙"；有时动如脱兔，有时静如处子；既务实，又浪漫；既生猛，又淡定；既有作为学者的严谨，又有诗人的才情。就如他讲岭南文化的交融，黄老师本身就是多种性情的多样才情的交融，才有他这独具魅力的"这一个"。陈平原先生总结天骥师之所以可爱的原因："有足够的聪明才智，但从不故作高深，也不推崇悬梁苦读，欢天喜地做学问，能走多远算多远，这或许就是黄天骥教授之所以'生猛'且'淡定'的缘故。"（陈平原：《南国学人的志趣与情怀——读黄天骥教授近著四种》，《羊城晚报》2015年11月29日，第A11版。）老师的为人，为学，深深地影响、鞭策着我们这些学生们！天骥师爱戴王季思老师"经师可求，人师难得"，天骥师之于我们学生，又何尝不是"经师可求，人师难得"呢！

（作者单位：华南农业大学）

治学路上的八字真言
——记黄天骥老师

刘怀堂

我于 2006 年 9 月拜入黄天骥老师门下攻读戏曲史方向的博士学位，到如今有 10 年光景。岁月的流逝，不意味着曾经读博期间点点滴滴的磨灭，而是随着时光的拉长渐渐沉淀、发酵，酿出温馨而沁人的美酒，化作心中永恒的珍藏。美酒中的每一滴都有一个故事，其中有几件事使我终生难忘。

最难忘的就是黄老师石破天惊的学术启迪。我硕士研究生从事的是北宋词研究，攻读博士时则转为戏曲史，我一直惴惴不安。这是其一。其二，我硕士研究毕业后，在高校从事古代文学的教学与科研工作，总感觉研究思路与视野不开阔，而科研水平，坦率地说，我自己颇感汗颜。这两点尤其是第二点，是我想迫切解决的重点。我想，这是不少后学者面临的问题。大概在 2007 年，我与两位外省老专家一起聊天，期间谈到这个问题。我表达了自己总感到与学术隔了一堵墙，怎么也进不去的无奈，他们给出的答案是多积累就行。

其实，这个建议或许内涵很深厚，但对于后学者而言，并没有建设性作用。反而是黄老师一次授课时的一句话让我有种醍醐灌顶、茅塞顿开之感——胡思乱想，胡说八道。黄老师这句话不是刻板而严肃地说出来的，而是以一种十分轻松、幽默的语调说出的——几乎是脱口而出。

黄老师这句话出现的背景与中山大学戏曲专业的授课方式和氛围分不开。未攻读博士学位前，我对于导师给博士生上课有着各种想象，但无论我怎样想象，都没有想到这里的博士授课是这样的：师生们就某个问题各抒己见，或就某篇文章进行解析，或导师们谈学术动态、自己的研究心得等。授课方式不拘一格、师生畅所欲言，体现了学术自由之精神。

而我最喜欢的就是听导师们谈自己的研究心得。一次，黄老师谈到其关于《周易》的研究，谈到《乾》卦的解析，其中对于"群龙无首"的解释让我耳目一新。他解释说，群龙无首本意是一群蛇在交配，当然就看不到蛇头即"无首"了，我还没有消化完他的语义，他随后说出一句话让我目瞪口呆："我这是胡思乱想，胡说八道。"不客气地说，我一刹那间"顿悟"了："对！就是'胡思乱想，胡说八道'！"我内心早已激动得热泪盈眶——学术还可以这样做！从来没有人这样讲过、也没有人这样对我说过。这是中国高等学府的顶尖教授对于他的学生深入浅出的学术启迪——至少我是这样体会的。武汉大学著名学者於可训教授说，如果一堂课上，教师有一句话对学生有启发或者影响其一生，那么，这堂课就成功了——（我认为）甚至这门课就成功了。黄老师的这句话，对我而言，远远超过了这个评价。

古人云：授人以鱼，不如授人以渔。一个后学者学术上需要的帮助有很多方面，但绝不是多读几本书就行的，还需要一个开阔的学术思路与视野。而如我一样的后学者面前就有这样的一堵厚厚的墙，成为他们学术前进的障碍。这一堪称经典的启迪之语，瞬间击碎了我面前这面墙，使我瞬间轻松了不少。再听黄老师幽默风趣、睿智博学的发言，有如沐春风之感。

当然，黄老师说他是"胡思乱想，胡说八道"只是谦虚而已。他关于《周易》的研究，后来以专著的形式出版，名为《周易辨原》。书中彰显了黄老师"胡思乱想"的特有风格，而其观点则条分缕析，论证充分。这就不是"胡说八道"了。按照一般的理解，黄老师这句话可以概括为，大胆思考，小心求证。可是，我觉得，这八个字远没有黄老师这句话浅显而深刻，谓其治学"八字真言"亦无不可。

严慈相济的教育方式使我受益匪浅。他的慈表现在两方面：一是对学生取得成绩的不吝褒奖。一次，我正在宿舍撰写博士论文，黄老师的电话打了过来："怀堂，恭喜你呀！"我说："黄老师，恭喜我什么呀？""你没看到吗？你有一篇文章在《文艺研究》上发表了。恭喜恭喜！"从电话那头传来的爽朗的笑声，足见黄老师的喜悦之情。而我也在一瞬间感到了黄老师浓浓的关怀之情。

我知道，我的成绩的取得与黄老师的关爱、指导戚戚相关。无论多忙、多累，只要我一个电话过去，有问题需要请教，黄老师就会说，"怀堂，今天下午在×地方等我"、"明天×点钟在×地方见面"。每次，黄老师都先听我的问题，然后解答我的困惑。一个70多岁而在学术上卓有建树的大家，没有丝毫的架子，完全是老师对待学生的满腔热情与关心。他不因自身为学术泰斗而高高在上，反而因自己的学生取得的一点点成绩，而在百忙之中关注学生，甚至比我自己还关心我自己，亲自打电话过来祝贺。这让我非常感动！

二是表现在对学生写的好文章大加赞赏。记得在读博期间我写了一篇关于《张协状元》的考证性文章，他看后大加赞赏，说学术就是这样做的，并让我的一位学姐读一读我的这篇小文章。后来，这篇文章在《戏剧》上发表，我向他报喜，他则是连声祝贺，丝毫没有说这是他修改后的结果。

古语云：慈不带兵。其于治学一途亦如此。黄老师不仅对学生慈爱，还对学生严格要求。我曾给黄老师看过我写的一篇文章，题目是《西厢记主旨新探》。他看后对我说，"怀堂，这篇文章与《张协状元》那篇文章前后判若两人，很让人担心"。这话我听出了其潜台词：做学问要像写《张协状元》那样。事实证明，他是对的。

这种严慈相济的教育方式，使我受益良多。

黄老师不仅在学术上关爱学生，在生活上也处处替学生着想。中秋节了，他会送我一盒月饼，说他自己不喜欢吃——他这是体谅学生，千里迢迢在广州读书，佳节倍思亲啊！放寒假了，黄老师会在电话中说，回家好好过个好年，放松放松。他经常告诉我们：要想学术长命，就不要拼命；身体好，才能在学术上取得成就。他说，他经常锻炼身体，在中山大学本部游泳池，他能游25个来回。这种现身说法体现了黄老师对学生一片浓浓的关爱之情。

黄老师耄耋之年而精神矍铄，他将一生都献给了党的教育事业，期间有说不完的故事。六十年的育人生涯，一甲子的笔墨耕耘，于平凡中铸就伟大，在宁静中塑造崇高；教书育人，桃李满天下；著作等身，智行泽后学，堪为我辈楷模！

师恩难忘，这点点滴滴都化做了滴滴美酒，贮藏在我灵魂的深处。愿黄老师未来以百年之身，在中山大学本部的游泳池中仍能纵横驰骋，轻松地畅游25个来回！

（作者单位：湖北工程学院）

玉轮长在眼，掬影盼传承
——黄天骥老师琐记

吕珍珍

我曾有幸在中山大学中文系求学五年，并受教于黄天骥老师。康保成老师曾精辟地总结黄老师的"四爱"：爱中国、爱广州、爱中大、爱学生。作为黄老师的学生，我从他那里得到了许多令我受益终生的教诲，也对他的"爱学生"感触尤深。

我从黄老师那里得到的指教，多半是和他聊天时听来的。

认识黄老师的人都知道，他晚饭后经常在康乐园里散步，还会约上一两友生，边走路，边聊天，很多学术上的想法就是在聊天中产生的。除此之外，黄老师还喜欢和在读的学生聊天。他社会活动多，教学任务重，连寒暑假和周末都要风雨无阻地到办公室工作，但无论多忙，对于前来求教的学生，他向来是来者不拒。他不仅鼓励学生找他聊，还主动找学生聊。

我们一入校，他就宣布："我们培养博士生的方式，就是聊天。"并告诉大家可以随时去找他。但我当时和黄老师还不太熟悉，觉得老师那么忙，不好随便打搅，加之生性内向，不善主动与人交流，所以一直没敢登门找他，尽管知道他的办公室就在我们常去的中文堂8楼，也知道他经常在办公室。直到有一天，我偶然在中文堂大厅碰到他，还没来得及上前打招呼，他已经大步走过来了，边走边用洪亮的声音叫我的名字，接着像想起了什么似的，发出一声招牌式的响亮的"哈！"，下来就是"你还没找我聊过天呢！"他拍拍我的肩膀："明天下午四点半去吧，我在808。"我大为惊讶。在我的观念中，到了博士阶段，应该是学生主动向老师求教，断然没有老师反过来找学生的道理。何况，从名义上讲，我也不是由黄老师指导的，他没有义务对我如此费心。想到这些，我既意外，更感动，当然也很惶恐，生怕自己学问太差，在老师面前露馅儿。

第二天，揣着一颗忐忑的心站到了黄老师门口。门是敞开的，他正对着电脑哒哒地打字。我轻轻叫一声"黄老师"，他抬头看了一下，立刻站起身，脸上现出笑容："哈，珍珍！"他一边招呼我进去，一边离开椅子，指着办公桌对面的长沙发让我坐下，然后从沙发尽头的小几上拿过一个杯子，装茶叶，倒水，再笑眯眯地递到我手上。我的心稍稍放松了一些。原以为老师会重新坐回办公桌前的椅子上，他却从小几旁拉过一张简易折叠椅，在我右前方坐下了。多年后我才明白，这样的位置安排是刻意为之，避免正面就座给对方（尤其是容易紧张的年轻学生）带来被审视的感觉，营造出平等、亲切、轻松的谈话氛围。

聊天竟然是从胡辣汤开始的。他问："你是河南的，喝过胡辣汤吧？""胡辣汤"一词让我备感亲切，我如实回答："在老家时经常喝。"他笑了："我喝了一次就忘不了啦！那次去河南，被他们一帮人带去喝胡辣汤。哈，喝了几口，眼泪都要辣出来了！"他眯起眼睛，咧着嘴巴，似乎满嘴都是浓烈的辣味。"他们还说是名吃，哈！我可再也不想喝了！"他摇摇头："我们广东人是喝不了的。"我被他滑稽的模样和风趣的言辞逗笑了，绷紧的神经松弛下来。他又询问我在广州是不是适应，住在哪里，平时在哪里看书等等。然后他就讲自己跟随王季思先生和董每戡先生学戏曲的经历，提醒我在研究中要把文献和舞台结合起来。他介绍我们这个专业培养学生的传统："你们过来后，虽然是分在不同老师名下，但在指导学生上，我们从来不分你的我的。我们是一个团队，大家互相吸收、借鉴。"他主张讨论式的教学方式，喜欢老师和学生一起唇枪舌剑地激烈争辩。他说："都博士生了，有的地方还是老师讲学生听，这不是培养博士生的方法嘛。"这些话在我听来既新鲜，又亲切，更兼他说话时声音抑扬顿挫，表情丰富多变，时而眉飞色舞，时而严肃沉静，我被牢牢地吸引住了。正听得入神时，却看到他站起身，微笑着说："我们走吧？"我一看表，快六点了。看看窗外，远处树上的日光已经黯淡了。

记得那天出门时，我先出去，站在外面等着，黄老师收拾东西随后出来。走到我身边时，他忽然站住了，一脸惊愕："啊？原来你没我高啊。"我一愣，旋即明白了，连忙解释："老师，我以前穿的是高跟鞋。"他哈哈大笑，似乎很为自己的发现得意。我也不禁笑了：原来黄老师这么可爱！

有了这次开头，我后来就敢自己去找黄老师聊天了。这成了我在中大期间重要的学习方式之一。黄老师无疑是精通教育之道的。他的聊天，看似漫无目的、轻松随意，却使人受益匪浅。他并不在某个具体问题上着力，而是在方向和方法上给以指导。这对我来说是非常必要的：具体问题可以自己读书钻研，方向和方法却是不经点拨就难以领悟的；在具体问题上犯错了可以推倒重来，方向和方法错了却是满盘皆输。中大几代戏曲学者薪火相传的故事也经常出现在聊天中，在黄老师娓娓动听的叙述中，我深深感觉到自己是这个集体的一员，一种后继者的使命感油然而生。

每次聊天结束，在中文堂前跟黄老师道过别，目送他骑着那辆破旧的自行车远去，我的心中都涌动着温暖和感动。那渐行渐远的身影，在我眼中也越来越高大起来。

黄老师身上最令我印象深刻的，是他的眼睛。虽然已年逾八旬，还动过眼部手术，但他的眼睛依然清澈、明亮。这双炯炯有神的眼睛，总能在极其细微之处发现学生的闪光点。

有一次，我担任本专业上一届同学的博士学位论文答辩的秘书，黄老师是答辩委员。我拿着事先拟好的答辩意见初稿请他审阅，他浏览了一下，眉眼间流淌出笑意，问我："这是你写的吗？"我说是，他拍拍我的肩膀说："很好！"其他几位委员也认为初稿意见中肯、形式规范，未经太多修改就通过了。答辩结束后吃饭时，德高望重的黄老师自然被推到了最中间的座位上，但他竟然招呼我坐在他旁边，答辩委员会的校内外老师们反倒坐在较远的座位上。他还开玩笑地对担任答辩主席的刘晓明老师说："今天主席要向秘书敬酒。"看得出他是发自内心的高兴。我不禁感慨：我不过是履行职责写了一份简单的材料，却受到如此厚爱，老师的这份心哪……

这样的事情远非一宗。黄老师在完成《周易辨原》的初稿后，让我们几个学生帮忙校对。我发现原稿中有个地方"阴""阳"二字混淆了。想来是电脑输入时的失误，因为这两个字多次出现，且声母相同，字形相近，极易出错。我随手把这个地方标了出来。没想到黄老师看到后特地打电话给我，语气听起来很高兴，他肯定我读书认真，还说这两个字非常重要，如果不改过来，那部分的意思就完全相反了。后来他还在多个场合提起这个事情，强调这个修正很重要。我这个本不用功的学生就这样被戴了一顶高帽子，又开心，又惭愧。

黄老师在聊天时曾经说过，对年轻人要多鼓励，少批评，才能让他们有信心，有积极性，才能出成绩。我被黄老师戴上高帽子，大概也是这个原因吧。这顶高帽子戴上去虽然漂亮，却像孙悟空头上的紧箍一般，令我时时不敢懈怠。因为老师的期望就是唐僧的咒语，我一懈怠，咒语就要发威了。

多鼓励，这是黄老师对待学生的一贯做法。虽然学生众多，但他似乎炼就了一双火眼金睛，对每个人的特点都了如指掌，学生身上哪怕再不起眼的优点和成绩，他也能发掘出来，毫不吝啬地予以褒扬。平时上课、聊天时，他会以赞许的语气提及我们的某位师姐入校后进步特别快，某位师姐每次讨论课都准备充分、发言精彩，某位师兄眼光敏锐且思深虑周，某位师妹聪明好学又多才多艺……在他的眼里，每个学生都是熠熠生辉的美玉。

黄老师的眼睛，又似乎无处不在。上课、聊天时，他的眼睛在我的面前闪烁，活泼、温暖；翻开他的著作，他又从纸面上看过来，睿智、深邃。更多的时候，我找不到他在哪里，却分明感觉到他关切的眼神投在我身上。

我刚进中大后那个中秋节的前一天，忽然接到黄老师短信："珍珍，下午四点半到中文堂前来。"我以为老师要问我的学习，惴惴不安地来到中文堂等待。不一会儿，就远远看见他骑着自行车过来了。他在我面前停下来，从车把上取下一个精美的袋子递给我，亲切地说："你从河南来，还没吃过广东的月饼吧？这个给你尝一下。"太意外了！我接过月饼，正愣着不知道该说什么时，已听到他说："我去游泳了。再见。"自行车咣咣当当地响着，载着他风一样地离开了。晚上，我在窗前坐下，打开那盒月饼。月光从窗外照进来，洒下一片清辉，是亲人的思念，也是老师的关爱吧。

我结婚的次日，收到黄老师发来的信息："三日入厨下，洗手做羹汤。"我不禁莞尔，接着就是感动。我不过随口说了一下结婚的日子，老师却记在了心里，还在千里之外教育我承担起家庭责任！后来有了孩子，跟黄老师聊天时，他又建议给孩子每天吃个鸡蛋，说这是保证营养的最简单有效的方法，又向我推荐两种广东人常给小孩吃的药："抱龙丸"和"葆婴丹"。孩子大一点了，他又提醒我，是该专心于教学科研的时候了。

无论何时何地，我都能感觉到黄老师关切的眼神。他对学生的关爱，本是无穷无尽的啊。我想，有这种体会的，一定不止我一个人：

黄老师多方筹集资金，设立了"王季思学术基金"和"黄天骥学术基金"，用以资助出版学生的戏曲类论著，且优先考虑需要评职称的人，受益者众多；

每年，从外地考来的博士生入校时，黄老师都会指派师兄师姐联系他们，使他们尽快熟悉环境，并帮忙解决生活和学习上的困难；

他常常把刚刚出版的新书题字后送给学生，那些没能亲自到场的，就托其他人带过去，我也曾经几次受命帮他送书；

毕业后远在外地工作的学生，黄老师会通过各种途径打听他们的情况，尽力给以帮助；

2011年日本关东大地震时，有位师妹恰在震区的东北大学留学，黄老师非常担心，连夜发短信给我，让我询问她的情况，得知她已安全回国，才放下心来；

……

在社会上，黄老师多次提出，高校的各种考核要对青年教师有所照顾。比如论文，要充分考虑论文自身的质量，而不能单看所发表刊物的等级。道理很简单，青年人掌握的学术资源少，在高层次刊物发表论文难度更大。当我听到他的这些言论时，我明白了：黄老师那双充满关切的眼睛，投向的不仅仅是自己的学生，而是青年人，尤其是青年教师这个群体。与其说他是关心学生，不如说是关心青年人，关心学术的未来。

在我的眼中，黄老师是个有志趣、有情怀、成就卓著的学者，更是个可亲、可敬、可爱的师长。他对后辈寄予厚望、倾尽心力。他时常深情地回忆起自己跟随王季思和董每戡两位先生学习的经历，师生间那种"渊源一脉注，冷暖两情通"（王季思先生诗）的关系令人动容。我无缘得晤两位老先生的风采，却在黄老师的身上看到了他们的影子。王季思先生诗云："薪尽火传光不绝，长留青眼看春星。"黄老师不也正以这样一双"青眼"，殷切地瞩望着一颗颗冉冉升起的"春星"吗？"玉轮（珍珍按：王季思先生书斋名为"玉轮轩"。）长在眼，掬影盼传承"（黄天骥《赠保成弟》），他不也正以自己的行动，完美地实践着前辈开启的传承学术、培养后进的接力吗？

（作者单位：广州大学人文学院）

吾爱吾师

王凤霞

收到《黄天骥教授从教60周年纪念文集》的文章征集邮件，我顿生悔恨之心。从2002年入读中山大学以来，黄老师有那么多值得记录的事情，我为什么没有在当时用某种方式记下来、录下来，而任时光把它们抹淡呢？如今我拿什么把它们生动地复原？我只恨自己资质、根器太过平庸，又不肯用心、用功，白白辜负了作黄老师弟子的机遇、良缘！

时光的飞逝刺痛了我。多么渴望那些温暖、闪亮的瞬间停下来，不要流走。有没有可能发明一种人生自主选择时光的机器，我们自主挑选、重组，让那些美好的片段重新发生，不断回放。这样我们就可以把那些平淡无趣的片段减掉。在不远的未来，基因修剪和重组技术，也许会使这些成为可能。这样，我就可以把与黄老师交集的每个片段全部保留下来。因为我不相信单单凭我这样一双普通的眼睛，只要经历一遍，就可以洞察黄老师那丰富、活跃、灵动、柔韧、深邃、智慧的心灵。有一次，康保成老师说，黄天老师是介于聪明人和天才之间的那类人，我对此深信不疑。如果重新选择后的人生可以反复经历，那我就可以越来越确切地感受黄老师了。

有些人，由于境界与修养超出常人，却又能够涵养滋润那些较为粗糙的心灵，因此，他们就如冬日的暖阳，夏日的清雨，春日的和风，秋日的蓝天，让人自然心生亲近之感，敬慕之意。黄老师就是这样的人。

黄老师对待学生极为柔和，至少他对我是这样。我在任何场合，也没见到过他不温和的时候。无论说话声响大与小，他的态度总是不勉强的，尊重对方立场的，协商的，从未见过他以权威自居。他的心思可以细腻地注意到对方微妙的心态，场合情景的特定氛围，他能够把自己要表达的意思和现场的对象与场景整合起来，确定一个和谐自然的方式，让人感到放松、舒适而富有智慧。他这样做的时候，自然而然，并没有特别的意图。于是，学生不知不觉就被黄老师感染并引领。这种感觉，我曾经在自己的博士论文后记中以具体的小例子表达出来。

黄老师对学生发自内心的爱护、培育是根植于他的人格深处，完全自然流动的。所以，我也会自然而然地喜欢他、敬仰他。我从年长师兄师姐那里了解黄老师，在网上搜集黄老师的教学视频，看看他是如何为本科生上课的，了解他的其他想法，阅读他在各个场合里的发言稿、文章乃至碑文。我听到广州大学罗嘉慧老师说，以前她在中山大学中文系读书的时候，黄天骥老师讲授唐诗《春江花月夜》都能够把学生们讲哭了。我觉得甚为惊奇。要知道这是一首写景的诗，不涉及很多细腻深入的个人感情，绝不像陆游的《钗头凤》、苏轼的《江城子》那么催人泪下。我跟黄老师当面求证此事，黄老师说，"凤霞，这首诗确实是可以把学生讲哭的！"我只能感慨自己不够水准，将这样一首诗讲到那样的情感深度和饱满度。从这首诗本身的内容来看，那感人的力量大概是一种普遍的命运感叹和人生哲思吧。如果我曾参与那堂课多好！如果有人将它录制下来多好！

听黄老师的课，我很难想象到自己会被感动到泪下，却极容易得到欢快的喜感。每次听他讲课，一边在心里嘲笑他讲普通话的吃力，一边觉得这个每天骑着破自行车穿梭于校园的可爱老头如此好玩，一边就渐渐被他骗到讲课内容和情境中去了。他讲东西循循善诱，因势利导，生动形象，深入浅出，逻辑延伸层次丰富，不由人不被吸引。另外，我还吃惊于黄老师的讲课，前一分钟还声音放松、慢慢铺垫，下一分钟就铿锵有力、极其响亮，似乎比练过童子功的老演员的声量还大，简直可以用声震屋宇来形容。七八十岁的老人，比二十多岁的小伙子中气还足。我心里说，黄老师年轻的时候肯定进行过专业发声训练，虽然普通话练不好，发音功底可不是一般人能比的。

有一次我问黄老师，为什么你无论在何种场合讲话，总是能够有一种很好的协调感，能够把在场的所有人都自然而然地拉进具体情镜？黄老师告诉我，这可能得益于他在中学时代就擅长于合唱和音乐指挥有关。他说音乐指挥就是一个在集体中寻求和谐的工作。当年考大学，若不是家长的干预，黄老师极可能会报考音乐系。

有时候，我去中山大学图书馆查找资料，会尝试着找找黄天骥老师年轻时候留下的文字，于是我就看到了他发表于1957年的《陶潜作品的人民性特征》和其他文章，我边读边笑。回头见到黄老师的时候，我就问他这篇文章是在什么情况下写出来的。黄老师就为我回顾了当时的写作情形、社会状态和他自己的思想成长过程和人生履历。他甚至向我讲述了几段重要"秘史"，在江青时代他被选去做戏剧批评文章，待在宾馆里写了三个月，竟有了白发；后来他又被林彪军方的人看中，他以海外背景为理由设法躲过了一般人眼中"飞黄腾达"的机会。在他平静的讲述中，我分明看到了凶险的历史光阴把黄老师从一个初出茅庐的青涩学生带到了壮年岁月。

每次去拜访黄老师，我都会问他一些他亲身经历过的事。黄老师有问必答，从不美化自己，也不会有剧烈的情绪起伏，他总是尽量平实、客观地娓娓道来，在叙述的中间，总是伴随着对许多历史情境的谅解和对当事各方的安抚语气。他的胸怀令我感到惊奇。作为一个常常为世俗情绪激动着的凡人，我不免有几分"坏心"。因为我不信一个人可以修养得这样好，几乎可以包容一切，几乎没有任何事情可以令他发火。一般来说，怒气最容易看到一个人的价值底线和情绪容纳度，我希望看到黄老师的"庐山真面目"，以表明我的眼睛也可以识人，以增加自己对一些事的预判能力。所以，很长一段时间，我私下都悄悄盼着黄老师发火，反正以受尊敬的程度而言，他发作了，估计没人会对着干。可惜，我至今仍未"得逞"，我没有机会见到他怒发冲冠的一面。

读黄老师的文章和书籍，我会有不一样的感受。一般来说学术论文因专业性和学术性，常常可读性差，但是读黄老师的东西就会不同。我也很喜欢将阅读后的感受跟黄老师说出来。在读他的论文《"旦"、"末"与外来文化》一文时，我得到了很大启发。先不说这篇文章的观点是否牢靠，首先，你即使不赞同他的观点，你也没办法用论证的方式去驳倒它；其次，它的论证、推理过程完全以读者的说服过程为着眼点去设计，因而极富说服力。所以，你会在不能确定观点是否可信的时候，被作者的说服方式给打动了，从而获得了一种思维推理的快乐。在读他的论文《论洪昇的〈长生殿〉》的时候，我感到激情澎湃，深深被黄老师的文采所吸引。而且，文章行文似乎连节奏感、韵律感、平仄对仗都被用心地处理过，因而，读起来美不胜收。这种情况一般只有在文学创作作品中才会遇到，而极少在学术论文的阅读中遇到。黄老师的著作《周易辨原》中彻底地贯彻了辩证唯物主义和历史唯物主义的方法，将那些神秘的卦象卦辞，解释为日常生活现象，并以此为起点，结合他的学养和推理，完成了对周易的分析论证，彻底剥掉了它的神秘主义外衣，自成一家，亲切可喜。黄老师2011年出版的《情解西厢——〈西厢记〉创作论》，让我边读边笑，著作的学术含量自不待言，尤为难能可贵的是，一个接近八十岁的老人家，谈起崔张情事，那种对爱情的体验和表达，其细腻、鲜活、灵动、丰富程度，似乎比当事人还要鲜明强烈！我只能感叹，心灵的力量真不是年龄或者岁月可以牢笼和俘获的。我悄悄地跟黄老师说，黄老师，你对崔张爱情的描述会不会有点儿阐释过度啊？他也轻轻地答我：个人著作允许有这个空间。对于黄老师创作的诗词碑文那类作品，我只有阅读欣赏的份儿，没有评价、分析的能力，学养不足也。黄老师有相当一批历史散文类著述，我就可以稳做读者粉丝了。

身边的亲人朋友知道我是黄老师的学生和粉丝，他们一在报纸上看到黄老师的文章，就会告诉我，哪里哪里又有黄老师的文章了。后来这些文章根据话题类型，大都结集出版，于是，我也读到了它们。类似于《中大往事》、《岭南感旧》这类书籍，真可以让我读得一边微笑，一边流泪。微笑是因为从容、幽默、温暖、宽容地讲述历史的口吻。流泪是因为书里记载了社会历史的动荡变迁，深深伤害了许多人，乃至大多数中国人的身体与心灵，它残酷地拨弄着弱小个体的命运而无动于衷。有些篇章还能带给我更为强烈的阅读体验。有一篇文章讲述了特殊历史时期国人由于政治经济原因普遍被饥饿所折磨，中山大学教职工及黄老师本人也不例外，他被饿得浮肿。有一次黄老师在食堂排队，忽然感到腹中不适，最后竟然有蛔虫从体内排出，从裤子里掉出来。我读得又哭又笑又恶心，恨不得回到那个年代，去抱一抱受苦的黄老师，受苦的人们。假如我本人曾经经历过这种惨境，我定会心怀仇恨，绝不宽恕历史，绝不宽恕时代！然而，这一切在黄老师笔下都变得轻松诙谐。他以这样的姿态谅解了一切，既向读者真实描绘了极端的历史语境，又以温和的心灵抚慰了读者可能感受到的震惊与惊恐。

2011年，我接受了广州大学中文系主任一职，如何有效培养学生？我首先想到的是学习黄老师上世纪80年代在中大中文系开创的百篇作文传统。为此，我专门请教了黄老师该项工作的缘起与历程，又咨询相关操作方法，最后结合我校的具体情况做了一些调整。迄今为止，这项工作已经坚持了4年，学生受益匪浅。

我佩服黄老师，不仅因为他是一位在中国古代戏曲、诗词、易经等多个学术领域硕果累累的知名学者，不仅因为他是一位桃李满天下的全国名师，不仅因为他还是个古典诗词、古体碑文、现代散文的创作者，不仅因为他作为岭南名人参与和从事了种种文化活动，推动了岭南文化建设，不仅因为他曾经做过许多行政工作为中山大学作出了接触的贡献，不仅因为他各方筹措经费建设中大校园、与王起老师一起设立学术著作出版基金，不仅因为他多方爱护学生、培育后进，也不仅因为他做了中山大学中文系几十年的合唱指挥，更因为他是一位丰富、温和、智慧、慈爱的长者。我愿意用一颗真诚、敬仰的心，长久地追随着他。吾爱吾师。

(作者单位：广州大学人文学院)

我的黄老师

杨 波

　　光阴渐远渐无穷，迢迢不断如春水。一转眼，我从中大毕业快一年了，但对母校、对老师的情感没有因毕业而淡化。离开愈久，愈发现这份思念就像风拂过康乐园里老榕树的触须，虽看似平常但历久弥深，时时撩动我的心弦。

　　所谓的母校，所谓的思念，就是在毕业之后发现，校园里的一草一木，会在脑海里浮现；更重要的是，和师长相处的岁月会像电影情节回放一般，不时闪现。对，就是校园里的师长，让我们获得知识和成长，尤其是黄老师对我的教诲和训导，这是我一生所不能忘怀的。我的梦里，会有关于中大的记忆。路过中大，我总想回中文堂看看，到熟悉的808办公室，和我的恩师黄天老师聊聊学术、谈谈人生，聆听老师的训诫。

　　在康乐园、在中文堂的一千多个日日夜夜，这是我人生最值得回味，也是我由青涩走向而立的关键时期。

　　时光退回到五年前的九月，带着一份憧憬与些许忐忑，我走进了康乐园，成了黄老师的弟子。对我来说，黄老师不再是我和同学在本科课堂上，对着高教版的教材研究了半天，觉得名字不错那么简单。那时候，年少的我一直在想，教材封面的名字背后，到底是怎样的一位大人物，敢取一个天马行空的名字？硕士的时候，导师每每提及黄老师，总是带着恭敬与敬仰的神色。这样的期待在我正式见到老师之前，一切都是朦胧和神秘的想象。

　　人生有很多第一次是难以忘怀的，和老师第一次见面的情景，我至今记忆犹新。记得入学报到结束之后，我正在略嫌闷热的宿舍里待着，突然收到老师的短信，邀我至办公室面谈。紧张、惶恐、不安，所有的情绪兼而有之。毕竟第一次正式见老师，该说什么，又琢磨万一老师如果问起来暑假都看了什么书，我要怎么回答。老实说，走在图书馆到中文堂之间的路上，我的心跳是加速的，因为暑假我基本没看书而心虚不已。

　　电梯到了八楼，老师的门是开着的，远远看见老师在低头看书。我敲敲门，老师立即从办公桌背后的椅子上起身，待我落座，又问我要不要喝水。此时，我才从慌乱中回过神来，进入我视野的是一位和蔼可亲的老爷爷，开口笑着问我生活习不习惯、热不热，有没有水土不服。看到我皱眉头，老师知道我没听懂他的"广普"，哈哈一笑，说自己越年老，普通话越差了。路上想象中那个板着脸、一脸严肃的老师不见了，我的情绪也放松了许多。

　　我坐在沙发上，老师搬了把椅子就这么面对面地交谈，更让我觉得大学者不是传说中的那么刻板和遥不可及。听着老师讲中大的传统、学风、文风，两个多小时的时间，就这么一晃而过，一点儿也没觉得累。临走之际，老师送了二十多本以"广东中华文化王季思学术基金·黄天骥学术基金"命名的丛书。书捧在手里，是沉甸甸的，对我而言，心里充满了力量。因为我明白这不仅仅是送书，更是老师想让我早日能明白中大的学风、文风，亦是一种学术的传承和期许。

　　回到宿舍，舍友与邻近好友自然少不了一番询问。我张嘴就说了一句，我家黄爷爷送了一堆书。书，自然在我毕业之前都读完了，可黄爷爷的称呼在我们这群人中间不胫而走，因为大家都觉得黄老师慈祥如同自家祖父。估计到现在为止，老师还不知道自己黄爷爷的称呼是从我这里开始的。

转眼间，中秋节到了，老师又召唤我去了办公室，这次是一块巨大的月饼。离家千里之外，求学这么多年，这是我第一次经历老师给学生送东西。感动之余，是心里深深的感叹。此后，每年都会收到老师送的月饼，每一次体会到的，都是师生之间那种胜似家人的亲情与温暖。

师徒每次见面，老师都会事无巨细，一一过问。甚至食堂的饭菜，学校的奖助金，家人是否安好，都会成为老师关照的对象。谈及学术，老师会正襟危坐，点燃一支香烟，笑眯眯地开场，讲到开心处，自然是一阵爽朗的笑声。我当然也会因为香烟的熏陶加上听闻老师的高妙见解，而融化在这时间里，不知身在何处。

要准备毕业论文了，老师每周都会过问我的学业。即使再忙，也要抽空找我了解看书的进展、选题的情况，指出我应该拓展的方向。谈话结束，我不得不迫使自己要从十三个方面看书。那段时间虽然辛苦，但是每天都会有新的收获，对知识、对学术又多了新的见解和认知。

开始写毕业论文了，不料我的身体却在这时候出现问题。老师听到我去医院检查，不顾自己从珠海来回的辛劳，晚上十点多给我打电话，虽然没有当面看到老师的表情，却能从电话里听出老师的紧张不安和焦急。第二天一大早，老师特意从办公室来到资料室，喊我出来坐在中文堂三楼的长椅子上，就这么面对面坐着，我看见老师脸色不太好，应该是没有休息好。老师急切地问我，现在到底是什么问题，要不要帮忙联系检查，劝我一定要注意身体，不要给自己太大压力等等，话都是平常的话，但这份感情不是一般人所能体会到的。

我是一个拙于表达情感的人，尽管内心已经感动不已，但表面却表现得还是那么平静。老师看完我之后，我转身站在三楼的角落里，一个人沉默了许久，终于还是憋回了泪水，但有一种感动叫泪水流过心底。

身体不适，使得我的论文进展不太顺利，老师每每等我写完一章，便让我发给他。老师看完一章，都会提出修改意见。我糊里糊涂地发送了电子版给老师，却未曾顾及老师已经有了问题的双眼。现在每每想起此事，我都会自责不已。病痛让我根本不能静心写作，焦躁、多虑，写到第三章的时候，论文已经没了章法。恰好老师看完这一章之后，发来了详细的修改意见，整个一节被老师重新处理过了。小到论文的语句、段落，大到谋篇布局、论文的行文方式、与论文主题之间的关联。

看到这些深中肯綮的评点，我想起了老师赠我书本时的期许，与自己现实表现得差距，慢慢开始静下心来反思自己，心境不同了，再加上老师的指导，我的论文才得以顺利完成，并最终通过了答辩。当答辩通过的时候，我的心里五味杂陈，古人说言不尽意，对老师的感谢、感激，不是毕业论文后记那匆匆几笔就能表达完整的。

一千多个日夜，老师曾带着我在校园里漫步，曾说到王先生当年如何教导自己，曾叮嘱我要注意道德修养，曾讲起自己幼年的人生遭际，曾言及家国情怀，曾传授自己治学的秘诀，曾劝慰我风物长宜放眼量……。老师说了很多，愚鲁如我，未必一下子能完全领会其中的微言大义。

但我想，众多的师兄、师姐、师弟、师妹，一定和我一样，会收到老师以"您"来称呼的短信，会看到老师不顾舟车劳顿、欣然前往珠海为本科生授课，会发现老师利用假期时间又有新的著作问世，会不自觉地想起老师表演崔莺莺初见张生的情景，会对老师笑眯眯的眼神印象深刻，会被告知一定要锻炼身体，会想起讨论课上那些指点迷津的高论，会感念老师为我们所付出的辛劳和心血，会记得老师的谆谆教导与殷切期望……。

如今，我也站上了讲台，上周上课，正好讲到了孟子的"士不可不弘毅，任重而道远"。回广州的校车上，我的心里突然出现了一个声音"为邦家光，勖哉诸君"。我也不知何时，校歌、毕业训词已经深深在我的心底打上烙印。这不正是老师对我讲过的"家国情怀"么？

　　也许是毕业典礼的那一刻，也许是在老师对我讲起校风、学风的时候，也许是在老师身边耳濡目染所致，也许是进入师门的时候开始，也许是老师什么也没有说、看着老师的言行举止，浸淫日久，中大的印记早已不自觉在我人生的悟道与修行里，成了融入我心底的记忆。虽然我不知这种情怀始于何时，但我知道，这段刻骨铭心的记忆里，一定和我的恩师有关，这正是一种传承。

　　师者，所以传道、授业、解惑者也。道之所存，师之所存也。行高为师，身正为范，言传身教，此中大义，若非亲身体会，绝不能领悟一二。

　　"桃李不言，下自成蹊"，老师的道德文章，绝非浅薄如我者所能评价。也许每个人心里都有一个黄老师，一位黄爷爷，一阵爽朗的笑声，一个忙碌的身影，一盏指路的明灯。

　　这，就是我的黄老师。

（作者单位：暨南大学文学院）

记黄天骥先生雍容博雅之度

白海英

能跟先生有师生之缘，是我的幸事。距今，从我第一次见到黄天骥先生，13年已经过去了。每每念及先生，令人感动的是他对我们这些后学晚辈的平易、关心和爱护。先生治学的严谨和坚持，融会贯通的学养，对生活的认真和热情，还有先生无所不在的风趣幽默，深深地打动着、影响着能有幸在中山大学中文系求学的学子们。

2003年春天，我第一次见到黄天骥先生，是在博士研究生的面试中。我生性不善言谈，凡遇事容易紧张。考试之前，每每想到中山大学的戏曲研究积淀深厚，各位研究者治学严谨，成果卓著，在学术界声名和口碑颇高，内心就无比的紧张。而当我到了文科楼戏曲研究室后，看到黄天骥和康保成两位先生时，心情释然了，自己并没有看到自己猜想的资深学者给人的威严和压迫之感。尤其是，两位老师平易而亲切的询问，使人感觉到就像是跟久违了的熟稔的长辈在讨论交流，而不是在考试中回答问题。

2003年秋天，我进入中山大学，进行博士学习。令人印象最深刻的是，中山大学戏曲研究者们和谐友好的研究氛围。在学生眼里，老一辈的学者天骥老师，跟晚一辈的康保成老师、黄仕忠老师等几位研究界的大家，如父如兄，既互相尊重，又不客套。不论是上课时师生们一起讨论，还是为了中大戏曲团队的发展的种种问题，各位老师都能一起商量、讨论，身体力行地做自己力所能及的事情。虽然我是保成老师指导的博士生，但是在这样的学习环境中，我们这些学生能幸运地得到多位老师的亲自指导。三年的博士学习，从研究生上过的每节课、再到博士论文选题，到最后成文，顺利答辩，诸种在学习之中遇到的困难，康老师和天骥老师总是一起为我们筹划、指导，帮助我们进步成长。正是在老一辈和下一代学者之间的这种和谐的氛围影响之下，中大的戏曲团队才会薪火传承，人才济济，成果辈出。

中山大学戏曲研究的生机勃勃也彰显着老一辈学者的精神风貌。在中大苍翠的绿树掩映下的小道中，我们总能看到一位头发苍苍，但面目红润的老者，骑着自行车疾驰于西区教工住宅区与文科楼之间，他总是行色匆匆，动作敏捷地上车、下车，他便是当时已年届七十的天骥老师。老师总是充满活力，他常常说自己的心脏相当于四十岁，每天游泳、骑车、走路，岁月似乎只有在他的容颜上留下了印痕。从先生的言语、行为之中，我们丝毫感觉不到一位老者的气息，先生甚至看上去比我们年轻人精力还旺盛。直到现在，又十多年过去了，作为八十多岁的老人，先生依然还是每天行色匆匆地奔走在这几十年如一日的老道上。在先生的意识里，多做事，多为学生、学校、研究界做事，便是自己生活的全部。

一年四季每学期，除了研究生，先生都在为中山大学本科生开设课程。更令人深受震动的是，中山大学的本科生多数住在珠海校区，先生便每周不畏路程遥远颠簸，坐长途汽车如期去珠海上课。先生说："人家本科生来中山大学求学，不就是奔着中山大学的口碑和名声而来，如果因为路途遥远，没有教授、学者去上课，岂不是对不起这些来求学的学生啊！"这就是作为一位老师，最真实而质朴的情怀。故每上一节课，先生总是能全身心地投入，激情充沛，又幽默风趣，甚至讲到兴起，"手舞足蹈"。今天先生站到讲台上，已经六十年了，留给学生们深刻印象的便是老师讲课堂堂精彩，课室每节爆满，甚至听过先生课的同学，多年之后，仍然津津乐道，记忆犹新。

"白发苍苍气轩昂，笔耕不辍书芬芳"。除了授课，先生便总在办公室坚持自己的研究，抓紧时间去完成自己所承担的重大项目。不顾曾经的眼疾，长时间地面对电脑，甚至为了工作，与时俱进，七十多岁的老人专门学电脑，学打字，也不顾长时期端坐的身体劳损。

2014年，中国戏剧史国际学术研讨会暨中国古代戏曲学会在广州大学城举行，前来参会的学者众多，会议日程安排很是紧张，连续两天的时间，都是与会专家的发言、辩论。我们住在广州市区的老师和学生都是不安排住宿的，每天早早起床乘车，晚上会议结束，回到广州甚感精疲力竭。这一年，黄老师已经年届八十，但是令我们这些晚辈感慨的是，两天之中不论什么时段，总见到他神采奕奕地端坐在会议室，专注地聆听着会议发言。尤其是下午，最是容易昏昏欲睡的时候，老师依然能保持专注的状态。有时候，老师的眼睛也会小闭一会。但是，发言一到紧要和精彩之处，老师还是很敏锐地睁开双眼，这说明老师其实也会累，只是他更愿意身体力行，获悉各位戏曲研究者的研究现状。虽然年事已高，虽然已经是学界景仰的大家，但老师对人的心态，尤其是对待我们这些后学晚辈极其平易和认真。故会上无论是资深的研究专家，还是初入研究界的晚辈，甚至是研究生，黄老师都能一视同仁，认真听取其研究心得，真切地与大家交流。

从本人博士毕业到今天整整十年了。期间，天骥先生对我们还是如在校时，关心着他的学生。总是问及我们的教学，问起我们的论文，督促着我们不要停止进步。我虽已毕业多年，但是觉得自己不够努力，不好面对各位老师，但是老师总是给我鼓励。故老师有一次说起博士论文出版的事情，知道我的稿子没有出版，便说，"海英，稿子改得怎么样了？改完之后，拿给我看看。"已经八十岁的老师主动提出要看毕了业的学生的书稿，其实老师一直都很忙，何况老师的眼睛也不好，加之书稿字数篇幅不是几天就能读完的。此时此刻，我虽然没有用更多的言语感谢老师，但我深知，这是老师对待学生始终如一的情怀。先生总是把学生的事情作为自己的事，不求回报，不计付出，不遗余力，身体力行，能看到学生的成长，便是老师最欣慰的事情。故每次跟先生交流，他总是说某某学生怎么样了，做出了什么成绩等等。

毕业之后，曾有一次到老师家里请老师去写论文评语，当时情景仍然冲击着我的内心。一位头发灰白的老者，伏于案前，用心地为学生写着评语，他的头顶悬挂着的是老师自己写的一幅幅字，身旁是一柜一柜的古旧图书，不太宽敞的屋内陈设也仅此而已。此时我才真切地感受到，先生对生活的追求是如此的平凡而简单。对物质名利的淡泊，对精神和良知的追求和坚守，在人们竞相争名逐利的社会里，先生能一生拥有这样的胸怀和人生境界又是多么不易。在世人面前，这种品质又是如此的可贵和打动人心。

从走上讲台至今已经六十载过去了，教书育人，先生做到了问心无愧于这三尺之地。一节复一节，千枝攒万叶。老师忘我无私和敬业的精神境界，默默地影响着一代又一代的学生。如今身为人师的我们，也要向先生学习，学做人、做学问。

先生的胸怀博识不仅仅体现在他的课堂上，同样，在生活中，在学术研究的领域也均令人敬佩。迎风吐玉，信手拈来，酸甜苦辣皆成趣。即便是生活里的小事，老师总能有趣而发，但最后总能穷究其理。例如老师曾有一篇《说醋》的文章，我读后深受启发。作为山西人，吃醋成为一种习惯，凉菜、肉食，醋是绝不能少的。但是先生竟然能从自己的一种口味爱好，衍生出诸多的各种生活和文化领域中的思考。诸如历史上的书生之称、悍妇之妒醋，最后得出的结论更是新奇，别人吃你的"醋"，竟然是件好事。① 看着老师的这段记述，真是令人叫绝。再如平日生活里令人心烦琐碎的做饭之事，在先生的眼里竟然别有情趣，油盐酱醋糖的五味竟然能跟五律、五色相媲美，煎鱼竟然能绘画唱歌联系到一起。思想上的"天马行空"正展示出老师一贯的生活态度与人生情趣，更是源于先生深厚的学养和生活的积淀，也成就了先生治学的精神品质。

先生对诗词曲文，传统抒情文学与叙事文学融会贯通，欣赏创作同时并重，生活治学融为一体，故先生对于一个学术问题常常是思路严密敏捷，善于捕捉到不为常人所关注到的问题。对于戏曲的研究，除了先生常常提及的年轻时脚踏实地的学术训练之外，更是站在宏观角度之下的一种自觉意识下的兴趣研究，故先生总能在别人看似无法深入的领域里，却能获得新的观点，从古旧故事中能解读出无数有趣的情境。如先生对《西厢记》、《牡丹亭》、《长生殿》等等传统名剧新的解析。还如先生对元杂剧之"杂"的认识，不仅仅源于对文本的阅读，更得益于先生能结合舞台实践，而去推理论证，获得新的观点。② 还有对宋元时期"旦"、"末"、"丑"、"净"等脚色的考证，先生更是旁征博引。对于研究心得，先生曾言："当研究某一问题时，不妨作散发性的思考，不要把眼光局限于某种成说。只有如此，才会在摸索中前进。"从先生诸多的著述中，我们更能清楚获悉先生学养的深厚。《冷暖集》、《深浅集》、《俯仰集》、《周易辨原》、《中大往事》、《岭南感旧》、《方圆集》，整理董每戡文集，完成全元曲、全明戏曲校注整理，还有有关诗词作品和研究，等等诸多的著述，有关创作的、鉴赏的、考证的、忆述的，涉及领域宽广。这些作品都是先生学养所使，兴趣所在，责任所驱。

反观先生的生活、教学和研究，圆融通达，雍容博雅，这也正是后辈学人治学最难以企及的高度，也是当代学人最应该学习的地方。在今天严格的学科和专业划分之下，我们平素接受更多的训练和思考，常常是"循规蹈矩"，无法真正做到跨学科、宽视野地去深入探求一个问题，故在研究视角和方法上，先生一贯坚持的"大文学"、"大戏剧"观，对后辈学人意义颇深。

在前辈学人的积淀和感召之下，我们这些晚学后辈更应该少一份功利和急躁，脚踏实地地努力前行。也希望天骥老师，能一直陪伴我们前行，激励我们前进。

(作者单位：华南农业大学文学院)

---

① 黄天骥：《俯仰集》，广东教育出版社2000年。
② 黄天骥：《元杂剧的"杂"及其审美特征》，见《黄天骥自选集》，广东人民出版社2007年。

黄天骥师从教六十周年谨以诗贺之

陈小辉

闻听黄天骥师从教六十周年纪念文集征稿,惭愧不能为文。今得两首小诗奉寄,以略表学生景仰之心。

一

落落嵚崎一大儒,岭南耆旧几人如。
钩玄未必让扬子,养志真堪比仲舒。
门下缤纷树桃李,纸间烂漫觅鸢鱼。
于今八十犹矍铄,拟向青编更著书。

二

庠序飘然六十更,谁人戏曲主宗盟。
词研容若开后辈,学继玉轮臻大成。
络绎青衿称弟子,白头教授唤先生。
今朝四海为庆贺,我亦移樽祝一声。

(作者单位:中山大学新华学院中文系)

通儒达识　淡泊明志
——记我景仰的黄天骥老师

程鲁洁

　　黄天骥老师是我景仰和尊敬的一位老师。在中山大学学习的几年间，黄老师的教诲让我受益匪浅。作为一个大学者，黄老师却没有一点架子，随和、亲切，让与他交往的人都有如沐春风的感觉。

　　犹记得第一次见到黄天骥老师，是在我的博士入学考试的面试。当我进入房间，忐忑不安地坐下时，黄天骥老师坐在几位导师中间，刚好面对着我。黄老师笑着介绍他自己和其他老师，亲切的笑容安抚了我的紧张。

　　令我印象最深刻的是第一次博士课上，黄老师正告我们，做学问要先学会做人，为人的品德要放在学问之前。没想到，授课前黄老师会先强调品德的重要。谆谆话语中，黄老师简单列举了学术前辈的一些小事和品德，无形中流露着民国学者的儒雅真诚的遗风。

　　黄老师总是能侃侃而谈的，他的话不罗嗦，皆是言之有物，但也不是口若悬河，滔滔不绝。在博士讨论课上，黄老师并不反驳或批评别人的发言，只是谈自己的看法。关于戏曲的起源，关于南戏的发展，关于声腔的变化，黄老师都曾不止一次谈自己的见解，让人感到他心中是有一套自己关于中国戏曲的完整体系与看法的。黄老师是幽默、风趣的，因此他教授的课也并不死板。平时，黄老师能在课上即兴背上一段元曲，也能以自身的经验讲讲大半个世纪甚至是百年前广州的习俗，这些都是信手拈来，虽然不算妙语如珠，却是娓娓道来，引人入胜。

　　有一次，陆丰一个剧团来中山大学演出他们编演的获奖作品《柳如是》。大家观看后与剧团人员聚在一起，畅谈自己的感受。别人或从曲词、对话的用词巧妙，或从思想、表演的优秀来谈。独有黄天骥老师对于戏中大太监第一次见到柳如是时表现出的惊艳觉得不太妥当，他认为中国历史上，"太监爱财，太监贪权，但是太监好色这一点，却没有什么根据"。所以对于这一个小情节，黄老师认为还有琢磨的必要。黄老师话语幽默，又能抓住大家不在意的一点作为切入口，对情节与表演谈了他的看法，既调动了大家的兴趣，又能让表演者乐于接受。

　　黄天骥老师在学术上拥有卓越的声誉与崇高的地位，平时的交往与琐事也较多，但黄天骥老师却对人一视同仁，不论事情大小从不嫌麻烦。而且黄老师对于提携后进总是不遗余力。2012年的时候，我工作的国家图书馆出版社和中国社会科学院文学所计划出版《古本戏曲丛刊六集》，我给黄天骥老师打电话，请黄老师为申请《古本戏曲丛刊六集》的古籍出版补贴写推荐信。因为毕业以后有好几年未联系与问候黄天骥老师了，打电话的时候我颇有点战战兢兢。但是黄老师一听说是有利于戏曲研究的《古本戏曲丛刊六集》的出版，当即表示支持，撰写了推荐信。

　　去年，我又请黄老师为一套戏曲选本的影印书的出版写推荐信。黄老师仍然爽快答应了。因为我的缘故，寄送推荐信的快递人员一时联系不上我。黄老师十分着急，到处寻找我的联系方式,直到我收到了推荐信。对此,我又惭愧又感动。这些年来,工作中认识了一些学者与教授。这才深深体会到,作为一位学识渊博的长者,不骄不躁、谦逊谨慎、宽容待人,是多么难得的品德。

今年是黄天骥老师从教满六十年了。桃李不言,下自成蹊,黄天骥老师教导出不少颇具声名与地位的学生,他在欣慰的同时,却仍然不改初衷,淡泊明志,始终在中山大学做一名诲人不倦的教授。作为聆听过黄老师教诲的一名普通弟子,我谨记下二三事,表达我心中的景仰与敬意。

(作者单位:国家图书馆出版社)

杜鹃花发，细数往昔

卢新杰

"咦，怎么这么瘦？瞧你的细胳膊。""多吃点啊！""不错，比以前胖了。"这几句话，是黄老师对我说得最多的。当然，他也时常问我功课和阅读，但都抵不过以上三句频繁。一口亲切的广东"煲冬瓜"（普通话），一丝未脱赤子之心的顽皮劲儿，犹在耳畔、眼前。如今，叮嘱不闻声渐悄，唯有偶尔碰头，互诉近况，会心一笑。康乐园的杜鹃又开了，盛放如那些浓烈的旧时光。

初见黄老师，也是在康园，也是在这样草长莺飞的春天。五年前的某个清早，一群中文系新生乘坐校车，浩浩荡荡地穿过熹微的晨光，从珠海前往广州参加导师见面会，彼时每个新生业已被分配到一位导师。不知他人好奇或兴奋，我心中是忐忑多过欢欣。我知道，自己的导师是系中泰斗，心里暗暗嘀咕：该不会是一位面容严肃的老夫子吧？在中文堂的 105 室，每位导师"认领"到自己的学生之后，黄老师轻拍了一下我的后背，不像长者的威严驾临，倒像同龄人之间的招呼，又像篮球队员之间的碰撞。那一拍，把我心中的拘谨不安、战战兢兢拍去了七八分。后来去老师办公室聊了什么，已记不分明，却记得，他不是无趣的老夫子。他捏捏我的细胳膊，叮嘱我补充膳食、加强锻炼。

韩愈言："师者，所以传道授业解惑也。"师恩，不仅在乎生活上的嘘寒问暖，犹在乎学业上的耳提面命。不能忘，是黄老师在百篇写作指导上的用心。大学头两年我人在珠海校区，却因为百篇作文得以时刻聆听老师教诲。每一张稿纸上都写着老师的评点，有时还会冒出一些与他年龄不符的鬼脸表情。微笑之余，我轻松地思考起老师给的意见。除却百篇传书，老师还会定期来珠海校区看望我们。老师曾说："百篇不仅仅是让你写作文，更是通过你的思考、你写作的内容，甚至是笔下的字迹，来看出你这个人的脾性。"经由百篇这个细小之物，我逐渐探寻到进入自我的幽深通道，进而开始审视自我与外在的关系，形成自己看待世界的眼光。这样一种成长非百篇足矣，但它起了个头，开启了一条路径。感谢那些年的促膝长谈，感谢那个在珠海的蓝天下稳健的身影。

杜鹃花次第开放，它的芬芳，像老师的陪伴，悠远绵长。

（作者单位：中山大学中文系研究生）

黄门感旧

吴昕晖

能够在大一大二得黄天骥老师指导实在是极为幸运的事。早在进入中文系之前，我就久闻黄老师的大名。因为家父家母都是黄老师的学生，也是中大中文系82届的毕业生，而他们拜托黄老师担任我百篇写作及八篇书评的导师。黄老师曾言：只要是我学生的子女，希望我来做他们的导师，一点问题也没有。于是我就幸运地成为了黄门下一员小门生。

拥有黄老师这样的导师，成其门生，不仅是一种荣幸，更是一种难得的机遇。

坦白说，我在文学方面资质并非优异，而对古代文学更是止步于欣赏。在写作方面，也是对社会时事的关注多于抒发感想、表达情感。黄老师对此却颇为欣赏。黄老师在百篇作文中几乎每一篇都留下了或多或少的手批，少则对一些优秀词句的圈点，多则是附在文章后面的对主旨、手法的点评。综述看来，竟是表扬居多，而批评甚少。因此我每次拿到返回的百篇，都不舍得那么快将它看完，因为老师的点评实在是令人回味无穷。这也是我整个大一中很大一部分的写作乐趣之源。其实我个人清楚自己并不具有多少文学天赋，日后走上写作之路的可能性也很小。然而老师的真挚评点让我觉得，尽管并非每个人都能笔耕不辍，或是有能力用笔针砭时弊，或有才情道尽人间心事，然而写作确实是有意义的。这是黄老师教会我的第一件事。

很遗憾，我对中文学术难窥其堂奥，对黄老师毕生热爱的古代戏曲也兴趣索然。黄老师对我人生的影响，实在多数是在他作为长辈对我小辈的关心爱护，以及是我实实在在的人生导师。

在珠海的时候，每学期黄老师总会坚持过来珠海校区看我们一到两次，每次都会请我们到校外的餐馆吃饭。珠海校区略为偏僻，学生们也很少出外吃饭，所以每次黄老师来，我们都十分高兴，既能与老师畅聊，又能打打牙祭。老师每次都叮嘱我们多吃，实在是与慈爱的长辈无异。

黄老师年届八旬，阅尽世事。而大学时代一些小儿女的烦恼琐事自是瞒不过他的眼。本人愚钝，曾因遭受感情挫折，长期情绪低落。从在珠海的定期会面，到回到南校后偶尔拜访黄老师，和他聊天，他每次都能看出我的情绪变化，并关心我的心理问题。老师的关心，并不只是泛泛地询问你最近如何，也从未将我视作不懂事的孩子，自己是高高在上的导师、前辈。相反，他平等地与我交流对人生的看法，甚至用自己的经历来开导我，并为我指出了一个更大的世界。对于黄老师，我实在是怀着万分的感激之心的。

黄老师属老一辈的谦谦君子。见面必问家人安好；每出新书就送我一本，扉页定有赠与全家的题字；偶尔相见则坚持做东，用的钱包或是纸制的，或是塑料袋子；每次发的短信必称呼对方为您，即便对方是他的晚辈。从老师身上，我能窥见一个时代的荣光，与一个君子的风骨。

从岭南感旧中吹笛子的少年，一眨眼成为了康乐园中白发苍苍的耄耋老人。聪慧沉淀成了睿智，而风度与儒雅则在岁月中与日俱增。学生唯愿老师一生平安喜乐，健康长寿。

（作者单位：中山大学中文系本科毕业）

黄天骥：我的故事，是大时代里一滴水

颜 亮　曾 晶

今年 78 岁的黄天骥精神矍铄，十分健谈。他至今未退休，每天到中大中文系办公室处理各种事务，目前正在花大气力编纂《全明戏曲》，这是一个庞大的项目，全部整理出来，起码有五十册之巨，共计五千万字。

虽工作繁忙，黄天骥仍笔耕不辍，继去年出版了《情解西厢——〈西厢记〉创作论》，今年又出版了《岭南感旧》。这两本书，文风和主题都迥然不同，后者是他在《南方都市报》发表的一系列文章的结集。

这一系列文章，由黄天骥幼时记事打头，到"文革"结束为止（1935—1976），截取记录了一些重要时间节点上他的亲身经历。其中既有他儿时淳朴的岭南民风，也有时代大潮中的历历往事。从书中能清晰见到，伴随历史发展，一个人是怎样慢慢被时代裹挟着前进，知识分子又是如何在历史的狂潮中保持点点微弱的尊严。

"回过头来看，我们这辈人，能熬到这些年头真是不容易。"那是一个情绪异常丰富的年代，"那时候很同情老师，害怕啊，紧张啊，哭啊，人斗我，我斗人，然后是挨饿，到'文革'整个就乱七八糟了。"

黄天骥采用带点黑色幽默的笔调记叙这段历史，他称其为"旁观者心态"："也因为时间隔得久了，很多东西已经沉淀下来了，反而能更冷静地去思考这些问题。"对于黄天骥而言，他想做的是完整保存这段记忆，而不是进行简单粗暴的解读。

但记叙记忆和使用记忆间的关系永远是吊诡的，未能亲历的后来者，往往选择性地使用记忆。"我们做事情很多时候就是在断章取义。"黄天骥说，"文革"的时候老说"忘记过去就意味着背叛"，让人不要忘记过去中国是多么落后，等到"文革"一结束，干脆连"文革"都给忘记了。"这不是追究谁的责任的问题，而是这段历史必须被牢牢记住，不然我们的前途就很难说了。"

让更多人理性地了解国家走过的路

南都：《岭南感旧》是你在报纸上发表文章的结集，当初为什么会开始写这个主题？

黄天骥：实在非常偶然。2010 年秋天，我一位在《羊城晚报》工作的学生出了一本很好的书，他跑来给我送书。那天晚上大家聊到很晚，他顺势就向我约稿，我也就答应了下来。当时我看快要中秋了，于是就写了第一篇《八月十五叙中秋》。后来就转给南都的编辑，他很感兴趣，便要我继续写下去。我想反正那几天要埋头于《全明戏曲》的项目，非常枯燥也很烦，索性抽点时间、换个脑筋写点散文也很好，相当于让自己得到了休息，这才写了下来。平时也没有时间，只能利用边边角角的时间来写，主要还是周末的时间。

南都：但这些文章给人感觉都是经过深思熟虑，是成体系的。

黄天骥：这些东西是我多年来一直在思考的。我虽然主要在做学术研究，但也关心社会的发展、国家的命运。过去的几十年中，我们既有轰轰烈烈的时候，也有过跌跌撞撞，甚至头破血流。这些问题绝不是某个人的问题，而是整个国家的问题。我自己亲身经历了这几十年，希望把我的真实感受记录下来：从抗日战争到解放后，我当时是怎样的心情；1949年后，我在学校里，一方面看到社会蓬勃发展，但也对"左"的做法实在是想不通。我希望通过抓住一些关键点，说出我自己的思考。当然我也希望能让年轻一辈多了解些我们这代人的真实情况。

南都：现在很少年轻人主动了解这段历史。

黄天骥：很少。在我和同事的接触中，包括在教学中跟学生们的交谈，我发现他们对国家、民族、社会真是知道得太少了。以博士生为例，现在一个博士生一般是二十五六岁，基本都是八零后，他没经历过这些事，也没有人告诉他，他怎么会了解呢？

广州亚运会的时候，有件事让我触动很大。当时有学生说中国金牌拿得太多了，比赛都没意思了。我听了以后不以为然，我们这代人，经历过中国人受欺负、被称为"东亚病夫"的年代，巴不得有多少金牌就都拿过来。所以说，如果一个人知道自己的国家、民族是怎么走过来，他再去看一些事情，会有完全不同的心态。

我的确是想把自己几十年经历过的、看到的事情，国家是如何发展、走了怎样曲折的道路写出来。我总是觉得我们这一代人，既然见证了那个时代的经验教训，应该让多些人了解，才能让大家理性地对待国家今后的发展。我们古代文学里常说"回顾历史是为了现在"，我也是这个目的，我希望更多人能更冷静地、理性地去了解我们国家走过的路，再不要走弯路。

"轰轰烈烈、跌跌撞撞"的历史

南都：你是带着怎样的情绪来记叙这些故事的？

黄天骥：我自认为我对这段历史没有很偏激的情绪。1949年新中国成立后的成绩是不能抹杀的，"中国人民站起来了"这句话是对的，但既有轰轰烈烈又有跌跌撞撞。这种遭遇在我们这辈人都经历过，真是酸甜苦辣什么都有。

我这些文章，毕竟因为是散文，再加上我自己的脾气，很多地方都是用搞笑、调侃的语气在写。有些读者看了，也会觉得很好笑。对我而言，其实写这个书总感受是沉重的。回忆的时候，内心是真不痛快。比如说，有一篇写到挨饿，当时我在粤东参加整风运动，因为肚子饿，在街上吃别人的剩饭，结果长了一肚子的蛔虫，回广州后，一条筷子粗的蛔虫竟然自己跑了出来，当时的同学看到，都笑着说"黄老师肚子里跑出大虫来了"。我在写的时候真是不觉得好笑。那种挨饿的痛苦真是永生难忘。饿到什么程度？当时在粤东地区，每顿饭两百多颗米加三块很小的红薯，煮一碗稀粥，一粒粒米都能数出来。有时候在田间就希望自己能够摔断了腿，这样就可以回广州了，饿到了这种程度。肚子饿怎么办呢，就吃米糠饼，用芭蕉心磨粉，掺一点米，做成一块饼，那种东西完全不像话，虽然顶饿，但全都堵在胃肠里面，非常危险。再加上上世纪50年代，很多知识分子被错划成"右派"，这些就发生在我身边，都是非常悲惨的事情。

虽然苦难很多，但当时也真是有吐气扬眉的感觉。解放以后的举国体制，上头一说，大家就纷纷去做，管它是对是错，比如大家勒紧裤腰带造原子弹、造汽车、造飞机，这在1949年前是不可想象的。现在很多年轻人，特别偏激，他们哪里知道过去的路是那么曲折。

南都：没有亲身经历过的人，对历史的理解可能是选择性的。

黄天骥：对。很多我们那一辈发生的事，在现在看来很不可思议，为什么我们这辈人会这么听话？因为当时确实觉得吐气扬眉。国家能够打败美国人，那种爱国情绪是非常高涨的，这种时候就容易觉得毛泽东都是对的。但是后来就明白了，"左"的路线破坏太大了。所以我在写这本书的时候，没有全部否定那30年，也模模糊糊地感觉到祸根在什么地方。我努力想做得客观一些，但真做起来其实也很难说。"轰轰烈烈、跌跌撞撞"是我对我写的那段历史的评价，这就是"旧"；"感"呢，就是酸甜苦辣、五味杂陈。

南都：虽然时代背景是紧张压抑的，但你的文章里总是透出一些浪漫，比如说其中一篇《梅边吹笛》。这是不是跟你中文系背景有关？

黄天骥：我写的都是我身边非常细碎的事。好多人看了问我为什么都能记住，我自己也不知道，我也没有记日记的习惯，但其中几乎是没有虚构的，95%以上都是我亲身经历的。我写的不是小说，可以算得上是口述历史。当然，它也是有所取舍的，不能事无大小都乱装进去，必须要有一定的典型性。

《梅边吹笛》这篇文章，回过头来再翻翻，我也觉得很有意思。这四个字确实很浪漫。这件事也确实发生过，当时我还是个初中生，我后来给我一些同学看这篇文章，他们也都还记得这件事。不过我还是对它进行了一些文学加工，"梅"是有的，但我吹的不是"笛"，而是"口琴"。事实都是事实，只是"笛子"是"口琴"。我再用"吹笛子"把整件事组织起来，做些文学加工。毕竟我是中文系的，理解怎么写文章给人印象最深。

什么是知识分子的本分

南都：你在文章里也花了大量笔力在谈当年中山大学的一批老教授。

黄天骥：我当年就因为同情我的老师董每戡，差一点被打倒。我在中山大学读书时，在学问上对我帮助最大的是三位老师：王起、董每戡、詹安泰。我小的时候喜欢诗词，不喜欢戏剧。王起老师是研究校勘，董老师是研究戏剧的，詹老师是研究宋词。结果董先生觉得我学戏剧更好，所以我就跟着他。

我当时最敬佩的老师是容庚，他很正直，对学生、对国家满腔热情，但还是被批得一塌糊涂。不过他有一个很特殊的地方，他很多话在当时来说是非常反动的当然现在看是很正确的，但学校并没有把他划成"右派"，仅仅是批判他、斗他。据我所知，其中一个原因是他曾立过一个大功，是他成功说服钱穆不再骂共产党的。容庚先生就是直来直去，他觉得不对就会说。林彪出事以后，工作组召集大家一起讨论学习，我当时也在场，一开始他也不说话，后来别人就问他怎么看，他说如果我有枪我也学林彪，他就这么敢说；当时红小兵问他，什么是压在你头上的三座大山，"'背语录、早请示、晚汇报'，这是压在我头上的三座大山"，他敢这样说。但他去世以后，什么都捐给国家了，他是一个真正的爱国者。只要自己觉得不通的，他都会讲，至于讲了以后会有什么后果，他根本就不在乎。

南都：这些老师应该对你有很大的影响吧？

黄天骥：这些老师的为人，我是学不到的，但他们是榜样，让我知道什么叫做好，知道什么是一个知识分子的本分。像容先生那样的家国情怀，总是会影响我们这一代。明明是不关乎他个人的事情，他都仗义执言，这个就是榜样。中文系很多被打成"右派"的老师对我都有影响，让我学会更乐观，虽然内心很痛苦，也能熬下去。

我经常说，中大还能出先生么？要有独立的精神，自由的思想。这是陈寅恪提出来的，影响很大，但真正践行的人其实很少。容先生就是用行动体现了自己的独立人格与自由思想。

他们这辈人，在很多方面影响了我们，但这些品质，起码在我看来，学是不容易学到的，毕竟我们处的历史条件、环境、教育背景都不一样，当时甚至还觉得他们都是错的。现在回过头来再看，才知道他们才是对的。

南都： 最近几年，像《岭南感旧》这样的个人史越来越多，比如齐邦媛的《巨流河》。

黄天骥： 这本来就是中国的传统。中国过去除了二十四史，很多细微真实的东西我们都是通过一些稗官野史知道的。当然，我们现在讲的都是那几年的事，毕竟它是一个剧烈转折期，这并不可怕，以后也必然会出现大量的这种东西。比较难的是，像我们这个年纪的未必去写，写的人未必有我们这个年纪。

不过跟《巨流河》不同，我写的多半是小故事，是大事件里面的一个小不点，是大时代里的那么一滴水。现在通过我这个浪花，去观察大浪是怎么淘沙的，历史是怎么淘尽千古风流人物的。

而且我写的东西多少还带着点旁观的角度，比较冷静地看待这些事。当然，我也有我局限，我主要是生活在高校，虽然与社会有所接触，但相对来说，还是在一个学术性比较强的地方，从大学知识分子的角度去观察社会，会有自己的眼界和局限。我也明白我的局限。

（原刊 2012 年 10 月 28 日《南方都市报》）

黄天骥教授学术活动年表

欧阳光　张诗洋

1952 年　17 岁

考入中山大学中文系。

是年刚刚完成了全国院系调整，原中山大学文理院系与原岭南大学合并，组成新的中山大学。校址位于原岭南大学校址广州河南康乐园。

任课老师有著名学者容庚、商承祚、詹安泰、董每戡、王起（季思）、黄海章、方孝岳、叶启芳、潘允中、楼栖等。黄天骥曾回忆自己本科时的学习情景："记得在中学读书时，偶然在报章上发表了几篇散文、小说，便做着长大了当作家的梦。投考大学中文系，就是冲着'作家'两个字去的。谁知在 50 年代，中文系学生是不准有当作家的想法的，毕业后只能当教师和研究人员。当时，我们都是些'驯服工具'，也真乖乖地收拾起当作家的念头。由于小时候祖父要我背诵唐诗宋词，加上詹安泰、董每戡老师的课讲得特别动听，我的兴趣便转移到学习中国古代文学方面。"（《我和元明清戏曲、诗词研究》（载《方圆集》，广东人民出版社，2012 年 7 月）王季思先生也曾回忆当年课堂的情景："我在天骥班上教写作和宋元文学课时，他不像一般同学的埋头记笔记，而只在偶有会心时，双眸炯炯，用左手搔他的鬓角和耳轮。"（《〈冷暖集〉序》，花城出版社，1983 年 9 月）

1953 年　18 岁

《重逢》，载 1953 年 8 月 22 日《广州日报》（副刊）（署名黄花）。

1955 年　20 岁

大学三年级。撰写学年论文《陶潜作品的人民性特征》。

1956 年　21 岁

大学四年级。学年论文《陶潜作品的人民性特征》在《光明日报·文学遗产增刊》第二辑

（1956年2月）发表，并得到《文学遗产》主编陈翔鹤的赞赏和指导。1996年，黄天骥在北京《文学遗产》编辑部举行的"首届广东中华文化王季思学术基金《文学遗产》优秀论文奖颁奖会"上的发言曾谈到首次向《文学遗产》投稿的经历："五十年代，我还在大学的时候，曾投稿《文学遗产》，投稿后接到主编的信说：你写来的稿子字潦草得不得了，排印工人一边排一边骂娘。看起来你是一个可以培养的青年，希望以后来稿不要这样潦草。这封信我至今清楚地记得，后来才知道主编就是陈翔鹤先生。文章发表后，我成了《文学遗产》的通讯员。《文学遗产》不断给我寄报纸、刊物，还寄过几本书给我，其中有《文心雕龙》、《唐代的变文》和《聊斋志异》。陈翔鹤主编每次寄书都要附言，指示我，书来之不易，一定要阅读。我都读了。"

撰写毕业论文《论〈桃花扇〉中的艺术方法》。指导教师为吴重翰教授。评分为五分（五分制）。评语谓："本文作者掌握材料很丰富，可以说是应有尽有，并能使用这些材料，在下笔时审慎周详，作出比较缜密正确的论述。作者分析每个问题，深入细致，认识力颇强，能够提出问题，解决问题，且往往带有创造性，是他人所未曾谈过的；对于他人有关《桃花扇》的错误论点，又能加以有力的指正。文中精辟的地方很不少：如谈侯李遭遇成为悲剧，是概括地反映历史的现实；侯李入道归隐，表示对外族统治的蔑视，顾天石改成喜剧收场，是替外族粉饰太平。如谈侯方域的性格，当从整个人物的行动去看，传记上的和《桃花扇》上的基本上是一致的，近今演剧者把侯方域入道改为投降，降低了《桃花扇》的美学价值。如谈孔尚任用浪漫手法来写史可法，史可法升天是人民道德的判断，不是什么迷信报应；孔尚任不依照历史，而写史可法沉江自杀，是情节服从于性格的写作方法。如谈孔尚任写李香君是前代文学中艺术形象妇女性格的进一步的发展，她和方域分离，不是哭哭啼啼，把悲痛化为对爱人的鼓励，化为对敌人的仇恨。如读《桃花扇》一剧，民族矛盾笼罩着整个故事的进展，从而说明孔尚任'场上歌舞，局外指点'的表现方法，更明白反映出剧本的主题。关于这些，假如作者不经过苦心的劳动思考是不轻易写出来的。文中虽然仅谈'艺术方法'，但作者处处结合思想性来谈，使我们读了此文，对于《桃花扇》的主题思想，也了解清楚。这是文中尤为可贵的一点。"在毕业论文答辩会上被答辩委员詹安泰、董每戡和王季思教授一致评为优秀。

7月，毕业。留校任教于中文系中国古典文学教研室。同教研室有詹安泰、董每戡、王季思、黄海章、吴重翰、卢叔度、邱世友、苏寰中等。詹安泰是宋词研究大家，董每戡、王季思两先生则是中国古代戏曲研究巨擘。董先生的研究注重文本与舞台表演的结合，王先生则擅长戏曲版本校勘和剧本文学研究。从三位先生的治学中所获甚多。黄天骥教授曾回忆说："在学术上对我影响最大的是王季思老师、董每戡老师、詹安泰老师。王、董老师教我治中国古代戏曲，詹老师教我治诗词，是他们引领我进入学术的殿堂。"（《中大往事：一个学人半个世纪的随忆·代序》，南方日报出版社，2004年10月）2012年，在接受广州日报的访谈中，黄天骥更为具体详尽地谈到三位老师的影响："说起来，我要感谢我的两位老师，一位是董每戡，一位是王季思。董每戡本身就是一名导演，是赵丹的老师，与田汉同辈。他经常跟我们说，读戏曲作品，要有舞台的眼光，舞台上的一举一动，都要看到演员和导演的意图。我留校任教后董先生让我到剧团参加一些实践。我在话剧团、戏剧团看别人如何排戏，导演讨论的时候也参与其中，提出自己的看法。慢慢地，看戏我就有舞台感了。所以我看《桃花扇》、《长生殿》、《琵琶记》，是在看文学作品，但更是像'看'到舞台演出一般。看戏剧文本，心中是戏，人物便是动的，这是我读戏剧作品有别于读诗词、小说的地方。而王季思老师则是研究文本方面的权威，他严谨的考证、校注方法，给我们打下了扎实的功底。一般中文系的老师重视文本，戏剧学院的老师重视舞台，而我的两位老师恰好一位重视文本，一位重视舞台，我受到很大的益处。此外还有詹安泰老师，他卓越的诗词造诣,对我理解曲文也有很大的启示。做学问,要将不同学科融会贯通,结合起来考虑问题,才天地自宽。"(龙迎春《黄天骥 情解西厢 重探经典》,《广州日报》,2012年10月29日)

1957 年　22 岁

詹安泰、董每戡等学者在反右运动中被错划为右派。

1958 年　23 岁

本科毕业论文经修订后,以《略论桃花扇的艺术特征》为题,发表于《中山大学学报》(社会科学版。编按:以下未特别注明者,均为"社会科学版",不再括注)1958 年第 1 期。

9 月 20 日,董每戡被迫离开中山大学,移居长沙。

1960 年　25 岁

晋升讲师。

《论洪昇与长生殿》在《中山大学学报》1960 年第 4 期发表。

《广阔的创造天地——川剧"贵妃醉酒""反徐州"观后》,载 1960 年 10 月 15 日《羊城晚报》(署名黄天)。

1961 年　26 岁

4 月,高教部召开高等学校文科教材编选计划会议,王季思先生与会,并受托主编《中国戏曲选》。黄天骥与另一位青年教师苏寰中为主要参加者。通过参加这次教材编选工作,黄天骥受到严格的古代戏曲文献校勘的训练。王季思先生曾回忆《中国戏曲选》的编选过程:"一九六一年,我到北京参加《中国文学史》的编写工作,把系里接受的《中国戏曲选》的编写工作留给他和另一位青年教师去完成。我要他们从校勘元人杂剧的不同版本入手,再确定全书体例和各剧注条。他似乎有为难,觉得好像不一定要这样做。我想起前辈告诫我的一句话,转告他:'聪明人要下笨功夫。'并要求他们不仅坚持要校勘,还要逐条写校勘记。他们终于比较认真地完成了元代部分的定本和注释工作。"(《〈冷暖集〉序》,花城出版社,1983 年 9 月)黄天骥也曾在《我和元明清戏曲、诗词研究》(载《方圆集》,广东人民出版社,2012 年 7 月)一文中回忆当年参加教材编写的情形:"60 年代初,王季思老师接受教育部门的委托,编选全国教材《中国戏曲选》,他让我和苏寰中同志具体负责。我们要反复校读剧本,弄清版本源流,把费解的词语一一注释清楚。那一段时间,我们天天到王老师家里'上班',利用他的藏书以及他在 30 年代即已收集的两大箱词话资料卡片,逐字逐句整理,花了五六年功夫,才把硬骨头啃了下来。"从此年起至 1966 年春,完成了上卷(元杂剧部分)的编选,然初稿在"文革"中被焚毁。中、下两卷的编选则因"文革"而中断。

《时代精神与历史真实》，载 1961 年 1 月 5 日《羊城晚报》（署名黄天）。

《要唱出心声》，载 1961 年 3 月 29 日《羊城晚报》（署名黄天）。

《笑的力量　笑的分寸——从汉剧〈审诰命〉谈到粤剧〈三件宝〉》，载 1961 年 4 月 11 日《羊城晚报》（署名黄天）。

《"念白"千斤》，载 1961 年 5 月 19 日《羊城晚报》（署名黄天）。

《景愈露，境愈藏》，载 1961 年 9 月 20 日《羊城晚报》（署名黄天）。

1962 年　27 岁

《"体验"和"表现"》，载 1962 年 6 月 7 日《羊城晚报》（署名黄天）。

1963 年　28 岁

《汤显祖的文学思想——意、趣、神、色》在《中山大学学报》1963 年第 1、2 期合刊发表。

《谈戏曲的人物和语言》在《创作辅导》1963 年第 1 期发表。

《革新和保守》，载 1963 年 11 月 25 日《羊城晚报》（署名黄天）。

1964 年　29 岁

《元剧"冲末""外末"辨释——读曲札记》在《中山大学学报》1964 年第 2 期发表。

《壮丽的史诗　伟大的情操》（与苏寰中合作）在《中山大学学报》1964 年第 2 期发表。

1967 年　32 岁

詹安泰先生病逝。

1974 年　39 岁

《蒲松龄的〈聊斋志异〉》在《中山大学学报》1974 年第 4 期发表（署名钟文　顾典）。

1976 年　41 岁

《李商隐诗歌选析》在《中山大学学报》1976 年第 2 期发表（署名黄天）。

1977 年　42 岁

《评注聊斋志异选》由人民文学出版社 1977 年出版。该书署名"中山大学中文系《聊斋志异》选评小组",参加者为中山大学中文系古代文学教研室成员,主要有王起(季思)、黄天骥、邱世友、苏寰中、刘烈茂、曾扬华、罗锡诗、吴国钦等。前言和题解由黄天骥执笔。

10 月,国务院批转教育部《关于高等学校招收研究生的意见》,恢复研究生培养制度。

1978 年　43 岁

晋升副教授。

恢复研究生培养制度后,中文系中国各体文学成为全国首批硕士点,以王起(季思)先生为带头人,成立了硕士生指导小组,黄天骥为小组主要成员之一,其他还有苏寰中、吴国钦。当年 10 月,招收首批硕士研究生王星琦、罗斯宁、湛伟恩、欧阳光、杨荣元、邵景春等 6 人。

《〈木兰辞〉和南北朝民歌》在《中山大学学报》1978 年第 1 期发表(此文由黄天骥执笔,署名中文系中国古典文学教研室)。

《边塞诗人岑参》在《学术研究》1978 年第 2 期发表(署名黄天)。

《论陈子昂》在《中山大学学报》1978 年第 5 期发表(署名黄天)。

《从民歌中吸取养料》在《广东文艺》1978 年第 2 期发表(署名黄天)。

《一出发人深省的喜剧》,载 1978 年 5 月 17 日《南方日报》(署名黄天)。

1979 年　44 岁

《高度性格化了的三拳——读〈水浒传〉第三回〈鲁提辖拳打镇关西〉》在《广州文艺》1979 年第 9 期发表。

5 月,中山大学落实政策,派人将董每戡先生接回中山大学。

1980 年　45 岁

该年夏,《社会科学战线》编辑部在长春举办"中国古典文学研究座谈会",与王季思先生一同应邀赴会。在会议上的发言整理为《我们的几点想法》,在《社会科学战线》1980 年第 4 期发表(共同署名)。

教育部委托王季思先生举办"全国高校中青年教师古代戏曲研讨班"。黄天骥参与了该研讨班的组织工作,并为学员讲授元杂剧作家关汉卿等课程。

协助王季思先生重新开始因"文革"而中断的《中国戏曲选》的编选工作。王季思先生《中国戏曲选》"前言":"一九六一年四月,北京参加高等学校文科教材编选计划会议,会上,我们除了接受编写《中国文学史》的部分工作以外，还承担了主编《中国戏曲选》的任务。一九六六年春，上卷已经定稿，想等中、下两卷编好时，一起送给人民文学出版社。接着就来了'文化大革命'，选注《中国戏曲选》的工作也完全被打断了。直到一九七八年，教育部在武汉召开文科教学工作座谈会，才重新把这个任务交给我们来完成。重编工作是从一九八零年开始的。"

《孔尚任与〈桃花扇〉》在《文学评论》1980 年第 1 期发表。

《把韵律安排得更艺术些——论传统诗歌声调和新诗的格律问题》在《中山大学学报》1980 年第 4 期发表。

《戏曲史上的"汤沈之争"》在《学术研究》1980 年第 5 期发表。

《张生为什么跳墙？——〈西厢记〉欣赏举隅》在《南国戏剧》1980 年第 5 期发表。

《三侠五义》由广东人民出版社 1980 年出版，为之撰写前言《石玉崑与〈三侠五义〉》。

《元杂剧选注》上下册由北京出版社 1980 年 11 月出版。署名为王季思、苏寰中、黄天骥、吴国钦。该书前言《元代杂剧简论》由黄天骥执笔。

2 月，董每戡先生因肺心病逝世。距其回到中山大学仅 9 个月。

1981 年　46 岁

《大观园里的"女娲娘娘"——略谈〈红楼梦〉对探春形象的塑造》在《古典文学论丛》1981 年第 2 辑发表。

《简谈〈录鬼簿〉》在《南国戏剧》1981 年第 4 期发表。

《纳兰性德的〈金缕曲〉》在《广州文艺》1981 年第 5 期发表。

《论卢照邻〈长安古意〉》在《语文园地》1981 年第 5 期发表。

《芝庵的〈唱论〉》在《南国戏剧》1981 年第 6 期发表。

《金圣叹论小说创作》在《作品》1981 年第 7 期发表。

1982 年　47 岁

《纳兰性德和他的词》在《社会科学战线》1982 年第 1 期发表。

《论洪昇的〈长生殿〉》在《文学评论》1982 年第 2 期发表。

《李白诗歌研究的几个问题》在《文学遗产》1982 年第 4 期发表。

《关汉卿和关一斋》在《文学评论丛刊》1982 年第 9 辑发表。

《何良俊的〈曲论〉》在《南国戏剧》1982 年第 5 期发表。

《元杂剧选注》获"广东省高教局 1978—1980 年度哲学社会科学优秀普及读物一等奖"。

1983 年　48 岁

晋升教授。

任中山大学中文系副主任（1983.5—1984.5）。

《冷暖集》由花城出版社 1983 年 9 月出版。该书汇集了作者有关《桃花扇》《长生殿》等古代戏曲研究论文 9 篇，《聊斋志异》《红楼梦》等古代小说研究论文 5 篇，以及唐代诗人陈子昂、岑参、李白和清代诗人纳兰性德等诗歌研究论文 4 篇。作者谈到自己的学术研究特点时曾说："我的研究领域以古代戏曲为主，但兼学别样。我经常是带着诗词的眼光去研究戏曲，又带着戏曲的眼光去研究诗词的。"（《康乐情结 笔墨襟期——编者与作者的对话（代序）》，载《中大往事——一位学人半个世纪的随忆》，南方日报出版社，2004 年 10 月）《冷暖集》即体现了作者的这一学术取向。该文集由王季思先生作序。

《纳兰性德和他的词》，由广东人民出版社 1983 年 10 月出版。由杨重华作序。

《略谈白秋练的人物描写》载《聊斋志异鉴赏集》，人民文学出版社 1983 年 12 月出版。

《论李渔的思想和剧作》在《文学评论》1983 年第 1 期发表。

《〈风筝误〉艺术特征琐谈》在《光明日报·文学遗产副刊》（1983 年 4 月 5 日）发表。

《王世贞的〈曲藻〉》在《南国戏剧》1983 年第 2 期发表。

《徐渭的〈南词叙录〉》在《南国戏剧》1983 年第 5 期发表。

《波澜跌宕 合情合理——略谈〈赵氏孤儿〉对戏剧冲突的处理》，载《元杂剧鉴赏集》，人民文学出版社 1983 年 6 月出版。

《济公全传》由花城出版社 1983 年 7 月出版，为之撰写前言《评〈济公全传〉》。

1984 年　49 岁

被国务院学位委员会学科评议组评定为博士生导师。

《眼到手到 专思博览》，载 1984 年 2 月 25 日《南方周末》。

任中山大学中文系主任（1984.5—1989.3）。

《李笠翁喜剧选》（与欧阳光合作），由岳麓书社 1984 年 12 月出版。

《纵横捭阖 烟水迷离——吴梅村的〈圆圆曲〉》在《广州文艺》1984 年第 1 期发表。

《细节、史笔、胆识》，载《当代文坛报》1984 年第 2 期。

与王季思教授共同招收首批博士研究生薛瑞兆、康保成。

招收硕士研究生肖小红、陈维昭。

1985 年　50 岁

获聘为国务院学位委员会第二届学科评议组成员。

4 月，与王季思先生同赴郑州参加首届中国古代戏曲学术讨论会。在此次会议上成立了中国古代戏曲学会，王季思先生当选学会会长。黄天骥当选常务理事、学会副秘书长。

获"广东省劳动模范"称号、"广东省高教战线先进工作者"称号、"中山大学高教战线先进工作者"称号。

《论吴梅村的诗风与人品》在《文学评论》1985 年第 3 期发表。

《几点感想》在《文学遗产》1985 年第 3 期发表。

《独具特色的散曲呈文——谈刘时中的〈上高监司〉》在《文史知识》1985年第2期发表。

《纳兰性德和他的词》获"广东省社会科学研究优秀成果二等奖"。

《中国戏曲选》上中下三卷由人民文学出版社出版。该书开始于1961年，因"文革"而中断。自1980年起，编选工作重新进行，历时24年始克奏全功。该书署名为：王起主编。王起、苏寰中、黄天骥、吴国钦选注。

1986年 51岁

被授予中华人民共和国人事部"中青年有突出贡献专家"称号。

在中文系主任任上，根据中文学科的特点，为强化中文系学生的专业技能，在一年级新生中推行"百篇作文"写作实践教学，规定所有学生必须在一年级独立、手写完成150篇作文（后调整为100篇），并为每个学生配备指导老师，以密切师生之间的交流。这一教学改革举措，对学生写作能力的培养和心智品行的提升起到了良好的促进作用。至今，这一实践教学已坚持了30年之久。2014年，《中文系"百篇作文"实践、教学、能力和品行同步提升》荣获"广东省教育教学成果奖一等奖"、"中山大学第七届教学成果奖一等奖"。

《"旦"、"末"与外来文化》在《文学遗产》1986年第5期发表。

《披肝沥胆的友谊之歌——纳兰性德〈金缕曲·赠梁汾〉》在《文史知识》1986年第2期发表。

《〈西厢记〉人物的喜剧性》在《古典文学知识》1986年第4期发表。

《不知何事萦怀抱》在《古典文学知识》1986年第7期发表。

《渗透于筋节髓窍的喜剧气氛——〈牡丹亭·闺塾〉赏析》在《文史知识》1986年第8期发表。

《〈桃花扇〉底看南朝》，载沈达人、颜长珂主编《古典戏曲十讲》，中华书局1986年8月出版。

《学会在知识的棋盘上布点》，载1986年8月8日《南方周末》。

与王季思教授共同招收博士研究生黄仕忠、郑尚宪、谢柏梁。

1987年 52岁

6月，中山大学中文系在广东南海西樵山举办《长生殿》学术研讨会。黄天骥为会议组织者和主持人。研讨会成果汇编为《长生殿讨论集》，于1989年1月由文化艺术出版社出版。

12月，赴香港大学参加纪念香港大学中文系建立60周年暨"儒学与中国文化"国际学术研讨会。

由此年始，兼任中山大学研究生院副院长。

《中国戏曲选》（王季思主编）获"广东省优秀社会科学研究成果奖一等奖"。

论文《论吴梅村的诗风与人品》获"广东省优秀社会科学研究成果奖三等奖"。

邀请台湾著名作家白先勇来中山大学中文系作有关小说戏剧创作的学术报告，这是1949年后白先勇第一次返回大陆。

1988 年　53 岁

《中国戏曲选》（王季思主编）获"国家教委首届高等学校优秀教材奖一等奖"。

全国高校古籍整理研究工作委员会重点项目《全元戏曲》的编辑校勘工作启动。《全元戏曲》为元代戏曲总集，汇集有元一代的戏曲作品，包括杂剧和南戏，旨在为读者提供完整的元代戏曲文本，是浩大的学术工程。《全元戏曲》由王季思先生担任主编，参与者为中山大学中文系老中青三代学者组成的戏曲研究团队。黄天骥在其中发挥了核心作用。

9 月 15 日至 19 日，赴新疆乌鲁木齐参加由中山大学中文系、中国戏剧家协会、上海戏剧学院《戏剧艺术》编辑部、《新疆戏剧史》编委会共同主办的"中国戏曲起源研讨会"，会后与李肖冰等共同主编《中国戏剧起源》论文集（上海，知识出版社，1990 年）。

《开拓与坚持》在《文学遗产》1988 年第 2 期发表。

当选广东中华诗词学会副会长。

1989 年　54 岁

《嘻笑怒骂　制作新奇——读睢景臣〔般涉调·哨遍〕〈高祖还乡〉》，载《元明散曲鉴赏集》，人民文学出版社 1989 年 1 月出版。

3 月，离任中文系主任，仍任中山大学研究生院副院长。

入选"英国剑桥国际传记中心（IBC）《世界名人录》（大洋洲与远东部分）"。

《陈维崧的〈湖海楼词〉》在《古典文学知识》1989 年第 3 期发表。

6 月，为中山大学生命科学院江静波教授撰写的剧本《晚霞》作序（收录于《俯仰集》）。

12 月，为彭颂声诗集《苦瓜集》作序（收录于《俯仰集》）。

1990 年　55 岁

论文《论李渔的〈闲情偶寄〉》在《剧论》第一辑发表，中山大学出版社 1990 年 3 月出版。

罗斯宁选注《辽金元诗三百首》由岳麓书社 1990 年 6 月出版，黄天骥为之审定并撰写前言。

《旧梦记趣》，载《随笔》1990 年第 5 期。

与王季思教授共同招收博士研究生景李虎。

当选广州诗社副社长。

1991 年　56 岁

《朱彝尊、陈维崧词风的比较》在《文学遗产》1991 年第 1 期发表。

《一部独树一帜的辞典——〈实用名言大辞典〉评介》在《求是》1991 年第 7 期发表。

胡继武《现代阅读学》由中山大学出版社1991年出版，为之撰写序言。
招收博士研究生李恒义。

1992 年　57 岁

当选第三届"国家古籍出版整理规划小组"成员。
享受国务院特殊津贴。
《中国戏曲选》获"全国首届古籍整理图书奖一等奖"。
《元明散曲精华》（与罗锡诗合作），由人民文学出版社1992年10月出版。
《元明清散曲精选》（与康保成合作），由江苏古籍出版社1992年12月出版。
《余霞尚满天——记王季思教授》，载《人物》1992年第1期。
《卖懒，卖懒》，载1992年1月31日《南方周末》。
《〈李渔全集〉评介》，载1992年10月19日《大公报》。
《烹饪之乐》，载1992年10月25日《广州日报》。
《拔牙记》，载1992年12月18日《南方周末》。

1993 年　58 岁

庆祝王季思先生从教七十周年暨古典文学、古典戏曲学术研讨会在中山大学举行。来自海内外的著名学者、社会各界人士和中山大学师生向曲学一代宗师王季思先生表达敬意，并就古代文学和古代戏曲的相关问题展开学术研讨。黄天骥教授是本次活动的策划者和组织者。会后，黄天骥主编了《王季思从教七十周年纪念文集》，由中山大学出版社1993年12月出版。
受聘北京大学中国古文献研究中心兼职教授。
任中山大学研究生院常务副院长。
12月，任广州诗社访泰代表团副团长，赴泰国文化交流。
《〈长生殿〉的意境》在《文学遗产》1993年第3期发表。
《水浒传》由花城出版社1993年12月出版，为之撰写前言《论七十回的〈水浒传〉》。
《泳池记趣》，载《随笔》1993年第6期。
《书桌，书桌》，载1993年9月28日《新闻人物报》。
《剃头》，载1993年12月10日《南方周末》。
招收博士研究生洪珠暎（韩国）。

1994 年　59 岁

3月，代表王季思先生赴苏州参加"纪念吴梅诞辰110周年暨第五次中国近代戏曲学术研讨会"。
成为《文学遗产》杂志编委。

赴澳门大学讲学。

《元明词平议》（与李恒义合作）在《文学遗产》1994 年第 4 期发表。

《元明词三百首》（与李恒义合作），由岳麓书社 1994 年 4 月出版。

杨奎章《片叶集》由广东人民出版社 1994 年 12 月出版，为之撰写序言，该序言以《韵在春风醇酒间——杨奎章诗作〈片叶集〉序》为题，载 1994 年 10 月 4 日《广州日报》。

为陈颂声《星月诗踪》撰写序言（收录于《俯仰集》）。

招收博士研究生戚世隽、锺东。

1995 年　60 岁

2 月，中共广东省委宣传部召开《新三字经》出版发行新闻发布会。《新三字经》是中共广东省委宣传部组织各方面专家和教育工作者编写的新时期少年儿童启蒙读物，在精神文明建设中发挥了有益作用。该书由广东教育出版社出版，发行约五千万册，并获得中宣部"五个一工程奖"。黄天骥任该书编委会副主任，为全稿主笔。并撰写《新三字经讲解》，随即由广东高等教育出版社出版。

2 月，访问汕头大学和韩山师范学院。被汕头大学聘为客座教授。同时受聘的还有暨南大学的詹伯慧、饶芃子。

5 月，广东中华文化王季思古代文学、古代戏曲研究基金成立。该基金由广东中华民族文化促进会和民营企业家朱孟依先生共同出资人民币 100 万元，以传承中华民族优秀文化与文学传统，活跃和促进学术研究、培养学术新人为宗旨。黄天骥为基金负责人。

10 月，赴北京参加"《文学遗产》创刊四十周年暨复刊十五周年学术研讨会"。

《深浅集》由广东高等教育出版社 1995 年 9 月出版。该文集汇集了作者 1983 年至 1995 年期间所发表的学术论文，计有有关戏曲研究论文 11 篇，诗词研究论文 11 篇，小说研究论文 5 篇。

陈大海《公关口才教程》由中山大学出版社 1995 年 11 月出版，为之撰写序言。

为谭沃森《肇庆揽胜》作序（收录于《俯仰集》）。

招收博士研究生吴淑莹（香港）。

1996 年　61 岁

获聘为第四届全国高等院校古籍整理研究工作委员会（高校古委会）委员。

2 月，被聘为广东省文史研究馆名誉馆员。

3 月，率欧阳光、黄仕忠、董上德等中青年教师赴山东大学参加《中国文学史》编写工作会议。《中国文学史》为教育部"面向 21 世纪课程教材"，由袁行霈任主编。黄天骥与莫砺锋任第三卷主编，黄天骥具体负责第六编元代文学。该编全部由中山大学中文系教师撰写。

4 月，赴台北参加高校古委会与台湾汉学研究中心联合举办的首届"海峡两岸古籍整理研究学术研讨会"，并到台湾大学、文化大学、东华大学等 8 个学术及出版机构访问。

6 月，王季思学术基金丛书第一种、欧阳光著《宋元诗社研究丛稿》由广东高等教育出版社出版。黄天骥为丛书撰写《前记》，申明丛书出版宗旨："弘扬中华文化，继承王季思老师匡扶后进的精神,是受过他老人家教诲的学生共同心愿。……我们决心出版这一套丛书,希望能实现王季思老师多年的心愿、帮助热心于中国古代文学而又甘心坐冷板凳的学者迅速成长,让学术之花也在生长红棉的土地上盛开。"自此迄今,丛书已出版23种。

7月,离任中山大学研究生院常务副院长。

7月,赴北京参加首届"王季思学术基金《文学遗产》优秀论文奖"颁奖会。1995年广东中华文化王季思古代文学、古代戏曲研究基金成立后,随即与中国社科院文学研究所《文学遗产》编辑部合作,设立"王季思学术基金《文学遗产》优秀论文奖",由上一年度《文学遗产》所刊发的论文中评选出优秀论文,予以奖励。此次即为95年度优秀论文奖。优秀论文由评选委员会投票产生。评选委员会由徐公持、黄天骥(以上二人为召集人)、袁行霈、傅璇琮、程毅中、董乃斌组成。共评选出5篇得奖论文,包括优秀论文奖2篇、优秀论文提名奖3篇。中国社科院副院长刘吉为获奖者颁发了奖金和证书。黄天骥代表王季思学术基金作了发言。

10月,赴日本九州大学讲学。

12月,与邱世友、董上德赴澳门参加港澳文化人林佐瀚《无悔集》发行仪式暨诗词研讨会。
当选广东中国文学学会副会长。

孔昭皋《闻鸡集》由广州诗社出版社1996年5月出版,为之撰写序言。孔昭皋先生是黄天骥教授的中学语文老师,对其文学方面的学习影响极大。序中回忆说:"引导我进入文学的殿堂,教会我掌握诗词格律的,正是孔昭皋老师。孔老师对粤方言的声调问题很有研究,他教我们如何区分'先藓线屑'、'东董冻笃'等四声。以后我写诗填词,寻宫数调,运用的就是孔老师教给我的知识。我还记得,在初中一年级时,我的第一篇作文,有这样一句话:'咚的一声,一个下水了!'孔老师认为我先写声音,后写动作,比较生动,有先声夺人的效果,于是在评讲时给予表扬。我小时淘气,学习心不在焉,乍听到老师赞许,兴奋得心房扑扑乱跳。从此,我对语文课特别有兴趣,以后就走上了研究文学的道路。可以说,孔老师的一席话,影响了我的一生。八十年代初,我在中大给中文系的学生讲析唐诗,当讲到王维'风劲角弓鸣,将军猎渭城'两句诗的艺术手法时,蓦然想起,这不就是孔老师提到的'先声夺人'的技巧吗?这堂课,我讲得特别兴奋。当然,同学们是不会知道我想起了老师的教导,不知道我在讲析中掺和着对老师的感激之情的。"

北京师范大学教授李修生《元杂剧史》由江苏古籍出版社1996年4月出版,为之撰写序言。
《东周列国志》由花城出版社1996年6月出版,为之撰写前言《冯梦龙的〈东周列国志〉》。
为黄晓东诗集《康乐园之梦》作序(收录于《俯仰集》)。
王季思先生去世,享年91岁(1906—1996)。

1997年　62岁

6月,与康保成赴河南大学参加"中国文学研究的世纪回眸学术研讨会"。

8月,赴哈尔滨参加由中国古代文学学会筹委会、黑龙江大学和《文学遗产》联合举办的"20世纪中国古典文学研究回顾与前瞻国际学术研讨会",以及同时举行的"96年度王季思学术基金《文学遗产》优秀论文奖"颁奖典礼。

8月,在广州中山大学参加"第一届两岸中山大学中国文学学术研讨会"。
在广州参加"广东省面向21世纪古代文学教学、科研工作研讨会"。

12月10日—12日，赴香港参加香港大学中文系70周年纪念国际学术研讨会。

《把微观考释和宏观研究结合起来》，在《文学遗产》1997年第2期发表。

《学术性与普及性结合的巨型译著——〈文白对照十三经〉和〈文白对照诸子集成〉读后》，在《出版广角》1997年第3期发表。

主编《古代十大词曲流派》（全三卷），由湖南文艺出版社1997年7月出版。

招收博士研究生万伟成、萧宿荣。

1998年　63岁

5月，受邀赴北京参加庆祝北京大学建校百年系列学术活动——国学研究国际学术研讨会。在此次会议上结识台湾大学教授、著名戏曲研究专家曾永义。

当选"中国戏曲学会"副会长。

《读〈易〉蠡测之一——说〈无妄〉》在《东方文化》1998年第1期发表。

《元剧的"杂"及其审美特征》在《文学遗产》1998年第3期发表。

《从"引戏"到"冲末"——戏曲文物、文献参证之一得》在《传统文化与现代化》1998年第5期发表。

《从〈全元戏曲〉的编纂看元代戏剧整理研究诸问题》，载《两岸古籍整理学术研讨会论文集》，江苏古籍出版社，1998年2月。

《杏花零落香》，载《随笔》1998年第1期。

《泡了水仙便过年》，载1998年1月23日《南方周末》。

《老圃秋容淡——记实话实说的容庚教授》，载《随笔》1998年第6期。

《芳草年年绿》，载1998年12月3日《羊城晚报》。

为赵康太著《琼剧文化论》撰写序言。该书于1998年3月由中国戏剧出版社出版。黄天骥所撰序言则以《文化阐析，中国戏曲研究的新视角——赵康太〈琼剧文化论〉序》为题，在《海南大学学报》1998年第1期发表。

陈元胜《诗经辨读》由安徽大学出版社1998年12月出版，为之撰写序言。

1999年　64岁

由王季思先生主编、黄天骥等中山大学戏曲研究团队参加的全国高校古委会重点项目《全元戏曲》由人民文学出版社1999年2月出版（该书共12卷。第1、2卷先期出版于1990年1月，至1999年则一次性全部出齐）。

《中国文学史》（袁行霈主编，莫砺锋、黄天骥任第三卷主编）由高等教育出版社1999年8月出版。

6月，受聘为教育部人文社科重点研究基地"复旦大学中国古代文学研究中心"学术委员会副主任。

8月，在广州参加"第三届两岸中山大学中国文学学术研讨会"。

9月，主持由中山大学中文系举办的"世纪之交中国古代戏曲与古代文学国际学术研讨会"。

12月，受台湾大学曾永义教授之邀，赴台北参加"两岸小戏大展暨学术会议"。

《纳兰性德和他的词》获"中山大学老教授著作奖"。

编辑《董每戡文集》上中下三卷（与陈寿楠合作），由广东高等教育出版社1999年8月出版。这部文集，收录了董每戡先生有关戏剧理论、戏曲史、小说研究的论著，以及话剧创作、评论、诗歌、散文等篇什。关于文集的编辑，董每戡先生哲嗣董苗在该文集的《附记》中说："在父亲《文集》出版之际，我必须提到中山大学黄天骥教授，从选题的策划，盛夏阅稿，到全书体例的制定，都是他全力操办的。"黄天骥教授在为文集所写的《前记》中，也谈到了编辑文集的过程："1997年底，我收到陈寿楠先生寄来的《温州进步戏剧史料集》，其中载有董先生的剧本和对他怀念的文字。我和陈先生素未谋面。后来陈先生来信告知，《史料集》是遵董先生哲嗣董苗之嘱，寄赠给我的。陈先生在信中提到，他非常敬佩董先生的道德文章，一直在努力搜集董先生的遗稿，可惜未找到合适的出版社付印。说来凑巧，我在得到陈先生赐书期间，恰好发表一篇怀念董每戡老师的文章，题为《杏花零落香》（载《随笔》1998年第一期，花城出版社出版），于是我把这讯息告诉广东高等教育出版社。蒙出版社大力支持，由总编辑杨明新先生亲赴长沙，征得董苗先生同意，确定《文集》由我和陈寿楠先生合作编定。经过一年的努力，终告竣事。这一年，我重读董先生存稿，先师音容笑貌，如在目前；也像重回课堂，又一次接受董先生的教导。岁月云逝，师恩难忘，《文集》出版，算是了却平生心愿。""文集编辑的那一年，我一篇文章也没写，全心投入整理。一些在抗战期间发表的论著，印在草纸上，英文字母a和o都分辨不清。我日夜苦干，把眼睛都搞坏了。当然，这是值得的。"（李颖：《固本培元 融会贯通——黄天骥教授访谈录》，载《文艺研究》2015年第9期。）

日本九州大学教授竹村则行与康保成合作之《〈长生殿〉笺注》由中州古籍出版社1999年2月出版，为之作序。

《论参军戏和傩——兼谈中国戏曲形态发展的主脉》在《戏剧艺术》1999年第6期发表。

《董每戡先生的古代戏曲研究》（与董上德合作）在《文学遗产》1999年第6期发表。

《对古代戏曲文学研究的一点看法》，载《中国文学研究的世纪回眸学术研讨会论文集》，河南大学出版社，1999年7月。

《我和元明清戏曲、诗词研究》，收入张世林编《学林春秋》，朝华出版社，1999年12月出版。

招收博士研究生董上德、宋俊华、王馗（康保成参与联合指导）。

2000年　65岁

《俯仰集》由广东教育出版社2000年1月出版。黄天骥教授在教学科研之余，不废吟诵，每每借诗词歌赋纪事抒怀，且各体皆擅，尤长于歌行，像《花市行》、《足球吟》、《围棋咏》、《水仙花》等，都是脍炙人口传诵一时之作。《俯仰集》汇集了作者历年公开发表的各体诗词70余首。除此之外，还收录了作者在报刊发表的散文以及各类碑记、序文和若干谈读书治学的文章。

陈维昭《红学与二十世纪学术思想》由人民文学出版社2000年3月出版，为之撰写序言。

《王季思老师二三事》（与董上德合作），收入张世林编《学林往事》，朝华出版社2000年3月出版。

招收博士研究生李舜臣、周松芳、姚蓉。

2001年　66岁

主持国家社会科学基金重点项目"中国古代戏曲形态研究"。

9月，受聘香港城市大学客座教授。赴香港城市大学中国文化中心讲学三个月。同时受聘讲学的还有复旦大学教授王水照。

赴台湾参加第三次"海峡两岸古籍整理研究学术讨论会"。

《全元戏曲》荣获"第三届全国古籍整理图书奖一等奖"。

《中国文学史》获"北京市第三届社科优秀成果特等奖"（袁行霈主编，黄天骥第三卷主编）。

主编《中国古代戏曲与古代文学研究论集》，由中华书局2001年出版。该书收录了中山大学中文系古代戏曲与古代文学学科有关学者的最新研究成果。

《"爨弄"辨析——兼谈戏曲文化渊源的多元性问题》在《文学遗产》2001年第1期发表。

《感谢和祝愿》，载《岭南文史》2001年第1期。

《微醺生妙韵》，载2001年2月23日《南方日报》。

招收博士研究生徐燕琳、尹蓉。

2002年　67岁

1月，赴福建泉州参加由中国社科院文研所、华侨大学主办的中国思想史与文学史全国学术研讨会。

9月，赴香港城市大学中国文化中心讲学。

12月15日，参加中山大学举办的"纪念詹安泰教授百年诞辰暨词学研讨会"，并作大会发言。

《詹安泰先生在学术上的成就》，收入詹安泰著《屈原与离骚》，暨南大学出版社2002年10月出版。

插图本《元曲三百首》（与姚蓉等合作），由春风文艺出版社2002年9月出版。

招收博士研究生王凤霞（康保成参与联合指导）。

2003年　68岁

荣获"中山大学杰出教师"称号。

《全元戏曲》获"第三届高校人文社会科学研究优秀成果奖著作类中国文学一等奖"。

《目的、方法和求实、创新》在《文学遗产》2003年第6期发表。

《"鉴赏学"的前驱——读刘逸生先生〈唐诗小札〉》在《学术研究》2003年第7期发表。

《论咏物诗的创作》，载《文史新澜·浙江古籍出版社二十周年纪念论文集》，浙江古籍出版社2003年11月出版。

《诗词创作发凡》，由广东人民出版社 2003 年 8 月出版。作者在该书《后记》中谈到写作缘起："近年，我除了和研究生一起研究古代戏曲外，也给本科学生讲些诗词创作入门的知识，发觉同学们对诗词创作很感兴趣。同志们也鼓励我把一些学习心得稍作整理，于是不揣浅陋，写成了这部书稿。由于它是在给大学生讲课的基础上写成的，讲课时，也尽量以人们较熟悉的诗词举例，因此，这部论著，其实具有教材的性质。"该书由黄修己教授作序。

《黄天骥自选集》，由广东高等教育出版社 2003 年 10 月出版。该书分上下卷。上卷主要收录有关戏曲史、戏曲理论方面的代表性论著；下卷则荟萃古代诗文、小说以及易学方面的研究成果。

招收博士研究生李计筹（康保成参与联合指导）。

招收博士后徐正英。

2004 年　69 岁

获评为"全国教育系统模范教师"，受到人社部、教育部表彰。

指导的博士学位论文《中国古代戏剧服饰研究》（作者宋俊华）被评为全国百篇优秀博士论文。

被教育部、国务院学位委员会授予"全国优秀博士论文指导教师奖"。

4 月，参加中山大学举办的"中国古代戏曲研究发展战略国际学术研讨会"。

5 月下旬，与康保成、欧阳光同赴山西临汾，参加山西师范大学戏曲文物研究所硕士论文答辩会。会后考察了晋东南等地古代戏曲舞台遗存和戏曲文物出土遗址。期间曾参观元杂剧《西厢记》故事发生之地永济县普救寺。因曾撰《张生为什么跳墙?》（《南国戏剧》1980 第 5 期），故有"我欲攀垣成一跳，春心难系柳丝长"之咏。

5 月，与欧阳光同赴台湾参加嘉义大学举办的第二届"中国小说戏曲学术研讨会"。

夏，应邀赴黑龙江大学讲学，康保成陪同。

9 月 23 日，在广州大学参加由中山大学中文系、《中国社会科学》杂志社及广州大学人文学院联合主办的"传统文学与现代性"国际学术研讨会。

10 月 27 日，中山大学中文系教授程文超因病逝世。程文超是中国现当代文学研究领域内深具影响的学者与评论家，是中山大学优秀教师，不幸英年早逝，年仅 49 岁。对程文超的逝世，黄天骥教授撰写长联寄以哀思：

与癌魔抗争十二春秋忍死著书振聋发聩念勤奋过人豁达感人学术之光照人康乐园典范齐钦谁料药石难支肃气初临文星忽坠

以心血浇灌百千桃李濒危授课骨立形销诚坚毅盖世德风传世生命之花惊世柯察金精神宛在今日英年早逝良师一去学府同悲

《闹热的〈牡丹亭〉——论明代传奇的"俗"和"杂"》（与徐燕琳合作）在《文学遗产》2004 年第 2 期发表。

《中国传统文化的和谐观》在《同舟共进》2004 年第 12 期发表。

编辑《董每戡文集》（与董上德合作），中山大学出版社 2004 年 10 月出版。该文集收入中山大学杰出人文学者文库。分上下编,上编收录《说剧》,下编是《琵琶记》《还魂记》等名著专论,并附有董每戡著作系年。

《中大往事——一位学人半个世纪的随忆》由南方日报出版社 2004 年 10 月出版。

招收博士研究生卜亚丽(康保成参与联合指导)、周榆华。

2005 年　70 岁

被广东省人民政府授予"广东省社会科学优秀成果奖特别学术成就奖"。

5 月 18 日—20 日,赴北京参加"非物质文化遗产保护与研究专家论坛"。

10 月,于广州参加由省政府文史馆和中山大学联合举办的"纪念冼玉清先生诞辰 110 周年学术研讨会"。

《论"丑"和"副净"——兼谈南戏形态发展的一条轨迹》在《文学遗产》2005 年第 6 期发表。

《老圃秋容淡——实话实说的容庚教授》(修订稿)在《同舟共进》2005 年第 2 期发表。

《月是故乡明——文理兼通的江静波教授》(修订稿)在《同舟共进》2005 年第 4 期发表。

《〈单刀会〉的创作与素材提炼》,载《中国非物质文化遗产》第 9 辑,中山大学出版社 2005 年 12 月出版。

招收博士研究生罗燕、刘成春。

2006 年　71 岁

荣获教育部第二届"国家级教学名师奖"。

当选中国古代戏曲学会会长(此次同时当选的还有上海戏剧学院叶长海教授,为双会长制)。

3 月 25—26 日,参加中山大学举办的"纪念王季思、董每戡百年诞辰暨中国传统戏曲国际学术研讨会"。

11 月,中文堂落成。中文堂为中山大学中文系校友动议、合生创展董事局主席朱孟依先生捐资建造。建筑面积 10500 平方米,楼高 9 层,为中文系永久性用房。中文堂的建设极大地改善了中文系的教学科研条件。黄天骥教授在中文堂的策划、设计以及建设过程中付出了巨大心血,并为中文堂落成撰联:"领百粤风骚开一园桃李,揽九天星斗写千古文章"。此联镌刻于中文堂大堂。

中文系 1979 级系友李平秋捐资人民币 100 万元设立黄天骥学术基金。自此年起,王季思学术基金丛书改名为王季思学术基金、黄天骥学术基金丛书。

《包容地坚守》(与锺雅琴合作)在《城市文化评论》2006 年第 1 期发表。

《从博爱说到和谐》在《岭南文史》2006 年第 4 期发表。

《析〈易·乾〉》在《学术研究》2006 年第 11 期发表。

为《李延保教育文集》撰序(李延保,1998 年 11 月至 2006 年 1 月任中山大学党委书记)。该书由中山大学出版社 2006 年 5 月出版。

招收博士研究生刘怀堂(康保成参与联合指导)。

2007 年　72 岁

获广东省教育厅颁发的第二届"广东省高等学校教学名师奖"。

在广东省文联、广东省作协、羊城晚报社共同举办的评选活动中当选"当代岭南文化名人五十家"。

7 月，与康保成等赴山西五台山参加山西师范大学举办的"祝贺黄竹三教授七十初度暨戏曲研究新思路漫谈会"。

11 月 20 日，受邀与康保成、欧阳光赴广州大学文学院作学术交流。

12 月 13 日，受聘广东警官学院客座教授，并作"中国的戏曲"学术讲座。

《〈牡丹亭〉创作的几个问题》在《文学遗产》2007 年第 1 期发表。

《戏曲审美观的传承与超越——青春版〈牡丹亭〉演出的启示》在《文化遗产》2007 年第 1 期发表。

招收博士研究生陈瑞凤。

2008 年　73 岁

6 月，在广州参加由广东省古代文学研究会、中山大学中国文体学研究中心举办的"中国古代文学与文体学学术研讨会"。

7 月，赴香港城市大学参加中国文化中心成立 10 周年研讨会。

8 月 8 日，作为中山大学两名代表之一，赴北京出席第 29 届奥运会开幕式。

10 月，在广东开平参加由中山大学中国非物质文化遗产研究中心举办的"非物质文化遗产保护视野下的传统戏剧研究会议"。

11 月，中山大学中文系为吴宏聪教授举行九十寿辰庆祝活动。吴宏聪教授担任中文系主要行政领导长达 22 年，他遵循教育规律，爱护老师，善待学生，在中文系师生中拥有崇高威望。黄天骥为吴宏聪教授撰写寿联：

　　数十载耕耘，喜看秀木成林，诚为人间乐事；
　　三千士踊跃，同沐春风化雨，深感世上真情。

《我和元明清戏曲、诗词研究》在《岭南文史》2008 年第 3 期发表。

《〈全粤诗〉序》在《岭南文史》2008 年第 4 期发表。

《解放思想　继续开拓——兼谈"边缘化"问题》在《文学遗产》2008 年第 4 期发表。

《周易辨原》由广东人民出版社 2008 年 12 月出版。

招收博士研究生管弦。

2009 年　74 岁

荣获"中山大学第一届卓越服务奖"。
《中国古代戏剧形态研究》(与康保成合作)由河南人民出版社 2009 年 1 月出版。
《〈长生殿〉艺术构思的道教内涵》在《文学遗产》2009 年第 2 期发表。
《试论口头传统的传承特点》(与刘晓春合作)在《文化遗产》2009 年第 3 期发表。

2010 年　75 岁

"《全明戏曲》编纂及明代戏曲文献研究(10&ZD105)"获国家社会科学基金重大项目立项。黄天骥为该项目首席专家。

12 月 26 日，赴东莞参加由岭南画院和东城文化中心主办的"有态度的猫——老彦画猫国画作品展"开幕式并致辞。

《〈张生跳墙〉的再认识——〈王西厢〉创作艺术探索之一》在《文学遗产》2010 年第 1 期发表。

《广东戏曲须与时俱进》在《广东艺术》2010 年第 6 期发表。

招收博士研究生李惠。

2011 年　76 岁

荣获"广东省首届优秀社会科学家"称号(共 16 人)。这是广东省迄今为止授予哲学社会科学工作者的最高荣誉。

受聘国务院参事室、中央文史研究馆中华诗词研究院顾问。

7 月 1 日，"全明戏曲编纂与文献研究"高端学术研讨会在中山大学中文系举行。作为国家社科基金重大项目"《全明戏曲》编纂和明代戏曲研究"的首席专家黄天骥教授出席会议并致开幕词，项目执行主编黄仕忠教授主持了研讨会，项目组全体成员参加了本次会议。

8 月 17 日，吴宏聪教授逝世。黄天骥撰挽联以寄哀思：

> 数十载耕耘，看秀木成林，更义厚情深，老园丁此生无憾；
> 三千士爱戴，记春风化雨，忽梁摧柱折，众弟子今日同悲。

11 月 24 日，赴中山大学新华学院作关于古典诗词学习鉴赏的讲座。

《〈牡丹亭〉的创作和民俗素材提炼》在《文化遗产》2011 年第 4 期发表。

《情解西厢——〈西厢记〉创作论》由南方日报出版社 2011 年 4 月出版。中山大学中文系青年教师戚世隽教授撰序。

为《黄达人演讲录》撰序(黄达人，1999 年至 2010 年任中山大学校长)。该书由中山大学出版社 2011 年 6 月出版。

招收博士研究生杨波。

2012 年　77 岁

中山大学中文系中国戏曲研究团队荣获"中山大学芙兰奖"。

6 月 27 日，南方周末、方所和广西师大出版社邀请台湾著名作家白先勇在中山大学怀士堂演讲，黄天骥参加了演讲会，并代表中山大学向白先勇先生赠送礼物。

11 月 2 日至 4 日，赴河南大学参加中原戏剧文化国际学术研讨会，康保成等同行。同时应邀赴郑州大学讲学。

《往事未必如烟——两位戏曲研究专家的恩怨分合》在《同舟共进》2012 年第 5 期发表。

《岭南感旧》由南方日报出版社 2012 年 8 月出版。是书乃作者在《南方都市报》上发表的同名专栏散文的结集，收录了自 20 世纪 40 年代始，绵延数十年间作者回忆的岭南旧人旧事、风俗风物、奇闻乐事和世事变迁，表达了对岭南乡土的热爱和对岭南文化的思考。作者在谈到写作缘起时说："我虽然主要在做学术研究，但也关心社会的发展、国家的命运。过去的几十年中，我们既有轰轰烈烈的时候，也有过跌跌撞撞、甚至头破血流。这些问题绝不是某个人的问题，而是整个国家的问题。我自己亲身经历了这几十年，希望把我的真实感受记录下来：从抗日战争到解放后，我当时是怎样的心情；1949 年后，我在学校里，一方面看到社会蓬勃发展，但也对'左'的做法实在是想不通。我希望通过抓住一些关键点，说出我自己的思考。当然我也希望能让年轻一辈多了解些我们这代人的真实情况。"该书由中山大学中文系青年教师胡传吉副教授撰序。

《方圆集》由广东人民出版社 2012 年 7 月出版。收录了作者自 2000 年后发表过的有关学术论文和文章，以及为学术界、教育界、诗词界师友著作撰写的序跋，应各方之邀撰写的碑铭，以及作者历年撰写的各体诗词。还附录了《我和元明清戏曲、诗词研究》一文。由中山大学中文系青年教师黎国韬教授撰序。

招收博士研究生孙笛庐。

2013 年　78 岁

获中国戏剧文学学会颁发的"戏曲教学与研究终身成就奖"。

3 月 12 日，在中山大学外国语学院作"中山大学文化历史渊源"为主题的讲座。

《情解西厢——〈西厢记〉创作论》获"第九届广东省鲁迅文学艺术奖"（文艺批评类）。

《人生有情泪沾臆——与吴宏聪教授相处的几个片段》在《同舟共进》2013 年第 5 期发表。

《试作"红楼"解码器——评〈圆梦：《红楼梦》密码〉》在 2013 年 6 月 4 日《光明日报》发表。

招收博士研究生张诗洋（直博）。

2014 年　79 岁

4 月，在广州参加由中山大学中文系、中山大学中国非物质文化遗产研究中心、中山大学中国古文献研究所、文化遗产传承与数字化保护协同创新中心、江苏师范大学文学院、黑龙江大学明清文学与文化研究中心、中国古代戏曲学会共同举办的"中国戏剧史国际学术研讨会暨中国古代戏曲学会 2014 年年会"。

8 月 21 日，在广州参加由中山大学中文系和高雄中山大学文学系共同主办的"第十一届两岸中山大学中国文学学术研讨会"，并在开幕式上致辞。

10 月，在深圳市委宣传部、罗湖区委宣传部主办的"说文解字——中华经典古诗文公益课堂"作如何阅读欣赏古典诗词的讲演。

《"鸳鸯楼"纪事》在《同舟共进》2014 年第 4 期发表。

《我们的摇篮》载《〈文学遗产〉六十周年纪念文汇》，社会科学文献出版社 2014 年出版。

《董每戡先生与他的"剧史"研究》（与董上德合作），载《中山大学与现代中国学术》，商务印书馆 2014 年 10 月出版。

《岭南新语——一个老广州人的文化随笔》由花城出版社 2014 年 11 月出版。作者近年利用主持国家重大攻关项目《全明戏曲》编纂工作的余暇，受《广州日报》之邀，在该报开辟《生猛广州·淡定广州》专栏，每周一篇，内容是对广州的历史记忆以及岭南文化特色的阐发。是书即由这些随笔汇集而成。该书由中山大学青年教师郭冰茹教授撰序。

《中大往事》（增订本）由南方日报出版社 2014 年 10 月出版。在 2004 年版的基础上，增加了《往事未必如烟》、《人生有情泪沾臆——忆与吴宏聪教授相处的几个片段》两篇文章，以及为中山大学撰写的 21 通碑记。由中山大学金钦俊教授撰序。

2015 年　80 岁

6 月 19 日，受邀赴中山大学南方学院作学术报告，并受聘为该院学术顾问。

《黄天骥诗词曲十讲》由花城出版社 2015 年 8 月出版。此书是黄天骥教授为中文系学生所开诗词曲选修课的录音整理而成，整理者为张诗洋、刘思诗、谢冠琦、李小萌、曾琰、吴昕晖、卢新杰等人。作者对整理稿作了修订。该书由中山大学魏朝勇教授撰序。

招收博士研究生王良慧、郭东旋。

2016 年　81 岁

《冷暖室论曲》由复旦大学出版社 2016 年 5 月出版。该书收入由傅璇琮主编的"当代中国古代文学研究文库"第一辑。该书选录了作者自 80 年代以来发表的有关古代戏曲研究的代表性论文 25 篇，分为四辑：第一辑是有关戏曲形态方面的研究论文 5 篇；第二辑是元杂剧作家作品和戏曲整理方面的研究论文 6 篇；第三辑是汤显祖和《牡丹亭》研究专辑，共有 5 篇论文；第四辑含《长生殿》研究论文 4 篇、《桃花扇》研究论文 3 篇和李渔研究论文 2 篇。书末附有《黄天骥学术编年》。该书记录了作者在古代戏剧研究领域不断开拓与深化的足迹。

5 月，为曾莹《畏垒吟卷》撰序（待刊）。

《论〈牡丹亭〉的创新精神》在《文艺研究》2016 年第 7 期发表。

为周松芳著《汤显祖的岭南行——及其如何影响了〈牡丹亭〉》撰写序言。该书于 2016 年 7 月由南方日报出版社出版。

附录：有关介绍、研究黄天骥教授的文章（按发表时间为序）

欧阳光：《在学术研究的长河里遨游——记黄天骥老师的学术活动》，载《古典文学知识》1988 年第 1 期（总第 16 期）。

师飙：《博士生导师黄天骥教授》，载《中山大学学报》1988 年第 1 期。

宋俊华：《黄天骥先生的学术研究》，载《戏曲研究》2006 年第 3 期。

邱瑞贤：《中山大学黄天骥教授：这辈子就想当一座桥》，载 2006 年 9 月 8 日《广州日报》。

（无署名）《岭海名流，广东省文史研究馆名誉馆员，黄天骥》，载《岭南文史》2009 年第 3 期。

熊珍珍、洪明春：《顺境淡然逆境泰然——黄天骥教授访谈》，载《中国研究生》2011 年第 2 期。

《林雄对话黄天骥，共论学术和文艺如何走出"象牙塔"：文艺有时让人会心一笑就可以了》，载 2010 年 6 月 28 日《南方日报》。

陈川：《黄天骥：智欲圆而行欲方》，载 2012 年 8 月 26 日《信息时报》。

颜亮、曾晶：《黄天骥：我的故事，是大时代里一滴水》，载 2012 年 10 月 28 日《南方都市报》。

龙迎春：《黄天骥 情解西厢 重探经典》，载 2012 年 10 月 29 日《广州日报》。

宋俊华：《黄天骥先生的学术人生》，载《岭南文史》2014 年第 1 期。

李颖：《固本培元 融会贯通——黄天骥教授访谈录》，载《文艺研究》2015 年第 9 期。

陈平原：《南国学人的志趣与情怀——读黄天骥教授近著四种》，载 2015 年 11 月 29 日《羊城晚报》。

康保成：《黄天骥的自信与底气》，载《粤海风》2016 年第 2 期。

附记：本文所涉资料承蒙中山大学图书馆彭绮文副研究馆员检核，纠正了不少错误，谨致谢忱！

下巻

汉代散乐百戏与汉代俗乐运动

陈维昭

一

对于"散乐"、"百戏"、"角抵"这些名词,治戏曲史者大都习用如常。但是,这些名词的具体指涉在不同的历史时段却发生过变异,这不妨作为问题提出来讨论。

散乐起源于周代,原指民间乐舞。《周礼》"春官宗伯第三"说:"旄人掌教舞散乐,舞夷乐。"郑玄注曰:"散乐,野人为乐之善者,若今黄门倡矣,自有舞。夷乐,四夷之乐,亦皆有声歌及舞。"《周礼》的"旄人掌教舞散乐"指的是乐种;郑玄的"散乐,野人为乐之善者",其"散乐"是指乐人的身份。这里涉及两个问题:一是周代"散乐"的具体指涉,二是郑玄以东汉黄门倡去注解周代散乐,是否合适。

对于郑注,唐代贾公彦疏为:"……云'散乐,野人为乐之善者',以其不在官之员内,谓之为'散',故以为野人为乐善者也。云'若今黄门倡矣'者,汉倡优之人,亦非官乐之内,故举以为说也。"① 郑玄说,周代的"散乐"是指野人中之善于乐者,就好像东汉的黄门倡。究竟哪方面像东汉的黄门倡呢?贾公彦认为郑玄是从乐人的编制上说的,"野人"即庶人,平民,它与都邑之士、朝客相对,因而"散乐"即指那些不在官员的编制之内的在野之人;因而所谓的"若今黄门倡",即是指散乐不在"官乐之内"。宋代郭茂倩的《乐府诗集》卷五六舞曲歌辞《散乐附》的题解为我们提供了另一种认识汉代散乐和黄门鼓吹的角度。题解说:"《周礼》曰:'旄人教舞散乐。'郑康成云:'散乐,野人为乐之善者,若今黄门倡。'即《汉书》所谓黄门名倡丙强、景武之属是也。汉有黄门鼓吹,天子所以宴群臣。然则雅乐之外,又有宴私之乐焉。《唐书·乐志》曰:'散乐者,非部伍之声,俳优歌舞杂奏。'"② 清代孙诒让把这一意思更加明朗化,他认为贾公彦把"散乐"之"散"理解为"冗散",是不正确的。孙氏认为,《周礼》此处所涉及的是杂乐,取其"亚次雅乐之义";所谓"若今黄门倡",是从音乐的性质上说的,"此黄门倡,即习黄门鼓吹者,非雅乐,故郑引以况散乐也。"③ 应该说,孙氏的理解是正确的。这也为我们理解汉代黄门鼓吹乐的俗乐性质提供了佐证。

---

① 郑玄、贾公彦《周礼注疏》第629页,北京大学出版社1999年版。
② 郭茂倩《乐府诗集》卷五十六,第819页,文学古籍刊行社1955年影宋本。
③ 孙诒让《周礼正义》第1903页,中华书局1987年版。

"百戏"为杂乐杂技的总称。它起于秦代。① 在汉代，它与"散乐"成了同义词。杜佑《通典》在引述汉代蔡质《汉仪》关于"舍利兽从西方来"的记述之后说："如是杂变，总名百戏。"② 徐坚等《初学记》引梁元帝《纂要》说："古艳曲有北里、靡靡、激楚结风、阳阿之曲。又有百戏，起于秦汉。有鱼龙蔓延、高絙凤皇、安息五案、都卢寻橦、丸剑、戏车、山车、兴云、动电、跟挂、腹旋、吞刀、履索、吐火、激水、转石、嗽雾、扛鼎、象人、怪兽、含利之戏。"③ 郭茂倩《乐府诗集》说："秦汉已来，又有杂伎，其变非一，名为百戏，亦总谓之散乐。自是历代相承有之。"④ 这些都是唐、宋人的推断，他们用"百戏"去指称散乐。百戏作为娱乐形式，起源于秦代，但"百戏"一词的最早出现则在汉代。

　　角抵戏的最早源头是周代的角力游戏。《礼记·月令》说："孟冬之月……天子乃命将讲武，习射御，角力。"⑤ 清代孙希旦的集释说："此即《周礼》'冬大阅'之礼也。春治兵，夏茇舍，秋振旅，冬大阅，皆所以习武事也，而唯冬之大阅为盛，《左传》所谓'三时务农，一时讲武'也。角力，角击刺之技勇。习射御以讲车乘之武，角力以讲步卒之武。"⑥ 角力与射御是"武事"的一部分，都是农闲时的"军事演习"。刘昭在解释《后汉书》的"乘之"时引《礼记·月令》的话，并引卢植的注解："角力，如汉家乘之，引关蹋鞠之属也。"⑦ 相对于真实的战争来说，射御与角力具有模拟的性质，由模拟而游戏，是水到渠成的事情。角抵戏即由此而生。

　　具体说来，角抵起于战国时期。据董说《七国考》所引《汉武故事》，"内庭常设角抵戏。角抵者，六国时人所造也。或曰角抵，楚人造。"⑧ 秦代的角抵戏甚为盛行，秦二世即嗜好之。《史记》说："是时二世在甘泉，方作觳抵优俳之观。"⑨ 可见秦代的角抵戏已经与优俳发生了关联，秦二世是在上林苑的甘泉宫观赏角抵戏的，其场面规模应该不小。恐怕秦代的角抵戏已不仅仅是伎艺射御之较量游戏。班固《汉书·刑法志》说："春秋之后，灭弱吞小，并为战国，稍增讲武之礼，以为戏乐，用相夸视。而秦更名角抵，先王之礼没于淫乐中矣。"⑩ 角抵戏至秦代，已成了一种"淫乐"形式。

　　汉初曾罢角抵戏。至汉武帝，则复盛，比秦代可谓有过之而无不及。武帝广开上林苑，穿昆明池，建千门万户之宫，设酒池肉林以飨四夷之客。欧阳询《艺文类聚》引《汉武故事》说："未央庭中，设角抵戏，享外国，三百里内观，角抵者，使角力相触也，其云雨雷电，无异于真，画地为川，聚石成山，倏忽变化，无所不为。"⑪ 按《汉武故事》的解释，武帝时的角抵戏，已经是"云雨雷电，无异于真，画地为川，聚石成山，倏忽变化，无所不为"。角抵戏已经是大量吸收了鱼龙曼延等"姊妹艺术"。《史记》说："是时上（指汉武帝——引者）方数巡狩海上，乃悉从外国客，大都多人则过之，散财帛以赏赐，厚具以饶给之，以览示汉富厚焉。于是大觳抵，

---

① 据南方网 2003 年 4 月 4 日报道，1999 年春，秦陵考古队在陵园封土东南部内外城墙之间探出一座面积近 800 平方米的陪葬坑，在北坑道内发掘出 11 件彩绘百戏陶俑。
② 杜佑《通典》卷一百四十六"乐六"，第 3727 页，中华书局 1988 年版。
③ 徐坚等《初学记》卷十五"乐部上"，第 372 页，中华书局 1962 年版。
④ 郭茂倩《乐府诗集》卷五十六，第 819 页，文学古籍刊行社 1955 年影宋本。
⑤ 孙希旦《礼记集解》，第 491 页，中华书局 1989 年版。
⑥ 孙希旦《礼记集解》，第 491—492 页，中华书局 1989 年版。
⑦ 司马彪《后汉书·礼仪中》，第 2118 页，中华书局 1999 年版。
⑧ 董说《七国考》卷十四，补山阁丛书本。
⑨ 《史记·李斯列传》，1911 页，中华书局 1999 年版。
⑩ 《汉书·刑法志》，第 921 页，中华书局 1999 年版。
⑪ 欧阳询《艺文类聚》卷四十一，第 737 页，上海古籍出版社 1982 年版。

出奇戏诸怪物，多聚观者，行赏赐，酒池肉林，令外国客遍观各仓库府藏之积，见汉之广大，倾骇之。及加其眩者之工，而觳抵奇戏岁增变，甚盛益兴，自此始。"① 这里的角抵已经是"奇戏诸怪物"。《汉书》说：武帝元封"三年春，作角抵戏，三百里内皆观"②。元封六年"夏，京师民观角抵于上林平乐馆"③。这是三百里内皆能观赏到的宏大规模的角抵戏。颜师古引文颖注："名此乐为角抵者，两两相当角力，角技艺射御，故名角抵，盖杂技乐也。巴俞戏、鱼龙蔓延之属也。汉后更名平乐观。"④ 文颖把角抵戏与百戏联系起来，指出汉代的角抵戏即与巴俞戏、鱼龙曼延是同类的娱乐。陈旸说得更加明确："角者，角其伎也。两两相当，角及伎艺射御也。盖杂伎之总称云。"⑤《汉书·西域传》说："自是之后，明珠、文甲、通犀、翠羽之珍盈于后宫，蒲梢、龙文、鱼目、汗血之马充于黄门，钜象、师子、猛犬、大雀之群食于外囿。殊方异物，四面而至。于是广开上林，穿昆明池，营千门万户之宫，立神明通天之台，兴造甲乙之帐，落以随珠和璧，天子负黼依，袭翠被，冯玉几，而处其中。设酒池肉林以飨四夷之客，作《巴俞》都卢、海中《砀极》、漫衍鱼龙、角抵之戏以观视之。及赂遗赠送，万里相奉，师旅之费，不可胜计。"⑥ 据颜师古注，《巴俞》指巴俞之乐，乃巴州、渝州等边缘地区的乐舞。巴俞之人"劲锐善舞"，曾从汉高祖定三秦有功。高祖喜观其舞，因令乐人习之，于是朝廷中便有《巴俞》之乐。所谓"漫衍"，即张衡《西京赋》所说的"巨兽百寻，是为漫延"，也即是人扮成百寻之长的巨兽。所谓"鱼龙"，"为舍利之兽，先戏于庭极，毕乃入殿前激水，化成比目鱼，跳跃漱水，作雾障日，毕，化成黄龙八丈，出水敖戏于庭，炫耀日光。"⑦

和帝时期的李尤曾写下著名的《平乐观赋》。平乐观乃汉代表演大型综艺娱乐节目角抵戏的主要场所，李尤此赋写的是东汉洛阳的平乐观，它展现了角抵戏的"秘戏连叙"的情形："戏车高橦，驰骋百马，连翩九仞，离合上下。或以驰骋，覆车颠倒。乌获扛鼎，千钧若羽。吞刃吐火，燕跃乌跱。陵高履索，踊跃旋舞。飞丸跳剑，沸渭回扰。巴渝隈一，逾肩相受。有仙驾雀，其形蚴虬。骑驴驰射，狐兔惊走。侏儒巨人，戏谑为耦。禽鹿六驳，白象朱首。鱼龙曼延，崫崺山阜。龟螭蟾蜍，挈琴鼓缶。"⑧ 而张衡则以"角觚之妙戏"总领所有的散乐百戏。至此，角抵戏发生了巨大的变化，成了百戏的代称，它已经与"讲武之礼"没有什么关系，而成了一种综合性更强的大型杂技幻术表演。

由于汉代的角抵戏已经不是"两两相角"的简单角力游戏，而是规模宏大的综艺表演，因而它的耗资便是巨大的。于是，当后世帝王意识到国家财政危机的时候，就会有"去角抵，减乐府"之举措。⑨

---

① 《史记·大宛列传》，第 2406 页，中华书局 1999 年版。
② 《汉书·武帝纪第六》，第 138 页，中华书局 1999 年版。
③ 《汉书·武帝纪第六》，第 141 页，中华书局 1999 年版。
④ 《汉书·武帝纪第六》，第 138 页，中华书局 1999 年版。
⑤ 《乐书》第一百八十六卷"角觚戏"条，光绪丙子菊坡精舍藏版。
⑥ 《汉书·西域传》，第 2893 页，中华书局 1999 年版。
⑦ 《汉书·西域传》，第 2894 页，中华书局 1999 年版。
⑧ 《艺文类聚》卷六十三，第 1134 页，上海古籍出版社 1965 年版。
⑨ 《汉书·元帝纪第九》，第 200 页，中华书局 1999 年版。

二

　　散乐、角抵、百戏起源于不同时期，所指称的"乐"形态也大异，为什么在后世会演变成指同一种现象呢？我认为，这期间，汉代的俗乐运动起了关键性的作用。

　　"俗乐"是与"雅乐"相对而言的。"雅乐"概念的内涵与外延随着历史的发展而发生变化。"俗乐"概念的外延同样处于变化之中。大体而言，"俗乐"指雅乐之外的民间音乐、外来音乐和散乐百戏。《新唐书》说："自周、陈以上，雅郑淆杂而无别，隋文帝始分雅、俗二部，至唐更曰'部当'。"[1] 这段话里面的"自周、陈以上"，历来被理解为隋朝之前的"全部历史"，即隋文帝之前，雅郑淆杂而无别；至隋文帝才开始明确区分雅俗二部。如果这是《新唐书》作者的看法，那么这种看法是不符合事实的。

　　实际上，自《汉书》开始，断代史的记述往往是针对本朝而言，"自……以上"不一定指"有史以来"，而可能是指离本朝不远的前一段时期。唐杜佑《通典》在"散乐"条自注曰："隋以前谓之百戏。"[2] 杜佑并非指隋代之前的"有史以来"，"散乐"都叫做"百戏"，而只是指隋代以前的一段时间里（应是指南北朝时期），散乐被称为"百戏"。《新唐书》所说的"自周、陈以上，雅郑淆杂而无别"，应该是指隋朝之前的一段时期。汉代的雅乐与三代之雅乐相比，固然显得不"纯"（这其实是历史发展的必然）；但以汉代而言，不仅雅乐与俗乐的界限相对分明，而且这种观念得到了体制化，设置了太乐署与乐府。尽管其间多有交叠之处，但两署的职能分工大致分明。

　　在"汉代有雅、俗两部乐"的基本观念下，我们再来看看汉代的俗乐运动。所谓俗乐运动，是指汉代（尤其是武帝）以来那股自上至下的崇尚俗乐的风潮。

　　汉高祖来自楚地、乐楚声。刘邦之父平生所好者为屠贩少年、酤酒卖饼、斗鸡蹴踘。成帝继承了祖宗的蹴踘趣味。灵帝本身的嗜好则更为独特："灵帝好胡服、胡帐、胡床、胡坐、胡饭、胡空侯、胡笛、胡舞，京都贵戚皆竞为之。"[3] 似乎凡带个"胡"字，他都喜欢，一切来自"胡"的娱乐，他都喜爱。灵帝的个人爱好，引发了京都新一轮的崇"胡"风潮，"京都贵戚皆竞为之"。而把汉代俗乐运动推向高潮的则是汉武帝。武帝时，身毒（即天竺）国来献连环羁，这是用白玉做的马络头，又以玛瑙为勒（带嚼子的马络头），以白光琉璃为马鞍。马鞍在暗室里，发光十余丈远，光亮如同白昼。这很快就在长安掀起了一场"饰马"的时尚风潮。贵族们竞相为其爱马添加雕镂之金玉玛瑙，有时一匹马的装饰费用高达百金，都以南海白蜃为珂，以紫金为芺。在视觉造成了强烈的刺激效果。不仅如此，贵族们还要追求听觉效果，为马加上铃镊，装饰上流苏，这样，马跑动起来便如撞钟磬。

　　哀帝的罢乐府并未能有效地改变这一自上而下的俗乐运动。《后汉书·五行志》记录了东汉时的一系列"服妖"现象。服妖，即服饰怪异。东汉时谶纬之学大盛，时人认为奇装异服即预示天下将有变故，所以称之为"妖"。《后汉书》载："更始诸将军过雒阳者数十辈，皆帻而衣妇人衣绣拥髢。时智者见之，以为服之不中，身之灾也，乃奔入边郡避之。是服妖也。其后更始遂为

---

[1] 《新唐书·礼乐志》，第473页，中华书局1975年版。
[2] 杜佑《通典》卷一百四十六"乐六"，第3727页，中华书局1988年版。
[3] 《后汉书·五行一》，第3272页，中华书局1965年版。

赤眉所杀。"① 将军而衣妇人衣绣，这是一种病态的风尚，是对"雅乐"及其相应的主流意识形态的大幅度偏离。而女人们的风尚更是奇特：

> 桓帝元嘉中，京都妇女作愁眉、啼妆、堕马髻、折要步、龋齿笑。所谓愁眉者，细而曲折。啼妆者，薄拭目下，若啼处。堕马髻者，作一边。折要步者，足不在体下。龋齿笑者，若齿痛，乐不欣欣。②

这种审美风尚颇有"后现代"意味，它是汉代俗乐旨趣的登峰造极。

俗乐风尚无处不在，它甚至成了朝廷礼仪的一部分。比如，鱼龙曼延等百戏成为朝廷举行节庆礼仪的一个环节。东汉卫尉蔡质具体地介绍了正月旦的仪式程序，其中便有倡乐和鱼龙曼延。③ 角抵戏则用于"遣卫士"的仪式中，"观以角抵"成了慰劳退役卫士礼仪的一个环节。④ 角抵戏有时也用以款待外宾。汉宣帝元康二年，乌孙人入汉迎取少主，"天子自临平乐观，会匈奴使者、外国君长大角抵，设乐而遣之。"⑤ 位于今天东北地区的夫余国，每以腊月祭天，连日歌舞。其王曾于汉顺帝时朝汉，汉顺帝"作黄门鼓吹、角抵戏以遣之"。⑥

帝王的爱好，官方的体制，直接影响了时代的审美风尚。

三

在我们探讨汉代散乐百戏与俗乐运动的关系的时候，我们不要忘了先秦以来散乐百戏的另一个来源——胡乐。

"胡"，是中国古代对北方和西方民族如匈奴等的称呼。汉、魏、晋、南北朝人把西域诸国称为"胡"。陈旸的《乐书》把"乐"分为"雅部"、"胡部"和"俗部"三部分。（元代马端临的《文献通考》也如法炮制）其"胡"是一个泛称，泛指"四夷"，即包括东夷、西戎、北狄、南蛮。但陈旸的胡部之"乐"乃是"乐舞"之乐（yuè），包括八音（金、石、丝、竹、匏、土、革、木等八种乐器）、歌、舞三部分。他把杂乐（女乐、散乐、百戏等）归入"俗部"。其实"杂乐"中有很多是由"胡"传入中国的。在这一点上，本文不采用陈旸的分类法，而是使用本人一贯的理解："乐"包括乐（yuè）舞和娱乐（lè）。⑦

"胡乐"，原指北方或西北方民族或西域各地的音乐，《资治通鉴·唐肃宗至德元载》："上皇每酺宴，先设太常雅乐坐部、立部，继以鼓吹、胡乐、教坊、府县散乐，杂戏。"胡三省注："胡乐者，龟兹、疏勒、高昌、天竺诸部乐也。"⑧ 这些音乐从汉唐时代起大量进入中原。姚华《曲海一勺·明诗》："北曲虽起金元，似出塞外，颇疑血统，或杂异姓。然而汉唐以来，胡乐侵入中

---

① 《后汉书·五行一》，第 3270 页，中华书局 1965 年版。
② 《后汉书·五行一》，第 3270—3271 页，中华书局 1965 年版。
③ 蔡质《汉仪》，见司马彪《后汉书·志第五礼仪中》注引，第 2124 页，中华书局 1999 年版。
④ 《后汉书·志第五礼仪中》，第 2123 页，中华书局 1999 年版。
⑤ 《汉书·西域传》，第 2878 页，中华书局 1999 年版。
⑥ 陈旸《乐书》卷第一百五十八，光绪丙子菊坡精舍藏版。
⑦ 见陈维昭《上古先秦之"乐"与戏曲元素》，《求是学刊》2006 年第 6 期。
⑧ 《资治通鉴》卷二一八，第 6993 页，中华书局 1956 年版。

原，何啻一二？"进入中原之后的胡乐在汉唐时代之后便渐渐融入了民族音乐之中。"胡"的概念在外延上有一定的流动性，音乐史家王光祈先生曾经指出，中国在秦汉以前，无论政治或者文化方面，都不是"统一的国家"。政治的统一始于秦代，文化的统一始于汉代。在秦汉以前，国中各族林立，各有其特殊文化。伶州鸠、晏子、《管子》的乐律观点，只是代表了中国北方一部分民族的音乐文化。而当时的中国南方则各自有其乐制，与北方一部分民族并不相同。到了春秋战国时代，北方诸族才开始发现其他各族的音乐颇与己异，因而取材异族，渐将原来七律，逐渐增补成十二律的乐制。① 所谓"华夏正声"其实是就北方中原地区的音乐文化而言的（何况中原地区还有"郑卫之音"）。乐律由原来的五律发展到七律、十二律的时候，正宗意义上的"雅乐"也就随着历史的洪流而逝去，这是周代以后不复有真正的雅乐的原因。

汉武帝建元二年（公元前 139 年），出于打击匈奴的军事战略上的目的，汉使张骞出使大月氏。张骞在西域的传奇经历，这为稍知中国历史者所熟知。但是，张骞由其传奇经历而为武帝封为博望侯，由此对当时的吏民产生了一个影响，却是值得一提。《史记·大宛列传》记述了张骞的事迹之后说：

  自博望侯开外国道以尊贵，其后从吏卒皆争上书言外国奇怪利害，求使。天子为其绝远，非人所乐往，听其言，予节，募吏民毋问所从来，为具备人众遣之，以广其道。来还不能毋侵盗币物，及使失指，天子为其习之，辄覆案致重罪，以激怒令赎，复求使。使端无穷，而轻犯法。其吏卒亦辄复盛推外国所有，言大者予节，言小者为副，故妄言无行之徒皆争效之。②

可以想见，这种"争上书言外国奇怪利害"的风气将会怎样影响一个时代的文化风尚的。西域的乐舞，也随着张骞风尘仆仆的步履进入到中原文化的母体中。

当然，西域乐舞和北方乐舞之进入中原文化，由来已久，渠道也不少，张骞只是其中一次具有浓厚政治色彩的事件。外来乐舞与"四夷"乐舞一样，都被视为非华夏"正声"。换一个角度说，外来乐舞与"四夷"乐舞对原本华夏的俗乐有着重要的影响。

《辽史·乐志》说：

  自周衰，先王之乐以亡缺，周南变为秦风。始皇有天下，郑、卫、秦、燕、赵、楚之声迭进，而雅声亡矣。汉、唐之盛，文事多西音，是为大乐、散乐；武事皆北音，是为鼓吹、横吹乐。雅乐在者，其器雅，其音亦西云。③

这是《辽史·乐志》在总结有辽一代之乐时所说的，其意在感叹先王之乐的亡缺。作者指出，汉唐时代，朝廷音乐的主流是外来音乐，是西音和北音。文事多大乐、散乐，武事所则都是北音。有人说："'大乐'指郊庙祭祀、朝会宴飨音乐。"④ 其实，这里的"大乐"并不是"太乐"或"大予乐"，而仍是指西域音乐。《辽史·乐志》说："自汉以来，因秦、楚之声置乐府。

---

① 王光祈《中国音乐史》第 22 页，《民国丛书》编辑委员会编《民国丛书》第一编。
② 《史记·大宛列传》，第 2405 页，中华书局 1999 年版。
③ 《辽史·第五十四卷·志第二十三·乐志》，第 897 页，中华书局 1974 年版。
④ 王立增《论汉唐时期宫廷音乐吸收胡乐的三个阶段》，《上饶师范学院学报》2003 年第 4 期。

至隋高祖诏求知音者，郑译得西域苏袛婆七旦之声，求合七音八十四调之说，由是雅俗之乐，皆此声矣。用之朝廷，别于雅乐者，谓之大乐。"① 大乐不是雅乐。

汉代以来，胡乐进入中原，由于朝廷的大力提倡，遂成为一种时尚。汉武帝着西服以听朝②，这既是帝王独尊的象征，同时也代表一种时尚。武帝的嗜好在当时的王公贵族中有着广泛的影响，前文谈到的京师王侯的"饰马"之风，即是追随来自天竺的西方时尚。

如何估计西域之"乐"对中原文化的影响呢？杜佑干脆说，散乐都是出自西域。他说："大抵散乐杂戏多幻术，皆出西域，始于善幻人至中国。"③ 杜佑所说的散乐杂戏，包括幻术杂技，也包括歌舞戏（如《大面》、《拨头》、《踏摇娘》、《窟纪子》等）。散乐百戏中有一些的的确确是来自"胡"，如《后汉书》所记述的西南夷掸国④王献乐及幻人事件。⑤ 但说所有散乐杂戏"皆出西域"是不是符合事实呢？马端临则说："散乐……其杂戏盖起于秦汉。"⑥

究竟散乐起于中原本土，还是属于外来货？这个问题就如"戏曲起源"问题一样，后人能够把握到的只是一些"渊源"关系，而"起源"则属于一个历史哲学的问题。⑦ 倘若从"渊源"关系的角度看，杜佑其实揭示了这样的事实：散乐在其历史演变的过程中吸纳了大量西域杂技杂乐的成分。而在这吸纳的过程中，汉代无疑是一个里程碑式的阶段。

四

俗部之乐、胡部之乐在西汉主要是由乐府管理的，在东汉则主要由承华令管理。学界在讨论这一问题时往往会引用《隋书·天文志》中的一段话：

> 翼二十二星，天之乐府，主俳倡戏乐，又主夷狄远客，负海之宾。星明大，礼乐兴，四夷宾。动则蛮夷使来，离徙则天子举兵。⑧

《史记·天官书》说："翼为羽翮，主远客。"唐代张守节即用《隋书》的这一说法去为《史记》正义，他说："翼二十二星为天乐府，又主夷狄，亦主远客。"⑨

《隋书》这段话其实是引述自汉代纬书《春秋元命苞》（或题《春秋元命包》），但是，《隋书》在引述时作了一点小小的改动。《春秋元命苞》原文如此：

> 翼宿，主南宫之羽仪，文物声明之所丰林，为乐库，为天倡。先王以宾于四门，而列天

---

① 《辽史·第五十四卷·志第二十三·乐志》，第885页，中华书局1974年版。
② 葛洪《西京杂记》卷上："武帝时西域献吉光裘，入水不濡。上时服此裘以听朝。"清卢文弨《抱经堂丛书》本，乾隆丁未刻本。
③ 杜佑《通典》卷一百四十六"乐六"，第3729页，中华书局1988年版。
④ 清毛奇龄《蛮司合志》卷十："缅甸，古朱波地，汉通西南夷，谓之掸。"见《西河文集》第1874页，上海：商务印书馆1937年版。
⑤ 《后汉书》卷五十一，第1138页，中华书局1999年版。
⑥ 马端临《文献通考》卷一百四十七，第1287页，中华书局1986年版。
⑦ 参见陈维昭《戏曲起源问题的科学性质与哲学性质》，《戏剧艺术》2002年第1期。
⑧ 《隋书·卷二十·志第十五·天文中》，第548页，中华书局1973年版。
⑨ 《史记》，第1125页，中华书局1999年版。

庭之卫。主俳倡，近太微而为尊。①

这里说的是"乐库"而不是"乐府"。"库"者，储藏之屋舍也。"为乐库"者，即是总称"乐"的汇集之所。"乐府"则是一个专称，在西汉是特指与太乐并立的另一个乐署。宋代李昉等的《太平御览》②、陈旸的《乐书》③、明代陈禹谟对隋代虞世南的《北堂书钞》的补注④等在引述《春秋元命苞》时都引述为"乐库"。"翼宿……为乐府"，这只是表明了唐代人魏徵、张守节等人对汉代乐府的一种理解，并不等于汉代的实际。

"乐府"与"乐库"，虽一字之差，意义却大相径庭。《春秋元命苞》原文的意思是，天上的翼宿主南宫之羽仪、礼乐制度、声教文明，所以是"乐"之府库，同时也代表司乐之主体——俳倡；主俗乐，但却不仅仅主俗乐。"先王以宾于四门"，"四门"指明堂四方之门，也与礼乐相关。⑤ 宋代陈旸对这段话的进一步解释是："然则俳倡之乐，上应列星，盖主乐府以为羽仪，非所以导人主于流淫也。"⑥ 陈旸的这种演绎应该是符合《春秋元命苞》的本意的。

而《隋书》把"乐库"改为"乐府"，意思即迥然有别。按《隋书》的改动，人们很容易误以为汉代的俳倡仅仅归属于乐府管理。有一些学者正是如此使用《隋书》的这一改动的。但是，我们知道汉代有黄门倡。（据王运熙先生推断，黄门倡起源于汉武帝时代）那么，黄门倡究竟是归属于黄门署，还是归属于乐府？实际上，在汉代，俳倡并不在官员的编制中，而是分散在一些与"乐"有关的部门中，不仅乐府中有俳倡，黄门署中有俳倡，甚至此外的其他部门也有俳倡。我们只能说，在西汉，胡乐、杂乐主要由乐府管理。

自汉哀帝罢乐府之后，原乐府中的一部分被罢去，另一部分则归入太乐。但是皇家的俗乐娱乐需求并不因哀帝的罢乐府而偃旗息鼓。那么，在东汉，代替乐府去承担俗乐娱乐的职能者又是什么呢？是承华令。《唐六典·太常寺卷第十四》"鼓吹署"条说：

后汉少府属官有承华令，典黄门鼓吹百三十五人，百戏师二十七人。⑦

杜佑《通典》也说："后汉有承华令，典黄门鼓吹，属少府。"⑧

有人在引述《唐六典》和《通典》这两段话时把"汉"字前面的"后"字漏掉⑨，这就不够准确了，这使人误以为整个汉代都是由承华令去典黄门鼓吹和百戏的，也使得这则材料成为一些学人用以考证"西汉黄门鼓吹署"的文献依据。

宋代陈旸的说法则较为特别，他说："象人之戏，始于周之倡师，而百戏之作见于后汉。故

---

① 《春秋元命苞》，黄奭《黄氏逸书考·通纬》，清道光黄氏刻民国二十三年朱长圻补刻本。
② 李昉等《太平御览》卷569，第2571页，中华书局影宋本，1998年版。
③ 陈旸《乐书》卷第一百八十七，光绪丙子菊坡精舍藏版。
④ 虞世南《北堂书钞》卷一百十二，陈禹谟本，日本东洋文化研究所藏。
⑤ 按《礼记·明堂位第十四》："九夷之国，东门之外，西面北上。八蛮之国，南门之外，北面东上。六戎之国，西门之外，东面南上。五狄之国，北门之外，南面东上。"（见阮元校刻《十三经注疏》第1488页，中华书局1980年版。）故《隋书》把它演绎为"主夷狄远客"。
⑥ 陈旸《乐书》卷第一百八十七，光绪丙子菊坡精舍藏版。
⑦ 李林甫等《唐六典》，陈仲夫点校，第406页，中华书局1992年版。
⑧ 杜佑《通典》卷第二十五"职官七"，第696页，中华书局1988年版。
⑨ 如王应麟《玉海》卷一〇四："《唐六典》注：汉少府属官有承华令，典黄门鼓吹百三十五人，百戏师二十七人。"王运熙《说黄门鼓吹乐》："《通典》（二五）云：'汉有承华令，典黄门鼓吹属少府。'"见《乐府诗述论》第211—222页，上海古籍出版社1996年版。

大予乐少府属官承华令典黄门鼓吹、百戏师二十七人。"① 在"少府"之前冠以"大予乐",不知何解。或者像一些学者所理解的,东汉的"大予"并非西汉的"太乐"。

由这些文献看,黄门鼓吹的行政长官是承华令。既然承华令所典范围包括"百戏师",那么承华令所典之"乐"的性质即是俗乐,起码包括俗乐。一些学者也是从这个角度去判断黄门鼓吹的性质的。

五

汉代的散乐百戏虽然源自先秦和秦代,但它的"戏"已经发生了新的变化。它不仅保留了先秦以来"戏"的戏耍、娱乐内涵,而且,当戏耍形式一旦与故事性、扮演性相结合,便产生了最早的戏剧形态。"戏"的两大义项(游戏与扮演)② 至汉代而始全。

汉代是否已经出现戏剧形式了呢?

据《乐府杂录·俳优》载:"开元中,黄幡绰,张野孤弄参军,始自后汉馆陶令石耽。耽有赃犯,和帝惜其才,免罪。每宴乐,即令衣白夹衫,命优伶戏弄辱之,经年乃放。"③ 是东汉和帝时即有参军戏。但据唐欧阳询《艺文类聚》引《赵书》:"石勒参军周雅,为馆陶令,盗官绢数百匹,下狱。后每设大会,使与俳儿,着介帻,绢单衣。优问曰:'汝为何官,在我俳中?'曰:'本馆陶令'。计二十数单衣,曰:'政坐耳。是故入辈中'。以为大笑。"④ 则参军戏起于五代时期。究竟《乐府杂录》与《赵书》,哪一个记述更符合历史真实呢?守山阁藏书本和《古今说海》本的《乐府杂录》在"经年乃放"后面还有"后为参军误也"。究竟"误也"是指"后为参军"是错误的记述,还是指整段记述都是错误的?《说郛》本则作"终年乃复,故为参军"。

王国维先生指出,汉代的时候还没有参军一官,所以《赵书》应该更符合实际。

段安节又说:

> 自昔传云:"起于汉祖,在平城,为冒顿所围,其城一面即冒顿妻阏氏,兵强于三面。垒中绝食。陈平访知阏氏妒忌,即造木偶人,运机关,舞于陴间。阏氏望见,谓是生人,虑下其城,冒顿必纳妓女,遂退军。……"后乐家翻为戏。其引歌舞有郭郎者,发正秃,善优笑,闾里呼为"郭郎",凡戏场必在俳儿之首也。⑤

这是一个有情节、有乐舞的傀儡戏。但王国维、孙楷第等学者都认为段安节的这一记述是不可信的。在《史记》、《汉书》、桓谭、应劭等关于陈平奇计解高祖之围的相关记述中都没有关于偶人的内容。

1979年莱西县在岱野村东的西汉墓葬中,发现十三件木偶,即有提线木偶。这说明汉代是有木偶戏的。但这些木偶戏表演的是乐舞杂戏,还是带故事情节的"准戏剧",则不得而知。

汉灵帝时,病态时尚还带出乐舞杂戏,为后世戏曲的一大渊源,这就是傀儡戏。《后汉书》

---

① 陈旸《乐书》卷第一百八十六,光绪丙子菊坡精舍藏版。
② 陈维昭《"戏剧"考》,《云南大学学报》2004年第2期。
③ 段安节《乐府杂录》,见《中国古典戏曲论著集成》第一册,第49页,中国戏剧出版社1959年版。
④ 欧阳询《艺文类聚》卷八十五,第1459页,上海古籍出版社1986年版。
⑤ 段安节《乐府杂录》,见中国戏剧研究院编《中国古典戏曲论著集成》第一册,第62页,中国戏剧出版社1959年版。

载："灵帝数游戏于西园中，令后宫采女为客舍主人，身为商贾服。行至舍，采女下酒食，因共饮食以为戏乐。此服妖也。其后天下大乱。"① 刘昭引应劭《风俗通》为此处作注曰："《风俗通》曰：'时京师宾婚嘉会，皆作《魁礓》，酒酣之后，续以挽歌。'《魁礓》，丧家之乐。挽歌，执绋相偶和之者。"② 如果我们把应劭的这段注解放在东汉病态时尚的大背景下来看的话（司马彪正是在这样的理解下引入应劭的《风俗通》的），那么，当时京师人在宾婚嘉会上作丧乐，唱挽歌，并不是出于艺术上的升华，而是一种审丑风尚的表现。

在这些宾婚嘉会上表演的傀儡戏，大约仍是歌舞，而不是戏剧。宋代陈旸说："窟礓子，亦谓之魁礓子，又谓之傀儡子。盖偶人以戏喜歌舞，本丧家乐也。盖出于偃师献穆王之伎。高丽国亦有之。至汉末用之于嘉会，齐后主高纬尤好之。"③ 认为傀儡戏乃"戏喜歌舞"。

汉代的傀儡戏并非戏剧，但由丧家之乐而演化成宾婚嘉会之乐，则成了汉代诸"乐"形态中的一种娱乐形式。

汉代还有一种与"乐"相关的仪式：大傩。据蔡邕《独断》，汉人祀神，除五方正神之外，还有风伯神、雨师神、明星神、社神、先农神和疫神等六神。其中的疫神与驱傩有关，而方相氏则有扮演的性质。④ 据《后汉书》，方相氏也用于皇帝的丧礼："大驾，太仆御。方相氏黄金四目，蒙熊皮，玄衣朱裳，执戈扬盾，立乘四马先驱。旐之制，长三仞，十有二游，曳地，画日、月、升龙，书旐曰'天子之柩'。"⑤《后汉书·礼仪志》则记述了大傩仪式上"中黄门倡，侲子和"的作乐情形。⑥ 但这仍然不是戏剧。

汉代尚未有参军戏，也没有演故事的傀儡戏，而大傩之乐也只是一种仪式乐，但是，汉代有其他形态的"准戏剧"，这就是角抵戏中的准戏剧。角抵戏中有《东海黄公》一剧。张衡《西京赋》在提到"角抵之妙戏"时说："东海黄公，赤刀粤祝。冀厌白虎，卒不能救。"⑦《西京杂记》对此有更加详尽的演绎："有东海人黄公，少时为术，能制蛇御虎。佩赤金刀，以绛缯束发。立兴云雾，坐成山河。及衰老，气力羸惫，饮酒过度，不能复行其术。秦末有白虎见于东海，黄公乃以赤刀往厌之。术既不行，遂为虎所杀。三辅人俗用以为戏，汉帝亦取以为角抵之戏焉。"⑧ 这出角抵戏有几个特点，第一，它是一出角力之戏，即东海黄公与白虎这两个角色之间的角力游戏。第二，这戏中又有"立兴云雾，坐成山河"的杂技幻术。第三，这出戏具有一定长度的故事情节，情节有变化，有逆转，颇具戏剧性。所以周贻白先生把它视为最早的一部中国戏剧。

此外，在众多的散乐百戏表演中，具有扮演性质的表演随处可见："总会仙倡，戏豹舞罴。白虎鼓瑟，苍龙吹篪。女娥坐而长歌，声清畅而蜲蛇。洪涯立而指麾，被毛羽之襳襹。"⑨ 薛综注曰："仙倡，伪作假形，谓如神也。罴豹熊虎，皆为假头也。……洪涯，三皇时伎人。倡家托作之。"也即，这些都是倡家的扮演。这些扮演虽然不能算是现代意义上的戏剧，但它们毕竟具备了"扮演"的性质，与一般的纯歌舞表演又不可同日而语。

汉代的"准戏剧"当然还没有当代意义上的自觉的戏剧意识，但从汉代"准戏剧"及其所

---

① 《后汉书·五行一》，第 3273 页，中华书局 1965 年版。
② 《后汉书·五行一》，第 3273 页，中华书局 1965 年版。
③ 陈旸《乐书》卷第一百八十五，光绪丙子菊坡精舍藏版。
④ 蔡邕《独断》卷上，乾隆庚戌抱经堂校本。
⑤ 《后汉书·志第六礼仪下》，第 2133 页，中华书局 1999 年版。
⑥ 《后汉书·志第五礼仪中》，第 3127—3128 页，中华书局 1965 年版。
⑦ 张衡《西京赋》，见萧统《文选》，第 77 页，上海古籍出版社 1986 年版。
⑧ 葛洪《西京杂记》卷上，卢文弨《抱经堂丛书》本，乾隆丁未刻本。
⑨ 张衡《西京赋》，见萧统《文选》卷第二，第 76 页，上海古籍出版社 1986 年版。

处的娱乐整体体制上，我们可以感觉到后世成熟戏曲的诸多基本元素在汉代早已存在。只不过那时它们尚未形成整体性的集结。譬如在《东海黄公》里，我们只看到哑剧表演，或者是带有舞蹈性质的模仿表演；在傩戏、傀儡戏中，我们看到的只是歌舞模仿表演；在角抵戏中我们只是看到杂技、角力、乐舞模仿表演。但是，后世的成熟戏曲不正是从这些众多的"乐"形态中集结而成的吗？20世纪梅兰芳戏曲艺术之赖以征服西方世界的正是它的形式化倾向，而这种形式化实际上正是一种戏曲的技艺化。技艺化的文化摇篮就是秦汉以来的散乐百戏。

当然，作为戏曲的基本要素，宫调体系的建立还有赖于后世"乐"界的进一步演进。

总之，散乐、角抵、百戏等形式，在汉代之前即已经出现，但在汉代则出现了新的变异。这些变异自有它广泛的民众基础。但由官方的审美趣味的总领风骚和相关官署体制的制度化，使得这场俗乐运动持久不衰。

（原刊《复旦学报》2009年第5期）

明末清初"楚调"的兴起及其声腔的衍化

陈志勇

明末清初是南戏声腔浸孳、蘖变和繁衍的重要时期,不同的方音与南戏演出体制相结合,"改调歌之"①,衍生出新的地方戏曲声腔。除了明中前期的"四大声腔"外,明末涌现出杭州腔、乐平腔、徽州腔、青阳腔(池州调)、义乌腔、潮腔、泉腔、四平腔、石台腔、调腔等数种。② 清初又出现弦索腔、罗罗腔、西秦腔、高腔、襄阳腔等多种声腔,形成南昆、北弋、东柳、西梆四大声腔主导剧坛的新格局。在明末清初百余年时间内,文人笔下频频出现"楚调"的身影,而各种声腔史、剧种史及戏曲史著作对"楚调"的声腔属性及周边问题鲜有涉及,故撰此文作一些初步的探析,以推进皮黄声腔源起及其早期形态等问题的研究。

一、《游居柿录》关于沙市"楚调"的记载

"楚调",顾名思义,是以楚地方音为基础的腔调。江西人魏良辅曾在指导昆腔演唱技法的《南词引证》中指出:"五方语音不同,有中州调、冀州调、弦索调,乃东坡所仿,偏于楚腔。"③ 他强调楚腔独特的语音色彩及行腔方式,是一种与中州调、冀州调、弦索调不同的腔调。尽管还没有足够的证据表明魏良辅论及的"楚腔"就是一种独立的戏曲声腔,但视"楚腔"、"楚调"为一种方音腔调,晚明不少曲家是有明确的认识,如王骥德《曲律》"腔调"就指出:"乐之筐格在曲,而色泽在唱。古四方之音不同,而为声亦异,于是有秦声,有赵曲,有燕歌,有吴歈,有越唱,有楚调,有蜀音,有蔡讴。"④"楚调"在与"秦声"、"吴歈"、"越唱"的对比中,曲调的"音不同"、"声亦异"的特性得以突显。

其实在明末,"楚调"不但以乐曲腔调的形态而存在,同时也以戏曲声腔的面貌出现于楚地文人的观剧生活的文字记录中。曾做过襄阳太守的徽州人汪道昆记录了湖广京山人李维桢蓄养家乐的情况,诗题《赠李太史本宁五首》其二云:"独擅阳春楚调工,重开宣室贾生同。虚传骏骨收燕市,转见峨眉出汉宫。"⑤ 李维桢(1547—1626),字本宁,湖广京山人。隆庆二年(1568)进士,选庶吉士,除编修,进修撰,出为陕西右参议,迁提学副使。天启四年(1624)拜南礼部右侍郎,升尚书,乞归。《全明散曲》辑录其散曲一套,另从其所撰《南曲全谱题辞》⑥ 都能看

---

① 朱彝尊《静志居诗话》卷十四,人民文学出版社1990年版,第430页。
② 廖奔《中国戏曲声腔源流史》,人民文学出版社2012年版,第62页。
③ 钱南扬《魏良辅南词引正校注》,《汉上宦文存》,上海文艺出版社1980年版,第97页。
④ 王骥德《曲律》,《中国古典戏曲论著集成》(四),中国戏剧出版社1959年版,第114页。
⑤ 汪道昆《太函集》,《续修四库全书》第1348册,上海古籍出版社2002年版,第414页。
⑥ 李维桢《大泌山房集》卷一二七,《四库全书存目丛书》集部第153册,齐鲁书社1997年版,第588页。

出李维桢是熟知音律的戏曲行家。李维桢自己也曾有"郢曲阳春布，吴歌子夜阑"① 的诗句来形容参加楚地文士家宴演剧的情景。李维桢和汪道昆诗句中的"郢曲阳春"、"阳春楚调"，都透露出当时家乐搬演的就是以楚地方音演唱的楚调戏曲。

对"楚调"演剧样貌记述更详的是湖广公安人袁中道的日记《游居柿录》，此书记载了万历四十三年（1615）间他在沙市与当地朱氏王孙、文士豪客一起观看昆曲、楚调演出的情况。

是年二月间，他赴王维南家宴，家乐演出楚调《金钗记》，"赴王太学维南名坫席，出歌儿演《金钗》，因叹李杜诗、《琵琶》、《金钗记》，皆可泣鬼神。古人立言，不到泣鬼神处不休，今人水上棒、隔靴痒也。"② 袁中道观剧后，将《金钗记》与李杜诗、南戏之祖《琵琶记》相提并论，叹曰"皆可泣鬼神"，说明楚调《金钗记》在艺术上达到了相当高的水准。

不久，袁中郎又记载他前往西城赴约参加王孙小泉的宴席，王府有自己的"歌儿"，搬演新排的剧目。

> 赴西城王孙小泉席，地较东城为僻，过湘城后，湖宛如村落，人家多茂林修竹。王孙家有歌儿，花径药圃具备，泛舟清渠可数里。夜饮，出小伶演新剧。③

次月，袁中道应沅洲王孙的邀请，赴宴观剧。"新到吴伶"搬演的是昆曲《明珠记》。

> 沅洲王孙早以字来留行，同诸公到江头共饮。是日大风雨，亦不能行，坐中有言新到吴伶，歌曲佳甚，诸公再订明日听歌之约。
> 诸公共至徐寓，演《明珠》，久不闻吴歈矣，今日复入耳中，温润恬和，能去人之燥竟。谁谓声音之道，无关性情耶？④

"久不闻吴歈"数语，说明袁中道在沙市观看的戏剧，或主要限于楚调。昆曲"温润恬和"的腔体属性，使小修发出"能去人之燥竟"的感叹。

中秋过后，袁中道又和诸王孙一起宴饮观剧。吴伶、楚班间演，昆曲《幽闺记》和楚调《金钗记》轮番搬上红氍毹。

> 晚赴瀛洲、沅洲、文华、谦元、泰元诸王孙之饯，诸王孙皆有志诗学者也。时优伶二部间作，一为吴歈，一为楚调。吴演《幽闺》、楚演《金钗》。予笑曰："此天所以限吴楚也"。⑤

观看完两部经典的名剧，袁中道发出"此天所以限吴楚也"。此语不仅说明昆曲风行全国，更透露出在当时江汉平原的重要城市沙市，楚调已经与昆曲分庭抗礼，各有千秋，进而说明楚调在沙市及周边地区正处于兴盛时期。斯时，不仅有让袁中道等雅集文士赞叹的"可泣鬼神"的楚班，而且有比肩《琵琶记》、《幽闺记》、《明珠记》的经典剧目《金钗记》。关于《金钗记》的

---

① 李维桢《大泌山房集》卷二《十四夜吴宅灯燕》，《四库全书存目丛书》集部第150册，第349页。
② 袁中道《珂雪斋集》，钱伯城笺校，上海古籍出版社1989年版，第1330页。
③ 袁中道《珂雪斋集》，第1332页。
④ 袁中道《珂雪斋集》，第1347页。
⑤ 袁中道《珂雪斋集》，第1348页。

剧目内容，扬铎主张是演周贵生、丘凤娇情事的《碧明镜》①；流沙认为是仿效《钗钏记》的《刘孝女金钗记》②；陈历明则推测是潮州出土戏文《刘希必金钗记》同一剧目③。然因袁中道日记所载甚简，终难坐实。

袁中道《游居柿录》对万历年间沙市"楚调"的记载，彰显"楚调"已经在沙市受到文人雅士的欢迎，成为他们置办家乐的理想选择。但此时沙市的"楚调"是否仅是晚明"一地之声腔"的例案，还是有一定流播范围？是昙花一现，还是在入清后继续存在？此外，"楚调"具有怎样的声腔属性？与流行沙市的弋阳腔、青阳腔、四平腔等"时调"又有何关系？这些问题都值得深入探究。

二、万历间沙市《金钗记》的声腔归属

《金钗记》是万历间沙市"楚调"的代表剧目，因为它高超的艺术水平，而被搬上当地王孙文士的堂会，并被袁中道记载了下来。那么，《金钗记》究竟属于什么声腔呢？弄清这个疑问，事关"楚调"在中国戏曲史上，能否以独立的戏曲声腔获得承认的问题。

在声腔归属上，有学者认为《金钗记》就是万历年间沙市流行的青阳腔剧目④。事实果真如此吗？青阳腔发端于安徽省青阳县，明代隶池州府，故又谓池州调。青阳腔在嘉靖、万历年间风行一时，传播迅速，如万历年间福建建阳刊行的《新刻京板青阳时调词林一枝》就将青阳调列为流行的时调，择选经典的折子戏予以刊行。编选者叶志元在书前特意强调："千家摘锦，坊刻颇多，选者俱用古套，系未见其妙耳。予特去故增新，得京传时兴新曲数折，载于篇首，知音律者幸鉴之。"⑤几乎同时，又出现了江西汝川黄文华精选的《鼎雕昆池新调乐府八能奏锦》，已将青阳腔与昆腔并列于受广泛欢迎和流行的"时调"。此外，选收青阳腔折子戏的明末戏曲选本还有《新撰南北时尚青昆合选乐府歌舞台》、《新选南北乐府时调青昆》等。胡文焕选编于万历二十一年至二十四年间的《群音类选》"诸腔类"，也将青阳腔与弋阳、太平、四平等腔同列。

风靡一时的青阳腔，很快流传到了长江中游的港口城市沙市。袁宏道于万历二十七年（1599）在北京给沙市时任荆关抽分的友人沈朝焕的信中写到，人生有数苦，而身处"南郡地暖"的"兄丈"，就要忍受"歌儿皆青阳过江，字眼既讹，音复干硬"之苦⑥。万历三十年（1602）袁宏道返乡，在描写当时沙市的竹枝词中也批评青阳腔的俚俗："一片春烟剪縠罗，吴

---

① 汉剧《碧明镜》，又名《双合家》，演周贵生原聘丘凤娇，岳父丘登高嫌婿贫穷，强令退婚。贵生之父周鉴不允，被丘父诬陷杀人而下狱。周贵生约会凤娇，娇赠以金钗，誓不另嫁。丘父再诬陷贵生杀人，逮送县衙。周氏父子，一同被判问斩，凤娇法场哭祭。幸遇定国侯昭雪冤案，释周家父子。欲斩丘登高，贵生代为求情，登高深为感动。周、丘两家和好，贵生与凤娇成婚（参扬铎《汉剧传统剧目考证》，1981年12月武汉市文联戏剧部、武汉汉剧院艺术室编印，第200—201页）。
② 祁彪佳《远山堂曲品》"杂调"著录《金钗记》："全效《钗钏》，何秽恶至此。"《大明天下春》卷八上层题为《刘孝女金钗记》，选有《张子敬钓鱼》。剧演书生张子敬江边垂钓奉亲，有刘女随父乘舟赴任，江心落水，为子敬所救。子敬见孝女穷途至极，劝说与其一道归家（参流沙《明代湖北"楚调"浅探》，载《长江戏剧》1982年第5期）。
③ 《刘希必金钗记》于1975年12月在粤东的潮安出土，演西汉年间，南阳书生刘文龙（字希必）辞别新婚妻子肖氏赴京赶考，临别以半支金钗、半面菱花镜及一只弓鞋为记信。后刘文龙高中状元，因拒曹丞相招婚，被遣护送明妃出使西番，到达西番又被招为驸马。留番邦十八年，终被放归故国。汉帝嘉其忠孝，衣锦还乡，凭"三般古记"对认，夫妻团圆。（参陈历明《潮州出土戏文珍本〈金钗记〉》，广东人民出版社2012年版，第162页）。
④ 陈历明《潮州出土戏文珍本〈金钗记〉》，广东人民出版社2012年版，第162页。
⑤ 叶志元《词林一枝》卷首，《善本戏曲丛刊》初集，台北，学生书局1983年影印本。
⑥ 钱伯城《袁宏道集笺校》卷二《敝箧集》，上海古籍出版社2008年版，第75页。

声软媚似吴娥。楚妃不解调吴肉，硬字干音信口吡。"① "硬字干音信口吡"，是当时喜爱昆曲的文人雅士对青阳腔的一致看法。"公安三袁"邻郡的戏曲家龙膺，在《诗谑》中也有嘲谑青阳腔演出的诗句："弥空冰霰似筛糠，杂剧尊前笑满堂。梁泊旋风涂脸汉，沙沱腊雪咬脐郎。断机节烈情无赖，投笔英雄意可伤。何物最娱庸俗耳，敲锣打鼓闹青阳。"② 因为青阳腔喧闹以及舞台艺术相对粗陋，被龙膺斥为"庸俗耳"。在《中原音韵问》中，龙膺更是写下了大段鄙视青阳腔的语句："抑且专尚蛮俗谐谑、构肆打油之语，衬磲砌凑为词，如青阳等腔，徒取悦于市井嫛童游女之耳。置之几案，殊污人目，是所谓画虎不成反类狗也。"③ 作为戏曲家的龙膺与公安"三袁"交往密切，他对青阳腔的态度，一定程度上也折射出袁氏兄弟对戏曲艺术的审美取向。

青阳腔尽管很风行，但取材庸俗，行腔干硬，格调蛮俗谐谑，而遭到士大夫的鄙弃，故廖奔先生认为青阳腔虽与昆腔同为广受欢迎的"时调"，但"隶属的阶层不同，一为民间百姓，一为文人士大夫"④，此论甚是。由此视之，能受到袁中道称赏的楚调《金钗记》，绝不应是腔硬调高、锣鼓喧阗的青阳腔。

万历间沙市的"楚调"不是青阳腔，那么会不会如有的学者所认为的是流传于此地的弋阳腔呢？⑤ 弋阳腔因为"错用乡语"，加用滚调，内容浅俗，搬演热闹，很受下层民众的欢迎，流播甚广，在晚明的沙市也聚集了为数不少的弋腔伶人。万历三十七年（1609），汤显祖《赠郢上弟子》云："年展高腔发柱歌，月明横泪向山河。从来郢市夸能手，今日琵琶饭甑多。"⑥ 这首诗是为"怀姜奇方及张居谦叔侄"作，姜奇方曾任宣城知县，湖广监利人。张居谦，张居正之幼弟，湖广钟祥人。汤显祖在诗中，引用《北梦琐言》"琵琶多于饭甑，措大多于鲫鱼"的典故，以"饭甑多"来形容来沙市（郢市）献艺的高腔（即弋阳腔）伶人之多。

其实，袁中道兄弟对弋阳腔并不陌生。袁宏道在《瓶史》"十二鉴戒"中就将弋阳腔与"丑女折戴"相提并论⑦，意谓美妙的时境若唱弋阳戏，就如"丑女戴花"一样。袁中道《采石度岁记》记载万历间他"从北来入新安"，游太白祠，"舟人有少年能唱弋阳腔者，亦流利可喜。"⑧ 万历四十一年（1613）三月，袁中道到邻县桃源游玩，就遭遇"张阿蒙诸公携榼宫中，带得弋阳梨园一部佐酒"⑨。既然袁中道对弋阳腔很熟，那他不会简单地将"楚调"与弋阳腔相混淆，况且从艺术形态上看，弋阳腔多用江西土曲，"句调长短，声音高下，可以随心入腔，故总不必合调"⑩，加之锣鼓司节，一唱众和，喜用滚调，与文士追求的宁静舒邈、高雅恬淡的堂会情景也并不相恰。由此看来，为袁中道所推崇的《金钗记》楚调，也不会是俚俗喧阗的弋阳腔。

也有学者认为袁中道所推崇的楚调为四平腔，"这种名为'楚调'的新声，就是'四平腔'。——或是'四平腔'流传于沙市，抑或'四平腔'在沙市的萌发、演进、形成?!"⑪ 四平

---

① 钱伯城《袁宏道集笺校》卷二十七《潇碧堂集》，第894页。
② 龙膺《龙膺集》卷二十二，梁颂成、刘梦初校点，岳麓书社2011年版，第401页。
③ 龙膺《龙膺集》卷二十一，第379页。
④ 廖奔《中国戏曲声腔源流史》，人民文学出版社2012年版，第66页。
⑤ 流沙先生认为万历沙市流行的《金钗记》为弋阳腔（参流沙《明代湖北"楚调"浅探》）。
⑥ 汤显祖《汤显祖全集》（二），徐朔方点校，北京古籍出版社1999年版，第952页。
⑦ 钱伯城《袁宏道集笺校》卷二十四《瓶史》，第828页。
⑧ 袁中道《珂雪斋集》前集卷十六，第692—693页。
⑨ 袁中道《珂雪斋集》"游居柿录"卷八，第1282页。
⑩ 凌濛初《谭曲杂札》，《中国古典戏曲论著集成》（四），中国戏剧出版社1959年版，第254页。
⑪ 刘广禄《"楚调"新探十议》，《沙市文化志》编纂办公室编《沙市文化史料》，1982年12月内部印刷，第347页。

腔最早见载于明顾起元《客座赘语》卷九"戏剧"条,"又有四平,乃稍变弋阳而令人可通者"①。清初刘廷玑《在园杂志》卷三亦指出:"近今且变弋阳腔为四平腔、京腔、卫腔。"② 刘廷玑虽谓四平腔演化自弋阳腔是在近年,时间研判上有错误,但裁定四平调的源头为弋阳腔,却是有据可依。关于四平腔的特点,清初李渔讲得很清楚:"弋阳、四平等腔,字多音少,一泄而尽。又有一人启口,数人接腔者,名为一人,实出众口。"③ 据李渔的说法,四平腔特点之一是"字多音少",音促节密,与昆曲"字少音繁"舒逸的特点大相径庭。特点之二是一唱众和,有帮腔。此二点,显然都与袁中郎《游居柿录》中透露楚调亦如昆腔能"去燥兢"的特点不相符合。

据上所论,我们可以排除万历年间"楚调"为沙市盛行的青阳腔、弋阳腔、四平腔。我以为,《金钗记》的声腔当属于以楚地方音为基础的、已具独立品质的一种"新声"。

三、明末清初"楚调"的兴起及与诸腔的融合

"楚调"在明末跻身于沙市诸腔竞发的剧坛格局,不断向周边传播,与其他声腔相互融合,相互竞争。楚调在向外扩展和传播过程中,自身的腔体特征和戏曲质素渐趋鲜明。

首先,明末清初的曲家、文士,已经能将"楚调"从周边众多流行的戏曲声腔中区分开来。换言之,楚调已经以独立戏曲声腔的姿态获得社会的广泛认同。

明万历间宋楙澄《九籥续集》卷十记载:

> 盖天下优人十九出弋阳,故土人好胜,一至于此。吴人云:"江阴莫动手,无锡莫动口",岂特弋阳哉?然吴歌楚调不相入如薰莸,彼其相和如东西,司长俱有竞心,都无雍和之雅。又腔曰"乐平",地属饶州,岂凤游鹤阜,独协八音,以予听之,然欤否也?又其次曰"青阳",乃南国矣。④

弋阳腔、乐平调出自江西,青阳腔(池州调)产自安徽,都是邻省衍生的"时调"声腔,它们在楚地广泛传播。但宋楙澄却能清楚地将"楚调"与弋阳腔、乐平调、青阳腔区分开来,从侧面告诉我们"楚调"自身声腔特性是明晰的。

其次,"楚调"孕育、繁荣于明末的沙市,逐步向周边扩散影响,说明其具备相当高的艺术水准和传播能力。

明末的沙市能孕育出"楚调",首当归功于作为长江港口的独特地理地位,"蜀舟吴船欲下上者,必于此",因此"沙市明末极盛,列巷九十九条,每行占一巷。舟车辐凑,繁盛甲宇内,即今之京师姑苏,皆不及也"⑤。此言或有过誉之嫌,但也一定程度描绘出明清之际沙市作为内河重要港口城市繁荣的景象。一般而言,城市经济的繁荣必将促进戏曲文化消费。明末鄂西容美

---

① 顾起元《客座赘语》卷九,谭棣华、陈稼禾点校,中华书局1987年版,第303页。
② 刘廷玑《在园杂志》卷三,张守谦校点,北京:中华书局2005年版,第89页。
③ 李渔《闲情偶寄》卷二,《中国古典戏曲论著集成》(七),第33页。
④ 宋楙澄《九籥续集》卷十,《四库禁毁书丛刊》集部第177册,北京:北京出版社1997年版,第715页。
⑤ 刘廷献《广阳杂记》,汪北平、夏志和点校,中华书局1957年版,第200—201页。

土司田九龄（字子寿），游荆沙时就写下"江汉风流化不群，管弦久向日边闻"①，"泽在漫寻游猎迹，台荒空忆管弦秋"②的诗句，以纪在沙市所见繁盛的演剧面貌。这些记载和袁中道《游居柿录》中关于"楚调"的记录，都充分表明沙市是楚调的诞生地和大本营。

楚调在沙市形成和兴盛后，随着文士的从宦和交游，逐步扩散到周边及更远的地域。其中，公安三袁就是很重要的媒介。鄂西容美土司子弟中，田宗文与袁中道关系密切，很有可能将沙市的楚调"引入"鹤峰土司。虽未见明末容美土司搬演"楚调"的直接记载，但在清初康熙年间容美土司田舜年家中，田氏父子各有戏曲家班。田舜年的家班，"女优皆十七八好女郎，声色皆佳，初学吴腔，终带楚调；男优皆秦腔，反可听。"③"终带楚调"，既可理解为家乐伶人为楚人，带有楚地口音，也可以理解为这班楚伶原先是习"楚调"的，现在兼习昆曲，唱音难改。既如此，那么在秦腔、昆腔风行的清初，土司田舜年家乐已经是楚调与昆、秦诸腔竞陈的局面。

事实显示，明末至清初，楚腔已与昆、秦诸调一起，成为一支流播大江南北的重要戏曲声腔。往西，楚调传播至鄂西容美；往东，越过长江，还可以看到楚调传播至鄂东南嘉鱼的情形。《湖北诗徵传略》卷三谓："朱竹垞乃谓：楚调变而至于尹宣子，正音为之扫地，则未免过刻之论也。"④朱竹垞，即朱彝尊（1629—1709），清初著名的词人、学者，号竹垞，秀水（今浙江嘉兴市）人。尹宣子，名民兴，字宣子，号洞庭，湖广嘉鱼人，崇祯进士，官至太仆寺卿。南明王朝灭亡后，返乡归隐，卒于家。尹宣子熟谙音律，致仕后隐居乡里，建造园林，家乐自娱，伶人搬演的就是"楚调"。尹氏家乐搬演楚调而将"正音（昆腔）扫地"，除透露出尹氏对"楚调"的喜爱外，也说明楚调腔体具有别于"正音"的方音性质。

楚调往南，传至常（德）、岳（阳）地区。崇祯十六年（1643），巴陵（今湖南岳阳）人杨翔凤有《岳阳楼观马元戎家乐》诗："岳阳城下锦如簇，历落风尘破聋鼓。秦筑楚语越箜篌，种种伤心何足数。"⑤明末左良玉部将马元戎镇守岳阳多年，军戏艺人所唱演的"秦筑楚语"，显示秦声、楚调同台合流演出。

楚调再往东南方向，传至江西建安。汤显祖《建安王夜宴》诗云："徽歌一一从南楚，守器累累奉北藩。巧笑旧沾词客醉，博山通晓奉馀温。"⑥据《明史》卷一百二"诸王世表三"，建安王朱多𤊟万历元年（1573）袭封，二十九年（1601）薨。⑦当时的江右是戏曲中心之一，建安王能从"南楚"引进的"新声"，必为楚地特色之声腔；就当时的情况而言，非勃兴之楚调"新声"莫属。

通过对以上零星文献的梳理，楚调在明末沙市孕育形成后，主要通过文人雅士的途径，向周边进行传播，扩大影响，逐步演化为一种个性色彩鲜明的地方声腔。

第三，明末清初，楚调独特声腔品格的确立，是与昆腔、秦声诸腔相互融合的过程中达成的。这一时期，"楚调"成为文士喜爱的戏曲新声，是他们置办家乐的重要选择。

屠隆《长安元夕听武生吴歌》中有"千人楚调谁堪和，一曲吴歈总断魂"⑧的诗句，此诗提

---

① 陈湘锋、赵平略《〈田氏一家言〉诗评注》"田九龄卷"《陈明府元勋召自崇阳却寄》，中央民族大学出版社1999年版，第100页。
② 陈湘锋、赵平略《〈田氏一家言〉诗评注》"田九龄卷"《荆州游章台寺》，第84页。
③ 顾彩《容美纪游》不分卷，吴柏森校注，湖北人民出版社1998年版，第69页。
④ 丁宿章辑《湖北诗徵传略》卷三，《续修四库全书》第1707册，第140页。
⑤ 陶澍、万年淳修纂《洞庭湖志》卷十一艺文三，何培金点校，岳麓书社2003年版，第382页。
⑥ 汤显祖《汤显祖全集》（二），第762页。
⑦ 《明史》卷一百二"诸王世表三"，中华书局1974年版，第2736页。
⑧ 屠隆《白榆集》诗集卷三，汪超宏主编《屠隆集》第三册，浙江古籍出版社2012年版，第65页。

及的"武生"是一位唱昆腔水平很高的演员，但从"千人楚调谁堪和"一句来看，"楚调"已和戏曲声腔"吴歈"比肩而出，十分流行。屠隆《集徐翁仍天均馆同叶虞叔》亦载"楚调"："西园才子风流甚，楚曲吴歌手自调。"① 屠隆精通曲律，不仅创作过昆腔的《凤仪阁乐府》三种，还酷好弋阳腔，冯梦桢《快雪堂日记》记载，万历十八年（1590）九月二十八日，"唐季泉等宴寿岳翁，扳余作陪，搬弋阳戏。夜半而散，疲苦之极，因思长卿乃好此声，嗜痂之癖，殆不可解。"② 尽管冯梦桢不喜好弋阳腔，但屠隆却有"嗜痂之癖"，说明屠长卿是熟谙弋腔的。在屠隆的诗句中反复出现"楚调"，我们可以推导出这样的结论：其一，屠隆所具备的曲学修养能区分出楚调与弋阳腔，由此亦可旁证上文袁中道笔下的《金钗记》的楚调不与弋阳腔相混淆的结论。其二，楚调与昆曲同时竞演，说明楚调已经广为江浙一带文士所接受，其传播区域进一步扩大。其三，值得充分重视的是，不论是袁中道的《游居柿录》还是这里屠隆诗句对"楚调"的记载，它们都是和昆曲同时出现在文人雅士堂会之上，由此揭示出楚调具有接近昆腔"静雅"的特性。

　　楚调"静雅"的声腔特点，使之在顺、康间昆腔家乐极盛之时，作为一种"新声"而成为文人士夫家乐的重要选择。清初诗人吴伟业于康熙六年（1667）曾对"楚调"传播的总体面貌有过描述："方今大江南北，风流儒雅，选新声而歌楚调。"③ 这句话很明确告诉我们，楚调作为一种新兴的戏曲声腔受到文人的高度关注。清初顾嗣立《观迟辰州澹生家乐即席口占四绝》（其二）云："舞袖歌喉变入神，吴愉（歈）楚艳杂西秦。也知世上知音少，时顾筵前顾曲人。"④ 顾嗣立（1665—1722），字侠君，号闾邱，江苏长洲（今苏州）人。康熙五十一年（1712）进士，曾预修《佩文韵府》，授知县，以疾归，博学有才名，著有《秀野集》、《闾邱集》。从顾嗣立的诗句可知，迟澹生家乐为昆腔、楚调、秦腔的大杂烩，楚调已经同其他流行的"时调"进行着充分的艺术交流。这样的情况还出现于浙江秀水项公定的家乐，李日华《六研斋笔记》卷一载："（项公定）中岁颇娱声酒，尝招余出歌童相侑，备秦巴荆越之音。"⑤ 此处的"荆音"即指荆州中心城市沙市一带兴起的"楚调"。"楚调"与秦腔、川戏、越调一起进入江南文士的堂会，反映出戏曲消费的新动向。

　　最能反映这种新动向的是被称誉为"浙中名部"⑥ 的查继佐家乐"十些班"。毛奇龄《查继佐客淮复买小鹚头自随，短句为寿，或云嘲焉，并命鹚头歌之》组诗（六首之五）云："旧部能吴舞，新人解楚歌。"⑦ 查继佐先前所蓄乐部擅长昆曲，而后来改唱楚调，"十些新变楚词耶"⑧。他以楚辞声尾"些"呼歌儿，其"家伶独胜，虽吴下弗逮也。娇童十辈，容并如姝"，而查继佐"数以花舲载往大江南北诸胜区，与贵达名流，歌宴赋诗以为娱"⑨。查继佐家乐改昆腔歌楚调，表明查氏个人爱好的转移。查继佐携歌"楚调"的"十些班"游弋于"贵达名流"之间，一定程度上扩大了"楚调"的影响；江南名流对查氏家乐的接受和喜爱，表明士人阶层对"楚调"的接纳和喜爱，并折射出楚调"新声"的兴起已经导致剧坛审美风尚的新变化。

---

① 屠隆《栖真馆集》卷七"七言律诗"，汪超宏主编《屠隆集》第五册，第109页。
② 冯梦桢《快雪堂日记》，《四库全书存目丛书》集部第164册，齐鲁书社1997年版，第715页。
③ 冒襄《同人集》卷四，《四库全书存目丛书》集部第385册，第164页。
④ 顾嗣立《闾邱诗集》"桂林集"卷六，《四库全书存目丛书》集部第266册，第514页。
⑤ 李日华《六研斋笔记》卷一，凤凰出版社2010年版，第10页。
⑥ 沈起《查东山先生年谱》"戊寅"，民国嘉业堂丛书本。
⑦ 毛奇龄《西河集》卷一百四十六，《景印文渊阁四库全书》第1321册，台湾商务印书馆1985年版，第512页。
⑧ 查嗣琪《查氏勾栏》，金埴《不下带编》卷六，王湜华点校，中华书局1982年版，第117页。
⑨ 金埴《不下带编》卷六，第116页。

总之，如清代曲学家凌廷堪所总结的"自明以来，家操楚调，户擅吴歈"①，楚调在明末清初迅速兴起，已经成为这一时期具有重大影响的"新声"，对戏曲格局产生深刻的影响。这种影响不仅体现于上层文士家乐戏曲声腔选择的新变化，也体现在文人雅士对楚调艺术品格的定位和重塑，使之成为明末清初戏曲腔系中不可忽视的一支力量。它的存在和壮大，扩散和融合，为清代中叶汉调的形成，奠定了坚实的艺术基础。

四、"楚调"向皮黄"汉调"的声腔衍化

由于相关文献的稀少，我们很难完整描绘明末清初"楚调"的艺术品格，但有两点是可以确定的。其一，楚调具有楚地方音的特点。由于孕育地为沙市，而沙市的方音属于北方方言区"西南官话"，与今天的汉口、常德、岳阳、宜昌、鄂西、重庆等地为同一方言区。古今移民，五方杂厝，外来方言与本地土语互相融合，沙市的方音形成了"咬字轻浅，清亮而不高亢，娓婉而不轻媚"的特点。② 其二，沙市方音"清亮娓婉"的特点，赋予了楚调雅正绵邈的声腔属性，与文人雅士家乐堂会演剧的氛围和境界颇为契合，故受到沙市王孙文士的青睐，从而与昆腔共陈于厅堂氍毹。这也是袁中郎感叹"此天所以限吴楚也"的原因所在。

明末清初"楚调"雅正绵邈的声腔属性，与清中叶叶调元《汉口竹枝词》描绘的"急是西皮缓二黄"二黄调"缓"的总体特征完全一致。正因艺术血脉的延续，清中叶人们也习惯以"楚调"称呼已经西皮、二黄合流的皮黄声腔。叶调元《汉口竹枝词》卷四有诗句云："吴讴楚调管弦催，翠鬓红裙结伴来。除却寒风和暑雨，后湖日日有花开。"③ 范锴《汉口丛谈》亦收录有金粟庵主人的诗："清扬楚调吴侬让，及见吴侬又如何？寄语双双小红豆，可来此处舞婆娑。"④ 从地方戏曲艺术传承相对稳定性和艺术关联性来看，明末清初流传甚广的"楚调"，与清中期楚地风行的"二黄调"血脉相承。换言之，明末孕育于沙市的"楚调"当就是清代湖北"二黄调"的前身。

声腔之间的相互融合和"在地化"演变，是中国戏曲声腔蘖变和衍化的基本模式。绵邈舒缓的楚地二黄调，遇到从汉江顺流而下的秦腔，经过长时间的磨合而很自然地走到一起。高亢激越的秦腔便于抒发激越的情绪，流利宛转的二黄调便于表现舒缓的场景，迥异的声腔属性促成二者的互补和合流。清乾隆年间，由"楚调"一路走来的"二黄调"，终于与由秦腔转化的"西皮调"在湖北地区实现合流，合流的地点在汉口。关于西皮、二黄合流形态，笔者已有专文论述，在此不赘。⑤ 稍作补充的是，皮黄合流选择汉口，与汉镇优越的地理位置、繁荣的港口贸易有关。嘉靖年间正式设立汉口镇后，因其独特的地理位置和便利的交通条件，汉口镇初具规模，"商船四集，货物纷华，风景颇称繁庶"⑥，商品贸易得以快速发展。至清初，优越的地理位置，致使

---

① 凌廷堪《校礼堂文集》卷二十二《与程时斋曲书》，《续修四库全书》第 1480 册，第 252 页。
② 湖北省沙市地方编纂委员会编《沙市市志》第 4 卷，北京，中国经济出版社 1999 年版，第 351 页。
③ 叶调元《汉口竹枝词》，见徐明庭辑校《武汉竹枝词》，湖北人民出版社 1999 年版，第 74 页。
④ 范锴《汉口丛谈》，江浦等校释，湖北教育出版社 1999 年版，第 414 页。
⑤ 关于西皮、二黄在汉口合流的相关论述，参陈志勇、朱伟明《汉调对京剧形成的独特贡献》，《武汉大学学报》（人文科学版）2013 年第 1 期。
⑥ 陶士偰主修《（乾隆）汉阳府志》卷十二，《中国地方志集成·湖北府县志辑》第一册，江苏古籍出版社 2001 年版，第 128 页。

汉口的商品经济又有了长足发展。刘献廷《广阳杂记》记载："汉口不特为楚省咽喉，而云贵、四川、湖南、广西、陕西、河南、江西之货，皆于此焉转输，虽欲不雄天下，不可得也。天下有四聚，北则京师，南则佛山，东则苏州，西则汉口。然东海之滨，苏州而外，更有芜湖、扬州、江宁、杭州以分其势，西则惟汉口耳。"① 到了清中叶的乾、嘉时期，汉口的经济指标不仅成为全省的风向标，同时也成为全国贸易经济的晴雨表，"楚北汉口一镇，尤通省市价之所视为消长，而人心之所因为动静者也。户口二十余万，五方杂处，百艺俱全，人类不一，日销米谷不下数千。所幸地当孔道，云贵川陕粤西湖南，处处相通，本省湖河，帆樯相属。……查该镇盐、当、米、木、花布、药材六行最大，各省会馆亦多，商有商总，客有客长，皆能经理各行各省之事。"② 各地的商帮汇聚汉口，都建有会馆，据统计，汉口的各地商帮建成的各类会馆、会所至晚清时多达178所。③ 众多商帮会馆中尤以山陕会馆规模最大，其正殿、正殿两侧、财神殿、天后殿、七圣殿、文昌殿每殿皆建有戏台，一共有七座之多。商路即戏路，"楚调"与各地商帮带来的家乡戏（其中就有秦腔）在会馆戏台轮番上演，促进了相互之间的交流和融合。

汉口处于汉江和长江的交汇点，陕西秦腔顺汉江而下，沙市楚调（二黄腔）沿长江而至，最终熔冶于一炉。"楚调"二黄和秦腔西皮在汉口的合流，是历史的选择也是汉水文化和长江文化互补的结果。从音乐风格上看，西皮激越悲怆，故多表现愤怒、悲伤、控诉等题材、曲段；二黄舒缓雅静，则多表现人物抒情、雅致的场景。楚地戏曲艺人所创造的西皮、二黄的合流，就音乐形态而言，获得了对比与统一的完美平衡，体现出他们融汇南北戏曲艺术优长的集体智慧。从组曲形态上看，皮黄声腔"既不像高腔、昆曲用那么多的曲牌来联唱，以至对比有余、统一不够；也不像梆子腔都唱一个腔调，统一有余、对比显欠；而是运用多种声腔的多种板式变化，将音乐的对比统一推到一个相对平衡的高度"④。西皮、二黄在地域文化、音乐风格和组曲形态上的南北融汇，赋予皮黄腔"融合多家，自成一家"的文化品格和声腔属性，造就其强大的艺术生命力和传播力。

于汉口合流后的皮黄声腔，在对外传播过程中，仍然被称为"楚调"。乾隆年间在潮州做官的江西临川人乐钧所作《韩江棹歌一百首》中的一首诗云："马锣喧击杂胡琴，楚调秦腔间土音。昨夜随郎看影戏，月中遗落凤头簪。"⑤ 这首竹枝词记叙了当时潮州等地男女结伴通宵观看影戏的情况。影戏唱的是楚调秦腔，而且以马锣击节，用胡琴伴奏。秦腔，用板胡；皮黄，用胡琴。胡琴对板腔体皮黄声腔形成具有标志性意义⑥。这种演剧的音乐形式，就是外江皮黄声腔传入粤东的集中体现。与乐钧这首竹枝词几乎同时的另一首竹枝词，是乾隆年间嘉应人李宁圃的《程江竹枝词》："江上潇潇暮雨时，家家蓬底理哀丝。怪他楚调兼潮调，半唱消魂绝妙词。"⑦ 这首竹枝词见于袁枚的《随园诗话》卷十六，是袁枚在广州听说的。李宁圃这首《程江竹枝词》中提及的程江，是韩江的上游。据笔者考证，所唱的楚调是已经传入粤东地区的汉调⑧，只是由花艇上的本地歌伎清唱，自然就夹杂着潮音了。这也说明此时楚调流入到粤东地区，受到当地土

---

① 刘献廷《广阳杂记》卷四，第193页。
② 晏斯盛《请设商社疏》，见贺长龄编《清经世文编》卷四十《户政》一五，中华书局1992年版，第991页。
③ 傅才武《近代化进程中的汉口文化娱乐业（1861—1949）》，湖北教育出版社2005年版，第309页。
④ 刘正维《汉剧传统音乐的精神继承》，载《戏剧之家》1999年第6期。
⑤ 乐钧《青芝山馆诗集》卷八，《续修四库全书》第1490册，第498页。
⑥ 参见胡汉宁《楚调"皮黄合奏"成因及其传播》一文，载《戏曲研究》第72辑，文化艺术出版社2007年版，第296页。
⑦ 袁枚《随园诗话》卷十六，王英志校点，江苏古籍出版社2000年版，第422页。
⑧ 陈志勇《广东汉剧研究》，中山大学出版社2009年版，第62页。

子文人的欢迎，以致歌伎也学来迎合他们的需要。

向北，楚伶将皮黄合奏的皮黄腔带进北京，各种帝京文献延续传统，仍以"楚调"称之。《燕兰小谱》卷四题咏楚伶四喜官，"本是梁溪队里人，爱歌楚调一番新。"① 道光八年（1828）或稍后刊印的《燕台鸿爪集》亦如此称谓王洪贵、李六所善"新声"为"楚调"："京师尚楚调，乐工如王洪贵、李六，以善为新声称于时。"②

与此同时，也有以地域相称为"楚腔"的。乾隆四十五、四十六年，圣谕命令各省巡抚将有违碍字句的戏曲（删）本解京销毁的情况，因为各省巡抚的奏折中，客观地描述了各地戏曲声腔即包括楚腔在各省传播的情况。乾隆四十五年（1780）淮盐政伊龄阿复奏查办戏曲奏折说：湖广之楚腔与安庆石牌腔、山陕之秦腔、江西之弋阳腔，在"江广、四川、云贵、两广、闽浙等省，皆所盛行"③。

次年，湖广总督舒常、湖北巡抚郑大进的奏折报告湖北的声腔活动是，"惟有石牌腔、秦腔、弋阳腔、楚腔等项，虽声调各别，皆极为鄙俚，使人易于晓解。"④ 同年，江西巡抚郝硕⑤、广东巡抚李湖⑥回奏广东、江西也有楚腔活动。稍后，道光朝广东番禺的一位名叫张维屏的进士，从湖北做官回到广州作了一首竹枝词《笛》："楚腔激越少温柔①，解意双鬟发妙讴。玉笛听来都易辨，扫花折柳又藏舟②。"原注：①梆子、宜黄俱近楚腔。②珠江唱昆曲多此三阕。⑦ 张维屏生于乾隆四十四年（1779），道光年间先后任湖北广济知县、同知、南康知府，辞官后回家乡定居。这首竹枝词正是张维屏回广州所记，至少有两点值得我们重视：其一，张维屏曾在湖北广济县为官，而广济正是地处鄂东的黄冈，是余三胜等人的家乡，道光时此地十分盛行皮黄声腔。从常理推测，张维屏在此地作父母官肯定没少接触该地皮黄戏。其二，张维屏在广州看到的梆、黄，正是皮黄声腔，所以他说"俱近楚腔"。

更值得注意的一个变化是，在清道光及其后，多以"汉调"来称谓皮黄合流的"楚调"，如崇彝的《道咸以来朝野杂记》。他在描述徽班进京的情况时说："盖三庆最早，乾隆八旬万寿，自安徽来京，徽人多彼时所谓新腔，因以前多汉调也。"⑧ 楚伶带来的家乡戏曲声腔皮黄调，在北京剧坛的影响逐步扩大，至道光末年楚伶自己掌握了春台、和春等徽班，形成"班曰徽班，调曰汉调"⑨北京剧坛新格局。

在皮黄声腔体系中，湖北人贡献的具有地方特色的声腔是二黄，故当楚伶将之带至北京，京城人直接称其为"二黄（腔）"、"汉调二黄"，抑或简称为"黄腔"。早期进京汉调，因已融合了西皮腔，故具有"高而急"的特点，于是《都门杂咏》以"时尚黄腔似喊雷"⑩来总结汉调的特点。道光二十五年（1845）初刻本《都门纪略》也有"今日又尚黄腔，铙歌妙舞，响遏行云"之类似的说法⑪。但很快，余三胜等楚伶对"黄腔"作了改革，使之更加靠近昆腔的雅致，曼

---

① 吴长元《燕兰小谱》卷四，《清代燕都梨园史料》，中国戏剧出版社1988年版，第35页。
② 张次溪《清代燕都梨园史料》，第272页。
③ 转引自朱家溍、丁汝芹《清代内廷演剧始末考》，中国书店2007年版，第59页。
④ 朱家溍、丁汝芹《清代内廷演剧始末考》，第61页。
⑤ 朱家溍、丁汝芹《清代内廷演剧始末考》，第64页。
⑥ 朱家溍、丁汝芹《清代内廷演剧始末考》，第61页。
⑦ 雷梦水等编《中华竹枝词》第四册，北京古籍出版社1997年版，第2870页。
⑧ 崇彝《道咸以来朝野杂记》，北京古籍出版社1982年版，第74页。
⑨ 倦游逸叟《梨园旧话》，见《清代燕都梨园史料》，第836页。
⑩ 雷梦水等编《中华竹枝词》第一册，第190页。
⑪ 杨静亭《都门纪略》"序"，道光二十五年（1845）初刻大字本。

殊震钧《天咫偶闻》卷七记录了进京汉调的声腔风格演化的轨迹："道光末忽盛行二黄腔，其声比弋则高而急，其辞皆市井鄙俚，无复昆弋之雅。初，唱者名正宫调，声尚高亢。同治中又变为二六板，则繁音促节矣。"① 余三胜等楚伶对"汉调"的变革，使其楚声的地域色彩更为鲜明。

据上梳理，明末兴盛于沙市的"楚调"在清初获得更大范围的传播，逐步与昆腔、秦腔等"时调"融合，终在清中叶的汉口完成皮黄的合奏。直至乾隆年间，合奏的皮黄声腔北上京城，南下粤东，都被称为"楚调（腔）"，延续了明末清初"楚调"的声腔传统。以"汉调"称呼皮黄合奏的皮黄声腔，大约在道光年间。道光十年（1830）前后，湖北黄冈、汉阳、江夏等地发生大水灾，一批楚伶王洪贵、李六、范四宝、朱志学、余三胜、龙德云等为生计而进京搭演徽班。② 自此后，由进京楚伶带入京城的皮黄声腔，被北京民众称为"汉调"、"二黄"、"汉调二黄"或"黄腔"。道光间"楚调"转称"汉调"、"黄腔"，是"楚调"向皮黄合流"汉调"完成腔体演化的重要标志，也是"汉调"真正成为皮黄声腔代表性称谓的节点。

结　　语

皮黄声腔的源起及其早期形态，一直以来是声腔史、剧种史及近代戏曲发展史研究的一个难点和薄弱环节。我们通过对明末清初"楚调"文献的梳理，初步得出以下结论：

（一）明万历年间沙市的"楚调"，是皮黄声腔中二黄腔的重要源头。汉剧作为楚地孕育的皮黄剧种，其历史应该从袁中道《游居柿录》记载万历四十三年（1615）沙市搬演楚调《金钗记》算起。汉剧的历史，距今刚好400年。

（二）生成于沙市的"楚调"，从明万历年间至清中叶，并不是断裂的，而是以勃兴的面貌和独立声腔的姿态活跃在湖北、湖南甚至江浙一带，被文人视为一种戏曲"新声"。流播至大江南北的皮黄声腔，直至清乾隆年间仍被称之为"楚调"，延续了人们对明末清初"楚调"（实即二黄腔）的认知习惯和传统，充分凸显了"楚调"艺术脉络的延续性。

（三）"楚调"诞生之后，以兼容并蓄的姿态，不断与昆腔、秦腔及其他声腔发生融合，最终促成与秦腔西皮的合奏，实现皮黄声腔在湖北的合流，完成了"楚调"向皮黄合流"汉调"的声腔演化。

（四）道光十年前后，余三胜等楚伶集中进京，带去皮黄合流的楚调"新声"，"楚调"遂被改称为"汉调"（或"黄腔"），为京剧等皮黄声腔剧种的形成，奠定了艺术基础。

总之，明末湖广公安籍文学家袁中道《游居柿录》关于沙市"楚调"的记载，为我们研究皮黄声腔的历史起点，追溯汉剧、京剧等皮黄剧种的声腔艺术源流，探寻完整历史意味的"楚调"演化轨迹，以及辨明"楚调"、"楚腔"、"汉调"、"黄腔"等名词在不同历史时期的意涵，提供了相对可靠的文献依据。在此基础上，进而探寻"楚调"缘起及其腔体演化的规律，对我们深入研究汉剧史、京剧史及清代戏曲发展史，都具有重要价值和意义。

（作者单位：中山大学中国非物化文化遗产研究中心）

---

① 震钧《天咫偶闻》卷七，北京古籍出版社1982年版，第174页。
② 王芷章《京剧名艺人传略集》，见《中国京剧编年史》附录，中国戏剧出版社2005年版，第107页。

《古本戏曲丛刊六集》整理札记

程鲁洁

　　《古本戏曲丛刊》是目前为止最大的戏曲总集，由前文化部副部长郑振铎先生倡导和组织编印。1954年到1958年间，郑振铎先生亲自主持编纂了前四集。郑振铎先生去世后，1964年、1985年《古本戏曲丛刊》又分别出版了《九集》和《五集》。2014年，《古本戏曲丛刊》六、七、八集的编纂出版工作重启。经过两年多的努力，《六集》即将出版面世。《六集》收录传奇和戏曲别集共77种。其中戏曲别集6种，共包含38种戏曲作品，故《六集》中所有作品共109种。《六集》收录作品的时代为清顺治至乾隆时期，在作品时代上稍晚于《五集》。

　　在六集的编辑出版过程中，我整理、记录了关于选目、作品底本的搜寻及收藏状况、版本等问题，在这里简要叙述一下，以供研究者参考。

一、选目及底本的收藏状况

　　众所周知，吴晓铃先生曾为《古本戏曲丛刊》的五、六、七、八集拟过选目。但吴晓铃先生曾对选目反复做过几次修改，故五、六、七集选目有好几稿。吴晓铃先生曾先后三次为《古本戏曲丛刊五集》拟选目录，但《五集》最终成书与之前的三个选目都不相同。对于《六集》，吴晓铃先生也三次拟选目录。在我见到的三稿中，初稿与二稿、三稿选目还颇有不同。但三稿目录，都是收录清代顺治至乾隆间创作的传奇与杂剧作品。此次《六集》的出版，由社科院文学所指导和编辑。学者吴书荫先生对《六集》拟目做了较多工作，他在吴晓铃先生三稿《六集》拟目的基础上，综合三稿《五集》目录中的作品和几十年来学术上新的发现，确定了《六集》选目。戴云、郑志良、俞冰、黄仕忠等其他学者进一步提出了完善意见。由于吴晓铃几稿五、六集目录中选到的作品较多，考虑到容量问题，最终确定的《六集》选目收录清顺治至乾隆时期的传奇作品（有几种作品是传奇还是杂剧目前还有争议），杂剧则放入七、八集中再行整理。

　　目前《六集》所选作品，如《五伦镜》《笠翁十种曲》在吴晓铃先生《五集》拟目初稿上，因《五集》未收，故此次《六集》收入。黄仕忠先生在日本访学时发现的东京大学东洋文化研究所双红堂文库收藏的《花萼楼》，为清亦园刊本，前有顺治十年序。此次也收入《六集》。《庆有余》传奇，《曲海总目提要》卷三十九曾有著录[①]，《六集》收入了中国艺术研究院收藏的饮流斋绿丝栏钞本，饮流斋是清末民国学者许之衡的室名。吴书荫先生曾指出，许之衡认为《庆有余》为康熙之前的作品。

　　《六集》目录的确定与底本的搜寻是分不开的。搜寻底本是一件繁杂与困难的事情，有些曾

---

① 董康《曲海总目提要》，天津古籍书店1992年版，第1709页。

明确记载了收藏单位的作品，目前却已找不到底本。如王抃撰《筹边楼》，据记载国家图书馆藏有康熙间刊本；佚名撰《禅真逸史》，据记载国家图书馆藏有康熙钞本；佚名撰《情中幻》《醉太平》钞本，也记载国家图书馆有藏，但这4种书国家图书馆却都未见踪迹。曾记为中国艺术研究院或梅兰芳纪念馆收藏的乾隆内府钞本《福寿荣》、乾隆四年钞本《雪里梅》、乾隆元年钞本《祥麟艳》也暂时未在艺术研究院找到。正因为有些作品未能搜寻到底本，故有些选目上已列出的作品，六集未能收录出版。

二、版本问题

在底本的搜寻与选择过程中，版本亦是十分重要的一个问题。版本问题表现为，已找到的作品要与历史记载的版本相比照，核对选录版本的正确与否。另一方面，同一种书在拥有几种版本或几家单位同时收藏时，我们要尽量采用时代早又比较完备的版本。

例如，黄之隽所撰《忠孝福》，国家图书馆与中国艺术研究院都藏有康熙五十五年黄氏家刊瘖堂乐府本，但经比较发现，国家图书馆藏本较之艺术研究院藏本少几个序，因此六集选取的是中国艺术研究院藏本。佚名撰《为善最乐》《宜男佩》，在北京大学图书馆收藏的程砚秋"玉霜簃藏曲"与中国艺术研究院收藏的"缀玉轩藏曲"中都有钞本。但"玉霜簃藏曲"中为清钞本，缀玉轩藏曲则为民国时期的红格过录本。虽然"缀玉轩藏曲"本品相颇佳，更为完备，但为体现戏曲作品的原貌，保证最大的文献价值，此次六集都是收录的清钞本。

朱确、朱佐朝等撰的《四奇观》写酒色财气四案，在程砚秋"玉霜簃藏曲"中有清钞本，惜乎仅存财案与气案。此次底本搜寻中发现中国艺术研究院另有一种傅惜华藏的清钞本，共头本十出，应为酒案。另外，据学者说，中国艺术研究院还藏有缀玉轩钞本《四奇观》，应为完整的酒色财气四案。但未见此本。

曾记载为中国艺术研究院齐如山旧藏的咸丰九年钞本《西川图》，实则上世纪50年代齐如山已售予美国哈佛燕京图书馆。名为《西川图》的戏曲钞本较多，据吴书荫先生考证，除佚名的咸丰九年钞本《西川图》外，《景午丛编·善本传奇十种提要》记载郑骞亦撰有《西川图》[①]，叙刘备东吴招亲事。此次在中国艺术研究院寻找底本的过程中，发现艺术研究院另藏有2种《西川图》钞本，钞本上均无任何钞写记载与印章，第一种前有《梅龙镇》钞本7叶，叙述刘备、诸葛亮事。后一种前为伍子胥闯关，后叙三国姜维事。

莱阳羽仙玉凤所撰的《杏花山》传奇，国家图书馆和上海图书馆均藏有钞本，但2种钞本有较大不同。国图本分四本，有每一出的出名，头本共八出，第七出后紧跟第十一出，二本又从第八出开始，且二本的第十一出与头本不同，二本十一出与上图本十一出相同。上图本首叶有羽仙小像，分上下卷。上卷十五出，下卷十三出。钞写清晰，曲牌用红笔圈出，无各出名称。在二十多出后，国图本与上图本差异较大，曲词有差异，所用曲牌也不同。目前六集选入的为上图本。

张澜所撰《千里驹》，国图未找到藏本。艺研院藏本共五册，首册与后四册笔迹不同，似为补钞，首册为一至四出，第二册则从第十出开始，并记为一出弋腔一出昆腔交替，标为弋腔的唱词全部没有加滚。

---

① 郑骞《善本传奇十种提要》，《燕京学报》第二十四期，1938年12月。

三、作者及剧名等问题

  中国古典戏曲中，多剧同名，一剧多名，同一题材有多种作品的情况比比皆是。稍不注意，作者及版本就会出现混淆与错误。比如，名为《忠孝福》的传奇有两种，一为张澜撰，一为黄之隽撰，二人时代还比较接近。目前国家图书馆和中国艺术研究院收藏的皆为黄之隽《忠孝福》，张澜所撰《忠孝福》，一度与黄之隽《忠孝福》相混淆，被记为藏在中国艺术研究院，实则中国艺术研究院未见其书。故《六集》也只收录了黄之隽《忠孝福》一种。《千秋鉴》亦有两种，一种三十七出，来自宫廷大戏《封神天榜》，应藏于中国艺术研究院；另一种三十出，演明李文忠子与常遇春女婚姻事。但目前在中国艺术研究院只找到萃雅堂订本，演李文忠子与常遇春女事。

  《龙凤祥》传奇，《曲海总目提要》将之题为《群星辅》，又名《汉中兴》[①]。《牡丹图》传奇，又名《婵娟兆》。《六集》中，各剧只著录一种书名，书名以底本所记书名来著录，未及其他剧名。

  总的来说，六集是在《古本戏曲丛刊》的出版工作停顿了快三十年后又开展的。时代变迁及现实的各种困难导致底本的搜集存在一些遗憾。我仅记录下整理工作中的一点发现，方便学者了解一些戏曲作品的收藏状况，以进行更深入的研究。

（作者单位：国家图书馆出版社）

[①] 董康《曲海总目提要》，天津古籍出版社1992年版，第1484页。

重新认识张庚"剧诗"说的表述形态与核心问题
——兼及其"中国话语"特色

董上德

如今,传承保护民族戏曲,维护民族文化个性,重新成为戏曲界、学术界共同关注的重大课题。国务院办公厅于 2015 年 7 月印发了《关于支持戏曲传承发展的若干政策》[①],其中明确指出:"戏曲具有悠久的历史、独特的魅力和深厚的群众基础,是表现和传承中华优秀传统文化的重要载体。"怎样理解中国的戏曲文化,如何认知戏曲本体的特质,这是一个相当重要却不无歧见的问题,也是关涉到如何以富于独特魅力的戏曲形式讲好"中国故事"的问题。

笔者注意到,歧见客观存在,以对张庚先生"剧诗"说的理解为例,学术界有不同的意见,有学者以"质疑"的姿态说,张庚先生只是提过"剧诗",所谓"剧诗说"是他人的"曲解","在张庚自己的著作里,'剧诗'只是'剧诗',从来也没有成'说'。"[②] 可另一方面,早有学者认为,"'剧诗'说是东西方戏剧文化的结晶",并且指出:"张庚的'剧诗'说为中国戏曲的本体研究勾画了一个轮廓,并且触及了事物的本质,在中国戏曲的创作与研究方面影响巨大。"[③]笔者觉得,面对如此歧见,有必要重新认识张庚"剧诗"说的表述形态与核心问题,或许对于相关研究的推进不无助益。

张庚(1911—2003),是戏曲史家,也是戏剧理论家。七卷本《张庚文录》(湖南文艺出版社,2003 年)及《张庚自选集》(中国戏剧出版社,2004 年)等是张庚先生数十年来研究戏曲史、思考戏曲的创作与发展的重要成果。他主编的《中国戏曲通史》《中国戏曲通论》等专著已经成为戏曲业界的必读书。笔者近日对张庚先生的戏曲论著重加研读,觉得在当今戏曲前景存在"新的机遇"的情形下,有必要探寻张庚先生的理论思考的形成过程与表述形态,关注其核心问题,以便加深理解张庚的戏曲论著所具备的"中国话语"特色,推进戏曲的传承与创新,增强我们的文化自信。

一、张庚"剧诗"说前后表述形态的比照

张庚先生的"剧诗"说不是"学究"在书斋里苦思冥想的产物,是长期观察、欣赏、思考中国戏曲的"特质"的成果。纵观先生的著作,可以发现,其"剧诗"说有一个形成与成熟的

---

① 此国务院文件,《中国艺术报》2015 年 7 月 20 日第 2 版全文刊登。
② 高子文《论"剧诗说"对张庚"剧诗"的曲解》,《戏曲艺术》2015 年第 2 期。
③ 毛小雨《"剧诗"说是东西方戏剧文化的结晶》,《文艺研究》2013 年第 12 期。

过程。

张庚先生是戏剧行家，早在1944年，他发现新编的秧歌剧在语言的使用方面有两个弊端，他称之为"两种坏影响"，一种是"旧戏八股"，半文半白，不文不白，不是鲜活的生活语言；一种是"新的抒情腔调"，只是大白话而欠缺动作性。他认为，要纠正这些偏向，就应该有"新的语言，新的感情，而且是动作性丰富宜于表演的"，他称之为"新的剧诗"。[①] 那时，他比较关注秧歌剧语言的鲜活性、动作性（表演性），这些是"新的剧诗"所应有的要素，但它们并非涵盖了全部要素。文中出现值得关注的语词"新的剧诗"及"新歌舞剧的剧诗"，这是一种"张庚式"的表述，但尚未成为术语。

1948年，先生曾在大连养病，"脑筋一闲下来"，就思考中国歌舞剧的历史与现状，"恰好这时候关东文法专门学校指定秧歌这个题目叫我去演讲，这更促成我的决心"，即借写作演讲稿的机会，梳理歌舞剧（尤其是秧歌剧）的发展线索，探讨在实践中存在的问题。在写稿时，"由于我在大连是去休养的，什么参考资料也没有带，许多事情单凭记忆"，终于写成了《秧歌与新歌剧》一文，其完稿时间是该年8月。我们关注这一篇文稿的写作，是因为先生在此文中已经正式使用"剧诗"这一术语来较为完整地表述他对中国戏曲特质的理解。

切不可忽视"什么参考资料也没有带，许多事情单凭记忆"这个写作"背景"，它揭示了一个基本情形：先生提出一个"说法"，是以多年来形成的"心证"为依据的。研究艺术，文献资料固然重要，可在具体的艺术欣赏、艺术实践中，一点一滴积累而成的"心证"更其重要，因为文献资料是"板结化"的，而"心证"是活态的、灵动的，以艺术体验为其产生的"土壤"，以艺术感觉为其形成的"条件"，以艺术思考为其"结胎"的"契机"。

先生在《秧歌与新歌剧》中已经初步表现出将戏剧（文学）、音乐、舞蹈通盘思考、有机联系、辩证统一的"整体思考"。他认为，中国传统的歌舞剧"在艺术上是有相当高的水平的；它在世界戏剧、音乐、舞蹈的成就上是独辟蹊径的。它在歌舞剧形式的创造上，也是世界上独特的"[②]。故而，他在文中分别谈及剧本问题、音乐问题、舞蹈问题等，正是在这样的"整体思考"中，先生就歌舞剧的"灵魂问题"即剧作问题提出见解。其见解的形成有一个不可忽视的参照对象，就是话剧。正是话剧的艺术形式"逼"得先生不得不确认话剧与歌舞剧的"识别度"，不仅要确认，而且还要强调这种"识别度"："歌剧和话剧编剧上不同之点是歌剧应当更集中。这所说的集中并非该编成三幕的一定要集中在一幕中间来，而是说，话剧在主要线索之外，可以有更多的枝节穿插，而歌剧则不允许。因为歌剧的表演比话剧过程长，如果像话剧一样穿插的枝节太多，就会变得冗长散漫，主题不明了。"其中重要的一点是"歌剧的表演比话剧过程长"，这里面显然含有歌唱、舞蹈的因素，而歌唱、舞蹈与剧情的配合必然涉及剧中人情绪的酝酿与爆发，因而，先生接着写道："（歌剧）不仅仅故事要更集中，在感情的表达上也更强烈。于是就要尽量删除那感情平淡稀薄的场面，而集中去描写那些抒情的、兴奋的、悲哀的、壮烈的或是喜悦的场面，否则很容易令人感到沉闷，而且也就必然变成无法用歌舞来表现的，无可奈何的情况。"换言之，正是有歌、舞的重要因素，使得歌舞剧不得不走"立主脑，减头绪"的创作路线，不得不"更集中"、"更强烈"，先生在这里的阐述继承了清李渔《闲情偶寄》里的写作观念，同时更为明确地凸显了歌舞因素对剧本构思的制约作用，以及对剧情演进的特殊要求，其说法比李渔更

[①] 张庚《鲁艺工作团对于秧歌剧的一些经验》，原载1944年5月15日《解放日报》；见《张庚自选集》，中国戏剧出版社2004年版，第43—54页。

[②] 《秧歌与新歌剧》，见《张庚自选集》，第55—91页。以下引用此文，不另出注。

加简明而透彻。

既然是"更集中"、"更强烈",歌舞剧的语言就不能"啰嗦琐碎",其语言"应当是从日常语言中洗练得更精致一些,但也不是辞藻堆砌得更多一些,而是更形象一些,更富于感情一些,更容易感染人一些,因此也就更强烈一些"。先生还是以话剧为参照对象来提出看法:"如某一场戏本是用话剧的手法编成的,事情啰嗦琐碎,到中间忽然要唱起来,也是写不出好词的。不仅仅写不出好词而已,还影响了作曲的人,决然是作不出好曲来的。因为琐碎的事情感情必然平淡稀薄,无法渲染强调起来。"于是,先生由此推导出歌舞剧的语言应该是"诗的语言",这种语言不一定非要"分行有韵"不可,因为"分行有韵也可以不是诗";它来源于日常语言,又不等同于日常语言,是对日常语言"洗练化"、"精致化"的结果;更为关键的是:"我这里所说的诗是'剧诗',而不是一般抒情诗。剧诗的特点是从特定人物的感情出发,而非如抒情诗的从诗人本身感情出发。剧诗的作者应当从角色的感情去看一切事物。作者应当客观,抛开自己的感情,又应当主观,充沛着人物的感情。剧诗中间的性格化,人物描写的问题,主要是掌握人物最浓厚的感情问题。"可知,"最浓厚的感情"是"剧诗"说的关键词,而避免"啰嗦琐碎"是"剧诗"说的"底线思维"。

"剧诗"说以话剧为参照对象,以歌舞剧的语言问题为"触媒",而其实,它又不仅仅是语言问题,是语言问题"诱发"之下所产生的关于歌舞剧的"艺术哲学"的思考。其核心观念是在"最浓厚的感情"统摄之下实现歌舞剧语言(故事)、歌唱、舞蹈的全面诗化。这种"诗化"不是形式主义的"分行有韵",其实质是透过一个感情浓烈的故事展现人物情感的丰富性、人物性格的鲜明性,以及美丑对比的故事情节所蕴含的感发人心的强大力量。

这是张庚先生于1948年以自己常年积累的"心证"为基础的对于中国歌舞剧的艺术特质的认识。值得关注的是,先生又于1962年在《文艺报》(第5、6期)上发表了《关于剧诗》一文,这也是一篇重要文章,文中一些说法比《秧歌与新歌剧》一文有所推进,尤其是对"剧诗"的特性有进一步的阐释,如说:"戏剧诗人必须知道,一段让人挂在嘴上的剧诗,一方面是它本身的语言漂亮,另一方面,它却必须是剧情发展的结果。"又如:"戏剧诗人用以言志载道,表达他的诗情画意的,并不在孤立的几行诗,而在对于整个戏的艺术匠心。"再有,"戏剧是一个复杂的结构,其中有各种情境、各种事态,如果在诗体上弄得太单一了,就不能恰当地传达各种事态,渲染各种情境。"诸如此类的言说,是对《秧歌与新歌剧》一文的深化或补充。可以说,《关于剧诗》一文是张庚"剧诗"说的重要组成部分,是一个趋向成熟的理论成果。为节省篇幅,本文不打算再一步一步去"还原"先生的"剧诗"说形成历程中的诸多细节(先生在1948年以后的不同时期均有与"剧诗"说相关的文章或讲话),而着眼于从"时间张力"的维度来观察先生"剧诗"说的原初形态与晚年形态的对比和变化。

笔者认为,能够代表先生晚年艺术认知水准的是写于1990年的《戏曲美学三题》。[①] 它呈现着先生"剧诗"说的成熟形态。将此文与写于1948年的《秧歌与新歌剧》对比,可以看出,"剧诗"说的理论出发点是前后一致的,即以话剧为参照对象,去构建属于中国本土的戏剧(歌舞剧)话语。先生在《戏曲美学三题》中写道:"话剧所依据的美学基础是模仿生活,在时空的运用上是比较固定的(特别19世纪的写实话剧如此)。而戏曲的美学基础是写意的,在时空运用上是比较不固定的。戏曲中可以有《女起解》这样的戏,两个演员在起解的路上可以形成一场戏;也可以有《十八相送》这样的戏,梁山伯送祝英台回家,在十八里的路上,祝英台触景生情

---

① 《戏曲美学三题》,《张庚自选集》,第593—636页。以下引用此文,不另出注。

启发梁山伯,她是女的,而梁山伯始终不悟,形成了一场非常逗趣的戏;还可以有《秋江》这样的抒情而又十分幽默的。这些戏都不是过场戏,而是可以独立演出的折子戏,这在话剧里是没有的。"要言之,不可混淆话剧与戏曲的不同的美学基础。

在理论出发点的前后一致的前提下,先生1990年的思考比1948年要深细得多,其理论建构已经提升到美学的层面。如果说,此前写于1962年的《关于剧诗》具有"答辩"的色彩(回应"剧诗"与"诗"的区别问题,指出二者有不同的"言志"方式,有"不避俗"与"避俗"两种不同的语言风格,等等),那么,《戏曲美学三题》已经进入理论自信的阶段,先生更为圆融地以"整体思考"为依托,深入肯綮,要言不烦,精辟地揭示中国戏曲独特的美学个性的成因:"戏曲之所以具备这样的特点,由于它是从歌舞表演和说唱演化而来。这两种表演艺术都不需要预先假定一个特定的时空才能在其中表演,它们的表演虽有时也设身处地,但并无一贯的连续性。歌舞只是抒情的表演而不着重故事,说唱着重故事的叙述而不以表演故事为主。戏曲虽继承了二者的传统,却以表演故事为目的,演员在舞台上必须自始至终处在假定的情景之中,虽说这个情景可以有较大的变换自由,但这假定的时空也经常会固定下来。"可以说,被固定下来的"假定时空",实际上具备通约性,在表演者与观众之间建立起默契关系,战场上的厮杀,衙门里的场景,闺房内的情形,宫廷中的摆设,等等,已经约定俗成,一见便知,故事正是在如此这般的"假定时空"之内展示出生活的多样、命运的诡异、人生的喜乐。这样的"假定时空"就充满着诗意,故而,先生指出了中国戏曲的诗性时空所独具的表演特性:"因为要演故事,要表现具体的戏剧行动,这就免不掉进出门、上下楼、爬山、过河以至坐下、站起等等日常生活动作的表演。为了让观众明白台上的演员在干什么,有时得靠演员的表演,有时得借助砌末,如马鞭、船桨等等;有时还得设桌椅。这就是说,台上除了演员外,不能经常是空无一物,许多时候,还得依靠大小砌末才能表演。但又不能像传统话剧那样在一种逼真的布景环境里去表演,因为戏曲演员虽然在相对固定的环境中演戏,但他们的动作是歌舞性的,节奏性强的,舞台上的设施不能妨碍歌舞性表演。"在这里,"不能像传统话剧那样",可圈可点,这又一次说明了先生的"剧诗"说有着鲜明的"边界"①,他对于戏剧艺术上的"中国话语"有着十分自觉的意识。《戏曲美学三题》一文,精彩的话语很多,显示着先生对于中国戏曲作为"歌舞剧"的诗性特质的精准把握。

二、戏曲故事的诗意化及其构思"路径"

浓厚的抒情色彩与强烈的戏剧效果,可称为先生"剧诗"说之"两翼"。此"两翼"是要从诗意化的故事本体中"生发"出来的。先生特别指出,中国的歌舞剧"以表演故事为目的"。因此,戏曲故事的诗意化,是"剧诗"说的核心问题。

什么是戏曲故事的诗意化?

古代出现过很有抒情色彩与个人风格的"案头"剧本,抒发的是一己之情,不能说它们没有"诗意",可不能算是戏曲故事的诗意化,先生强调,"剧诗"的创作主体不应进入"个人化"写

---

① 张庚先生在不同的文章里多次强调戏曲与话剧的"边界"问题,例如,《戏曲规律与戏曲创新》:"戏曲的表现方法不能简单套用话剧的表现方法,因为戏曲加入了音乐、舞蹈的要素,虽然表现上似乎不写实,却用夸张的手法比较充分地传达了内心的感情,更富于抒情的色彩。戏曲就是要用这样的手段来表现才能够强烈。"《张庚自选集》,第537页。

作模式："剧诗诗人必须设身处地于许多人物的思想感情之中，所以他的心胸必须广阔，生活必须丰富；假使一个剧作者只能描写他个人的感情，这个诗人在舞台上是不会成功的。"在先生的心目中，真正的剧诗诗人可以关汉卿为代表，他说："中国不是没有好的剧诗，像元曲中间关汉卿的许多作品，例如《窦娥冤》，那是很好的剧诗。"又说："关汉卿一生写了不少作品，其中的人物非常多，性情、遭遇、出身、思想也是多种多样的，人们说他是元曲作者中最伟大的一个，这是不过分的。"① 因此，个人化、案头化写作所产生的似乎有"诗意"的剧本，与"剧诗"说有很大的距离。

先生强调剧诗诗人是"群体"中的个体，而不是孤立的个体；其笔下的故事关乎时代问题，关乎族群命运，关乎正义的伸张。先生在《关于剧诗》一文中说："剧作者或戏剧诗人必须对于社会生活有丰富的知识，必须观察、研究、分析过许多人以及他们之间的关系，只有这样，他才能够写出他们来，才能够在他们之中看出是非，对他们产生爱憎。"② 鲜明的是非，强烈的爱憎，是戏曲故事诗意化的必要前提。

可是，是非之鲜明、爱憎之强烈，不能以口号化方式表现出来，一定要尊重故事的逻辑，因而，"剧诗作者明明对于他所描写的对象有着是非爱憎的感情，但他不能像叙事诗人一样直说出来，却只能通过客观的描写透露出来，因此他必须抓住他所认为的人物和事情的关键，集中而鲜明地表现出来，以支持他的看法。在这里，他就必须比叙事诗人更准更狠地掌握对象的要害，否则他的看法就会变得模糊，观众也就会无从懂得他的爱憎。"先生以反面的情形加以阐释：有的剧作者"不遵守客观事物的逻辑，人物性格的逻辑，而为说明自己的观点，表达自己的爱憎，而强迫人物做他所做不出来的事，强迫剧情做不合理的发展，因而失败了"。换言之，戏曲故事的诗意化除了有必要的前提之外，还要捕捉故事形态的内在逻辑，努力避免"主观"与"生硬"，更重要的是，懂得抓住"人物和事情的关键"，掌握"对象的要害"，这就进一步说明了戏曲要"立主脑"的理论依据。可见，诗意化的戏曲故事是拒斥"模糊"的，是具备叙事逻辑的，又是以强烈的爱憎感情贯注于剧情之中的。

与此相关，在故事的诗意化的构想中，先生主张不滥用笔墨，用心经营好该经营的场次和唱段："戏剧诗人应当像善于操持家务的主妇花钱一样，应当十分有计划地、珍惜地运用自己的笔墨，不是地方不撒手，但到了地方又要肯撒手，使得写出来的诗行叮当作响，谱入曲中之后，观众唱不离口；可千万不要像大少爷花钱那样，写是写得真不少，不管是不是地方，把那些诗句都倒上一大堆，到了作曲家那里，作曲家皱眉头，到了演员那里，演员埋怨结果还得大量删除才能上演。最后，因为它究竟不是有计划地精心制作出来的，到了观众面前，仍旧过耳即忘。"换言之，诗意化的故事除了有贯注剧情之中的强烈的爱憎感情之外，除了有让人难以忘怀的情节细节之外，还要有"观众唱不离口"的唱段，这些唱段是诗意化故事的重要组成部分，它们有叙事性，更有抒情性，是二者的高度统一。它们的存在，强化了故事的感情深度，强化了观众对故事的记忆，强化了故事的影响力；当有人唱起"地也，你不分好歹何为地？天也，你错勘贤愚枉做天！哎，只落得两泪涟涟"，人们就会马上知道这是《窦娥冤》的著名唱段，想起窦娥的天大冤情，记起是怎样的故事情节将窦娥一步一步推向了命运的深渊。中国戏剧史上曾有一句流行语："家家'收拾起'，户户'不提防'"，这也是观众"唱不离口"的著名事例：一听到"收拾起大地山河一担装"，就知道是清李玉《千忠戮》中建文帝所唱，一听到"不提防余年值乱离"，就

---

① 《新歌剧——从秧歌剧的基础上提高一步》，《张庚自选集》，第113—116页。
② 《关于剧诗》，《张庚自选集》，第261—280页。以下引用此文，不另出注。

知道是清洪昇《长生殿》中李龟年所唱，可见，诗意化的故事与诗意化的唱段是互相依存的。"剧诗"说重视诗意化的唱段，而诗意化的唱段是故事诗意化的必有环节。

以上论述，已经大体揭示了张庚先生关于故事诗意化的构思"路径"。这是一条符合中国观众之观赏习惯与审美情趣的构思思路，它主张立足于家国情怀，而不是一己私情；它主张尊重故事逻辑，而不是脱离生活胡编乱造；它主张线索鲜明、主脑突出，而不是模糊不清、头绪纷乱；它主张惜墨如金与浓墨重彩的辩证统一，而不是乱撒"胡椒面"不分轻重；它主张诗意化的故事与诗意化的唱段相辅相成，产生"乘法"效应，而不是将诗意化的唱段仅仅看做是"分行有韵"的诗句；它强调诗意化的唱段在整个演出中具有别的艺术手段所没有的特殊功能，具有别的艺术手段所没有的美学效应，具有别的艺术手段所没有的"叙事与抒情相统一"的高度强烈的艺术效果。总之，借助多种艺术元素，使故事诗意化，其最终目的是产生强大的感发人心的功效。

三、张庚"剧诗"说与辩证思维

张庚先生的"剧诗"说将中国戏曲视为"歌舞剧"，除了要思考戏曲故事的诗意化之外，还要处理好诸多艺术要素在"歌舞剧"中的辩证统一。因此，探究"剧诗"说，不能不关注先生的辩证思维。

先生是戏曲史家，他从戏曲的发展进程看出歌唱与戏剧性是有矛盾的，如果处理不好，就难以产生歌唱与戏剧性二者的"乘法"效应。先生在《中国戏曲与中国社会》一文里考察了宋元时期杂剧与南戏的两种不同情形，分别说明了歌唱与戏剧性的统一不是容易做到的，二者甚至处于相互"消耗"的尴尬局面，比如，在杂剧这一方，由于杂剧的形成有特殊原因，故而所受到的牵制不可忽视："北杂剧产生之前有金院本的繁荣发展，有诸宫调的兴盛，特别是后者，使得它能在文学上、诗歌上直接继续中国这方面的传统而开了一代剧诗的新局面；它又继承了诸宫调演唱上的高度技巧，使得北杂剧的演唱水平也是相当高的。但在同时，这种继续却给了它一种桎梏，使它不能痛快地摆脱说唱文学的某些框框，而必须一人主唱，这无疑大大地限制了北杂剧的戏剧性的长足发展，特别是限制了在唱的艺术戏剧化上的发展，而形成了它的时代局限性。"这一说法很精辟，指出北杂剧有严重缺陷，即歌唱的"戏剧化"被"一人主唱"严重"损耗"了。我们知道，张庚先生盛赞过关汉卿，认为其作品是"剧诗"的典范；从先生的相关文章可以看出，先生充分肯定关汉卿的作品具有"剧诗"的精神，这种精神不是"一己私情"，不是"案头"产物，这种精神是正义的"化身"，是时代的呼声，具有充沛的生命意志与严正的批判力度，这一切都是"剧诗"应有之义。可是，回到具体的历史语境看问题，关汉卿的作品不可能完全摆脱其时代的局限性，尤其是艺术的局限性。辩证地看，张庚先生对"剧诗"的认知还有更高的层面。先生对于南戏的看法可以帮助我们了解其认知的高度，他说："南戏在这一方面却处于另一种情况。它虽然也从说唱文学里得到了滋养，却没有受它的限制，它并不限于一人主唱，而是互相对唱。这一点，它一开始就获得了自由，但它所得到的这点自由在付出的代价上也是并不轻的。早期南戏的文学水平是不高的，戏剧的完整性也比北杂剧差，可见在这方面有所获的同时就容易在另一方面有所失，何况在戏曲形成的年代，艺术家们在从事创造性的工作之时是带有相当大的盲目性的。"① 南戏避开了一人主唱的限制，开创了"对唱"的形式，或许在某种程度上、某些场合中提升了戏剧性，可是不能够保证其"戏剧的完整性"得以体现，换言之，就算"对唱"等形式减低了说唱文学的拘限，其所获得的戏剧性也是局部的，不是完整的；艺术效果反而不如北杂剧来得强烈而予人以深刻的印象。可见，歌唱与戏剧性的统一绝对不是二者的相加，而应该是二者的交乘，转化出感发人心的力量。

要解决歌唱与戏剧性的矛盾统一问题，先生特别强调以"立体表现"的观念来统筹安排、妥善处理。这就回到"整体思考"的路子上来。所谓"整体思考"，就是将歌舞性、故事性、戏剧性三者置于舞台的"立体表现"的框架之内通盘考虑，先生在《戏曲美学三题》一文中指出："剧本上的文学表现要变成舞台上的立体表现，必须经过创造性的重新处理，才能达到体现文学剧本的原意。要以唱作念打为载体，将文学的唱词、说白的意蕴变为可视可听的艺术形象，让观众看得明白，听得清楚。"先生尤其强调"立体表现"观念之所以重要，是因为有一条剧场的"潜规则"在起作用，此"潜规则"是："一般说来，在剧场中看戏，比起在房子里看书来，观众是相对粗心的。"形成这一"潜规则"的原因是："坐在剧场里看戏，观众是驳杂的，有时还很不安静，或受邻座对台上演出反应的影响。"故而要特别拈出"看得明白，听得清楚"八个字，就是只能够"服从"上述"潜规则"。而这八个字可以转换成"可视可听，看清看懂"，所有的"立体化"考虑，就是"放在观众相对粗心，或理解力相对低下这个假定的基点上"。这是具有中国特色的戏剧话语。中国戏剧，从宋元以来，多在节庆、庙会等时间节点上演出，后来在商业化的"戏园"里演出，观众多为社会下层人士，他们习惯于在嘈杂纷扰的剧场环境里观看表演，久而久之，形成"粗心"看戏的心理定势，这正是中国出现具有民族特色的戏剧美学的"土壤"。舞台演出就应以精细的演技、动人的歌舞、清晰的交代，辅以易于辨认的脸谱、约定俗成的程式、略带夸张的动作等等，弥补观众"粗心"所带来的不利因素。

如果说，上述话语是在本土的"艺术哲学"层面上看问题，那么，张庚先生还在"演艺"的层面上提出解决歌舞与戏剧性之间的矛盾的思路，即发明了"戏剧节奏控制"的理念："一个戏的节奏设计，意味着给整个戏中情绪和感情的发展变化勾画出一个外化尺寸的轮廓，以备演员按照这个尺寸上台演出。这就是说，一个戏的音乐节奏，是根据戏的情节设计出来的。这中间体现出演出集体对一个戏的认识，包括主线的起伏高潮，也包括感情色彩，如悲、欢、兴奋、低沉等等的安排。这样的设计使得整个戏无处不在变化着的节奏控制之中。"（《戏曲美学三题》）在此，先生提出了戏的音乐节奏（自然也包含了舞蹈节奏）与剧情节奏的统一，换言之，在以"立体化"为核心的"整体思考"的框架内，有一个"牛鼻子"必须抓住，就是"节奏控制"。所谓"节奏控制"，以"戏的情节"为依据，以戏情的变化为主导，以主线的起伏高潮为着眼点，以不同场次的感情色彩为着笔的用力点，融汇了编剧者、导演者、演出者等所组合而成的"集体"对整个戏的认识。一切艺术手段包括唱做念打等都不能够超越"节奏控制"的范畴，所有的艺术创造都统一在"节奏控制"的内在协调之中。而"节奏控制"可以实现戏剧演出的鲜明性、生动性与强烈性的协调统一，达至"诗化"的效果。

先生对戏曲音乐格外关注，关注音乐与戏剧性的融合之道："戏曲音乐化的主要部分，当然是唱腔的设计与安排，这是全剧宣泄感情的主要部分。它不是戏中可有可无的部分，更不是破坏戏剧性的部分，有了它就使得戏的感情洋溢，对观众的渗透力特强。在这里，音乐除了发挥其节

---

① 《中国戏曲与中国社会》，《张庚自选集》，第557页。

奏性特长之外，还要尽量发挥其旋律性的威力。旋律是最具抒情能力的，对于观众也是最具感染力。观众对唱腔不但容易受感染，而且一旦感受到了，一哼起这段旋律来，当初听它的情景、情绪就会被唤起来，恍如重新身历其境。"（《戏曲美学三题》）在"节奏控制"之下，唱腔的设计与安排可以很妥帖地与情节的节奏协调起来，该悲则悲，该喜则喜，该兴奋则兴奋，该低沉则低沉，不受宫调的制约，不受曲牌的拘限，唱腔的轻重缓急、高低起伏，完全随着剧情的变化而变化，这也就揭示了戏曲之所以由"曲牌联套体"转变为"板腔体"的缘由，揭示了歌舞与戏剧性相统一的正确路径①。同时，强化了唱腔的唤起"记忆"的功能，其实是深化了"剧诗"感发人心的意味。

张庚的"剧诗"说，是明王骥德《曲律》、清李渔《闲情偶寄》之后有重要影响、有本土特色、有理论建构之自觉意识的中国戏剧话语。它源于千百年来的中国歌舞剧的艺术实践与艺术创造，以中国戏曲史演化线索为思考背景，以歌舞与戏剧性的辩证统一为理论基点，以中国歌舞剧与话剧的不同的美学基础为建构其理论框架的"边界"。它揭示了中国戏剧作为"剧诗"的文体特征，揭示了"剧诗"与传统诗歌的重大区别，揭示了"剧诗"与中国乡土社会的依存关系，揭示了"剧诗"多样艺术手段的结构性意义，揭示了"剧诗"的著名唱段与剧本文学性的相得益彰的关系，揭示了著名唱段具有唤起人们的"记忆"的独特功能，揭示了"剧诗"不可能是"话剧＋唱"的艺术哲理。

因此，"剧诗"说并非如某些人士所认为的只是关于戏曲艺术特征"综合性、虚拟性、程式化"的论说，其内涵是丰富的，有层次的，有哲理深度的。更为可贵的是，它不是形而上的、只产生于书房中的"理论"，而是可以启迪国人继续进行戏曲艺术实践与艺术创新的一个重要的参考思路。

事实可以说明，张庚先生的"剧诗"说绝对不是他人"曲解"的产物。

然而，我们不应将张庚"剧诗"说看成是"封闭"的话语，它其实也是在世界艺术史的视野下产生的。张庚先生熟识话剧，早年还专门研究过话剧，开设过"中国话剧运动史"课程；而且，他并不拒斥西方理论，认可亚里士多德、莱辛的一些理论主张，是一位理论眼界很开阔的学者；他的关于中国戏剧的话语，其实也会借用国外的某些艺术用语来丰富自身的语言表达能力，如说及中国歌舞剧有诸多艺术元素，它们进入歌舞剧后不仅没有泯灭原有的特性，而且，"特点仍然存在，当运用之时都作为一种富有特性的手段来加以发挥，唱、做、念、打在一出戏里如何得宜，本身就是一门艺术。要知道一出戏不能从头至尾单纯抒情，如果这样，就变成单调乏味了。多数的戏其中少不了有热闹而富有戏剧性的一面，又有侧重细腻抒情的一面，中间还有种种不同的层次，这样才使得整个戏有丰富的色彩变化。这就正需要充分发挥唱、做、念、打各种不同手段的长处，构成交响乐似的起伏有致、快慢对比、动静多变、庄谐调节、冷热相济的美学效果。"（《戏曲美学三题》）这样的美学效果犹如"交响乐似的"，可见，张庚先生的戏剧话语既具有本土性，又具备与国外艺术"对话"的潜力。我们在21世纪重新审视先生的"剧诗"说，毫无故步自封之意，而是想如先生一样，站得更高，更能看出自己脚下的土地的独特风貌，以便在全球化时代更有文化自信，更好地与世界"对话"。

---

① 张庚先生在《戏曲美学三题》一文中还提及与音乐节奏相关的"表演艺术的节奏化"问题："表演艺术的节奏化就是人体动作的舞蹈化，换句话说，就是把舞蹈纳入戏曲表演动作之中，纳入人物塑造之中。"可见，舞蹈的"戏剧性"也是在"节奏控制"之内。

附记：本文的选题与写作，均得到天骥老师的启发和指导。老师关怀学生无微不至，时时提点，考虑细密。本文在我的学术工作中有不同一般的意义。

（2016年2月16日）

（作者单位：中山大学中国非物质文化遗产研究中心）

元杂剧叙事僭越的合法性解证

龚德全

王国维在论及元杂剧较前代戏曲之进步时指出："虽宋金时或当已有代言体之戏曲，而就现存者言之，则断自元剧始，不可谓非戏曲上之一大进步也。"① 王氏此论将元杂剧与宋人大曲、金诸宫调并置于同一发展脉络上，认定元杂剧的进步是从宋人大曲、金诸宫调的叙事体发展而成代言体，并将其视为"真戏曲"之标志。然而时至今日，当我们重新审视元杂剧的戏曲文本时，便不难发现这样一个事实：元杂剧未能在整体上构成代言体制，其间仍有大量的叙事体质素存留。因此，从严格意义上来讲，以"演述体"（既"演"且"述"）作为元杂剧完整的戏剧形态更为妥贴。②

相较于"必合言语、动作、歌唱，以演一故事"③ 的代言体制，元杂剧演述体制中却随处可见人物之"言语、动作、歌唱"与其角色特征不相吻合的"非角色化"现象。大段的抒情曲词、宾白陈述往往冲破自身角色的束缚，以其强烈的感情色彩和诗化风格而明显游离于人物自身的身份、地位、性格与文学修养等个性特征，"不肖其人"乃其最佳诠解。这在叙事上的表现就是：在演述过程中，剧中人时常跳出虚构故事域，放弃戏剧体制下角色对限知视角的规约，以第三人称全知视角，即以虚构故事情境外的身份道出虚构故事域中的人或事。相对于戏剧体制下应始终保持对戏剧情境控制的内在要求而言，这明显属于叙事上的僭越。

对于元杂剧叙事上的僭越现象，学界多以为是唐宋以来的"说话"伎艺及其文本形态的"话本小说"对其起到了直接的范导、促进和滋养作用。④ 这就从艺术形态的源流演变角度，钩沉出了元杂剧在表述故事与话本叙述体制间的密切关联。然而，对于作为戏剧体制的元杂剧而言，演述中的"非角色化"现象以及由此产生的叙事上的僭越，却往往为学者所诟病，认为元杂剧中的这种非戏剧性表达范式，表征了艺术形态的迟滞。⑤ 也正是在此意义上，杨绛才认为中国戏曲的情节结构更接近于亚里士多德所说的"史诗的结构"，而不是戏剧的结构。⑥

---

① 王国维《宋元戏曲史》，上海古籍出版社1998年版，第63页。按：王国维论及元杂剧视前代戏曲之进步之处有二：一为乐曲体制的自由宏大，二由叙事体而变为代言体。

② 关于元杂剧演述形态的详细讨论，可参考陈建森《元杂剧演述形态探究》，南方出版社1999年版；康保成老师《古代戏剧形态研究的新突破——评〈元杂剧演述形态探究〉》，《学术研究》2001年第5期。

③ 王国维《宋元戏曲史》，第32页。

④ 徐大军《中国古代小说与戏曲关系史》，人民文学出版社2010年版，第209页。

⑤ 持有此观点的学者不在少数。如洛地《戏曲与浙江》（浙江人民出版社1991年版，第54页）就明确提出："元杂剧不具备戏剧性的剧本结构体式"，"是一种未成熟的戏剧，或者说是不完全的戏剧"；锺涛《元杂剧艺术生产论》（北京广播学院出版社2003年，第3页）认为，元杂剧更多的是戏剧性并不太强的作品，无确定的"戏剧结构"；另，俞大纲《从另一角度看元杂剧〈梧桐雨〉和〈汉宫秋〉》（《戏剧纵横谈》，传记文学出版社1979年版，第77页）；周宁《叙述与对话：中西戏剧话语模式比较》（《中国社会科学》1992年第5期）等文中也有与此相类的观点。

⑥ 杨绛《李渔论戏剧结构》，《杨绛作品集》（第3册），中国社会科学出版社1993年版，第139页。

诚然，从作为成熟样态的中国戏曲艺术的发展脉络来看，元杂剧之后的明清传奇以及明代以降的杂剧表演，都不同程度地强化了戏剧表演中对于戏剧情境的控制，以及演员进入角色的要求。① 例如晚明剧作家孟称舜在论及戏剧创作时就指出："学戏者不置于场上，则不能为戏；而撰曲者不化其身为曲中之人，则不能为曲。"② 这里明显高扬了"代言体"作为戏曲体制的重要性，暗含了叙事僭越在戏剧体制内的"非法性"意义。事实上，在明以降乃至当下的曲学批评中，此种论调几乎成为审视元杂剧叙事僭越现象的主流话语。然而，需要我们反思的是：判断元杂剧叙事僭越的价值有无，不能以后世成熟的戏剧理论为依据，更不能以西方戏剧结构的评价标准为准绳，而应该深入到元杂剧剧本和当时中国戏剧演出的实际境域中，方能做出一个全面而又公允的评价。而当我们摈弃了抽象的唯质主义的戏剧标准，元杂剧叙事僭越的合法性也将全然彰显。

一、僭越的合法性焦虑及其缘由

"合法性"作为一个概念术语或分析工具，有着十分复杂的意涵，深触广泛的社会领域，并且潜含着宽广的社会适用性。原初意义上的合法性是指"根据一种假设的中间标准或原则，这种原则的客观性被看作是不受现有评论界或命令与服从的关系所支配"。③ 然而，伴随着现代社会神圣化思维方式的日渐式微，以及价值供给范阈的逐步开放，现代合法性的概念也因之发生了深刻转向：更加凸显了目标系统内部自身固有的、内在的价值维度，从而将合法性的确立推向了更为深沉、更为广泛的价值论语境。高丙中在谈及"合法性"的内涵时认为，"合法性"（legitimacy）的"法"是法度、规范，可以包括法律而不限于法律。它表明了某一事物具有被承认、被认可、被接受的基础，至于具体的基础是什么（如某种习惯、某条法律、某种主张、某一权威），则要看实际情境而定。④ 不难看出，这里论及合法性所依托的"被承认、被认可、被接受的基础"，正是基于多元价值思维而提出的，体现了对合法性原初意涵的深刻超越。

以上对于"合法性"概念及其变化趋向的透析，为我们重新审视元杂剧叙事僭越固有的、内在的价值提供了一个理论视点和分析工具。长期以来，我们对于元杂剧叙事僭越的诠解一直存在着两种误区：其一，强调了唐宋以来"说话"伎艺及其文本形态的小说对宋金杂剧以至元杂剧在演进过程中的重要意义，却往往忽视了艺术形态的演变发展总是他律性与自律性的有机统一。毋庸置疑，作为伎艺形态和文本形态的小说对于元杂剧演述体制的形成产生了极为深刻的影响，这不仅体现在小说故事题材的广泛沾溉，更体现为小说叙事思维和叙事方式的浸润和滋养。从某种意义上来讲，"元杂剧独特的演述体制就是这些影响的集中体现，其中的小说因素正是宋金杂剧演进过程中所受小说影响而未能溶解、消化的结果。"⑤ 请看王实甫《崔莺莺待月西厢记》楔子

---

① 其实，明清传奇也未能形成全面的代言体制，其间也融了大量的叙事体因子，因而《中国曲学大辞典》在介绍中国戏曲的艺术体制时才强调："在戏曲中，除代言体外，也采用叙事体的表现方法。"（齐森华等主编《中国曲学大辞典》，浙江教育出版社1997年，第889页）
② （明）孟称舜《古今名剧合选序》，引自朱颖辉辑校《孟称舜集》，中华书局2005年版，第556页。
③ ［英］约翰·基恩《公共生活与晚期资本主义》，马音等译，社会科学文献出版社1999年版，第288页。
④ 高丙中《社会团体的合法性问题》，《中国社会科学》2000年第2期。
⑤ 徐大军《中国古代小说与戏曲关系史》，人民文学出版社2010年版，第209页。

中崔莺莺母亲上场时的宾白①：

> （外扮老夫人上开）老身姓郑，夫主姓崔，官拜前朝相国，不幸因病告殂。只生得个小姐，小字莺莺。年一十九岁，针指女工，诗词书算，无不能者。老相公在日，曾许下老身之侄——乃郑尚书之长子郑恒——为妻。因俺孩儿父丧未满，未得成合。又有个小妮子，是自幼伏待孩儿的，唤作红娘。一个小厮儿，唤作欢郎先。

此段宾白虽以第一人称崔母之口道出其家庭情况及其社会关系，但细加分析便知：这明显属于第三人称的叙述口吻和腔调，因为此段叙述话语没有面向剧中人物并与之产生互动交流，而是以全知视角面向观众的静止陈述。不难想见，此种话语形态与"说书体"中说话人以第三人称全知视角面向"看官"的讲说行为所具有的体制极为相类，由此可证说话人的叙事思维、叙事方式在元杂剧演述形态中的影响所在。

尽管如此，我们仍然无法规避这样一个事实：作为中国传统戏曲发展到成熟样态的第一座高峰，元杂剧艺术体制的形成、臻善不仅在于对宋金杂剧、话本小说等"他者"（the other）② 艺术形式的直接承继，更在于其艺术形态本身的"自我型塑"（self-fashion），即艺术体制的自律过程。换言之，含蕴在元杂剧演述体制内部的叙事僭越质素，本来就是元杂剧整个艺术体制的重要表征（representation），自有其固有的、内在的价值和意义。

诠解元杂剧叙事僭越的第二种误区来自于对西方戏剧结构体制的盲目遵从，却有意无意地忽略了自己民族思想之元叙事的艺术传统。其实，从本质上而言，中国文学中的"叙事"涵义与西方文学中的"narrative"的涵义在许多方面都大异其趣。西方的文学理论家经常把"史诗"（epic）看成是叙事文学的开山鼻祖，继之以中近世的"罗曼史"（romance）（亦称浪漫传奇），发展到18和19世纪的长篇小说（novel）而蔚为大观，从而构成了一个经由"epic-romance-novel"一脉相承的主流叙事系统。而反观中国古代文学传统，其主流乃是"三百篇—骚—赋—乐府—律诗—词曲—小说"的传统。前者的重点在叙事，后者的重点在抒情。③ 可见中西文学传统在源头、流向和重心等方面的各异其趣。戏曲作为一种叙事文学，也必然保有本民族元叙事艺术传统的深刻印迹，由此导致了中西戏剧在艺术样态上的迥异特征。

总体说来，西方戏剧以叙事为本位，因而很早就重视戏剧之情节。亚里斯多德在其《诗学》中就认为戏剧艺术最主要的就是情节④，"情节乃悲剧的基础，有似悲剧的灵魂"⑤，并提出了情节的"结构完整性"和"时间秩序感"等古典标准，正是由于对戏剧情节连贯性的高度关注，所以才有了后来所谓"三一律"、"第四堵墙"等戏剧理念的出现。相比之下，中国戏曲则以抒情为本位，而对叙事却较少关注。这在戏剧形态上的表现就是：剧本中的唱词与传统的诗词歌赋

---

① 王季思主编《全元戏曲》（第2卷），人民文学出版社1999年版，第216—217页。后文所引剧本材料，均据这一版本，不再一一出注。
② 在这里，"他者"（the other）是与"自我"（self）相对的概念，意指一个与主体既有联系又有区别的参照。从某种意义上来说，通过选择和确立"他者"，在一定程度上可以更好地确定和认识"自我"。对于元杂剧而言，宋金杂剧、话本小说等形式即可被视为与其既有联系又有区别的艺术"他者"，通过它们，可以更好地确定和认识元杂剧本身。如此观照视角，既可规避将二者本具的深沉联系人为割断的危险，又可突破单纯依赖"他位视角"（立足于宋金杂剧、话本小说等艺术形式看元杂剧）的局限，从而复归"主位视角"（立足于元杂剧艺术形态本身）的正途。
③ 参见浦安迪《中国叙事学》，北京大学出版社1996年版，第8—13页。
④ 这里所指的戏剧情节不同于一般的事件，它首先必须体现事件之间的因果联系，其次必须表现人物行为之间的冲突。
⑤ ［古希腊］亚里斯多德《诗学》，罗念生译，人民文学出版社2002年版，第19页。

极为相类，拥有很强的抒情性和主观性；同时剧中人物经常游离于角色之外，从而造成戏剧情节的"停叙"①，叙事上的僭越。显然，按照西方戏剧结构的格范，此种叙事上的僭越当然可被视为元杂剧情节结构的缺陷所在，也正是立足于西方戏剧结构的评价标准，一向高度赞赏元杂剧的王国维才叹惋："然元剧最佳之处，不在其思想结构。"②

综结上述，由于中西戏剧元叙事艺术传统存在诸多不同，因此，我们不可盲目以西方戏剧结构的评价标准以及当下成熟戏剧观念之"规"、"矩"，来范规元杂剧之"方"、"圆"，或者用西方戏剧结构体制来类比并诠解中国的元杂剧，事实上，这也正是元杂剧叙事僭越合法性焦虑的根源所在。为此，我们应该立足于中国文学元叙事的艺术传统，返归当时中国戏剧的表演场域，在多元价值思维中，深刻揭示元杂剧叙事僭越背后的价值基础、价值标准，重塑僭越本身的合法性。而彰显这种"合法性"的深层意涵就在于："当代中国知识分子对自己民族思想之元叙事的非主体状态的觉醒，是对强大的欧洲中心主义之无所不在的隐层影响和支配权利的觉醒"③，同时也表达了想要摆脱因一味套用西方戏剧结构体制来审视中国戏剧所导致的自我特性丧失的困境之努力。

二、叙事主体的合法性

作为叙事学的核心问题，叙述主体（narrator）往往成为"展示"（show）或"演述"（tell）故事的首要关键。因为"任何叙事都是由一个叙事主体来实施的，或隐在或显现的叙事主体在叙事过程中以明确的自我意识对事件进行选编加工，最后使之呈现为文本"。④ 按照罗兰·巴特对于叙事主体问题的归纳，叙事主体可体现为三种形式：作者、叙述者、人物。⑤ 在此三者中，作者是叙事文本的意义之源，但一般情况下，不会在文本中直接现身；叙述者可作为作者的代言人进入文本，行使作者的话语权，拥有上帝般全知全能的叙述视角；人物作为叙事主体时，作者的主观意识则隐身幕后。戏剧作为一种叙事文本，其叙事主体在文本创作中的主导作用自然不言而喻，但中西方戏剧在发展路向上的差异，导致了各自叙事主体在存身方式与表现形态上的不同。

在西方戏剧体制下，演员直接进入角色，代人立言，角色就是剧中人。如此，叙事主体是依附于某一人物进行限知叙事，其叙事方式是通过角色间的对话以及角色的动作进行"展示"（show）。因此，黑格尔说："全面适用的戏剧形式是对话，只有通过对话，剧中人物才能互相传达自己的性格和目的。"⑥ 由于"展示"是事件和对话的直接再现，并严格地限制在人物所能感知的范围内，因而剧作家的个人意识似乎无处寻觅，那种大于人物通晓一切的叙述者也从此"隐退"，由此营造出一种"客观真实"的戏剧效果。而在元杂剧中，演员与角色之间并非直接代入之关系，中间还需一个过渡性中介——脚色。但脚色只是高度抽象化、类型化的艺术符号，如果

---

① 在叙事学理论中，根据故事发生、持续的时间与文本叙述故事所用篇幅多少之间的关系，可从理论上划分出三种叙述类型：均速叙述、加速叙述、减速叙述。其中，减速叙述若减至极限点，便成为"停叙"，意即停下来叙述，此时故事时间完全停滞不动，惟有文本在花费篇幅进行叙述。详参胡健生《"停叙"与中国古典戏曲》，《四川戏剧》2008 年第 3 期。
② 王国维《宋元戏曲史》，上海古籍出版社 1998 年版，第 99 页。
③ 景海峰《从"哲学"到"中国哲学"——一个后殖民语境中的初步思考》，《江汉论坛》2003 年第 7 期。
④ 程情《守望自我：叙事主体意识的变幻》，《外国文学》2008 年第 5 期。
⑤ ［法］罗兰·巴特《叙事作品结构分析导论》，张寅德编《叙事学研究》，中国社会科学出版社 1989 年版，第 29 页。
⑥ ［德］黑格尔《美学》，《朱光潜全集》第十六卷，安徽教育出版社 1990 年版，第 243 页。

没有具体的内容加以充实，它也仅仅是一种形式存在。因而，在元杂剧的表演中，演员是以脚色的身份扮演剧中人物（角色）"现身说法"①，同时在叙事中还可以随时游离角色之外而转变为"行当"②，由此形成了"演员—脚色—角色"三位一体的艺术格局。正是由于脚色行当这个表演中介的存在，元杂剧艺术体制中充当叙事主体的"人物"身份才呈现出复杂多样的面相，从而表征了与西方戏剧迥异的艺术特质。

通观元杂剧戏剧文本，我们可将元杂剧叙事主体的存身方式归纳为以下三种表现形态：

一是行当的超故事层叙述③。有的元杂剧开场时，先由行当点明其脚色身份，由此引出正戏；或由行当在剧末总述剧情、宣报剧名。如《丽春堂》第一折：净扮李圭上，诗云："幼年习兵器，都夸咱武艺。也会做院本，也会唱杂剧。"此处，净行道出"也会做院本，也会唱杂剧"，其叙述内容完全跳出故事域，更与剧情的进展毫无关系，只表明其脚色身份，而不扮演具体的剧中人物，属于行当的超故事层叙述。再如《隔江斗智》第二折：净扮刘封上，诗云："我做将军惯对全，又调百戏又调鬼。"《襄阳会》第一折蒯越所念"我打的筋斗，他调的百戏"，皆属此类。

另，在元杂剧剧末语中常有行当出来总述剧情、宣报剧名，并已然成为一种叙述惯例。如《汉宫秋》第四折末（诗云）："叶落深宫雁叫时，梦回孤枕夜相思；虽然青冢人何在，还为蛾眉斩画师。"显然，"青冢"一词的出现，彰示了此段叙述绝非出自剧中人汉元帝之口，而是扮演人物的"行当"对剧情所做出的总结和评述。其他，如《西湖三塔记》、《错斩崔宁》、《乐小舍拼生觅偶》等结末语亦有此意涵。而《倩女离魂》剧末"诗云……调素琴王生写恨，迷青琐倩女离魂"；《合同文字记》剧末诗云"……刘安住孝义两双全，包待制断合同文字"则是行当而非人物宣报剧名的典型案例。需要指出的是：行当作为一种形式存在，其叙述功能完全由剧作家所赋予，由此而言，行当的超故事层叙述更多地体现了剧作家的创编意图。

二是人物与行当的复合叙述。此种表现形态在元杂剧中的具体呈现方式为：在主体故事层中，剧作家将故事交由一位剧中人物以事件的经历者和旁观者双重身份进行复合叙述。如关汉卿的《邓夫人苦痛哭存孝》，主故事层演述了唐末李克用因听信康君立、李存信二人谗言，致使立有战功的李存孝含冤惨死的历史故事。剧中冲突双方是李存孝和康君立、李存信，但本剧却以一个处于事件之外的次要人物李存孝的妻子邓夫人主唱④，借邓夫人之口，叙述整个故事。在第一折中，邓夫人以第一人称叙述其所见所感，但到了第二折［梁州第七］一曲中，邓夫人却忽然叙述起李存孝的内心情感：

---

① 清人马如飞《出道录》载沈沧州之语曰："书与戏不同，何也？盖现身中之说法，戏所以宜观也。说法中之现身，书所以宜听也。"周良编《苏州评弹旧闻钞》，江苏人民出版社1983年版，第113页。

② "行当"是一个与"脚色"既有联系又有区别的概念，由于二者在内涵与外延上多有交融之处，因此常常被人合称为"脚色行当"。具体来说，戏曲舞台上的所有扮演者都可称为脚色，而众多脚色又可根据各种不同的自然属性和社会属性分为生、旦、净、末、丑等各行当。从这个意义上来讲，"行当"是"脚色"的一个分类化形态。

③ 分层叙述是西方叙事学理论中的一个重要概念。通常把占据主要篇幅的故事层次称为"主故事层"；为"主故事层"提供叙述者的上一层次称为"超故事层"；而由"主故事层"提供叙述者的下一层故事，可称为"次故事层"。参见［以色列］里蒙—凯南：《叙事虚构作品》，姚锦清译，生活·读书·新知三联书店1989年版，第161—169页。

④ 由于元杂剧采用了诸宫调的音乐形式，因而直接导致了其"一人主唱"的艺术范型，而主唱的脚色则是根据性别的不同只由正末或正旦承担（也包括"末旦合本"的情况，如武汉臣《生金阁》、李好古《张羽煮海》等，就是由正末和正旦分别扮演不同人物分折轮唱或同折混唱），其他脚色则以宾白形式对主唱人的曲词进行启动和勾连。值得注意的是，由于与音乐形式有直接关联，元杂剧中正末、正旦的划分并非依据人物在剧中的主次地位，而是依据剧中人物是否司唱而划定，因此，在元杂剧中才出现了大量次要人物担任主唱的现象。

[梁州第七] 又不曾相趁着狂朋怪友，又不曾关节做九眷十亲。俺破黄巢血战到三千阵，经了些十生九死，万苦千辛。俺出身入仕，荫子封妻，大人家踏地知根，前后军捻袴摩裩。俺、俺、俺，投至得画堂中列鼎重烟，是、是、是，投至向衙院里束杖理民，呀、呀、呀，俺可经了些个杀场上恶哏哏捉将擒人。畅好是不依本分。俺这里忠言不信，他则把谗言信；俺割股的倒做了生分，杀爹娘的无徒说他孝顺。不辨清浑！

显然，立足故事域内，李存孝的内心世界绝非邓夫人所能窥见，由此彰示此段叙述明显溢出邓夫人的演述视界，完全属于第三人称全知叙事。这种叙事上的僭越，高扬了幕后剧作家的评论干预权，从而使邓夫人成为人物与行当（剧作家的代言人）的复合叙述者。作为剧中人，这位复合叙述者成为历史的见证者；作为剧作家的代言人，这位复合叙述者又表达了剧作家对历史的反思与批判。再如尚仲贤《汉高皇濯足气英布》第二折，随何对刘邦濯足气英布之后的一段面向观众的评论，亦与《哭存孝》中邓夫人的复合叙述者形式相类。

此外，元杂剧中人物上场时的自我介绍，特别是在介绍自己的性情、品格和抱负时，基本都属于人物与行当的复合叙述形态。如《汉宫秋》楔子毛延寿上场时说道：

（净扮毛延寿上，诗云）为人雕心雁爪，做事欺大压小。全凭谄佞奸贪，一生受用不了。某非别人，毛延寿的便是。现在汉朝驾下，为中大夫之职。因我百般巧诈，一味谄谀，哄的皇帝老头儿十分欢喜，言听计从。

毛延寿在自报家门"某非别人，毛延寿的便是。现在汉朝驾下，为中大夫之职"的同时，竟然说出"雕心雁爪，欺大压小；百般巧诈，一味谄谀"等贬损话语，很明显不是剧中人口吻，而是行当代剧作家评判人物之德行。如此，剧作家的评论干预就与人物的自报家门融为一体，成为一种典型的复合叙述形态。

三是人物的跨层叙述。此种表现形态在元杂剧中最为常见，其具体演述方式为：剧中人物跨出主故事层的虚构域（被叙述层次），返归现实域（叙述层次），直接面向观众进行解释、说明，具有描绘场景、推进剧情的重要作用。如《蝴蝶梦》第三折中：

（王三唱）[端正好] 腹揽五车书，（张千云）你怎么唱起来？（王三云）是曲尾。（唱）都是些礼记和周易。……

此处，本为正旦唱，但副角王三却忽然唱起来，显然，张千的指责"你怎么唱起来"与王三的回答"是曲尾"，都是剧中人物跨出虚拟域返归现实域中的一句面向观众的调侃之语。再如前述《倩女离魂》楔子中张倩女母亲上场时的宾白，亦属于剧中人物立足现实域完全面向观众的跨层陈述。

综上，元杂剧叙事主体的三种存身方式及其表现形态，表明了元杂剧演述体制中始终存在着叙述与被叙述两个层次，也就是说，剧中人物在故事域内叙述情节的同时，剧作家、叙述者也在故事域外对人物、情节本身进行"再叙述"，由此构成了元杂剧演述体制的独特形貌。需要强调的是，这种演述形制不仅仅是作为元杂剧的一种形式特征而存在，更具有一种深沉的美学涵义：此种艺术形态可以有效打通虚拟世界与现实世界的壁垒，从而给观众带来一种"美学幻觉"。其艺术价值正如博凯茨所言："假如虚构作品的人物可以成为读者或观众的话，那么，我们——作为他们的读者和观众，也可以变成虚构的人物。"① 由此而言，元杂剧叙事主体的多样存身方式，虽然不符合西方戏剧体制的规范，但在当时的戏剧情境下却具有积极的意义，亦符合民众的观赏习惯（详见本文第三节）。

此外，从本质上来讲，元杂剧叙事主体的三种存在样态其实都高扬了剧作家的主观意识：或依附人物，或游离故事域面向观众公开叙述、评论。这一表现形式，似乎与西方戏剧有很大不同，在西方戏剧中，作为剧作家的叙事主体往往"隐退"幕后，让人不易察觉。然而，不易察觉并不代表彻底消隐，而只能说明主体意识的隐蔽含蓄。正如布斯所说："作者可以不在作品中直接露面，但他总是存在于作品中。虽然作者可以在一定程度上选择他的伪装，但他永远不能选择消失不见。"因为"最中立的议论也会暴露出某种信奉"。② 因此，西方戏剧所谓"客观真实"的戏剧效果也只是一种真实的幻影。既然任何戏剧叙事都始终指涉剧作家的审美观，那么，戏剧叙事所谓的"主观"与"客观"，"演述"与"展示"也只是不同的艺术形式或艺术手段，本来就各有千秋，并无优劣之分。

三、叙事场域的合法性

毋庸置疑，元杂剧演述范型的整全确立，不仅仅是叙事主体（剧作家、叙述者、人物）自身的存在方式和生命场境的复杂建构，还应该涵蕴更为广泛意义的语境③要素，包括元朝的时代背景、观众的接受惯习（habitus）、剧场的交流系统，等等，我们可统称之为"叙事场域"。按照法国社会学家皮埃尔·布迪厄（Pierre Bourdieu）的解释，"场域"（field）这一概念主要是指："在各种位置之间存在的客观关系的一个网络（network），或一个构型（configuration）"④，这表明：场域不是通常所指的地理空间位置，而是行动者的社会实践空间，是处在不同社会位置的行动者在惯习的指引下所形成的复杂交互关系。⑤ 鉴于此，我们将元杂剧叙事场域界定为三组交互关系：时代背景与叙事主体的交互关系；叙事主体与观众的交互关系；观众与演述传统的交互关系，由此构成了元杂剧叙事场域的"一个网络"、"一个构型"。这些相互连带的交互关系，共同构成了元杂剧叙事僭越的价值基础。

1. 时代背景与叙事主体的交互关系。

我们知道，蒙元时期统治阶级大力推行种族歧视政策，文士阶层被排斥打压，社会地位极为

---

① ［法］杰拉尔·日奈特《论叙事文话语——方法论》，张寅德编《叙述学研究》，中国社会科学出版社1989年版，第268页。
② ［美］韦恩·布斯《小说修辞学》，华明等译，北京大学出版社1987年版，第23、85页。
③ 在人文社会科学中，"语境"（context）这一概念往往有普泛化的应用趋向，甚至成为"历史、民族、文化、传统、宗教、信仰"等宏大叙事的代名词，显然，如此宏大的语境观不利于本文元杂剧叙事价值的深刻揭示，经过反复思索，我们决定采用"叙事场域"作为此处的主要分析工具。相较于"语境"对叙事客体的高度强调，"叙事场域"则更加凸显了叙事主体与叙事客体之间的复杂交互关系。事实上，元杂剧演述体制的价值生成与赋予正是在此种交互关系中完成的，同时，它也构建了元杂剧叙事僭越合法性的价值准则。
④ ［法］布迪厄、［美］华康德《实践与反思：反思社会性导引》，李猛等译，中央编译出版社1998年版，第133—134页。
⑤ Bourdieu P. *The Field of Cultural Production: Essays on Art and Literature*. Cambridge: Polity Press, 1993: 162-164.

低贱，"所在不务存恤，往往混为编氓"①；再加上长达八十一年的科举废止，更使文人读书延誉的科第之途被彻底堵阻，难怪时人慨叹："末俗由来不贵儒，小夫小妇恣揶揄。"② 如此悲惨的境遇和地位，使元代文人内心充满了郁闷难舒的情怀，于是，沉抑下僚的他们唯借元剧之"杯酒"，一浇心中之块垒：或宣泄怀才不遇的愤闷，或控诉社会的黑暗不公。因此，王国维在赞赏元杂剧时说："彼但摹写其胸中之感想，与时代之情状，而真挚之理，与秀杰之气，时流露于其间。"③

在这种郁结厚重的创作心态下，剧作家很自然地将抒情作为元剧中最为重要的一种艺术表达方式，于是"能使快者掀髯，愤者扼腕，悲者掩泣，羡者色飞"④ 的抒情诗篇充溢各个场段，而叙事本身却往往退居其次，由此造成了戏剧情节的"停叙"，叙事上的僭越。也正是在此意义上，我们说元剧作家具有"主观之诗人"⑤ 的创作倾向。例如关汉卿《窦娥冤》第三折窦娥赴法场遭斩，从戏剧情节上来讲，该折仅是第二折结局部分的重复再现，但从情感抒发的角度来看，此折却构成了全剧的情感"高潮"。特别是窦娥汹涌激荡的血泪控诉，令人荡气回肠：

[滚绣球] 有日月朝暮悬，有鬼神掌着生死权，天地也，只合把清浊分辨，可怎生错看了盗跖颜渊？为善的受贫穷更命短，造恶的享富贵又寿延。天地也，做得个怕硬欺软，却原来也这般顺水推船。地也，你不分好歹何为地？天也，你错勘贤愚枉作天！哎，只落得两泪涟涟。

很明显，此段颇具文采、内蕴思想深度的抒情曲词，远非从来鲜少教育、出身社会最底层的窦娥所能表达，此时剧中人已突破自身角色的束缚，成为剧作家的代言人，表达了剧作家对元代社会黑暗不公的强烈控诉。再如马致远《汉宫秋》第三折，在王昭君别离汉宫后，剧中主人公汉元帝酣畅淋漓地唱叙了自己内心的愁苦与眷念，而此处大段的抒情诗句又往往游离于戏剧叙述层上的具体情境，直接面向观众进行"演述"，实则表达了剧作家对历史事件的另一种理解。另，白朴《梧桐雨》第四折主唱人大段抒发其复杂心绪的唱词亦属此类。更为极端的情况，像马致远《陈抟高卧》这类作品，几乎没有故事情节和戏剧冲突，剧作家只是借剧中人陈抟之口，表达了自己的遁世思想。

总之，元杂剧中人物冲破角色束缚，游离戏剧情境外的酣畅抒情，虽然是一种戏剧叙事上的僭越，但却有一种独特的演出效果和审美蕴涵。它在深度揭示人物内心世界，折射时代背景的同时，也使观众产生强烈的情感共鸣，从而达致对历史、人生更为广阔的思考。

2. 叙事主体与观众的交互关系。

周宁从话语交流的结构与功能角度，比较了中西方戏剧的差异，认为中国戏曲属于以"代言

---

① （元）陶宗仪《南村辍耕录》（卷2"高学士"条），文灏点校，文化艺术出版社1998年版，第26页。
② （清）顾嗣立编《元诗选（二集）》，中华书局1987年版，第39页。
③ 王国维《宋元戏曲史》，第98页。
④ （明）臧懋循《元曲选·后集序》，引自吴毓华编著《中国古代戏曲序跋集》，中国戏剧出版社1990年版，第150页。
⑤ 王国维在其名著《人间词话》中提出了"客观之诗人"与"主观之诗人"的词学概念，认为主观诗人不以摹写生活本身为目标，而以抒发主观性情为旨归。对于许多元剧作家而言，创作戏剧作品的根本目的并不在于客观地为观众"演一个故事"，而在于用力表现剧中人物的情感经验和剧作家本人的情感共鸣与道德评价。

性叙述"① 为主导的外交流系统；而西方戏剧则属于以"戏剧性对话"为主导的内交流系统。②虽然周宁此处谈论的是中西戏剧的话语模式，但他却点明了中国戏曲剧场交流系统的开放性，以及叙事主体与观众间的独特交互关系。这一点，在元杂剧中表现得尤为明显。

在元杂剧的表演中，人物可以随时游离戏剧情境之外，直接面向观众交流，或抒情、或议论、或解释、或调侃，剧作家—演员与观众之间绝不存在西方戏剧观念中所谓的"第四堵墙"。这种"跨界"的互动（剧中人与剧外观众的互动），虽然不符合西方戏剧的观—演格范，但在当时中国戏剧的实际演出情境下却具有十分积极的意义。举例来说，元杂剧中有许多包公公案戏，这类戏除了表现包公清正廉明、不畏豪势的性格外，更为重要的在于揭露作恶者的横行霸道、肆意妄为，而这种揭露并非像西方戏剧那样随着情节的推进而逐步彰显，进而为观众所认知，相反完全是一种开放式的揭露，让观众可以一目了然。如《鲁斋郎》之鲁斋郎出场时即自我介绍："花花太岁为第一，浪子丧门再没双；街市小民闻我怕，则我是权豪势要鲁斋郎"；《生金阁》之庞衙内表白"嫌官小不做，嫌马瘦不骑，打死人不偿命"；《陈州粜米》之刘衙内宣称"白拿白要，白抢白夺"。显然，如此自我丑化的言语，绝非剧中人物的自我表达，无疑是剧作家将人物无法无天、为所欲为的凶狠品性明白无误地告诉给观众。

之后的案发情节也都采取开放式描述，剧作家将所有"秘密"毫不避讳地展示给台下观众。而这种展示，就包涵了剧中人物游离角色之外直接面向观众陈述细节；有的戏中还由剧中人物在每折（第一折除外）开始处向观众陈述之前在舞台上已经扮演过的情节，如《生金阁》、《盆儿鬼》等剧皆采用了这样的手法。这种对前折主要情节加以重复的做法，明显属于叙事上的僭越，但在当时的演出情境下却是有进步意义的。首先，人物化身叙述者面向观众进行叙述，容易给观众造成一种事件真实、客观的"美学幻觉"；其次，方便了晚到场的或未能观看到先前情节的观众。同时，从人物形象塑造上来看，由于观众已经对案件过程了如指掌，对人物善恶也早已明白透彻，因而会把注意力集中于包公如何勘案、结案上来，从而更加有利于包公人物形象的塑造，增强其在观众心目中的地位，同时观众也会对邪恶作歹者所得到的应有惩罚而拍手称快。显然，这种正反人物形象都能鲜明呈现，并能使观众产生强烈情感共鸣的艺术效果，远非把观众屏蔽在"墙"外的内交流系统所能达致。

要之，元杂剧叙事主体与台下观众的"跨界"互动，在使叙述者获得一种"全知视角"的"上帝"眼光的同时，也使台下观众获得了"全方位"的视角。对于游离于人物之外的叙述者而言，这种"全知"的叙述，容易给人带来一种纯客观的"美学幻觉"；对于台下观众而言，"全方位"观察视角的获得，使其获得了与叙述者对于事件观照的同样地位，从而消弭了西方戏剧观演中的固有差异：剧作家、人物牢牢地把持着情节叙述，而观众却只能被动地接受。这样，在开放性的剧场交流系统中，元杂剧的叙述事主体（剧作家、叙述者、人物）就与台下观众由主体性关系跃迁为主体间性（Intersubjectivity）③ 关系，从而达到了视阈之融合，意义之共享。联系当时的戏剧演出环境，这种叙事主体与观众之间的意义共享具有十分必要的意义，它不但符合当时普

---

① 周宁认为：代言性叙述不同于纯粹的叙述，它是剧中人物的话语，它的主体是具有双重身份的演员，既是剧外叙述者又是剧中人物。而纯粹的叙述则是故事之外的叙述者的话语。

② 周宁《叙述与对话：中西戏剧话语模式比较》，《中国社会科学》1992年第5期。

③ 主体间性（Intersubjectivity）是20世纪西方哲学中凸显的一个范畴，依其上下文关系可译为或理解为主体之间性、主观际性、主体（观）通性、共（多）主体性、主体间本位等。它的主要内容是研究或规范一个主体怎样与完整的作为主体运作的另一个主体相互作用的，它展示的是一种"主体—主体"结构。交流，其实就是互为主体的主体之间所进行的相互作用、相互对话、相互沟通和相互理解。参见金元浦《论文学的主体间性》，《天津社会科学》1997年第5期。

通百姓日常的生活经验，使他们可以快速进入戏剧故事，而且使观众能够从整体上而不是局部上把握戏剧的人物和情节。

3. 观众与演述传统的交互关系。

我们知道，唐宋以来渐趋壮大、成熟的叙事性"说话"伎艺①，在瓦舍众伎中逐渐占据主流地位，成为百姓日常娱乐中最为喜闻乐见的一种艺术形式。罗烨《醉翁谈录》中就列述了当时小说家"说话"的八种门类，并赞赏说话人有"说收拾寻常有百万套，谈话头动辄是数千回"②的气势，足见当时说话人伎艺之成熟，同时这也从侧面说明了人们对于此种艺术形态的熟识程度和广泛接受程度。

从艺术表现方式上来看，叙事性"说话"以讲说故事为旨归，叙述者（讲故事的人）置身于故事情境之外，虽然"时有模拟故事中人物的动作的地方，但全部是第三人称讲述，并不表演"。③其间，叙述人还常以批评家或者评判人的姿态对故事进行品评（commentary），以引导听众/观众对故事本身进行理解。值得注意的是，由于说话人是以"全知全能"的"上帝"身份介入，因而这种叙述、品评往往带有不容置疑的权威性，一种纯客观的叙事幻觉也由此产生，并成为一种经久不坏的叙述模式。在这种模式中，叙述者与听众/观众达成了一种默契：听众/观众默认了叙述者的权威，甘愿跟随叙述者进行理解、思考，并与之产生精神上的契合与共鸣。即使叙述者不是事件的经历者、见证者，也并不影响故事本身的真实性。

返归宋元的历史语境，对于当时的听众/观众而言，"说话"伎艺的叙事思维与叙事方式已经成为他们的"审美惯习"（aesthetic habitus）。而"惯习"（habitus）将强化社会场域中的个人把握与感知社会规约，并将其内化于思维模式和行为方式之中④，因此我们说，唐宋以来的"说话"伎艺及其文本形态的"话本小说"对元杂剧的深刻影响，不仅是故事题材的取鉴，更在于叙事思维与叙事方式的深刻渗入。从某种意义上来讲，作为中国传统戏曲艺术成熟样态的第一座高峰，元杂剧表演更多地展现出一种叙事思维，而非演事思维⑤，这其中必然有当时观众审美接受惯性的巨大力量。试想一下，在"说话"伎艺十分风行的元代，元杂剧表演如果放弃叙事思维，而采用纯粹的演事思维，必然会受到观众的拒斥。因为对于深受"说话"伎艺叙事思维浸润的元代观众而言，他们已经完全习惯了权威叙述者的"引导"，若要抽空这种"引导"，完全由演员化身剧中人物来"演事"，必然要求观众对人物品性、情节走向做出判断，这无疑会使整个观赏过程趋于复杂化，对观众的欣赏能力也是一种挑战，而这与元代观众"审美惯习"中的"理性精神"⑥完全相悖，因而无法得到观众的广泛认可与接受。

---

① "说话"伎艺在宋以前出现了两条发展脉络：一为以嘲调戏谑为宗的俳优小说；二为以叙事为宗的"说话"。只不过，最迟至宋元时期，嘲调性质的"说话"伎艺就已成为余绪（像宋元瓦舍伎艺中的说诨话、合生等皆其余绪）；而叙事性"说话"却渐为壮大，成为主流。

② 罗烨《醉翁谈录》，古典文学出版社1957年版，第3页。

③ 郑振铎《中国俗文学史》，东方出版社1996年版，第7页。

④ Bourdieu P. *The Logic of Practice.* Cambridge: Polity Press, 1990: 54.

⑤ 与叙事思维不同，演事思维拒斥叙述者的出现，并要求演员坚守虚拟故事域，同时化身故事中的人物，以第二人称口吻用类似生活的语言、表情、语气来对话，并直接把生活中的行动表现出来。

⑥ 此处的"理性精神"，强调了观众与戏剧本身的疏离，观众只观赏戏剧，但不会完全介入其中对剧中人物性格、情节发展做出判断、评价，这些任务一律交由"全知全能"的叙述者来完成。事实上，此种"理性精神"不仅对包括元杂剧在内的中国传统戏曲的演述方式起到了重要的"型塑"作用，也对中国古代文言小说、白话小说的叙述方式具有重要的规约意义。例如中国古代白话小说多采用第三人称全知叙事，而规避第一人称叙事的形制，就体现了读者理性精神的规约。因而，我们可以将其看作国人阅读/观赏文艺作品的"审美惯习"。

除了对元杂剧叙事方式上的"文体期待"外,观众的"审美惯习"中还含蕴了更为深沉的"叙事伦理"(narrative ethics)诉求。因为在元杂剧演述中,游离于角色之外的第三人称叙述者,除了作一般的介绍背景或描摹戏剧情境外,更多地是直接面向观众表达对人物、事件和社会的基本伦理态度、价值判断和道德理想。这种叙事中的"伦理干预"凸显了元杂剧的抒情维度,符合当时观众的戏剧欣赏结构,同时,也会激发观众的伦理认同、伦理同情,并由此达致叙事主体与观众间的伦理意义共享。相较于西方戏剧体制下剧中人物的第一人称限知叙事(叙事学中所谓的"叙事自我"与"经验自我"合一),元杂剧中的第三人称全知叙述者将会有更大的伦理担当。

然而,需要明确的是,元杂剧叙事主体的"伦理干预"并非总是随心所欲,它首先要遵循的是元代社会普遍化的道德准则和民众一般化的伦理取向。因此,从这个意义上来讲,叙事主体的存在有其根深蒂固的历史文化因素支撑着,他的声音"是在一特定历史时空中一个集体的、匿名的声音,其源头正是一般人的知识总和"[1]。例如无名氏《博望烧屯》中,曹操手下大将夏侯惇上场时这样介绍自己:"上的马去,番番不济;到的阵前,则是盹睡;若遇敌将,做不的本对;他轮刀便砍,慌的跳下马来膝跪。"这里人物虽以扮演者的形象出现,却明显具有第三人称贬损口吻,实则表达出民间相沿已久的"尊刘贬曹"[2]的情感倾向。与此相对,关汉卿《单刀会》第四折关羽主唱悲壮苍凉的[新水令]和[驻马听]二曲,虽然明显游离于戏剧情境之外,却着力表现出他的勇武精神,而这又与人们内心的道德倾向相一致。正是由于元杂剧中的叙述者将当时民众普遍认可的伦理道德意识传达给观众,才得到了当时观众的普遍接受乃至喜爱。否则,"非是而欲餍阅者之心,难矣!"[3]

四、结 语

无论是基于叙事主体的存身方式,还是叙事场域的交互关系,我们都无法将元杂剧演述体制中游离于角色之外的第三人称全知叙事,以及由此带来的叙事上的僭越,简单地确证为仅具文本意义或叙事学意义。事实上,僭越本身勾连了太多历史的、社会的、文化的、心理的意义,正是这些复杂的意义图景,才建构了元杂剧叙事僭越合法性背后的价值基础、价值准则。而这一处于多元价值思维中的建构过程,也是一个对"权威"、"尊严"的价值反思过程,暗含了对合法性焦虑的反拨。

其实,如果跳出狭隘的单线"进化论"思维模式,就不难发现:"合法性的价值基础则是一种生成的价值视野——一种不断交融、扩展着的共享的价值视域。"[4] 这就是说,叙事僭越的合法性不仅仅局限于元杂剧的艺术形制中,而且广泛存生于南戏、传奇等中国传统戏曲的其他艺术样态中,甚至还存在于西方戏剧样态中。比如,西方现代派戏剧就认为戏剧性主要在于人物的内

---

[1] 法国文学批评家罗兰·巴特(Roland Barthes)语。转引自王德威《想像中国的方法:历史·小说·叙事》,生活·读书·新知三联书店2003年版,第82页。
[2] 作为一种通俗文学,戏曲所展现的更多的是民间的审美理想和民众的情感倾向,事实上,作为发展比较精致的文人小说,则更有可能突破此限制,从而表达一种更为复杂的思想诉求。比如在文人小说《三国演义》中,对于曹操这一人物形象的塑造,则表现出一种更为复杂的诠解:小说中除了表现其在民众心理所普遍认为的奸雄一面的同时,也表现了其文韬武略的一面。而这一点在戏曲叙事中却是很少见到的。限于本文讨论的议题,此处不做展开。
[3] 王国维《红楼梦评论》,周锡山编《王国维集》,中国社会科学出版社2008年版,第10页。
[4] 王葎《合法性:现代语境中的价值叙事》,《哲学研究》2007年11期。

心而非外部的人物对话和形体动作，而这种对人物心灵世界和精神状态的精微剖析，必然会淡化事件本身的戏剧性，由此导致戏剧情节的断裂乃至"停叙"，终而形成叙事上的僭越。像美国现代戏剧之父——奥尼尔创作的《奇异的插曲》一剧，全是女主人公尼娜的内心独白，几乎没有什么动作；这让我想起了元杂剧《汉宫秋》中的汉元帝用一折篇幅来唱叙自己内心的愁绪。这种跨越时空的相似性，无疑进一步表征了元杂剧叙事僭越的合法性。

（作者单位：贵州民族大学西南傩文化研究院）

《十八摸》知见录

胡文辉

我早就写过一篇《〈十八摸〉钩沉》,但当时所知尚少,只写成专栏文字;后来闻见渐多,有意续写一篇《补考》,不过等到如今真正着手,才发觉材料固然不少,但可"考"者却实在有限。现仅排比材料,间下己意,以供好事者参考,故名《知见录》云。

所引据的材料,重要者多来自随时积累,文献目录方面则颇得力于网络检索,包括"读秀"、"知网"。在网搜技术方面,我当然不敢自信,设有"e考据"之健者能增补订正,固所望焉。至于或有人会以为做如此题目近乎无聊,我也不拟自辩,反正前人早就说过:"不为此无益之事,何以遣有涯之生?"

一、事 由

韦小宝要求歌妓唱《十八摸》小调,事见《鹿鼎记》第三十九回,自不必细表。不过,书中至少还有两处提到《十八摸》,读者或易忽略,倒是应当拈出。一是第四十五回,韦小宝被封为"一等通吃伯",在钓鱼岛上做白日梦时,有海龟对他说:

> 水晶宫中有一部戏班子,擅做群英会、定军山、钟馗嫁妹、白水滩诸般好戏。有说书先生擅说大明英烈传、水浒传诸般大书。又有无数歌女,各种时新小调,叹五更、十八摸、四季相思无一不会。……

一是第四十六回康熙拟派遣韦小宝出使罗刹国,又借《十八摸》的"梗"对罗刹女王轻薄了一番:

> 韦小宝哈哈大笑,说道:"罗刹女人全身都是金毛,这个苏菲亚摄政女王相貌倒挺不错,她身上的皮肤,摸上去却粗糙得很。"索额图笑道:"皇上就是要兄弟出马,勉为其难,再去摸她几摸。"韦小宝笑着摇头,说道:"没胃口,没胃口。"索额图道:"兄弟一摸之下,两国交好,从此免了刀兵之灾,这是安邦定国的一桩奇功啊。"
>
> 韦小宝笑道:"原来皇上不是派我去带兵打仗,是要我施展'十八摸神功',哈哈!"嘴里唱了起来:"一呀摸,二呀摸,摸到罗刹国女王的头发边。女王的头发象黄金,索大哥和韦小宝花差花差哉!"两人相对大笑。

专研金庸小说的刘国重指出,顾明道写于民国的《荒江女侠》已提到《十八摸》,见小说第七十三回：

> 一回儿那麻面的兵士将筷子敲着酒杯，唱起淫秽不堪入耳的十八摸淫曲来，那两个瞧着玉琴慕兰哈哈大笑。①

金庸幼年时读过《荒江女侠》，且深受其影响，但我不认为，他写到《十八摸》就是受了《荒江女侠》的影响。《十八摸》在民国时相当流行，金庸想必亲所听闻，用不着顾明道的书本来影响的。

而在顾明道之前，曾朴在其《孽海花》里，已让女主角傅彩云（影射赛金花）在俄国彼德堡使馆唱《十八摸》解闷了，见小说第十四回：

> 阿福指着洋琴道："太太唱小调儿，我来弹琴，好吗？"彩云笑道："唱什么调儿？"阿福道："《鲜花调》。"彩云道："太老了。"阿福道："《四季相思》吧！"彩云道："叫我想谁？"阿福道："打茶会，倒有趣。"彩云道："呸，你发了昏！"阿福笑道："还是《十八摸》，又新鲜，又活动。"说着，就把中国的工尺按上风琴弹起来。彩云笑一笑，背着脸，曼声细调的唱起来。顿时引得街上来往的人挤满使馆的门口，都来听中国公使夫人的雅调了。②

让青楼出身的傅彩云唱《十八摸》，就跟让青楼出生的韦小宝点唱《十八摸》一样，自然是极切合人物身份的。

二、影　响

据我所知，《十八摸》最早于史有徵的，是同治七年（1868）江苏巡抚丁日昌查禁的"小本淫词唱片"目录③。

光绪十三年（1887）《点石斋画报》有《西妓弹词》一幅，其配文述当时上海租界风光云：

> 近年四马路望衡对宇无非弹唱，偶一经行，颇嫌烦聒。而也是楼主又请西妓一名，间数日一临，为独出冠时。所唱只中国淫词中之十八摸一曲，闻者不甚许可，夫亦无聊之极思矣。④

连西洋倡女都解唱《十八摸》，可见其作为艳曲代表作的风行程度，也说明其曲调甚为通俗易唱。又稍后池志澂《沪游梦影》记辛卯年（1891）所见洋场风月：

---

① 此据漓江出版社1988年版，余灵川校点；参刘国重《〈荒江女侠〉与〈鹿鼎记〉》，《羊城晚报》2015年6月14日。
② 此据莫汝城《粤剧小曲概说》（上）提供的线索，来自网络。
③ 《同治七年江苏巡抚丁日昌查禁淫词小说》，原载《江苏省例·藩政》同治七年、《抚吴公牍》卷一，此据王利器辑录《元明清三代禁毁小说戏曲史料》，上海古籍出版社1981年版，第142—148页；参阿英《关于清代的查禁小说》，《阿英文集》，三联书店1981年版。
④ 此据陈平原、夏晓虹编注《图像晚清》，天津，百花文艺出版社2001年版，第265页；参芳草《女弹词考》，《铁道师院学报》第16卷第6期，1999年12月。

> 近时院中专尚小调，如《九连环》、《十八扯》、《四季相思》，风柔声软，荡人心志，诸姬皆能，不必女唱书独擅也。①

这里说的《十八扯》，想必是《十八摸》之讹吧。

刊行于宣统年间的《图画日报》"营业写真"栏目，亦有《唱小曲》一幅，其配诗云：

> 唱小曲，句调熟，闹五更与十八摸。一只胡琴咿咿哑，一遍听过无还复。小曲从来最导淫，伤风败俗害人心。长官何不严申禁，灭尽街头郑卫音。②

入民国后，西风及于中土，学界中人多知重视民间歌谣戏曲，其见于学者文人笔下也不鲜见了。

周作人在著名的《猥亵的歌谣》（1923）一文里就谈到：

> 其实论到内容，《十八拍〈摸〉》的唱本与祝枝山辈所做的细腰纤足诸词并不见得有十分差异，但是文人酒酣耳热，高吟艳曲，不以为奇，而听到乡村的秧歌则不禁颦蹙，这个原因实在除了文字之外无从去找了。③

而此前，他其实已在《诗的效用》（1922）一文里提到过《十八摸》：

> 总觉得中国小调的流行，是音乐的而非文学的，换一句话说即是以音调为重而意义为轻的。《十八摸》是中国现代最大民谣之一，但其魅人的力似在"嗳嗳吓"的声调而非在肉体美的赞叹，否则那种描画应当更为精密，——那倒又有可取了。④

对于《十八摸》，这倒是个简明的评论，也是个难得的评论。

谭正璧在《诗歌中的性欲描写——性欲文学的幸运儿》（1928）里，讨论"性欲文学"的肢体类，也举《十八摸》为例：

> 前人所谓"艳体诗"，大概都属这一类，所以一向不被称为猥亵。因此在本文中，这一类也最少引述。这一类大都是联想性交，粗视之似乎不关乎性欲。现在举一段极粗陋的盛行民间的《十八摸》：
> 伸手摸到姐妮介界边呀，姐妮介界好像一块三角田，唶咯咙咚详，哎哎哼，哎哎哼，哎哼哎哼哎哎哼，一梭两头尖，胡子两边分，哎哎哼。⑤

---

① 《沪游杂记·淞南梦影录·沪游梦影》，上海古籍出版社1989年版；参陈平原、夏晓虹编注《图像晚清》，第264页。
② 王稼句编纂《三百六十行图集》（下册），苏州，古吴轩出版社2002年版，第498页
③ 此据钟叔河编《周作人文类编·花煞》，湖南文艺出版社1998年版，第559页。按：朱自清《中国歌谣》第四章讨论歌谣类别，将《十八摸》之类归入民歌中的"猥亵歌"，即根据周作人此文。
④ 此据钟叔河编《周作人文类编·本色》，第702页。按：朱自清《中国歌谣》第五章讨论歌谣结构中的趁韵，亦引用周作人此文。
⑤ 谭正璧《中国文学进化史·诗歌中的性欲描写》，上海古籍出版社2012年版，第242—243页。

顾颉刚早年的《纂史随笔》（1922）中随手记有苏州小调的分类，并有一句：

　　尚有《五更调》、《十八摸》，未知如何。①

那么，顾颉刚对《十八摸》应只是闻其名而未闻其曲。后来，他跟吴立模合作的《苏州唱本叙录》又有《十八摸》一则：

　　凡十八段，是顽笑戏"荡湖船"里头的一节。李君甫上了船，同船姑顽闹，周摸她的全身，一头摸一头唱的唱句。此歌有特殊的调谱，自成一格，流行得很广的。不过歌里头有几段很秽亵，所以有几种刻本里把它删了，另填进别的几段。②

此文系顾氏"将吴君原作略略修改"而成，故这一段说明更应视作吴立模的手笔。据吴立模的简叙，则《十八摸》的流传，尤其是唱曲转为录文这一过程，也存在删节问题。——对于《十八摸》，我原来有"不过如此"的感觉，这样看来，恐怕也因为有些文本已是"洁本"了。

1949 年以后，流寓海外的人士对《十八摸》也仍有记忆。柏杨写于 1960 年的杂文《新十八摸》，就借了《十八摸》做引子：

　　柏杨先生故乡有一个民间歌曲，曰"十八摸"，在穷苦的劳力阶层，非常流行。夏天黄昏，常有一大群庄稼汉，围着一个卖唱的女人或女孩子，听她娇滴滴地唱"十八摸"，一旦唱到"一摸摸到姐儿的……"，观众立刻爆出震天而带着猥亵意味的大笑，笑她"摸"得甚为过瘾也。③

约略同时，金雄白也写过一篇《淫词艳曲》，回忆其民国时的见闻：

　　淫词艳曲，其实在我国也到处都有。战前，上海中下级的酒楼，以及四马路一带的小旅馆里，入夜都有女人携着胡琴兜揽卖唱，排闼挑帘，横冲直撞，而所唱又泰半为这类的淫艳之曲。在南方，以苏州扬州两地的小调，为最是消魂蚀魄，《十八摸》已不堪入耳，而《十不该》尤粗鄙得出人意想。……④

可知上海四马路一带唱黄色小曲的风气，从《点石斋画报》时代，至少延续到抗战前的 30 年代。而且《十八摸》还不算最下流的。

以上周作人、谭正璧、顾颉刚、金雄白，都是江浙人（吴立模不详），而且周作人更指《十八摸》是"中国现代最大民谣之一"，那么，生长在同一地方的金庸少小是很可能听过——至少也听说过——《十八摸》的。加上后来海外语境异于内地，有柏杨、金雄白之类旁人回忆的刺激，金庸将《十八摸》写入小说，就更是顺理成章了。

---

① 顾颉刚《顾颉刚全集·顾颉刚读书笔记》卷一，中华书局 2011 年版，第 376 页。
② 顾颉刚《顾颉刚全集·顾颉刚民俗论文集》卷一，中华书局 2011 年版，第 291 页。
③ 柏杨《倚梦闲话·圣人集》，北京，中国友谊出版公司 1994 年版。
④ 金雄白《乱世文章》第三集，香港，吴兴记书报社 1966 年版。

当然,《十八摸》迟至晚清始见诸记录,则其在民间产生乃至流行,自不太可能早至清初;也就是说,韦小宝听《十八摸》,属于典型的年代错置(anachronism)。但此亦不足为病。这个问题,我在别的文章里已说过,兹抄录于此:

> 虚构作品所表现的真实,是文艺的真实,而文艺真实绝不同于历史的真实。追求历史的真实,是学者的责任,但不是创作者的本份。追求文艺的真实,需要飞扬的想象力,不必处处在历史细节上一丝不苟。我想……韦小宝想听《十八摸》,简直更增添了文艺的真实。①

三、著 录

关于《十八摸》著录和述介的情形,我在《〈十八摸〉钩沉》里已有谈及,但限于文体,语焉未详,今汇总其他材料,重新略作梳理。

将《十八摸》作为学术资料来著录的,最早应数刘复、李家瑞的《中国俗曲总目稿》②,共收录了两种版本,一是北平抄本,题为"荡湖调",录有开头一段歌词:

> (旦唱)一个姐儿睡到半夜三更睏也睏不着　(丑唱)伸手摸头又摸脚　哧咕咙咚呛啊　(旦唱)伸手摸到姐儿头发边呀　(丑唱)姐儿头发桂花香呀　哧咕咙咚呛啊　(旦唱)伸手摸到姐儿眉毛边呀

一是苏州志恒书社本,也录有开头一段歌词:

> 哎吓哎吓哎哎吓　摸手又摸脚　伸手摸到姐儿头发边呀　姐儿头发亮光光　哜咯咙咚祥

其次是傅惜华编《北京传统曲艺总录》"十八摸"条:

> 作者无考　《各样曲目》著录;调名标曰:杂曲。《中国俗曲总目稿》页六〇亦著录。北京钞本(前中央)(已毁)《八音克谐》选录此曲。此曲反映旧社会生活,内容淫秽反动。③

经查检,此处提到的《各样曲目》,当系《新刻带白带靶马头调各样多情小曲》二卷,未题编选者,清刻本;《八音克谐》也未题编选者,有光绪十八年(1892)钞本。

晚近还有刘效民著《四川坊刻曲本考略》,述录了两种民国年间刊行于四川的《十八摸》版本④。

---

① 胡文辉《年代错置问题》,《南方都市报》2013年7月21日;收入《电影考古记》,河南文艺出版社2015年版。
② 刘复、李家瑞《中国俗曲总目稿》,中央研究院历史语言研究所1932年本、1993年影印本。
③ 傅惜华编《北京传统曲艺总录》,中华书局1962年版,第795页。
④ 刘效民《四川坊刻曲本考略》,中国戏剧出版社2005年版,第363、367页。

此外，在论著中完整或较完整地引录了《十八摸》文本的，我所见的有以下这些：

  台湾客家话《十八摸》①

  台湾闽南话《十八摸》②

  《新刻十八摸新歌》，刻本③

  陕北民歌《十八摸》④

不论作为俗曲，还是作为古籍，《十八摸》都不入流品。我检索过国家图书馆的书目，只显示有《十八摸》藏本两种，未附任何说明；在正式的古旧书拍卖中似也不多，我所知也仅得两例：

  新十八摸等情歌五种，清刊本，竹纸⑤

  新十八摸等四十余种，清刊本⑥

而在门槛低的"孔夫子旧书网"倒是相对多见。在孔网历年的拍卖中，我自己拍得的，或未拍得而承拍主提供复印件的，大致如下：

  《十八摸》（内署"改良十八摸·下河滕本"），收入《十八摸·魁星楼（内附：露水夫妻）》，署"重庆石明山卯癸"⑦

  《新出小曲十八摸》（内署"新刻十八摸"）

  《十八摸》（时调），收入《月明珠·十八摸·夸铁岭·三姑娘调情·妓女叹声·五更绣汗巾·诗经巧合五更·妓女甩客热友·姑娘要嫁妆》

  《十八摸》，收入《时调大观》

  《十八摸》，收入《新出改良小调大观》（内署"新编小调大观"），上海沈鹤记书局民国14年版

  《十八摸》，收入严一臻编辑《改良秘本时调新曲》（内署"新出改良秘本时调新曲四集"），上海文益书局民国15年版

  《十八摸》，周乃曦编选《新编时调小曲》，上海大明书局民国38年再版

此外，通过网上得见图像片断而未见全本的传本或资料如下：

  《十八摸》，民国元年刻版

  《新刻十八摸》，广邑魏庆星堂民国17年版

  《新十八摸》（内署"改良新十八摸曲调"），和记书庄民国29年版

  《十八摸》，收入《时调新曲》，上海大美书局民国30年版

  《十八摸》，《最新时调大观》，上海大美书局民国38年再版

  《十八摸》，收入《刘禄金小上坟·十八摸》

  《新十八摸》，收入《新十八摸·新刻中原雅调全部》，外署"中湘发客"

---

① 古国顺《十八摸初探》，《客家杂志》第50期，来自网络。

② 原载［日］片冈岩《台湾风俗志》；据古国顺《十八摸初探》。按：《台湾风俗志》有中译本，陈金田译，台北，罗文图书股份有限公司1987年版。

③ 王顺隆《闽南语俗曲唱本"歌仔册"全文资料库》，来自网络。按：整理者注明"非闽南语"，似认为此系台湾刻本，存疑。

④ 张睿婷《陕北酸曲的考察研究及其价值重塑》，陈慧雯主编《歌者远行——民族音乐学研究文集》，文化艺术出版社2009年版。

⑤ 姜寻编《中国古旧书刊拍卖目录》，北京图书馆出版社2002年版，第267页。

⑥ 姜寻编《中国古籍文献拍卖图录年鉴2003卷》下册，中华书局2004年版，第478页。

⑦ 按："卯癸"疑为"癸卯"之颠倒，若按癸卯年，则为1903年。

《改良十八摸》，收入《新编时调》五集，上海协成书局版

《十八摸》，收入《城市小调歌曲》（《民族音乐》参考资料之四），中央音乐学院中国音乐研究所 1961 年版[①]

《十八摸》（剧目），收入贾德义编《山西二人台传统剧目全编》，北岳文艺出版社 2000 年版

《十八摸》，收入方静主编《徽州民谣》，合肥工业大学出版社 2007 年版

《十八摸》，收入陈新编著《大埔文娱》，2008 年版

《十八摸》，收入胡希张编注《半荤斋山歌集注》，梅州市非物质文化遗产保护中心

不计复印件或拷贝图像，我手头所藏《十八摸》的原本也有五种，是不是可以称得上雄视海内了呢？但说到底，谁知道曾有过多少《十八摸》传本啊，只是素来无人重之、无处藏之罢了。据说，郑振铎曾委托商务印书馆在全国各地搜集民歌俗曲，共得一万二千种，但在 1932 年"一·二八事变"中，随同东方图书馆尽付一炬[②]。在日机炸弹造成的灰烬里，本来曾有多少种《十八摸》呢？

四、文　本

就文字特征来说，《十八摸》的文本大致可分为两种系统：一种接近唱曲，保留了唱曲的衬词，可称唱曲本；一种或经过改编，无衬词，全篇多作七字句，可称歌词本。古国顺《十八摸初探》所分别列举的客家话、闽南话两种文本，其实即分别属于唱曲本、歌词本。当然，两种文本系统内部仍有差别，今未细作梳理，仅据我手头的传本，选取其中"儿童不宜"内容最多的唱曲本一种、歌词本二种（差别较大），分别完整引录，俾读者知其真面目。个别明显的讹字直接改正，不再说明。

唱曲本：

　　一个姐妮困到半夜三更困也困勿着　伸手摸头又摸脚　唠咯咙咚呛　哎哎唷　哎哎唷哎唷哎唷哎哎唷　摸手又摸脚　哎哎唷

　　伸手摸到姐妮头发边呀　姐妮头发亮光光　唠咯咙咚呛　哎哎唷　哎哎唷　哎唷哎唷哎哎唷　青丝亮光光　哎哎唷

　　伸手摸到姐妮额角边呀　姐妮额角的四方　唠咯咙咚呛　哎哎唷　哎哎唷　哎唷哎唷哎哎唷　额角的四方　哎哎唷

　　伸手摸到姐妮眉毛边呀　姐妮眉毛象柳条　唠咯咙咚呛　哎哎唷　哎哎唷　哎唷哎唷哎哎唷　眉毛一条线　哎哎唷

　　伸手摸到姐妮眼睛边呀　姐妮眼睛象秋波　唠咯咙咚呛　哎哎唷　哎哎唷　哎唷哎唷哎哎唷　眼睛象秋波　哎哎唷

　　伸手摸到姐妮鼻头边呀　姐妮鼻头象琼瑶　唠咯咙咚呛　哎哎唷　哎哎唷　哎唷哎唷哎哎唷　鼻头象琼瑶　哎哎唷

　　伸手摸到姐妮小嘴边呀　姐妮小嘴象樱桃　唠咯咙咚呛　哎哎唷　哎哎唷　哎唷哎唷哎

---

① 按：注明根据 1930 年出版《古今歌曲大观》。

② 《郑振铎玄览堂》，苏精《近代藏书三十家》（增订本），中华书局 2009 年版。

哎唷　樱桃一点点　哎哎唷

伸手摸到姐妮耳躲边呀　姐妮耳躲八宝珠环打秋千　唶咯咙咚呛　哎哎唷　哎哎唷　哎唷哎唷哎哎唷　珠环挂两边　哎哎唷

伸手摸到姐妮头颈边呀　姐妮白个头颈美人肩　唶咯咙咚呛　哎哎唷　哎哎唷　哎唷哎唷哎哎唷　头颈美人肩　哎哎唷

伸手摸到姐妮奶奶边呀　姐妮奶奶好比出笼馒头气冲天　唶咯咙咚呛　哎哎唷　哎哎唷　哎唷哎唷哎哎唷　馒头一塌尖　哎哎唷

伸手摸到姐妮肚脐边呀　姐妮肚脐好比当初古铜钱　唶咯咙咚呛　哎哎唷　哎哎唷　哎唷哎唷哎哎唷　一个小铜钱　哎哎唷

伸手摸到姐妮屁股边呀　姐妮屁股大如天　唶咯咙咚呛　哎哎唷　哎哎唷　哎唷哎唷　哎唷　好似大花面　哎哎唷

伸手摸到姐妮大腿边呀　姐妮大腿象琵琶　唶咯咙咚呛　哎哎唷　哎哎唷　哎唷哎唷　哎唷　琵琶未上弦　哎哎唷

伸手摸到姐妮小膀边呀　姐妮小膀好象嫩藕草里眠　唶咯咙咚呛　哎哎唷　哎哎唷　哎唷哎唷哎哎唷　小膀象嫩藕　哎哎唷

伸手摸到姐妮小脚边呀　姐妮脚儿是文明　唶咯咙咚呛　哎哎唷　哎哎唷　哎唷哎唷　哎唷　脚儿天足会　哎哎唷

上下两头多摸到　丢了两头摸中间　唶咯咙咚呛　哎哎唷　哎哎唷　哎唷哎唷哎哎唷　两头摸中间　哎哎唷

伸手摸到姐妮介界边呀　姐妮介好象一块三角田　唶咯咙咚呛　哎哎唷　哎哎唷　哎唷哎唷哎哎唷　一梭两头尖　胡子两边分　哎哎唷

（旦白）到哉到哉　客人上岸罢
（丑）勿上岸哉　搭阿姐仝被头哉
（旦）俫要死哉
（丑）亲口嘴去
（旦）阿要死哉
（丑）上岸罢　下次会哉
（旦）客人慢走　下次会哉
（丑）下次会哉①

前述《苏州唱本叙录》称《十八摸》出自"顽笑戏'荡湖船'"，那么，这个结尾旦、丑对白的形式及内容，或许就是保存了"荡湖船"原戏的成分吧？看到旦、丑对白这一连串的"哉"，我们才能明白，《鹿鼎记》四十六回韦小宝那句"索大哥和韦小宝花差花差哉"，正是戏仿了《十八摸》对话的口吻。

歌词本之一：

紧打鼓　慢筛锣　停锣住鼓听唱歌
诸般闲文都不唱　听我这回十八摸

---

① 据《新出改良小调大观》。

情人睄见姐儿好　从头至脚摸一摸
伸手先摸头上起　各样摸摸都说着
伸手摸　姐儿头发边　乌云遮了半边天
伸手摸　姐儿脑磕边　天庭饱满叫人欢
伸手摸　姐儿眉毛边　柳叶弯弯中间宽
伸手摸　姐儿鼻梁子　攸攸热气往外绽
伸手摸　姐儿小口边　姐儿□口笑嬉嬉
伸手摸　姐儿下磕间　下磕尖尖在胸前
伸手摸　姐儿耳朵边　八宝钗环打秋千
伸手摸　姐儿肩膀子　肩膀同郎一样宽
伸手摸　姐儿胁肢弯　胁肢弯弯搂郎肩
伸手摸　姐儿小手儿　赛过玉笋一样尖
伸手摸　姐儿好胸膛　胸膛帖了郎的钱
伸手摸　姐儿胁巴骨　胁巴弯弯在两边
伸手摸　姐儿奶子边　出笼馒头一样膻（鲜？）
伸手摸　姐儿肚子皮　好像一块棉花软
伸手摸　姐儿肚脐子　好像当年古铜钱
伸手摸　姐儿屁股锤　好像一对粉团人
伸手摸　姐儿大腿根　好似王瓜草里眠
伸手摸　姐儿膊胳弯　好像犁梢培泥尖
伸手摸　姐儿小眼儿　忽的伸来忽的捧
伸手摸　姐儿小腿儿　小脚尖尖钩郎肩
浑身上下俱摸遍　丢开两头摸中间
左一摸　右一摸　一摸摸在燕子窝
两头尖上鱼古样　好似一个织布梭
东一摸　西一摸　好像一个老鼠窝
这个老鼠死得苦　转遭都是毛团着
这边摸　那边摸　冷手摸着热傢伙
内里不住忽忽响　好比老鼠偷油喝
姐儿生得白似霜　小脚踏在浴盆上
屁股锤儿着了水　好比老头喝饭汤
姐儿屁股大似天　三石芝麻晒满到边
两边栽的垂杨柳　此处走马又行船
年光听了十八摸　昼夜贪花他也摸
光棍听了十八摸　回到家中睡不着
半夜起来发了忙　摸着枕头当老婆
和尚听了十八摸　搂抱徒弟下傢伙
姑娘听了十八摸　木鱼锤儿解解渴
道士听了十八摸　回到庙里急朵梭

说到此处住傢伙①

歌词本之二：

各位莫听十八摸	听了十八睡不着
左一摸来右一摸	摸到情妹□尾窝
头上青丝梳成柄	后挽凤尾扎红绳
左一摸来右一摸	摸到情妹耳朵窝
八宝耳环两边分	听了回去有精神
重一摸来浪一摸	摸到情妹眉毛窝
眉毛塆塆龙戏水	一对眼睛像豆各
上一摸来下一摸	摸到奴家脸都窝
胭脂水粉脸上打	樱桃小口补金牙
左一摸来右一摸	摸到情妹手弯窝
左手是郎夗央枕	右手情哥枕夗央
左一摸来右一摸	摸到情妹奶奶窝
左边奶子糖包饼	右边奶子饼包糖
前一摸来后一摸	摸到奴家背心窝
摸得一把由之可	连摸二把笑哈哈
左一摸来右一摸	摸到奴家屁股窝
白天奴在秀房坐	夜晚牙床陪情哥
上一摸来下一摸	摸到情妹脚板窝
一双脚儿包得好	金莲不过三寸多
左一摸来右一摸	摸到情妹腿子窝
白天腿子□足坐	情哥坐到矣软何
重一摸来浪一摸	摸到情妹肚皮窝
又肥品汜很董祥	好似情哥象牙床
左一摸来右一摸	摸到小妹券儿窝
黑松林在两边坐	沟沟脚下水水多
上打雪花来盖顶	下打苦竹来盘根
左打青龙来现瓜	右打黄龙来绾腰
连筲要丢是要丢	丢在你们贵码头
余下初到江湖走	全凭连筲度春秋②

五、曲　调

《十八摸》的曲调较简单，见载于书者不少，至于各处曲调的异同，以事涉专门，非我所能

---

① 据《月明珠·十八摸·夸铁岭·三姑娘调情·妓女叹声·五更绣汗巾·诗经巧合五更·妓女甩客热友·姑娘要嫁妆》。
② 据《十八摸·魁星楼》。

探讨。现主要依搜索所得，将完整或较完整记录了《十八摸》乐谱的文献列举于此，以供有心人参考：

《十八摸》，收入个道人编辑《新编曲调工尺大观》第四编，北京新华聚乐社民国 9 年版

《十八摸调》，收入六律馆主人编《大正琴戏曲谱》，北京瑞文书局民国 16 年版

《十八摸》，收入《时调曲谱大全》，民国版

《十八摸》，收入渤海人民文工团/渤海军政文工团收集、苗晶整理《渤海民间音乐选集》，华东人民出版社 1951 年版

《十八摸》，收入《城市小调歌曲》（《民族音乐》参考资料之四），中央音乐学院中国音乐研究所 1961 年版①

《十八摸》，收入酒泉县文化馆编《酒泉县民间文艺集成·民歌卷》，1981 年版

《十八摸》（瓦窑堡镇），收入中国人民政治协商会议子长县委员会编《子长民间音乐·民歌》

《十八摸》，收入泉州地方戏曲研究社编《梨园戏·音乐曲牌》，中国戏剧出版社 2000 年版

《十八摸》，收入马政川编著《真想你呀哥哥》（陕北民歌系列），大众文艺出版社 2004 年版

《十八摸》，收入曹世玉编《绥德文库·民歌卷》上，中国文史出版社 2004 年版

《十八摸》，收入张家港市文联编《中国·河阳山歌集》，华东师范大学出版社 2006 年版

《十八摸》，收入贾德义编著《山西二人台传统唱腔、牌曲全编》，北岳文艺出版社 2006 年版

《十八摸》，收入韦人编著《扬州清曲·曲调卷》，广陵书社 2006 年版②

《十八摸》，收入菅保憨编著《二人台音乐概述》，山西古籍出版社 2007 年版

《十八摸》，收入陈新编著《大埔文娱》

《十八摸》、《十八摸调》，收入黄俊、王露明、高安宁主编《南京白局曲调汇编》，南京市秦淮区文化局 2010 年版③

关于《十八摸》曲调的来历，50 年代李元庆以答读者问的方式有过简略的论述：

> 我手头的材料有限，不能够考查出《十八摸》的确切的来源和出现时期。但它在清朝末期已出现是无可怀疑的。就我看到的十几首《十八摸》看来，歌词几乎完全相同，是民国以来出版的小调唱本不断推广的结果。它最常用的曲调……在口头传授，并无定谱，以致各地所唱差别很大。它原是民歌（是《荡湖船》中一支小调），也无可怀疑，只是配上目前这首邪恶的歌词后，曲调已经变质，面目全非了。④

关于此问题，还隐藏着一个小八卦：文章里"是《荡湖船》中一支小调"那句话，作者注明"见《小说月报》十七卷中国文学研究专号《民歌研究的片面》一文"⑤；我手头正好有这一辑专号，但仔细查找，却根本不见《民歌研究的片面》一篇！最后还是网搜，才知此文系汪馥泉

---

① 按：注明根据 1930 年出版《古今歌曲大观》。
② 按：此仅用《十八摸》曲调，歌词与《十八摸》无关。
③ 按：《十八摸调》仅用《十八摸》曲调，歌词与《十八摸》无关。
④ 李元庆《应如何对待民间小调中的猥亵成分?》，原载《人民音乐》1954 年第 3 期；收入《李元庆纪念文集》，文化艺术出版社 2010 年版。
⑤ 按：前述《苏州唱本叙录》也指《十八摸》"是顽笑戏'荡湖船'里头的一节"。

所作，它跟其他三篇文章，以内容涉黄，被出版方"一位有强大特权的人物"半途删去。故此专号已流入市场的初版本仍包括这几篇文章，但未及发行的初版及再版本就没有了这几篇文章①。那么，这倒是跟《十八摸》有关的一个出版史掌故呢。

值得留意的是，李元庆的文章还提到：

> 像《十八摸》这样的曲调，纵使在闽剧中当做曲牌子配上不同的唱词在使用着，由于这个曲调已在全国各地有着如此不可更改的不良社会影响，不宜再加上新词去推广它，是可以肯定的——但这并不等于说要禁止艺人演唱它。

在上文罗列的乐谱文献中，渤海、扬州、南京几种，正是借用了《十八摸》的曲调来演唱新词，正可与这里的说法相印证。这说明，《十八摸》由于极为通行，其曲调也被借用，另外填上新词以充新曲了。

当然，这种旧曲新词的现象，在曲艺史上，甚而在音乐史、文学史上，都是极为常见的。事实上，就连《十八摸》的曲调，可能也是借用了更早的曲调，只不过鸠巢鹊占已久，后人不察而已。专研民间小曲的台湾张继光就认为：《十八摸》盛行于清末，但其曲调可能源于清初以前兴起的《倒扳桨》曲牌，甚至可以追溯至更早的《橹歌》；而客家小调《绣花鞋》、《闹五更》，都是与《十八摸》同源异流的曲调②。

六、比　较

单纯在结构上，《十八摸》的特征很鲜明，无非是分别描摹对于女性身体不同部位的"摸"。这种通过女体各部位而作的文字挑逗，我以为是有前例的。

辽人有一组《十香词》，包含五言诗十首：

> 青丝七尺长，挽作内家妆。不知眠枕上，倍觉绿云香。
> 红绡一幅强，青阑白玉光。试开胸探取，尤比颤酥香。
> 芙蓉失新艳，莲花落故妆。两般总堪比，可似粉腮香。
> 蝤蛴那足并，长须学凤凰。昨宵欢臂上，应惹领边香。
> 和羹好滋味，送语出宫商。安知郎口内，含有暖甘香。
> 非关兼酒气，不是口脂芳。却疑花解语，风送过来香。
> 既摘上林蕊，还亲御苑桑。归来便携手，纤纤春笋香。
> 凤靴抛合缝，罗袜卸轻霜。谁将暖白玉，雕出软钩香。
> 解带色已战，触手心愈忙。那识罗裙内，销魂别有香。
> 咳唾千花酿，肌肤百和装。无非瞰沉水，生得满身香。③

---

① 谢其章《20年代文坛第一刊——〈小说月报〉》，谢其章《创刊号风景》，北京图书馆出版社2003年版。
② 张继光《民歌［十八摸］曲调源流初探》，此据张继光《明清小曲在台湾之传衍探述》，《传统中国研究集刊》第四辑，上海人民出版社2008年版。
③ 陈衍《辽诗纪事》卷四。

这组诗攸关于辽代宫廷的一件惊天公案。据说因重臣耶律乙辛授意，萧皇后被诬有此私情之作，为辽道宗赐以自尽。诗及相关的人物、事件，仅见于《焚椒录》，作者为辽朝翰林学士王鼎，有较大的可信性；但诗的真实作者，以及事件细节的真伪，我们已无从深究①。而且，就此处讨论的主题来说，也不必深究，就诗论诗可矣。简单说，这十首诗的特征，就是描述女性身体十个部位的香气，依次是：头发、乳房、颊、颈、舌、口、手、足、阴部、全身②。

此外，清人孙原湘又有一组题为《个人》的艳诗：

个人第一是青丝，委地春云挽髻迟。记得刺桐花下等，水晶帘外日斜时。
个人第一是双蛾，淡扫春山不费螺。自识玉郎心事重，展时偏少颦时多。
个人第一是星眸，载得聪明又载愁。只许消魂人自觉，暗传心事不抬头。
个人第一是双腮，酒晕微涡笑靥堆。一缕睡情支不住，红云飞上眼梢来。
个人第一是朱樱，匿知寒帏皓齿呈。翻道诗人莲舌好，愿通花气过聪明。
个人第一是兰胸，菽发凝脂隐约中。一袜红袿严结束，却逢郎手自通融。
个人第一是春纤，亲替檀奴熨指尖。丁嘱避嫌心事切，人前厄酒莫同拈。
个人第一是双莲，风韵行来步步妍。可记暗中金钿落，绣鞋香气泊人肩。③

这则是借女性的头发、眉、眼、颊、唇、乳房、手指、足八个部位为引，分别写出意中人不同的神态或行为。

与《十八摸》动态的"摸"相比，《十香词》、《个人》的写法自是有差别的；尤其在文辞上，《十香词》、《个人》格调虽低，但到底属于高雅文学的范围，比之《十八摸》那种无产阶级式的直露粗鄙，还算是低调含蓄。可是，通过排比式的结构，各有着重地描画女体的不同部位，以唤起男性的性想象——在这一点上，三者终是异曲同工的。

毕竟，《十八摸》作为一种低俗文本，代表了男性的基本欲望；而在基本欲望面前，雅俗是平等的，是殊途同归的。

(作者单位：独立学者，供职于广州某报业集团)

---

① 有关背景可参姚从吾《辽道宗宣懿皇后十香词冤狱的文化的分析》，《姚从吾先生全集》第五集，台北，正中书局1981年版。
② 参霭理士原著，潘光旦译注《性心理学》第二章［注］⑥，三联书店1987年版。
③ 《天真阁外集》卷四，《天真阁艳体诗》，台北，新文丰出版公司1980年影印版。

凡文以意趣神色为主
——再谈"汤沈之争"的戏曲史意义

黄仕忠

一

1930年，日本学者青木正儿（1887—1964）出版了《支那近世戏曲史》①，在第九、十章"昆曲极盛时代之戏曲"中，描述了万历至康熙初年的戏曲史，引录了汤显祖和沈璟在曲学看法上的分歧意见，亦即首次在戏曲史著作中揭示出"汤沈之争"的存在，并且厘定了以沈璟为首的"吴江一派"（第九章第二节）和汤氏影响下具有流派特征的"玉茗堂派"（第十章第二节），各设专节论述。

青木正儿所说的"汤沈之争"，主要引述了明代王骥德的看法："临川之于吴江，故自冰炭。吴江守法，斤斤三尺，不欲令一字乖律，而毫锋殊拙；临川尚趣，直是横行，组织之工，几与天孙争巧，而屈曲聱牙，多令歌者齚舌。吴江尝谓：'宁协律而不工，读之不成句，而讴之始协，是为中之之巧。'曾为临川改易《还魂》字句之不协者，吕吏部玉绳（郁蓝生尊人）以致临川。临川不怿，复书吏部曰：'彼恶知曲意哉！余意所至，不妨拗折天下人嗓子！'其志趣不同如此。郁蓝生谓临川近狂，而吴江近狷，信然哉。"（载《曲律》卷四"杂论第三十九下"）王骥德的陈述，让人看到了双方观点立场的对立，针锋相对，几于水火不容。由于此一争议事关重大，晚明及清初曲论家，几乎都曾发表过意见：或是认同沈氏曲学，或是仰慕汤剧文采，或是作调和之论，更多的则是借此以表达自己的戏曲主张，从而让汤沈之争显得愈发热闹。

青木正儿是把汤沈之间的争议放置在晚明至清初的广阔背景下来展开论述的，寓示着此一论争对于晚明及清初戏曲发展史的意义。青木之后，特别是20世纪50年代以来，"汤沈之争"已经成为研讨或撰写明代戏曲史时不能绕过的问题之一；而近人关于"沈汤之争"的各种意见，实际上是在青木氏所搭建的框架之内展开的，大致可分为三类②：

一是对立说。即罗列双方观点、阵容，从形同水火的对立立场加以探讨评价。尤其是20世

---

① 京都弘文堂，1930年4月。中译本作《中国近世戏曲史》，有郑震节译本，上海北新书局1933年版；又有王古鲁全译本，上海商务印书馆1936年版；又增补修订本，上海文艺联合出版社1954年版；后经蔡毅校订，有北京中华书局2006年版。

② 据笔者在学术期刊网上的检索，直接讨论汤沈之争的论文在20篇以上，间接论及者则更多，此外尚有各类著作论及，各家讨论的角度、具体问题也是多种多样的。关于此一专题各家之说的细致分析归纳，可参见刘淑丽《建国以来"汤沈之争"研究综述》，载《戏曲艺术》2008年第3期。由于本文非全面讨论汤沈之争，故以下申述己见时，凡学者已有讨论的问题从略。

纪50年代以来，论者多是从文学史和思想史角度，扬汤而抑沈。[①]

二是调和说。明吕天成即已提出："倘能守词隐先生之矩矱，而运以清远道人之才情，岂非合之双美者乎？"（见《曲品》卷上）即所谓合则"双美"之说。今人亦以为沈氏之曲学冠称于时，贡献良多，然文采终归稍逊；而汤氏才情超迈，文采迥乎不可及，但曲律亦不可无视，故各有贡献，亦各有不足，终以"合则双美"为依归。[②]

三是消解论。认为原本就不存在实际的争论，所谓形同水火的争论，是王骥德等人构建出来的，而不是事实。沈氏并非不讲内容文采，临川亦不曾无视曲律。"硬要把这两个意趣虽有差异而并非不可调和又从未相互攻击的人物扯在一起，说他们之间有一场'势同水火，剑拔弩张'的'斗争'，确乎和历史的真实相距太远"[③]。这种消解论出现于80年代初，也可以说是旨在改变自20世纪50年代开始的强调思想史意义的背景下贬沈扬汤局面，从而为沈璟于戏曲史贡献的正面评价争取了空间。

笔者曾写过《明代戏曲的发展与汤沈之争》（《文学遗产》1989年第6期）一文，剖析了汤、沈两人之间具体存在的分歧意见，并从明代戏曲发展史的角度，讨论这一争议产生的背景与影响，指出："汤沈之间的具体的争执，与当时人们理解和评论中的汤沈之争，以及对戏曲发展史产生巨大影响的汤沈之争，实际上是三个紧密联系的不同层次的概念。这三者混淆不明，是评论界聚讼纷纭而莫衷一是的主要根源之一。""汤沈之争的意义不在于解决了什么问题，也不在于判定了其间的高下对错。它的意义在于给人们以启示。汤氏从创作论角度的把握和沈璟从尊重戏曲特性出发的要求，即是他们从不同角度对戏曲创作和理论的积极思考。""尽管汤沈之争被简化成文采与曲律之争而有悖原义，但优美的戏曲语言与戏曲曲律枷锁的矛盾关系的处理，也的确是任何一个戏曲作家都不能回避的问题，因而它对创作的影响也是切实存在的。"

将近30年之后，再来回顾旧文，我的基本结论依然未变，但其中的许多问题还可以从新的角度作出解释。如果从古代戏曲发展史和戏曲在不同历史阶段社会地位变迁的角度来看，关于汤沈之争，以及汤、沈二人对于中国戏曲史的意义，还可以作出新的诠释。

二

明万历二十六年（1598），江西临川人汤显祖（1550—1616）所写的《牡丹亭记》问世[④]，不数年间，就传遍大江南北，一时"家传户诵，几令《西厢》减价"。从明代传奇戏曲发展史的角度来说，汤氏《牡丹亭》的出现，标志着"传奇"这种明代文人手中的新文体，在文学成就

---

① 如张庚、郭汉城《中国戏曲通史》即称："沈璟的带有形式主义倾向的'声律论'和'本色论'，在晚明那个阶级矛盾尖锐、意识形态上的斗争也趋于尖锐化的时代，只能把剧作家引向迷途，使他们沉醉于形式的推敲，追求一种'步趋形似'的境界，而忘掉充满惊心动魄斗争的现实。"见中国戏剧出版社1981年版，第129页。

② 自吕天成对"汤沈之争"作"双美"论，晚明及清初曲家多承其说。青木正儿在《中国近世戏曲史》中亦称："汤氏艺术天分甚高，其意之所及，克纵逸荡之笔，奔放自在，虽往往有失音律，泰然不顾也。沈氏妙解音律，守曲律甚严，一字一韵不苟。"见上海文艺联合出版社1958年版，第211页。今人的论述，角度或有不同，其指向则大致相同。

③ 周育德《也谈戏曲史上的"汤沈之争"》，载《学术研究》1981年第3期，并收录于《汤显祖论稿（增订版）》，上海人民出版社2015年版，第351页。类似的观点，亦见于叶长海《汤学刍议》所收《汤显祖的曲学理论》、《沈璟曲学辩争录》（原载《文学遗产》1981年第2期），上海人民出版社2015年版。

④ 此剧完成时间存在分歧意见。本文据徐朔方先生的观点，参见《汤显祖年谱》及该谱所附《玉茗堂传奇创作年代考》，见《徐朔方集》第四卷，浙江古籍出版社1993年版，第379页，第484—488页。

上达到了巅峰。这里的核心词，即是文体、文学，而所蕴含的意义，则更为广泛。

戏曲是一种以舞台演出为中心的艺术活动，这在今天的戏曲研究者看来，属于常识。但这种"常识"，是近代以来用西方文学思想为基础建立起来的，而并不是中国固有的状态。在西方的文学观念中，戏剧、诗歌、小说，是文学的主要体裁，也是文学史的主要内容。所以日本明治学者最早在戏曲小说研究领域作出开拓；王国维早年治戏曲，亦是痛感"中国文学之最不振者，莫戏曲若"，而力图有所改变，遂有《曲录》、《古剧脚色考》、《宋元戏曲史》等一系列著述问世[①]。正是明治学者和王国维、吴梅等人的共同努力，才让戏曲作为一门独立的学科得到了主流学术的认同[②]。所以我们今天可以进而讨论戏曲（戏剧）的本质是什么，以为文学只是戏曲的构成要素之一。但是，在传统中国人眼中，戏曲是不登大雅之堂的。尤其在明清时代，戏曲在获取文人阶层认同的过程中，经历了一个痛苦的蜕变：让文人从俯视变成平视，让一种民间伎艺变为文人手中的新文体，进而能够与主流文学并称，得到主流社会的认可，然后戏曲活动才能独立于文人而发展，渐进地完成从作家与文学为中心向以演员和声腔舞台为中心的转变[③]。

我认为，元杂剧一本四折、一人主唱的体制，有利于文学表达，但并不是充分舞台化的表现形式。从舞台表演为中心的意义上说，这仍是带着浓厚的说唱形式印记的"畸形的体制"。但正是这种特别的体制，让剧曲文学得到了充分的发挥，使之在文学上一新耳目，并且与汉魏乐府及其音乐传统，唐诗、宋词的文学传统，以及社会对诗词等正统文学的欣赏习惯（审美习惯）合而为一，确立唐诗、宋词、元曲并列的概念。文人学士用"乐府"指称元曲，即是借助正统文学体裁而使新生的元剧获得合理性。元杂剧这种形式，较诗词通俗，较民间说唱、杂伎雅致，在元蒙统治的时代恰好易于得到主流社会的认可，所以很快进入宫廷，成为娱乐的主流。不过，到了元代后期，随着演剧的进展，杂剧一人主唱体制的局限日益明显，成为杂剧创作衰退的内在原因之一。南方的文人剧作家进而关注本土土生土长的南戏，出现了"荆刘拜杀"和《琵琶记》，使南戏这种众角皆唱、适合舞台表现的戏曲样式，在文学上也取得了堪以媲美北曲杂剧的长足进步。特别是永嘉高则诚，以进士身份，在元亡前数年撰写了《琵琶记》，其中《糟糠自厌》、《祝发买葬》等出，即是充分借鉴《汉宫秋》、《梧桐雨》第四折的表现手法，亦即吸收了元杂剧的文学成就，从而"用清丽之词，一洗作者之陋"，使"村坊小伎进与古法部相参，卓乎不可及已"（徐渭《南词叙录》）。但南戏的上升过程，因为元朝的灭亡而中断。在明初，杂剧依然得到宫廷和藩府的认可，而南戏却迟迟未能跻身上流社会。如明太祖朱元璋虽然欣赏《琵琶记》，却又认为作者作南曲，是"以宫锦而制鞵"，命教坊改为北调演出（见徐渭《南词叙录》）。在明代，南戏传奇要像杂剧那样获得主流社会的认可，就必须取得文人士子的关注与参与；单纯作为表演艺术的戏曲，无论多么优秀，也都只能得到一般的观赏，而不会得到社会主流阶层的认同与参与。

换言之，只有当传奇戏曲成为文人自己的东西，成为他们手中的新文体，才能在得到文人的广泛参与之后，通过文学成就的突破，实现主流社会对戏曲的全面认同。所以，从文人对戏曲的关注和文体发展史的角度，可以看到明代南戏传奇经历了一个明显的变化轨迹：

大约在正统年间（1436—1449），出现了《伍伦全备记》，其宗旨即是借戏曲这种能为大众

---

① 参见黄仕忠讲评本《宋元戏曲史》前言，凤凰出版社 2010 年版。
② 参见拙文《借鉴与创新——日本明治时期中国戏曲研究对王国维的影响》，《文学遗产》2009 年第 6 期。
③ 关于此问题，请参见拙文《中国戏曲之发展与分期》，收录于《中国戏曲史研究》，中山大学出版社 1997 年版；又康保成、黄仕忠、董上德《戏曲研究：徜徉于文学与艺术之间》，《文学遗产》1999 年第 1 期。

所接受的形式，来传扬伦理道德。此剧为官至大学士的名臣邱濬在少年时所撰①。作者是从主流意识出发，居高临下地注意到了戏曲的教化作用，而剧本的写作则仍然按照民间的套路。随后，到正德年间（1506—1621），宜兴老生员邵璨撰写了《香囊记》，另外两位江苏的老生员钱西清和杭道卿也参与了此剧的改订②，他们在认同《伍伦全备记》倡导的利用戏曲体裁教化大众的同时，又从自己的喜好角度出发，用写八股文的方式来撰剧，而无意关心戏曲本身的特性，于是开启了"文词派"一脉。其后，在嘉靖间，山人郑若庸作《玉玦记》，用剧作来抒写文人韵事，更把骈四骊六、堆砌典故的写作方式推到了极致。今人或会批评他们对戏曲特征的漠视，真实原因乃在于他们对戏曲明显是用俯视的态度。至嘉靖末，梁辰鱼撰写《浣纱记》，进而用剧作来表达对历史的思考，而且有着明确的"史"的写作意识，如"不用春秋以后事"（据徐复祚《曲论》）。梁氏之作，通常视为第一部为昆山腔而写的剧本，即"传奇"这一体裁的开山之作，我认为，也可以说它是明代文人自觉地将"传奇"作为一种属于自己的新文体来抒写情怀的开端。从文人"新文体"这一路行进，到万历中叶，已是作者涌动，创作勃兴。从文体学的角度来说，传统的古体或近体诗，适于表达主流的思想意识，对内心情感作正面的抒写，词之产生，原是表达个人内心私密的情怀，文言小说则仍受制于史传一路的习惯制约，唯有戏曲，可以"借他人之酒杯，浇心中之垒块"，借事以喻，借曲以直抒胸臆，甚至指桑骂槐，而又能免却社会的责难。所以，在明代后期，文人士夫往往在仕途失意之际或功名未遂之时，用杂剧或传奇来作为自遣的工具，遂有戏曲文学的勃兴。正是在这一背景下，汤显祖的《牡丹亭》传奇横空出世，以清丽的文笔，抒发"至情"的观念，把传奇这一文体的文学水准推到了顶峰，更为传奇创作树立了文学的标杆，让人们看到传奇可以"玩"到怎样的境界，从而引发更多文士对于戏曲创作的热情，大大推进了传奇戏曲的创作。

三

汤显祖《牡丹亭》在曲坛地位的确立，在某种意义上说，也和汤沈之争有着重要的关联。

就在《牡丹亭》撰写并开始盛传的时候，江苏吴江人沈璟（1553—1610）完成了《南曲全谱》的编纂，于万历三十四年（1606）刻印出版③。此谱为传奇文体的创作提供了曲律规范，人称"词坛指南车"；沈谱的刻印面世，堪称是昆山腔确立在曲坛主流地位的一座界碑。在这里，文人视野中曲律规范的建立，与文人传奇创作走向鼎盛，合上了同一个节奏。

因此，沈谱实际上是在万历间文士对传奇创作热情高涨的背景下起意和完成的，也是传奇新文体对新规范的呼唤所产生的结果。

明初之前，南曲无有曲谱。到嘉靖二十八年（1549），蒋孝编成《旧编南九宫谱》，将所得陈、白二氏曲谱所列的曲牌，并于南人所度曲中，取其调与谱合者，予以充实，但未标平仄音律，所以并不适合用作撰剧谱曲的依据，流传未广。也就是说，从邵璨以降，直到汤显祖"临川

---

① 据韩国汉阳大学吴秀卿教授最新发现的文献，可证实此剧确为丘濬早年所撰。其说在"曾永义先生学术成就与薪传国际学术研讨会"（台湾大学，2016 年 4 月）上发表，待刊。丘濬于正统九年（1444）举广东乡试第一。此剧或作于举乡试之前。
② 此剧作于正德年间的说法，据杭道卿（濂）之兄杭淮（1642—1538）的生平推断杭濂生年，设杭濂与邵璨年岁相近，复据"老生员"的时限，推断而来。笔者另文有考，此不赘。
③ 此据徐朔方《沈璟年谱》，载《徐朔方集》第二卷，浙江古籍出版社 1993 年版，第 313 页。曲谱的编撰及完成，自在此年之前。

四梦"问世为止，这期间文人的传奇戏曲创作，并无曲谱可遵，主要是用"四大南戏"和《琵琶记》等旧剧为模板；《香囊记》等剧流行之后，也被作为新经典而被仿效，甚至其误律之处，也被作为新格式而得到仿效传承①。这一时期的文士剧作，不仅场次安排和套曲、文辞方面大多模仿旧剧，而且在故事结撰方面，也有着明显的模仿痕迹。在所取材的小说、野史或史传原本的情节不足以构成一剧之故事时，往往凑合不同题材的片断而成一剧，显得十分生硬。也就是说，明代文人虚构戏剧故事的能力，有一个成长的过程，他们对传奇这种新体裁的掌握，也有着一个从模仿到自如运用的过程。只是这种现代叙事学背景下形成的观念，明代人尚无自觉的意识，所以一部故事恰切、人物性格鲜明的剧作，人们通常是依照传统的诗文批评范式，归结为文辞灿然可观而已。而文辞与戏曲的关捩点，即是音律问题，对涉足传奇写作的文人作家来说，这既是一个陌生的领域，也是深感头疼却又无法回避的现实。

曲律又与声腔音乐有关，更属专门，也更显复杂。南戏最初产生于温州一带，然后向江西、福建、杭州等地拓展。到明代嘉靖年间，据祝允明《猥谈》等记载，已经有海盐、余姚、昆山、弋阳等声腔，而事实上这些声腔也并未就此固化，而是随地域而不断演化。到万历中叶之后，昆山腔的地盘迅速扩大，海盐腔、余姚腔便渐至无闻，而池州腔、青阳腔等，则在万历末叶，号称"时尚"，进入人们的视野②。由于南方方言复杂多样，南曲戏文的演出，遂因地域和方言的不同，在音韵唱腔上有着变化。万历年间所刊印的戏曲剧本和戏曲选本，也有金陵、杭州、福建建阳等地域之别，并且对应着地域和声腔，在曲律（曲牌句式格律）上存在着具体而微的差异③。也就是说，文人戏曲家所交往的主要是本地声腔和戏班，在撰写剧本时，主要依据本人所能收集到的文本，而这些剧本往往具有地域性，亦即受到作家所接触到的声腔条件的制约，这又影响到他们所撰剧本的音韵声律。以汤显祖为例，他虽然曾短暂任职于金陵（万历十二年至十九年）④，秦淮河边的熏染，对他的戏曲观念、文学思想，必然会发生影响，例如他同样瞧不起江西本土的弋阳腔，但他毕竟生长于江西，并且长期与海盐腔之余绪宜黄戏班交好，所以他的剧作更多地受到江西戏班和方言土音的影响。

万历时期，金陵作为陪都，是戏曲娱乐繁盛之地，戏曲刻印的中心地，更是昆山腔的核心领地。在昆山腔这种适合文人情趣的声腔的熏陶下，江苏籍戏曲家人数多，创作多，戏曲评论也多。昆山腔原本就以"适合"或者说"迎合"文人士大夫的方式而发展起来的，文士作家在接受昆山腔表演的同时，也很自然地视之为传奇文体的唯一写作对象。也就是说，虽然众多南曲声腔并盛，但文人士大夫所认可的，其实只有切合文人趣尚的昆山腔。进而言之，他们心目中的曲律，也不自觉地以昆山腔为标准。这种认识，还得到了包括汤显祖在内的非吴语地区剧作家和曲

---

① 沈璟《增订南九宫曲谱》卷十七【簇御林】云："'显父母'六个字妙甚，陈大声散曲云'几遍将麟鸿倩'，亦是六个字。自《香囊记》云'怎能勾平步登霄汉，问苍天，人去何时返'俱用八个字，而后人遂不知六字句法矣。"又卷二十【玉山供】云："此调本【玉抱肚】、【五供养】合称，故名【玉山供】，自《香囊记》妄刻作【玉山颓】，使后人不惟不知【玉山供】之来历，且不知【五供养】末后一句，只当用七个字，凡见【五供养】后有用七字句者，反以为犯【玉山颓】矣。"见王秋桂主编《善本戏曲丛刊》，台北，学生书局1984年版，第593—594页，第712—713页。

② 如《新刻京板青阳时调词林一枝》（封面题"海内时尚滚调"，刊于万历三十四年前后）、《鼎雕昆池新调乐府八能奏锦》（刊于万历三十六年前后）等题署，可知万历时，青阳腔、池州腔即已从弋阳腔中脱离出来，单独成腔了。又，从《鼎锲徽池雅调南北官腔乐府点板曲响大明春》、《新锓天下时尚南北徽池雅调》等书名，亦可见"徽池雅调"之称。

③ 参见田仲一成《古典南戏研究——乡村、宗族、市场之中的剧本变异》，中国社会科学出版社2012年版；戚世隽《中国古代剧本形态论稿》第五章第二节《版本形态与表演形态——以〈拜月亭〉为例》也有相关论述。

④ 徐朔方《汤显祖年谱》万历十二年云："八月初十，就南京太常博士职"；万历十九年，五月"庚辰十六日，汤显祖降徐闻县典史"，载《徐朔方集》第四卷，浙江古籍出版社1993年版，第279、315页。

论家的认可。如汤显祖曾向孙如法谦逊地表示要向吴越曲家如王骥德请教①，并自叹"生非吴越通"（载汤显祖《玉茗堂全集》尺牍卷四），承认"吴越"的优势地位，表明自己对于曲律并无自信。

因此，在汤显祖撰写四梦之时，以吴中"标准"制订的曲谱尚未问世，他当然无法预合于其规范；而文人视野中对于曲律的要求，又先验地以吴中曲律为标准，并以此校验所有非吴中地区曲家的剧作，这是汤沈之争之所以发生的又一背景。

事实上，文人撰写传奇，由于不谙场上，音律便是其明显的"短板"。若以前人之剧和折子戏中的精彩唱段作为谱曲依据，也会因声腔和刻印的地域有别，哪怕所据为相同剧本，其曲牌之曲句的细微差异，便足以形成牴牾。所以应当有一个曲律规范，便是这个文人传奇正趋勃兴的时代的迫切要求。

沈璟的《南词全谱》，正是在这样的背景下催生出来的。《南词全谱》的编定，使得文人曲家撰曲写剧时有了一个可供遵守的共同标准。此后的剧家作剧，基本上是以沈璟的曲谱或沈璟的主张为依据来进行写作的。《南词全谱》的问世，也让以昆山腔为传奇之正宗的观念得到进一步的确立。

结果，江西人汤显祖的呕心沥血之作，在以昆山腔为正宗的吴语地区剧作家看来，便是凭借才华，"直是横行"，完全不讲曲律。沈璟用他新定的曲律试硎时下最红之剧，发现了《牡丹亭》曲律上的问题，并作修订改删，改正其"违律"之处，使之符合曲律；与沈氏同时，浙江绍兴人吕玉绳可能也有过改本；十余年后，与苏州以太湖相通的吴兴人臧晋叔，则全面删改了临川四梦。在某种意义上说，这些也体现了吴语地区曲家自视为正宗的强势与傲慢。

而汤显祖则并不以为然，不仅反唇相讥，甚至称"余意所至，不妨拗折天下人嗓子"。他对宜伶说："《牡丹亭记》，要依我原本，其吕家改的，切不可从。"（《与宜伶罗章二》，载汤显祖《玉茗堂全集》尺牍卷四）这从一个侧面说明，汤剧在传承自海盐腔的宜伶的演唱中，这一问题并非那么严重。而事实上清乾隆间叶堂为汤剧订谱，在不改动文词的情况下使四梦完全适合于昆腔演唱，故叶氏说："'吾不顾捩尽天下人嗓子'，此微言也，若士岂真以捩嗓为能事？嗤世之盲于音者众耳。"（《纳书楹曲谱·自序》）所以汤氏剧作曲律问题，是否存在评论家们所说的那么大的问题，亦需要再作考量②。

由于当时两人的声望正日显隆盛，众所瞩目，当他们的言论通过不同渠道而传于外界，引起一片哗然。人们把他们显然带着意气与偏激的话语放在一起，各表己见，或从或弹，或执中调和，或借题发挥，各种观点见解一时涌现于曲坛。但填曲应当遵守曲律，也成为人们的共识，——因为不娴曲律而率尔操觚的剧作家并在不少数。只是用汤显祖来作为无视曲律的典型，自令汤氏无比郁闷，所以他在《七夕醉答君东二首》里说："玉茗堂开春翠屏，新词传唱《牡丹亭》。伤心拍遍无人会，自掐檀痕教小伶。"（载《玉茗堂全集》诗集卷十五）

---

① 王骥德《曲律》说："汤令遂昌日，会［孙如法］先生谬赏予《题红》不置，因问先生：'此君谓予《紫箫》何若？'（时《紫钗》以下俱未出）先生言：'尝闻伯良艳称公才，而略短公法。'汤曰：'良然！吾兹以报满抵会城，当邀此君其削正之。'既以罢归，不果。故后《还魂记》中警梦折白有'韩夫人得遇于郎，曾有《题红记》'语，以此。"见《中国古典戏曲论著集成》（四），中国戏剧出版社1959年版，第171页。

② 如洛地即认为沈璟所谓的"曲律"实质是指曲牌格律，而汤显祖则认为"曲律"是"定字句、音韵"的，《牡丹亭》的唱与"依字声行腔"的魏良辅、梁辰鱼"曲唱"相契合，不合旧曲牌的格律。见《魏良辅·汤显祖·姜白石——"曲唱"与"曲牌"的关系》，《浙江艺术职业学院学报》2003年第3期。

四

  汤沈之争的发生，还与晚明曲家对宫调曲律和用韵的不同理解有关。
  先说曲律。
  所谓的曲律，是指文字如何适应既有的音乐唱腔旋律的问题。由于文字难以适应既有旋律，所以现代歌曲的创作，通常是先有文字，后作谱曲，让音乐来适应文字与内容。但作曲是一门专业，非一般人所能掌握。如果不涉及音乐，将文人填词谱曲转换成一个文字填写的问题，擅长文字写作的作家就容易掌握了。
  从唐宋词，发展到元明剧曲与清唱之曲，明代文人对词律、曲律的一般认识，便是音律是既定的，音律要求下的文字平仄也是固定的，填词谱曲，不过是让文字符合平仄句式要求，以适合演员演唱。所谓曲谱，就是规定了平仄板眼的文字谱，可供谱曲者参照。也就是说，以音乐为内涵的"曲律"，被简化为句式与文字平仄押韵问题。古代没有录音设备，也无完备的记谱方式，人们对曲牌格律的认识，主要通过对现存作品所用曲牌的句式、文字作统计、归纳、比较，然后加以确认。沈璟《南词全谱》，便是用这样的方式完成的。
  但问题是，戏曲原本是从民间发展起来的。明人徐渭在《南词叙录》中说，南戏发生之初，"其曲，则宋人词而益以里巷歌谣，不叶宫调"；"今南九宫，不知出于何人，意亦国初教坊人所为。""永嘉杂剧兴，则又即村坊小曲而为之，本无宫调，亦罕节奏，徒取其畸农、市女顺口可歌而已，谚所谓'随心令'者，即其技欤？间有一二叶音律，终不可以例其余。乌有所谓九宫？必欲究其宫调，则当自唐宋词中别出十二律、二十一调，方合古意。是九宫者，亦乌足以尽之？多见其无知妄作也。"
  也就是说，南戏原无所谓宫调。罗列宫调，是晚出的事情，所谓的音律，也是后来形成的。事实上，晚明曲家对宫调的理解，大多是不正确的。沈谱之后，人们动称"九宫十三调"，又是误解了沈谱的这一称呼。蒋孝据陈、白二氏的"南九宫目录"及"十三调南曲音节谱"编成《南九宫谱》，为南九宫补配曲文，不标平仄；十三调却只存目录。沈璟之谱，全称《南九宫十三调曲谱》（其刻本之目录页，首冠"查补增定"四字），为九宫谱诸曲牌考订来历、句式、板拍、四声韵脚，使之成为作者、唱家可以遵循的典范，题"增定南九宫曲谱"；又在失传或行将失传的十三调所列旧曲中辑补了 67 支曲文[①]，题"查补十三调曲谱"。沈谱盛行，时人误读其书名，以为九宫外别有十三调。如钮少雅编定《九宫正始》，即是把"九宫"和"十三调"作为平行的存在，不知九宫已经包含宫与调在内[②]。
  还必须说明的是，唱腔即音乐本身是顺时而变的。南戏始于南宋，到明代，已经历了元代近百年的变迁；从明初到万历中期，又已经历了二百三十年的时间，其间有多种声腔在兴起、消亡、演化，有不同时期的"精彩唱段"在形成，因演员或戏班的不同演唱处理而发生着音乐上的变化。所以经典的剧本，也因不同时期表演上的变化而有着版本的差异。例如作为南戏经典的《拜月亭》《荆钗记》，现存十余种明代版本，从剧情故事到具体场次，在文字上都存在着明显的不同；《琵琶记》也有接近原貌的古本系统和在嘉靖间依昆山腔演出逐渐定型的通行本系统。剧

[①] 参见徐朔方《沈璟年谱》，载《徐朔方集》第二卷，浙江古籍出版社 1993 年版，第 294 页。
[②] 参见拙文《"九宫十三调曲谱"考》，载《中国戏曲史研究》，中山大学出版社 1997 年版，第 242—258 页。

作家所依据的版本不同，也就有曲格的差异。此外，剧作家在创作时，可能会用当时流行的剧本作范式，而这些曾经流行的剧作随后却退出了舞台，甚至连文本也消亡了。结果，在曲谱编纂时，取样越多，句格相异的现象也越多，只好用不断增加"又一体"的方式来求得解决。所以汤显祖后来看到了沈氏曲谱，在《答孙俟居》这封信中，批评说："曲谱诸刻，其论良快。久玩之，要非大了者。《庄子》云'彼乌知礼意'，此亦安知曲意哉！其辨各曲落韵处，矗亦易了。……词之为词，九调四声而已哉！且所引腔证，不云'未知出何调犯何调'，则云'又一体'、'又一体'。彼所引曲未满十，然已如是，复何能纵观而定其字句音韵耶？"（载《玉茗堂全集》尺牍卷三）

沈谱并不是完善的曲谱，所以四十多年后，其侄沈自晋积十载之力，修订补充为《南词新谱》，稍臻完善；徐于室、钮少雅编《九宫正始》，亦是不满于沈谱而作。此外冯梦龙也曾编制《墨憨斋曲谱》（未成）。沈氏及同一系列的曲谱，主要是解决作家"填词"的问题，而并未意识到"曲唱"本身是在不断变化的。所以沈谱在文人创作中具有重要影响，对于以舞台、声腔为中心的演剧艺术，则影响较小。

但也必须指出，沈谱的出现，使南戏传奇有了可以遵守的曲律，更显规范，有精深的学理，而不同于土俗，亦即达到了主流社会潜在的要求。至清康熙间，则有《钦定曲谱》、《南词定律》等，乾隆间有敕编《九宫大成》。从这一条线索来看，从沈谱到清代的官修曲谱，正表明戏曲以此进入主流，并进而为戏曲表演进入清代皇家典礼，进入宫廷，以及获得更为广泛的传演奠定了基础。规范化、专业化、更具学术含量，也是抬升戏曲品格的重要途径。这是沈谱对戏曲史的贡献之一。

再说用韵的问题。

王世贞《曲藻》说："北曲不谐南耳而后有南曲。"在万历之后，一个较普遍的看法，就是南戏从北剧衍生而来，当然也晚于北剧。既然南戏出于北剧，本为一体，则他们的用韵标准也应是相同的。这是吴中地区曲家较为一致的看法。沈璟辑《南词韵选》（今有台湾郑骞氏校录本），即是以十九韵部为依归；江苏常熟人徐复祚（1560—1620之后）受沈氏影响，另编《南北词广韵选》（今有《续修四库全书》影印原稿本），也是以十九韵为类目选录的。徐氏且谓："曲有曲韵，诗有诗韵。……曲韵则周德清之《中原音韵》，元人无不宗之。曲之不可用诗韵，亦犹诗之不敢用曲韵也。""今以东嘉【瑞鹤仙】一阕言之：首句火字，又下和字，歌麻韵也；中间马、化、下三字，家麻韵也；日字，齐微韵也；旨，支思韵也；也字，车遮韵也。一阕通只八句，而用五韵。"并针对王骥德"周德清《中原音韵》，元人用之甚严，自《拜月》、《琵琶》始决其藩"之说，批评道："独学其（《琵琶记》）出韵，此何说也？此何说也？若曰严于北而宽于南，尤属可笑。曲有南北，韵亦有南北乎？"（以上见徐复祚《曲论》）

浙江乌程人凌濛初（1580—1644）《谭曲杂札》也说："近世作家如汤义仍，颇能模仿元人，运以俏思，尽有酷肖处，而尾声犹佳。惜其使才自造，句脚、韵脚所限，便尔随心胡凑，尚乖大雅。至于填词不谐，用韵庞杂，而又忽用乡音，又'子'与'宰'叶之类，则乃拘于方土。……彼未尝不自知。只以才足以逞而律实未谙，不耐检核，悍然为之，未免护前。况江西弋阳土曲，句调长短，声音高下，可以随心入腔，故总不必合调，而终不悟矣。"

浙江吴兴人臧晋叔（1550—1620）则说："今临川生不踏吴门，学未窥音律，艳往哲之声名，逞汗漫之词藻，局故乡之闻见，按无节之弦歌。"（载《负苞堂集》卷三《玉茗堂传奇引》）"识乏通方之见，学罕协律之功。所下句字，往往乖谬，其失也疏。"（载《元曲选序》）

可见，汤氏剧作的合律与否问题，由于谱曲依据和用韵标准之不同而被放大了。正是在曲遵昆山腔、韵遵《中原音韵》的标准下，塑造出一个"逞才""悍然为之"，毋顾曲律音韵，"直是横行"的形象，让诸多自以为独得曲律奥秘的曲论家，在评论汤显祖时获得一种优越感。

五

汤显祖自是不服。他在《答吕姜山》的信中说：

> 寄吴中曲论良是。"唱曲当知，作曲不当尽知也"，此语大可轩渠。凡文以意、趣、神、色为主。四者到时，或有丽词俊音可用，尔时能一一顾九宫四声否？如必按字摸声，即有窒滞迸拽之苦，恐不能成句矣。（载《玉茗堂全集》尺牍卷四）

这里的"吴中曲论"，指沈璟《唱曲当知》等，说明这是汤、沈之间出现分歧意见后，汤氏对沈氏观点的回应。此信讨论的主旨是如何写剧作曲的问题，汤显祖说"凡文以意、趣、神、色为主"。这"意、趣、神、色"，也可以说是为文的一种感觉，一种境界。这四者如灵感涌现时，需要及时传达出来，不妨暂时放下曲律和四声平仄，自由挥洒。这是创作的心得。正如跳舞，不能时时算着脚下的步点和音乐的节拍，而应是凭借感觉顺应节奏自由挥洒，方能跳出优美的舞姿。

但此处核心亦在"凡文"二字，不可轻易放过。汤显祖这里总结的是他写剧时的感觉，同时也是撰写诗文的感觉。更重要的是，在这里，对于撰剧，他是如同精心撰写诗文这般来对待的。换言之，他是把传奇文体作为诗文文体同样对待的。当时一般曲家关注或涉足戏曲，只是把戏曲创作当作一种单纯的娱乐，一种表达文人情趣的玩物，一种用作教化的工具，他则是把传奇当作抒发内心情感的新体裁，全身心投入写作，并且高举着以"情"抗"理"的旗帜。

汤显祖并非不关心戏曲当行本色的内在要求。王骥德这样评说汤氏五剧："所作五传，《紫箫》、《紫钗》第修藻艳，语多琐屑，不成篇章。《还魂》妙处种种，奇丽动人，然无奈腐木败草，时时缠绕笔端。至《南柯》、《邯郸》二记，则渐削芜颣，俯就矩度，布格既新，遣辞复俊，其掇拾本色，参错丽语，境往神来，巧凑妙合，又视元人别一蹊径。"（载《曲律》卷四"杂论第三十九下"）

也就是说，《紫箫》、《紫钗》，尚在学习与尝试阶段，"第修藻艳"，与嘉靖到万历前期盛行的"文词派"创作，走的是同一路子；《还魂》则从"藻艳"走向了"奇丽"，到《南柯》、《邯郸》二记，则"掇拾本色"，更臻一个新境界。这意味着，到后二剧写作时，汤氏已经理解与把握了本色当行，有意走向元曲的本色。所以王骥德又说："本色亦唯奉常一家。"还有一个重要的现象，是剧作的长度，从《紫钗记》的 53 出，《牡丹亭》的 55 出，降到了《南柯记》的 44 出，《邯郸记》的 30 出。而崇祯至康熙间苏州作家群的剧作，30 出左右，已经变成了标准的范式①。这种变化，意味着从原先文人角度毫无节制的叙写，转向考虑舞台演出时间之后的新定式。

沈璟的创作也可以看到这样的情况。他的代表作《红蕖记》40 出，也是相对比较浓艳的；

---

① 如李玉撰于明末的四剧，"一""人"二剧各 30 出；"永""占"各 28 出。

其后《埋剑记》、《义侠记》各36出，《博笑记》仅28出，较短，也较本色①。这说明这一代作家的传奇创作有着前后两个阶段，从文人习气的"第修藻艳"入手，肆意铺写，到体悟到戏曲场上演出的特性之后，转向本色当行，篇幅亦加控制②。沈璟传承何良俊的观点，从"当行"出发，编纂曲谱，重在合律，提出"名为乐府，须教合律依腔。宁使时人不鉴赏，无使人拗喉捩嗓"（载《博笑记》卷首《词隐先生论曲》）；认为"宁协律而不工，读之不成句，而讴之始协，是为中之之巧。"（载王骥德《曲律》卷四"杂论第三十九下"）

　　沈璟的着眼点在于演唱时的协和，至于文辞之工拙，不在他的考虑范围。这是一个根本性的改变。从前文我们所说文人士大夫俯视戏曲、平视戏曲，到这里开始把戏曲舞台演出的要求放到了第一位。这种视角的转变，在汤沈的分歧意见受到广泛关注之后，宣告完成。

　　沈璟一路在吴中曲家的行进，由明末清初苏州剧作家群完成了案头场上并擅的创作，并以浙江兰溪人李渔的创作与理论总结为最高点。

　　李渔并不看好汤氏《牡丹亭》。他在《闲情偶记》论"贵浅显"时说："《惊梦》首句云：'袅晴丝吹来闲庭院，摇漾春如线。'以游丝一缕，逗起情丝。发端一语，即费如许深心，可谓惨淡经营矣。然听歌《牡丹亭》者，百人之中有一二人解出此意否？若谓制曲初心，并不在此，不过因所见以起兴，则瞥见游丝，不妨直说，何须曲而又曲，由晴丝而说及春，由春与晴丝而悟其如线也？若云作此原有深心，则恐索解人不易得矣。索解人既不易得，又何必奏之歌筵，俾雅人俗子同闻而共见乎？"（载李渔《闲情偶寄》卷一"词曲部"）

　　李渔称作剧是要给识字和不识字的人看的，自称"一人不笑是吾忧"。他自设戏班，并以戏班作为交际工具，亦作商业性演出。他的《闲情偶记》，代表着同时代戏曲理论的最高成就。但李渔的剧作虽然适合演出，而总体的文学成就，并未臻于一流的水准。将他的作品与汤显祖的剧作相比较，并用当今的电影作参照，很显然，汤显祖的剧作是文艺片，属于小众的；李笠翁的剧作则是商业片，面向大众市场的。李渔剧作的商业性要素满足了市场的要求，迎合了观众，却不免拉低了境界，未能体现思想、人生的探索意蕴，所以未能跻身在《西厢记》、《牡丹亭》等杰作的行列。汤显祖一路的真正传承，是南洪北孔的《长生殿》和《桃花扇》。

　　要之，汤显祖的努力，让传奇作为一种新文体进入到文学殿堂的深处；沈璟到苏州作家群、到李渔一线的努力，让戏曲作为一种表演艺术获得大众市场和发展空间。这便是我们从汤、沈的分歧意见和不同路向所看到的戏曲史意义。

（作者单位：中山大学中国古文献研究所、中山大学中国非物质文化遗产研究中心）

---

① 另如《坠钗记》31出，《桃符记》30出，然均系清钞本，或为经梨园删节后之面貌，故不作为据。
② 篇幅缩短的内在原因，当是由昆山腔"调用水磨"、"一字之长，延至数息"所致。由于演唱与表演更趋精细，使得同样演唱一曲所费时间更多，故从演出的角度考虑，便需压缩篇幅、减少出数。

粤剧源流新探

——以"江湖十八本"为考察对象

黄 伟

  关于粤剧源流问题,在戏剧界中历来是见仁见智,众说纷纭。著名粤剧艺人陈非侬认为,粤剧源自南戏,南宋时已有粤剧,粤剧已有七百多年历史。粤剧史家麦啸霞则认为,明嘉靖年间,广东戏曲用弋阳腔,音韵宗洪武而兼中州,节以鼓板,广东戏曲蜕变于昆曲而导源于南剧。也有人认为粤剧始于清雍正年间,由湖北艺人摊手五来粤传艺,故与汉剧、湘剧同源。甚至更有人说粤剧的历史应从清咸丰初年粤剧艺人李文茂响应太平天国起义算起,或稍提前,融昆、秦、徽、汉等声腔而成等等。粤剧的形成与广东早期本地班的活动密切相关,由于众人对"本地班"的含义理解各异,故产生了多种不同的说法。戏曲是传播最为快捷迅速的艺术,在大一统的封建国度里,戏曲声腔在全国各地的传播基本上是同步进行的。有些声腔随戏班而俱来,亦随戏班而俱去,犹如雪地鸿爪,了无痕迹;而有些声腔流传到一地之后则与当地土腔土调相结合,滋生繁衍,逐渐派生出新的声腔剧种。判断一个剧种的源流不能以当地曾经流行过的戏曲声腔为准,而应以本剧种现有的主要声腔为依据追根溯源。中国戏曲源远流长,如果不顾现实,一味地往上回溯,则全国所有的地方戏曲都有近千年的历史,那样的话,探讨剧种源流则变得毫无意义了。

  粤剧属皮黄腔系剧种,粤剧的历史自然应从西皮、二簧入粤之时算起,但由于戏班"时来时去",流动性很大,因而很难判断皮黄入粤的准确时间。由于戏曲声腔的传播是以舞台演出为依托,而舞台演出又离不开剧本,民间演剧中最受欢迎的自然是"江湖十八本",故从粤剧最早流行的优秀传统剧目"江湖十八本"入手,也许可以找到粤剧声腔的真正源头,从而解开粤剧历史之谜。

一、作为声腔传播的载体,"江湖十八本"
是考察剧种源流的有效途径

  粤剧是广东最具影响力的皮黄声腔剧种,梆子(即西皮)、二簧是粤剧的主要腔调,本地班兼唱梆簧,是粤剧形成与成熟的标志,但长期以来有关粤剧梆簧源流问题,却一直争论不休,难有定论。

  早在1929年,由欧阳予倩主办的《戏剧》杂志第二期上,就有人撰文认为,粤剧源于湖北的汉调,与京剧同源,首倡"粤剧源于汉调"说。该文称:

    考起粤剧的源流,和北剧也好像老子死后的两"昆仲"。因为北剧、粤剧同产生于汉调。

汉调成于湖北，由来甚久，一枝流入安徽，由安徽流入北平，和昆剧、高腔、吹腔、弋阳拜了把，和秦腔也结了"金兰"，久而久之就变成如今的北剧。一枝由荆襄流入湖南，由湖南流入广东，认了别人作父亲，就变成粤剧。①

麦啸霞在1940年出版的《广东戏剧史略》中也持类似看法。麦氏认为，雍正年间，湖北艺人摊手五来粤传艺，"摊手五乃以京戏昆曲授诸红船子弟，变其组织，张其规模，创立琼花会馆。五本汉人，故粤剧组织近于汉班。"②

欧阳予倩则提出了"粤剧源于徽调"说，他在《试谈粤剧》一文中称："麦啸霞说粤剧的底子是汉戏，粤剧伶工也承认，但是直接由汉戏转变为粤剧的迹象很少，而直接受徽班的影响的确很大，许多的徽班把梆子、二簧带到广东。"③还说："最初的广东戏几乎和桂戏、祁阳戏没有什么两样，它们有很深的血缘关系……广东伶工是从安徽班子和湖南祁阳班子接受了梆子二簧的。"④

周贻白赞同欧阳予倩的看法，认为"粤剧的皮黄调，其老根当仍为徽班"，"广东粤剧的梆、黄（西皮、二簧），湖南的祁阳戏实为其直接根源。但祁阳戏的所谓乱弹，则系继承了安徽班的传统，并受有湖北汉戏的影响，转而才影响到广西的桂戏和广东粤剧的。"⑤

也有人撰文认为，粤剧梆簧并非同源于某一外来剧种，而是先有梆子（即西皮），后有二簧，由"一源说"变成了"二源说"，甚至"多源说"。

郭秉箴在其《粤剧古今谈》一文中认为："粤剧先有梆子，然后才从外江班学来二簧，因而至今二簧的板式仍然不完备。"⑥还说："明清两朝在广东流行过的弋阳腔、昆腔、梆子腔、徽调、汉调等等，都与粤剧有血缘关系。"⑦

何国佳在《粤剧历史年限之我见》一文中更是用一粗俗的比喻力倡"多源说"：

> 粤剧是个"杂种仔"，有多个"父亲"，是多"精子"的"混合物"：初期的板腔曲调由梆子、二簧、西皮、乱弹、牌子组成；击乐以"岭南八音"的大锣、大鼓、大钹为主；武场是南拳技击；表演则是岭南独有的"排场"、"程式"等等。⑧

随着研究的深入，"二源"说或"多源"说同样受到了人们的质疑，束文寿《论京剧声腔源于陕西》一文就指出：

> 这肯定是个误解。两种声腔同台，行内人叫做"两下锅"，如川剧有五大声腔同台，但其音乐唱腔至今仍是吹各号，各唱各调。将两种基调不同、产地不同的戏曲声腔同弦合体，形成一个声腔剧种，实际是一项浩繁而又漫长的音乐改造系统工程，依靠当时一两个戏班在

---

① 易健盦《怎样来改良粤剧》，《戏剧》1929年第2期。
② 麦啸霞《广东戏剧史略》，《广东文物》，上海书店1990年影印1940年版，第799页。
③ 欧阳予倩《试谈粤剧》，《中国戏曲研究资料初辑》，中国戏剧出版社1957年版，第116页。
④ 欧阳予倩《试谈粤剧》，《中国戏曲研究资料初辑》，第109页。
⑤ 周贻白《中国戏曲发展史纲要》，上海古籍出版社1979年版，第496页。
⑥ 郭秉箴《粤剧艺术论》，中国戏剧出版社1988年版，第30页。
⑦ 郭秉箴《粤剧艺术论》，第34页。
⑧ 何国佳《粤剧历史年限之我见》，《粤剧研究》1989年第4期。

短期内绝无可能完成。查现今全国绝无仅唱"二簧"或"西皮"单一声腔的剧种剧团存在。退后一万步，即或徽班、汉班两调在京同台合体成功，随即颁布一道命令，全国流行单一"西皮调"或"二簧调"声腔剧种的戏班在一夜之间全部同弦合体，并在全国形成所谓皮黄声腔系统，别说当时，就是在今天也都是不可能实现的。可以设想，按今天如此优越的社会条件，将东南的越剧和西北的秦腔同台合体，变为一个声腔剧种，可能性有多大，费时需多长，其结果又将若何。①

可见，单从声腔方面探讨剧种源流，很难得出令人信服的结论，近百年的争论已经说明了这一点。因为声腔的交叉传播现象十分普遍，各声腔剧种在传播过程中不断地相互吸收、相互融合，裹挟在一起，形成"你中有我，我中有你"的胶着状态，并随着时代的发展而不断地发生变化。仅从现有声腔去探寻早已时过境迁的几百年前的声腔，就好比要从长江入海口的水中去分辨上游各支流的水一样，只能是徒劳的。

相对来说，作为声腔传播的载体，"江湖十八本"真实地保留了特定历史时期戏曲演出的原生态，对于探寻剧种声腔的流变具有不可替代的作用。

首先，"江湖十八本"是民间艺人长期舞台实践的结晶，它的传承具有超强的稳定性。"江湖十八本"的形成经历了一个漫长的演变过程，它的出现标志着一个声腔或剧种的发展业已成熟。由于"江湖十八本"长期在民间流传，很少受到文人的加工篡改，故大都能够保留它的原始面貌，这就为我们考察剧种源流提供了较为可靠的依据。

其次，"江湖十八本"历史悠久，早在18世纪中叶即已十分盛行。蒋士铨作于乾隆十六年（1751）的传奇作品《昇平瑞》中，即提到"江湖十八本，本本皆全"②。黄振在成书于乾隆三十五年（1770）的传奇剧本《石榴记》之《凡例》中亦云："牌名虽多，今人解唱者，不过俗所谓'江湖十八本'与摘锦诸杂剧耳。"③李斗刊刻于乾隆六十年（1795）的《扬州画舫录》卷五亦有"二面钱云从，江湖十八本，无出不习，今之二面，皆宗钱派，无能出其右者"，"老旦张廷元、小丑熊如山，精于江湖十八本，后为教师，老班人多礼貌之"④ 的记载。可见，"江湖十八本"流行久远，不但深受广大群众欢迎，并且成为衡量一个戏班或艺人艺术水准的标尺，是各戏班或行当的看家戏。

第三，"江湖十八本"是特定时期声腔传播的载体，与声腔关系十分密切。尽管各剧种的"江湖十八本"五花八门，但都可按声腔分为诸如梆子、皮黄、昆腔、高腔等几个系列。凡属于同一声腔系列的剧种，其"江湖十八本"或多或少存在着某种直接或间接的渊源关系，而不同声腔剧种之间则很难找到其共同之处。这种格局的形成，与戏曲声腔的传播关系密切。所谓地方戏曲，其实就是主流声腔地方化的结果。由于剧本具有超强的稳定性，它的变化要远远滞后于音乐唱腔，故在一个地方剧种形成之初的很长一段时间里，其演唱剧本依然保持着母系声腔的遗存。粤剧的"江湖十八本"是皮黄声腔入粤之初的一批优秀传统剧目，它保留了粤剧作为"外江戏"阶段的许多遗存，因而是研究粤剧声腔源流的重要依据和有效途径。

---

① 束文寿《论京剧声腔源于陕西》，《中国戏剧》2004年第7期。
② （清）蒋士铨撰，周妙中点校《蒋士铨戏曲集》，中华书局1993年版，第763页。
③ （清）黄振《石榴记》，蔡毅编《中国古典戏曲序跋汇编（三）》，齐鲁书社1989年版，第1929页。
④ （清）李斗撰，汪北平、涂雨公点校《扬州画舫录》，中华书局1960年版，第123、125页。

二、粤剧原本只有"江湖十大本",而非"十八本"

"江湖□□本"是对各剧种优秀传统剧目的泛称,不论昆曲、高腔、乱弹、梆簧,都有所谓"□□本"之说,其数量其实并不固定。如江西的弋阳腔(最老的高腔)有所谓"高腔十八本";秦腔、西府秦腔则有"江湖二十四大本";山东梆子、莱芜梆子、河南梆子、江苏梆子则称"新、老江湖十八本";南阳梆子有"老、中、小十八本";绍兴乱弹有"老十八本"、"小十八出"。此外还有"乱弹十八本"、"前(后)十八本"、"三十六本头(按院)"、"十大台"、"十大记"、"六大记"、"四大本"、"五袍"、"四柱"等各种名目的称呼。粤剧也不例外,经考证,粤剧只有"江湖十大本",而非"十八本"。

最早谈及粤剧"江湖十八本"的是编剧家麦啸霞,他在发表于1940年的《广东戏剧史略》一文中,详细列举了粤剧的"江湖十八本":

> 《一捧雪》(演莫怀古玉杯得祸事)、《二度梅》(演陈杏元梅良玉情事)、《三官堂》(演陈世美不认妻事,俗误指《三审玉堂春》)、《四进士》(演四甲进士毛朋,义勘夺产冤狱事)、《五登科》(演窦燕山五子登科事,俗误指《五台山》)、《六月雪》(演邹衍冤狱事,俗误指《六郎罪子》)、《七贤眷》(演刘存义雪中贤事,俗误指《七纵七擒》)、《八美图》(演柳树春事,俗误指《八阵图》)、《九更天》(演义仆马义救主闻太师勘冤案事,俗误指《九里山》或《九莲灯》)、《十奏严嵩》(演大红袍海瑞奏严嵩事)、《十一□□》(不详)、《十二金牌》(演岳武穆班师事,俗误指《十二寡妇征西》)、《十三岁童子封王》(情节不详,俗误指《十三妹大闹能仁寺》)、《十四□□》(不详)、《十五□□》(不详)、《十六□□》(不详)、《十七□□》(不详)、《十八路诸侯》(演三国志虎牢关三英战吕布事)。①

据作者言,这"江湖十八本"是其童年时曾听老伶官师傅福谈及的,"每本之端冠数目字以为次序。"可惜的是,作者由于"岁月非昔,间有不复能省记",只列出了其中的十三本,尚缺十一、十四、十五、十六、十七等五本,所缺全在后八本之列。

著名粤剧艺人陈非侬在其回忆录《粤剧六十年》一书中,也谈到了粤剧的"江湖十八本",其名目为:

> 《一捧雪》、《二度梅》、《三官堂》、《四进士》、《五登科》、《六月雪》、《七贤眷》、《八美图》、《九更天》、《十奏严嵩》、《十一□□》(不详)、《十二金牌》、《十三岁童子封王》、《十四□□》(不详)、《十五贯》、《十六□□》(不详)、《十七□□》(不详)、《十八路诸侯》(一说《十八罗汉收大鹏》)。②

两相比较不难发现,陈氏的"江湖十八本"与麦氏如出一辙,所增补的《十五贯》系昆腔传统剧目,不能算作粤剧的"江湖十八本"。

---

① 麦啸霞《广东戏剧史略》,《广东文物》,上海书店1990年版,第811页。
② 陈非侬《粤剧六十年》,香港,吴兴记书报社1982年版,第45页。

1961年出版的《粤剧剧目纲要》第一册里，也提出了一套"江湖十八本"，其内容为：

《一捧雪》（又名《搜宝镜》）、《二度梅》、《三官堂》（又名《陈世美不认妻》）、《四进士》、《五仇报》或《五登科》、《六部庭》或《六月雪》（又名《邹衍下狱　六月飞霜》）、《七状词》或《七贤眷》（又名《全家福》）、《八美图》、《九更天》、《十奏严嵩》、《十一□□》（剧目、内容均失传）、《十二金牌》、《十三岁童子封王》、《十四□□》（剧目、内容均失传）、《十五□□》（剧目、内容均失传）、《十六□□》（剧目、内容均失传）、《十七□□》（剧目、内容均失传）、《十八路诸侯诛董卓》（又名《三英战吕布》）。①

该书系由众多粤剧艺人、编剧、戏曲工作者共同参与编写的，是集体智慧的结晶。奇怪的是，这套由众多粤剧艺人集体完成的"江湖十八本"虽然增补了不少候选剧目，但基本框架与麦氏并无二致，所缺剧目完全相同。

有关粤剧"江湖十八本"的说法还有不少，但就上述三种版本影响最大，最具代表性。虽然上述诸说出自不同艺人之口，但却都有一个共同特点，即无论是谁，都说不全十八本之数，而且所缺剧目全都集中在后八本之列。倘若麦啸霞、陈非侬是因"岁月非昔，间有不复能省记"的话，那么由众多粤剧艺人集体参与编写的《粤剧剧目纲要》中的"江湖十八本"，也在相同的位置集体"失去记忆"，就有些令人费解了。仅以"剧目、内容均失传"来解释，是难以让人信服的。因为这十八本是同时流行的一批剧目，为何单是后八本"失传"，而前十本却无一失传呢？这种惊人"巧合"的背后说明：粤剧"江湖十八本"实际上只有前十大本，后八本是不存在的。

这种推测并非毫无根据。上述所列"后八本"中的几个剧目，无论是流行时间，还是戏份大小等，都与传统"江湖十八本"的要求相去甚远。

前文述及，"江湖十八本"与声腔关系密切，不同声腔有不同的"江湖十八本"，互不混淆；"江湖十八本"流行年代较早，至迟在清乾隆年间就已十分盛行；"江湖十八本"都是分量很重的整本大戏，非一般折子戏可比，故不论哪行脚色，都以精通"江湖十八本"为荣。即使到了现在，在一些地方戏中，"江湖十八本"的分量依然不轻。以《二度梅》为例，据老艺人言，此剧情节曲折，人物众多，演出可长达三天四夜，系正小旦、小生唱做工重头戏②。一台戏能演几天几夜，难怪李斗的《扬州画舫录》中对精通"江湖十八本"的艺人推崇备至，"江湖十八本"的分量，确非等闲之辈所能胜任。

作为一个历史悠久的大型地方剧种，粤剧"江湖十八本"的出现当不晚于乾隆年间，同样应属于难度高、分量重的整本大戏。但经考证发现，上述后八本所列剧目，无一符合传统"江湖十八本"的要求。

《十五贯》属于昆腔传统剧目，自然不能列入皮黄腔的"江湖十八本"，《粤剧剧目纲要》一书也未将其纳入粤剧剧目之列。

《十二金牌》、《十八路诸侯》系从京剧改编而来，其流行年代当在同光时期，且属于折子戏而非传统的连台本戏。《十二金牌》系演抗金名将岳飞为秦桧所害屈死风波亭事，京剧名《风波亭》，孙春恒编演。有孙盛文藏本，另有《戏考》、《戏学汇考》、《戏考大全》等刊本。《十八路诸侯》系演《三国志》虎牢关三英战吕布事，京剧为折子戏《虎牢关》，又名《三战吕布》，道

---

① 剧协广东分会编《粤剧剧目纲要（一）》，内部发行，1961年版，第1—10页。
② 中国戏曲志编辑委员会《中国戏曲志·陕西卷》，北京，中国ISBN中心1995年，第141页。

光四年（1824）《庆升平班戏目》中收有此剧。叶盛兰工此剧。属白净、正生唱做工并重戏。

《十三岁童子封王》演徐有德十三岁救驾封王事，为粤剧所独有的剧目。众所周知，粤剧"江湖十八本"是由"外江戏"传入广东的，其源头都可在兄弟剧种中找到，粤剧剧目的地方化已是很晚的事，而《十三岁童子封王》一剧却为粤剧所独有，可见该剧当系后出无疑。查阅粤剧早期演出史料也可证明这一判断。创办于1872年的上海《申报》，自1873年起即开始刊登粤剧演出广告。据查，演出《十三岁童子封王》的最早记载是宣统元年（1909），此后便不断有粤班上演。如1909年9月13日，会超群班在同庆戏园演出大套《十三岁救驾封王》，一夜演完；1910年4月16日，新康年全女班在鸣盛梨园演出正本《鲤鱼仔十三岁封王》；同年6月2日，志士班"振南天社"在重庆戏园演出正本《十三岁封王》；1911年4月6日，兆丰年班在鸣盛梨园演出正本《苏有德十三岁封王》等。而在此前的几十年时间里，竟无一班上演该剧，这显然不合常理。据此可以肯定，该剧当系光宣年间才出炉的新编剧目。

综上所述，粤剧"江湖十八本"原本只有"十大本"，而非"十八本"，后"八本"系后人增补。这"十大本"名目，综合前面所列三种说法大概可以确定为《一捧雪》、《二度梅》、《三官堂》、《四进士》、《五登科》、《六月雪》、《七贤眷》、《八美图》、《九更天》、《十奏严嵩》。这就为我们寻找粤剧源头提供了依据。

三、粤剧"江湖十大本"源自陕西的汉调二簧

前文考证了粤剧的"江湖十八本"原本只有"十大本"，而非"十八本"。那么，这十大本来自何处呢？

由于历史上入粤的外省戏班很多，声腔各异，影响不一，为了彻底弄清粤剧江湖十八本的"祖本"，找到粤剧梆簧声腔的真正源头，笔者对全国各主要声腔剧种的江湖十八本系列作了一次全面的梳理。结果发现，各声腔剧种对粤剧的影响各不相同。第一，尽管梆子腔的势力范围遍及全国大部分地区，"江湖十八本"也数梆子腔为最多，但从所有梆子剧种的"江湖十八本"里，都找不到粤剧"江湖十八本"的影子。这说明，粤剧受梆子腔的影响十分有限，其影响只限于"流"而并非"源"；第二，虽然学界一致认为，广东戏的底子是弋阳腔或高腔，但从各弋阳腔剧种的"江湖十八本"中，也找不到粤剧"江湖十大本"的踪影。这说明，弋阳腔或高腔影响的是广东戏，但未必就是粤剧；第三，尽管昆曲入粤较早，但从流行于湖南的湘昆"江湖十八本"剧目中也找不到粤剧"江湖十八本"的踪影。这说明昆曲对现有粤剧的影响也十分有限。总之，无论梆子、弋阳还是昆腔，尽管它们都对粤剧产生过或多或少的影响，但都与粤剧的源头没有直接的关系。

对粤剧影响最大的是皮黄剧种，但人们一致认为与粤剧有着血缘关系的徽剧、汉剧，却找不到它们与粤剧相同的"江湖十八本"。这说明，徽剧、汉剧对粤剧的影响同样是"流"，而不是"源"。而同为广东皮黄剧种的西秦戏、广东汉剧，至少在"江湖十八本"这一点上，同样找不到它们与粤剧之间的传承关系。可见，由于传播时间、路径及受其他声腔影响程度的不同，即使同一声腔系统的剧种，它们之间的区别同样是很明显的。

经查，与粤剧"江湖十大本"关系密切的剧种有：陕西的汉调二簧、湖北的山二黄、湖南的祁剧、云南的滇剧。它们的共同特点是：第一，都属于皮黄剧种，其中汉调二簧、山二黄属单声腔剧种，其余三个属多声腔剧种；第二，都只有"十大本"，而非"十八本"；第三，这"十大

本"都是按数目字的大小顺序排列的，与其他各声腔剧种迥然不同。可以肯定，粤剧的"江湖十大本"就是上述某剧种传入广东后留下的一批传统剧目。兹列表如下：

序号	汉调二簧	山二黄	祁剧	滇剧	粤剧
1	一捧雪	一捧雪	一捧雪	一捧雪	一捧雪
2	二度梅	二度梅	二度梅	二度梅	二度梅
3	三上轿	三奏本	三天香	三状元	三官堂
4	四进士	四进士	四国齐	四进士	四进士
5	五福堂	五月图	五岳图	五桂缘	五登科
6	六月雪	六月雪	六月雪	六月雪	六月雪
7	七人贤	七人贤	七剑书	七星剑	七贤眷
8	八义图	八义图	八义图	八珍汤	八美图
9	九莲灯	九更天	九莲灯	九莲灯	九更天
10	十道本	十道本	十美图	十美图	十奏严嵩

上表中，五个全同的有1、2、6；四个相同的有4、9；三个相同的有7、8；两个相同的有5、10；全不相同的只有3。可见，这五个剧种的"江湖十大本"有着很深的血缘关系，90%的剧目都可找到相同点。皮黄系统的"江湖十八本"这种流传范围广、时间跨度大、剧目却不受其他声腔干扰的超稳定性，在全国各大声腔剧种中都属罕见。这一特点对于探讨粤剧的源流非常有利。

云南地处西南边陲，皮黄的传入当不会比广东早，而且滇剧与粤剧同属多声腔剧种，故粤剧从滇剧那里接受"江湖十八本"的可能性很小。

同样，粤剧也不是从湖南的祁阳班子那里接受"江湖十八本"的。欧阳予倩所说的"最初的广东戏几乎和桂戏、祁阳戏没有什么两样，它们有很深的血缘关系"这一现象，只能是同光以后的事，与粤剧的源流无关。据广州外江梨园会馆碑刻记载，湖南班入粤时间的最早记录是乾隆四十五年（1780），当时仅有"湖南祥泰班"一班，直到乾隆五十六年（1791）才猛增到二十余班，而此时的广东本地班早已定型。湖南班对粤剧的影响只能是流而不是源。

唯一与粤剧有着血缘关系的是陕西的汉调二簧（含山二黄，下同）。首先，从"江湖十八本"来看，粤剧与祁剧相同的仅两个，即《一捧雪》、《二度梅》；与滇剧相同的有4个，即《一捧雪》、《二度梅》、《四进士》、《六月雪》；而与汉调二簧相同的多达6个，即《一捧雪》、《二度梅》、《四进士》、《六月雪》、《七人贤》、《九更天》。可见，粤剧与汉调二簧之间的关系要远比其他剧种密切。其次，从脚色行当的分类来看，传统粤剧的脚色行当与汉调二簧的分类完全一致，即都分为一末、二净、三生、四旦、五丑、六外、七小、八贴、九夫、十杂"十大行当"，但与祁剧的正生、小生、正旦、小旦、老旦、花脸、丑脚"七行"格局却有明显差别，与徽剧也无共同之处。第三，从传播时间来看，徽剧、祁剧都是在乾隆中后叶才入粤的，而早在康熙年间，以秦腔名义传播的汉调二簧就已经遍布于南粤大地了。可见，汉调二簧对粤剧的影响远比其他皮黄剧种早。第四，从历史遗存来看，粤剧中的西皮调俗称梆子，其脱胎于秦腔的痕迹非常明显。直到上世纪 20 年代，粤剧中的秦腔味依然很浓。易健盦写于 1929 年的《怎样来改良粤剧》一文称："汉调入粤甚早，故梆子还有秦腔之遗音。"① 这里的秦腔实即陕西的汉调二簧（详见下文）。可见，汉调二簧才是粤剧的真正源头。

广东本地班从汉调二簧那里接受了西皮、二簧，同时也接受了它的"江湖十大本"，从此一个以梆子（西皮）、二簧为主要声腔的新剧种——粤剧，便宣告诞生了，而"江湖十大本"也就成为皮黄入粤后最早的一批传统剧目。也就是说，粤剧的历史应从汉调二簧入粤的时候算起，在此之前尽管广东的戏剧演出已有好几百年的历史，但不管是外江班还是本地班，都不能称之为粤剧。

四、汉调二簧实即早期秦腔，早在清康熙年间即已风靡大江南北，它是所有皮黄剧种的鼻祖

既然粤剧梆簧声腔的源头是陕西的汉调二簧，那么，地处陕南崇山峻岭中的汉调二簧是什么时候辗转千里来到语言不通、习俗迥异的岭南大地的呢？在广东早期的戏曲文献中，从未发现有关汉调二簧的记载，汉调二簧又是以何种名义进行传播的呢？

早在上世纪 50 年代初，著名京剧大师程砚秋在《新戏曲》上撰文认为，陕西历史上存在前后两个秦腔，前秦腔即清乾隆年间由魏长生等艺人传入北京，与京剧具有渊源关系的陕西二簧戏；后秦腔即现在的秦腔②。"两个秦腔"的提出，为解决皮黄剧种的源流问题提供了一个新的路径。不过，笔者以为，秦腔无前后之别，而有南北之分，即流行于北方广大地区、以中原官话为舞台语言的梆子腔系秦腔和流行于南方广大地区、以西南官话为舞台语言的皮黄腔系秦腔，即汉调二簧。

曾有人对梆子、皮黄二腔的流行范围进行过统计，结果发现，在我国 300 多个戏曲剧种中，有 31 个剧种演唱梆子腔，遍布 18 个省、自治区、直辖市，其分布范围全在黄河流域和淮河流域，淮河以南的东南各省没有梆子腔剧种。东至沿海和台湾省，南至两广和海南省，至今都还没有发现以演唱梆子腔为主的地方剧种。可见，梆子腔剧种集中分布在我国北方地区③。皮黄剧种共有 55 个，遍及全国 20 个省、直辖市、自治区，其中南方有 15 个省流行皮黄腔，而北方仅有陕西、山西、山东、河南四省局部地区及北京流行皮黄腔，且大多属于梆子、皮黄双栖而以梆子为主的剧种。可见，皮黄腔系剧种主要分布在南方广大地区④。乾隆四十五年十一月二十八日，江西巡抚郝硕覆奏乾隆上谕时称："再查昆腔之外，尚有石牌腔、秦腔、弋阳腔、楚腔等项，江、广、闽、浙、四川、云、贵等省，皆所盛行。"⑤ 这里所提到的秦腔，其流行范围全都在南方省份，且与现今皮黄腔流行范围相吻合。这说明，历史上流行于南方广大地区的秦腔属于皮黄腔系秦腔，即陕西的汉调二簧。汉调二簧因为发源于秦岭大地，故亦被称为秦腔，历史上见诸史料记载的大多属于皮黄腔系秦腔。

为什么南方广大地区未能形成独立的梆子腔剧种呢？王骥德《曲律·论腔调第十》道出了其

---

① 易健盦《怎样来改良粤剧》，《戏剧》1929 年第 2 期。
② 程砚秋《秦腔源流质疑》，《新戏曲》1951 年第 6 期。
③ 常静之《论梆子腔》，人民音乐出版社 1991 年版，第 17 页。
④ 于质彬《南北皮黄戏史述》，黄山书社 1994 年版，第 321—332 页。
⑤ 王利器《元明清三代禁毁小说戏曲史料（增订本）》，上海古籍出版社 1981 年版，第 116 页。

中奥妙："乐之筐格在曲，而色泽在唱。古四方之音不同，而为声亦异，于是有秦声、有赵曲、有燕歌、有吴歈、有越唱、有楚调、有蜀音、有蔡讴。"① 所谓"四方之音不同，而为声亦异"，就是指因方言语音的不同而引起腔调的差异，这种差异往往会影响到戏曲声腔的传播。因为戏曲是诉诸视听觉的歌舞艺术，如果观众听不懂、解不明，戏就不会有人看，这个剧种也就无法在该地区流行。因之，一个声腔剧种能否流传，流传面有多广，关键取决于它所拥有的方言区有多大，属于北方山陕语音方言区的梆子腔之所以不能在广大南方地区流行，原因也就在于此。

就风格而论，早期秦腔的演唱风格与现在的梆子秦腔大异其趣。据吴太初《燕兰小谱》载："京班旧多高腔，自魏三变梆子腔，尽为靡靡之音矣。"② 又《啸亭杂录》中载："京中盛行弋腔，诸士大夫厌其嚣杂，殊乏声色之娱，长生因之变为秦腔。辞虽鄙猥，然其繁音促节，呜呜动人。兼之演诸淫亵之状，皆人所罕见者，故名动京师。"③ 两书所载，皆为蜀伶魏长生入京演唱秦腔之事。其唱腔特点是"繁音促节，呜呜动人"，意即演唱娴熟，字多腔少，节奏明快，不像昆曲那样一步三叹，也不像弋阳腔那样喧嚣嘈杂。秦腔唱腔柔靡婉转，清越动听，富有感染力；演唱内容多为人所罕见的"靡靡之音"，"淫亵之状"，以描写家庭伦理、男女爱情以及幽默讽刺的戏为多，甚至还有不健康的表演等等。所有这些，与现在陕西秦腔高亢激越，"激流波，绕梁尘，声振林木，响遏行云，风云为之变色，星辰为之失度"④ 的特点，毫无共同之处。因为"靡靡之音"就不可能具有陕西秦腔那种"秦声激越，多杀伐之声"⑤，令人"血气动荡"，热耳酸心的特征。再说没有好嗓子是唱不了陕西秦腔的，可是这个秦腔，却能给"无歌喉者，借以藏拙"。可见，魏氏所唱的秦腔是与梆子秦腔风格迥异的皮黄腔系秦腔。

就伴奏乐器而言，不少史料中所记载的秦腔，其主奏乐器都是以胡琴为主，月琴副之，与梆子秦腔以梆为板迥然不同。请看下面几条记载：

> 友人言：蜀伶新出琴腔，即甘肃调，名西秦腔。其器不用笙笛，以胡琴为主，月琴副之。工尺咿唔如话，旦色之无歌喉者，每借以藏拙焉。若高明官之演《小寡妇上坟》，寻音赴节，不闻一字，有如傀儡登场。⑥（乾隆五十年（1785）《燕兰小谱》）

> 盖秦腔乐器，胡琴为主，助以月琴，咿哑丁东，工尺莫定，歌声弦索，往往龃龉。⑦（嘉庆十五年（1810）《听春新咏》）

> 至嘉庆年，盛尚秦腔，尽系桑间、濮上之音，而随唱胡琴，善于传情，最足动人倾听。⑧（咸丰《都门纪略》）

可见，乾嘉时期流行的秦腔，其伴奏乐器都是以胡琴为主，月琴副之，这恰恰是皮黄腔系剧种所共有的标志性乐器，它与梆子剧种在主奏乐器方面的区别是很明显的。

秦腔带给广东的皮黄剧种，除粤剧外，还有广东汉剧、西秦戏，尤其是西秦戏，堪称皮黄秦

---

① （明）王骥德《曲律》，《中国古典戏曲论著集成（卷四）》，中国戏剧出版社1959年版，第114页。
② 张次溪《清代燕都梨园史料》，中国戏剧出版社1988年版，第45页。
③ （清）昭梿《啸亭杂录》，中华书局1980年版，第237—238页。
④ 叶德辉《双梅影闇丛书》，海南国际新闻出版中心1998年版，第382页。
⑤ 同上书，第370页。
⑥ 张次溪《清代燕都梨园史料》，第46页。
⑦ 同上书，第186页。
⑧ 王利器《元明清三代禁毁小说戏曲史料（增订本）》，第65页。

腔留下的活化石。该剧种属梆子二簧声腔系统，用中州官话演唱，其曲调有正线、西皮、二簧、小调数种。正线，是西秦戏的主要声腔，是早期流行于南方的一种较古老的二簧调；西皮则基本与粤剧的梆子（即京剧西皮）相同；二簧则与粤剧、广东汉剧的二簧非常接近。虽然名为西秦戏，但其与现在的陕西秦腔却毫无共同之处。1959 年 12 月，陕西省秦腔剧团曾到广州演出，在与陕西秦腔的同行交流中，西秦戏艺人普遍认为："秦腔不论在腔调、音乐、表演上，都与西秦戏不同。虽也有个别曲调与西秦戏略相近似，但究竟很少。"秦腔艺人在观看了西秦戏的皮黄腔、传统剧目《斩郑恩》之后，也认为二者"毫无共同之处"，倒是与他们早年在陕西看到的汉调二簧非常接近[1]。

由此可见，历史上的秦腔实即现在的汉调二簧，因其发源于三秦大地而得名，这种带有湖北口音的皮黄声腔早在清康熙年间就已风靡大江南北，它不但北上孕育了京剧，还南下两湖、两广，播撒着皮黄的种子。汉调二簧是皮黄剧种名副其实的鼻祖。

五、粤剧是秦腔（汉调二簧）在两广本土化的产物，粤剧的源头在陕西

秦腔南下，起于明末，盛于清初，在其影响下，皮黄剧种遍及南方诸省。据统计，仅两湖两广就有皮黄剧种 21 个，占全国皮黄剧种总数的 38.2%，成为皮黄剧种最集中、最兴盛的地区之一。究其原因，汉调二簧的发源地——陕西南部的汉中、安康、商洛等汉水流域古属楚国，与湖广、四川同属西南官话区，秦腔的流行实与方言的接近密切相关。在一些史料记载中，也可经常看到秦腔、楚调往往同时出现，二者其实同属一个声腔系统。明末巴陵人杨翔凤作于崇祯十六年（1643）的《岳阳楼观马元戎家乐》诗中即有"秦筑楚语越箜篌，种种伤心何足数"[2] 之语，说明早在明末，湖南人就已经开始用本地方言演唱秦腔了。

地处湘、鄂西的容美宣慰司属地，康熙年间也有秦腔活动。清代剧作家顾彩于康熙四十二年（1703）寓居容美半年，写有《容美纪游》一书，为日记体杂录。其中三月六日记曰："女优皆十七八好女郎，声色皆佳。初学吴腔，终带楚调。男优皆秦腔，反可听，所谓梆子腔是也。"[3] 当时演出的戏班，是宣慰司使田舜年豢养的家班，艺人就是湖南本地人。由男优演唱秦腔，效果颇佳，而由"声色皆佳"的女优演唱的"吴腔"（即昆曲），却改不了"楚调"方音。这条材料说明，秦腔在清康熙年间已流行到了地处偏僻的湘鄂西一带。而从本地人演唱秦腔效果颇佳这一特点来看，此种"秦腔"并非北方山陕方言区的梆子秦腔，而是属于用楚方言演唱的皮黄秦腔即汉调二簧。两湖属楚方言区，而皮黄腔用的正是湖广音，故由湖南人演唱秦腔，自然合辙合韵，听不出有什么不和谐的地方。而昆曲用苏白吴音演唱，与楚方言有些隔膜，故行内人一听就能听出其中的错讹来。刘献廷《广阳杂记》载：

> 亦舟以优觞款予，演《玉连环》。楚人强作吴歈，丑拙至不可忍，如唱"红"为"横"，"公"为"庚"，"东"为"登"，"通"为"疼"之类。又皆作北音，收入开口鼻音中，使

---

[1] 黄镜明、李时成《广东西秦戏渊源质疑》，《梆子声腔剧种学术讨论会文集》，山西人民出版社 1984 年版，第 615 页。
[2] 陈湘源《巴陵戏》，湖南省戏剧工作室编《湖南地方戏曲史料（卷二）》，内部资料，1980 年，第 72 页。
[3] （清）顾彩《容美纪游》，《小方壶斋舆地丛钞（第八册第六帙）》，上海著易堂印行。

非余久滞衡阳，几乎不辨一字。①

  顾彩、刘献廷都是江苏人，精通戏曲音律，他们对湖南人演唱昆曲和秦腔，褒贬极为相似，即对湖南人演唱昆曲都持批评态度，刘献廷的批评尤为激烈，称"楚人强作吴歈，丑拙至不可忍"，而对湖南人演唱秦腔，却无一贬词。顾彩称"男优皆秦腔，反可听"，刘献廷在衡阳听秦腔演出时，也有"秦优新声，又名乱弹，其声甚散而哀"②的评价。试想，如果流行于湖南的秦腔确系山陕梆子腔的话，那么，楚人强作陕北方言，又何尝不是"丑拙至不可忍"呢？刘献廷虽为南方人，可他一直寄居在顺天大兴（即今北京），其对梆子秦腔的熟悉程度，绝对不会比南方人差，既然刘献廷听不出湖南人演唱秦腔有何不妥之处，那只能说明，这里的"秦腔"确系南方语音的皮黄秦腔，即汉调二簧，而非梆子秦腔。

  历史上像这类用湖广土音演唱秦腔的记载还很多。乾隆年间，乐钧作于广东潮州的《韩江棹歌一百首》中也有"马锣喧击杂胡琴，楚调秦腔间土音"③的记载，说明流传到广东的秦腔也是用楚方言演唱的皮黄秦腔。即使盛行于京师的秦腔也是用楚调来演唱的。如乾隆年间安徽保和部的昆旦四喜官，入京后兼习乱弹，作者对他的题咏是："本是梁溪队里人，爱歌楚调一番新。蛙声阁阁三弦急，流水桃花别有春。"④"乱弹"通常是指秦腔，而作者却称四喜官所习乱弹为"楚调"，可见二者同属一个声腔，即皮黄腔系秦腔。

  广西在康熙年间也有秦腔活动的足迹。康熙五十年到五十七年之间（1711—1718），戏曲家、上海松江府人黄之隽曾经在广西巡抚陈元龙幕府里做塾师兼幕僚，他写的《桂林杂咏》诗里有句云："吴酎输佳酿，秦音演乱弹。"并有夹注云："雏伶演剧谓之乱弹。"他撰有传奇《忠孝福》一剧，在剧中第三十出，写殷家阖门欢庆时，串演戏中戏《斑衣记》。剧本特意注明："内吹打秦腔鼓笛"，下面的唱句则标为唱"西调"："（俺）年过七十古来稀，上有双亲百岁期，不愿（去）为官身富贵，只愿（俺）亲年天壤齐。"《忠孝福》在桂林上演过，效果不错⑤。这一材料说明，流传桂林的秦腔是用笛子伴奏，杂以锣鼓，与山陕梆子秦腔截然不同。齐如山《京剧之变迁》云："从前皮黄用笛子随唱"⑥，叶德辉也说："二簧弦索之外，杂以锣鼓；梆子弦索之外，全用击筑。"⑦可见康熙年间在桂林活动的秦腔，同样属于皮黄腔系秦腔即汉调二簧，它是皮黄入粤的先声。

  随着时间的推移，活动于桂林的秦腔逐渐本土化，形成桂派秦腔，并于乾隆中叶涌现出了全国知名的秦腔艺人刘凤官。成书于乾隆五十年（1785）的《燕兰小谱》载：

  刘凤官，名德辉，字桐花，湖南郴州人。丰姿秀朗，意态缠绵，歌喉宛如雏凤，自幼驰声两粤。癸卯冬（乾隆四十八年，即1783年），自粤西入京，一出歌台，即时名重，所谓"飞上九天歌一声，二十五郎吹管逐"，如见念奴梨园独步时也。都下翕然以魏婉卿下一人相

---

① （清）刘献廷撰，汪北平、夏志和标点《广阳杂记》，中华书局1957年版，第147页。
② 同上书，第152页。
③ （清）乐钧《青芝山馆诗集》，《续修四库全书》第1490册，上海古籍出版社，第498页。
④ 张次溪《清代燕都梨园史料》，第34—35页。
⑤ 蒋星煜《中国戏曲史钩沉》，中州书画社1982年版，第192—197页。
⑥ 齐如山《京剧之变迁》，《民国丛书》第二编第69册，上海书店影印版，第26页。
⑦ 叶德辉《双梅影闇丛书》，第670页。

推，洵非虚誉……帝里新夸艳冶名，粤西声誉早铮铮。王陈刘郑超时辈，独许儿家继婉卿。①

刘凤官身为湖南人，却"自幼驰声两粤"，北上京城，又能"一出歌台，即时名重"，那么刘氏所演唱的究竟属于什么声腔？有分析认为，刘凤官演唱的是弋阳腔②。笔者对此不敢苟同。当时流行于广东的弋阳腔，在外省人听来，是"蛮音杂陈"，就算两广人能听懂，难道京城的人也能听懂？如果连听懂都成问题，又何以会"一出歌台，即时名重"？显然，刘氏所唱不是弋阳腔。笔者以为，刘凤官演唱的就是由四川艺人魏长生带入京城而引起轰动的秦腔。魏三进京是在乾隆四十四年（1779），早刘凤官四年，刘凤官入京之时，正值秦腔风靡京师之时，魏三之名常挂人齿颊。驰名湖广的刘凤官所习为湖广调的秦腔正宗，故"都下翕然以魏婉卿下一人相推"。据张际亮《金台残泪记》载，自魏长生入京唱红之后，各地秦腔艺人云集京城，"故当时蜀伶而外，秦、楚、滇、黔、晋、粤、燕、赵之色，萃于京师，化二人也。"③ 可见，秦腔在乾隆年间是风靡全国的，它是所有皮黄剧种的鼻祖，粤剧是秦腔在两广的支脉。

进入19世纪以后，随着外江班在广州的衰落，桂派秦腔在两广的演出重心开始由广西的桂林转入到广东的省会城市广州，地方色彩随之进一步加强，开始形成有别于母体的独特风格，即以桂林官话为舞台语言的桂派粤剧。道光年间举人杨懋建《梦华琐簿》称："大抵外江班近徽班，本地班近西班，其情形局面，判然迥殊。"④ 俞洵庆成书于光绪十年（1884）的《荷廊笔记》中亦称："其由粤中曲师所教，多在郡邑乡落演剧者，谓之本地班。专工乱弹、秦腔及角觝之戏。"⑤

到了20世纪初，粤剧的本土化进程迅速加剧，但粤剧与秦腔母体之间的脐带，直到20世纪20年代末依然没有被完全割断。戏剧家齐如山在谈到广东旧戏的时候就曾指出："我在民国十九年以前，很看过几次，还完全保存着梆子型式，话白亦系中州韵，自然夹杂了许多本地土音，但大体还未改，广东人管此叫作舞台官话，我们还能懂六七成。自从摩登的戏出来，这种旧戏就慢慢的不见了。"⑥ 齐如山所说的"摩登戏"，即指20世纪二三十年代所出现的以广州话为舞台语言的穗派粤剧，至此，粤剧的本土化进程才算彻底完成了。

综上所述，粤剧源自陕西，形成于广西，定型于广东，它是汉调二簧在两广本土化的产物，是两广艺人共同浇灌的艺苑奇葩。

（原刊《学术研究》2009年第3期）

---

① 张次溪《清代燕都梨园史料》，第19页。
② 参见郭秉箴《粤剧艺术论》，第21页。
③ 张次溪《清代燕都梨园史料》，第251页。
④ 同上书，第350页。
⑤ （清）俞洵庆《荷廊笔记》（卷二），光绪乙酉（1885）刻本。
⑥ 齐如山《国剧艺术汇考》，辽宁教育出版社1998年版，第30—31页。

《永乐大典戏文三种》的
再发现与海峡两岸学术交流

康保成

一

在许多人的记忆中，嘉靖本《永乐大典》卷一三九九一（即通常所说的《永乐大典戏文三种》）早已不在人间。1979 年 10 月，南戏研究权威钱南扬先生的名著《永乐大典戏文三种校注》在北京中华书局出版。钱先生在本书的《前言》中说：

> 此书已流出国外，一九二〇年，叶玉甫（恭绰）先生游欧，从伦敦一小古玩肆中购回来的，一直放在天津某银行保险库中。抗战胜利之后，此书遂不知下落。现在流传的仅几种钞本，及根据钞本的翻印本，可惜见不到原书了。①

众所周知，《永乐大典》原书即永乐年间的正本早在明末已从人间神秘消失，故钱先生所说的"此书"、"原书"均指嘉靖年间所钞的副本而言。钱先生是抗战前少数目睹过嘉靖本的学者之一，他的《宋元南戏百一录》刊于 1934 年的《燕京学报》第九专号，正文前即附有珂罗版影印的嘉靖本《永乐大典》卷一三九九一首页。钱先生说原书抗战后"不知下落"、"见不到原书"，这让人感到既遗憾又无奈。上世纪 80 年代末，业师王季思先生主编《全元戏曲》，我受命担任"戏文三种"的整理工作，只能以《古本戏曲丛刊》收录的仿钞本的影印本为底本。②

然而，在钱先生的《校注》出版整整 30 年之后，2009 年 11 月 21 日至 22 日，在南京举办的"南戏国际学术研讨会"上，台湾嘉义大学中文系副教授汪天成先生所宣读的论文道出了一个惊人的发现：嘉靖钞本《永乐大典戏文三种》尚完好的保存在台北"国家图书馆"中。这一消息，不仅当即在海峡两岸古代戏曲、古代文学研究者中激起了强烈反响，也引起了关心《永乐大典》命运的文献学家和普通读者的热切关注。③

---

① 钱南扬《永乐大典戏文三种校注》，中华书局 1979 年版，第 1 页。
② 上世纪 50 年代，中华书局曾约王季思师校注《永乐大典戏文三种》，我手头藏有约稿函，但此事未果。
③ 目前围绕相关问题发表的论文和其他文章有：汪天成《〈永乐大典戏文三种〉的再发现与〈张叶状元〉的流传》，俞为民《〈永乐大典〉本〈张协状元〉考述》，以上二文均发表于《戏曲艺术》2010 年第 1 期；江巨荣《〈永乐大典戏文三种〉嘉靖抄本初读记》，《戏曲研究》第 81 辑，文化艺术出版社 2010 年 9 月；张升《梁启超、叶恭绰与〈永乐大典〉的收藏》，《中国典籍与文化》2012 年第 2 期；肖伊绯：《〈永乐大典〉两岸重现记》，《北京青年报》2012 年 11 月 5 日，等。

2010 年下半年，我在台湾任教期间，受邀到嘉义大学演讲，汪天成先生慨然以嘉靖本《永乐大典戏文三种》影印件相赠。最近，我有幸再次到台北，除到"国家图书馆"目睹嘉靖钞本的真容之外，还获赠了汪先生提供的嘉靖本《永乐大典》卷一三九九一电子扫描版（朱墨两色）。承老友孙玫教授告知，他在看到嘉靖本时，深深为《永乐大典》原本的"皇家气派"所折服，笔者颇有同感。《大典》原书全幅 35.3×24 公分，比明代长城砖中的长（37 公分）略短，而宽（15 公分）则远远过之。人工绘制的朱色双边、版心、鱼尾、象鼻。朱色书写的书目和圈点。首页书眉，钤有两枚朱色藏书印章，一枚为"国立中/央图书/馆考藏"朱文方印，一枚为"管理中英庚/款董事会保/存文献之章"朱文长方印。这一切，完全颠覆了以往看缩小影印本的印象。令人欣喜的是，书内还夹有叶恭绰先生亲笔题签："永乐大典　二册　戏　职　民国九年得于伦敦　遐庵"。"遐庵"是叶恭绰先生的号。显然，《戏文三种》是和叶先生同时发现并购买的另一册《永乐大典》（即卷二万四百七十八、二万四百七十九"职"字一册）放在一起的。

至此可以确认，嘉靖本《永乐大典戏文三种》并未消失，而是完好无损地保存在台北。然而，为什么在半个多世纪的时间里，大陆学术界对这一消息竟然一无所知？嘉靖本《戏文三种》究竟如何去了台湾？从北京到伦敦再到台北，这中间发生了多少鲜为人知的故事？牵动了多少和国家、民族、个人命运有关的事？一番探索之后，不禁感慨系之！

二

当我从汪先生手中接过嘉靖本《永乐大典》卷一三九九一的影印件时，脑海中闪过的第一个念头就是：难道在汪先生之前，就没有人知道这册传闻"失踪"的嘉靖钞本实际上保存在台湾吗？顺着这个思路寻根问底，方知道远不是那么回事。

通过网络检索并在台湾大学林鹤宜教授的帮助下，我首先发现，由张其昀先生任编委会主任，台湾中国文化大学编纂出版的，号称台湾"第一套中文百科全书"的《中华文化百科全书》中，已经列有"永乐大典戏文三种"的条目，该条目的作者林振辉先生明确说："《永乐大典戏文三种》，即《小孙屠》、《张协状元》、《宦门子弟错立身》三本戏文。《大典》所收戏文部分，自卷一万三千九百六十五起，迄一万三千九百九十一止，凡二十七卷，共收戏文三十三种，书原皆已亡佚。民国九年，叶恭绰氏于英国伦敦一小古玩肆中，购得第二十七乙册，携归中土，即此三种戏文，皆学者前所未见，为今存最古之南戏全本，而戏文传奇之接承、南戏北剧之大别，于焉明矣！原书今藏国立中央图书馆，有复印件、钞本与排印本流传于世。"[1]《中华文化百科全书》出版于 1983 年。也就是说，在汪先生发现此书藏于台北的 26 年前，这一消息已经在台湾的大型工具书中披露出来了。

再往前追溯，1963 年，日本学者岩井大慧的《永乐大典现存卷目表（新订）》在"卷一三九九一"下明确著录："旧天津徐氏，台北'中央'图书馆。"并注云："此册有北京图书馆仿钞本，民国古今小品书籍刊行会排印本。"[2] 岩井的《卷目表》又比《中华百科全书》早了整整 20 年。关于"天津徐氏"曾经收藏此书，详后文。

更令人吃惊的是，1962 年杨家骆先生主持影印的《永乐大典》在台北世界书局出版，其中

---

[1] 《中华文化百科全书》，台北，中国文化大学，1983 年，第 288 页。
[2] 《岩井博士古稀典籍论集》，岩井博士古稀记念事业会，昭和三十八年（1963）编印，第 49 页。

第七十六册收入卷一三九九一，乃用北图所藏仿钞本影印；但在第九十九册"补遗"部分，已收录了该卷的原件影印本。为提醒读者关注，杨先生在卷首"附编总目"第九十九册之下和正文第九九册扉页两次注明："卷一三九九一，第七十六册原以仿钞本影印，应以此嘉靖钞本抽换。"估计在影印第七十六册时，杨先生尚未注意到嘉靖本存于台北，不然不会舍近求远、舍本逐末，收入北图所藏仿钞本；到得知这一消息时，第七十六册已经付印，来不及"抽换"，只能以仿钞本和原本并存。

收有嘉靖本《戏文三种》的《永乐大典》在海峡彼岸影印出版17年之后，海峡此岸的钱南扬先生尚发出此书"不知下落"，"可惜见不到原书"的无奈叹息，这不能不归咎于两岸的分治。当时，台方鼓吹"反攻大陆"，两岸关系高度紧张，大陆学者无缘见到台版书籍。

然而，1985年，台北大化书局又出版了一部现存的《永乐大典》的影印本。这个版本在世界书局本的基础上增加了大化书局主持人李廼扬教授新搜集到的十二卷《永乐大典》，其中卷一三九九一也是影印的嘉靖钞本，或由于并未注明版本（世界书局本已特别注明，无须再注）的缘故，加之按流行的单色（墨色）影印，并将书眉上的两枚藏章略去。所以，虽然此时两岸已经开始交流，大陆有些图书馆也购置了这个版本①，但嘉靖本卷一三九九一的存世依然未引起大陆学术界注意。北京中华书局1986年辑录、影印现存的《永乐大典》，其中卷一三九九一使用的还是北图藏的仿钞本。同年，张忱石《永乐大典史话》附录二"现存《永乐大典》卷目表"将该册收藏者著录为"未详"，并且说："原为叶恭绰藏，今不知流落何处。北京图书馆、台湾'中央'图书馆均有仿抄本。"② 1992年，大陆发表的一篇论文在引述了钱南扬"此书遂不知下落"的序文后说："北京图书馆、台湾中央图书馆所藏均为仿抄本。"③ 2002年4月，北京国家图书馆主办"《永乐大典》六百年国际学术研究讨会"，翌年出版《论文集》，竟无一人谈及本卷尚存于世的消息；上海辞书出版社也为纪念《永乐大典》六百周年出版朱墨两色套印、"再现《永乐大典》风韵"（胡道静《序》语）的《海外新发现永乐大典十七卷》，嘉靖本卷一三九九一亦未被收录在内。一本2010年出版的研究《永乐大典》流传与辑佚的专著说："叶恭绰从伦敦买回的为《大典》戏字韵的一册……此书原卷已不知下落，国家图书馆及台湾'国家图书馆'所藏均为仿抄本。"④ 尽管同一作者后来发表的论文宣称台湾"国家图书馆"所藏为嘉靖本，但这已在汪先生公布"再发现"消息两年之后。⑤

今天，当我们回顾《永乐大典戏文三种》从"失踪"到"再发现"的过程时，不仅感慨两岸分治给学术带来的不利影响，而且还不能不抱有深深的愧疚。这一珍贵的文献之所以直到2009年方被"再发现"，固然是由两岸分治所造成，但古代戏曲研究界、《永乐大典》的辑佚者研究者们搜求不广、用功不深、读书不细，不也是重要的缘由吗？

我猜测，杨家骆先生得知《永乐大典》卷一三九九一存于台北的消息来源，应当是《国立中央图书馆善本书目》。然而，这一《书目》目前公开流通的只有1986年的增订二版，最早的也是1967年的增订初版，都晚于杨先生主编《永乐大典》的时间。但这两个增订版正文前都有

---

① 大化本《永乐大典》在大陆不难找到，北京国家图书馆和中山大学图书馆都有收藏。
② 张忱石《永乐大典史话》，中华书局1986年版，第148页。
③ 郝延霖《〈永乐大典戏文三种〉简说》，《新疆大学学报》1992年第3期。
④ 张升《〈永乐大典〉流传与辑佚研究》，北京师范大学出版社2010年版，第101页。
⑤ 张升：《梁启超、叶恭绰与〈永乐大典〉的收藏》，《中国典籍与文化》2012年第2期。张文推测道："可能是抗战时期由中央图书馆利用英国退还庚款购入，曾藏南京图书馆；解放前被运到了台湾，入藏台北'中央图书馆'。"其实这书从伦敦购回后，经历了北京—天津—香港—东京—上海—南京—台北的漂泊过程，详后文。

"中央图书馆"前馆长蒋复璁先生写于 1956 年的《序》。这说明,《书目》一定有更早的版本。果然,当台北"国家图书馆"善本部工作人员把他们内部使用的工作本取出来时,我几乎要叫出来:"就是它"! 该《书目》刊印于 1957 年,看上去已破旧不堪,并且夹着各个时期的书签,写满了不同颜色的工作标记。在《书目》的第 130 页,豁然著录:"《永乐大典》,存卷一万三千九百九十一";并注云:"明解缙等撰,明嘉靖隆庆间内府重写本,存卷一万三千九百九十一 '戏'字。"尽管工作人员再三表示,这个版本"错误太多",但此时的我已经心满意足。中央图书馆 1948 年末、1949 年初从南京迁台,1954 年重新组建,仍由蒋复璁任馆长。① 可以认定,眼前的这个著录是台湾最早著录《戏文三种》的《书目》。

可以为这个《书目》提供佐证的是,台湾"中央图书馆"原特藏组主任昌彼得在写于 1956 年的《国立中央图书馆的善本书目》一文提到"本馆收集"时云:"明内府抄本《永乐大典》等。"② 昌彼得写于更早的《永乐大典述略》一文云:"抗战期中,中央图书馆曾先后收购了八册(《永乐大典》),这恐怕是今日 '自由中国' 所仅藏有的几本了。"③ 按,这八册《永乐大典》今全部收藏于台北"国家图书馆"善本部,其中包括《戏文三种》一册。

三

钱南扬提到《戏文三种》"抗战胜利后"下落不明,昌彼得则说"抗战期中"中央图书馆购买了此书。这样,钱先生当年的疑惑就得到了解释。然而,这册原本属于叶恭绰先生私藏的书籍,在抗战期间是如何被国家购买?后来又如何到了台湾呢?

在"《永乐大典》编撰 600 周年国际研讨会"上,时任国家图书馆善本特藏部副主任的陈红彦女士撰文指出:

> 1931 年,"九一八"事变以后,华北局势动荡不安,政府下令古物南迁。北平图书馆先将敦煌写经、古籍善本、金石拓片、舆图及珍贵的西文书籍装箱后存放在天津大陆银行等较为安全的地方。1933 年 5 月,教育部电令北平图书馆将宋元精本、《永乐大典》、明代实录及明人文集挑选精品南迁,以防不虞。接电后,北平图书馆即将包括《永乐大典》在内的善本典籍运往上海,存放于公共租界仓库,并成立国立北平图书馆上海办事处负责管理。在今天我们保存下来的装箱单上,可以清楚地看到当时《永乐大典》南运的情况。

1937 年"八一三"事变以后,上海沦陷,不久欧战爆发,国内局势进一步恶化,国家图书馆存放在上海的图籍的安全遭到威胁。代理馆长袁同礼先生和上海办事处钱存训先生通过驻美国使馆与美国联系,决定将这批善本再做挑选之后运往美国寄存。选取的三千种书中有 60 册《永乐大典》。于太平洋战争发生之前运抵美国,由美国国会图书馆代为保管。1965 年,这批善本转

---

① 蒋复璁《我与中央图书馆》,台北,《传记文学》1979 年第 5 期。
② 昌彼得《国立中央图书馆的善本书目》,原载《教育与文化》第 12 卷 7 期,1956 年 6 月。引自《蟫庵论著全集》(上),台北,故宫博物院,2009 年,第 407 页。
③ 昌彼得《永乐大典述略》,原载《大陆杂志》第 6 卷第 7 期,1953 年 4 月。引自《蟫庵论著全集》(下),第 730 页。

运台湾，目前仍暂存于台湾。①

这或许让人想起：《戏文三种》可能就在这"60册《永乐大典》"中。但这一猜测很快便被否定。第一，这"60册《永乐大典》"1965年方才从美国转运到台湾，但卷一三九九一早在1957年就出现在台北"中央图书馆"的《善本书目》中，时间上对不上号。第二，由美国国会图书馆代为保管的这批古籍，应当属于原北平图书馆公藏，而非叶恭绰等私藏之物，因而不应包括《戏文三种》在内。

那么，《戏文三种》究竟是如何从私藏转为公藏，又辗转到了台湾呢？经过考查，抗战时期郑振铎等一批爱国志士舍生忘我地保护民族文献的一段可歌可泣的佳话跳入我们的眼帘。沿着这一线索继续追溯，一张《戏文三种》从北京—英国伦敦—北京—天津—香港—日本东京—上海—南京—台北的漂泊路线图逐渐清晰地呈现在我们面前。

1937年8月13日日军进攻上海，同年11月上海沦陷，租界成为孤岛。时局动荡，国将不国，江南一带的藏书家纷纷以低价求售维生，美国、日本的一些公、私藏家也派人来华购书。为使民族文献不流入外邦，1939年末，张元济（时任商务印书馆董事长）、郑振铎（时任暨南大学文学院院长）、张寿镛（时任光华大学校长）、何炳松（时任暨南大学校长）、夏丏尊（上海立达学园创办人，时在抗日后援会工作）、张凤举（时任中法大学教授）等人联名致电中英庚款董事会董事长朱家骅和国民政府教育部长陈立夫，敦请政府协助完成抢救民族文献的工作。翌年1月初，朱家骅单独并与陈立夫联名复电各一通，表示完全同意并支持郑振铎等人的建议，并另指示中央图书馆筹备处主任蒋复璁居中联络协调。于是，2月初，除年高体弱的张元济之外，其他几人均在郑振铎起草的"文献保存同志会办事细则"上签名，以抢救和保存民族文献为宗旨的"文献保存同志会"在沦陷区上海宣告成立。②

在不到两年的时间里，"文保会"克服重重困难，甚至冒着生命危险，在敌占区秘密开展民族文献的搜集、购买、保管、运输等工作，取得了巨大成绩。据苏精先生《抗战时期秘密搜购沦陷区古籍始末》一文，抗战期间抢救的这批民族文献，"单是甲乙两类的善本古籍就有四千八百六十四部，共是四万八千多册，普通本线装书更多，有一万一千多部。"③ 郑振铎《求书日录》则谓："在这两年里，我们创立了整个的国家图书馆。"④ 而购书使用的经费，则主要由中英庚款董事会与教育部拨付。按当时的建制，中央图书馆隶属于教育部。根据当事人陈立夫的回忆，

---

① 陈红彦《国家图书馆藏〈永乐大典〉述略》，《永乐大典编纂600周年国际研讨会论文集》，国家图书馆出版社2003年版，第259页。

② 本节主要参考了《郑振铎全集》（花山文艺出版社1998年版）第十六卷《致张寿镛》和沈津《郑振铎和"文献保护同志会"》（台北《国家图书馆馆刊》，1997年第1期）一文。关于夏丏尊曾参与致电朱家骅、陈立夫一事，是本人根据郑振铎书信中所附的朱家骅、陈立夫复电抬头"何、张、夏、郑六先生"推测出来的。《郑振铎全集》第十六卷第4页注云："夏，不详。"沈文亦只对何、郑、张予以介绍，而对"夏"则未予提及。按郑振铎与夏丏尊交往颇深，1946年夏去世，郑曾撰《夏丏尊先生》予以悼念。1940年"文献保存同志会"成立时，夏丏尊正在上海参加抗日后援会工作，故本人推测朱家骅复电中的"夏"指夏丏尊。不过，从现存"文献保存同志会"的相关档案来看，夏并未参与实际的文献搜购工作，而时任故宫博物院古物馆长的徐森玉在"同志会"成立近一年后参加了许多重要工作。又，2008年，台北"国家图书馆"举办了"抢救国家文献：1940—41中央图书馆搜购古籍档案展"，重现了这一历史事件。所展文献包括郑振铎从上海、叶恭绰从香港发给蒋复璁的工作报告。参台北"国家图书馆网站"，http://rarebook.ncl.edu.tw/rbookod/exhibition/hypage.cgi。另据蒋祖怡《蒋复璁先生传记》（台北思行文化传播有限公司，2012年）引蔡元培1940年1月7日日记，蒋复璁曾向时在香港的北大老校长蔡元培谈起此事，蔡深表赞许。又，郑振铎《求书日录》谓张、何、郑等人"联名打了几个电报到重庆"，根据朱家骅、陈立夫回电及蒋复璁从重庆的出发时间，可推断这几封电报是1939年底以前发出的。

③ 苏精《抗战时期秘密搜购沦陷区古籍始末》，台北，《传记文学》1979年第5期。

④ 郑振铎《求书日录》，《郑振铎日记全编》，陈福康整理，山西古籍出版社2006年版，第94页。

"庚款会"为购买图书拨付一百二十余万元,教育部拨给二百数十万元。① 这在当时堪称一笔巨款。上文已述,今台北所藏嘉靖钞本《永乐大典》卷一三九九一,首页钤有"国立中/央图书/馆考藏"和"管理中英庚/款董事会保/存文献之章"两枚印章。而主持盖章的人,恰恰就是"庚款会"董事、当年从伦敦购回此书的叶恭绰。

1900 年(清光绪二十六年·庚子),义和团围攻东交民巷外国使馆,6 月 23 日,位于英国使馆北邻的翰林院遭纵火。这把火究竟是谁放的尚存争议,但残存不到八百册的《永乐大典》历经最后的劫难而风流云散,英国人从这次焚毁《永乐大典》的事件中得益最多却是事实。翌年 6 月 11 日,英使馆交回三百三十册《大典》。而《戏文三种》很可能就是在这次劫难中未交回而被某个英国人带到伦敦去的。

第二年,清政府被迫与各国签订《辛丑条约》,其中规定向各国赔付白银 4 亿 5 仟万两,年息 4 厘,分 39 年付清。1907 年末,美国总统罗斯福要求国会授权减免和取消庚子赔款中超出实际损失的部分,将这部分款项用于资助中国的教育和学生留美。1908 年,美国向中国退回半数庚子赔款,其中的一部分用于开办清华留美预备学校,即清华大学的前身。"一战"后的 1918 年,中国以战胜国身份停止向战败的德国和奥匈帝国赔款。1924 年,苏联宣布放弃原来沙俄的赔款要求。同年底,美国宣布第二次退还庚子赔款,把余下的所有对美赔款全数退还。1925 年法、日、英、比、意、荷等国都声明退回赔款余额。不过,除苏联之外,退回庚款的实际使用都由中外合组的管理委员会主持。1931 年,直接隶属于国民政府的管理中英庚款董事会在南京成立,负责管理、使用英国"退还"的庚子赔款事务,董事长为朱家骅,叶恭绰则是十位华籍董事之一。蒋复璁 1956 年撰写的《国立中央图书馆善本书目序》云:"抗战中……有识之士向政府进言,宜多方搜购,以免文献之落入异域。管理中英庚款董事会朱董事长骝先生(朱家骅,字骝先——引者注)以法币减值,提议将原拨本馆之建筑费,移购善本图书。教育部部长陈立夫先生、次长顾一樵先生均同意此举。"② 1940 年元月初,蒋氏"由重庆飞往香港,在港与中英庚款董事会叶恭绰先生接洽,请他在港负责采购广东散出之珍籍"③。

叶恭绰原居上海,"八一三"事件后到香港,是来避难的,属于侨居。但接受了任务后,便全身心投入了护书的工作。开始时,他"除负责香港方面的搜购外,又主持由沪寄港精品的转运事宜,并提供上海同志会工作场所"④。到后来,一项更为艰巨的任务也交由他来主持,这就是存放、装箱、启运的工作。据《陈君葆日记》,从江南各地搜购来的大量图书,于 1941 年 9 月 3 日寄达香港,时任故宫博物院古物馆长的徐森玉专程赶来,召集叶恭绰、香港大学教授马季明和香港大学冯平山图书馆馆长陈君葆商议这批书的保管和往重庆的转运问题。⑤ 在叶恭绰、陈君葆、马季明等人安排下,这批书被暂时存放在冯平山图书馆。同时,叶恭绰委托时在香港的商务印书馆总经理王云五代制了一百多个"内衬铅皮、外围铁带的木箱",把上海寄来的邮包拆开、核对、

---

① 陈立夫《成败之鉴》,台北,正中书局,1994 年,第 298 页。
② 蒋复璁《国立中央图书馆善本书目序》,《国立中央图书馆善本书目》,1957 年,第 2 页。
③ 蒋复璁《我与中央图书馆》,台北,《传记文学》1979 年第 5 期。但此文说"我"即蒋复璁飞抵香港的时间是 1940 年"元旦",苏精《抗战时期秘密搜购沦陷区古籍始末》一文则说蒋复璁"九日抵香港"。根据台北"国家图书馆"收藏的蒋复璁 1940 年 2 月 27 日致"庚款会"的报告,蒋应是 1940 年 1 月 4 日从重庆飞抵香港的。
④ 苏精《抗战时期秘密搜购沦陷区古籍始末》。本节引文及叙述除特别注出者外均据苏精此文。
⑤ 谢荣滚主编《陈君葆日记全集》二,商务印书馆(香港)有限公司,2004 年,第 26 页。苏精《抗战时期秘密搜购沦陷区古籍始末》一文说许地山也参加了此项工作,郑振铎《求书日录》也说从大陆邮寄到香港的书"由亡友许地山先生负责收下",但许地山于本年 8 月 4 日去世时这批书尚未运到香港。大概许地山只参与了前期的联络工作,另一种可能是,抗战时经香港转运的古籍不止一批,许地山参与保存的是另一批古籍。

登录，再装入箱内，"忙了一个半月，共装了一百一十箱。"到 1941 年 10 月初，决定将这批古籍通过当时的驻美大使胡适转运到美国国会图书馆暂存，"为将来辨识起见，必须在每册之上加盖中央图书馆藏章和中英庚款会印记。工作人员只好将木箱打开，全部从头做起，十一月底盖完。"本打算 12 月 6 日装船启运，不料原来订妥的美船格兰总统号突然改变行程未停靠香港。① 接着太平洋战争爆发，香港沦陷。一个名叫竹藤峰治的日本人"带引日军调查人员至冯平山图书馆，扣留馆长陈君葆加以盘查，最后强行运走这些装箱的古籍"。由于日军的行动是秘密进行的，致使这批原打算运往美国的善本古籍一时下落不明。据苏精说："由港抵桂林的港大教授陈寅恪，写信给中英庚款会，谓古籍已由日军'波部队'运走，且已发现运送时的目录。"② 按陈寅恪先生于 1940 年 8 月任香港大学客座教授，翌年 8 月 4 日中文系主任许地山逝世，先生接任系主任一职，12 月 25 日香港沦陷即辞职闲居，1942 年 6 月 18 日从香港经广州湾（即湛江）抵达桂林。在港大任教期间，陈先生与陈君葆、中文系主任许地山等过从甚密，并且至少间接接触过叶恭绰。此外，陈先生因生活拮据和离港路费等问题也曾接受过"庚款会"及秘书长朱家骅的接济。③ 所以，陈寅恪应当了解这批古籍的情况，他向"庚款会"写信通报这批书被日人劫走也是可能的。但此信的原件我们尚无缘见到，别处也未见提起陈寅恪写此信之事，姑且录之备考。

据新发现的 1945 年 12 月 7 日叶恭绰致郑振铎的信函："运美各书之目录，当时编制匆促，不及查注版本等等。弟拟向尊处补查补注，以为向日本索回之据。""此运美各书又闻仍在港，但并无确据，尊处曾否得有何项最近消息？"④ 可见当时对于这批古籍被日人劫走已有传闻，但尚无确证，同时也可以知道当事人叶恭绰对这批书一直念念不忘。

据蒋复璁回忆，抗战胜利后，他曾"委托我国驻日军事代表团代为查访被日本掠运去的善本书。总算皇天不负苦心人，这批书籍被我代表团的顾毓琇先生在日本帝国图书馆找到。经与日方洽商后收回，先后陆续运回南京"⑤。事实上，根据当事人陈君葆的日记和其它相关材料，这批善本书籍的追讨过程也是一波三折。

四

1945 年日本投降后不久，国民政府教育部即成立了清理战时文物损失委员会，由副部长杭立武任主任委员，马衡、梁思成、李济任副主任委员，下设建筑、美术、古物、古画（后改为图书）四个组，其中第四组组长为张凤举。"清损会"的工作重点之一，便是查找当年日军从香港掠走的一百多箱善本古籍。作为当事人之一，时任香港冯平山图书馆馆长的陈君葆先生，在其日记中，记下了他参与寻找这批古籍的亲历。

---

① 另一种说法是，"格兰总统号"在香港停靠时间很短，只有两三个小时，来不及装载这批书即启航。不久传来这只美国船在马尼拉港外被日机炸沉的消息。参谢荣滚《战火中的国宝大营救》，《百年潮》2008 年第 3 期。
② 苏精：《抗战时期秘密搜购沦陷区古籍始末》。按日军"波部队"即侵华日军华南派遣军波字 8604 部队，总部设在中山大学医学院，除从事文化侵略之外，主要实施细菌战实验。参沙东迅《侵华日军波字 8604 部队在粤实施细菌战的罪行》，《广东史志》1996 年第 2 期。
③ 据《陈君葆日记全集》卷二，许地山辞世时，校方为陈寅恪是否接任中文系主任一职踌躇过，陈君葆曾为此事找叶恭绰商量，叶恭绰等人极力推荐陈寅恪继任中文系主任教授（行政由他人负责），教授中国史。
④ 石光明、谢冬荣：《王伯祥、叶恭绰致郑振铎函札》，《文献季刊》2011 年第 2 期。但本文说叶恭绰写信的时间是"11 月 7 日"，然《文献季刊》封二的影印件可分辨出是 12 月 7 日。
⑤ 蒋复璁《我与中央图书馆》。

根据《陈君葆日记》，从 1946 年 1 月下旬起，陈君葆在英美军方的协助下，陆续对这批古籍的知情人日本人乐满、江村、竹藤峰治进行提审。由于竹藤等人百般抵赖，使追查工作陷入困境。正在这时，从海外传来了好消息。原来，陈君葆的朋友、英国学者博萨尔在位于日本东京上野公园的帝国图书馆发现了这批"自香港移来的中国政府的书籍"，并且立即报告了东京的中国大使馆，回国后写信给陈君葆的另一位英国朋友、时在香港的马提太太，请她转告陈君葆，请陈写信到东京的英国或中国大使馆交涉取回，并说"陈君可说我曾在东京目见此各批图书，能够作证"。① 按博萨尔是 1 月 10 日随远东委员会到日本的，2 月 1 日返美，所以他发现这批书籍应当是在 1 月中旬至下旬间。但这一消息辗转传到陈君葆这里已经是 6 月份了。

实际上，最迟到 1946 年 3 月，南京国民政府已经获悉这批古籍在日本的确切消息。1946 年 3 月 28 日民国政府外交部为"办理追还在香港被日劫取中央图书馆善本书籍"致教育部的电函，详细记录了此事：

> 教育部公鉴：前准贵部卅五年元月卅一日渝社第六六一九号公函，嘱向有关方面追查在香港被日人劫取我中央图书馆善本书籍事，当经分电本部驻香港特派员办事处及驻日盟军最高统帅部联络参谋办事处专员刘增华追查。去后，兹据刘增华电复称："日人竹藤峰治等劫取香港冯平山图书馆善本书事，经详加密查，本日在上野公园帝国图书馆查得，该馆所保管者约二万五千册，因空袭疏散在伊势原者约一万册。业经该馆司书官冈田温立有承认字据，惟所装木箱均被启封。至详细书目周内送来，俟点收后约一月内可设法运出"等由，特电请查照为荷。外交部。②

将这个函电和陈君葆日记相对照，或可推测是英国学者博萨尔首先发现了这批古籍，驻日盟军办事处专员刘增华进一步追查后得到了确认。当年任职于南京中央图书馆的屈万里先生，1946 年 3 月 20 日回复郑振铎来函一通，信中亦讲到此事：

> 本馆前邮寄香港之图书，已在日本发现。兹因朱世民先生东渡，拟请其携带香港装箱目录，就便查勘，以备收回。查该项目录，尚有三十余箱未能钞毕。兹谨托杨全经先生赴沪，继续赶钞，因朱先生行期已迫也，杨先生晋谒时，至乞费神指示为感。③

按，此处所说的"朱世民"应为朱世明之误。朱世明，湖南湘乡人，早年赴美留学，在哥伦比亚大学获得博士学位，通晓多国语言，回国后颇得蒋介石赏识，1946 年被委任为国民政府驻日本军事代表团中将团长。代表团中的李济、张凤举二人负责追讨被日军掠去的这批文献和其它文物。李济是考古学家，领导并参加了安阳殷墟、章丘城子崖等地的考古发掘工作，时为"清损会"副主任委员；张凤举是文献学家，擅长版本鉴定，也是当年文献保存同志会员的成员，同时他曾经留学日本，精通日语，与日本汉学家长泽规矩也等为旧识，时为"清损会"26 名委员之一。李济负责文物方面的追讨，其中最重要的一项使命是查找举世闻名的"北京人"头盖骨的下

---

① 谢荣滚主编《陈君葆日记全集》卷二，第 427—448 页。
② 《外交部办理追还在香港被日劫取中央图书馆善本书籍致教育部代电》，《中华民国史档案资料汇编》第五编第三辑"文化"，江苏古籍出版社 1999 年版，第 467—468 页。
③ 屈万里《致郑振铎》，山东图书馆、鱼台县政协编《屈万里书信集·纪念文集》，齐鲁书社 2002 年版，第 197 页。

落,结果当然是无功而返①。而张凤举负责追回这批古籍的工作进行得还算顺利。

通过现存于台北"国家图书馆"的《张凤举日记》可以知道,朱世明、李济、张凤举等一行12人4月1日即飞抵东京,"梅汝璈、向哲浚、王之、顾毓琇诸先生在场迎接"。4月5日代表团出席盟国对日委员会会议,张凤举写他对驻日盟军最高司令麦克阿瑟的印象是"儒将风采但态度傲慢"。关于追讨善本书籍的经过,兹列举张凤举的三则日记如下:

  四月八日 晴 寒

  七时起。九时余与济之赴中国军事联络参谋处(日本邮船会社大厦),再赴上野图书馆,交涉收回日军自香港掠来我中央图书馆善本百三十箱事。发现各书于地下室中,多为水渍污损。结果日方允:(一)即日将各书迁至干燥房间;(二)散开在外地之书一星期内运回该馆;(三)一月内交出全修目录;(四)自下星期起我方派人前往整理,日方与以一切便利;(五)整理完毕后照运来时包装运回。关于第五点日方表示无把握,日方原托编目之人长泽规矩也系旧相识今日未到。

  四月十一日 晴 寒

  晨与济之至王澹如君办公处,谈交涉日人归还我中央图书馆书事。先是,中央图书馆战事期间在沪收购嘉业堂、适园等藏书家善本三万五千余册,秘密运港,拟由港运美寄存,未果而香港陷。日军攫去,送东京参谋本部,参谋本部交付上野帝国图书馆。至是,吾人乃向美军交涉,命令日方归还。

  四月二十四日 晴后微雨

  ……午饭后,至上野图书馆晤冈田温、长泽规矩也两君,商运回中央图书馆被掠来善本百十一箱事……②

可见,到1946年4月,关于这批古籍的追讨已经基本交涉完毕,余下的只剩一个装船运输的问题。

将这批书籍押运回国的是王世襄。根据他的回忆,1946年10月,"清损会"主委杭立武在南京主持召开了一次会议,讨论赴日索回我国文物问题,其中谈到:"南京中央图书馆在抗战时期曾将一批善本书运到香港,在那里编目造册,加盖馆章,然后送去美国,寄存国会图书馆。1941年底,日寇侵占香港,将这批善本书全部劫往日本。日寇投降后,无法抵赖劫夺这批书的罪责,经中国驻日代表团清点接收,原箱封好。除十箱存在代表团的库房外,余一百零七箱责成日本文部省负责保管,暂存东京上野公园内。需要运回时,代表团可随时通知文部省提取运走。"会上,"清损会"委派王世襄作为专员,于1946年12月飞往东京,在组长张凤举、团长朱世明领导下开展文物索回工作。王世襄的工作进行得并不顺利。一是因为联合国关于赔偿文物的条款十分烦琐,国内寄来的索赔材料不符合要求;二是中国代表团内部围绕如何追讨文物出现分歧;三是一些美国人为了本国利益深恐中国的文物物归原主。王世襄"感到处处碰壁,寸步难行。待

---

① 20世纪20年代,考古学家在京郊周口店发现了距今约60万年前北京猿人头盖骨。1941年,北京人头盖骨被托付给即将撤回美国的美国海军陆战队,拟在美保管,俟战争结束再运回国。同年12月5日,该部队所乘火车驶往秦皇岛,但由于随后珍珠港事件爆发,日本军队俘虏了这批美国兵,北京人头盖骨从此下落不明。参岱峻《李济传》,江苏文艺出版社2009年版,第213—217页。

② 《张凤举日记》,引自康雍乾《张凤举日记—东瀛追宝——国家图书馆文物善本古籍书日本回归记要》一文,http://www.mycollect.net/blog/1144795.html。

在此处，空耗时日，不由得想起故宫的工作来"。后几经交涉，终由驻日代表团团长朱世明同意，让其先押运这批已经交涉完毕，可以提取的善本书回国。除存在代表团库房的十箱已经先期用飞机运回国之外，剩余的一百零七箱均需装船运回。而这必须要有从横滨至上海的、有足够空间、足够停泊时间可以装货的船只。王世襄为此天天去横滨打听船只的情况，终于在十多天后确知有艘美国货船要到上海。第二天下午，"美国宪兵骑摩托车开路，七八辆卡车浩浩荡荡，将书箱送到横滨码头。"①

根据郑振铎写在1947年台历上的日记，这批书籍到达上海的时间是1947年2月10日。郑氏2月5日记云："得一电，知日本劫去之一○七箱善本，即可运到，喜甚！携诸小儿去购灯，皆喜跃不已，夜，喝酒。"又10日记云："与森老通电话，知日本运回之图书一百○七箱已到，甚喜！"2月11日记云："晤森老及王世襄。"②"森老"即著名文物鉴定专家、"清损会"委员之一的徐森玉。

五

从日本追回的这批善本古籍，很快便入藏专藏善本书的南京"中央图书馆甲库"，并被著录在册。今存《国立南京图书馆甲库善本书目录》著录有"《永乐大典》六册"，其中就包括叶恭绰民国九年从伦敦购回的卷二○四七八、二○四七九"职"字卷和一三九九一"戏"字卷各一册。③前文已述，中央图书馆迁台数年后的1957年，《永乐大典》卷一三九九一便再次出现在央图的《善本书目》中。这样，关于《戏文三种》的漂泊过程，大体上算是搞清楚了。

为什么说嘉靖本《戏文三种》一定在这批被追回的古籍中呢？为什么它入藏中央图书馆的时间不可能在这之前呢？这就要说到叶恭绰与《戏文三种》的特殊关系。

叶氏是民国九年（1920）在伦敦发现并购回《戏文三种》的，这一点他自己说得很清楚："余于民国九年游欧时，一日，在伦敦闲游，入一小古玩肆（忘其名），惊见此册，又职字一册，遂购以归。"④此外前文已述，叶氏在《戏文三种》的亲笔题签中也说是"民国九年得于伦敦"。最近，有文章以《叶遐庵先生年谱》（以下简称《年谱》）为据，认为叶氏游欧的时间是民国八年（1919），当年冬天叶氏已经回国，因而他在伦敦发现和购买《戏文三种》应当是民国八年，"民国九年"是叶氏"误记"。⑤那么，我们是相信别人编撰的《年谱》还是相信叶先生自己的话呢？我认为二者相比，还是叶氏自述更可靠。《年谱》出版于1946年秋，编纂者自称是叶氏"门人"，但叶先生本人对这一说法并不认可，他在写于1948年的《书遐庵年谱后》中说："秉笔诸人，本非熟习，勉强缀辑，乖忤疏漏，所在而有，且有出入颇大者。虽屡乞人详校，而迄难补遗。余既久病，辗转床褥间，无从亲自订正。"⑥所以我认为，叶恭绰在伦敦发现并购回《戏

---

① 王世襄《回忆抗战胜利后平津地区文物清理工作》，原载《文物天地》1986年第5、6期，1987年第1期，引自《王世襄自选集·锦灰不成堆》，生活·读书·新知三联书店2007年版，第73—77页。
② 《郑振铎日记全编》，陈富康整理，山西古籍出版社2006年版，第263—264页。
③ 《国立南京图书馆甲库善本书目录》，南京图书馆油印本，见《明清以来公藏书目汇刊》第30册，北京图书馆出版社2008年版，第391—392页。
④ 叶恭绰《永乐大典戏文三种跋》，古今小品书籍印行会，民国二十年（1931），附1页。下文引此《跋》不再出注。
⑤ 张升《梁启超、叶恭绰与〈永乐大典〉的收藏》，《中国典籍与文化》，2012年第2期。
⑥ 叶恭绰《书遐庵年谱后》，《矩园余墨》，辽宁教育出版社1997年版，第168—169页。

文三种》的时间仍应以他本人的自述为准。

第一次公开著录《戏文三种》的，是对《永乐大典》辑佚工作做出过重要贡献的图书馆学与目录学专家袁同礼先生。他在写于1923年的《永乐大典考》中明确著录："卷一万三千九百九十一，三未，戏，戏文二十七，《小孙屠》等"，但在收藏者一栏却著录云："梁启超"。① 此时距离叶恭绰购买《戏文三种》刚刚三年，难道叶氏回国后即把此书转送给梁启超了吗？回答应当是否定的。因为仅仅两年之后，袁同礼撰《〈永乐大典〉现存卷目》，明确将收藏者改为"叶恭绰"，并注云"京师图书馆录副"。② 显然，袁氏的首次著录乃写于英伦，或传闻有误也未可知，待回国后获知确切消息，遂即予以纠正。事实上，叶恭绰曾将此册给袁氏看过（详后文），因而袁氏1925年的著录是正确的。

然而令人诧异的是，袁氏《卷目》发表于《中华图书馆协会会报》第1卷第4期，此后不到两年，他在同一杂志第3卷第1期（1927年）发表《永乐大典现存卷数续目》，著录"现藏"者却变成了"徐世昌"。袁氏在《续目》卷首记云："十六年六月游东瀛，得睹《大典》二十七册，兹记其卷数如下，而以近日在京中所见者附焉。"③ 按这个《续目》总共著录《永乐大典》的卷数为三十九册，而日本公私所藏就占了二十八册（袁氏记"二十七册"不确）。也就是说，"徐世昌"收藏《大典》卷一三九九一应为袁氏在"京中所见"。1929年，袁氏撰《〈永乐大典〉现存卷目表》，发表于《北平北海图书馆月刊》"《永乐大典》专号"，该文仍将《戏文三种》的收藏者归为"天津徐氏"。④ 这期专号同时发表了赵万里的《记永乐大典内之戏曲》一文，明确指出《戏文三种》乃"番禺叶恭绰氏携归中土"。故袁氏记录"天津徐氏"收藏此卷不可能不实。可以与此相互印证的是，1932年，袁氏再撰《〈永乐大典〉现存卷目表》，所著录的收藏者依然是"天津徐氏"。⑤ 上文已述，日本学者岩井大慧也曾著录此册曾由"天津徐氏"旧藏。1939年7月，袁氏第四次撰《〈永乐大典〉现存卷目表》，才再次把收藏者著录为"番禺叶氏"。⑥ 由此可以肯定，从1927年到1939年的这段时间内，《戏文三种》一度属徐世昌所藏。

今天，我们已经无从得知，叶恭绰与徐世昌，这两位同为政治家兼收藏大家的民国名人，当年是否在收藏中国最早的戏剧文本上达成了某种默契或者共识。但这两人关系非同寻常，则是人所共知。从行政职务上说，徐世昌是民国大总统，而叶恭绰则是他任命的交通总长，二人为上下级关系。从学养和爱好上说，徐曾为晚清翰林院编修，满腹经纶，诗书画无一不精，且酷爱收藏，尤其喜爱藏书，家藏书籍达8万卷，其中颇多宋元珍本。叶虽比徐小二十多岁，但出身书香门第，自幼才华过人，成人后同样也是声誉极高的书画家和收藏家，著名的毛公鼎、王羲之《曹娥碑》、王献之《鸭头丸帖》、唐寅《棣亭夜话图》等，均被叶氏收藏过。鉴于叶、徐二人的特

---

① 袁同礼《永乐大典考》，原载《学衡》第二十六期，1924年2月，文末注云："民国十二年十一月草于英伦"。引自张昇编《〈永乐大典〉研究资料辑刊》，北京图书馆出版社2005年影印版，第282页。
② 袁同礼《〈永乐大典〉现存卷目》，原载《中华图书馆协会会报》第1卷第4期，1925年。引自《中华图书馆协会会报》（合集影印），国家图书馆出版社2009年版，第81页。
③ 袁同礼、刘国钧《永乐大典现存卷数续目》，《中华图书馆协会会报》第3卷第1期，1927年。引自《中华图书馆协会会报》（合集影印），第250页。
④ 袁同礼《〈永乐大典〉现存卷目表》，原载《北平北海图书馆月刊》，第3、4号合刊，1929年3、4月。引自《近代著名图书馆馆刊荟萃续编》，第2册，北京图书馆出版社2005年影印版，第258页。
⑤ 袁同礼《〈永乐大典〉现存卷目表》，原载《国立北平图书馆馆刊》，第7卷第1号，1932年。引自《近代著名图书馆馆刊荟萃续编》，第9册，第140页。
⑥ 袁同礼《〈永乐大典〉现存卷目表》，原载《图书季刊》，新1卷第3期，1939年。引自《永乐大典研究资料辑刊》影印，第452页。袁氏在著录收藏者为"番禺叶氏"后云："马氏影印"，不确。此书在当时并未影印，见后文。

殊关系，他们在收藏方面互通有无是非常可能的。1922 年，徐世昌退出政界隐居天津，以书画自娱，直到 1939 年去世。而《永乐大典戏文》很可能就是在 1927 年以后的某段时间，由叶恭绰赠送或委托徐世昌代为保管的。从此册并没有徐氏藏印以及徐过世后此册重归叶的事实看，"委托代管"的可能性更大。但叶对外则公开宣称此书已属徐世昌，所以才有袁同礼关于"天津徐氏"收藏此册的数次著录。按钱南扬先生的说法，此书"一直放在天津某银行保险库中"，可以推测是以徐世昌的名义存放的。1939 年徐世昌辞世，《戏文三种》再次归于叶恭绰名下。翌年"文献保存同志会"成立，叶氏便把自己收藏的两册《永乐大典》归入中央图书馆收购的善本书之列。①

前文已述，当年为使这批即将运往美国暂存的古籍将来能够辨识，需在每册上加盖藏章。经查，今台北"国图"所藏八册《永乐大典》上的藏章不尽相同。除叶恭绰从伦敦购回的"戏"字、"职"字卷之外，其余六册均在原私人藏章旁加盖了"国立中央图书馆收藏"或"国立中央图书馆藏书"的印章，并无"庚款会"印章和"考藏"字样；而"戏"字、"职"字两卷则无任何私家藏章。据陈立夫回忆，"中央图书馆藏"之章，是在上海"托王福庵刊刻"的，"在港复刻六个"。② 这样，在同一批书上加盖不同的藏章，就可以部分地得到解释。同时我们知道，这批书是"庚款会"和教育部共同拨款购买的，而未经叶氏之手从江南地区购置的大批书籍究竟用的是哪笔款项，叶氏不一定分得很清楚。作为"庚款会"董事之一的叶恭绰，只在他自己收藏的两册上加盖"庚款会"印章，是不难理解的。或可推测，那副写有"民国九年得于伦敦"的"遐庵"题签，也是在此时特意书写并夹在书中的。

"戏"、"职"两册上的"考藏"章，说明叶恭绰对这两册特别重视，尤其是对"戏"字卷特别青睐，可能是他随身携带到香港去的。所谓"考藏"，专指对古器物古书画进行考证，认定其为真品之后进行的收藏。前文引叶氏在十一年之后谈及他当年在伦敦发现"戏"字卷时的心情为："惊见此册"；接着说"此仅存之本，诚考吾国戏剧者之瑰宝也"。叶氏是大收藏家，除了收藏过诸如毛公鼎等一批国宝之外，即使《永乐大典》也收藏过不仅"戏"、"职"两册。台北"国图"所藏的八册《永乐大典》中，卷六七〇〇、六七〇一，卷一〇四二一、一〇四二二这两册，除钤有"国立中央图书馆收藏"朱文长印外，还有"恭绰"朱文长方印、"遐庵经眼"白文方印，可见这两册原属叶氏私藏。而他独独对"戏"字册称赞有加，可见他对《戏文三种》的钟爱。然而，这册书上却没有叶氏藏章，这是怎么回事呢？我认为，叶氏可能从来没有把此书据为己有的想法。

1943 年，叶恭绰以所藏地理类图籍捐赠上海合众图书馆，凡 906 种 2245 册。叶氏 1949 年回忆此事说："盖其时余方为日寇俘囚，余誓不为之屈，设一旦被害，则所藏更不可问。"叶氏还说：

> 自昔制作及收藏文物者，恒镂刻为志，曰"子孙永宝用"，曰"某氏世守"。其词殷切而郑重，但能传至三、四代者卒鲜。③

---

① 叶恭绰何时再度收藏《戏文三种》以及何时将此书带到香港已很难考证清楚。叶氏赴港避难是在 1937 年 11 月 27 日，由于走得仓促，"衣物不及随带焉"（《遐庵年谱》），而天津早在 7 月 30 日已告沦陷，时徐世昌尚在，估计这次叶氏赴港未必携带此书。可推测叶氏在港得知徐世昌故去的消息后，或亲赴天津，或秘密托人从天津要回此书。
② 陈立夫《成败之鉴》，台北，正中书局 1994 年，第 298 页。
③ 叶恭绰《书遐庵藏书目录后》，《矩园余墨》，辽宁教育出版社 1997 年版，第 72 页。

可见，叶氏收藏文物古籍，并不是为了奇货可居，拥以自重，谋取个人或家族的私利，而是有朝一日为国家、民族所用。他从英国发现并购回《永乐大典戏文三种》，但并不据为私藏，可与他拒绝日人高价收购毛公鼎，以待来日献给国家的事迹互为佐证。正因为如此，他才将此珍贵的文献展示给许多友人，并慷慨地将之借给别人过录副本或亲自影钞赠人。

上文已述，袁同礼1925年就透露了"京师图书馆"对"戏"字册"录副"的消息。1929年《北平北海图书馆月刊》"《永乐大典》专号"有赵万里先生《记永乐大典内之戏曲》一文，其中说道："戏文第二十七一册，于英伦书肆，番禺叶恭绰氏携归中土，北平图书馆假以录副，余遂得纵览一过。"按这期专号有珂罗版影印的《永乐大典》卷一三九九一首页，经比较，这个版本既非嘉靖钞本，也不是影印《古本戏曲丛刊》时所使用的底本，应即袁同礼、赵万里所说的北平图书馆钞录的副本。

此外，1930年4月叶恭绰曾亲自为曲学大师吴梅影钞过一册《戏文三种》，吴梅后人将其捐献给北京国家图书馆，此书今存，登录号为普古41079。其书衣有叶恭绰墨笔题识："此卷余于民国九年在伦敦收得，后以示袁君同礼、赵君万里。赵君认为吾国传奇戏剧中仅存之作，曾为考证登载于图书馆学杂志，缘是海内知者渐多。兹影钞一册以贻瞿庵先生。瞿庵为曲律专家，当必更有新得以饷我也。十九年四月恭绰。"按吴梅字瞿庵，本册上钤有"苏州吴梅"藏书印及吴梅子女的捐书印。据《吴梅日记》，吴梅曾于1932年3月12日整理其第四、第五号书箱，从中取出"《永乐大典》戏三种一册"①，想必即叶恭绰赠送的影钞本了。

国图普通古籍部还藏有郑振铎原藏的另一仿钞本，登录号为220245，首页钤有"长乐郑振铎西谛藏书"朱色方章。无版心、边框，全用单色（墨色）书写，格式、字体大小与原书也不相同。据该馆工作人员介绍，这一钞本即将"提善"。我以为更应该"提善"的是叶恭绰为吴梅影钞的本子。末了还有一点遗憾要向海内外同好交代：我在查找资料的过程中，始终未能见到当年北平图书馆钞录的副本和《古本戏曲丛刊》影印本的底本。按理说这两个钞本均应收藏于国图的。

姜纬堂《遐庵小品选编后记》云：叶恭绰曾"出资影印欧游所获《永乐大典戏文三种》"。②按此说不确。叶氏在《永乐大典戏文三种跋》中说得很清楚："余欲以原本付之影印，因循未就。兹马君隅卿将依北平图书馆抄本排印，余以亟愿此书流通之故，亦乐观其成，其影印姑待他日。"然而，这个"他日"，我们已经等了很久。上世纪50年代，《古本戏曲丛刊》影印本的底本是北图藏的仿钞本。现在，嘉靖本《永乐大典戏文三种》尚存于世的真相已大白于天下，是到了两岸合作，"以原本付之影印"的时候了。

（原刊《文艺研究》2014年第1期）

---

① 王为民编校《吴梅全集·日记卷》上，河北教育出版社2002年版，第128页。
② 姜纬堂编选《遐庵小品》，北京出版社1998年版，第365页。

两宋教坊大曲队舞与传统体育运动

黎国韬

引 言

两宋教坊大曲队舞是古代宫廷艺术发展史上的奇葩,有关其演出名目、表演内容、演出人数、服饰妆扮等情况,在《宋史·乐志》"教坊"条内有过简略的记载,兹录如次:

> 队舞之制,其名各十。
> 小儿队凡七十二人:一曰《柘枝队》,衣五色绣罗宽袍,戴胡帽,系银带;二曰《剑器队》,衣五色绣罗襦,裹交脚幞头,红罗抹额,带器仗;三曰《婆罗门队》,紫罗僧衣,绯挂子,执锡环拄杖;四曰《醉胡腾队》,衣红锦襦,系银靶鞢,戴毡帽;五曰《诨臣万岁乐队》,衣紫绯绿罗宽衫,诨裹簇花幞头;六曰《儿童感圣乐队》,衣青罗生色衫,系勒帛,总两角;七曰《玉兔浑脱队》,四色绣罗襦,系银带,冠玉兔冠;八曰《异域朝天队》,衣锦袄,系银束带,冠夷冠,执宝盘;九曰《儿童解红队》,衣紫绯绣襦,系银带,冠花砌凤冠,绶带;十曰《射雕回鹘队》,衣盘雕锦襦,系银靶鞢,射雕盘。
> 女弟子队凡一百五十三人:一曰《菩萨蛮队》,衣绯生色窄砌衣,冠卷云冠;二曰《感化乐队》,衣青罗生色通衣,背梳髻,系绶带;三曰《抛球乐队》,衣四色绣罗宽衫,系银带,奉绣球;四曰《佳人剪牡丹队》,衣红生色砌衣,戴金冠,剪牡丹花;五曰《拂霓裳队》,衣红仙砌衣,碧霞帔,戴仙冠,红绣抹额;六曰《采莲队》,衣红罗生色绰子,系晕裙,戴云鬟髻,乘彩船,执莲花;七曰《凤迎乐队》,衣红仙砌衣,戴云鬟凤髻;八曰《菩萨献香花队》,衣生色窄砌衣,戴宝冠,执香花盘;九曰《彩云仙队》,衣黄生色道衣,紫霞帔,冠仙冠,执旌、节、鹤扇;十曰《打球乐队》,衣四色窄绣罗襦,系银带,裹顺风脚簇花幞头,执球杖。
> 大抵若此,而复从宜变易。[①]

通过上引不难看出,两宋教坊大曲队舞以"小儿队"和"女弟子队"为两大表演支柱,每队下面各领"十"种节目。对于这些节目,学界已从舞蹈艺术、音乐艺术、戏剧艺术等多个角度进行过探讨,并取得了一定成果。遗憾的是,有关这批队舞与传统体育运动的关系却甚少论文言及,究其原因,一则这属于跨学科研究,各自学科的专家未必有兴趣关注其他学科的发展情况;二则

[①]《宋史》卷一百四十二,中华书局1985年版,第3350页。

《宋史·乐志》所录过于简单，而更加具体、直接的队舞表演形态史料则比较难得，因而影响了研究的深入与扩展。但摆在眼前的事实是，这二十种队舞中至少有五种的主要表演内容为传统体育运动，即《剑器队》、《射雕回鹘队》、《抛球乐队》、《采莲队》、《打球乐队》分别表现了"舞剑、射箭、抛球、划船、打马球"等运动的情况，谓其包含着重要的传统体育史料和民俗史料并不为过。对这五种队舞作出探讨，既可以对中国古代体育史研究作出补充，亦有助于了解宋人的社会风尚，对进一步认识宫廷大曲队舞艺术也有帮助，以下试按次序稍作申述。

一

先从小儿队舞第二种《剑器队》谈起，由题名来看这应是表现传统武术中剑术内容的舞蹈。可惜的是，直接反映教坊《剑器队》表演形态的史料已不存于世，我们只能通过南宋人史浩（1106—1194）所撰《鄮峰真隐大曲》中的《剑舞》间接窥其大略。由于史浩久居朝廷要职，经常接触宫廷教坊的队舞表演，故《剑舞》的"大曲曲本"理应比较接近教坊《剑器队》的原貌①，兹择录如次：

> 二舞者对厅立裀上，竹竿子勾念："伏以瑶席欢浓，金樽兴逸。听歌声之融曳，思舞态之飘摇。爰有仙童，能开宝匣。佩干将莫邪之利器，擅龙泉秋水之嘉名。鼓三尺之莹莹，云间闪电；横七星之凛凛，掌上生风。宜到芳筵，同翻雅戏。"
> 二舞者自念："伏以五行擢秀，百炼呈功。炭炽红炉，光喷星日。硎新雪刃，气贯虹霓。斗牛间紫雾浮游，波涛里苍龙缔合。久因佩服，粗习回翔。兹闻阆苑之群仙，来会瑶池之重客。辄持薄技，上侑清欢。未敢自专，伏候处分。"……
> 乐部唱《曲子》。舞《剑器曲破》一段。（原案：一人左立者，上裀舞，有欲刺右汉装者之势。又一人舞进前，翼蔽之。舞罢，两舞者并退。汉装者亦退。复有两人唐装出，对坐卓上，设笔砚纸，舞者一人换妇人装，立裀上。）竹竿子勾念：……
> 乐部唱《曲子》。舞《剑器曲破》一段。（原案：作龙蛇蜿蜒曼舞之势。两人唐装者起。二舞者一男一女对舞。结《剑器曲破》，彻。）竹竿子念："项伯有功扶帝业，大娘驰誉满文场。合兹二妙甚奇特，堪使佳宾酌一觞。霍如羿射九日落，矫如群帝骖龙翔。来如雷霆收震怒，罢如江海凝清光。歌舞既终，相将好去。"②

通过以上所引，可以对《剑舞》大曲的"表演过程"作如下简要的梳理：首先，由引舞"竹竿子"念致语，并"勾"两名主要演员出场；这两名主要演员就是引文中提到的"二舞者"，他们一人扮演项庄，一人扮演项伯。接着，两名主要演员亦"念"致语，待乐部（伴奏乐队）动乐之后，则开始持剑而舞，旁边还有一个"汉装"者，扮演的是刘邦，这分明表现了楚汉时期鸿门宴的故事。这段故事演毕，紧接着上演第二段，即唐代公孙大娘舞《剑器》的故事。此时，道具、服装等均要更换。须注意的是，"二舞者"虽然不变，但其中一人却"换妇人装，立裀

---

① 案，教坊在南宋高宗末年被罢，故史浩所撰《剑舞》并非《剑器队》的原貌，只是比较接近。另案，为研究方便，本文将大曲队舞表演的文字记录称为"大曲曲本"，下同。
② 朱孝臧编《彊村丛书》，上海书店1989年版，第521—522页。

上"，实则是以男性去扮演作为女性的公孙大娘，继而"一男一女对舞"；旁边还有两位"唐装"者，当是扮演观看剑舞的张旭和杜甫。最后，由"竹竿子"念致语，全舞表演结束。

分析上述"表演过程"，可得出以下几点看法：第一，史浩的《剑舞》与教坊《剑器队》的表演形态应该是很相近的。除了前述史氏具有朝廷重臣身份这一原因之外，还由于《剑舞》中的鸿门宴和公孙大娘故事表演之前，均有"舞《剑器曲破》一段"的曲本提示，结束前又有"结《剑器曲破》"的曲本揭示。既然专门提到"《剑器》"，就充分说明《剑舞》与"《剑器队》"有密切联系，史氏《剑舞》应是在教坊《剑器队》的基础上稍作编订而成。换言之，我们可以通过《剑舞》大曲曲本大致了解《剑器队》的演出情形，后者也应包括楚汉鸿门宴及唐公孙大娘舞这两个故事的内容。

第二，《剑舞》表演鸿门宴故事时，大曲曲本中有表演提示云："欲刺右汉装者之势。又一人舞进前，翼蔽之。"可见舞者必持剑而舞，而且为双人持剑对舞。这种表演实源自于古之《公莫舞》，据《宋书·乐志》记载：

> 《公莫舞》，今之《巾舞》也。相传云，项庄舞剑，项伯以袖隔之，使不得害汉高祖，且语庄云"公莫"。古人相呼曰"公"，云莫害汉王也。今之用巾，盖象项伯衣袖之遗式。①

既然《公莫舞》在南齐沈约所撰《宋书·乐志》中已有记载，可见来源很早；其表演内容是项庄"舞剑"，项伯"以袖隔之"，与《剑舞》大曲曲本的提示基本一致，自然也和《剑器队》的表演内容相近。以往舞蹈史研究者提起《剑器队》，一般只视唐代公孙大娘所舞《剑器》为渊源，这是比较片面的。实际上，《剑器队》有着更为古老的渊源，即表演鸿门宴故事的《公莫舞》，其中含有较多持剑而舞的成分，可视为后世剑术套路表演的前身。

第三，《剑器队》所演的另一个故事源自于唐代公孙大娘所舞《剑器》，但公孙大娘如何表演此舞，学界素有不同的说法，如"空手而舞说"，"持剑而舞说"，"持彩绸而舞说"，"持刀而舞说"等②，迄今未有定论。笔者认为，"持彩绸而舞说"的可能性较大，因杜甫写过《观公孙大娘弟子舞剑器行》，其中有云：

> 昔有佳人公孙氏，一舞剑器动四方。观者如山色沮丧，天地为之久低昂。霍如羿射九日落，矫如群帝骖龙翔。来如雷霆收震怒，罢如江海凝清光。绛辰珠袖两寂寞，晚有弟子传芬芳。……③

全首诗都只说"剑器"，而从不单独言"剑"；另从诗中所述舞态特征来看，亦与"持绸而舞"较为接近。此外，前引《剑舞》大曲曲本中有表演案语提示云："作龙蛇蜿蜒曼舞之势。两人唐装者起。二舞者一男一女对舞。结《剑器曲破》，彻。"所谓"龙蛇蜿蜒曼舞"，恰好也与彩绸飞舞的情形相近，由此也可佐证唐代《剑器》并不一定与舞剑有关。张正民先生曾经指出，俞

---

① 《宋书》卷十九，中华书局1974年版，第551页。
② 案，参见杨海义《公孙大娘剑器舞四种学说评议》（载《体育科技文献通报》2007年7期），傅天正、徐庄《剑器与浑脱》（载《杂技与魔术》2003年4期），沈寿《唐代公孙大娘剑舞器考辨》（载《体育文史》1990年5期），王永平《唐代剑器舞考》（载《青海师范大学学报》社科版1990年3期），刘秉果《剑器舞臆说》（载《体育文史》1985年3期）等文，限于篇幅，不能一一详述。
③ 仇兆鳌《杜诗详注》卷二十，中华书局1979年版，第1816—1817页。

大猷的《剑经》并不是专门论述剑术而是关于棍术的著作，所以我们不应该望文生义，以为"舞剑器"就是"舞剑"。① 这是比较有见地的。

约而言之，两宋教坊小儿队舞第二种《剑器队》的表演形态与《邓峰真隐大曲》中的《剑舞》较为接近，既包含了古代《公莫舞》的内容，也包含了唐代《剑器》舞的因素，可视为宋乐对古乐和唐乐的进一步发展。另一方面，由于两宋教坊《剑器队》吸收了古代《公莫舞》中的"剑舞"成分，表演时又须"带器杖"，故不妨视作后世剑术套路表演的前身。

二

其次论小儿队舞中的第十种《射雕回鹘队》，由题名来看这应是表现射箭内容的舞蹈。但无论汉文典籍抑或回鹘文的存世史料，对其具体表演情况的记载均极为简略。不过，在前引《宋史·乐志》短短的几句话中，却有两个词引起了笔者的注意，对其作深入的考析，还是会有所发现的。

第一个值得注意的词是"回鹘"，所谓回鹘，又名回纥，是中国古代史上一个著名的民族，也是今天维吾尔族和裕固族的共同祖先。744年，回鹘酋长骨力裴罗建立漠北回鹘汗国，后与唐朝结盟，并出兵帮助唐朝平定安史之乱，势力盛极一时。至840年，回鹘汗国灭亡，部族有的南下附唐，有的西迁。西迁三支中有一支被称为高昌回鹘，曾向宋称臣；另一支被称为沙州回鹘，亦曾向宋朝贡。② 以上情况说明，回鹘族与宋朝有过频繁的接触。而据《旧唐书·回纥传》记载："回纥，其先匈奴之后裔也，在后魏时，号铁勒部落。其众微小，其俗骁强，……居无恒所，随水草流移，人性凶忍，善骑射，贪婪尤甚，以寇抄为生。"③ 不难看出，善于骑马射箭是回鹘族的一个突出特点；复因此，宋代宫廷教坊大曲队舞中的内容与此民族有关，并表现其善射的风俗实不足怪。

第二个值得注意的词是"射雕盘"，如《旧唐书》所述，回鹘是匈奴族的后裔，而据《史记·李将军列传》记载："天子使中贵人从（李）广勒习兵击匈奴。中贵人将骑数十纵，见匈奴三人，与战。三人还射，伤中贵人，杀其骑且尽。中贵人走广，广曰：'是必射雕者也。'"④ 由此可见，匈奴族中善射之人素有"射雕者"的称号，此风俗对于其后裔回鹘族人必有影响。所以"射雕盘"一词应与回鹘族之"善骑射"有关。为此，须进一步探究什么是"射雕盘"。

过往，学界曾有释之为"盛箭囊"者⑤，但未提供任何依据，窃以为不可信从。因据《文献通考·兵九》记载有云：

> 帝（宋太宗）循太祖旧制，亲阅武艺，……间亦幸殿前，班阅马射；行幸池苑，亦令诸军卫士骑射雕盘，截柳枝，或于庭中令射毛球。⑥

---

① 张正民等《剑器源流考》，载《武术科学》2007年4期，第10页。
② 杨富学《回鹘文献与回鹘文化·绪论》，民族出版社2003年版，第1—16页。
③ 《旧唐书》卷一百九十五，中华书局1975年版，第5195页。
④ 《史记》卷一百九，中华书局1982年版，第2868页。
⑤ 王克芬《中国舞蹈发展史》，上海人民出版社2003年版，第268页。
⑥ 马端临《文献通考》卷一百五十七，中华书局1988年版，第1371页。

以上是涉及"射雕盘"的一条极为罕见的史料,其中"骑射雕盘"一语十分重要,应释为"骑着马向'雕盘'射箭",乃练习射艺的一种手法。可能有人会觉得,"雕盘"只是一个状语,表示诸军卫士练习骑术时有如雕隼般盘旋。但《宋史·乐志》描述《射雕回鹘队》时只说"射雕盘",并未提到"骑",因此"雕盘"实为名词,大致相当于射箭时使用的"鹄的",并充当"射"字的宾语。如果"鹄的"指画有鸿鹄的草扎箭垛,那么"雕盘"应当就是画有雕状猛禽的木盘,为回鹘人习射时瞄准的目标。这一点尚可找到旁证,比如作为回鹘人的后裔,天山以南的维吾尔人就很喜欢使用木制的器皿,如木盘、木碗、木勺之类,而且木制器皿上往往还画有动物的图案,如狼头之类①,这种做法与古代回鹘的木制雕盘很相似。至此,我们大致清楚了"雕盘"一词的含义。

但考察尚未结束,如前引《文献通考》所载,"骑射雕盘"与"截柳枝"、"射毛球"是并列一起叙述的,所以三者都与习射有关;而所谓"截柳枝",当就是"断柳",又名"射柳",辽人、金人皆有此俗,如《金史·礼志八》记载:

> 皇帝回辇至幄次,更衣,行射柳、击球之戏,亦辽俗也,金因尚之。凡重五日拜天礼毕,插柳球场为两行,当射者以尊卑序,各以帕识其枝,去地约数寸,削其皮而白之。先以一人驰马前导,后驰马以无羽横镞箭射之,既断柳,又以手接而驰去者,为上。②

由此可见,北宋诸军卫士"截柳枝"的做法当是学自于辽人的"射柳"之俗。由此进一步推断,与"截柳枝"并列的"射雕盘",很可能是回鹘人的一种民族传统习俗。这一点也能找到旁证,如《辽史·礼志六》中载有契丹人"射木兔"之俗,《元史·祭祀志六》中载有蒙古人"射草狗"之俗。木兔、草狗、雕盘都是性质相近的物件,依此类推,回鹘人的"射雕盘"也是一种传统射箭活动。只因过往史料或阙,所以从未有人提出耳。

约而言之,通过对"回鹘"和"射雕盘"两个词的考察,我们发现了回鹘族人曾经流行过的一种射箭习俗。由于宋人与回鹘有政治联系,又素知此族善射,遂以教坊队舞的形式将其表现出来。由此亦可知,小儿队舞第十种《射雕回鹘队》的表演内容是和传统射箭运动有关的。

三

接着说教坊女弟子队舞中的第三种《抛球乐队》,由题名来看这应是表现抛球运动的舞蹈。对此,有足够的材料可予证明,因为此舞的具体表演情况被记录于朝鲜人郑麟趾等编撰的《高丽史》一书中。该书凡一百三十九卷,刊于李朝文宗元年(1451),全用汉文写成,体例依照中国的正史。其中第七十一卷《乐志二》的"唐乐"部分记载了北宋徽宗时传入朝鲜的中国乐曲,内有宫廷大曲七套,队舞《抛球乐》即其中之一。

《高丽史·乐志》大大补充了《宋史·乐志》记载的不足,为我们研究女弟子队舞《抛球乐队》提供了极为重要而详实的史料,兹将《高丽史·乐志》中有关此舞"表演形态"的材料择录如次:

---

① 参见杨富学《回鹘文献与回鹘文化》,第177页。
② 《金史》卷三十五,中华书局1975年版,第826页。

> 乐官奏《小抛球乐令》。左队六人舞，一面一背，讫。齐立，乐止。全队唱《小抛球乐令》"两行花窍"词曰："两行花窍占风流，镂金罗带系抛球。玉纤高指红丝网，大家看意胜头筹。"讫。队头一人进球门前唱："满庭箫鼓簇蜚球，绿竿红网总台头。"作抛球戏，中，则全队拜，讫。右队六人舞，一面一背，讫。齐立，乐止。全队唱《小抛球》，讫。队头一人进球门前唱前词，作抛球戏，中，则全队拜，讫。左二人如上仪，唱："频歌覆手将抛过，两行人待看回筹。"讫。右二人如上仪，唱前词，讫。左三人如上仪，唱："五花心里看抛球，香腮红嫩柳烟稠。"讫，右三人如上仪，唱前词，[讫]。左四人如上仪，唱："清歌叠鼓连催促，这里不让第三筹。"讫。右四人如上仪，唱前词，讫。左五人如上仪，唱："箫鼓声声且莫催，彩球高下意难裁。"讫。右五人如上仪，唱前词，讫。左六人如上仪，唱："恐将脂粉匀妆面，差被狂毫抹污来。"讫。右六人如上仪，唱前词，讫。①

根据上引，可以对《抛球乐》的"表演过程"作出如下简要的梳理：这种舞蹈由十二位"女弟子"（教坊女艺人）分成两队表演，左队六人，右队六人，每队各有一人为"队头"（领舞）。乐官奏乐之后，左队六人先舞，并唱《小抛球乐令》。然后左队队头走到"球门"（道具）前，作抛"绣球"（道具）之戏。继而是右队六人作舞并唱词，然后右队队头走到球门前作抛球之戏。接着就是左队的第二人、右队的第二人依次抛球、舞蹈、唱词，直到左队第六人和右队第六人都在球门前抛过绣球之后，队舞表演的主体部分才基本结束。

分析以上"表演过程"，可得出如下几点看法：第一，《抛球乐》队舞中使用了两件颇有特色的道具，一是绣球。从女弟子所唱的《小抛球乐令》分析，这种绣球"镂金"，并有"罗带"系结。当表演者于球门前"作抛球戏"时，到底是手持罗带而抛之，还是手持绣球的圆体而抛之，未见确切记载。但一般而言，持带而抛的难度要远远大于持球体而抛，而唱词中则有"箫鼓声声且莫催，彩球高下意难裁"两句，说明抛中球门的难度不小，由此推测持带而抛的可能性要更大一些。

第二，《抛球乐》所用的另一件道具是球门。从女弟子的唱词分析，这种球门当是竖立在舞台之上，其上部有"花窍"，类似于宋元典籍中常见的"风流眼"。所谓"作抛球戏"，并不是把球抛进门内，而是要抛入球门上部的花窍之中，如此则谓之"中"，为表示庆祝，须全队皆"拜"。另从"绿竿红网总台头"一句来看，花窍还结有"红网兜"，抛中则绣球落入网中，此时须以"绿（竹）竿"将球挑出来。这说明花窍的高度理应高出人头，亦可与"玉纤高指红丝网"这句唱词相参证。

第三，通过上述两点还可以发现，抛球之戏不能简单理解为把绣球抛来抛去，其实这种运动的技术难度是不低的。因为球门的花窍较高，抛中并不容易，若是持罗带而抛的话，难度自然还会更大。另外，女弟子的唱词提到"频歌覆手将抛过，两行人待看回筹"，又提道"清歌叠鼓连催促，这里不让第三筹"。很明显，这种运动须以获"筹"多少而定胜负，大概每队投中一球就夺对方一筹，说明它带有一定的竞赛性质。

第四，女弟子队舞中抛球运动的这些特点还令人想起了当代流行的篮球运动，二者确有若干相似之处，特别是将球抛投高处，并以网筐承接这一点。虽然大家都知道，近代篮球运动起源于美国，是19世纪末由詹姆士先生发明的；但我们也不要忘记，近代足球运动起源于英国；而古

---

① 郑麟趾《高丽史》卷七十一，收入姜亚沙等编《朝鲜史料汇编》九册，全国图书馆文献缩微复制中心2004年，第205—207页。

代的足球运动"蹴鞠"却起源于中国。当然,中国古代抛球运动与当代篮球的关系不是一两句话能说清的,笔者拟作另文考述,兹不赘。

约而言之,抛球运动在宋代一定非常流行,否则宫廷教坊中的大曲队舞不会对其进行艺术改编并经常演出。一般认为,抛球出现的时间不会晚于唐代,但真正对此运动作出详细描写的,实首推《高丽史·乐志》中的《抛球乐》,两宋教坊大曲队舞所含体育史料和民俗史料的重要性,于此可见一斑。

四

接下来再看女弟子队舞的第六种《采莲队》,顾名思义,这是表现古代女子于水上采莲花、采莲子情景的舞蹈,既于水上采莲,则必须乘舟,故此舞与划船运动有关。而前引《宋史·乐志》亦记载,此舞表演时舞者要"乘彩船,执莲花",宋人陈旸所撰《乐书》中也有类似记载。那么这种舞台上的"彩船"是如何"划"的呢?由于没有《采莲队》表演形态的直接文献记载存世,所以只能参照《剑器队》研究的做法,通过《鄮峰真隐大曲》中《采莲舞》的大曲曲本间接窥其大略,兹择录曲本文字如次:

> 五人一字对厅立,竹竿子勾,念:"伏以浓阴缓辔,化国之日舒以长;清奏当筵,治世之音安以乐。霞舒绛彩,玉照铅华。玲珑环佩之声,绰约神仙之伍。朝回金阙,宴集瑶池。将陈倚棹之歌,式侑回风之舞。宜邀胜伴,用合仙音。女伴相将,采莲入队。"
>
> 勾、念了,后行吹《双头莲令》,舞上,分作五方。竹竿子又勾,念:"伏以波涵碧玉,摇万顷之寒光;风动青苹,听数声之幽韵。芝华杂遝,羽幰飘摇。疑紫府之群英,集绮筵之雅宴。更凭乐部,齐迓来音。"
>
> 勾、念了,后行吹《采莲令》,舞转作一直了,众唱《采莲令》:"练光浮烟敛,澄波渺。燕脂湿,靓妆初了。绿云缭上露滚滚,的烁真珠小。笼娇媚,轻盈伫眺。无言不见仙娥,凝望蓬岛。玉阙葱葱,镇镇佳丽,春难老。银潢急,星槎飞到。暂离金砌,为爱此极目,香红绕兰棹。清歌缥缈,隔花初见,楚风流年少。"……
>
> 唱了,后行吹《渔家傲》,五人舞,换坐,当花心立人念诗:"我昔瑶池饱宴游,揭来乐国已三秋。水晶宫里寻幽伴,菡萏香中荡小舟。"……①

从上引文字来看,出现了"倚棹、星槎、兰棹、小舟"等词;这就足以说明,宋教坊《采莲队》舞确实以"彩船"作为艺术表现的重要道具。② 可惜的是,依然无法具体说明彩船在舞台上是如何"划"的。为此,我们只能寄望于大曲曲本以外的证据。在史浩《鄮峰真隐大曲》之后,南宋人周密曾撰写过《武林旧事》一书,里面保存了大量当时的民俗史料,该书卷二"舞队"条内,记录了诸种民间"舞队"的名目③,里面赫然包括"旱划船"一种。如所周知,宋代民间舞

---

① 朱孝臧《彊村丛书》,第513—515页。
② 案,史氏《采莲舞》全曲与"舟"、"船"有关的词句总共不下十余处,限于篇幅,引文所及只是原大曲曲本的三分之一左右。
③ 参见周密撰,傅祥林校注《武林旧事》卷二,山东友谊出版社2001年版,第40—41页。

队曾受到宋代宫廷队舞的深刻影响；有理由相信，民间舞队"旱划船"的表演样式与教坊《采莲队》"乘彩船"的表演形态是一脉相承的。

虽然《武林旧事》也没有描述"旱划船"如何"划"，但这种舞队直至今天仍在民间广泛流传。表演过程中，舞者使用了"船"、"桨"等道具，其中的"船"并非真船，而是以篾等扎成船形骨架，外糊彩纸，并将船架套在舞者身上，船架下有布摆遮盖舞者双足，舞队行进则假船亦行进，舞人相应作出划桨的动作。若假船船体较大，便须套在多人的身上进行表演；若假船船体较小，则可套在一人或二人的身上表演。据此，我们基本可以推知两宋教坊女弟子《采莲队》"乘彩船"表演的大致情形。

大曲《采莲队》舞既"乘彩船"，则其表现的内容必与古代划船运动有关，而且从传统民俗的角度考虑，古代女子"采莲"这种风俗本身就含有竞技色彩。这有古人留下的许多诗句为证，如唐人王昌龄《采莲曲》云："吴姬越艳楚王妃，争弄莲舟水湿衣。来时浦口花迎入，采罢江头月送归。"① 再如唐人张籍《采莲曲》云："秋江岸边莲子多，采莲女儿凭船歌。青房圆实齐戢戢，争前竞折荡漾波。……"② 另如五代花蕊夫人《宫词》云："内家追逐采莲时，惊起沙鸥两岸飞。兰棹把来齐拍水，并船相斗湿罗衣。"③ 自上引诗句可知，古代女子在水上乘舟采莲时，常有"争弄"、"争前"、"追逐"、"相斗"的现象，其追逐、争斗之目的当然是想采摘到更多、更好的莲花或者莲蓬。而为了这一目的，采莲女子自然希望把莲舟划得更快一点，于是常常出现"湿罗衣"、"水湿衣"一类激烈的场面。完全可以说，这种传统民俗活动中确实隐含了划船竞技的因素。

此外，民间女性的采莲活动与龙舟竞渡一直存在难以分割的联系。魏振东先生曾经指出："古采莲就是与赛龙舟相对应的端午女性集体活动。"④ 这是值得重视的观点，而且有方志所载可作旁证，如湖北《孝感县志》（清光绪八年刻本）载："竞渡，县河每年造龙舟，谓之'打龙船'。城六门各造一舟，即以门之方为色，如南门红，西门白之类，各有火船，谓之'母船'；更有游船，通谓之'采莲'。"⑤ 另如广东《韶州府志》（清同治十三年刻本）载："五月五日为'端阳'。祀祖先，饮蒲酒，饷角黍。镂艾虎，书朱符为儿女佩。采莲竞渡。"⑥ 由此可见，在一些地方的民间习俗当中，采莲与龙舟竞渡实乃一而二、二而一的东西。⑦ 大约男子龙舟以速度为竞赛，而女子采莲则以采得莲花、莲子的多少分优劣。在此还可以提供一个旁证，至今流传于广东佛山、东莞厚街、台山广海、广东信宜等地的传统民间舞队"舞龙舟"表演时，就既有男子划的旱地龙舟，也有女子划的旱地采莲船。⑧ 恰恰是上述风俗的见证。

约而言之，两宋教坊《采莲队》表演时，舞者须套着"彩船"的假形行进而舞，其舞蹈内容反映了古代的划船运动，至今流传于民间的舞队"旱划船"，正是这种表演形态的遗存。

---

① 《全唐诗》卷二十一，中华书局1960年版，第277页。
② 《全唐诗》卷三百八十二，第4283页。
③ 《全唐诗》卷七百九十八，第8972页。
④ 魏振东《采莲探源》，载《河北建筑科技学院学报》（社科版）2006年1期，第63页。
⑤ 丁世良、赵放主编《中国地方志民俗资料汇编·中南卷》，北京图书馆出版社1991年版，第332页。
⑥ 丁世良、赵放主编《中国地方志民俗资料汇编·中南卷》，第706页。
⑦ 案，陈燕婷先生 "采莲（嗦啰嗹）"与龙舟竞渡 一文（载《艺苑》2010年3期）亦提出了相近的观点，并可参考。
⑧ 参见朱松瑛主编《中华舞蹈志·广东卷》，学林出版社2006年版，第111—112页。

五

最后谈谈女弟子队舞的第十种《打球乐队》，从题名来看这种教坊大曲队舞反映了古代"打球"运动的情形，但打的是什么"球"？学界却有不同的说法。由于此舞的情况与《射雕盘队》相似，没有直接反映其表演形态的史料存世，所以只能通过有限的记载进行分析。笔者认为，该队舞表现了当时的马球运动，这有以下几项证据可作证明。

证之一，前引《宋史·乐志》记载，此舞表演时"女弟子"要"执球杖"，"球杖"这一道具与"打波罗球"是很有联系的。而所谓"波罗球"亦即"马球"，已故史学家罗香林先生在《唐代波罗球戏考》一文中曾指出：

> 隋唐以前，中国虽早有蹴鞠之戏，然皆以步打足踢为主，与波罗球戏以骑马杖击者截然不同。……波罗球为一种骑马杖击之戏，故必于广场为之。球受击后，或旋空而飞越，或滚地而疾走，故必轻其体积，饰其外形，使易击动，面便视识。又击球各期命中，故须精制球杖，湾其下端，使易张击。①

由此可见，"球杖"在"波罗球戏"中是必不可少的装备，《打球乐队》舞者既专门"执球杖"为道具，最有可能是在表演打马球运动。除此以外，敦煌遗书 S. 2049 号和 P. 2544 号均记录了杂言歌辞《杖前飞》，所述为唐代马球运动中"挥杖击球"的情况，如前者有云："青一队，红一队，……场里尘飞马后去，空中球势杖前飞。球似星，仗如月，骤马随风直冲穴。"② 亦可证明，球杖在马球运动中起着决定性的作用。

证之二，宋人陈旸《乐书》中也简单记载了宋代教坊大曲队舞的一些情况，其中"打球乐"条所述与《宋史·乐志》所述的《打球乐队》一致，其后又补充了"击鞠"一条云："唐宣宗听政之余，至于弧矢击鞠，皆洞尽其妙。所御马衔勒之外，不加雕饰，而马矫捷特异。每持鞠杖，乘势奔跃，运鞠于空中，连击至数百，而马驰不止，迅若流电焉。二军老鞠手，咸伏其能。"③ 由此可见，《乐书》所说的"击鞠"需要"持鞠杖"、"连击"、"马驰不止"，必为打马球无疑，实乃陈旸有意对"打球乐"表演内容作出的补充性说明。鉴于《乐书》写成于北宋崇宁（1102—1106）初，远较《宋史》成书时间的元代为早，故其中史料的可信程度相当之高。

证之三，《宋史·乐志》说《打球乐队》表演时舞者须"裹顺风脚簇花幞头"，这也是打马球者常见的装束。运动员之所以要戴"幞头"，不是没有原因的，这是由于马球运动对抗激烈，挥杖击球时时会伤及对方，戴上幞头则可起到保护头部的作用。④ 所以宋徽宗赵佶在一首描写女子打马球的《宫词》中写道："宫人击剑斗乘骑，宝带幞头烂锦衣。凤尾杖交团月合，龙门球过一星飞。"⑤ 可见幞头在马球运动中也是重要的装备。

---

① 罗香林《唐代文化史研究》，上海书店 1992 年，第 137—141 页。
② 郝春文主编《英藏敦煌社会历史文献释录》第九卷，社会科学文献出版社 2012 年，第 114—115 页。
③ 陈旸《乐书》卷一百八十五，收入《文渊阁四库全书》211 册，台湾商务印书馆 1986 年，第 833 页。
④ 案，参见师培业《中国古代打球服装初步研究》（载《体育文史》1988 年 3 期，第 56—58 页）、张长海《宋辽金时期的马球运动》（载《文物世界》2008 年 2 期，第 48 页）等文所述，兹不赘。
⑤ 田中玉辑《十家宫词》，中国书店 1990 年版，第 7 页。

证之四，在《宋史·礼志》"军礼类"中载有"打球"一项，乃朝廷对宋代马球运动程仪所作的专门性规定；将一项球类运动上升为国家的礼乐仪典，这在前代几乎从未有过。虽说这种做法未必对一项体育运动的技术发展有实质性的帮助，但却足以说明，宋朝的上层对马球的重视程度已经超过了唐代。在这样一种社会文化背景下，马球运动成为宫廷大曲队舞的表现内容就不足为奇了。复因第四项证据，我们还可以进一步推断《打球乐队》所表现的内容并不是"捶丸"。一般来说，中国古代的马球本可分为"大打"、"小打"两种，大打骑马，小打骑驴；其后又衍生出"步打"，步打则不乘牲畜；捶丸运动就是从步打中进一步衍生出来的。虽然捶丸时也以杖（古称权，或称棒）击球，但这种运动出现较晚，其初主要在民间流行[①]，对这样一种初兴的平民化运动，是不大可能在宋代宫廷宴乐仪式中通过大曲队舞展现的。

约而言之，女弟子《打球乐队》表现了马球运动的内容，该项运动在唐代就非常流行，到宋代更被认定为国家礼乐仪典之一，可见其受重视的程度。所以宫廷女艺人运用大曲队舞的形式，头戴幞头、手持球杖来表现这种运动，这正是时代上层风尚的一种见证。

小　　结

以上对两宋教坊二十种大曲队舞中的五种作了较为详细的考察，它们的共同特点是所演内容均与传统体育运动有关。透过考察，既可以看到宋人体育运动发展的若干情况，又可以看到宋人的部分体育观念和当时的一些社会风尚，还可以发现若干新的古代体育史料和民俗史料，并得出以下观点：其一，《剑器队》与传统武术中的剑术有关，既包含了古《公莫舞》的内容，也包含了唐《剑器》舞的因素，是宋乐对前代旧乐的进一步发展。其二，《射雕回鹘队》表现了传统射箭运动的内容，与久已失传的回鹘习俗"射雕盘"有密切联系。其三，《抛球乐队》大曲曲本中的曲辞对抛球运动的情形有详细描述，是古代体育史、民俗史研究的重要材料。其四，《采莲队》的表演者须"乘彩船"而舞，其舞蹈内容与古代的划船运动有关；采莲活动还含有一定的竞技色彩，并往往与龙舟竞渡同时进行。其五，《打球乐队》表现了女子打马球的内容，是当时风尚的反映，但与捶丸运动无关。

总之，两宋教坊大曲队舞是中国古代宫廷艺术发展史上的奇葩，但其研究内容并不局限于某一学科，而是涉及艺术史、文学史、体育史、民俗史等多个领域。如果采用跨学科的研究思路和方法，似乎可以发现更多新的问题。本文循此试作探析，所述不当之处，敬祈方家教正。

（作者单位：中山大学中国非物质文化遗产研究中心）

---

① 案，相关问题参见尹霓《中国古代捶丸研究——兼论捶丸与高尔夫的相似性比较》一文（苏州大学硕士学位论文，2008年3月，第3—13页）所述，兹不赘。

汤惠休：古代诗僧的典范

李舜臣

在中国文学史上，特定类群和流派的作家中通常都会涌现出一些典范性的人物，像"古今隐逸诗人之宗"① 的陶潜，贬谪文人中的屈原和贾谊，史传作家中的司马迁和班固，女性作家中的李清照……。这些典范作家，常为后人祖习宪章，从而对文学的流变产生深远的影响。因此，"尊重典型"，被日本学者吉川幸次郎认为是中国文学的七大特点之一②。

相比于当下讨论较多的文学经典，文学典范的形成与确认更为复杂，不仅牵涉到作品的存佚、传播以及后世的批评、接受等外部因素，还需考虑作家的交游网络、德行风范、创作范式及其在同类作家中的感召力等方面。同时，文学典范的地位也是动态的③：有些原被认为的典范作家，随着时间推移会有所失色；有些不为当世所重的作家，却被后代推为典范；有些古人认定的典范，依今人看来似"名不符实"。本文研究的个案——南朝诗僧汤惠休，就属于后者。

汤惠休，早年出家，后应宋孝武帝之命还俗，官至扬州从事史，现存诗作十一首，匪特数量偏少，且辞彩绮艳，极写男女之情，甚至被钟嵘指为"淫靡"④。无论其形迹抑或诗风，与瞿昙氏之道，殊为不类，四库馆臣就认为不宜将他编入僧诗总集。然而，自唐代以来，很多人都将他视作僧人写诗的典范。例如，唐释皎然云："吾门弟子中，不减惠休名。"⑤ 释齐己云："欲向南朝去，诗僧有惠休。"⑥ 释贯休云："慵刻芙蓉传永漏，休夸丽藻鄙汤休。"⑦ 宋释契嵩云："旧游已得新工部，佳句今逢休上人。"⑧ 释重显云："惠休此去多吟赏，赢得清风价转高。"⑨ 释惠洪云："闹传诗胆抵身大，时吐佳句凌汤休。"⑩ 明释守仁云："宁知后世非房管，却诧前身是惠休。"⑪ 清释丽杲云："惠休何处去？惆怅竟空归。"⑫ 杨士吉更云："一自汤休去，僧诗天下无。"⑬ 类似的诗句，不胜枚举。它们或以汤惠休为评鉴僧人诗才的标杆，或表达对他的追怀和

---

① 钟嵘著，曹旭集注《诗品集注》，上海古籍出版社1994年版，第260页。
② 吉川幸次郎著，陈顺智、徐少舟译《中国文学史》，四川人民出版社1987年版，第21—26页。按，吉川幸次郎所用"典型"，乃传统之义。古代常有所谓"典型犹在"、"犹具典型"云云，意思大抵与"典范"相近。
③ 吴承学《〈过秦论〉：一个文学经典的形成》曾指出"经典地位也是动态的"，详见《文学评论》2005年第3期。
④ 《诗品集注》，第421页。按，《诗品》其他版本，如《吟窗杂录》本、《格致丛书》本等，一作"浮靡"。
⑤ 释皎然《杼山集》卷四《答道素上人别》，《文渊阁四库全书》第1071册，第807页。
⑥ 释齐己《白莲集》卷三《浔阳道中作》，《文渊阁四库全书》第1084册，第350页。
⑦ 释贯休著，胡大浚笺注《贯休歌诗系年笺注》卷二十三《山居诗（十七）》，中华书局2011年版，第992页。
⑧ 释契嵩《镡津集》卷二十一《窃观仲灵久雨诗且道余与公济吟从之意辄次韵奉和至》，《文渊阁四库全书》第1091册，第627页。
⑨ 释重显《祖英集》卷下《送邃悟上人之会稽》，《文渊阁四库全书》第1091册，第661页。
⑩ 释惠洪《石门文字禅》卷一《送英老兼简钝夫》，《文渊阁四库全书》第1116册，第149页。
⑪ 释正勉，释性涵《古今禅藻集》卷二十四《寄汤德师》，《文渊阁四库全书》第1416册，第593页。
⑫ 查为仁《莲坡诗话》，《清诗话》下册，上海古籍出版社1999年版，第503页。
⑬ 杨士吉《夜读〈兰湖集〉作》，引自《冼玉清文集》，中山大学出版社1995年版，第648页。

景仰，或直接视他为诗僧的代名词，皆反映了汤惠休在后世的尊崇地位。汤惠休究竟何以能跻身于释氏诗人的典范之列呢？考察这一文化现象，不仅可从侧面反映出中国诗僧文化的特质，对探讨作家典范形成的机制或亦有相当的意义。

一、"休鲍之游"：儒释以诗交游的典范

汤惠休，字茂远，世称"休上人"、"汤休"、"惠休"、"汤公"。今人所知之者，多凭借《宋书·徐湛之传》之记载："时有沙门释惠休，善属文，辞采绮艳，湛之与之甚厚。世祖命使还俗。本姓汤，位至扬州从事史。"① 因资料匮乏，其籍贯、生卒年均难以考实。

笔者从唐代释怀信《释门自镜录》中检得惠休的一则小传，未见研究者征引。其云：

> 慧休字茂远，俗姓汤，住长干寺。流宕倜傥，嗜酒好色。轻释侣，慕俗意，秉笔造牍，文辞斐然，非直黑衣吞音，亦是世上杜口。于是名誉顿上，才锋挺出，清艳之美，有逾古歌。流转入东，皆良咏纸贵，赏叹绝伦。自以微贱，不欲罢道。当时有清贤胜流，皆共赏爱之。至宋世祖孝武始敕令还俗，补扬州文学从事，意气既高，甚有惭愧，会出补匀容令，不得意而卒。（出沈约《宋书》）②

释怀信虽注明源自《宋书》，但显然更为详细，当另有所据。此段材料颇清晰地叙录了汤惠休的性情、交游志趣以及他名倾东南的卓绝才华，还特别提到了他"不得意而卒"的凄凉晚境，这是其它文献未能载及的。

汤惠休虽为沙门，但"轻释侣，慕俗意"，所识皆当世俗士，除徐湛之、谢超宗③外，尚有颜延之、吴迈远、鲍照等人，而尤与鲍照所交最厚。鲍照（约415—466年），字明远，曾任临海王刘子顼军府参军，世称"鲍参军"，著有《鲍明远集》。是集今存两首与惠休交往的诗歌：

> 枯桑叶易零，疲客心易惊。今兹亦何早，已闻络纬鸣。回风灭且起，卷蓬息复征。怆怆簟上寒，凄凄帐里清。物色延暮思，霜露逼朝荣。临堂观秋草，东西望楚城。百物方萧瑟，坐叹从此生。（《秋日示休上人》）

> 酒出野田稻，菊生高冈草。味貌复何奇，能令君倾倒。玉椀徒自羞，为君愧此秋。金盖覆牙柈，何为心独愁？④（《答休上人》）

前首藉景写怀，向惠休倾诉自己身若飘蓬、困顿淹蹇的悲戚；后者则是答惠休之诗而作，惠休的原诗《赠鲍侍郎》云："琪枝兮金英，绿叶兮紫茎。不入君玉杯，低彩还自荣。想君不相艳，酒上视尘生。当令芳意重，无使盛年倾。"⑤ 惠休意在劝鲍照积极仕进，可鲍照却明显流露

---

① 《宋书》卷七十一《徐湛之传》，中华书局1981年版，第1847页。
② 释怀信《释门自镜录》卷上，《大正藏》第51册，第2083号，财团法人佛陀教育基金会，1990年，第809页。
③ 《南齐书》卷三十六《谢超宗传》（中华书局1974年版，第635页）载："谢超宗，陈郡阳夏人也。祖灵运，宋临川内史。父凤，元嘉中坐灵运事，同徙岭南，早卒。超宗元嘉末得还。与慧休道人来往，好学有文辞，盛得名誉。"
④ 鲍照著，丁福林、丛玲玲校注《鲍照集校注》卷九，中华书局2012年版，第757、763页。
⑤ 逯钦立《先秦汉魏晋南北朝诗》，中华书局1983年版，第1245页。下引汤惠休诗皆出此版本，不另注。

出"才秀人微"的嗟叹。陈祚明云："岂亦效休上人邪？'东西望楚城'，意明远与休同客荆州时作也。"① 观诗意，这两首诗不像是寄赠之作，而是相处时所作，故陈氏所言可取。丁福林进一步将它们系于元嘉十五年，时鲍照二十三岁，初客荆州②。据此推测，惠休初识鲍照，应早于此前。

因汤惠休和鲍照关系密切，时人常称之为"休鲍"。自唐代以来，随着佛禅日浸人心，士僧交往愈趋频繁，"休鲍之谊"尤为文人所缅怀。诗人们常在赠予僧徒的诗文中，将自己比作鲍照，而将对方比作汤惠休。例如，李白《赠僧行融》云："梁有汤惠休，常从鲍照游。峨眉史怀一，独映陈公出。卓绝二道人，结交凤与麟。"③ 李白将休、鲍之游，比作"凤麟之交"，意谓行融乃惠休，自己是鲍照。在《江夏送倩公归汉东序》中，李白又将"重然诺"、"好贤攻文"的倩上人比作汤惠休④，以突出二人的交谊。杜甫在诗中也经常提到汤惠休，《大云寺赞公房四首（其一）》云："汤休起我病，微笑索题诗。"仇兆鳌注曰："诗借汤休，以比赞公。"⑤ 柳宗元《闻彻上人亡寄杨文侍郎》亦称："东越高僧还姓汤，几时琼佩触鸣珰。空花一散不知处，谁采金英与侍郎。"宋人姚宽谓："盖用慧林（'林'为'休'之误——笔者）《菊问赠鲍侍郎》诗云：'玳枝兮金英，绿叶兮紫茎。'"⑥ 其实，此诗不仅"金英"句化用惠休诗，且通篇皆咏"休鲍之谊"。唐代还有很多诗人虽没有明确歌咏"休鲍之游"，但常以汤惠休比作自己的方外知交。例如，卢纶《洛阳早春忆吉中孚校书司空曙主簿因寄清江上人》云："年来百事皆无绪，唯与汤师结净因。"⑦ 鲍溶《酬江公见寄》云："多惭惠休句，偕得此阳春。"⑧ 罗隐《寄处默师》云："香炉烟霭虎溪月，终棹铁船寻惠休。"⑨ 徐寅《寄僧寓题》云："佛顶抄经忆惠休，众人皆谓我悠悠。"⑩ 等等。

唐代之后，仍有不少诗人将汤惠休比作自己的方外知交。杨亿《慧初道人归青州养亲》云："遥知北海孔文举，应重江南汤惠休。"⑪ 王安石《酬净因长老楼上玩月见怀有疑君魂梦在清都之句》云："登临更欲邀元亮，披写还能拟惠休。"周弼《逢僧文礼》云："师说古香寮旧开，鲍昭曾为惠休来。"⑫ 王世贞《宿香山寺》云："白云深锁上方幽，蹑屦无劳问惠休。"⑬ 可见，汤惠休因与鲍照的交往而获得了极高的赞誉。此正如清人张丹所云："可知惠休逢鲍照，诗歌千载人恒称。"⑭ 杨宗发云："鲍家复值汤惠休，千载风流一杯酒。"⑮

除"休鲍"之外，东晋以来，还涌现出不少著名的"禅中侣"和"诗中友"。柳宗元即云："昔之桑门上首，好与贤士大夫游。晋宋以来，有道林、道安、远法师、休上人，其所与游，则

---

① 陈祚明评选，李金松点校《采菽堂古诗选》卷十八，上海古籍出版社 2008 年版，第 586 页。
② 丁福林《鲍照年谱》，上海古籍出版社 2004 年版，第 40—41 页。
③ 李白著，王琦注《李太白全集》卷十二，中华书局 2003 年版，第 633 页。按，李白此处误记汤惠休为"梁人"。
④ 《李太白全集》卷二十七，第 1281 页。
⑤ 杜甫著，仇兆鳌注《杜诗详注》卷四，中华书局 2007 年版，第 333—334 页。
⑥ 姚宽《西溪丛语》卷下，《文渊阁四库全书》第 850 册，第 949 页。
⑦ 《全唐诗》卷二七八，中华书局 1979 年版，第 3158 页。
⑧ 《全唐诗》卷四八六，第 5530 页。
⑨ 罗隐著，雍文华校辑《罗隐集·甲乙集》，中华书局 1983 年版，第 107 页。
⑩ 《全唐诗》卷七〇九，第 8159 页。
⑪ 杨亿《武夷新集》卷三，《文渊阁四库全书》第 1086 册，第 380 页。
⑫ 周弼《端平诗隽》卷四，《文渊阁四库全书》第 1185 册，第 546 页。
⑬ 王世贞《弇州四部稿》卷三十五，《文渊阁四库全书》第 1279 册，第 439 页。
⑭ 张丹《张秦亭诗集》补遗卷《渡江行赠硕揆上人》，清康熙石瓢山房刻本。
⑮ 洪亮吉《北江诗话》卷四，人民文学出版社 1983 年版，第 79 页。

谢安石、王逸少、习凿齿、谢灵运、鲍昭之徒，皆时之选。由是真乘法印，与儒典并用，而人知向方。"① 这些僧侣与文人的交往，都堪称儒释交流的典范，特别是支遁与谢安等山阴雅士以及慧远与谢灵运的交往，经《世说新语》的渲染，更为后世所称羡，唐宋诗人亦多将自己与僧侣的交游比附于"支谢之游"或"慧谢之游"。② 不过若细究之，与"休鲍之游"相比，他们交往的旨趣不尽相同。

汤用彤曾指出，中国古代士大夫与僧人交往，主要有三种动机：（1）谈名理，（2）切磋诗文，（3）信奉佛理③。"支谢之游"、"休鲍之游"、"慧谢之游"正是这三种交游旨趣的代表。《世说新语》载支遁与山阴文士的交往："支道林、许掾诣人共在会稽王斋头，支为法师，许为都讲。支通一义，四坐莫不厌心；许送一难，众人莫不抃舞。但共嗟咏二家之美，不辨其理之所在。"④ 支遁在座中的形象是"法师"，谈论的旨趣是佛玄义理。谢灵运与慧远的交往，则纯是出于信仰，他在《庐山慧远法师诔并序》自称"予志学之年，希门人之末"，誓生净土，虽"诚愿弗遂，永违此世"，但受慧远佛教思想的影响很大。现存两人直接交流思想的文字是慧远的《万佛影铭》以及谢灵运"金焉同咏"的《佛影铭》，讨论的主旨是佛影圣迹及其神化效应。⑤ 然而，"休鲍之游"的意趣则纯粹是在诗歌层面，几乎与佛学无涉，不仅从现存文献中看不到他们对玄理、佛学的探讨，而且也很少表达对佛教的希慕。

总之，汤惠休和鲍照开创了与"支谢之游"、"慧谢之游"不同的士僧交游的范式——"以诗交游"。这种交游方式，随着佛禅日益世俗化而更为人们所接受，"休鲍之游"的流风余韵，遂千载不绝。

二、汤惠休：中土首位"以诗鸣世"的僧侣

众所周知，开中土僧人撰诗之风者，是康僧渊、支遁、慧远等人，而非汤惠休。王夫之即云："门庭之外，更有数种恶诗，……似衲子者，源自东晋来。"⑥ 余嘉锡亦称："支遁始有赞佛咏怀诸诗，慧远遂撰念佛三昧之集。"⑦ 支遁的"赞佛"，是指《四月八日赞佛诗》《咏八日诗三首》等佛教题材之诗，所咏之怀亦是对佛思禅境的默会，而非凡俗之情。慧远存诗四首，虽有一种"清奥之气"灌注其中，但旨趣亦在玄理。大抵而言，支遁、慧远之诗多敷陈佛玄义理，语辞亦佛亦玄，思想亦庄亦禅，故余嘉锡说他们"系释家之外篇，无与诗人之比兴"⑧。清人许印芳

---

① 柳宗元《柳河东集》卷二十五《送文畅上人登五台遂游河朔序》，上海古籍出版社2009年版，第422页。
② 孙昌武《支遁——袈裟下的文人》，载《中国文化》第十二期。
③ 汤用彤《隋唐佛教史稿》（江苏教育出版社2007年版，第30页）："盖魏晋六朝，天下纷崩，学士文人，竞尚清谈，多趋通世，崇尚释教，不为士人所鄙，而其与僧徒游者，虽不无因果福利之想，然究多以谈名理相过从。及至李唐其定宇内，帝王名臣以治世为务，轻出世之法。而其取士，五经礼法为必修，文词诗章为要事。科举之制，遂养成天下重孔教文学，轻释氏名理之风，学者遂至不读非圣之文。故士大夫大变六朝习尚，其与僧人游者，盖多交在诗文之相投，而非在玄理之契合。文人学士如王维、白居易、梁肃等真正奉佛且深切体佛者，为数盖少。"另，参见蒋寅《大历诗僧漫议》，《广西大学学报》1993年第2期。
④ 刘义庆著，刘孝标注，余嘉锡笺疏《世说新语笺疏》卷上《文学第四》，上海古籍出版社1996年版，第227页。
⑤ 姜剑云《谢灵运与慧远交游考论》，《太原师范学院学报》2005年第2期。
⑥ 王夫之《薑斋诗话》，《清诗话》上册，上海古籍出版社1999年版，第20页。
⑦ 《世说新语笺疏》卷上《文学第四》，第265页。
⑧ 《世说新语笺疏》卷上《文学第四》，第265页。

评《诗品·汤慧休条》时说："晋尚有慧远，何以不录？"① 今蠡测之，盖一方面因慧远、支遁"寡味"之诗，不合于锺嵘重"滋味"的诗学理想；另一方面或因二人藉以名世者，并非诗歌而在佛学。

锺嵘《诗品》于僧人中首取汤惠休，或因他所具有的重要诗歌史意义。锺嵘尝引从祖锺宪之言曰："大明、泰始中，鲍、休美文，殊已动俗。"② 大明、泰始，乃刘宋孝武帝至明帝年号，即公元454至471年。这二十余年间，谢灵运（385—433）、颜延之（384—456）先后谢世，鲍照、惠休以"美文"倾动诗坛。萧子显《南齐书·文学传论》论"刘宋文学"时亦曰："颜、谢并起，乃各擅奇；休、鲍后出，咸亦标世。朱蓝共妍，不相祖述。"③ 更将休、鲍视为继颜、谢之后，引领诗坛风气之人。可见，时人所称的"休鲍"，除喻示二人之密切关系外，尚具有极高的诗歌史意义。

鲍照无疑是大明、泰始年间成就最高的诗人，故历来为研究者所重；而汤惠休之诗，因诗集未存，颇受冷遇④。《隋书·经籍志》载："宋宛朐令汤惠休集三卷。梁四卷……亡。"⑤ 新、旧《唐志》亦皆著录"汤惠休集三卷"；后世之书志，惟见南宋郑樵《通志》著录"汤惠休集三卷"和焦竑《国史经籍志》著录"《汤惠休集》四卷"。胡旭以为郑樵、焦竑皆钞录《隋志》，不足据，"疑其北宋后期已佚"⑥。其诗今散见于《玉台新咏》、《艺文类聚》、《乐府诗集》等总集中，逯钦立《先秦汉魏晋南北朝诗》辑录七题十一首：《怨诗行》一首、《江南思》一首、《杨花曲》三首、《白纻歌》三首、《秋思引》一首、《楚明妃曲》一首、《赠鲍侍郎诗》一首。这些诗歌多效江南民歌，思致婉约，风格侧艳。例如《怨诗行》云：

明月照高楼，含君千里光。巷中情思满，断绝孤妾肠。悲风荡帷帐，瑶翠坐自伤。妾心依天末，思与浮云长。啸歌视秋草，幽叶岂再扬？暮兰不待岁，离华能几芳？愿作张女引，流悲绕君堂。君堂严且秘，绝调徒飞扬。

此诗写怨妇思人，明锺惺评曰："妍而深，幽而动，艳情三昧。"⑦ 又如《江南思》：

幽客海阴路，留戍淮阳津。垂情向春草，知是故乡人。

情思飘荡，婉转深秀，"垂情"两句，清人毛先舒赞曰"开唐绝之妙境"⑧。刘宋迄今已逾千祀，惠休之诗，十九不存，仅据残编断简而评定其创作旨趣，显然并非全面。不过，这十一首诗的确富有浓厚的江南民歌风味，明白如话，风格异于颜、谢等前哲。

事实上，颜延之在世时，就对汤诗颇有微词。《南史·颜延之传》载："延之每薄汤惠休诗，

---

① 《诗品集注》，第427页。
② 《诗品集注》，第432页。
③ 《南齐书》卷五十二，中华书局1974年版，第635页。
④ 关于汤惠休的研究，笔者所见有曹道衡、沈玉成《南朝文学史》（人民文学出版社2006年版），张伯伟《禅与诗》（浙江人民出版社1996年版）等相关著作有所涉及，专篇论文似仅有卓迎燕《南朝文坛奇葩——汤惠休》（《三峡大学学报》2011年第2期）。
⑤ 《隋书》卷三十五《经籍志四》，中华书局1982年版，第1075页。
⑥ 胡旭《先唐别集叙录》卷二十六，中国社会科学出版社2011年，第468页。
⑦ 锺惺、谭元春《古诗归》卷十二，《续修四库全书》第1589册，第482页。
⑧ 毛先舒《诗辩坻》卷二，《清诗话续编》上册，上海古籍出版社1999年版，第33页。

谓人曰：'惠休制作，委巷中歌谣耳，方当误后生。'"①颜延之的指斥，实寓示着汤惠休是"委巷歌谣"的始作俑者。近人刘师培亦说："侧艳之词，迄于萧齐，流风益盛。其以此体施于五言者，亦始于晋宋之间，后有鲍照，前有惠休。"又自注曰："明远乐府，固妙绝一时，其五言诗多淫艳，特丽而壮，与梁代之诗稍别。《齐书·文学传论》谓：'次则发唱惊挺，操调险急，雕藻淫艳，倾炫心魄，斯鲍照之遗烈'，其确证也。绮丽之诗，自惠休始。《南史·颜延之传》载：……即据侧丽之诗言之。"②刘氏不仅区别了休、鲍诗风——休绮丽侧艳，鲍丽而能壮，更确指了惠休是绮丽之诗的首倡者。

休、鲍的诗歌史意义在于：他们以"那些侧艳绮丽之作或委巷歌谣"取代了颜、谢尚巧似的雅乐正声，极大地推动了文人诗朝着通俗化方向的发展③。钟嵘《诗品》载："吴（迈远）善于风人赠答……汤休谓远云：'吾诗可为汝诗父。'以访谢光禄，云：'不然尔，汤可为庶兄。'"④"风人"，即风人体乐府民歌，无论为"诗父"抑或"庶兄"，皆反映了汤惠休对吴迈远诗歌的影响⑤，而此种影响当不限于少数群体。裴子野《雕虫论》亦云："宋初迄于元嘉，多为经史；大明之代，实好斯文，高才逸韵，颇谢前哲，流波相尚，滋有笃焉。自是闾阎少年，贵游总角，罔不摈落六艺，吟咏情性。"《南史·萧惠基传》云："自宋大明以来，声伎所尚，多郑卫淫俗，雅乐正声，鲜有好者。"⑥这两则材料，虽未确指其影响所自，但皆述及艳歌俗语风靡大明诗坛的事实。

汤惠休作绮丽之诗，对南朝宫体诗的形成亦产生了重要影响。清人冯班云："楚词美人以喻君子，五言既兴，义同诗骚。虽男女欢娱幽怨之作，未极淫放。《玉台新咏》所载可见。至于休、鲍，文体倾侧，宫体滔滔，作俑于此。永明、天监之际，鲍体独行，延之、康乐微矣。"⑦冯氏指出，惠休、鲍照"倾侧"之风，实为宫体诗之先导；但至梁代，惠休名掩，鲍照之风独行。高华平更明确指出："释惠休实为南朝淫靡、浓艳诗风的始作俑者。"⑧可见，汤惠休对南朝诗风的走向发挥了十分深远的影响。

汤惠休学习民间乐府，诗风绮丽，固然是风气使然⑨；但作为一位释子写这样的诗歌，却很难不使人心生疑惑。胡适引其《白纻歌》说："这很不像和尚家说的话。"⑩曹道衡、沈玉成也说："出人意外的是，理应六根清净的和尚却专事写作艳诗。"⑪这个疑惑，经过近些年学者的研究，基本可以解开了。学者们或从佛门伎乐供养的淫艳歌辞⑫，或从汉译佛经的大量声色描写⑬，以解释六朝淫艳之辞乃至宫体诗首出沙门的缘故。无论何种因缘，都说明僧侣的身份，非但没有拘束汤惠休写作艳情诗，反而有助于他很自然地选择了江南民歌表达自己的情思。

①《南史》卷三十四，中华书局1983年版，第881页。
② 刘师培《中古文学史》，人民文学出版社1959年版，第90页。
③ 陈庆元《大明泰始诗论》，《文学遗产》2003年第1期。
④《诗品集注》，第440页。
⑤ 陈桥生《刘宋诗歌研究》，中华书局2007年版，第217页。
⑥《南史》卷十八，第500页。
⑦ 冯班《钝吟杂录》卷五《严氏纠谬》，《文渊阁四库全书》第886册，第555页。
⑧ 高华平《凡俗与神圣：佛道文化视野下的汉唐之间的文学》，岳麓书社2008年版，第202页。
⑨ 参见萧涤非《汉魏六朝乐府文学史》，人民文学出版社1998年版，第195—204页。
⑩ 胡适《白话文学史》，岳麓书社1985年版，第142页。
⑪ 曹道衡、沈玉成《南朝文学三题》，《文学评论》1990年第1期。
⑫ 许云和《汉魏六朝文学考论》，上海古籍出版社2006年版，第119—129页。
⑬ 可参见蒋述卓《齐梁浮艳雕绘文风与佛教》（《华东师范大学学报》1988年第1期）、汪春泓《论佛教与宫体诗》（《文学评论》1991年第5期）、张伯伟《宫体诗与佛教》等成果。

汤惠休凭借着诗歌才华而非佛学修养,赢得了生前身后名。不过,因佛门历来视诗歌为"外学"、"小道",致使他很难登名于各种形式的僧传。梁代慧皎《高僧传》立"译经"、"义解"、"习禅"、"明律"等十科,备载东汉迄梁代近五百名高僧,康僧渊、支遁、慧远等皆收入其中,独弃汤惠休、慧琳等人。此中原因,恰如汤用彤之解释:"凡此诸人……非于义学有殊奇之造诣。汤惠休仅为文人。若释慧琳者,实以才华致誉,而于玄致则未深入。"① 然而,未能在僧传中觅得一席之地的汤惠休,却被后人推尊为开僧人撰诗之风的先导。刘禹锡《澈上人集纪》云:"释子工诗尚矣。休上人赋别怨,约法师哭范尚书,咸为当时才士之所倾叹。厥后比比有之。……世之言诗僧多出江左。灵一导其源,护国袭之,清江扬其波,法振沿之。"② 这是现在所见较早从类群角度评述诗僧现象的文献,它在六朝诸多诗僧中首推汤惠休,足见其影响之大。明人杨士奇亦说:"为释氏之学,其才智有余,研极宗旨之外,往往从事于儒,而与文人游,亦时作为文章,泄其抱负,写其性情,盖自惠休有文名世。"③ 十分明确地指出了汤惠休是中土首位"以诗鸣世"的僧侣。

三、"芙蓉出水":诗僧理想的诗学范式

汤惠休在诗学史上还有一个相当精妙的比喻。锺嵘《诗品》"宋光禄大夫颜延之"条云:

> 其源出于陆机。尚巧似。体裁绮密。然情喻渊深,动无虚发,一句一字,皆致意焉。又喜用古事,弥见拘束。虽乖秀逸,固是经纶文雅;才减若人,则陷于困踬矣。汤惠休曰:"谢诗如芙蓉出水,颜诗如错彩镂金。"颜终身病之。④

"芙蓉"、"错彩"之喻,是衡鉴元嘉两位最具声名的诗人——谢灵运、颜延之的经典之论⑤。不过,关于这一评论,还有另一版本。《南史·颜延之传》载:

> 延之尝问鲍照己与灵运优劣,照曰:"谢五言如初发芙蓉,自然可爱。君诗若铺锦列绣,亦雕缋满眼。"延之每薄汤惠休诗,谓人曰:"惠休制作,委巷中歌谣耳,方当误后生。"⑥

比勘这两个版本,虽措词不一,但意思大抵接近。问题的关键在于,这一妙评究竟始出何人?宋人王楙首先注意到这一问题,但他没有作出考辨⑦。黄彻解释说:"岂惠休因为延之所薄,

---

① 汤用彤《汉魏两晋南北朝佛教史》,中华书局1983年版,第302页。
② 刘禹锡《刘禹锡集》卷十九《澈上人文集纪》,上海人民出版社1975年版,第174页。
③ 杨士奇著,刘伯涵、朱海点校《东里文集》卷二十五《圆庵集序》,中华书局1998年版,第336页。
④ 《诗品集注》,第270页。
⑤ 当然,也有一些人并不认可这样的评论。例如,清人潘德舆《养一斋诗话》卷二(《清诗话续编》下册,第2027页)云:"谢客诗芜累情寡,'池塘生春草'句,自谓有神助,非吾语,良然。盖其一生,作得此等自在之句,殊甚稀耳。汤惠休云'谢诗如芙蓉出水',彼安能尽然!"刘熙载《诗概》(《清诗话续编》下册,第2423页)亦云:"沈约《宋书·谢灵运传论》谓灵运'兴会标举',延年'题裁明密',所以示学两家者,当相济有功,不必如惠休上人好分优劣。"
⑥ 《南史》卷三十四,第881页。
⑦ 王楙《野客丛书》卷二十三,《文渊阁四库全书》第852册,第740页。

遂为芙蓉错镂之语，故史取以文饰之耶？"① 似更倾向于惠休。今人曹旭谓："是鲍照袭惠休语，抑或为《诗品》误记，今不可考。"② 讨论此语出自何人，固然重要，但《南史》述及鲍照之语时，特别缀上颜延之对汤惠休的批评，因此我们认为，这一妙评应是休、鲍皆认可的。

"芙蓉"之喻的意旨，后世多认为是"扬谢抑颜"。例如，宋许𫖮云："此明远对面褒贬，而人不觉，善论诗也。"③ 宋黄伯思云："谢康乐则如芙蓉出水，自然可爱；颜光禄则如铺锦列绣，雕绩满眼。自然之与雕绩，盖不翅天壤。"④ 那么，"芙蓉出水"和"错彩镂金"的美学内涵究竟何如？《南史》引鲍照语，其实很简明地回答了这个问题：即"芙蓉出水"意谓"自然可爱"，"错彩镂金"意谓"雕绩满眼"，代表着自然和人工两种截然不同的美学品格。叶梦得《石林诗话》称："'初日芙蕖'非人力所能为，而精彩华妙之意，自然见于造化之妙，灵运诸诗，可以当此者亦无几。"⑤ 王世贞亦云："余始读谢灵运诗，初甚不能入，既入而渐爱之，以至于不能释手。其体虽或近俳，而其意有似合掌者，然至秾丽之极而反若平淡，琢磨之极而更似天然，则非余子所可及也。鲍照对颜延之之请鹜而谓：谢如初发芙蓉，自然可爱，君若铺锦列绣，亦复雕绩满眼也。自有定论。"⑥ "莲花"色彩华艳，谢灵运与颜延之诗，皆可入华艳一品，所不同的是一为天然之华艳，一为雕饰之华艳，前者出于自然真质，后者出于人力。

"芙蓉"之喻在后世影响十分深远。梁武帝评汉末至梁二十八人书法时，即用"芙蓉出水，文采鲜明"评李镇东的书法⑦。李白亦用"清水出芙蓉，天然去雕饰"，表达自己的诗歌美学。宋人叶梦得称："古今论诗者多矣，吾独爱汤惠休称谢灵运为'初日芙蕖'，沈约称王筠为'弹圆脱手'两语，最当人意。"⑧ 清人叶燮更说："夫自汤惠休以'初日芙蓉'拟谢诗，后世评诗者，祖其语意，动以某人之诗如某某，或人、或神仙、或事、或动植物，造为工丽之辞，而以某某人之诗，一一分而如之。泛而不附，缛而不切，未尝会于心，格于物，徒取以为谈资，与某某之诗何与？"⑨ 可见，"芙蓉"之喻，不仅是后世很多诗人、诗论家的美学理想，对推动譬喻式诗学批评的形态也起到重要作用。

汤惠休标举的"芙蓉出水"诗歌美学，亦是后世很多僧人追求的理想品格。释皎然盛称谢灵运诗"真于情性，尚于作用，不顾词彩而风流自然"，又以为"惠休所评谢诗如芙蓉出水，斯言颇近矣"⑩，这表明"芙蓉出水"正是皎然追求的最高美学品格。释齐己诗集名曰《白莲集》，虽"以久栖东林，不忘胜事"故，但其实亦以"白莲"喻示自己的诗歌理想，故郑谷以"格清无俗字"评之。释慧洪论诗亦有"芙蓉出水"格，并解释说："读之自然，令人爱悦，不假人言，然后为贵也，此谓芙蓉出水。晋谢灵运名之。"⑪

---

① 黄彻《䂬溪诗话》卷五，丁福保辑《历代诗话续编》上册，中华书局1997年版，第371页。
② 《诗品集注》，第276页。
③ 许𫖮《彦周诗话》，何文焕辑《历代诗话》上册，中华书局1997年版，第390页。
④ 黄伯思《东观馀论》卷下《跋宗室爵竹画轴后》，《文渊阁四库全书》第850册，第367页。今人谌东彪《鲍照、汤惠休何曾贬颜》（《湘潭大学学报》1991年第1期）从当时的批评语境和谢、颜诗歌特点等方面，认为"鲍、汤对颜、谢的评价，并未曾区分优劣，而是同时肯定了这两种诗风"。可备一说。
⑤ 叶梦得撰，逯铭昕校注《石林诗话》卷下，人民文学出版社2011年版，第186页。
⑥ 王世贞《读书后》卷三《书谢灵运集后》，《文渊阁四库全书》第1285册，第35—36页。
⑦ 曾慥《类说》卷五十八，《文渊阁四库全书》第873册，第1014页。
⑧ 《石林诗话》卷下，第195页。
⑨ 叶燮《原诗》卷三《外编上》，《清诗话续编》上册，第600页。
⑩ 皎然著，李壮鹰校注《诗式校注》，人民文学出版社2003年版，第118页。
⑪ 张伯伟《稀见宋人诗话四种》，江苏古籍出版社2002年版，第123页。

"芙蓉出水"或"初发芙蓉"这一意象，最早出自《楚辞·招魂》"芙蓉始发，杂芰荷些"①，不过，它在南朝被引入诗学领域，或还应考虑到佛教的影响。首先，"芙蓉"又名"莲花"、"菡萏"、"芙蕖"，乃佛门圣洁之物，尤其慧远所创净土宗亦称"莲宗"之后，"莲花"更被赋予了丰厚的文化内涵。其次，"莲花出水"亦是佛经中常见之譬喻。例如唐法贤译《大乘无量寿庄严经》卷下："……清净如水，洗诸尘垢，如虚空无边，不障一切故；如莲花出水，离一切染故；如雷音震响，出法音故。"②《大毗卢遮那成佛经疏》："以内具如上功德，外为诸佛护持，是故处于生死而无染着，犹如莲花出水，不为淤泥之所染污。"③"莲花出水"比喻心性不受尘垢之熏染，自然清净。再次，僧人特有的知识修养和心理特征，也决定了僧人对此种美学范式的青睐。刘禹锡曾说：

> 梵言沙门，犹华言去欲也。能离欲则方寸地虚，虚而万景入，入必有所泄，乃形乎词。词妙而深者，必依于声律。故自近古而降，释子以诗名闻于世者相踵焉。因定而得境，故修然以清。由慧而遣词，故粹然以丽。④

"定"乃禅定之义，指正身端坐，排除一切思虑、烦恼；"慧"指当下的直接观照、感悟，为"智慧"之义。此二者，既为释子修行悟道之法门，亦指不同的修行层阶，二者关联密切。六祖慧远《坛经》中谓："善知识！我此法门，以定惠为本。第一勿迷言定惠别。定惠体一不二。即定是惠体，即惠是定用。即惠之时定在惠，即定之时惠在定。善知识！此义即是定惠等。"⑤也就是说，"定"可发"慧"，"慧"亦可入"定"，二者体用如一，平等双遣，故能离尘去欲，纳须弥于芥子，寂照本来面目。刘禹锡以为僧人作诗的心理流程与禅悟心理流程相一致，即"因定入境"、"因慧遣词"，故所作"依于声律"之诗即势必形成以"清丽"为主导的美学风格；而"清丽"正也是"芙蓉出水"的美学表征。

四、"日暮碧云合，佳人殊未来"：经典的误传

典范作家，一般都有经典作品而享誉艺林。汤惠休所存之诗，自有特色，但显然尚未达到"芙蓉出水"之格，与经典的标准也有相当的距离。这从人们对他的接受可见一斑。钟嵘《诗品》列其为"下品"，并评曰："淫靡"；刘勰《文心雕龙》未置评语；萧统《文选》亦未选其诗。徐陵《玉台新咏》卷九录其《杂诗》四首，卷十录《杨花曲》一首⑥；但《玉台新咏》系"撰录艳歌"的宫体诗集，汤惠休的诗歌显然不容遗弃，并不能因此而认定为经典⑦。

---

① 朱熹《楚辞集注》卷七，上海古籍出版社1979年版，第139页。
② 释法贤译《大乘无量寿庄严经》，《大正新修大藏经》第13册，第363号，第335页。
③ 释一行《大毗卢遮那成佛经疏》卷下，《大正新修大藏经》第13册，第1796号，第590页。
④ 《刘禹锡集》卷二十九《秋日过鸿举法师寺院，便送归江陵并引》，第506页。
⑤ 释慧能著，郭朋校注《坛经校释》，中华书局1997年版，第26页。
⑥ 徐陵编，吴兆宜、程琰删补，穆克宏点校《玉台新咏笺注》，中华书局1999年版，第449—450页，第522页。
⑦ 后世比较著名的诗歌选本选录汤惠休诗的还有：郭茂倩《乐府诗集》（中华书局1970年版）选《白纻歌（二首）》《江南思》《秋风》《杨华曲》《楚明妃曲》；钟惺、谭元春《古诗归》选《怨诗行》《江南思》《白纻歌》《楚明妃曲》《赠鲍侍郎》；王士祯《古诗笺》（上海古籍出版社1980年版）选有《江南思》一首；沈德潜《古诗源》（中华书局1977年版）选《怨诗行》一首；陈祚明《采菽堂古诗选》选《杨花曲》《白纻歌》《秋风》三首。

但是一首原属江淹的经典之作，常被人们误认为汤惠休所撰。宋人吴曾《能改斋漫录》卷三云：

> 《文选》有江文通《杂拟诗》，如拟休上人云："日暮碧云合，佳人殊未来。"非休上人作也。白乐天《题道宗上人》诗云："不似休上人，空多碧云思。"又唐休上人亦有诗与白云："闻有余霞千万首，何妨一句乞闲人。"白答之曰："禅心不合生分别，莫爱余霞嫌碧云。"则白直以"碧云合"之句为汤惠休作矣。如文通拟渊明一诗，编者至载于陶集中，是皆不明考之过。①

江文通，即江淹。《杂拟诗》，一作"杂体三十首"，是江淹仿效汉魏以来五言佳作而构，历来对它的评价甚高。《文选》照章全录，锺嵘《诗品》评曰："文通诗体总杂，善于摹拟。"宋人严羽更称："拟古惟江文通最长，拟渊明似渊明，拟康乐似康乐，拟左思似左思，拟郭璞似郭璞，独拟李都尉一首，不似西汉耳。"② 可见，江淹这三十首诗堪称"拟古诗"的典范。

江淹所拟汤惠休诗，即《休上人怨别（惠休，汤氏）》："西北秋风至，楚客心悠哉。日暮碧云合，佳人殊未来。露彩方泛艳，月华始徘徊。宝书为君掩，瑶琴讵能开。相思巫山渚，怅望阳云台。膏炉绝沈燎，绮席生浮埃。桂水日千里，因之平生怀。"文通挹风怀想，铺排景致，缠绵婉媚，尤其"日暮"两句，格清情凄，"古今以为佳句"③，后世常将它与"池塘生春草"、"鸟鸣山更幽"、"风定花犹落"等名句相提并论。讨论江淹拟作与汤惠休原作的优劣，实见仁见智。不过可以肯定的是，江淹的拟作，因后世大量选本的选入和诗评家的褒扬，流传更广，也更具经典之味。

然而，从唐代以来，很多诗人都将江淹的拟作误为惠休所作。宋人王楙在吴曾的基础上更指出：

> 遁斋闲览云："《文选》有江淹《拟汤惠休》诗曰：'日暮碧云合，佳人殊未来。'今人遂用为休上人诗故事。"仆谓此误，自唐已然，不但今也。如韦庄诗曰"千斛明珠量不尽，惠休虚作碧云词。"许浑《送僧南归》诗曰："碧云千里暮愁合，白雪一声秋思长。"曰："汤师不可问，江上碧云深。"（《寄契盈上》）权德舆《赠惠上人诗》曰："支郎有佳思，新句凌碧云。"孟郊《送清远上人》诗曰："诗夸碧云句，道证青莲心。"张祜《赠高闲上人诗》曰："道心黄檗老，诗思碧云秋。"雪窦诗曰："碧云流水是诗家"，曰"汤惠休词岂易闻，暮风吹断碧溪云"。此等语，皆以为汤诗用。惟韦苏州《赠皎上人》诗曰："愿以碧云思，方君怨别词。"似不失本意。吴曾《漫录》但引乐天与唐上人对答二诗为证，岂止此耶？④

所举韦庄、许浑、权德舆、孟郊、张祜等人，皆为有唐著名诗人，但疏误竟如此一致。不止唐人，后世误认"日暮"句为惠休所作者，还有很多。宋释道诚《释氏要览》卷中云："慧休姓

---

① 吴曾《能改斋漫录》卷三《辨误》，《文渊阁四库全书》第 850 册，第 538 页。
② 严羽著，郭绍虞校释《沧浪诗话校释·诗评》，人民文学出版社 2006 年版，第 191 页。
③ 叶梦得《石林诗话》卷下，第 186 页。
④ 王楙《野客丛书》卷十二，第 646 页。

汤，工于风雅，尝吟诗曰：'日暮碧云合，佳人殊未来。'《文选》中沙门诗惟休一也。"① 明人杨慎云："贯休在晚唐有名，然无可取，独此首有乐府声调。虽非僧家本色，亦犹惠休之'碧云'也。"② 清人孙枝蔚《胜音上人持张虞山书见访兼示与淮上诸子唱和诗》云："惠休咏碧云，徒自增踌躇。"③ 宋琬《己酉立冬日阻风燕子矶过访蒲庵禅师坐花笑轩分韵四首》云："碧云佳句好，君与惠休齐。"④ 等等，亦皆误用。

何以如此多的诗人出现这样的疏误呢？具体原因，难以考实。按说，江淹《拟休上人怨别》被选入《文选》等著名总集，在"《文选》烂，秀才半"的时代，出现这样的疏误，确实令人诧异！我们略微考察了《文选》的版本流变，尚未发现有版本差异而致误的可能。宋人李觏曾撰诗予以辨明："长见江淹杂体诗，碧云非是惠休词。试言日暮佳人怨，何事高僧却得知。"⑤ 李觏的意思是：类似于"日暮佳人"这样的情怨，似非僧人所能体认，故"碧云"句非惠休所作。这种解释比较牵强，因为汤惠休所擅长的正是佳人幽怨、思妇怀人。我们认为，后人之所以误"日暮"句为汤惠休所撰，一方面反映了汤惠休的诗才得到了普遍的认可；另一方面则表明汤惠休作为一名诗僧在后人心目中的极高地位，人们宁愿犯下这样错误，以表达对他的尊崇。值得注意的是，江淹拟作的后两句"桂水日千里，因之平生怀"，亦被后人误为沈约所作，故吴聿不无风趣地说："所谓文通锦，割截殆尽矣。"⑥

古代文学史上，作品的作者被误传的现象，并非个例。作品真正的作者，可能因此而取湮于世，"伪作者"反而蜚声艺林，甚至被尊为典范。例如，唐诗经典《登鹳雀楼》（白日依山尽）的著作权，长期以来归属王之涣；但有研究者根据最早收入此诗的文献——唐人芮挺章《国秀集》，以为该诗的作者实为盛唐时的"朱斌"⑦。若是这一结论可靠的话，说明经典的误传对作家的声名会产生相当关键的影响：王之涣因《登鹳雀楼》而成为家喻户晓的著名诗人，而朱斌则籍籍无名，不为人知。当然，"日暮碧云合，佳人殊未来"即便被误认为惠休所作，亦不能掩江淹之声名，因为江淹的创作成就并不仅限于此。但是这一误传，对汤惠休来说，无疑有助于其声誉的推扬。

五、汤惠休作为诗僧典范的意义：古典诗僧的文人化和世俗化

综上所析，汤惠休尽管未能创作出不朽经典，但他和鲍照树立了古代儒释"以诗交游"的典范，还以绮丽、侧艳之诗倾动大明、泰始诗坛，实为古代第一位"以诗鸣世"的僧侣。同时，他标举的"芙蓉出水"格，亦是后世很多文人、僧侣的诗美理想，在诗学史上有着重要的意义。此外，原系江淹的名句"日暮碧云合，佳人殊未来"，长期被误传为汤惠休所撰，这也一定程度推涨了他的声名。凡此种种因缘，使汤惠休获得了极尊崇的地位，成为了释氏诗人的典范之一。

---

① 释道诚《释氏要览》卷中，《大正新修大藏经》第54卷，第2127号，第294页。
② 杨慎《升庵诗话》卷十一，《历代诗话续编》中册，中华书局1997年版，第852页。
③ 孙枝蔚《溉堂集》续集卷二，上海古籍出版社1979年版，影印清康熙刻本。
④ 宋琬《安雅堂未刻稿》卷三，清乾隆三十一年刻本。
⑤ 李觏《盱江集》卷三十六《僧志月碧云轩改为景云轩因书二首》，《文渊阁四库全书》第1095册，第323页。
⑥ 吴聿《观林诗话》，《历代诗话续编》上册，中华书局1997年版，第128页。
⑦ 芮挺章《国秀集》、锺惺《唐诗归》署"朱斌"，李昉《文苑英华》、高棅《唐诗品汇》署"王之涣"，《全唐诗》以互见的方式两存。又，张军《〈登鹳雀楼〉作者考略》（《江西社会科学》1987年第5期）、黄瑞云《〈登鹳雀楼〉"白日依山尽"的作者》（《湖北师范学院学报》2002年第2期），力主"朱斌"。

汤惠休作为释氏诗人的典范，突出地反映了中国诗僧文化的特质。

释子撰诗，自东晋迄清季，未尝中辍，实为古典诗史上重要的群体。但对于"诗僧"的概念，学界向来无统一的界定。"诗僧"一词，据学者考证，较早见于中唐释皎然《杼山集》卷四《酬别襄阳诗僧绍微》、卷九《与权从事德舆书》和刘禹锡《澈上人文集纪》等文献，所指皎然、灵澈、护国、清江、法振等，均为当世擅诗僧人。因此，孙昌武认为："诗僧可以说是以写诗为'专业'的僧人，也可以说是披着袈裟的诗人。他们产生在特定的历史时期。"① 高华平也认为："'诗僧'并非一般指那些偶尔能吟诵一两句诗的僧侣，而是指那些以诗著名的僧人。……'诗僧'主要是相对于'义学僧'而言的一个概念。"② 从他们的界定来看，"诗僧"似乎很难统称所有写诗的僧人。究其原因在于：佛门历来视诗歌为外学、小道，历代僧传亦未列"诗僧"、"艺文僧"、"诗文僧"之目，因而，若以"诗僧"称支遁、慧远、憨山德清等高僧大德，实非"《春秋》名从人主之义"。清人钱谦益尝注意到这一问题，他在评晚明高僧汉月法藏的《山居诗》时云："吾友钟伯敬常言：'今之僧才一操觚，便有诗僧二字在其鼻端与眉宇间。'若藏公者，讵可以诗僧目之哉！"③ 因此，他在编撰《列朝诗集》时，特将释氏诗人厘为"高僧"和"名僧"两种类型。所谓"高僧"，是指楚石梵琦、季潭宗泐、憨山德清、紫柏真可、云栖袾宏、雪浪洪恩等道行显著之僧；所谓"名僧"，则指九皋妙声、雪江明秀、雪山法杲等"以诗鸣世"之僧。钱氏在具体区分僧人时，容或有商榷的余地，但他这样处理确实很贴近古代僧诗批评的语境。在我们所目及的文献中，"诗僧"一词较少指向支遁、慧远、德清、袾宏等以佛学名世的高僧，而更多的是指汤惠休、宝志、皎然、齐己、惠洪等以诗鸣世之僧。例如，明人姚广孝就说："吾浮图氏之于诗，尚之者犹众，晋之汤休、唐之灵澈、皎然、道标、齐己，宋之惠勤、道潜，皆尚之而善鸣者也。"④ 清人陈维崧亦云："昔方外以诗名者，代不乏人，如惠休、宝月以及齐己、清江、灵一诸公。"⑤ 可见在后人的心目中，汤惠休、皎然、齐己辈才是"以诗鸣世"僧侣，也是真正意义上的"诗僧"。

钱谦益将释氏诗人分为"高僧"和"名僧"两目，或借鉴了梁代慧皎的看法。慧皎《高僧传序录》云："自前代所撰，多曰名僧。然名者本实之宾也。若实行潜光，则高而不名；寡德适时，则名而不高。"⑥ 汤用彤进一步申说："盖名僧者和同风气，依傍时代以步趋，往往只使佛法灿烂于当时。高僧者特立独行，释迦精神之所寄，每每能使教泽继被于来世。"⑦ "名僧"与"高僧"的区别在于：前者和同尘世，名显于外；后者潜行幽光，高蹈独立。而他们所撰之诗，亦有相当之差异："名僧之诗"，步趋时代风气，与士大夫体尤为接近，于禅境、义理亦长于兴象表达，类同王维的禅诗；"高僧之诗"，则多承佛门创作传统，重佛法义理，体式多为偈颂和"文字禅"，与世俗之诗有显著区别。清人尤侗曾说："云门、雪窦禅而不诗，惠休、无本诗而不禅。"⑧ "禅而不诗"，即高僧之诗；"诗而不禅"，则诗僧之诗。

汤惠休所存十一首诗，极写闺思艳情，尽管锺嵘评曰"艳情诗到入微处，非禅寂习静人不能

---

① 孙昌武《佛教与唐代文学》，陕西人民出版社1985年版，第126页。
② 高华平《凡俗与神圣：佛道文化视野下的汉唐之间的文学》，第283页。
③ 钱谦益著，钱仲联标校《钱牧斋全集》第8册《牧斋杂著·山居诗引》，上海古籍出版社2003年版，第864—865页。
④ 姚广孝《蕉坚稿序》，载绝海中津《蕉坚稿》卷首，日本文化十年刊本。
⑤ 陈维崧《离六堂诗评》，载《离六堂集》卷首，《四库禁毁书丛刊》集部第186册，第498页。
⑥ 释慧皎撰，汤用彤校注《高僧传》卷十四，中华书局2004年版，第525页。
⑦ 汤用彤《汉魏两晋南北朝佛教史》，第170页。
⑧ 尤侗《西堂杂组·杂组二集》卷四《题随笔草》，《续修四库全书》第1406册，第328页。

理会"①，沈德潜评曰"禅寂人作情语，转觉入微，微处亦可证禅"②，试图揭示其诗歌所具有的佛禅特质；但平心而论，若非预知其僧人的身份，我们是很难接受类似的评价的。他的诗歌，总体来看，与文人几无二致，是一种典型的"名僧之诗"或"诗僧之诗"。唐宋诗僧广泛承其余绪，往往亦随诗坛风气而迁转，甚至"多从士大夫之有名者讨诗文以自华"。③ 例如，晚唐普遍盛行的姚、贾"苦吟诗风"，丛林中的齐己、贯休等无不深受此风的影响；宋代江西诗派中甚至还有饶节、善权等僧侣；清初的诗僧更是集体加入到遗民的悲歌吟唱之中。因此，元人徐明善就指出："予观唐宋以来诗僧，所作与骚人墨客无辨。"④ 宋佚名《王氏谈录》更明确说："公言唐诗僧得名者众，然格律一体，乏于高远，颜延之所谓委巷中歌谣耳。唯皎然特优。"⑤ 颜延之所称的"委巷歌谣"指的正是汤惠休之诗，这表明唐宋诗僧的创作主要沿袭了汤惠休的路子——文人化。因而，唐宋后诗僧对汤惠休的普遍尊崇，所看中的正是他此种迹近士大夫诗歌的创作取向；或者说，他们对汤惠休的尊崇，也决定了唐宋诗僧的主流创作取向。

如果说，汤惠休是"诗僧之诗"的典范，那么，支遁则堪称"高僧之诗"的典范。颇有意思的是，后世很多人常将他们相提并论。例如，高启《送证上人住持道场》云："诗成金磬韵尚扬，清才未必惭支汤。"还有的诗人更明确地点出了他们的差别，清人王鸿绪《登一览楼》云："谈道同支遁，论诗有惠休。"⑥ 清王昊《过天宫寺永安山房赠玄若上人》云："法侣逢支遁，诗才得惠休。"⑦ 可见，支遁和惠休分别是"禅而不诗"和"诗而不禅"的典范。

从具体的创作来看，汤惠休作为诗僧典范的意义在于，他开创了古典僧诗一种重要的题材——艳情诗。美国学者哈罗德·布鲁姆在考察了莎士比亚等二十六位经典作家后认为，这些作家及其作品成为经典的原因"在于陌生性（strangeness）"，"这是一种无法同化的原创性，或是一种我们完全认同而不再视为异端的原创性"⑧。汤惠休虽未能创作出不朽的经典，但他从支遁、慧远等人"以诗演佛"创作模式外，另辟蹊径，汲取民歌的养分，创作风格绮丽之诗，这在诗坛和佛门中皆别开生面。南朝僧侣撰写类似的诗作很多，例如宝月《估客乐》、法云《三洲歌》、慧品《咏独杵捣衣诗》、沸大《淫泆曲》《委靡辞》、法宣的《爱妾换马》《和赵郡王观妓应教》等，皆"不避绮语"，秾丽侧艳。毛先舒就指出："六朝释子多赋艳词。……要亦弊俗之趋使然也。"⑨ 其实，释子赋艳词除"弊俗使然"外，还与汤惠休密不可分。因为汤惠休留给佛门的影像就是："流宕倜傥，嗜酒好色"，赋诗具"清艳之美，有逾古歌"。南朝之后，赋艳情诗的僧侣代不乏人，唐之贯休、宋之惠洪、清之大汕等人，皆亦不避绮语。可以说，艳情诗是古典僧诗中一个极为惹人注目的题材；而这一题材的开创者，就是汤惠休。

汤惠休应宋孝武帝之命，半途还俗的经历，也突出地反映了古代诗僧亦僧亦俗的品格。清人魏禧曾指出："夫僧有始于真，终于伪；有以伪始，以真终；又或始终皆伪愈不失其真者。"⑩ 诗僧中，像汤惠休那样游离于僧俗两界的现象还有很多。《四库全书总目》评《古今禅藻集》的编

---

① 锺惺、谭元春《古诗归》卷十二，《续修四库全书》第 1589 册，第 482 页。
② 沈德潜《古诗源》，中华书局 2008 年版，第 228 页。
③ 朱熹撰，黎德靖编《朱子语类》卷一三九，中华书局 1986 年版，第 3305 页。
④ 徐明善《芳谷集》卷下《升师〈纪过集〉》，《文渊阁四库全书》第 1202 册，第 596 页。
⑤ 程毅中主编《宋诗话外编》，北京，国际文化出版公司 1996 年版，第 59 页。
⑥ 王鸿绪《横云山人集》卷三《山晖集》，《续修四库全书》第 1416 册，第 645 页。
⑦ 王昊《硕园诗稿》卷十五，五石斋钞本。
⑧ 哈罗德·布鲁姆著，江宁康译，《西方正典：伟大作家和不朽作品》，译林出版社 2011 年版，第 2 页。
⑨ 毛先舒《诗辩坻》卷二，第 34 页。
⑩ 魏禧撰，胡守仁、姚品文校点《魏叔子文集》外编卷十《赠顿修上人序》，中华书局 2003 年版，第 509 页。

选范围时就说:"中间如宋之惠休、唐之无本,后皆冠巾仕宦,与宋之道潜老而遭祸、官勒归俗者不同,一概收入,未免泛滥。"① 此外,明末清初大批逃禅的遗民其实都具有这样的品格;而那些虽然没有半途还俗的诗僧,也具有浓厚的世俗特征,像明初的季潭宗泐、来复见心、独庵道衍等人,无不都是逢源于僧俗两界。从这一层面看,诗僧可以说是中国佛禅世俗化精神的集中体现。

(原刊张伯伟、蒋寅《中国诗学》第十九辑,人民文学出版社 2015 年版)

---

① 永瑢《四库全书总目》卷一八九,中华书局 1965 年版,第 1724 页。

西藏七支民间藏戏队走出资金困境之我见

李　宜

西藏藏戏是藏戏的母体剧种，对青海、四川、甘肃等省藏戏的产生和发展都有巨大的影响。在西藏，自治区藏剧团是目前唯一的专业演出团体，每年承担60多次下乡演出任务，除此之外，藏戏演出主体还包括活跃在农牧区的200多支民间藏戏队。其中，宾顿巴、扎西雪巴、迥巴、江嘎尔、湘巴、觉木隆和尼木塔荣这七支具有几百年历史且拥有国家级藏戏流派传承人的藏戏队在西藏受到广泛的尊重和欢迎。这些藏戏队分别担负着传承宾顿巴、扎西雪巴、迥巴、江嘎尔、湘巴、觉木隆和塔荣各流派传统表演技艺的重任，其发展直接影响西藏藏戏的传承和保护。

1951年以前，宾顿巴、扎西雪巴、迥巴、江嘎尔、湘巴、觉木隆和塔荣这七个戏班每年雪顿节期间都要到罗布林卡为达赖、僧俗官员及广大民众表演藏戏。江嘎尔和觉木隆等戏班还曾多次被邀请到印度、不丹、锡金进行演出。"文革"期间，他们被迫停止演出。1980年后，这七个藏戏班重建戏队，恢复演出。近年来，随着现代娱乐方式的冲击，这七支藏戏队的生存空间受到很大挤压，甚至面临传承危机。具体表现为：演出服饰和面具比较陈旧且无专人管理；演员排练、演出机会较少，表演水平有待提高；传承人年龄较大、文化水平低且许多传统技艺已失传。[①]究其原因，各藏戏队活动资金短缺是主要因素。下面，笔者将根据自己多次到西藏进行田野考察获取的资料，拟就这些藏戏队如何走出资金困境提出自己的应对措施，不足之处，还望各位专家批评指正。

一、各藏戏队转变传统理念，谋求自身发展

2006年，藏戏入选国家级"非物质文化遗产保护名录"。2008年2月，国家文化部公布第二批国家级非物质文化遗产传承人，西藏自治区宾顿巴中的嘎玛次仁、白梅，扎西雪巴的尼玛次仁、次仁旺堆，迥巴的朗杰次仁，江嘎尔的拉多，湘巴的次仁多吉以及觉木隆的旦达和大次旦多吉分别被授予这六个藏戏流派的国家级传承人称号。2012年12月，国家文化部公布的第四批国家级非物质遗产传承人中，欧噜雪吧成为尼木塔荣藏戏流派的国家级传承人。目前，西藏自治区共有十位国家级藏戏流派传承人，他们分别是西藏藏戏七种流派传统技艺的拥有者和传承者。

从2009年起，国家和西藏自治区政府每年投入专项资金来保护藏戏。西藏自治区非物质文化遗产保护中心阿旺旦增副主任告诉笔者，2009年国家和西藏自治区给六支藏戏队各拨款4万元，2010年拨款7万元，2011、2012年分别拨款8万元，2013年给七支藏戏队分别拨款9万元。

[①] 宾顿巴、扎西雪巴、迥巴、江嘎尔、湘巴和觉木隆这六支著名藏戏队的历史、现状及传承人生存困境等详见笔者《西藏国家级藏戏流派传承人生存现状及其对策》一文，《文化遗产》2013年第1期，本文不再赘述。

除此之外，还给国家级藏戏流派传承人每人每年补助 1 万元。① 这些专项资金大大改善了七支藏戏队的现状，对藏戏流派的传承和保护起到了很大作用。笔者在调研中发现，觉木隆和江嘎尔这两支藏戏队除国家拨款之外，还有一定的戏金收入，而宾顿巴、扎西雪巴、迥巴、湘巴和塔荣等七支藏戏队则主要依靠国家所拨经费来支付各种费用，维持生存。

藏戏队每年支出费用主要包括两大部分：一部分用于更新演出服饰、面具和道具等，需要 2 万元左右。另一部分用于藏戏队支付演员排练和演出的误工补助，需要 8 万元左右。藏戏队的演员主要来自本村农民，排练时每人每天平均拿 50 元左右的误工补助，正式演出时每人每天补助约 80 元。藏戏队按最少 20 人计算，每年排练和演出费用至少在 8 万元以上。这些演员平时在家忙农活，闲时迫于生活压力纷纷出外打工，在藏历新年、雪顿节和望果节等有演出活动的前几天回家参加排练。近两年，农民外出打工一天收入约在 80 至 100 元之间，因此只有各藏戏队排练和演出补贴等于或略高于外出打工的收入，演员才愿意从打工潮中退出，留出更多时间在家参加排练以提高表演水平。这样一来，藏戏队一年正常运转所需费用最低都在十万元以上。可见，国家和西藏自治区每年所拨经费尚不能完全满足这七支民间藏戏队一年所需基本费用。目前，藏戏队活动资金不足，每年没有多余资金来更换演出服装和面具，也没有足够资金给演员提供更多的排练补助，于是，很多在外打工的演员不愿回村参加排练，从而导致演员演出水平参差不齐，再加上藏戏队集中排练时间较少，演员表演水平很难提高，有些难度较大的传统技艺已经失传。因此，迅速解决这七支藏戏队目前的资金困境直接关系到藏戏各流派的传承和保护。

笔者认为，各藏戏队要改变目前资金缺乏状况，不能存有"等、靠、要"的思想，完全依靠国家和西藏自治区各级政府部门的拨款来维持现状，而应转变理念，主动谋求自身发展。过去，西藏各戏班演出一般都是支差戏，属于义务演出，不收取戏金，只在演出即将结束时接受观众的捐赠。日本僧人青木文教在《西藏游记》中提供了这方面的文献资料："剧团由政府指定有五六派，平常住居各乡里，私领地的税，可以不纳，以演剧为代，每年一次。到观剧季节，前藏就到拉萨，后藏就来日喀则，先为法王和政府演剧，以尽义务。观剧人一概不出钱，他们除得政府贵族和一般看客的赏赐以外，没有征收戏资的。"② 另一位曾经到西藏实地考察过的日本僧人多田等观也在书中指出："这些剧团可以从早到晚演一出戏。演员仅限于两三个部落的人员，政府对这些部落实行免税。"③ 从以上内容可以得知，过去传统藏戏的演出都是以演戏代替税收的支差戏，一般不向观众征收戏金。

笔者在多次田野考察中发现，这七支藏戏队除觉木隆每场演出大约收取 3000 元左右戏金，江嘎尔在近两年的商业演出中收取一些戏金外，其它五支藏戏队大多遵循自娱自乐、不收戏金的演出习俗。邀请方为藏戏队提供食宿，偶尔给 800 元左右的汽油费或一些酥油、青稞等实物。这相对于藏戏队每年高达十万元的基本支出费用只是杯水车薪，无法解决燃眉之急。因此，其它几支藏戏队应转变传统理念，学习觉木隆的经营模式，改变义务演出习俗，收取一定戏金，从小额起步，逐渐增加戏金，从而提高藏戏队收入，逐步走出资金缺乏的困境。

---

① 采访对象：阿旺旦增，地点：西藏自治区群众艺术馆副馆长办公室，时间：2011 年 8 月 16 日上午，2013 年 8 月 20 日下午。
② ［日］青木文教著，唐开斌译《西藏游记》，商务印书馆，1931 年，第 213 页。
③ ［日］多田等观著，钟美珠译《入藏纪行》，中州古籍出版社 1987 年版，第 33 页。

二、依托蒸蒸日上的旅游业，建立藏戏文化园

近年来，西藏旅游业发展迅速，每年来西藏旅游观光的中外游客人数不断增加。据西藏自治区统计局、国家统计局西藏调查总队发布的数据显示，2011年西藏旅游业接待中外游客869.76万人次；总收入达97.06亿人民币。新华网拉萨2013年1月10日报道，2012年西藏旅游业接待中外游客1058.4万人次，旅游总收入126.47亿元，分别比2011年增长21.7%和30.3%。据2014年1月15日的《拉萨晚报》报道：2013年西藏旅游业接待中外游客1291万次，旅游总收入165.18亿元，分别比2012年增长22%和30.6%。新华网拉萨2015年1月19日报道，2014年西藏旅游业接待中外游客1553万人次，旅游总收入204亿元，分别比2013年增长20%和23%。全年旅游总收入首次突破200亿元。这些数据充分显示，近几年到西藏旅游的中外游客人数飞速增长。由此，藏戏可与旅游联姻，依托蒸蒸日上的西藏旅游业，建立藏戏文化生态园，从而增加商业演出机会，这对目前面临生存困境的民间藏戏队而言无疑是一条切实可行之路。

第一，西藏自治区文化厅可以在旅游胜地拉萨建立藏戏文化园。西藏藏戏传统演出时间在雪顿节、望果节及藏历新年，演出季节性较强。藏戏文化园建成后，可每天邀请不同流派的藏戏队演出经典剧目，为中外游客呈现不同表演风格的藏戏大餐。这样，一年之中无论什么时间来拉萨的中外游客都有机会欣赏到西藏各地不同流派藏戏的精彩表演，既弥补了游客在藏戏演出季之外来西藏无法观看藏戏的遗憾，又弘扬了藏族传统文化，还可增加各藏戏队的收入。

第二，利用拉萨、山南和日喀则地区丰富的旅游资源，在当地建立各流派藏戏文化园。觉木隆藏戏队位于堆龙德庆县的乃琼镇，距拉萨市中心大约12公里，宾顿巴和扎西雪巴藏戏队分别位于山南地区的琼结县和乃东县，迥巴和湘巴藏戏队分别位于日喀则地区的昂仁县与南木林县。这些地方的文化、旅游管理部门可以互相协作，在风景优美、游客众多的旅游场所建立各流派文化园，为藏戏队提供演出场所。旅游旺季每天按时为游客表演最擅长的经典剧目和精彩片断，既可推动当地旅游业的发展，又能提高演员的表演水平和收入。如江嘎尔藏戏队所在的日喀则地区仁布县，东距拉萨170公里，西离日喀则110公里，又紧邻G318国道。仁布县文化管理部门充分利用自身得天独厚的地理位置，把江嘎尔藏戏队从山沟里搬出来，成立专业的江嘎尔藏戏演出团体，在拉萨到日喀则的黄金旅游线上定点、定时进行演出。如今，江嘎尔的藏戏表演已成为此旅游线上向中外游客展现藏民族独特艺术魅力的一道亮丽的风景线。笔者认为其它藏戏队也可以效仿江嘎尔这种经营模式，努力寻求商业演出机会，提高藏戏队演员的表演水平和经济收入。

第三，保持传统藏戏原生态的演出形态。"原生态保护是人类口头与非物质遗产保护的基本原则之一，它是指以维护人类口头与非物质遗产的原型为准则，依托文化母体，注重文化生态，主张在原文化生态环境中进行保护的一种创新机制。藏戏作为人类口头与非物质遗产，产生于特定的民族文化环境中，如果离开了孕育它的特有文化氛围，也就失去了其根基和个性。"[①] 藏戏文化园应保持藏戏广场演出这种原生态的表演形式。藏戏演出时，"白天在户外所定的广场，或在野外草地上开演，这就是戏园了"[②]。演出场地中间可搭一顶绘印有喷焰法轮、八宝吉祥等民族图案的白布帐篷，用于防晒遮雨和划分演员表演区。帐篷下面竖有一根细杆，细杆顶端系有捆

---

① 蒋英《保存民族的历史文化记忆——从藏戏申遗的优势及原则谈起》，《四川戏剧》2009年第4期。
② 《西藏游记》，第212页。

扎成束的绿色树枝、小麦穗或青稞穗等物，象征丰收之意。树枝和麦穗下一般挂有戏神——汤东杰布的唐卡画像，有的戏班供奉汤东杰布塑像，唐卡或塑像上都挂有洁白的哈达（参见图1）。画像下面摆放一张藏式桌子，桌上摆有象征五谷丰登、牛羊兴旺、吉祥如意的切玛①、净水、青稞酒、酥油花和鲜花等供品（参见图2）。演出时，这些供品后面成为临时存放小道具的地方。帐篷一边专门留有乐队伴奏的地方，仅有一位或两位乐师敲鼓击钹伴奏。几百年来，传统藏戏一直在如此简单的广场布景下进行演出。

图1 传统藏戏广场演出中所搭帐篷及悬挂汤东杰布唐卡

图2 藏桌上摆放的切玛、酥油、净水、鲜花等

在广场演出中，"由于演员与观众同处在一个平面空间，而且相距很近，便于形成双向交流的格局和戏剧时空的自由转换。这种双向交流，使演员的表演激发了观众的思维、想象和兴致；同时又反作用于演员，刺激了他们的表演热情和创作欲望。可以说，广场演出最大限度地发挥了演员和观众直接交流这一戏剧效应，使他们进入了共同创造的艺术境界。"② 演员利用和观众同处一平台的优势在表演中经常增加和观众的互动环节（参见图3）。如剧中表演寻找某人时，这个角色有时就躲藏在观众当中，寻找的演员请围坐四面的观众帮助找寻，直到观众找出这个角色才继续表演。又如《卓娃桑姆》中的牦牛舞在表演时经常舞到观众群中做各种动作和周围观众互动，使演出气氛达到高潮（参见图4）。可以说藏戏的广场演出"属于一种通过最大限度的开放空间来实现演员与观众直接交流的表现形式"。③

图3 传统藏戏广场演出中演员和观众互动

图4 舞动到观众群中的牦牛

---

① 切玛：藏语译音，汉意为"糌粑酥油饰品"，又译"五谷斗"。西藏一般使用窄底敞口反梯形的木盒，中间用木板分为两小格，内盛拌好的酥油糌粑、熟人参果、炒麦等物，上面插有青稞穗、鸡冠花以及用酥油做的称为"吉卓"的彩花板（现常用彩绘的木板代替）等饰品，常在藏历新年和一些隆重的节日摆放此物。

② 李悦《中国最古老的少数民族戏曲剧种——西藏藏戏》，《艺术评论》2008年第6期

③ 姚宝瑄、谢真元《藏戏起源及其时空艺术特征新论》，《西藏研究》1989年第1期。

藏戏文化园可在园中的草坪或空地上划出表演场地，使演员和观众同处一空间，有利于场上、场下的交流。笔者认为在保留藏戏广场演出布景外，还可以在表演场地旁边放置一块电子屏幕，用藏语、汉语和英语同步显示演员的唱词等表演内容，以便观众更深入地了解戏剧情节。

第四，保留观众休闲娱乐化的观赏方式。传统藏戏演出时不分幕次和场次，连续演出七八个小时，期间"没有一时间休演；但是伶人和游览者，遇到适当的时间，可以随时休息和吃食"[①]。人们观看藏戏时，往往先找一个合适的地方铺上自己带来的卡垫，然后在桌凳上面摆上青稞酒、酥油茶、牛肉干、新鲜水果或藏式点心等，最后家人或与亲朋好友围坐一起欣赏演出。由于所演剧目已经流传上百年甚至几百年，观众比较熟悉剧情和人物，看戏主要是欣赏演员的唱腔、舞蹈和特技，所以很多观众一边看着藏戏，一边摇着手中的转经筒或捻着佛珠，饥饿、口渴时，顺手拿起身边的青稞酒、酥油茶、藏式点心等随时饮食（参见图5、图6）。"戏不动人，大家就吃吃喝喝，互相谈论，名演员一出场，又放下饮食聚精会神观看。"[②] 这种随时饮食的休闲娱乐化观赏方式，使观众更易放松心情，更易释放内心的压力。

笔者认为藏戏文化园应保留观众四面围坐、休闲娱乐式的传统观戏方式，免费为观众提供酥油茶、青稞酒和藏式点心，使游客在看戏过程中也能喝茶饮酒、品尝点心，加深对藏族文化艺术的切身感受。尝试传统藏戏演员与观众在同一平台的互动，增加观众的参与环节，以此来调节演出气氛。让观众在看戏的同时还可随意小酌、品茗、尝尝茶点，形成休闲娱乐化的观赏方式，从而改变其他戏曲演出过程中观众与演员零互动、无交流的剧院观赏模式，或许可以为改善我国当下戏曲观众萎缩现状提供一种新的思路！

图5 在罗布林卡带着酥油茶、
甜茶等边看藏戏边摇转经筒的老人

图6 在罗布林卡一边看藏戏
一边喝茶、捻佛珠的老人

三、政府部门制定优惠政策，鼓励企业扶助藏戏

笔者在调研中得知，每年虽有国家专项资金扶持这七支民间藏戏队，但并不能完全解决它们所面临的资金困境。笔者认为西藏自治区各级政府还应充分发挥在非物质遗产保护中的主导作用，通过多种渠道鼓励企业投资藏戏队，帮助其摆脱资金困境，促进藏戏艺术的传承和保护。拉萨市城关区雪巴拉姆藏戏团的经营模式是目前企业资助民间藏戏队发展较为成功的案例。"雪"

---

① 《西藏游记》，第213页。
② 刘志群《藏戏的发展及其在中国戏剧史上的地位》，《戏剧艺术》1982年第1期。

汉语意为"宫殿之下"。1960年，居住在布达拉宫下面曾支应布达拉宫各种差事的农奴成立了雪业余藏戏班。他们邀请原功德林戏班演员珠琼担任戏师，主要学习蓝面具藏戏觉木隆流派表演艺术。1962年，原功德林戏师玛益拉加入并与珠琼一起经营该戏班。"文革"开始后，雪业余藏戏班停止演出。1979年，在雪居委会支持下，雪业余藏戏队重新组建并恢复演出。三十多年来，这个民间藏戏队在参加西藏自治区、拉萨市的藏戏汇演和比赛中多次获奖，深受拉萨市及周围地区观众的喜爱。

2004年4月，雪巴拉姆藏戏队并入西藏圣地股份有限公司。圣地公司专门为藏戏队订制了新的服饰和道具，并在拉萨东郊喜马拉雅饭店为其提供固定的演出场所——"雪拉姆"藏戏演出厅。雪巴拉姆藏戏队白天在演出厅排练，晚上为来拉萨旅游的中外游客进行专场演出。同年8月10日，雪巴拉姆藏戏团正式成立，成为西藏第一个商业化的民间藏戏演出团体，每年演出200多场次。为使游客更好地了解所演剧目内容，在演员表演时，演出厅内设有电子屏幕同步显示汉语和英语字幕。藏戏团虽然在室内小剧场中演出藏戏，但是他们仍然保留了传统藏戏广场演出形态。通过简单的布景、绚丽的面具、华美的服饰和悠扬的唱腔使中外游客观赏到原汁原味的藏戏表演。2010年，笔者在雪巴拉姆藏戏团调研时得知当时的演出门票是180元一张。2013年3月，因喜马拉雅饭店装修，雪巴拉姆藏戏团搬迁到拉萨民族文化艺术宫，并与西藏圣地天创艺术团合作演出大型历史史诗《喜马拉雅》，其中穿插有藏戏片段。门票分280元、380元和580元三种。

藏戏演出一般不收取戏金，在演出即将结束时，观众常用青稞或包裹着钱币的哈达来馈赠。戏队每场演出得到的报酬很少。过去为了生存，雪巴拉姆藏戏队的演员白天演出后，晚上到游客常去的餐厅或酒吧兼职表演，以获得微薄且不固定的收入。雪巴拉姆藏戏队并入西藏圣地公司后，藏戏团的演员根据自身条件每月从公司领取固定的工资，最高的一个月可领取三四千元。演员有固定收入后，白天排练，晚上演出，藏戏表演技艺提高很快。目前，雪巴拉姆藏戏团现有演职人员42名，其中女演员23名。团长边巴斯暖1971年出生，12岁开始学艺，师承著名戏师玛益拉和甲央洛旦。副团长边巴次仁1978年出生，10岁开始学艺，师承甲央洛旦。雪巴拉姆藏戏团主要演出八大传统藏戏中的《卓娃桑姆》《苏吉尼玛》《朗萨雯蚌》《白玛文巴》和《诺桑王子》等五大剧目。2012年8月，在西藏自治区第一届全区藏戏大赛中，该剧团荣获大赛表演一等奖，获得3万元奖金。[①]圣地公司帮助雪巴拉姆藏戏团走出生存困境，雪巴拉姆藏戏团在日常演出和参加比赛中也为圣地公司扩大了宣传，提高了知名度，这种互惠双赢的做法有利于藏戏艺术的传承和保护。正如西藏圣地有限公司总经理单绍和在雪巴拉姆藏戏团演出公司成立挂牌仪式上所言："保护藏戏的途径有很多种，国家拨款只是其中之一。我们觉得保护藏戏必须要把它'做活'，而产业经营有利于让这种古老的艺术形式延续下去。"

笔者认为西藏各级政府部门应大力提倡和推广雪巴拉姆藏戏团这种职业化、商业化的演出模式。各级政府除给各藏戏队直接拨款外，还可以制定、出台企业扶持民间藏戏队的奖励、补助优惠政策，如明文规定资助藏戏队的企业可减免一定租税等，从而使企业在扶持民间藏戏艺术发展过程中获得直接或间接的利益，鼓励企业主动投资藏戏队。这样既可减轻西藏自治区各级政府的压力，又能迅速解决各民间藏戏队的经济危机，可谓一举两得。宾顿巴、扎西雪巴、迥巴、江嘎尔、湘巴、觉木隆和塔荣这七支著名民间藏戏队可以尝试雪巴拉姆藏戏团的经营模式，在保护藏戏艺术特色的前提下，逐渐走上职业化、产业化道路，以摆脱目前资金困乏状况，使藏戏艺术永

---

① 雪巴拉姆藏戏团的资料主要根据笔者2010年8月12日和2013年8月19日采访司暖团长的录音及该团内部资料《雪民间藏戏艺术团的历史及基本情况》整理而得。

远传承下去。

综上所述，宾顿巴、扎西雪巴、迥巴、江嘎尔、湘巴、觉木隆和塔荣这七支民间藏戏队在转变传统理念，改变演出习俗，谋求自身发展的前提下，可以依托西藏飞速发展的旅游业，在保留传统藏戏原生态演出形态和休闲娱乐化观赏方式的基础上建立藏戏文化园，增加商业演出机会，提高藏戏队经济收入，解决资金短缺问题。同时西藏自治区各级政府应充分发挥在非物质文化遗产保护中的主导功能，通过制定企业扶持民间藏戏队的优惠政策，鼓励企业出资扶持藏戏队发展，帮助其走出资金困境，确保已经入选世界"非物质文化遗产代表作名录"的藏戏艺术薪火相传、生生不息。

(原刊《四川戏剧》2015年第10期)

清代宫廷万寿戏"九九大庆"考辨

李跃忠

清代,皇帝、太后寿诞被视为朝廷三大庆典之一,称"万寿节"。万寿节期间一项重要的庆祝仪式便是演戏,称"万寿戏"。"九九大庆"是专门为皇帝、太后寿诞时演出而编撰的剧目。其名首见于乾嘉时清代贵族昭梿的《啸亭续录》之"大戏节戏":

> 乾隆初,纯皇帝以海内升平,命张文敏制诸院本进呈,以备乐部演习,凡各节令皆奏演。其时典故如屈子竞渡、子安题阁诸事,无不谱入,谓之月令承应。其于内庭诸喜庆事,奏演祥征瑞应者,谓之《法宫雅奏》。其于万寿令节前后,奏演群仙神道添筹锡禧,以及黄童白叟含哺鼓腹者,谓之《九九大庆》。又演目犍连尊者救母事,析为十本,谓之《劝善金科》,于岁暮奏之,以其鬼魅杂出,以代古人傩祓之意。演唐玄奘西域取经事,谓之《升平宝筏》,于上元前后日奏之。其曲文皆文敏亲制,词藻奇丽,引用内典经卷,大为超妙。其后又命庄恪亲王谱蜀、汉《三国志》典故,谓之《鼎峙春秋》。又谱宋政和间梁山诸盗及宋、金交兵,徽、钦北狩诸事,谓之《忠义璇图》。其词皆出日华游客之手,惟能敷衍成章,又抄袭元、明《水浒义侠》《西川图》诸院本曲文,远不逮文敏多矣。①

清代万寿戏是近代以来研究清代宫廷戏剧学者的一个重要话题。王芷章在《清昇平署志略》一书中立"九九大庆"专题,对昇平署承演的万寿戏资料汇辑颇详②。周明泰在《清昇平署存档事例漫抄》中分"皇太后万寿""皇上万寿"等六个条目对昇平署档案中有关寿戏的档案做了汇辑。③ 杨连启《清末宫廷承应戏》简略介绍了"九九大庆"的变化,并重点介绍了清代几次大的万寿戏演出情况④。这些内容也见于他的《清万寿庆典戏曲档案考》一书⑤。梁宪华撰文介绍了乾隆时"九九大庆"的剧目、演出情况,简要分析了其演出特点⑥,并对慈禧寿诞演戏的情况也作了较详细的介绍⑦。也有对万寿戏所演剧目作简要介绍的,如丁汝芹在其著作中对"九九大庆"中较有代表性的剧目故事作了介绍⑧,而傅惜华《清代杂剧全目》、庄一拂《古典戏曲存目汇考》、吴新雷《昆曲大辞典》等辞书则对"九九大庆"相关剧目的存留情况作了详略不等的著

---

① (清)昭梿《啸亭续录》,《啸亭杂录》(后附),中华书局1980年版,第377—378页。
② 王芷章《清昇平署志略》,商务印书馆2006年版,第97—131页。
③ 周明泰《清昇平署存档事例漫抄》,学苑出版社2009年版,第43—58页。
④ 杨连启《清末宫廷承应戏》,中国戏剧出版社2012年版,第43—49页。
⑤ 杨连启《清万寿庆典戏曲档案考》,中国戏剧出版社2013年版。
⑥ 梁宪华《乾隆时期万寿庆典九九大庆戏》,《历史档案》2007年第1期。
⑦ 梁宪华《清皇太后万寿庆典戏九九大庆的编演:以崇庆慈禧皇太后万寿庆典为例》,《收藏家》2006年第8期。
⑧ 丁汝芹《清代内廷演剧史话》,紫禁城出版社1999年版,第52—54页。

录。目前，对"九九大庆"研究最深入的当属罗燕，他对"九九大庆"的表演形态、剧目数量，及演变情形作了梳理；分析了万寿戏的剧本形态，及其仪式性与政治性。[①]

笔者在阅读上述著作或论文时，发现人们对"九九大庆"的认识并不一致。有的说法互相抵牾，有的介绍不全，甚至错误；也有的避而不谈，模糊处理。下面笔者拟从"九九大庆"之名、数、排场三个方面对其略作考辨，以期能对这一问题有一较为全面的认识。

一、"九九大庆"之名

后人对"九九大庆"的认识，在内容情节上基本一致，但对其中"九"字的理解就有偏颇了，笔者梳理了一下，有以下四种说法：

1. 九本戏。1930年代，王芷章在引了昭梿的话后，接着论道："在初制时，原为九本。以其中各出仅可单独奏演，又因此卷佚失，原九九大庆之内容已弗可考。"[②] 对"原为九本"之具体含义，后人有不同理解，或说"九九大庆"篇幅宏大，是一部分成九本的戏，就像《忠义璇图》等一样；或说它是一组在形式上分成九本，每本包含故事各不相同的若干小故事的剧目。（详后）

2. "一部完备的宫廷大戏"（九本）、"九个戏"。这是杨连启在不同的文献中提出的。2008年版，杨连启《宫廷大戏及其对后世京剧的影响》一文，在引了昭梿的话后，紧接着说"其实'九九大庆'是一部完备的宫廷大戏，初制时，原为九本，其中各出均可以单独演奏。乾、嘉时期万寿承应均整本演出。只是近代这一整体剧目部分散失，而其中历年拆用成为散剧的，目前还保存下来不少"[③]。这些文字较为明显地继承了王芷章的观点，但又有所发展。杨先生称"九九大庆"是一部完备的有九本的大戏。几年后，他的解释有了变化。"所谓'九九大庆'，原是一部连台本戏的剧名，且有吉祥的含义，因而便把皇帝和皇太后诞辰纪念日期间的承应戏称为'九九大庆'。礼亲王昭梿在《啸亭续录》中解释说……其《九九大庆》的剧目最早见于清南府时期，初制时原为九本，其中各出均可以单独奏演，乾隆、嘉庆时期万寿承应均为整部演出……一般认为剧名标为《九九大庆》，似乎应该是九个戏组成。"[④] 与之相同的表述亦见于他稍后出版的另一部专门研究清代万寿戏的著作《清万寿庆典戏曲档案考》[⑤] 中。"九个戏"，当是指九个不同情节的戏。他的说法，假如笔者未理解错误的话，应该是矛盾的。

3. 一个剧目（一个戏）。如张卫东将《九九大庆》和《福禄寿》《群仙祝寿》等剧目并列，一同视为万寿戏的一个剧目，他说："皇太后万寿节和皇后千秋节演戏是最为隆重的，如《福禄寿》《群仙祝寿》《百福骈臻》《寿庆万年》《九九大庆》（大戏）《佛山会议》……"[⑥] 张先生可能是受了丁汝芹的影响（引文详后）。基本相同的内容亦见于曾凡安《晚清演剧研究》一书中[⑦]。赵晓红亦表达了类似的观点，他说："以杨家将故事为题材的《昭代箫韶》……还有宫廷喜庆之

[①] 罗燕《清代宫廷承应戏及其形态研究》，广东高等教育出版社2014年版，第242—299页。
[②] 王芷章《清昇平署志略》，商务印书馆2006年版，第97页。
[③] 杨连启《宫廷大戏及其对后世京剧的影响》，黄克《戏曲鉴赏》，江苏教育出版社2008年版，第132页。
[④] 杨连启《清末宫廷承应戏》，第43页。
[⑤] 杨连启《清万寿庆典戏曲档案考》，第2—3页。
[⑥] 张卫东《赏花有时，度曲有道：张卫东论昆曲》，商务印书馆2013年版，第98页。
[⑦] 曾凡安《晚清演剧研究》，中山大学出版社2010年版，第131页。

戏《法官雅奏》，清宫寿戏《九九大庆》，宫廷节令戏《月令承应》，这些戏都是几十出或上百出大戏。"① 将"九九大庆"和《昭代箫韶》并举，并说是"几十出或上百出大戏"，即视其是一个剧目或一个戏。这其中的错误自是非常明显的，勿需详辨。

4. 一组戏。执这种看法的人较多，但各家表述并不相同。如民国时期古典文学研究专家浦江清介绍乾隆初年内廷修了《月令承应》《法宫雅奏》《九九大庆》《劝善金科》《升平宝筏》《鼎峙春秋》《忠义璇图》等七种"大戏本"，其中前三种"为承应月令、祥瑞故事、神仙寿考故事的大汇集，并非原原本本的长本戏"②。"九九大庆"是"许多神仙寿考故事的大汇集，意即"九九大庆"是一组戏。周贻白则认为"九九大庆"是"零折合成"，他说清代内廷所演剧目"大多数是根据民间旧有传奇或杂剧加以编理，集成整本，或即就原有整本而扩大其篇幅。其最著名的有《劝善金科》……等大本戏，及一些由零折合成、根据节令配合古人故事的所谓《法宫雅奏》《九九大庆》之类"③。吴晓铃说是由一些短剧构成："《九九大庆》原为九本，每本内括短剧若干折。"④ 也就是说"九本"每本由种数不一、长短不同、情节有异的剧目构成。近人程志提出"九九大庆"是"一类戏剧的统称"："节戏，相对于二百四十出的连台大戏，它们只能算是小戏，这些节戏又分为三类，即《月令承应》《法官雅奏》《九九大庆》。它们并非一部戏剧的名称，而是一类戏剧的统称。"⑤ 罗燕虽未明确表达出这样的看法，但其相关论述表明了这一点。他说："长达九本的《九九大庆》，每本包含的万寿戏剧目多有十余种，这样算下来九本《九九大庆》估算有一百多个剧目。"而且认为"'九九大庆'的演出方式，模仿连台本戏的演出方式"。⑥

综合以上诸家说法，再结合笔者所读的剧本、昇平署档案资料等，笔者对"九九大庆"之情形描述如下：

1. 体例上分九本。王芷章在《昇平署志略》中摘录有多条"九九大庆"演出的"恩赏"或"奏折"，它们都明白记录了《九九大庆》的演出。如"嘉庆二十四年（1819）恩赏档"就记载嘉庆万寿节十月初一到初九这九天里演出的剧目，每天有"九九大庆"，其名目便是"头本《九九大庆》""二本《九九大庆》"直至"九本《九九大庆》"。据其可知清代万寿戏确有分"九本"之说。

2. 九本每本的篇幅长短不一，每本包含的剧目数量不等，而且到了清代后期可以根据寿星喜好删减、更换部分。正如王芷章所言，乾嘉时期"九九大庆"的演出已不可考，但道光以来留存的一些资料可以看出这一点。如道光三年（1823）、道光四年万寿节时，都演了三天戏，演出了三本"九九大庆"，每年所演的具体情形就并不完全相同。道光三年三本"九九大庆"的剧目数依次为为 16、12、15 种，道光四年的为 11、15、16 种；具体剧目也有少许变动。⑦

3. "九九大庆"是一组戏，其结撰方式，是"模仿连台本戏的演出方式"。也就是说这是宫廷御用文人和南府的太监有意识地将这些在情节本无内在联系的剧目放在一起表演，完成万寿庆典。乾隆五十八年（1793），英国使臣马戛尔尼在热河行宫恭贺万寿看戏时感觉出了这一点：

---

① 赵晓红《试论宫廷戏剧的嬗变》，《艺术门径：分类的研究》，学林出版社 2006 年版，第 165 页。
② 浦江清《浦江清中国文学史讲义》，吉林人民出版社 2013 年版，第 217—218 页。
③ 周贻白《中国戏剧史讲座》，北京出版社 2012 年版，第 256 页。
④ 吴晓铃《吴晓铃集》（第 2 卷），河北教育出版社 2006 年版，第 283 页。
⑤ 程志《京腔研究》，天津古籍出版社 2007 年版，第 50—51、53 页。
⑥ 罗燕《清代宫廷承应戏及其形态研究》，第 254 页。
⑦ 罗燕《清代宫廷承应戏及其形态研究》，第 256—258 页。

"戏场中所演各戏时时变更，有喜剧、有悲剧，虽属接演不停，而情节并不连贯。"①

二、"九九大庆"之数

人们都说"九九大庆"是"大戏"，"大"的含义之一就是说它包含的剧目数量多。但对具体情形，有的模糊言之，只曰"很多"，有的则具体到了某一数字。如朱家溍曾说清代宫廷"承应寿戏"本二十五出，程志以为"《九九大庆》有四十余种"②，上引罗燕话的论述中提到仅乾隆时便有一百多。可见各家说法差距之大。由于年代的久远，资料的散佚及散存于海内外不同的藏书机构，今人确实难以准确统计其数。下面分乾隆、嘉庆、道光以后三时期将笔者所了解的剧目摘录如下。

（1）乾隆。朝鲜人朴趾源参加了乾隆七十寿诞，观看了万寿戏，记下了他所知道的剧目，凡80种：《九如歌颂》《光被四表》《福禄天长》《仙子效灵》《海屋添筹》《瑞呈花舞》《万喜千祥》《山灵应瑞》《罗汉渡海》《劝农官》《檐葡舒香》《献野瑞》《莲池献瑞》《寿山拱瑞》《八佾舞虞庭》《金殿舞仙桃》《皇建有极》《五方呈仁寿》《函谷骑牛》《士林歌乐社》《八旬焚义券》《以跻公堂》《四海安澜》《三皇献岁》《晋万年觞》《鹤舞呈瑞》《复朝再中》《华封三祝》《重译来朝》《盛世崇儒》《嘉客逍遥》《圣寿绵长》《五岳嘉祥》《吉呈添耀》《猴山控鹤》《命仙童》《寿星既醉》《乐陶陶》《麟凤呈祥》《活泼泼地》《蓬壶近海》《福禄并臻》《保合大和》《九旬移翠岩》《黎庶讴歌》《童子祥谣》《图书圣则》《如环转》《广寒法曲》《协和万邦》《受兹介福》《神风四扇》《休徵叠舞》《会蟾宫》《司花呈瑞果》《七曜会》《五云笼》《龙阁遥瞻》《应月令》《宝鉴大光明》《武士三千》《渔家欢欢》《虹桥现大海》《池涌金莲》《法输〔輪〕悠久》《丰年天降》《百岁上寿》《绛雪占年》《西池献瑞》《玉女献盆》《瑶池杏世界》《黄云扶日》《欣上寿》《朝帝京》《待明年》《图王会》《文象成文》《太平有象》《灶神既醉》《万寿无疆》。③据昭梿的说法，这些剧本应该都属"九九大庆"。

乾隆80寿诞时，另一朝鲜人徐浩修参加了万寿节。在《燕行纪》中，他写到看"九九大庆"的情形：8月10日"九九大庆宴"演了16个剧目、13日演了12个④。其中有25个剧目不见于朴趾源的记录：10日的13种，即《八洞神仙》《象纬有征》《遐龄无量》《封人祝圣》《桃山祝嘏》《绾绂盈千》《清宁得一》《百龄叟百》《重译人重》《庆涌琳宫》《瑞至香国》《日征十瑞》《桃祝千龄》；13日12种，即《蟠桃胜会》《万仙集箓》《王母朝天》《喜祝尧年》《升平欢洽》《乐宴中秋》《万国来译》《回回进宝》《五代兴荣》《五谷丰登》《家门清吉》《群仙大会》。

综合以上两种史料，可得剧目105种。但笔者以为，这个数应该还要多。

（2）嘉庆。嘉庆时"九九大庆"的数量应该要超过乾隆时，一是前代剧本的叠加，二是有新编剧目汇入。嘉庆六十（1819）寿辰时，宫廷演剧机构准备了"九九大庆"全本。据李鼎霞介绍，这一全本现藏于北京大学图书馆，共128种：《洪福齐天》《纯嘏祝南华》《五方康阜》《万宝光华》《金桃献瑞》《秘阁焕尧天》《麟凤呈祥》《千祥云集》《保合太和》《七旬舞彩》

---

① ［英］马戛尔尼《乾隆英使觐见记》，刘半侬译述，上海，中华书局1916年版，第40页。
② 程志《京腔研究》，第53页。
③ ［朝］朴趾源《热河日记》，朱瑞平校点，上海书店出版社1997年版，第250—251页。
④ 傅谨主编，陈恬、谷曙光编《京剧历史文献汇编》（清代卷·捌），凤凰出版社2011年版，第269—270页。

《四海安澜》《华封三祝》《龙阙遥瞻》《鲸波不动》《清平见喜》《和合呈祥》《寿祝万年》《恩霑草木》《天上文星》《人间吉土》《千秋彩索》《蹴鞠球场》《八旬献寿》《万年甲子》《瑞呈花舞》《万寿承欢》《佛日光华》《九有人安》《八旬焚义券》《五星聚奎》《百福骈臻》《皇图瑞应》《福缘善庆》《仙子效灵》《寿星献瑞》《福曜呈祥》《芝茎骈彩》《周雅九如》《三星昭庆》《神风四扇》《武士三千》《天衢十二》《霓裳仙子》《鹤发公卿》《会蟾宫》《晋万岁觞》《九旬移翠岘》《九天麟趾》《五方呈仁寿》《司花呈瑞果》《花甲联绵》《山灵瑞应》《吉星添耀》《女娲呈瑞》《古佛朝天》《老人呈技》《女博士》《农丈人》《海屋天（添）筹》《中外颂升平》《河洛呈祥》《丰年天降》《寿星既醉》《受福无疆》《福禄寿》《八仙赞扬》《品仙介寿》《箕畴敛福》《八仙增寿》《福禄寿骈臻》《七曜会东垣》《五云笼北阙》《瑶池整辔》《函谷骑牛》《永寿无疆》《鹤舞呈祥》《洪福天来》《寿山拱瑞》《似锦披》《如环转》《法轮悠久》《康衢击壤》《香象渡滇池》《黄发换朱颜》《箫韶九成》《霞觞称寿》《乐陶陶》《活泼泼》《宣仁宏化》《象德昭功》《盛世农蚕》《歌舞阳春》《命仙童》《邀织女》《万福攸同》《地涌金莲》《佛日光华》《百岁上寿》《九成仪舞》《海岳呈祥》《嘉禾庆三登》《宝鉴大光明》《罗汉渡海》《蕡卜舒香》《受兹介福》《式圜受禄》《添筹献寿》《金殿舞仙桃》《黎庶讴歌》《螽斯衍庆》《万国麟仪》《普天同庆》《宝塔凌空》《万年太平》《瑶林杏世界》《天家余庆》《黄云扶日》《绛雪占年》《宝算遐龄》《四海升平》《扶杖祝》《赐醋陈》《朝帝京》《图王会》《欣上寿》《待明年》《太平有象》《万寿无疆》。①

（3）道光及其以后。道光七年，宫廷演剧制度改制，"九九大庆"不再像乾嘉时期那样以连本的形式演出，而是将其剧目用于开场或团场。道光以后的剧本得到了较好的保存，罗燕根据《故宫珍本丛刊》一书影印的剧本，并结合相关资料，以为昇平署里存留的万寿戏有103个：《万花向荣》《御苑献瑞》《青牛独马》《环中九九》《蝠献瓶开》《慈容衍庆》《福禄寿》《万福云集》《万福集庆》《万福攸同》《万寿长春》《万花争艳》《万民感仰》《万载同春》《福寿双喜》《福寿绵长》《五福五代》《年年康泰》《寿山呈瑞》《福山寿海》《祥徽仁寿》《芝眉介寿》《喜溢寰区》《喜洽祥和》《升平集庆》《皇宫锡庆》《祝福呈祥》《恭祝无疆》《山灵瑞应》《平安如意》《永庆遐龄》《南极增辉》《丰乐秋登》《仙子效灵》《勾芒展敬》《万福移徙》《群星拱护》《甲子图》《比寿图》《八仙庆寿》《长生祝寿》《南极增寿》（6出）、《祥芝迎寿》（4出）、《灵仙祝寿》（4出）、《灵山称庆》《筹添称庆》《螽斯衍庆》《群仙庆贺》（12出）、《万寿同春》《庆贺万年》《乐寿长生》《寿祝万年》《寿益京垓》（5出）、《云龙北阙》《七曜会东垣》《日月迎祥》《人天普庆》《福禄寿灯》（单出）、《福禄寿灯》（8出）、《双福寿》《会蟾宫》《万年甲子》《万国嵩呼》（12出）、《万寿祥开》（12出）、《万寿长生》（8出）、《四海升平》《四海安澜》《四海清宁》（6出）、《河海晏清》（8出）、《兰殿呈祥》（4出）、《福寿徽祥》《太平有象》《万寿无疆》《韶頀九成》（8出）、《春台叶庆》（4出）、《神天叶庆》（8出）、《百子呈祥》（8出）、《瓜瓞绵长》（8出）、《福禄天长》《福寿延年》（6出）、《五凤朝天》（4出）、《丰绥谷宝》（6出）、《升平雅颂》（8出）、《九如歌颂乐奏大罗天》《箕畴五福》（12出）、《虞庭集福》（8出）、《罗汉渡海》《地涌金莲》《式围受禄》《圣寿升平》（12出）、《衍庆长生》（12出）、《行围得瑞》《献舞称觞》《八方向化》（8出）、《寰宇咸宁》（8出）、《杏林香世界》（8出）、

---

① 北京大学中国传统文化研究中心编《北京大学百年国学文粹·语言文献卷》，北京大学出版社1998年版，第435—443页。

《虹桥现大海》《八佾舞虞庭》《清平见喜》《和合呈祥》《古佛朝天》《老人呈技》《宝塔庄严》。① 但笔者以为实际应不止这个数，因上述剧目中有不少文本有好多种异文，如《福禄寿》便有为太后、天子、荣惠皇贵妃寿诞演出的5个并不完全相同的本子。又《蝠献瓶开》《慈容衍庆》《万福云集》等剧目也是这样。

上述剧目中有少量从乾隆时期开始便活跃在万寿节上了，如《仙子效灵》；但也有的是后来各时期新创，如《圣寿升平》等便不见于乾嘉时期。

笔者最后还要特别指出，这些剧目只是有幸被记录下来的或是有剧本留存下来的清代万寿戏的一部分，而且也仅是笔者所知道的，故肯定不全。清代宫廷"九九大庆"应是一个较庞大的数字，如要较准确地统计，需将海内外各藏书机构藏的清代宫廷剧本都影印出来才有可能。

三、"九九大庆"之排场

很多人说"九九大庆"是"大戏"。如上引浦江清即称包括"九九大庆"在内的那七种戏为"内廷大戏"。又丁汝芹介绍"万寿戏"时，称"皇帝万寿承应《福禄寿》《九九大庆》（大戏）《青牛独驾》《环中九九》……"② 在《九九大庆》后注明"大戏"。又张东欣说："为满足宫内娱乐的需要，清宫上演的大戏主要有以下四种。一、月令应承戏。……二、清宫雅奏。……三、九九大庆。皇帝、太后生日所演庆寿戏。每次要连演数十日。四、历史大戏……"③ 后人说"九九大庆"是大戏，恐怕与昭梿在介绍"九九大庆"时将其置于"大戏节戏"条之下有关。笔者以为，这应是一个误解。通读昭梿对"大戏节戏"的叙述，他并未表露出"大戏"就是篇幅大的意思。

对清代宫廷的"大戏"，宋俊华指出："大戏内容以演神怪和历史故事为主……大戏在结构、用曲安排上，完全仿照传奇的模式，但规模却比传奇要宏伟得多。每部大戏有十本，每本二十四出，需连续十几天才能演完整本。"④ 依此说法，"九九大庆"的结构特征并不与上述表述相吻合。笔者以为"九九大庆"确实是"大戏"，但其与《鼎峙春秋》那些动辄几十上百出的因篇幅宏大而称为"大戏"者并不同，而有其特定含义。

1. "九九大庆"各剧所演故事，是神仙事，是歌颂朝政事，而这些均是"大"事。就《故宫珍本丛刊》影印的百余个剧本，以及李鼎霞对嘉庆六十寿诞"九九大庆" 128个剧目的介绍来看，其百分之九十是"演群仙神道添筹锡禧"，少量的演"黄童白叟含哺鼓腹"之事。这与清代乾隆时李斗、赵翼等对"大戏"的看法是一样的。李斗说："演仙佛麟凤、太平击壤之剧，谓之大戏。"⑤ 赵翼言："中秋前二日为万寿圣节，是以月之六日即演大戏，至十五日止。所演戏，率用《西游记》《封神传》等小说中神仙鬼怪之类，取其荒幻不经，无所触忌；且可凭空点缀，排引多人，离奇变诡，作大观也。戏台阔九筵，凡三层，所扮妖魅，有自上而下者。自下突出者，

---

① 故宫博物院编《故宫珍本丛刊》（第660—662册），海南出版社2001年版。
② 丁汝芹《清宫戏事：宫廷演剧二百年》，中国国际广播出版社2013年版，第38页。
③ 张东欣《清代的宫廷大戏与戏台》，孙继新主编《避暑山庄博物馆纪念建馆六十周年文集》，辽宁民族出版社2009年版，第141页。
④ 宋俊华《中国古代戏剧服饰研究》，广东高等教育出版社2011年版，第131页。
⑤ （清）李斗《扬州画舫录（插图本）》，中华书局2007年版，第65页。

甚至两厢楼亦作化人居，而跨驼舞马，则庭中亦满焉。有时神鬼毕集，面具千百，无一相肖者……"① 在李、赵的表述中，"大戏"所演就是神仙事或歌颂朝政事。

2. 与"九九大庆"的演出对象有关。"九九大庆"乃专为太后、黄帝万寿节演的戏，其事不能谓不大，故得以最吉祥喜庆、最大的数字来称呼之。按我国民间信仰，"九"自是最佳选择了。"九"，在我国民间是一个神秘的数，它是单位数中最大的，意味着多、大、全，意味着完美、吉利。古代有不少以"九"命名的术语，如九州、九鼎、九天、九夷、九宫、九龙杯等。"九"在我国也是至尊之数，民间用"九五"指帝王尊位，也用"九九"示帝王、神灵地位之高。如故宫午门正楼之面阔、进深均九楹，共有九九八十一间；佛堂供物重量九九八十一斤等。此外，"九"谐音"久"，用于庆寿场合，名以"九九大庆"，其巫术意义，祝愿目的都是很明显的。

3. "九九大庆"的演出排场大。清代宫廷演剧排场大，这是人们的共识。人们在分析时常举《忠义璇图》《劝善金科》等鸿篇巨制，前面曾言笔者以为"九九大庆"之大排场和这些连台本戏有异。因"九九大庆"中的绝大部分剧目情节简单，篇幅短，多为一折，演出时间短。"九九大庆"之"大"排场从两方面来理解：一是整个"九九大庆"的演出情形。清代宫廷非常重视万寿节，每次的花费都是巨大的，其排场极大。关于万寿戏的大排场，赵翼、朴趾源、徐浩修等人的笔记中有描写，文章开头提及的那些研究成果亦多有涉及，故不赘。二是从其中具体剧目的演出情况来看。虽然"九九大庆"中的许多剧目故事简单，演出时间短，但其演出时阵容豪华，队伍庞大，并不亚于《忠义璇图》等大戏。如《九如歌颂乐奏大罗天》一剧前后参演的演员达151人，开台时是满台"仙气"，有"福台八灵官""禄台十二灵官""寿台十六灵官""众扮八洞仙""众扮八黄巾力士""众扮八天神""二十八星宿""众扮十八天将"②等同台表演。又《芝眉介寿》一剧要同时在福台、禄台、寿台分别摆出"福""禄""寿"三字，每个字所需的人数分别是31个、31个、32个③。

四、结　语

乾隆皇帝始，朝廷将"九九大庆"的演出视为万寿节仪典的重要内容，直至清代灭亡末代皇帝溥仪退居紫禁城一隅之后，仍是如此，只是其规模、排场减少而已。"九九大庆"的上演，是封建皇权的展示，是封建等级的强化。因此得到历代帝王的高度重视，而臣子们亦多借此机会向皇帝表忠心。1950年代以来，人们对包括"九九大庆"在内的清代宫廷戏剧之评价是褒贬不一，毁誉参半。但笔者以为"九九大庆"对中国戏曲史是有贡献的。首先它为戏曲的生存发展提供了一条重要的生存方式，无论主观上还是客观上它都促进了清代戏曲的发展；其次"九九大庆"惟大惟美的审美趣味对当时民间舞台艺术产生了一定影响；再次，"九九大庆"为后人留下了一笔丰厚的文学遗产，它有助于人们从另一个角度了解古代帝王的精神世界。

（作者单位：湖南科技大学中国古代文学与社会文化研究基地）

---

① （清）赵翼等撰《簷曝杂记·竹叶杂记》，中华书局1982年版，第11页。
② 故宫博物院编《故宫珍本丛刊》（第662册），海南出版社2001年版，第187页。
③ 故宫博物院编《故宫珍本丛刊》（第660册），海南出版社2001年版，第382—383页。

汤显祖的文学史观与文体选择

廖可斌

无论是为了更深入地认识杰出文学艺术家的杰出作品的精深艺术世界，还是为了探索和总结文学艺术发展的历史经验，对一个伟大的文学艺术家及其作品，我们不仅要分析其如何伟大，也要分析其何以能成就伟大。汤显祖凭借不朽杰作《临川四梦》，成为中国古代最伟大的戏曲家之一，在文学史上享有崇高地位。他之所以能有此建树，自然与当时整个社会环境特别是以左派王学为代表的新思潮的影响有关，但也与他的文学史观和文体选择有关。迄今为止对汤显祖及其作品的研究，关于其思想和艺术水平的分析比较充分，对其何以能取得如此成就的原因探讨相对不足。在后一方面中，又略详于探讨当时整个社会环境特别是以左派王学为代表的新思潮对他的影响，而相对忽略汤显祖本人的文学史观及其文体选择的重要意义。实际上，汤显祖之所以从事戏曲创作，之所以能写出《牡丹亭》等杰出作品，其自觉的文学史观和主动的文体选择起了关键作用。汤显祖的文学史观的构建和对戏曲文体的选择，经历了一个长期的探索过程。他选择戏曲文体，不是一个偶然的举动，而是深思熟虑的结果。他对文学史观的思考和文体选择，领先于同时代其他最优秀的文学家，其价值不仅体现在他因此创作出了《临川四梦》等戏曲杰作，而且在整个中国古代文学发展进程中具有标志性意义，能给我们带来丰富的启示。

一

汤显祖自幼天资卓越，才华绝世，他对自己的才能非常自信，对自己在政治、道德、学术（理学、史学、子学）、文学等方面的成就抱有高度期许。他之所以不受在当时政坛上权势显赫的张居正的笼络，之所以不依附于在当时文坛上声望如日中天的王世贞兄弟，之所以敢上震动朝野的《论辅臣科臣疏》等等，都与他的这种个性和抱负有关。曾与汤显祖有过直接交往的钱谦益说："义仍志意激昂，风骨遒紧，扼腕希风，视天下事数着可了。"[1]《明史·汤显祖传》称他"意气慷慨"[2]；汤显祖本人在给当时内阁大臣余有丁的信中也说："某少有伉壮不阿之气，为秀才业所消，复为屡上春官所消，然终不能消此真气。观察颜色，发药良中，某颇有区区之略，可

---

[1] 钱谦益《列朝诗集小传》丁集中"汤遂昌显祖"，上海古籍出版社1983年版，第563页。
[2] 《明史》卷二三〇《汤显祖传》，中华书局1974年版，第6016页。

以变化天下，恨不见吾师言之。"① 其平生之豪情壮采由此可见一斑。

正因为如此，在文学方面，他就不是随波逐流，人云亦云，而是具有强烈的文学史意识，对文学史的发展演变过程进行过认真的观察和思考，希望找到正确的途径，在文学上有新的建树，从而在文学史上占有一席之地。也正因为如此，他对自己的文学道路选择也具有高度自觉。他曾一遍又一遍地回顾和反省自己的文学创作经历，留下了反映其文学创作心路历程的大量文字（见后）。换言之，他是根据自己明确的文学观念和文学史观念进行创作的，这在古代作家中并不多见。

宋元以来，特别是入明以后，中国古典诗歌、散文等文体走向衰落，陷入低谷，这是摆在明清时期所有文学家面前的一个严峻的现实和重大挑战。问题出在什么地方，解决的方案是什么，是否有可能重现中国古典诗文的繁盛局面？自宋代到明清，每个具有独立思考精神的文学家都在探讨这些问题，严羽、杨载、高棅、李东阳、前后七子等尤其作了努力探索，其中前后七子所提出的复古主张影响最大。

以李梦阳、何景明为领袖的前七子复古运动正式兴起于弘治十五年（1502）左右，迅速风靡整个文坛。至嘉靖十二年（1533）前后遭到以王慎中、唐顺之为代表的所谓"唐宋派"的批评，势头有所消退。然自嘉靖二十六年（1547）左右开始，以李攀龙、王世贞为领袖的后七子重倡前七子的复古主张，其笼罩文坛的声势更盛于前七子。直到万历二十四年（1596）左右，以三袁为代表的"公安派"崛起，复古派的影响才逐渐减弱。

复古派认为中国古典诗文衰落的根本原因，是宋代以来的文学家受理学的影响，主理不主情，抛弃了古典诗文创作应该遵循的一系列体裁法度要求。因此他们强调诗歌的情感特征，主张超宋元而上，取法先秦两汉古文、汉魏古诗和初盛唐近体诗，追求古典诗文的格调，力图恢复古典诗文的审美特征，重现中国古典诗文的繁盛局面。

汤显祖生于嘉靖二十九年（1550），因为早慧，大约在嘉靖四十年（1561），即12岁左右，就开始了自己的文学活动历程。② 上述文坛状况，构成了他探索自己的文学史观和文学道路的背景。也就是说，汤显祖是在后七子复古运动笼罩整个文坛的时候开始登上文坛的。后来研究汤显祖文学创作道路者，一般都说他一开始就对复古派表示不满，因而选择了与复古派不同的文学道路。这些说法基本上都以汤显祖本人的叙述为依据，如他在《答费学卿》中就说过："忆仆幼从徐子弼先生游，而辱忘年于惟审，因能研弄模写，长便习之。弱冠过敬亭，梅禹金见赏，谓文赋可通于时，律多累气，因学为律，粗以纪游历，寄赠言怀，无与北地（李梦阳）诸君接逐之意。北地诸君，亦何足接逐也。"③ "弱冠过敬亭"，指万历四年（1576）的宣城之游，时年他二十七岁。实际上，汤显祖的这类表述，多为他后来的追述。真实的情况是，汤显祖开始踏上文坛时，走的基本上就是复古派所倡导的道路。无论是汤显祖本人，还是当时了解他的朋友，都说他最初耽爱《文选》和六朝诗赋。如他在《答张梦泽》中说："弟十七八岁时，喜为韵语，已熟骚赋六

---

① 汤显祖著，徐朔方笺校《汤显祖诗文集》卷四四《答余中宇先生》，上海古籍出版社1982年版，第1244页。又卷八《三十七》诗："我辰建辛酉，肃皇岁庚戌。初生手有文，清羸故多疾。自脱尊慈腹，展转大母膝。剪角书上口，过目可忆。家君有明教，大父能阴骘。童子诸生中，俊气万人一。弱冠精华开，上路风云出。留名佳丽城，希心游侠窟。历落在世事，慷慨趋王术。神州虽大局，数着亦可毕。了此足高谢，别有烟霞质。何悟星岁迟，去此春火疾。陪畿非要津，奉常稍中秩。几时六百石，吾生三十七。壮心若流水，幽意似秋日。兴至期上书，媒劳中阁笔。常恐古人先，乃与今人匹。"第227页。
② 现存汤显祖最早的诗集《红泉逸草》刊刻于万历三年（1575），其中所收作品创作时间最早的作于嘉靖四十年（1561）。
③ 《汤显祖诗文集》卷四八，第1376—1377页。

朝之文。然亦时为举子业所夺，心散而不精。乡举后乃工韵语。"① 邹迪光《临川汤先生传》云："公于书无所不读，而尤攻汉魏《文选》一书。至掩卷而诵，不讹只字。于诗若文无所不比拟，而尤精西京六朝青莲少陵氏。然为西京而非西京，为六朝而非六朝，为青莲少陵而非青莲少陵。"② 而复古派中，本就有学六朝初唐一派。前七子复古运动初起时，古文主要学先秦两汉，尤以《史记》为楷模；在诗方面，古体学汉魏，近体学盛唐，而尤以杜诗为宗。但时间一久，不免风格单一，互相雷同，复古派阵营中就自然提出了拓展取法范围的要求。至正德末嘉靖初，前七子复古运动在诗歌方面便分化出了向前延伸主要学六朝初唐和向后延伸主要学中唐两种倾向。偏重学六朝的倾向最初出现在作为六朝故都的南京的复古派作家群中，当时李梦阳还在世，他对这种倾向有可能偏离复古派的宗旨表示了一定程度的担忧。③ 如果说南京作家还只是在学汉魏盛唐的同时旁及六朝初唐之体，或者说是因为地域文化传统的影响而不自觉地趋于六朝初唐，那么作为前七子复古运动之后劲的杨慎则是专门地、有意地推崇学习六朝初唐。杨慎才华富赡，学问渊博，又以风流倜傥自许，这是他对六朝初唐诗文产生兴趣的主观原因。他为倡导六朝初唐诗文做了大量工作，特别推崇《文选》，将它没有收录的诗辑为《选诗外编》、《选诗拾遗》等，并编有骈体文选《群公四六》。杨慎迫于当时流行看法，往往不得不也说六朝初唐之作"盖'缘情绮靡'之说胜而'温柔敦厚'之意荒矣，大雅君子，宜无所取"④。实则他终生沉酣于六朝初唐诗文，几乎把它当成了最高典范和最完美境界。《升庵诗话》中评某人某诗"似六朝"，"有初唐风致"等，不仅不是贬语，而且也不是一般的赞语，而简直是最高的评价。他自己的诗文创作也以色泽秾丽、情辞斐然为特色。

在沉酣《文选》及六朝诗文这一点上，汤显祖与杨慎十分相似。其结果是汤显祖的作品特别是早年诗文表现出逞博使才、多用典故、色泽秾丽的特点。如作于万历元年（1573）二十四岁时的《壬申除夕，邻火延尽余宅，至旦始息，感恨先人书剑一首，呈许按察》：

> 赤帝骄玄武，商丘被乌帑。禳灾朝玉鲜，辟火夜珠虚。大道文昌里，青门帝表闾。比邻风易绕，夜作水难储。云气皆烟火，虹霓出绮疏。尽拆羊酒谢，保及燕巢余。梁氏畱仍逸，徽之起不徐。楚轮吹翠鹊，沃火露池鱼。未反江陵雨，徒悲大火墟。龙文销故剑，鸟篆灭藏书。正旦成都酒，糜家好妇车。直将天作屋，真以岁为除。不慎炎洲草，俱焦藻井蕖。郑玄惊火事，陶令爱吾庐。越俗须重构，林枯不自如。⑤

家中失火本是一件令人痛心的事情，可这首诗自始至终都在用典，写到什么东西，就用与之相关的典故，不能构成完整清晰的意象，分散了读者的注意力，结构上也因频繁使用典故而平铺直叙，不讲究起承转合之法，缺乏起伏和高潮。失火的经过，造成的后果，自己的伤痛等，都未能得到集中而深入的表达。这样的作品自然难称佳作，而这种情形在汤显祖前期的作品中比较普遍。

---

① 《汤显祖诗文集》卷四七，第1365页。
② 《汤显祖诗文集》附录"传"，第1513页。
③ 李梦阳《章园饯会诗引》："今……人士咸于六朝之文是习是尚，其在南都为尤盛。予所知者，顾华玉（璘）、升之（朱应登）、元瑞（刘麟）皆是也。南都本六朝地，习而尚之固宜。庭实（边贡）齐人也，亦不免何也？"见《空同集》卷五六，台北商务印书馆景印文渊阁《四库全书》本，1262册，第516页。
④ 杨慎《升庵集》卷二《选诗外编序》，台北商务印书馆景印文渊阁《四库全书》本，第1270册，第22页。
⑤ 《汤显祖诗文集》卷一，第11—12页。

为了探寻古典诗歌的形式和表达技巧方面新的可能性，汤显祖还进行过一些小的实验。《问棘邮草》卷二收入《芳树》一诗，当作于万历五年到七年（1577—1579）之间，通篇都用顶针的手法：

> 谁家芳树郁葱茏，四照开花叶万重。翕霍云间标彩日，苓丽天半响疏风。樛枝輓罩千寻蔓，偃盖全阴百亩宫。朝吹暮落红霞碎，雾展烟翻翠雨濛。可知西母长生树，道是龙门半死桐。半死长生君不见，春风陌上游人倦。但见云楼降丽人，俄惊月道开灵嫒。也随芳树起芳思，也缘芳树流芳眄。难将芳怨度芳辰，何处芳人启芳宴。乍移芳趾就芳禽，却涴芳泥恼芳燕。不嫌芳袖折芳蕤，还怜芳蝶萦芳扇。惟将芳讯逐芳年，宁知芳草遗芳钿。芳钿犹遗芳树边，芳树秋来复可怜。拂镜看花原自妩，迴簪转唤不胜妍。射雉中郎蕲一笑，彤胡上客饶朱弦。朱弦巧笑落人间，芳树芳心两不闲。独怜人去舒姑水，还如根在豫章山。何似年来松桂客，雕云甜雪并堪攀。①

当时另一位著名文学家徐渭读到汤显祖的《问棘邮草》，大为赞赏。他模仿这首诗的句式，写了一首《渔乐图》，题下自注："都不记创于谁，近见汤君显祖，摹而学之"：

> 一都宁止一人游，一沼能容百网求。若使一夫专一沼，烦恼翻多乐翻少。谁能写此百渔船，落叶行杯去渺然。鱼虾得失各有分，蓑笠阴晴付在天。有时移队桃花岸，有日移家荻芽畔。江心射鳖一九飞，苇梢缚蟹双螯乱。谁将藿叶一筐提，谁把杨条一线垂。鸣榔趁獭无人见，逐岸追花失记归。新丰新馆开新酒，新钵新姜捣新韭。新归新雁断新声，新买新船系新柳。新鲈持去换新钱，新米持归新竹燃。新枫昨夜钻新火，新笛新声新莫烟。新火新烟新月流，新歌新月破新愁。新皮鱼鼓悲前代，新草王孙唱旧游。旧人若使长能旧，新人何处相容受。秦王连弩射鱼时，任公大饵割牛候。公子秦王亦可怜，只今眠却几千年。鱼灯银海干应尽，东海腥鱼腊尽干。君不见近日仓庚少人食，一鱼一沼容不得。白首浑如不相识，反眼辄起相弹射。蛾眉入宫骥在枥，浓愁失选未必失。自可乐兮自不怿。览兹图兮三太息，噫嗟嗟乐哉，愧杀青箬笠。②

有趣的是，远在滇中的杨慎，也写过一首句格相似的《题柳》诗：

> 垂杨垂柳挽芳年，飞絮飞花媚远天。金距斗鸡寒食后，玉蛾翻雪煖风前。别离江上还河上，抛掷桥边与路边。游子魂销青塞月，美人肠断翠楼烟。③

这种连花跗萼的句式，其实在《诗经》中的一些重章叠句、曹丕的《燕歌行》、南朝乐府诗《西洲曲》、唐初张若虚《春江花月夜》以及"初唐四杰"的一些歌行体作品中，已见雏形。复古派前七子的领袖人物之一何景明写的《津市打鱼歌》，其中句子如"大船峨峨系江岸，鲂鲌鲅

---

① 《汤显祖诗文集》卷四，第117页。
② 徐渭《徐渭集·徐文长三集》卷五，中华书局1983年版，第135页。
③ 按此诗不见于台北商务印书馆景印文渊阁《四库全书》本《升庵集》，而见于胡应麟《诗薮》"续编"卷一，中华书局上海编辑所1958年版，第332页。

鲅收百万。小船取速不取多，往来抛网如掷梭。野人无船住水浒，织竹为梁数如罟。夜来水长没沙背，津市家家有鱼卖"等①，语言之流走，风格之轻快，也与杨慎、汤显祖、徐渭等人之作相近。此处之所以不避繁琐予以征引，是想藉此具体例证说明，当时力图有所创新的文学家，不约而同地都在探索和尝试古典诗歌新的形式和表达方式。

然而，这些作品的思想内涵比较贫乏，只不过形式上略见巧思而已。而且它们在形式上的创新性也有限，在很大程度上还变成了一种文字游戏。这类创新，对解决古典诗歌的根本出路问题，可以说杯水车薪，微不足道。因此汤显祖等人也只是偶尔为之。要寻找古典诗歌新的发展方向，显然必须另辟蹊径。

汤显祖曾多次强调，自己于古典诗歌曾"积精焦志"；"三变而力穷，诗赋外无追琢功"。②那么是哪"三变"呢？他的有关自叙及相关评论，都只提两个阶段。如果勉强要凑成三个阶段，那就只能把学六朝之前学骚赋的过程也算作一个阶段。但这个阶段为时很短，学骚赋与学六朝之间的差异也不是很明显。因此，汤显祖的诗文创作历程，主要包括两个阶段，即学习六朝的阶段和转而学香山、眉山之诗与南丰、临川之文的阶段。

万历十二年（1584），汤显祖到南京任太常寺博士，时年三十五岁。他的文学创作宗尚的转变可能就发生于此后一段时间内，其《与陆景邺》云："仆少读西山《正宗》，因好为古文诗，未知其法。弱冠，始读《文选》，辄以六朝情寄声色为好，亦无从受其法也。规模步趋，久而思路若有通焉，年已三十四十矣。前以数不第，展转顿挫，气力已减。乃求为南署郎，得稍读二氏之书，从方外游，因取六大家文更读之，宋文则汉文也。气骨代降，而精气满劲，行其法而通其机，一也。则益好而规模步趋之，思路益若有通焉，亦已五十矣。学道无成，而学为文；学文无成，而学诗赋；学诗赋无成，而学小词。学小词无成，且转而学道。犹未能忘情于所习也。"③这就是说，他到南京以后，"得稍读二氏书，从方外游"；又"取六大家文更读之"，领会到"宋文即汉文"，于是"思路益若有通焉"，因此文学宗尚发生转变，由"沉酣六朝"变而为学宋或者说"似宋"。

就探寻中国古典诗歌的发展路径而言，杨慎、汤显祖等人学习六朝诗歌，相对于前七子复古派主要强调学盛唐、学杜甫的主张，算是避开大路走小路。但杨慎、汤显祖沿这种路径创作的作品都表面色泽秾丽，而意象含混，情感模糊，内容空洞，创作成就均不高，证明学六朝这条路实际上走不通。转而学宋之后，他放弃了多用典故、追求辞藻华丽的习惯，走入随意书写的路子。与复古派倡导诗学汉魏盛唐的主张相比，汤显祖这一转变和选择可谓放弃正路走偏路，或谓抛弃旧路走新路。那么这条路是否走得通呢？

汤显祖本来就想象力丰富，思维活跃，反应敏捷，饶有奇思妙想。在文学创作上，又特别崇尚怪怪奇奇的"灵气"和"天机"。其《合奇序》曰："予谓文章之妙，不在步趋形似之间，自然灵气恍惚而来，不思而至，怪怪奇奇，莫可名状，非物寻常得以合之。"④《答王弘阳同卿》曰："列子、庄生，最喜天机。天机者，马之所以千里，而人之所以深深。"⑤所谓"灵气"与"天机"，基本上是相通的。

以往的研究者，多将汤显祖的这一主张与他的戏曲创作联系起来，实际上，这种尚奇、重奇

---

① 何景明《大复集》卷十一，台北商务印书馆景印文渊阁《四库全书》本，第1267册，第86页。
② 《汤显祖诗文集》卷四七《答张梦泽》，第1365页。
③ 《汤显祖诗文集》卷四七，第1338页。
④ 《汤显祖诗文集》卷三二，第1078页。
⑤ 《汤显祖诗文集》卷四四，第1237页。

的主张，是汤显祖的基本性格决定的，贯穿汤显祖的全部文学活动。他的诗文创作，也同样推崇这种"恍惚而来、不思而至、怪怪奇奇"的"灵气"。尚奇、重奇的对立面就是尚正、重法。终汤显祖一生，他都表现出对文学的"意趣神色"的偏重和对"法"的轻视。转而"学宋"或曰"似宋"以后，汤显祖的诗歌更加笔随意走，字随意生，意象往往跳跃不定，变化多端，使诗歌的内容缺乏完整性，而语言亦随意而出，粗俚间杂。试举作于万历十五年（1587）三十八岁时的《发落》为例：

> 草木根地阴，头颅向天阔。凛秋风落山，卷地吹长发。沐栉临朝阳，消飒去如拔。粗可试轻簪，省复下劲刷。星星幸未出，侧室在伺察。即知金附蝉，了非三十八。美鬒当时人，乱头且光滑。俯仰复何道，客至就巾抹。①

汤显祖也许认为这样的诗里面有"灵气"，有"天机"，然而，用古典诗歌浑朴圆融的审美特征来要求，这样的诗歌几乎不能给人以美感。此诗本来就带有游戏色彩，但未免过于油滑，也缺乏真正的幽默和文字的巧妙。

当时及后来推崇汤显祖的人，如帅机、屠隆、韩敬等，为了肯定汤显祖的为人和文学成就，就不得不肯定他的诗古文创作，因此都对汤显祖的诗古文多予溢美之词。这些评价都套用古代人赞美一个文学家的一般话语模式，说得天花乱坠，实际上缺乏真知灼见。在与汤显祖有过直接交往的人中，钱谦益比较懂得诗古文创作的内在奥秘，故而也颇知汤显祖诗歌创作之偏失，他在《列朝诗集小传》中对汤显祖的叙述颇堪玩味：

> 自王、李之兴，百有余岁，义仍当雾雾充塞之时，穿穴其间，力为解驳，归太仆之后，一人而已。义仍少熟《文选》，中攻声律。四十以后，诗变而之香山、眉山，文变而之南丰、临川。尝自叙其诗三变而力穷，又尝以其文寓余，以谓"不蕲其知吾之所已就，而蕲其知吾之所未就也。"于诗曰变而力穷，于文曰知所未就。义仍之通怀嗜学，不自以为能事如此。②

这篇"小传"主要叙述汤显祖的政治经历和为人。在诗文方面，则只是充分强调汤显祖对李攀龙、王世贞等复古派作家的批评，而没有对汤显祖本人的创作成就予以正面评价。而且还通过渲染汤显祖"尝自叙其诗三变而力穷"、"于诗曰变而力穷，于文曰知所未就"等等，委婉含蓄地指出了汤显祖诗古文创作之不足。

当时能明确指出汤显祖诗古文创作之缺陷的是沈际飞。沈际飞是汤显祖的崇信者，对汤显祖评价极高，对传播汤显祖的作品也做了不少事情，如他评选的《玉茗堂尺牍》影响就极为广泛。但他尖锐指出，汤显祖的诗歌创作总体上是不成功的。他在《玉茗堂选集》之"诗集题词"中说：

> 临川诗集独富，自谓乡举后乃工韵语，诗赋外无追琢功，于中万有一当，能不朽如汉魏六朝李唐名家。其教人则云：学律诗必从古体始，从律始，终为山人律诗耳；学古诗必从汉魏来，学唐人古诗，终为山人古诗耳。似临川于诗复有独诣。乃反复详揽，有不然者。全诗

---

① 《汤显祖诗文集》卷八，第241页。
② 《列朝诗集小传》丁集中"汤遂昌显祖"，第563—564页。

赠送酬答居多，惟赠送酬答，不能无扬诩慰悒，而扬诩慰悒不能切着，于是有沈称休文、扬称子云之类。称名之不足，则借夫楼颜榭额以为确然，而有时率意率笔以示确然，未能神来情来，亦非鄙体野体，徒见魔劣。盖靖节多俚，少陵多不成语，而未可以此少之者，其声律风骨气味，厚薄真伪不同故也。长律落敷衍联偶，犹是作赋伎俩。绝句佻易，便似下场小诗。律则河下舆隶矣。全诗非无风藻整栗、沉雄深远、高逸圆畅者，而疵累既繁，声价颇减。①

只要通读汤显祖的诗集，就知道沈际飞的评价完全符合实际。汤显祖的诗作，赠送酬答诗所占比例极高，而登临怀古、感时伤事等方面的作品数量较少。古人作赠送酬答诗，也往往于酬答之中力为拓展，表达比较重要的思想见解，而汤显祖的赠送酬答诗中也少有这样的内容。写法上，则用典过多，意象组合不够自然贴切，意象不够清晰，情感不够鲜明，结构也比较平板。就汤显祖诗歌创作的总体成就来说，朱彝尊的评价是准确的："义仍填词，妙绝一时……诗终牵率，非其所长。"②

在汤显祖之前，中国古典诗歌发展已非常完善，汤显祖又基本上走的是学习古人的老路子，而又不愿意规规矩矩地走，效果自然不伦不类。复古派诸子老老实实地学习汉魏初盛唐诗的做法，虽然模仿之迹宛然，但至少语言、结构、格调还略存古雅风貌；徐渭、袁宏道等人全面抛弃古典诗歌的体裁法度等方面的要求，另走新路，虽已丧失古典诗歌之审美特征，但还时有真率鲜活之趣。汤显祖的诗歌虽然不像复古派的作品那样模仿之痕迹宛然，但也没有徐渭、袁宏道等人作品的鲜活之趣；虽然不像徐渭、袁宏道等人的作品那样法度荡然，但也没有复古派的作品那样略存浑朴圆融风貌，于是成为一个怪异的存在。天资卓绝如汤显祖，不可能没有意识到自己古典诗歌创作方面的总体失败。直至晚年，他仍对自己的诗歌创作比较重视，如在《答许子治》中说："不佞幼志颇钜，后感通材之难，颇事韵语，余无所如意。"③《答李乃始》中说："独自循省，为文无可不朽者。汉魏六朝李唐数名家，能不朽者，亦或诗赋而已。仆于诗赋中，所谓万有一当，为丈不朽者，过而异之。"④ 但这实际上是因为他为之耗费的心力太多，同时也是明知自己享有盛誉的时文不可能传，而与骚赋、古文等相比，他觉得自己在诗方面的成绩可能相对好一点。因此与其说他是对自己的诗歌创作成就有信心，还不如说是对自己多年付出的心血难以割舍，即所谓"犹未能忘情于所习也"。

真正能体现他对自己的诗文创作的看法以及对古典诗文的态度的，是《答王澹生》：

弟少年无识，尝与友人论文，以为汉宋文章，各极其趣者，非可易而学也。学宋文不成，不失类鹜；学汉文不成，不止不成虎也。因于鄙乡帅膳郎舍论李献吉，于历城赵仪郎舍论李于鳞，于金坛邓孺孝馆中论元美，各标其文赋中用事出处，及增减汉史、唐诗字面处，见此道神情声色，已尽于昔人，今人更无可雄，妙者称能而已。⑤

该信当作于王士骐（澹生）之父王世贞万历十八年去世之后、王士骐守丧期将满时，或即万

---

① 《汤显祖诗文集》附录"诗集题词"，第 1529 页。
② 朱彝尊著，姚祖恩编，黄君坦校点《静志居诗话》卷十五"汤显祖"条，人民文学出版社 1990 年版，第 461 页。
③ 《汤显祖诗文集》卷四八，第 1374 页。
④ 《汤显祖诗文集》卷四九，第 1424 页。
⑤ 《汤显祖诗文集》卷四四，第 1234 页。

历二十一年（1593），汤显祖时年四十四岁。在此之后，汤显祖的创作重心已转到戏曲创作上，晚年更是几乎放弃文学活动，因此他探寻古典诗歌创作路径的努力，主要就发生在这以前。经过数十年的实践和思考，他终于明白，当时人包括自己在内，无论如何努力，在古典诗歌上都已不可能有大的作为。"此道神情声色，已尽于昔人，今人更无可雄，妙者称能而已。"这就明确宣告了古典诗歌已经是一种过去的文体，生命力已基本枯竭，要重现古典诗歌的繁盛景象已不可能，再花过多精力于此道也是没有意义的了。

对汤显祖的这段话，过去人们一般从汤显祖否定复古派的角度来理解。这自然是不错的。但仅作这样的理解，就还没有把握汤显祖此信的深层含义和重大意义。汤显祖自然是对复古派不以为然，但他不仅是对复古派不满，而且是对整个古典诗歌丧失信心。汤显祖自称诗歌创作"三变而力穷"，钱谦益只将之理解为汤显祖的"通怀嗜学，不自以为能事"，而不理解汤显祖这句话里实际上包含着古典诗歌创作已经不可能有大的作为的意思。与此情况类似的还有《复费文孙》一文。该信中说："仆少于文章之道，颇亦耳剽前识，为时文字所縻。弱冠乃倖一举，闭户阅经史几遍，急未能有所就。倖成进士，不能绝去杂情，理成前绪。亦以既不获在著作之庭，小文不足为也。因遂拓落为诗歌酬接，或以自娱，亦无取世修名之意。故王元美、陈玉叔同仕南都，身为敬美太常官属，不与往还。敬美唱为公宴诗，未能仰答。虽坐才短，亦以意不在是也。海内人士，乃稍有好仆文韵者。或以他故相好，或其智意未能远绝，因而借声。何至如门下所许，过其本情万万耶。然至士人谈此道者，欣然好之，盛欲有所禀承，尝以衰病捐去。"① 过去人们一般都从汤显祖不肯依附复古派巨子"二王"兄弟的角度，来理解这封信。这自然也不错。但此时的汤显祖，实际上不仅对复古派的理论和创作不感兴趣，而且对整个古典诗文已经不感兴趣，已"无"藉此"取世修名之意"，已"意不在是也"。

二

如果说汤显祖对自己的"韵语"即诗歌多少还有一点信心，或者说对其是否可传还抱有一丝希望或者说幻想，那么他对自己的古文创作就几乎完全没有信心，或者说几乎不抱任何幻想。至于造成这种结果的缘由，他的思路在开始时转了一个弯，即不是从自己的创作能力上找原因，也不是从古文文体之命运的角度来分析，而是将之归结为自己"不获在著述之庭"，即没能入翰林，登台阁，从而没有机会典朝廷大著作。这一点自然也是原因之一，但显然不是根本原因。汤显祖之所以在这一点上认识出现偏差，是因为他的主观意向和情绪在起作用。

诗歌主要是用于抒发自己的思想感情的文体，古往今来，政治上穷困潦倒而诗歌创作取得突出成就的例子屡见不鲜，以致有"诗穷而后工"的说法。因此个人政治上的得失穷通，不能成为诗歌创作是否取得成就的理由。而古文就不同了，它要叙事、说理，如果题目内容具有重大意义，事关国计民生等，文章就相对较有价值。于是古文创作是否取得成就，就似乎与个人的政治地位有关。汤显祖早有用世之志，一直把高登庙堂、典大著作、执掌国家大事作为自己的人生目标，他对此也有充分的自信。然而现实无比残酷，结果是他日益沦落，最后仅以一个小小的县令辞官里居，理想与现实的差距实在太过悬殊。他一直对此耿耿于怀，于是很自然地就把自己古文创作成就不高的原因，归结到自己名位不显、没有获得典朝廷大著作的机会上。与诗歌相比，古

---

① 《汤显祖诗文集》卷四六，第1306页。

文的写作最基本的要素是道理和事件。汤显祖清楚地知道，在道理方面，已经很难有什么新的发明，因此，他把自己古文创作不能取得满意成就的原因，又聚焦在不能写大事件上面。汤显祖曾不止一次表达这种感慨，最集中的表达当数《答张梦泽》：

> 丈书来，欲取弟长行文字以行。弟平生学为古人文字不满百首，要不足行于世。其大致有五。弟十七八岁时，喜为韵语，已熟骚赋六朝之文。然亦时为举子业所夺，心散而不精。乡举后乃工韵语。三变而力穷，诗赋外无追琢功，不足行一也。我朝文字，宋学士而止。方逊志已弱，李梦阳而下，至琅邪，气力强弱巨细不同，等赝文尔。弟何人能为其真？不真不足行，二也。又其赝者，名位颇显，而家通都要区，卿相故家求文字者道便，其文事关国体，得以冠玉欺人。且多藏书，纂割盈帙，亦借以传。弟既名位沮落，复住临樊僻绝之路。间求文字者，多邮翁寒儒小墓铭时义序耳。常自恨不得馆阁典制著记。余皆小文，因自颓废。不足行三也。不得与于馆阁大记，常欲作子书自见。复自循省，必参极天人微窈，世故物情，变化无余，乃可精洞弘丽，成一家言。贫病早衰，终不能尔。时为小文，用以自嬉。不足行四也。元以前文字，除名人外，不可多见。颇得天下郡县志读之，其中文字不让名人者，往往而是。然皆湮没无能为名，名亦命也。如弟薄命，韵语自谓积精焦志，行未可知。韵语行，无容兼取。不行，则故命也。故时有小文，辄不自惜，多随手散去。在者固不足行。五也。嗟夫梦泽，仆非衰病，尚思立言。兹已矣！微君知而好我，谁令言之，谁为听之。极知知爱，无能为报，喟然长叹而已。①

沈际飞眼光很犀利，已经读懂了汤显祖的心事。他在《玉茗堂选集》"文集题词"中指出，汤显祖认为自己因不能登庙堂、典大著作，所以古文创作成就不高，"自云，名亦命也，韵语行，无容兼取。不行，则故命也。此又若士极愤懑不平，托之不可知之命以自解。"②

其实，古文可以表达的内容非常广泛，并非一定要典大著作、涉及朝廷重大制度和事件才有意义。汤显祖其实也在古文创作方面颇费心力，然而，因为古文这种文体同样已发展非常充分，汤显祖想要有所开掘已非常困难，或者说根本不可能。加上汤显祖为文总体上取径六朝，偏爱骈词丽藻，这就使他的古文创作不仅不能突破前人，即使与宋元以来名家相比，也未见出色。徐渭曾对汤显祖赞叹不置，许之为"真奇才"，"平生所未见"，并自称"执鞭今始慰平生"。③但他对汤显祖的古文也有尖锐批评。如他评论汤显祖的代表作之一《感士不遇赋》曰：

> 有古字无今字，有古语无今语时，却是如此。使汤君自注，如《事类赋》，将不得不以今字易却古字，以今语易却古语矣。此似汤君自为四夷语，又自为译字生也。今译字生在四夷馆中何贵哉？亦庸人习之，亦能优为之耳。道贵从朴尚素，故曰"君子中庸"。上古圣人非故奇也，亦不过道上古之常也。

---

① 《汤显祖诗文集》卷四七，第1365页。
② 《汤显祖诗文集》附录"文集题词"，第1532页。
③ 《徐渭集·徐文长三集》卷七《读〈问棘堂集〉》："兰苕翡翠逐时鸣，谁解钧天响洞庭。鼓瑟定应遭客骂，执鞭今始慰生平。即收《吕览》千金市，直换咸阳许座城。无限龙门蚕室泪，难偕书札报任卿。"又《徐渭集·徐文长三集》卷十六《与汤义仍》："某于客所读《问棘堂集》，自谓平生所未尝见，便作诗一首以道此怀，藏此久矣。顷值客有道出尊乡者，遂托以尘，兼呈鄙刻二种，用替倾盖之谈。《问棘》之外别构必多，遇便倘能寄教耶？湘管四枝，将需洒藻。"中华书局1983年版，第251页、485页。

不过以古字易今字，以奇谲语易今语。如论道理，却不过只有些子。①

这就是批评汤显祖该作品充斥大量"古字"、"古语"，简直像外语翻译一样，创作时把"今字"、"今语"翻译过去，阅读时又要将它们再翻译过来，实在没有这个必要。徐渭甚至认为汤显祖这样做，等于是做四夷馆中译字生的事情，讽刺可谓辛辣。最要害处还在于，徐渭认为，汤显祖的这些作品，在铺张堆砌的古字、古语之下，实际上包含的"道理"即思想内容却很稀少。徐渭堪称汤显祖之诤友。汤显祖的许多古文，确实充斥僻字冷词，斑斓满眼，而思想内容并不充实。

沈际飞对汤显祖赋的批评也颇为中肯。汤显祖之赋当时也享有盛名，沈际飞则认为其实际成就不高，主要是因为其大多"铺张扬厉"，"多僻字危险句"，而"于风比兴雅颂之义，未之有获焉"，即思想感情内容单薄：

玉茗堂赋有二体，一祖骚，如至方不能加矩，至圆不能过规，多僻字险句。一祖汉晋，感物造端，材智深美，洋洋洒洒，而浮曼浅俚处亦不乏。大抵铺张扬厉，长于序述，于风比兴雅颂之义，未之有获焉。盖善为赋者，情形于辞，故丽而可观。辞合于理，故则而可法。有情有辞，有辞有理，故以乐而赋，读者跃然喜；以愁而赋，读者愀然吁；以怒而赋，令人欲按剑而起；以哀而赋，令人欲掩袂而泣。动荡乎天机，感发乎人心，然后得赋之神而合古之制。若士笔力豪赡，体亦多变。但远于性情，如后山所谓进士赋体，林艾轩所谓只填得腔子满。嗟乎，人各有能有不能，能填词或不能骚赋，而文章落官腔，则又未免多一进士为之祟矣。②

沈际飞对汤显祖的诗古文评价都不高，独对他的尺牍评价最高，这是很有眼光的。盖尺牍属于小品文的主要形式之一。小品文虽导源于魏晋，中经唐宋文人发展，已取得较大成就，但毕竟还没有成为当时的重要文体。中晚明文人无论在内容还是形式、风格方面，都对小品文作出了新的创造。在这方面，汤显祖的建树尤其突出。沈际飞指出："汤临川才无不可，尺牍数卷尤压倒流辈。盖其随人酬答，独摅素心，而颂不忘规，辞文旨远，于国家利病处缅缅详言，使人读未卒篇，辄憬然于忠孝廉节。不则惝恍沈灏，泊然于白衣苍狗之故，而形神欲换也。又若隽冷欲绝，方驾晋魏，然无其简率；而六朝以还，议论滋多，不复明短长之致，则又非临川氏之所与也。"③这个评价极其中肯。

也就是说，除新兴文体尺牍外，汤显祖的古文创作实际成就不高。这同样不是因为汤显祖的实践和探索不努力，也不完全像汤显祖自己所认为的那样，是因为他没有机会高登庙堂、典大著作，而是因为古文和诗歌一样，作为一种古老文体已经过充分发展，已根本失去了生命力。当汤显祖摆脱因人生失意而感慨的情绪状态，冷静思考古文的历史、现状和命运时，他就明确指出，古文和古典诗歌一样，今人已难有作为。他首先认为，古文创作比诗歌创作更难。《答马仲良》曰："不佞少颇能为偶语，长习声病之学，因学为诗，稍进而词赋，想慕古人之为，久之亦有似者。总之，有韵之文，可循习而似。至于长行文字，深极名理，博尽事势，要非浅薄敢望。时一

---

① 《汤显祖诗文集》卷五，第150页。
② 《汤显祖诗文集》附录"赋集题词"，第1536页。
③ 《汤显祖诗文集》附录"尺牍题词"，第1536页。

强为之，辄弃去，诚自知不类昔人之为也。"① 他进而指出，古文写作主要是叙事、说理两个方面。说理方面，儒释道三家之前贤已经把当时能讲的道理讲尽，后人已难有真正发明；叙事方面，即使能典朝廷大著作，"极其时经制彝常之盛"，在当时条件下，也不可能再写出前贤佳作那样的文章。他在《答李乃始》中说：

> 仆年未及致仕，而世弃已久。平生志意，当遂湮灭无余。独丈每见有眄仆之色，每闻有赏仆之音。仆万有一中，不无私念。秋柏之实，枯落为陈，偶有异人过而估之曰：此不死之饵也。则必有采而蓄之，以传其人者。而自度清羸，恐一旦为秋柏之实，不能不倚丈为异人也。
>
> 独自循省，为文无可不朽者。汉魏六朝李唐数名家，能不朽者，亦或诗赋而已。仆于诗赋中，所谓万有一当，为丈不朽者，过而异之。文章不得秉朝家经制彝常之盛，道旨亦为三氏原委所尽，复何所厝言，而言不朽？仆极知俗情之文必朽，而时官时人，辄干之不置，有无可如何者。偶而为之，实未尝数受朽人之请为朽文也。然思之亦无复能不朽者。
>
> 仆观馆阁之文，大是以文懿德。第稍有规局，不能尽其才，久而才亦尽矣。然令作者能如国初宋龙门，极其时经制彝常之盛，后此者亦莫能如其文也。②

这里的反省是恳切真诚的。汤显祖不仅认为因"不得秉朝家经制彝常之盛"，自己的古文"无复能不朽者"，而且通过自己的实践、探索和思考，意识到在他所处的时代，即使能"极其时经制彝常之盛"，也不可能再写出前贤所写的那样的佳作。对古文本身的生命力和前途，他同样作出了悲观的判断。

三

汤显祖对古典诗文的前途和命运作出悲观判断，其直接后果之一，是在他的文学创作生涯的后期，他在一定程度上放弃了以古典诗文为主要创作文体，写作古典诗文的热情明显减退。上述文献中多次表示他晚年已对古诗文丧失兴趣，只是因积习所好，而未能完全忘却，即是明证。然而作出这一判断后最重要的效果，还是他因此作出了自觉的文体选择，即选择戏曲作为自己新的用力方向，从而为中国文学史奉献出了"临川四梦"这样的不朽之作。

汤显祖的戏曲创作始于万历五年（1577），当年春试失利后，他与同县青年好友谢廷谅、吴拾芝、曾如海等诗酒唱酬之际，试作传奇《紫箫记》，但这还只是风流才子一时兴起的游戏笔墨。因为并非认真为之，所以他几乎完全没有考虑戏曲创作应遵守的规范，语言骈四俪六，结构拖沓累赘，友人帅机评价"此案头之书，非台上之曲也"③；他自己也承认有"秾长之累"。④ 这些都表明，他此时还并没有真正认真地从事戏曲创作。

他万历十五年（1587）所作《京察后小述》中，有"文章好惊俗，曲度自教作"的句子⑤，

---

① 《汤显祖诗文集》卷四九，第1421页。
② 《汤显祖诗文集》卷四九，第1424页。
③ 《汤显祖诗文集》卷三三《紫钗记题词》，第1097页。
④ 《汤显祖诗文集》卷三三《玉合记题词》，第1092页。
⑤ 《汤显祖诗文集》卷八，第243页。

当是指他在此前后将《紫箫记》改写成《紫钗记》。此时他从事戏曲创作的态度应已比较认真。这或与他此时比较闲暇有关，或与他欲藉此有所寄托有关。前面已经提到，自万历十二年（1584）到南京任职后，他对古典诗文创作的态度有所转变，虽仍然有意探索新的路径，但已不像此前那样"积精焦志"。他此时重新涉足戏曲创作，或与此不无关联。

如前所述，汤显祖的《与王澹生》约作于万历二十一年，就在此后不久的万历二十六年以后，他便相继创作了《牡丹亭》，以及《南柯记》、《邯郸记》，这应该不仅仅是一个巧合。他此时着手创作几部戏曲，主要原因自然是此时刚刚辞官归家，有了充裕的时间，而且多年来在官场沉浮积压的块垒，也急于一吐为快。但这也应该与他文学观念的发展变化有关。

汤显祖在《耳伯麻姑游诗序》中说："世总为情，情生诗歌，而行于神。天下之声音笑貌大小生死，不出乎是。因以憺荡人意，欢乐舞蹈，悲壮哀感鬼神风雨鸟兽，摇动草木，洞裂金石。其诗之传者，神情合至，或一至焉。一无所至，而必曰传者，亦世所不许也。"① 诗以真情实感为本，这自然不错。但不同时代的不同文体，表达思想感情的方式方法是不一样的。就古典诗歌的创作而言，就还必须注意情感的节制。如果任凭感情充分宣泄，穷形尽相刻画人情物态，那么对追求浑朴圆融含蓄典雅审美特征的古典诗文的创作来说是不太适宜的。而将这种主张和才能运用于戏曲创作，便能大放异彩。王思任《批点玉茗堂牡丹亭叙》云："即若士自谓一生四梦，得意处惟在牡丹，情深一叙，读未三行，人已魂销肌粟"；"其款置数人，笑者真笑，笑即有声；啼者真啼，啼即有泪，叹者真叹，叹即有气。杜丽娘之妖也，柳梦梅之痴也，老夫人之软也，杜安抚之古执也，陈最良之雾也，春香之贼牢也，无不从筋节窾髓，以探其七情生动之微也。"② 这里对《牡丹亭》刻画人物性格、表达人物感情方面的特点和成就的描写非常准确，这些都有赖于戏曲可以充分虚构、可以让人物直接上场充分表现自我等体裁特征，是诗、古文等传统文体几乎不可能达到的。汤显祖的文学主张与他在戏曲领域取得的艺术成就之间存在明显的对应关系。

金元时期，由于科举考试制度废止不行等原因，原有的社会分层结构在一定程度上被打破，文人雅文学与大众通俗文学一定程度上呈现合流的态势，许多高水平文人投身新兴文体戏曲的创作，铸就了中国古典戏曲的第一次辉煌。进入明代以后，由于科举制全面恢复等原因，原有的社会分层结构重新恢复，文人雅文学与大众通俗文学再度隔离。在明中叶以前，没有一流文人从事戏曲创作，只有朱权、郑若庸、赤玉峰道人（《五伦全备记》的作者）、邵灿、姚茂良、沈鲸、王济等下层文人和特殊文人专心从事戏曲创作。明中叶以后，康海、王九思、李开先、徐渭等一流文人开始从事戏曲创作，但他们仍以诗古文创作为主，戏曲创作只是偶尔为之。他们对戏曲的作用和价值给予了肯定，但主要还是从它们为"国风"之遗、"乐府"之流的角度立论，而没有意识到这种文体其实与已经被经典化的"国风"、"乐府"有本质不同，是一种新的文体。它反映的生活内容、生产方式、文体特性和社会效果，都与"国风"、"乐府"不一样。换言之，到明代中晚期，肯定戏曲的价值已经基本不是问题，关键是从什么角度来肯定。汤显祖之前的文学家，是在高度肯定古典诗文的前提下，通过把戏曲纳入古典诗文经典的源流，从它们作为古典诗文经典的附庸的角度，来对它们予以肯定。而汤显祖则是在判断古典诗文气数已尽的前提下，来肯定作为新兴文体的戏曲，并选择它作为自己的重要创作形式。

虽然汤显祖后期已将创作重心转移到戏曲上，但早年长期从事古典诗文创作的经历不可能完全忘却，必定会对他的戏曲创作产生重要影响。这主要体现在《牡丹亭》等作品的语言风格上。

---

① 《汤显祖诗文集》卷三十一，第1050—1051页。
② 《汤显祖诗文集》附录"批点玉茗堂牡丹亭叙"，第1543页。

其中《牡丹亭》的语言尤其具有明显的诗化特征，华丽精警，美轮美奂。其下场诗全用唐诗集句，而且非常贴切，也反映了汤显祖在诗文方面的深厚积累和对诗词的喜爱。对《牡丹亭》的这种语言风格，历来评论者欣赏肯定者居多，如吴吴山三妇评本《牡丹亭》曰："《牡丹亭》之工……其妙在神情之际。试观记中佳句，非唐诗即宋词，非宋词即元曲，然皆若若士之自造，不得指之为唐、为宋、为元也。"① 这乃是从传统诗文审美标准的角度来评价的。著名戏曲理论家李渔的评价就有所不同，他认为："曲文之词采，与诗文之词采非但不同，且要判然相反。何也？诗文之词采贵典雅而贱粗俗，宜蕴藉而忌分明。词曲不然，话则本之街谈巷议，事则取其直说明言。凡读传奇，而有令人费解，或初阅不见其佳，深思而后得其意之所在者，便非绝妙好词。不问而知为今曲，非元曲也。"他举《牡丹亭》为例：

  即汤若士《还魂》一剧，世以配飨元人，宜也。问其精华所在，则以《惊梦》、《寻梦》二折对。余谓二折虽佳，犹是今曲，非元曲也。《惊梦》首句云："袅晴丝吹来闲庭院，摇漾春如线"，以游丝一缕，逗起情丝，发端一语，即费如许深心，可谓惨澹经营矣。然听歌《牡丹亭》者，百人之中有一二人解出此意否？若谓制曲初心，并不在此，不过因所见以起兴，则瞥见游丝，不妨直说，何须曲而又曲，由晴丝而说及春，由春与晴丝而悟其如线也？若云作此原有深心，则恐索解人不易得矣。索解人既不易得，又何必奏之歌筵，俾雅人俗子同闻而共见乎？其余"停半晌，整花钿，没揣菱花，偷人半面"，及"良辰美景奈何天，赏心乐事谁家院"，"遍青山，啼红了杜鹃"等语，字字俱费经营，字字皆欠明爽。此等妙语，止可作文字观，不得作传奇观。至于末幅"似虫儿般蠢动，把风情扇"，与"恨不得肉儿般团成片也，逗的个日下胭脂雨上鲜"，《寻梦》曲云"明放着白日青天，猛教人抓不到梦魂前"、"是这答儿压黄金钏匾"，此等曲则去元人不远矣。而予最赏心者，不专在《惊梦》、《寻梦》二折，谓其心花笔蕊，散见于前后各折之中。《诊祟》曲云："看你春归何处归，春睡何曾睡，气丝儿，怎度的长天日"；"梦去知他实实谁，病来只送得个虚虚的你。做行云，先渴倒在巫阳会"；"又不是因人天气，中酒心期，魆魆的常如醉"；"承尊觑，何时何日，来看这女颜回"；《忆女》曲云："地老天昏，没处把老娘安顿"；"你怎撇得下万里无儿白发亲"；"赏春香还是你旧罗裙"；《玩真》曲云："如愁欲语，只少口气儿呵"；"叫的你喷嚏似天花唾，动凌波，盈盈欲下，不见影儿那"。此等曲则纯乎元人，置之《百种》前后，几不能辨。以其意深词浅，全无一毫书本气也。②

  李渔的话说得有点绝对。几百年来，人们非常欣赏《牡丹亭》，"袅晴丝"一曲唱遍大江南北，成为昆曲最经典的唱段，这是客观事实。但李渔的话并非没有道理，因为在他看来，戏曲本质上是一种表演艺术，是要"奏之歌筵"即在场上表演、"俾雅人俗子同闻而共见"的，因此必须"意深词浅"，让人一听就懂，而不能让人"深思而后得"。从戏曲艺术的这一根本特征出发，他的看法无疑根本上是合理的。汤显祖之所以这样写，在很大程度上就是因为他沉酣诗词文赋的时间较长，程度较深，又对"曲文之词采，与诗文之词采非但不同，且要判然相反"缺乏充分认

---

① 吴吴山三妇评本《牡丹亭》卷首《牡丹亭或问》十七条"其一"，见《汤显祖诗文集》"附录"，上海古籍出版社 1982 年版，第 1558 页。
② 李渔《闲情偶寄》卷一"词曲部上·词采第二·贵浅显"，《李渔全集》第三卷，浙江古籍出版社 1991 年版，第 17—19 页。

识。人们之所以激赏"袅晴丝"等曲，实际上还是欣赏诗文的传统审美习惯在起作用，是在把它们当作诗词来欣赏，而非当作戏曲来评价。

汤显祖将文学创作重心转移到戏曲后，全力投入，取得了杰出成就。他对自己的成就非常有信心，把它当作自己文学事业的重要组成部分，对戏曲文体也表现出了高度重视。其《七夕醉答君东》诗云："玉茗堂开春翠屏，新词传唱牡丹亭。伤心拍遍无人会，自掐檀痕教小伶。"① 他对自己的戏曲作品的喜爱溢于言表。《与宜伶罗章二》云："牡丹亭记，要依我原本。其吕家改的，切不可从。虽是增减一二字以便俗唱，却与我原做的意趣大不同了。"② 他对自己的戏曲作品的自信和珍惜可谓无以复加。又其《答李乃始》云：

> 良书娓娓，推挹深至，宵无俗情。弟妄意汉唐人作者，亦不数首而传，传亦空名之寄耳。今日侥得诗赋三四十首行，为已足，材气不能多取，且自伤名第卑远，绝于史氏之观，徒骞浅零谇，为民间小作，亦何关人世，而必欲其传。词家四种，里巷儿童之技，人知其乐，不知其悲。大者不传，或传其小者。制举义虽传，不可以久。皆无足为乃始道。吾望足下或他日代而张我，区区者何足为难。虽然，乃亦有未易者。宋人刻玉叶为楮，三年而成，成无所用。然当其刻画时不三年，三年而不专其精，楮亦未可得成也。恃足下知而爱我，屑屑言之。③

这里虽然还是根据当时世人的看法，说诗文是"大者"，戏曲是"小者"，但他已清醒地意识到，自己的时义不可能久传，诗、古文很可能不传，而相信"词家四种"或可传；同时他也表明，"词家四种"也是深有寄托的严肃认真之作，"人知其乐，不知其悲"；包括"词家四种"在内的所有著作，都"亦有未易者"，像宋人刻玉一样，都是费尽心血的作品，这充分体现了他对自己的戏曲作品的重视和珍惜。

关于汤显祖对待戏曲的态度，还有一个值得注意的现象。他在《答陆君启孝廉山阴有序》中叙述自己的文学道路时说："某学道无成，而学为文；学文无成，而学诗赋；学诗赋无成，转而学道，终未能忘情所习也。"④ 而在写给同一个人、应该也写于同时的尺牍《与陆景邺》中，这一段话作"学道无成，而学为文；学文无成，而学诗赋；学诗赋无成，而学小词。学小词无成，且转而学道。犹未能忘情于所习也"⑤。与前者相比，后者多出了"而学小词；学小词无成"这两句。"小词"毫无疑问应该是指当时已给汤显祖带来巨大声誉的戏曲作品。这种文字差异是如何形成的，难以确考。一般来说，古代文人对于自己的诗歌作品，写成后改动较少；而对于尺牍之类，写成后在编入文集时改动较多。又，古代文人写诗时，考虑公开性会多一些；而写作尺牍时，私人性会强一些。不管汤显祖是同时写定这一诗（含序）一尺牍，还是后来对尺牍作了加工，在尺牍中多出这两句话，都表明他在内心里已经将"小词"创作正式纳入到自己的文学道路和文学成就之中。

---

① 《汤显祖诗文集》卷十八，第 735 页。
② 《汤显祖诗文集》卷四九，第 1426 页。
③ 《汤显祖诗文集》卷四八，第 1384—1385 页。
④ 《汤显祖诗文集》卷十六，第 631 页。
⑤ 《汤显祖诗文集》卷四七，第 1338 页。

四

  正是基于自己的文学史观，汤显祖自觉作出了文体选择，从而导致了"临川四梦"的诞生。他的文学史观的这一重要意义是显而易见的。实际上，他的文学史观，即对古典诗文前途和命运的判断，还具有更深远的文学史意义。

  在汤显祖之前和同时，无论是唐宋派的作家，还是公安派的作家，对复古派的批评都集中在学古上，或者说集中在复古派倡导的学古的方法上。他们都没有对古典诗文的前途命运本身产生怀疑。他们主张直摅胸臆，独抒性灵；批评复古派讲格调、否定宋以后诗文，限制了取法范围，认为一代有一代之诗，肯定宋以后诗文，主张取法要广等等。总而言之，他们认为只要学习和创作的方法得当，就还能写出堪与秦汉古文和汉魏初盛唐诗歌媲美的作品，就能重现中国古典诗文的兴盛局面。

  汤显祖的好友丘兆麟曾说："天下人厌王、李者思袁、徐，厌袁、徐者思先生。"① 可见在当时人心目中，汤显祖与徐渭、袁宏道等人是不一样的。因为他一方面坚持文学必须表达真情实感的原则，另一方面又对古典诗文的创作有着丰富的实践和深入的探讨，知道古典诗文的审美特征之所在，懂得遵守古典诗文创作的一系列体裁法度的必要性和重要性，因此对复古派学古的主张在一定程度上是理解和认可的，其文学理论主张实际上介乎于李、王与徐、袁之间。以往研究者基本上将汤显祖与徐渭、袁宏道等等量齐观，是不太准确的。陈田在《明诗纪事》中也指出："万历中叶，王、李之焰渐熸，公安、竟陵，狙起而击。然公安之失，曰轻，曰俳；竟陵之失，曰纤，曰僻……若专与弇州为难者，江右汤若士，变而成方，不离大雅"，"义仍才气兀傲，不可一世。集中五古，清劲沉郁，天然孤秀，而时伤蹇涩，则矫枉之过也……义仍与袁中郎善，舍七子而另辟蹊径，趣向则一。但义仍师古，较有程矩，尚能别派孤行。中郎师心自用，势不至舍正路而入荆榛不止。余论两家之得失如此，不得一概抹杀，致没作者苦心也"。②

  丘兆麟和陈田的这种区分是准确的。汤显祖的文学主张确实与复古派有相近之处。他在《与幼晋宗侯》说："高张杨徐诗，一过已快，都有矩格，蕴藉深稳，不漫作，大是以清气英骨为主。后辈李粗何弱，余固不能相如。"③ 这里评价诗歌的标准还是强调要有"矩格"，要"蕴藉深稳"，即遵守古典诗歌的体裁法度要求。在《孙鹏初遂初堂集序》中，他对复古派前、后七子特别是李梦阳、何景明的文学成就评价并不低，认为他们虽然各有缺陷，但比起那些"以神明自擅"、毁弃法度者，要更为可取：

  国初大儒彝鼎之文，无所敢论。迨夫李献吉、何仲默二公，轩然世所谓传者也。大致李气刚而色不能无晦，何色明而气不能无柔。神明之际，未有能兼者。要其于文也，瑰如曲如，亦可谓有其貌矣，世宜有传者焉。间者文士好以神明自擅，忽其貌而不修，驰趣险仄，驱使稗杂，以是为可传，视其中，所谓反置而臆属者，尚多有之。乱而靡幅，尽而寡蕴，则之以李、何，其于所谓传者何如也？然而世有悦之者焉。华容孙公鹏初忧之，叹曰：李、何

---

① 《汤显祖诗文集》附录"诗集原序"，第 1531 页。
② 陈田《明诗纪事》庚签序、庚签卷二"汤显祖"条，上海古籍出版社 1993 年版，第 2233 页、2268—2269 页。
③ 《汤显祖诗文集》卷四八，第 1377 页。

于斯文，为有起衰振溺功。王元美七子，已开弱宋之路。日已流遁，长此安极！①

这里或许不无迁就孙氏本人文学主张之意，但汤显祖不是一个随便附和别人的人，上述说法与汤显祖本人的观念也应相去不远。另有一种《玉茗堂评花间集》，其序署"万历乙卯（四十三年，1615）春日清远道人汤显祖题于玉茗堂"，其中云："自三百篇降而骚赋，骚赋不便入乐，降而古乐府；乐府不入俗，降而以绝句为乐府；绝句少宛转，则又降而为词。故宋人遂以为词者诗之余也。乃北地李献吉之言曰：诗至唐古调亡矣；然自有唐调可歌咏，犹足被管弦。宋人主理不主调，于是唐调亦亡。"②按此文是否可靠，有待考证。若真出汤显祖之手，则表明他在去世前一年仍在一定程度上服膺李梦阳之说。

他的《与喻叔虞》一信则真实性不存在问题，其中说：

> 叔虞有意成诗乎。学律诗必从古体始乃成，从律起终为山人律诗耳。学古诗必从汉魏来，学唐人古诗，终成山人古诗耳。叔虞力尚可为，如生老矣，尚能商量此道。恃爱言之，并以示我同好。③

这种说法就与复古派的主张如出一辙。按该尺牍中有"归来十载"之语，则此信写于汤显祖万历二十六年弃官归里之后十年，即万历三十六年（1608）左右，由此可见，即使到了晚年，汤显祖仍持这样的见解。

汤显祖一方面崇尚真情、灵气，好"奇"，与唐宋派、公安派的文学主张有相通之处。但他又深深知道，创作古典诗文，就必须遵守一系列体裁法度要求，才能保持古典诗文的审美特征，所以复古派的理论在一定程度上是合理的。因此他清醒意识到，像复古派那样刻意模仿古人，虽可能得其外貌之仿佛，但根本不真，是没有价值的；同时他也知道，像徐渭、袁宏道他们那样，倡导独抒性灵，不拘格套，抛弃古典诗文的体裁法度要求，虽能形成一时之尖新，但根本上不符合古典诗歌的审美特征，这条路也是行不通的。由此他终于意识到了这样一个事实：在他所处的时代，创作古典诗文，真则不美，美则不真；古典诗文文体与当时人的真实生活和思想感情已不相适应，中国古典诗文的创作和发展实际上已陷入深深困境。复古派和公安派等对古典诗文的前景都是乐观的。复古派前七子、后七子和明末以陈子龙为代表的云间派等，一直坚持学古的主张。而就在汤显祖万历二十一年左右写作《与王澹生》稍后的万历二十四年，袁宏道写作了《叙小修诗》，对复古派的文学主张提出了尖锐批判，同时倡导"独抒性灵，不拘格套"，该文可视为公安派的正式宣言。他宣称"唯夫代有升降，而法不相沿，各极其变，各穷其趣，所以可贵，原不可以优劣论也"④，对按照新的路径创作古典诗文抱有高度热情和信心，对自己选择的道路和预期成就充满自信。复古派和公安派等的具体主张有异，但都没有对古典诗文的前途命运产生根本怀疑，都还认为只要找到正确的途径，就能让古典诗文重返康庄大道，在这一关键问题上他们的意见是一致的。当时只有汤显祖对自己的探索、选择和成就几乎完全是失望的，对古典诗文的前途是悲观的，两者之间形成鲜明对照。在无数文学家还在为古典诗文创作到底该"拟议

---

① 《汤显祖诗文集》卷三一《孙鹏初遂初堂集序》，第1060—1061页。
② 《汤显祖诗文集》附录"玉茗堂评花间集序"，第1477页。
③ 《汤显祖诗文集》卷四九，第1448页。
④ 袁宏道著，钱伯城笺校《袁宏道集笺校》卷四《叙小修诗》，上海古籍出版社2008年版，第188页。

以成其变化"①，还是该"独抒性灵、不拘格套"争论不休，还在到底该"宗唐"还是"宗宋"的圈子里打转时，汤显祖在一定程度上已经宣告了中国古典诗文的终结。汤显祖的见解迥出流辈，显然更为深刻。

当然，受传统的影响，受特定历史环境的局限，汤显祖虽有高度自觉的强烈的文学史意识，但他的文学史观总体上看还不够明确。他虽然作出了主动的文体选择，但他的文体选择也不是充分自觉的。他对自己的"韵语"即诗歌究竟是否可传，对戏曲文体的价值究竟有多大，都还存在犹疑之处。有些问题还看不清楚，有时还会回到传统的思路和观念上去。但就他已经表达的文学史观念和所作出的文体选择而言，他堪称那个时代头脑最清醒的文学家，达到了那个时代文学探索的最高水平。

令人感叹的是，在汤显祖的身后，从明末到清代，竟然还有那么多的文人乐此不疲地从事诗、词、古文、赋、骈文的写作。据估算，历经劫火之后，现存清诗总量仍不下数百万首，词不下数十万首，文不下百万篇。文学艺术的价值，无非来自于它所表现的生活内容和思想感情、艺术形式及表现手法等几个方面。直至鸦片战争之前，清代人的生活内容和思想感情与明代以前的人相比几乎没有什么变化，而且还不能说真话②；在艺术形式方面，古典诗文的各种体裁明以前基本定型，自明代人使小品文这种体裁得到较大发展后，清代人没有开创什么新的文体；在表现手法方面，清代人也没有什么新的发明，只能在诗宗唐还是宗宋、词宗北宋还是宗南宋、古文学秦汉还是学唐宋、骈文和赋仿六朝还是仿唐宋中间左倚右靠，在这种情况下，清代人在诗词文赋等传统文体方面还怎么可能有新的突破或取得重大成就呢？因此，综观清代汗牛充栋的诗、词、文、赋、骈文作品，虽然不能否认其中还有一些有价值的作品，但究竟有几篇还具有审美价值，能被后人所欣赏，能真正成为后人的精神财富呢？这不是耗费无穷精神和社会资源从事于基本无益之事吗？由此我们对中国清代以后文化发展之停滞、社会演化转型之艰难，又有了更深的体会。回过头来看汤显祖对中国古典诗文之命运的认识，我们更加佩服他独具千古只眼，更能看出他的文学史观的超前性。假如从明后期到整个清代，有更多优秀的文学家能像汤显祖一样，初步意识到古典诗文实际上已前途有限，转而从事戏曲、小说等新文体的创作，少几百万千篇一律的古典诗文，而多一些《牡丹亭》《娇红记》《笠翁十种曲》《桃花扇》《长生殿》、"三言二拍"、《红楼梦》《儒林外史》《聊斋志异》这样的作品，不是更好吗？常言道历史不可以假设，但假设一下又何妨呢？

（原刊《文学遗产》2016 年 3 期）

---

① 《大復集》卷三十二《与李空同论诗书》，《四库全书》第1267 册，第291 页。
② 鲁迅《无声的中国》："这不能说话的毛病，在明朝是还没有这样厉害的；他们还比较地能够说些要说的话。待到满洲人以异族侵入中国，讲历史的，尤其是讲宋末的事情的人被杀害了，讲时事的自然也被杀害了。所以，到乾隆年间，人民大家便更不敢用文章来说话了。所谓读书人，便只好躲起来读经，校刊古书，做些古时的文章，和当时毫无关系的文章。"《鲁迅全集》（编年版）第5 卷，人民文学出版社2014 年版，第33 页。

从"潜流"到"明河":大戏剧观下的"戏"考(上篇)
——"戏"之发生的历史逻辑

刘怀堂

学界关于中国传统戏剧形态及由此而得出的戏剧观——"以歌舞演故事"的研究成果颇为丰硕,但尚有一些问题未能梳理明白。"以歌舞演故事"已成学界共识,以之作为研究传统戏剧形态的标准或尺度自然没有问题,然而,将其引申到研究此论断之外的非传统戏剧形态,譬如,在没有明确"戏剧"概念的内涵与外延的学术语境下,将形态丰富而多样的傩戏视为戏剧的"活化石"等,就显得力不从心,也不符合"戏"剧史的实情。此其一。其二,"以歌舞演故事"论述了中国传统戏剧源于上古巫舞,是上古巫舞分化为世俗后的一支,其世俗形态是"恒舞于宫",并未见"演故事",那么,"戏剧"之"演故事"从何而来?这就引出所讨论的两大问题:

一是如何看待传统戏剧外的扮演形态。巫舞诞生了歌舞而演变为后世成熟舞台表演艺术即传统戏曲,但不意味着巫舞的消亡。历史与现实的扮演实践都有明证。基于此,康保成师指出,中国戏剧有两大支流即"明河"与"潜流":传统戏剧为明河,尚有学界所研究的诸多不同于这支明河的扮演或表演即潜流。问题是,潜流如何演变为明河?换言之,由"戏"而"传统戏剧"发生的历史逻辑如何?

二是"以歌舞演故事"表明,传统戏剧形态有两大特征,即歌舞、演故事。传统戏剧的歌舞源自巫舞,演变轨迹于史料亦很清晰,但纯粹的歌舞是不能演进为传统戏剧的,只有与"演故事"结合才有可能。问题是,歌舞何时、与何种扮演形态结合,又以怎样的形态呈现于历史当下?这是值得关注的焦点之一。焦点之二是,学界为传统戏剧之歌舞找到了源头,但传统戏剧之演故事的发生及其演进轨迹则鲜有问津者。与歌舞一样,它对于传统戏剧的形成至关重要。因此,有必要寻找其源头,将其模糊的演进轨迹尽可能地梳理出来——弄清其源于何时、何事,以何种形态与歌舞结合。

这两个问题如能得到比较圆满的阐述,既有助于弄清潜流与明河的联系与区别,更重要的是,有助于厘清"戏剧"的本质与内涵,在大戏剧观下,给予"戏剧"符合历史与现实的诠释,从而初步揭示出"戯"之体系的生成与演进。

一、学界"戏"之说

戏,不见于甲骨文,而金文有之,释读为"戯"。从金文出现至今,此字含义一直被关注,概括而言，主要有以下八种观点：

一是金文多用作地名。①

二是西汉被释义为军事之旌麾。②

三是三军之偏或兵器。《说文解字》云："三军之偏也，一曰兵也，从戈虘声"。这是许慎的看法，为多数学者所认可。

四是"戏"为"剧"。"剧，戏也；今俗谓戏为则剧"，这是胡三省的看法。③

五是戏、舞同源。这是姚华、刘师培《原戏》阐述的观点。④

六是"戏"为"戱"。其从虚从戈，认为"虚戈作戏，真假宜人。虚戈作戏，弄假成真。戏有戏法，真假相杂"，"虚属虚假，戈（戈矛）乃实物，意谓戏之构成，有真（实）有虚（假）"。⑤

七是老虎意象说。朱玲认为"'戏'，开始应该是指与老虎意象的深层含义如暴力、战争以及祭祀有关的事物。只是它的词义随着文明的发展而产生了变化"。⑥

八是秦汉风行的检验女子贞洁的方术。⑦

学界的这些关于"戏"的理解，是否揭示了"戏"之本义，今逐一简析之。

观点一与观点二。"戏"释为地名或军队的旌旗，与金文字形表示的本义相去甚远，当是引申义。

观点三。许慎释戏为"三军之偏"。三军，商朝称为"三师"，分左、中、右；"三军"乃春秋以后的军队组织单位，为当时各个大诸侯国所设之左、中、右军。⑧许慎的解释是据周朝军队编制而来，距离"戏"的本义甚远。至于学者认为"戏"乃兵器，只能符合其释义的历史语境，于其本义则不足取信。

观点四。胡三省注《资治通鉴》"请选锐士数百与之剧"而来，从文献本身语境而言，释为"戏"尚可接受，但这种解释是基于"戏"之演变基础上，并未解释论证"戏"本义。其后引民俗称为释"戏"为"则剧"，亦未能给出其本义。⑨

观点五。《原戏》之"戏"，只是就其形态来阐释——"乐舞之制，始于古初，由帝王祭礼，以推行于庶民，惟行缀修列，数以位差。然以歌节舞，以舞节音，则固与后世戏曲相近者也"。⑩这种阐释未触及"戏"的本义，更未厘清戏与后世戏曲相近的历史逻辑。而戏、舞同源，从巫祭本质而言，这一看法并没有错；但从本义上看，舞的出现早于戏，两者信奉对象截然不同，故其本义相去甚远。⑪

观点六。"戏"为"戱"说，其最大的疑点在于："戱"字始见于明代《正字通》，时间很晚，据之探讨"戏"之本义难以令人信服。

观点七。朱玲的解释比较接近戏的本义，但还不是本义，而是将戏的引申义当做了本义来阐

---

① 戴家祥《金文大字典》，学林出版社 1999 年版，第 1932 页。
② 《金文大字典》，第 1932 页。
③ 胡三省音注《资治通鉴·唐高祖武德四年》，中华书局 1956 年版，第 5914 页。
④ 刘师培《清儒得失论·原戏》，中国人民大学出版社 2011 年版。
⑤ 胡度《川剧艺诀释义·说艺》，上海文艺出版社 1980 年版，第 17、18 页。
⑥ 朱玲《汉字"戏"、"剧"的形义系统和戏剧文体的美学建构》，《南京师大学报（社会科学版）》2001 年第 1 期。
⑦ 朱渊清《戏——流行于秦汉时期的方术》，《古籍整理研究学刊》2004 年第 1 期。
⑧ 黄水华《中国古代兵制》，商务印书馆 1998 年版，第 3 页、第 10 页。
⑨ 则剧，其本义为戏耍、戏具、戏术等，见刘晓明《"则剧"考》，《广州大学学报（社会科学版）》2003 年第 11 期。
⑩ 刘师培《清儒得失论·原戏》，中国人民大学出版社 2011 年版，第 253 页。
⑪ 刘怀堂《象无形舞以祀——"巫"考》，《湖北工程学院学报》2015 年第 2 期。

释。故其解释只能作为参考。至于观点八则距戏之本义更远。

二、"戏"的发生——从惧虎到驱虎

通过研析学界的研究成果发现，除金文释义外，这些结论基本上都是取自战国或秦汉及其之后的文献以支撑。翻检文献可知，戏字至迟在周代就已出现。《诗经·卫风·淇奥》云"宽兮绰兮，猗重较兮。善戏谑兮，不为虐兮"，不过，甲骨文尚未释读出此字。而金文有之，其繁体为"戲"。① 故以后世之文献来探讨戏之本义，其结论自然经不起推敲。欲探究其本义，既需要从金文"戏"之字形出发，又需要从西周及之前的文献出发，才可能揭示其本质。又因"戲"从虍，表明该字与虎有着密切的关系，而西周及其之前可靠的文献就只有甲骨文与金文。那么，分析殷周甲骨文、铭文（即金文）中从虍之字，即为解决问题之道。

1. 先民关于虎的认知。虎，甲骨文写如 、 、 、 。② 这是虎字的本体，为学界共识。该甲骨文反映了先民关于虎本身认知的直观表达。不仅如此，先民还分辨出了虎的性别。如 ，甲骨文写如 、 、 ，为叶玉森根据甲骨文所释读而出，只为一说。而诸家针对该甲骨文字形及所在卜辞内容，各有释读。李孝定"疑为牝虎专字"；裘锡圭反对此说，认为"这个字象虎抓人欲噬形，应是'虐'的初文"。于省吾综合各家意见，认为该甲骨文为"牝虎"合文，而"虐"字隶书则作 ，两者有别。③ 李、于两位观点甚确。甲骨文关于雌性动物性特征，均如此字，如牝字。

甲骨文亦反映先民关于虎习性的认知。如 ，甲骨文写如 。在卜辞中为方国名；商承祚先生将其与 视为同字异体。《甲骨文字诂林》赞同商氏的说法。④ 诸家仅就卜辞释读与释义，于其本义不当。这两个甲骨文当表示两种不同之本义。甲骨文 不能释读为 （见下文）；甲骨文 从字形看，其本义表示林木或草木中有虎。类似的甲骨文还有 、 ，学者释读为 ，其义不详。⑤ 不妨将其与 之甲骨文比对，可发现两者非常相似。 ，不从山而应从木，为草木，甲骨文草木之字形有写如 者，亦有写如 者。这样， 、 与 应为同一个字，其本义亦同。这些甲骨文反映了先民对于生活于草木、林中虎习性的认知。

先民关于虎习性的认知，有助于他们躲避虎害。如金文 就是先民这种思维的反映。此金文学者释读为"虢"，据铭文释义为惊惧。⑥ 就字形而言，这应是一种警告符号：字形左边的"小"可释为虎足迹，"曰"表示某个地方，结合"虎"字，该金文表示某地为老虎经常出没之地。用现在的话说，此地为老虎的领地，当然危险了。故"惊惧"是该金文的引申义。

在当时生产力条件下，虎无疑处在食物链顶端，对于先民的生存与繁衍具有极大的危害性，

---

① 汪仁寿《金石大字典》，天津古籍书店1982年影印求古斋版，第一三卷六四。
② 于省吾《甲骨文字诂林》，中华书局1999年版，第1621页。
③ 《甲骨文字诂林》，第1627—1628页。
④ 《甲骨文字诂林》，第1646页。
⑤ 《甲骨文字诂林》，第1627页。
⑥ 《金文大字典》，5135页。

故先民对于虎有着很大的恐惧感。认识虎，了解虎的习性，则有助于先民自身的生存。这种认知或经验，一定是从惨痛的教训中得来的。不过，对于虎患，先民不是一味地被动，而是使用自己的方式以消除之。

另有一甲骨文 [字形]、[字形] 与虎有关。有学者释读为 [字形]，而陈邦福释读为"貓"，《诗经·大雅·韩奕》有"有貓有虎"句，毛传释为"似虎浅毛者也"。《礼记·郊特牲》云："迎貓为其食田鼠也。"其他诸家不认可陈氏所说，而据卜辞认为该甲骨文表示地名。① 从字形看，毛传所释比较恰当——不从田，"田"乃"似虎浅毛者"的花纹。这恰反映了先民对虎的独特认知——区别于其他猫科动物。

2. 先民猎虎与驱虎活动。方式之一，即采取搏杀这一暴力的方式消除之。甲骨文多有反映。如甲骨文 [字形]，学者释读为 [字形]，其义不详。所在甲骨卜辞为："贞…[字形]…不隹[字形]"。该甲骨文上部字形 [字形] 当释读为"人"，而字形 [字形] 学界释读为"耳"，那么，[字形] 就是突出人的耳朵的人的异体字，其突出耳朵并非为了夸张，而是为了某种特定的目的。就本甲骨文字形看，当是先民靠听力辨别老虎出现的方向或数量的多寡——或为避害，或为狩猎。这种靠听力狩猎的情况在今天的一些原始部落中仍然存在。这应是甲骨文 [字形] 的本义，展示了先民顺应自然而来的智慧。

从当代原始部落的狩猎看，听辨猎物的能力是一个优秀的猎手必备的技能之一。先民中具备了这样技能的猎手，为躲避虎患或狩猎虎的成功提供了成功的保证。甲骨文 [字形] 就是先民猎杀虎的直观记载。学者释读为 虢；裘锡圭释读为"虣"字，认为是"暴虎"之"暴"字，亦从戌从虎，或从戊虎。郭沫若不认同此说，而认为此字"实象两手持戈以搏虎"——于省吾说"这是很正确的"见解。② 笔者认同此说。

执戈猎虎，说明先民有了依仗，展示了先民的勇敢行为。这种勇敢的行为不是偶发的、个体的。甲骨文有不少这样的反映。如从虎之甲骨文 [字形]、[字形]，③ 这两个甲骨文的本义与郭沫若释义同。另有甲骨文 [字形] 写如 [字形]，裘锡圭认为此字为 虢 的异体字。④ 笔者深以为然。再如 [字形]，甲骨文写如 [字形]、[字形]，又写如 [字形]。于省吾认为，该字为 虢 的异称⑤；裘锡圭认为后两个甲骨文含义为"象手执仗搏虎"，"很有可能也是虣的异体字"。⑥

这些甲骨文并未反映出先民猎虎的地点，他们的行动似乎没有计划，其实不然。甲骨文 [字形] 可谓一证。另一个证据就是 [字形]，甲骨文写如 [字形]。裘锡圭认为此字从 虢 从水，但有学者不认同此说："'虎'所从之形体与'戈'不类，故存疑。"学者释义为地名。⑦ 释该甲骨文的本义应与甲骨文 [字形] 合在一起，方能达到目的。不考虑"从水"，则该甲骨文右边字形诚如裘锡圭先生释读之"从虢"——其与 虢 之甲骨文字形相同。再结合"从水"，则 [字形] 之本义自明：在河边或水边狩猎虎。而甲骨文 [字形] 之"河边有虎出没"的本义，于此也得到印证——这说明，先民掌握了老虎经

---

① 《甲骨文字诂林》，第 1629 页。
② 《甲骨文字诂林》，第 1624—1625 页。
③ 《甲骨文字诂林》，第 1624—1627 页。
④ 《甲骨文字诂林》，第 1635 页。
⑤ 《甲骨文字诂林》，第 1632 页。
⑥ 《甲骨文字诂林》，第 1626 页。
⑦ 《甲骨文字诂林》，第 1630 页。

常出没于河边的规律，才有在河边猎杀老虎的举动。

如此多的猎杀虎的甲骨文，表明先民生活的时代虎患的严重性。他们当中涌现出来不少富有经验的勇敢的猎手，这些猎手熟悉并掌握了虎的生活习性，在虎经常出没的地方捕猎——一方面为消除虎患，一方面为增加部族食物来源。

甲骨文不仅反映了先民猎杀虎的事件，还反映了先民对死虎的处理。如甲骨文⿰、⿰，有学者释读为虝；丁山释读为虢，认为此"字当是象两手搏虎形，虢之初文"，于省吾从此说。而林义光持不同意见："虢为虎攫，无他证，当为鞹之古文，去皮毛也……从虎，⿰象手有所持以去其毛，凡朱鞹，朱彝器以虢为之。"① 林先生所释应为该甲骨文的本义。此细节与场景尚有另一甲骨文⿰可证。此甲骨文学者释读为虎，据卜辞释义为祭牲名。② 学者释义为引申义，字形从手从虎，与⿰比较相近而"虎"为省体，两者本义同。这应为先民重要的习俗之一，到周代成为周礼的一部分：

> 掌皮。掌秋敛皮，冬敛革，春献之。……释曰：……许氏《说文》"兽皮治去其毛曰革"，秋敛皮者，鸟兽毛毨之时，其皮善，故秋敛之，革乃须治，用功深，故冬敛之，干久成善乃可献，故春献之也。③

这应是目前所见到的最早的关于先民处理死虎的具体而微的细节与场景。

方式二是以巫术驱赶。有两个甲骨文可为力证，即⿰、⿰与⿰、⿰。甲骨文⿰、⿰，学者释读为虞；蔡运章释为膚；于省吾释为地名或国名；《甲骨文字诂林》按，此字为地名，或省作"麟"、"虘"（甲骨文写如⿰），亦当为同用字。但叶玉林认为此字乃"麟山合文"，而朱芳圃则云此字"从麟从火"④；蔡运章则说甲骨卜辞中"山字跟火字不分"。⑤

其实，弄清该甲骨文的本义，需要弄清组成甲骨文⿰的字形⿰、⿰的本义。⿰，甲骨文有此字，《说文》谓"削骨之残也"，徐锴进一步释⿰为"冎"——"冎，剔肉置骨也。⿰，残骨也"；而于省吾认为，⿰是"列"之初文——"分解"之义。⑥ 徐锴所释最为精当，乃其本义。

而⿰，学界释读为虍，许慎释义为虎纹，徐中舒不同意此说，认为此字甲骨文原作⿰，不是虎纹，而是虎皮或兽皮。于省吾否认这两种观点，认为就字形看，是虎首形。⑦ 由从虎之甲骨文看，于省吾释读与释义是最恰当的。殷商青铜器有证明。考古挖掘显示，安阳商王武丁妇好墓殉葬品中有 4 个青铜虎或虎头——用来辟邪，当为虎神崇拜的典型反映。⑧ 在殷商之前的新石器时代，虎头造型就已出现。如距今约 4600 年—4000 年龙山文化中，就有被称为艺术品的"虎头"

---

① 《甲骨文字诂林》，第 1627 页。
② 《甲骨文字诂林》，第 1633 页。
③ 十三经注疏编委会《十三经注疏·周礼注疏》，北京大学出版社 2000 年版，第 209 页。
④ 《甲骨文字诂林》，第 1640 页。
⑤ 《甲骨文字诂林》，第 1636 页。
⑥ 《甲骨文字诂林》，第 1635—1638 页。
⑦ 《甲骨文字诂林》，第 1633 页。
⑧ 熊也《中国青铜器概览》，巴蜀书社 2000 年版，第 4 页。

玉器出土。① 这表明，先民虎崇拜出现的时间更早。那么，虘本义为虎头置于骨架上——或作为勇士（战利品）象征，或作为虎之禁忌（而崇拜，或许有祭祀仪式）。于是，虘的本义即为虎之尸主，表示由对虎的害怕而产生的虎崇拜——这是先民关于虎的原初信仰体现。

这种情况其他甲骨文可证。如骰，学者云"可能是地名或先祖神祇名"，或在卜辞中为"祭牲"。② 由字形看，此字从骨从女，单独之"骨"并无对象所指，其义只表示身份不明的某动物体骨；而加上"女"，为会意字——断乎不会是女子祭拜此不明身份之骨，则为女骨偶神。那么，此甲骨文本义应是逝去的部落女首领或有功于部落的女性成员，或者是该部落信奉的女性神祇。此甲骨文与甲骨文"虘"可互为发明。至于祭牲或地名乃引申义。

既作为虎之尸主，当不会置于山上——从后世民俗事项看，除非举行盛大的祭祀仪式，才有可能将图腾之尸主置于祭祀之地，否则，多放置于部落特殊的地方。而甲骨文从虎之字有从水、从木、从戈者，却没有从山之虎字，则该甲骨文表示的动态事项当是焚烧虎之尸主"虘"。这是一种巫术仪式——驱赶虎的仪式。

而甲骨文𤉷、𤉸学者释读为虦，朱芳圃认为此字"从火"；《甲骨文字诂林》认为，此字与虞均为地名，两字通用无别。③ 诸家均有道理。但"虦"、"虘"还是有区别的：祀虎仪式的繁简不同，𤉷、𤉸表示驱虎巫术仪式的大小不同，两者均从另一面反映了当时各部落（或各时期）面临虎灾的轻与重、大与小。④

三、"戏"的源头——象虎而舞

1. 由虎头而虎之尸主祭拜。涙，甲骨文写如𤂽。《甲骨文字诂林》认为，此字从虎从水，在卜辞为地名。⑤ 据卜辞释义，这没有问题，但从虎之说，尚需考虑。有学者云，屮为甲骨文虎的省体，此说有卜辞为证。但甲骨文金文均有从水从虎之字（见上文），释读为"涙"，与此甲骨文不同。其实，甲骨文的异体字颇多，但不必每两个形体相似或相近的甲骨文都是异体字，至少在该甲骨文出现之早期如此。甲骨文是先民最原始思维的体现，即使后世认为同一字的异体字，也不意味着先民时期就表示同一个意义。从虎与从虍，在先民眼中意义当有不同。从虎从水，如上文笔者所释，是先民关于虎活动场地的规律性认知；从虍从水，则需结合"虘"的本义来考察——应是于水边祀虎之义。因为水边是虎出没之地，先民出于渔猎的目的，而祈求虎以获得其神力，保护其捕获更多的鱼，或表明此河边为该部落图腾禁忌之地。

与𤂽结构相同的甲骨文有㝨，甲骨文写如𡩌。王襄、商承祚、饶宗颐、李孝定诸家释读为

---

① 曲石《中国玉器时代》，山西人民出版社1991年版，第10页。
② 《甲骨文字诂林》，第525—526页。
③ 《甲骨文字诂林》，第1640页。
④ 虦、虘，甲骨文写如𤉷、虘。根据具体的甲骨卜辞，于省吾释之为地名。见《甲骨文字诂林》，第1630页。𤉷、𤉸省为"𤉷"、"𤉸"及两者通用的说法，还值得商榷。
⑤ 《甲骨文字诂林》，第1756—1757页。

"虎"，在卜辞中为方国名；商承祚先生将其与㪍、䖒视为同字异体。《甲骨文字诂林》赞同商氏的说法。① 就卜辞而言，商氏所说有据，但从字形来看，恐未必如此。虍、虎二字，甲骨文各有自己的形体，先民表意直观，当有所本。甲骨文㪍字形不必如诸家所释读为"虎"，当释读为"虗"或"梐"。其本义为祭祀林中之虎或于林中祭祀虎。这一判断有金文樘为证。此金文从木从㞢，金文有多种异体字，代表性的金文如▨，陈梦家就金文内容释义为封地。② 结合㞢的本义阐释，此金文本义当为于森林祭祀虎，祭拜虎之尸主㞢——是先民祀虎仪式的反映。这样，虗本义就是用虎头于林中祀虎。

另外，甲骨文有盧字，写如▨、▨。于省吾认为是祭名。③ 此字亦由虎头代替"虎"本身。这证明先民以"虍"代"虎"而祀已成为习俗——虍或者其尸主或面具，成为先民祀虎巫术仪式中必备的道具。这是一种比较简单的祀虎仪式。

而比较复杂的以虎头即"虍"为对象来祭祀的巫术仪式甲骨文亦有反映，与虎之尸主㞢有关。有两个甲骨文，即虡、虤，前者甲骨文写如▨，后者甲骨文写如▨。蔡运章、于省吾认为这两个甲骨文应是同字。④ 从原始思维出发，这两个甲骨文不能厘定为同一个字，而是两个字，表示两个意思。与"虗"、"虤"含义同，表示祀虎巫仪，只不过更加隆重而已。这主要是甲骨文下方的"口"字，可释义为祭坛，也可释义为"天"，即天帝（见下文甲骨文虞），无论哪种释义，都显示出虡、虤祀虎仪式较虗、虤更为重视，或者说其目的性明显。

从▨、▨、虗、樘、虡、虤、虞、虤等可看出，作为祭祀对象，先民祀虎巫仪中使用的"虎"经历了一个由虎头到虎之尸主的过程；由在虎出没之地（河边、树林）到设坛祭祀的过程。

2. 先民祀虎的巫术仪式。尽管从这些甲骨文或金文中解析出先民虎崇拜，但诸如谁来主持祭祀、有无舞蹈与装扮、虎之身份与地位是否发生了变化等问题，尚不清楚。厘清这些问题，才可能逐渐接近"戏"的来源与本义。

主祭者，由男巫而女巫。这有祀虎之甲骨文为证。如虎，甲骨文写如▨、▨。不少学者认为此甲骨文应释读为虎字，但于省吾先生认为不当，应释为虎，意为方国名或人名。⑤ 释读为虎是对的；但尚不清楚这个"人"的性别。另有一字虞，甲骨文如▨，《甲骨文字诂林》云"字不可识，其义不详"。⑥ 其实，比对虎之甲骨文可看出，虞与虎甲骨文写法相同，故两者为同一字，意义应相同。此巫师可能为男性。因为甲骨文中有虡字，写如▨，于省吾释为"女性之'▨'"。⑦ 于先生所言甚确。

再看▨、▨两个甲骨文。上方为虎头，或为类似虎头的面具，这是由▨而来。这是一种极为

---

① 《甲骨文字诂林》，第1646页。
② 《金文大字典》，第2227页。
③ 《甲骨文字诂林》，第1644页。
④ 《甲骨文字诂林》，第1635—1638页。
⑤ 《甲骨文字诂林》，第183页。
⑥ 《甲骨文字诂林》，第220页。
⑦ 《甲骨文字诂林》，第528页。

简单的装扮。其下方或为"人",或为"大",这两种不同人体形状当表示不同的肢体动作,应是舞蹈——模仿虎之肢体动作的舞蹈。这是先民祀虎仪式中最初的一种舞蹈,常伴随着献祭仪式而举行。商周甲骨文与钟鼎文的确有"虎首人身"的象形图符,如左图,为安阳侯家庄殷墓出土的"虎首人身大理石坐像";商周虎首面具亦可为力证。①"这些图符,介于绘画和文字之间,与其说与汉字有什么关系,不如说与原始图画更为接近。从它们所提供信息里,我们可以约略可见远古图腾的痕迹。"②可见,这种有关虎之巫祭仪式源远流长,及其与上古时期先民生活、生产的密切程度。

先民祀虎以日常所食。如献,甲骨文写如❏、❏。该甲骨文释读有三大分歧,即或释读为"虍",或释读为"甗",或释读为古"獻"字。其释义各家不同,有方国名、宗庙献祭、献俘诸家观点。③ 笔者的意见,就甲骨文看,释读为"虍"甚确;其他释读不是甲骨文象形之本体,乃是根据"虍"的金文异体字释读而来。这一点李孝定先生有详细的阐述。④ 金文有❏,学者认为是"献"的省体,从虎从犬,略去鬲。⑤

从诸家分析看,早期祀虎以鬲。赵汝珍《古玩指南续编·古代礼器》:"古时盛馔用鼎,常饪用鬲。"这说明先民祀虎以其日常所食——在当时食物匮乏的时代非常不易。甚至用"皿"作为祀虎祭器,如❏,甲骨文写如❏,字从皿从虍从大。⑥ 再如❏,甲骨文写如❏。学者云其从虍从皿,可作❏,乃❏之变体。⑦ 由此看来,先民日常所食所用既是日常用度,也是祀虎"礼器";而金文"献"之从犬,表明祀虎以人置换为以犬。

其实,在以犬为祭品之前,先民还曾以人为牲,甚至是女性(或为女巫)。甲骨文❏(写

---

① 唐楚臣《中华彝族虎傩》,云南人民出版社2000年版,第58页、第60页。图片采自该书第58页,第60页有采自三副收藏于美国的虎头形饕餮面具。
② 《中华戏曲》第十二辑,第1—2页,山西人民出版社1992年。
③ 《甲骨文字诂林》,第2736—2739页。
④ 《甲骨文字诂林》,第2738页。此字金文有这几种写法:❏、❏、虎、❏,据此看出各家释读所本,以及甲骨文由"虍"而为"甗"、为"獻"的过程。
⑤ 《金文大字典》,第2780页。
⑥ 《甲骨文字诂林》,第2662页。学者释义为方国名,非本义。
⑦ 《甲骨文字诂林》,第2664页。学者释义为方国名。

如 🧿）可为一证。《甲骨文字诂林》无释义，仅视为"女字"。① 这种释读与甲骨文字形出入颇大。此甲骨文左边为一女性，右边即为象虎而舞者，整个字形表示以女性祀虎行为——这不是虎之生殖崇拜，因为甲骨文有这类反映。另一甲骨文写如 🧿（释读为 🧿），于省吾释为"殷人祭祀之对象"②，相较 🧿，此字反映的是先民真正的将女性送到森林中作为虎的血食以祀虎。这种行为应在 🧿 仪式之前。这个女性或为女巫。这在甲骨文中多有反映，如焚烧女巫以求雨的巫仪等。殷商及周初青铜器上的动物纹样亦有明确的反映。如日本住友氏和巴黎西弩奇博物馆收藏的一对"乳虎食人卣"，乳虎身体与人身相抱；安徽阜南出土的一个"龙虎尊"体部两个展开的兽形口部之间夹着一个人头，下连人体。（如上页图）③ 这些青铜器上的人与虎相连的铭纹，学者看法不一，但从甲骨文及其反映的先民虎崇拜来看，应为人牲祀虎，目的就是祈求虎的庇护——无需上纲上线。④

这种情状在青铜器中多有反映。如左图（侧面和正面）。这是西周早期（公元前 11 世纪）的作品，名称为"人兽纹軝"（高 16.9 厘米，径 6.4 厘米）：

这件軝为圆筒形，一面上端为圆雕的长耳和双角的兔头异形兽，是一种在西周早期青铜器上常见的兽首形象，下端为浮雕的兽面纹；另一面上端是个圆雕的虎头，虎耳高耸，虎目圆睁，虎口咧张，形象威猛。虎口下饰一人首，面容自然安详。⑤

史前岩画亦有类似表达。黑龙江下游上段的萨卡奇·阿梁村早期岩画有一幅人首兽身图案，研究者认为这是人虎同体图腾；另有人虎同体假脸岩画。这些岩画折射出先民强烈的虎崇拜意识。⑥

据上，先民祀虎祭品有一个演变过程：日常所食—人牲（女巫）—牺牲（动物）。第一阶段为茹毛饮血时代，巫术尚未产生，人牲尚未出现；第二阶段为巫术时代，人牲出现并流行，后期被置换为物牲。

从甲骨文可知，先民祀虎舞蹈当是模仿虎之动作的模拟与再现，这种祀虎献祭舞蹈仪式是"戏礼"的最早源头，而祀虎是"戏礼"产生的深刻的社会历史根源。

3. 由虎之尸主到虎神崇拜。先民祀虎仪式表达了与虎和平共处的愿望，这只是先民虎崇拜的初始信仰与巫仪形态反映，这一信仰是基于对虎的恐惧而产生的。到后来就上升到虎神崇拜，这是信仰上的质的变化。据甲骨文、金文，虎崇拜表现在诸多方面。

最突出的是将虎视为神而崇拜。这在甲骨文中有反映。如 🧿、🧿，这两个甲骨文为同一字，

---

① 《甲骨文字诂林》，第 497 页。
② 《甲骨文字诂林》，第 497 页。
③ 张光直《中国青铜时代》，三联书店 1983 年版，第 318—319 页。图片采自该书第 320 页。
④ 学界大致有五种观点：彰显统治者残暴说、沟通天地说（张光直）、人与动物的统一说、"虎食鬼"神话说、对虎（代表自然）的恐惧说。其中张光直的观点比较接近史实（见张光直《中国青铜时代（二集）》，三联书店 1990 年版，第 105 页），有 🧿 等甲骨文为证。
⑤ 上海博物馆《中国青铜器展览图录》，北京，五洲传播出版社 2004 年版，第 65 页。图片采自该书页。
⑥ 汪玢玲《中华虎文化研究》，东北师范大学出版社 1998 年版，第 29—30 页。

见于武丁时期的甲骨卜辞上。胡厚宣释为"蒙",其上部字形为帽子,下面字形为虎皮,谓以虎皮伪装,并举殷王武丁时期的一位大将作战时穿虎皮伪装,以威吓敌人的例子:

> (此字)乃武士出征,披虎皮伪装,以冒犯敌人之义。盖古代作战,以虎皮表军众,以虎皮包兵甲,战士战马也都蒙虎皮……还有统治者出猎,前面有蒙着虎皮的皮轩车,后面随着身披虎皮的猎手,……以呈其凶猛,所以虍从虎字。①

不过,从字形看,能否将"虎"字上方的"冃"视作一面具?"虍"字下为"虎",本身就是妆扮成此图腾动物的形象,没有必要再于其上加一"冃"以表示"蒙"之义,此举似有重复之嫌,不符合古人会意象形之义。因此,较为合理的解释是:就构形看,上为"天"之义,下为身着图腾之皮的巫者,以巫祭之方式交通神鬼祈求帮助。这样,虍字本义可释为:巫者象虎以祀天。

这种象虎祀天仪式中的冃在另一甲骨文中就变成了"帝",即虡,甲骨文写如㒸,学界未释义。② 从字形看,此甲骨文从虍从㼱,㼱从帝从収,可见虡与虎、帝有关,要弄清虡的本义,还需弄清楚㼱的本义。

而㼱,甲骨文写如㼱。商承祚释读为"揜",张亚初释读为"摘",并认为二字音义相通。张氏引甲骨文摘(释读为"摘")来证明这一观点。《甲骨文字诂林》不认同这些看法,认为其义不详。③ 诸家据卜辞所释,已不是此甲骨文本义。其实,此字从帝从収,就甲骨文字形而言,帝即超自然神灵(或称天帝),这是学界共识④;结合"収"释义为手,两者会意已表达出先民直观的原始思维及逻辑:祭拜天帝。収,释义为手,这没有问题;但不必解释为用手采摘——采摘天帝?显然解释不通。对于此甲骨文从手之字,可释义为以手着地匍匐而祭,或者手持天帝偶像,无论哪种解释,都反映出先民天帝的信仰与崇拜。⑤

不过,另有学者认为,此帝字不必释义为天帝,理由就是甲骨文䄔。此甲骨文写如䄔,学界认为此字从矢从帝,释读为"䄔",这没有问题。有问题的就是其释义:或释义为鸣镝之"镝";或认为释"镝"不可据,卜辞为祭名。比较而言,后者解释稍近本义,但尚隔一层。而学者丁山认为此字反映了武王射天之事:

> 䄔虽祭名,字从矢从帝,帝如释为天帝,䄔正是"射天"的象征。然而帝字见于甲骨文,却不作天帝解,风云、巫、䄔之神总谓之帝。……当为恶神,非天帝也。后羿射封狐、射河伯,《楚辞·天问》称其"革孽夏民",这样来看䄔字,当是射杀灾孽之神,武乙射天的

---

① 《甲骨文字诂林》,第1630页。
② 《甲骨文字诂林》,第1089页。
③ 《甲骨文字诂林》,第1088页。
④ 卜辞中帝指天帝。见《甲骨文字诂林》,第1086页。
⑤ 帝,"象架木或束木燔以祭天之形,为禘之初文,后由祭天引申为天帝之帝及商王称号"。见徐中舒《甲骨文字典》,四川辞书出版社1989年版,第7页。

故事，当由射杀神的风俗，一再传说而误。①

丁山先生的解释可为一说。但此甲骨文尚有他解：或释义为以天帝之神力附加箭矢至上，或释义为由祭拜天帝转而威胁天帝以达到诉求——殷商人射杀图腾隹（即燕子）的例子甲骨文有记载，后世亦有变祀神为杀神或打神之民俗事项上演——这是一种极端的信仰表达方式。这样，⿰矢帝之帝，未必就是恶神，而正是先民信奉之天帝。

如此，䖒与⿰矢帝所反映的是当时天帝信仰的两种不同的祭祀方式。那么，䖒与虎之合文，就表示复合图腾——信奉虎与信奉天帝的两个部族或者信奉虎图腾的部族将天帝信仰添加到其图腾之中而形成的。而从虍从䖒之甲骨文虞，其本义自明——将虎上升到与天帝的高度祭祀之，体现了先民典型的虎神崇拜。后世出土的殷商青铜器上亦多见虎形，有些出现在青铜器牛背上，有些出现在铜戈柄内端（有虎首造型），有些出现于鼎上或为鼎足等，都是虎图腾崇拜的最好的印证。② 甲骨文虞的出现将虎之祀虎祭天巫仪更加清楚地呈现出来。

其实，关于虎之图腾崇拜，世界各地不少民族都曾有过。1987 年，河南仰韶文化遗址墓葬中首次发掘出了用蚌壳雕塑的龙虎图案，这表明至少在八千年前，我国远古先民就已有虎之图腾崇拜；宁夏贺兰山与北山岩画之虎画像也为图腾崇拜的反映。③ 这一崇拜的缘由当从畏虎而来。

这一虎神崇拜在先民生活与生产中多有体现。如生殖崇拜，这是与虎有关的人类生殖崇拜。如甲骨文虘、虘，学界释读为虘。④ 金文与甲骨文基本相同，个别金文有些许差异，如虘。⑤ 上文已阐述，虍乃先民早期虎崇拜时祭祀对象，而"且"则为雄性生殖器的象形，则虘明显透露出先民生殖崇拜的信息——借虎之神力达到部族繁衍昌盛的目的。

学者认为此字与甲骨文虘同，其实未必。虘，甲骨文写如虘、虘，学者释义为方国名。⑥ 这不是该甲骨文的本义。仅从甲骨文字形看，其本义的确难以弄明白。不妨从金文入手。虘，金文大致有三种字形，分别为虘、虘（又写如虘、虘、虘）、虘（或写如虘），阮元释为"俎"，孙诒让、刘心源、于省吾等从其说；郭沫若释为句首发语词，而有学者释为叹词"嗟"字。⑦ 两种解释均从金文内容出发，非该金文本义。从金文字形虘、虘、虘、虘看，此字不从人从且，而从虍从且从手；手与且位置紧密相连，这应表明其义为"手持生殖器"——若从金文虘看，这种解释就更加合理。又因该字从虍，则虘之本义为"头戴虎头（面具），手持虎之生殖器（或为道具）之祀虎舞蹈"。这种彰显生殖器的生殖崇拜舞蹈，在今天湖南土家族茅古斯傩戏中依然存在。茅古斯舞蹈"示雄"手拿硕大的男根疯狂地扭动："（扮演者）腰系草把束成的阳具象征人类生殖崇拜，……古希腊早期的舞蹈中有男人拿着菩提树皮扎成的或用木头雕刻成的阴茎一并起舞"，土耳其、巴西等都有类似的阳具舞蹈。⑧ 这些民俗事项可为金文虘最好的注释。那么，甲骨文⿰矢帝之

---

① 《甲骨文字诂林》，第 1087—1088 页。
② 王宁《虎出大洋——江西新干大洋洲商代虎文物赏析》，《东方收藏》2010 年第 4 期。
③ 朱存世、李芳《宁夏贺兰山和北山虎岩画图腾崇拜初探——兼论虎岩画的族属》，《北方文物》2003 年第 2 期。
④ 《甲骨文字诂林》，第 1644—1645 页。
⑤ 《金文大字典》，第 341 页。有学者释为方国名。
⑥ 《甲骨文字诂林》，第 1644—1645 页。
⑦ 《金文大字典》，第 338—339 页。
⑧ 王鸿儒《夜郎之谜》，北岳文艺出版社 2007 年版，第 224 页。

本义就非常清晰了。

这种祀虎生殖崇拜舞蹈在先民不是偶然的举动，而是一种习俗。甲骨文👁、👁为另一证据。该甲骨文学者释读为嚴。罗振玉认为，此字"从艸嚴声，嚴即且"；其他各家见解各异。《甲骨文字诂林》"按：此乃'嚴'之繁体，均为方国名"。① 从艸嚴声是对的，但说"嚴即且"就有问题了。因为嚴与且两字形、义从本义言差别甚远。至于说嚴是嚴的繁体，还需要探究。

嚴从艸，正揭示了虎之生活的地方，与上文阐述之甲骨文👁相一致，而先民曾于林中猎虎、祀虎，这些活动表明先民认为虎为林中之王。尤其是林中祀虎仪式的举行，清晰地展示了先民的原始思维与逻辑。那么，嚴的本义应为林中祀虎巫仪——祀虎生殖巫仪。从甲骨文👁、👁字形看，这一巫仪规模较大，理由是甲骨文👁之"两只手"——意味着多位巫师共同举行或参加，更或者与湘西土家族茅古斯那样，为一种群体性示雄舞蹈。

由👁而👁、或而👁，记载了先民对部族人丁繁衍的强烈渴望，而其实现是通过祀虎这一仪式，借助模仿虎的某些动作这些原始的（群体性）舞蹈来实现的，是典型的虎神崇拜的反映。

虎而为虎神已成为先民习俗的重要内容。诸如渔猎、战争等方面都有反映。渔猎方面的从虎或从虍甲骨文如👁、👁等。

甲骨文👁又写如👁，有学者释读为👁，绝大部分学者释读为"虓"，据卜辞释义为地名。陈梦家、李孝定释读为👁，释其义为"白虎"。而有学者不认同这两种观点，说"卜辞为地名，其地盛产咒，均与猎咒有关"。② 就字形看，应释读为👁，与甲骨文👁应为异体字，即古"献"字，应较👁出现早。如果据卜辞释义其与猎咒有关，则是借助虎神之神威以达成愿望，那么，此甲骨文记载的就是狩猎中的虎神崇拜。至于祭品，一如👁字所反映。

再看甲骨文👁，学者释读为虡。不少学者释为古"鱼"字，从虍鱼声，而《甲骨文字诂林》反对此说。③ 金文有👁，写如右图，学者释义为国名。④ 从金文比较，此甲骨文从虍从鱼没有疑问，其本义不必如学者所释。从金文看，这是一个近水部落——或者是接受虎崇拜的部族，或者是迁徙至某条河流附近居住的虎图腾部族的一支，他们为捕获更多的鱼资源而举行了祀虎仪式，祭品就是鱼类这一日常所食。

战争方面的虎神崇拜反映于金文👁，学者释读为虢。此字见"伯农鼎'👁戈虢冑'"，学者释为"皋字，谓以虎皮包甲。虢冑即甲冑也"。⑤

据甲骨文、金文之分析，虎曾一度成为先民的灾难与噩梦，为此先民曾与之抗争过，但最终先民采取了温和的方式以解决与虎之

---

① 《甲骨文字诂林》，第 1645 页。
② 《甲骨文字诂林》，第 1629—1630 页。
③ 《甲骨文字诂林》，第 1757 页。
④ 《金文大字典》，2053 页。
⑤ 《金文大字典》，5134 页。

间的关系。先民与虎之间的关系演变可清晰表示出来：惧虎—猎虎—祀虎，而虎崇拜祭祀仪式就成为先民生活与生产中不可或缺的一部分，在历史当下扮演着非常重要的角色。（据考古挖掘与学者研究，青铜器展示的虎崇拜在夏朝就已存在；如果结合世界各地岩画，这一崇拜当更早。）并成为"戲"的源头。

四、"戏"之丰富与早期形态——祀虎巫仪上的执戈之舞

戲，金文写如 ![字形]、![字形]、![字形]。从字形看，戲从虎从"豆"从戈，因甲骨文有 ![虤]、虍，则戲当从 ![虤] 从"豆"，或如《说文》云"从戈 ![虘] 声"。那么，就出现了三个疑问：一是"豆"的加入，使"戲"发生了什么变化？二是"戈"的出现，使"戲"具有了何种意义？三是在这两个疑问下，"戲"的结构是从 ![虤] 从"豆"，还是从戈 ![虘] 声——换言之，其演变与形态如何？要回答这些疑问，还需从金文及先秦文献出发。

1. 先来看戲之"豆"。《金文大字典》提供的戏之金文异体字较少，而《古籀汇编》中所收 29 种"戏"之金文为寻求答案提供了信息。在这 29 个金文"戏"中，有一字形写如 ![字形]。从字形看，为半包围结构，外面为"虎"字形，内部为左右结构之左"豆"（很清晰）右"戈"，这类字形《古籀汇编》有 14 种（其中有将"戈"写得很小而紧靠在半包围，亦为半包围结构的异形，较例字"戏"古朴）。① "豆"，甲骨文、金文俱有之，"古食肉器也"② ——从殷铭文（见下图）看，此说颇有见地。那么，此字当是以肉祭祀虎，这非常符合虎之肉食性特征。

研究亦证明，祀虎巫仪出现了专门的祭器"豆"。学者认为这是商周时期的日常盛食器具，而后转化为礼器的。"豆在商代青铜器中是罕见的品种。它出现在商代晚期，盛行于春秋战国，是一种专备盛放腌菜、肉酱等调味品的器皿。它也是礼器，常以偶数组合使用……在周代已普遍使用。"③ 还有学者认为"豆"为殷商前期未见于青铜器。④ 在西周早期的主食器中，都也不多见，到春秋早期"豆"才成为普遍使用的食器。⑤ 之所以出现这种情况，原因可能是其新出现且稀有，故方显贵重而用于祭祀——可能成为专门的祀虎祭器。而到春秋之时普遍用于食器，再结合春秋之《诗经》、《论语》及战国之《庄子》等文献中的"戲"基本上没有祀虎意义（详下文），只能说明"豆"不再用于祀虎巫仪，而成为其他祭祀仪式上的礼器——"戲"这一祀虎巫术仪式至迟在孔子时代已被废弃。那么，基本可以肯定：在西周时期，用"豆"于祀虎仪式已成为常态。由戲而为礼，不在于祀虎仪式，而在于对祀虎仪式的升华。"戏礼"当成为商周礼仪之一。⑥

---

① 可参见《古籀汇编》十二下二十八之 29 种"戏"字形。
② 《古籀汇编》五上二十五。《甲骨文字诂林》据卜辞释义为地名或人名，见该书第 2769 页。
③ 《中国青铜器概览》，第 109 页。
④ 杜迺松《古代青铜器》，文物出版社 2005 年版，第 176 页。
⑤ 《古代青铜器》，第 178—179 页。
⑥ 翻检《周礼》、《仪礼》等文献，并无"戏礼"之记载，亦无"戲"礼之反映，或如苏轼所云"葛带榛杖，以丧老物，黄冠草笠，以葬野服，皆戏之道也"，已演化为民俗事项，这说明官方举行的"戏礼"至迟在周代已废弃。这一戏礼仪式如何？当与其他巫、傩祭祀在形式上相似。具体仪式苏轼的一段话可作参考：岁终聚戏，此人情之所不免也，因附以礼义。亦曰："不徒戏而已矣，祭必有尸，无尸曰'奠'"……今蜡谓之"祭"，盖有尸也。猫虎之尸，谁当为之？（引文见苏轼著，王松龄点校《东坡志林》，中华书局 1981 年版，第 26 页）。

2. 再来看戲之"戈"。就戲之字形出发，从"豆"、"犬"看，祀虎之牺牲均为肉类，这与其他祀虎舞蹈区别不大；而该祀虎舞蹈最大的不同就是"戈"的出现，而且是由 虠 演变而来的"戈"——含有强烈的猎杀之暴力与血腥意味。该如何解释这一现象？或者概括而言之，虎成为祭祀的对象后，原来猎虎之戈就转变为以之作为道具进行表演以祀虎、媚虎。这一解释基本可通，但祀虎舞蹈中"戈"从何而来？有何作用？

据考古成果，戈在新石器时代的龙山文化即以玉器形态而出现①，在夏代沿用②，到商朝"戈是车战的基本格斗武器。商代车战已有相当的规模，因此戈已被大量使用，如殷墟妇好墓出土的随葬兵器中有 2/3 以上（91 件）是铜戈，而在殷墟西区聚葬地出土的青铜兵器中，戈也约占 2/3"③；而在周代，戈亦属于"车兵"之"五兵"（即弓矢、戈、矛、殳、戟，共为一组配合使用）主战兵器之一。由此可知，戈最初为先民自卫武器，进而为搏杀武器，到商、周两朝成为其最精锐部队即战车部队的基本的或主战武器之一。这可解释周代傩仪中执戈的来由。原来，商、周人是将疫疠当做生死的敌人来对待的，并且用自己最熟悉的武器来与之搏斗。

而祀虎巫仪上执戈为何？戈，在上古先民眼中，当是非常锋利的且经常使用的武器，因此，无论是自卫，还是用于军事，其中当有简单的或基本的攻击动作。甲骨文中从戈之字甚多，其中有一字可能就是执戈攻击动作的反映。该甲骨文写如 ，学界释读为 ，从女从戈，释义为"役"，但也有认为从女从弋，古"妇"字，妇官也。④ 从女从戈，所说甚当，但两者所释并非本义，其本义应为女子执戈。女子执戈所为何事？从商代甲骨文反映商王武丁之妻妇好率军打仗事看，那时有女兵参与作战，此甲骨文或许就是女子执戈操练的反映。这姑为一说。

而更为接近实际的本义可能是执戈以舞，甲骨文多有反映。如 （又写如 ），学者释读为 ，李孝定认为从女从戈，"卜辞为祭祀之对象"。⑤ 如诸家所说成立，则此祭祀对象当为部落女神，且是狩猎女神；又因从户，则此祭祀当在户内举行。按照周礼堂、室巫仪目的与对象不同， 之祭祀当在户内之"堂"举行。不妨进一步推想：该女性对象能被部落作为女神看待，一定是曾经执戈保卫了该部落成员，而对部落成员造成威胁的除了战争之外，最大的可能就是虎患之类的袭杀。如此，则此祭祀当时模仿狩猎女神执戈而舞——其中自然少不了模拟女神执戈猎杀兽类之动作。

再如 ，学者释读为 ，据卜辞释义为"女字"。⑥ 其实，与 相较，两者非常相似，此甲骨文当从女从戈，另一部件"▽"或许为"户"的省写，或为祭坛，更可能是"天"或"天帝"——因为甲骨文中有写如"▽"的甲骨文"帝"。那么，此甲骨文的本义当为女子执戈而舞，以祭祀某种神灵。该观点有甲骨文 （或写如 ），可为发明。此甲骨文学者释读为 、献，释义各有不同，或为击（踝），或为投献（战败举戈投降之意）等。而严一萍先生的看法值得思考，认为与 本为一字。而学者所引甲骨卜辞、金文可为证据，今略举几例以见之⑦：

---

① 曲石《中国玉器时代》，第 10 页。
② 李朝远《中国青铜器》，五洲传播出版社 2004 年版，第 2 页。
③ 杨胜勇《中国远古暨三代军事史》，人民出版社 1994 年版，第 57—58 页。
④ 《甲骨文字诂林》，第 511—512 页。
⑤ 《甲骨文字诂林》，第 512 页。
⑥ 《甲骨文字诂林》，第 512 页。
⑦ 《甲骨文字诂林》，第 424 页。

甲骨文例子：

(1) 贞🗝有取。贞🗝弗以有取。

(2) 辛巳卜王勿🗝。

金文例子：

(3) 即🗝于上下帝。

(4) 方蛮亡不🗝见。

甲骨文示例句读应分别为"贞：🗝，有取。贞：🗝，弗以有取"、"辛巳，卜：王勿🗝"，例（1）贞（即问）的对象为🗝，出现两种相反的结果；例（2）"王勿🗝"，显然是警告王不要"🗝"。金文三例句读分别为"即🗝于上，下帝"、"方、蛮亡，不🗝见"，例（3）下帝，即降神（帝）——此句即举行🗝仪式以祀帝；例（4）之亡，当通"盟"①，此句可释为"方、蛮结盟，不举行🗝仪式"——此仪式为商周领地北方特有的巫仪。如果释义为投降，则与例（1）矛盾；又因甲骨文有"降"字，则例（2）之🗝不能释义为投降，且与金文示例亦不通。至于"击"之义，于此四例亦解释不明。就内容看，这四例都与祭祀有关，与🗝或早期的🗝可相互发明。先民使用戈来解决，一定是非常严重的事情。先民驱除灾难之前，执戈祭祀于部落女神或类似天帝的神灵，一是为了获得神灵的庇佑，一是使所执之戈得到神力的加持，使戈更锋利、灵异以顺利猎杀目标。那么，为达到诉求，在这一祭祀仪式上戈就显得非常重要——不仅有象神之舞，还有女性（当为女巫）执戈以舞。这当是夏商或之前的执戈之舞，祭祀对象或为女神祇，或为在此仪式上祭祀天帝。

据此，祀虎执戈之舞所执之戈质地为何——青铜或玉器？戏仪所执之戈乃由原始狩猎武器转变而来，这一道具本身蕴含着暴力与血腥，于虎为大不敬。该如何解释这一反常现象？据学者研究，殷商玉戈无使用痕迹，某些大型玉戈的边棱极薄，"这些显然非实用的兵器，推测可能做仪仗用"。② 该学者将殷商出土的玉器分为七大类，其中有礼器类、仪仗类等，结合新石器时代玉虎头与甲骨文虎崇拜的盛行，不适用于生活或生产的玉戈亦当视为礼器之一。如此，祀虎执戈之舞才能得到圆满的解释。

或者可以这样理解：戈在殷商的使用出现了分化——玉戈用于媚虎，青铜戈用于军事。当然，不排除殷商祀虎巫仪中使用青铜执戈的情况——这有两种解释：一是作为玉戈的替代；二是获得虎神的加持与庇护，从而增加战胜敌方，保全自己的机率，这是后世常用的巫术。

以青铜戈替代玉戈而舞，先秦文献有明确记载：

> 司干掌舞器。……释曰：……言司干者，周尚武，故以干为职首。……若然，干与戈相配，不言戈者，下文云："祭祀，授舞器"，则所授者授干与羽籥也。按《司戈盾》亦云："祭祀，授旅贲殳，故士戈盾，授武者兵。"云武者兵，惟谓戈……《司兵》云"祭祀授武者兵"，……谓授《大舞》之舞。③

---

① 汉语大字典编辑委员会《汉语大字典（八卷本）》，四川辞书出版社1986年版，第279页。
② 中国社会科学院考古研究所《殷墟玉器》，文物出版社1982年版，第12页。
③ 十三经注疏编委会《十三经注疏·周礼注疏》，北京大学出版社2004年版，第745页。

这种舞蹈由殷商承袭而来。《殷契粹编》所收甲骨卜辞，就载有这类干戚之舞；武官村殷大墓就发现绣有鸟羽痕的小戈，这说明殷商有执戈羽祭的舞蹈。[1]

而使武器获得神灵的加持，亦有甲骨文为证，如"𢧢"。学者释之为"象以戈搏虎之意。典籍多借暴字为之"，在卜辞中为方国名。[2] 笔者认为，其本义不是执戈搏虎，因为甲骨文已有𧇂等搏虎之字。此字从虎从戈，还从止——这是解决问题的关键。止，《说文》：以止为足，与𧇂相较，学者很容易将其视为异体字。从止甲骨文较多，如走、徒、归等，脚部形状非常突出，可以判断：止的出现，强调的是脚部动作；结合𢧢之字形，徒步执戈非为猎虎，而是祀虎——止，展示的是执戈者腾挪闪跃。

金文亦有证，即𥁑，金文写如𥁑。《金文大字典》云，此字"字书不载，疑为戏之繁饰，用于器物铭文，故加皿"[3]。此姑为一说。其实，此金文与戲表示两种不同的巫术仪式：戲表示祀虎以肉；而𥁑之从皿，表示祀虎牺牲就不限于肉食，凡日常所食均可为牲。前者祀虎以其习性，当为早期祀虎仪式，后者祀虎以祭者之所有，为后期祀虎仪式——两金文出现时间有先后之分。值得注意的是，𥁑的出现，表明祀虎舞蹈由古朴、狞厉等向着温和而简单的巫仪转变。

执戈之舞，𧇂之于戲，在先民巫仪中具有了与戲同样的功用，这从金文襮构形可以看出。此金文襮见于扶风庄白村新出土的戎方鼎铭文中。裘锡圭认为，襮应为"襮"；袿是衿、襟的古体字，"方鼎铭的'朱襮袿'应该是指以黼纹装饰的有丹朱纯缘的下连于衿的斜领。'玄衣朱襮袿'就是有这种斜领的玄色上衣"。[4] 戴家祥等认为，此字为虢的异体字。阮元说，"朱虢即朱鞹，虢鞹两字古通用。鞹者革也"。[5] 且不论诸家释读与释义是否恰当，仅从虎在先民生活中扮演的角色与地位可推知此金文本义。襮，从𧇂从衣，从构形看，𧇂为衣服之图案；𥁑之从戲从皿，则戲为器物之装饰——器物之繁饰不当，两相比较，则虎之崇拜已外化为先民重要的习俗。先民祀虎，无外乎消灾解难，或者获得虎的某种神力以达到自己的诉求。衣服、器皿等上使用𧇂或戲之图案，即为先民祀虎仪式的外化——按照先民巫术逻辑，此图案即为动态的祀虎仪式，从而获得虎的佑护。这种情况在殷商青铜器铭纹中多有反映。早期商铜器铭纹中就有虎纹[6]，中晚期铜器上亦多有虎纹。

戈出现之后，先民猎虎具有了依仗。但在虎崇拜环境下，原来侍奉祖先神祇或天帝的执戈之舞，就转而在祀虎仪式上扮演——虎就置换了部族女神或天帝（甚至与天帝一起祭祀）。执戈之舞，不是为了猎虎，而是为了使戈获得虎的神力以猎杀其他兽类或击杀敌人，或者逐疫驱鬼等。这就解释了为何周代方相氏傩驱要"执戈"的原因。

如此，原本象虎而舞之戲（𢣷），在引入"戈"后就变成了"𧇂"，又因为豆的祭器的加入而最终产生了"戲"。那么，戲之祀虎仪式演变过程即可勾勒如下：

𦉢——𧇂（猎虎行为）——𢣷（有各种牺牲而含各种目的象虎而舞）——（𥁑或𦉢、

---

[1] 习云太《中国武术史》，人民体育出版社1985年版，第22—23页。
[2] 徐中舒《甲骨文字典》，四川辞书出版社1989年版，第529页。
[3] 《金文大字典》，第1933页。
[4] 《甲骨文字诂林》，第1624—1625页。
[5] 《金文大字典》，第4072页。
[6] 《中国青铜器概览》，第45页。

畋)——虞——虓（或释读为戏。执戈而舞）——㦧（跣足执戈而舞）——戯（象虎执戈而舞）——㦳、䲞（巫仪民俗化、静态化）

这一链条揭示了戯的源头与演变过程。一是祭祀对象的置换，即由祭祀神祇、天帝到祭祀虎。二是由单纯的象虎而舞到执戈之舞的引入——这个时间不会早于夏代。三是戯当从虓从豆，进而从虍从戈从豆，而不必如许慎所云。

据上，"戯"之初文应是象虎之舞，也是其本义；戈、豆进入祀虎仪式，丰富了这一本义，演变为象虎执戈而舞之"戯"。它不仅是虎图腾崇拜在文字上的反映或者是先民虎崇拜的具象，更是先民众多巫仪之一。这一象虎执戈舞蹈仪式有祭品与祭器，有主持者，有装扮，有道具，有舞蹈，甚至有声音或语言（咒语），有明显的目的——或禳灾，或避难，或纳祥，求祈子等。这一巫仪表面上看是媚虎，但虎是威猛而狞厉的，且所执之戈非为虎而为驱赶或消灭之对象。可以想见，这样的舞蹈一定古朴、粗犷、彪悍或狞厉，更或者有虎之暴力的张扬，场面当不小。故戯之巫仪的本质是借助虎之神威、戈之武力以恐吓、威胁，这就使得祀虎巫仪"戯"具有了"方相傩"的意义——可称之为"虎傩"，而从其他巫仪中独立出来。可以说，虎崇拜的产生及象虎而舞的出现，进而演变为祀虎执戈之舞之早期戯之"扮演"形态，极具戏剧史意义——为中国戏剧史向着（以歌舞）"演故事"演进提供了契机（详下篇）。

注：由于篇幅限制，本文下篇未能刊出。

（作者单位：湖北工程学院）

中国戏剧的一个特质：从快乐到生命自由的追求

刘晓明

所谓"戏剧的特质"指的是在某种戏剧形态的形成过程起独特开显作用的质性，是一种剧场及其诸存在者在相互作用中最具本质性的功能。但是，在论及中国戏剧的特质时我们往往会有某种遗憾：中国戏剧主要是喜剧性的，缺乏悲剧。和欧洲的戏剧传统相比，我们的喜剧总是显得比较肤浅：追求娱乐性而缺少悲剧意识。而按照西方自己的定义：悲剧是一种灵魂的净化力量。不过，我们也看到另外一种完全相反的评价：中国戏剧非常具有创造性，德国的布莱希特就是从中国戏剧中吸取了养分，才形成了他所创造的三大戏剧体系之一。

为什么中国戏剧的实践会与它的评价形成这么大的反差？我认为并不是中国戏剧缺乏更高的价值，而是我们对其价值认识不够。当然，之所以认识不够，正是因为这种戏剧特质及其价值是隐晦的，因而对其特质的把握就需要进行开掘。

一、从娱乐出发的戏剧

一种艺术特质乃至本体论的形成，往往并不是艺术观念在先而开掘的，而是该艺术中诸存在者相互作用、相互适应而形成的，戏剧史告诉我们，剧场诸存在者的关系作用方式往往是无意识的，而其中物质的无意识欲望将导致诸存在者相互作用的不确定性，同时，也不否认主体在关系昧式的互适同化中的自觉创造，再加上历史的起跑优势中的规定性，因此，各种文化中的戏剧开显形式及其品质是丰富多彩的。但是，戏剧多元的开显形式中，总是有某种具有更为本质的力量在不自觉地发生作用，在某种意义上它决定着一种戏剧的品质。[①]

在中国戏剧的起源处，我们很容易发现主体作为存在者所具有快乐动机而导致剧场诸存在者的结合。例如构成中国戏曲的基本元素先秦就已形成，散乐、百戏、歌舞、俳优、音乐等等，这些要素在当时都是娱乐的独立形式。稍晚，唐代所出现的杂剧，直承百戏的娱乐传统，北宋的陈旸对此发展脉络有一段清晰的梳理，见《乐书》卷一百八十七"俳倡下"：

> 优倡之伎自古有之，若齐奏宫中之乐，倡优侏儒戏于前。汉惠帝世安陵嗣之类，武帝时幸倡郭舍人，滑稽不穷。魏武好倡优，每至欢笑头没杯案中。梁三朝乐有俳伎小儿，读俳寺子子遵，安息、孔雀、凤凰、文鹿、胡舞，登连上云，乐歌舞伎。魏邯郸淳诣曹植，必傅粉，科头，拍袒，胡舞，诵俳优小说。则傅粉涂墨，更衣易貌以资戏笑，盖优倡常态也。故唐时谓优人辞捷者为䊷拨，今谓之杂剧也。有所敷叙曰作语，有诵辞篇曰口号，凡皆巧为言

[①] 说详拙作《剧场昧式：一种新的戏剧本体思考维度》，待刊。

笑，令人主和悦者也。

《苏轼集》卷一一五：

【勾杂剧】　鸾旗日转，雉扇云开。暂回缀兆之文，少进俳谐之技。来陈善戏，以佐欢声。上乐天颜，杂剧来欤？

所谓"来陈善戏，以佐欢声。上乐天颜，杂剧来欤"即描述杂剧的"欢笑"功能。不仅宫廷戏剧，民间的社戏也同样如此。宋人王洋《闻何为孙作内集以长言戏之》：

门前春田澍膏雨，门内春风动歌舞。琢为璋玉男子祥，起作绣鞋女儿舞。阿翁吹箫儿献旅，粉面娇孙侍家主。一门欢笑足戏乐，盛事流传百年语。村歌社曲莫插手，定本风流教坊谱。一家有喜百家同，况是相逢沦落中。犀钱玉果大开说，已愧汤饼沾无功。（《全宋诗》卷一六八七）

杂剧在北宋时已经成为固定演出的教坊例戏，专供皇室娱乐。宋代文献《续墨客挥犀》卷五中保存了北宋的教坊例戏《献香杂剧》的基本形态：

熙宁九年，太皇生辰，教坊例有献香杂剧。时判都水监侯叔献新卒，伶人丁仙现假为一道士，善出神，一僧善入定。或诘其出神何所见？道士云："近曾出神至大罗，见玉皇殿上有一人披金紫，熟视之乃本朝韩侍中也。手捧一物，窃问傍立者，云：'韩侍中献国家《金枝玉叶万世不绝图》。'"僧曰："近入定到地狱，见阎罗殿侧有一人衣绯垂鱼，细视之乃判都水监侯工部也。手中亦擎一物，窃问左右云：'为奈河水浅，献图欲别开河道耳。'"时叔献兴水利以图恩赏，百姓苦之，故伶人有此语。

这里值得注意的是"例有献香杂剧"，可见是皇家生日的固定演出。上文的演剧内容，具有戏谑讽刺的意味，但居然出现在皇家例戏中，可见只要有趣，皇家也不忌讳。总体上看，唐宋的杂剧，基本上是一种谐剧，是以动作与言语的诙谐进行娱乐的形式。这种形式不仅出现在皇室，也出现在民间。其中一个重要的原因，当时的伶人并不是皇家专用，他们也在民间的勾栏瓦舍进行演出。例如上文的"丁仙现"就有许多在民间演出的记载。由此，谐乐便注入了中国传统戏曲的基因。元明清戏曲中大量存在诨科，就表明了这一点。

二、快乐值得成为艺术的追求吗？

有意思的是，罗素也认为中国人看戏是为了追求娱乐性。他在《东方人和西方人的快乐理想》一文中指出：

如果我用一句话来概括一下中国和我们西方的主要差别，我会说大体看来，他们的目标是享乐，而我们是权力。我们喜欢的是支配别人的权力，和支配自然的权力。为了前者，我们建立了强有力的国家,为了后者,我们创立了科学。中国人对这些事太懒也太好脾气了。但是,说他们懒,这只是在某种意义上是真的。他们不是像俄国那样的懒,这就是说,他们为了生活愿意努力工作,劳动雇主会看出他们是非常勤劳的。但是他们不愿意象美国人和西欧人那样,仅仅因为不工作就会感到厌烦,也不是因为要满足自己好动而工作。当满足了生活所需,他们就依此为生,不再想通过艰苦工作来改善生活了。他们具有极大的作清闲娱乐的能力——看戏、清谈、鉴赏古代艺术品或在优美的环境中散步。按照我们的想法,这种消磨一生时光的方式,有点太轻松乏味了。①

罗素将中国人对戏剧的热爱看作是一种消磨一生时光的清闲娱乐,我认为他的观察不够深入,甚至可以说有的浮浅,这一点我们马上在下文中要谈到。

快乐能否成为艺术追求的目标?亚里斯多德认为戏剧是一种通过模仿获得快感的形式②,而在弗洛伊德看来快乐是一种本能,这似乎降低了艺术的品味。但是,席勒给我们提供了另一种答案。在传统观念中,出于善和理性的标准,艺术往往排除"快乐"为自己的目标,但席勒否定了二者的对立,作出了相反的回答。他认为艺术可通过悲剧实现道德快感。

> 艺术所引起的一种自由自在的愉快,完全以道德条件为基础,人类的全部道德天性在这一时间也进行活动。这一理论还将会证实:引起这种愉快是一种必须通过道德手段才能达到目的,因此艺术为了完全达到愉快,它的真正目的,就必须通过道德途径。对于艺术评价而言,它的目的,是否是道德的目的抑或只是通过道德手段来达到它的目的,这完全是一回事,因为在这两种情况下,它们总是在和道德打交道,并且必须和道德感进行密切的合作;然而对艺术的完善来说,二者之中,哪一个是它的目的,哪一个是手段,就并非一回事了。如果目的本身就是道德的,这样,艺术就失去了唯一使它强劲有力的自由性,并且也失去了使它产生普遍影响的东西——快乐的魅力。……还可以断言,任何来自道德源泉的快感,既然能在道德上改善人们,效果在这里就必然又会成为原因。对于美的、令人感动的、崇高壮丽的事物感到的乐趣会增强我们的道德感受,正如善举、爱情等所引起的快感会增强我们在这方面的倾向一样。同样,正如愉快开朗的精神是一个道德上很优秀的人的必然命运,同时道德上的优秀也往往伴随着愉快开朗的心情而来。因此,艺术在道德上产生的影响,不仅是由于它们通过道德手段使人愉悦,而且艺术所赐予的快感本身也成为一种到达道德的手段。③

但我对于艺术中对快乐追求看法与席勒不尽相同。因为席勒只是在论及悲剧时才肯定了快乐中的道德快感。问题是,并不是所有戏剧形式都是悲剧,也就是说,从这些戏剧形式中我们并不是以追求道德快感为目的的。实际情形是,戏剧往往是以满足感官快感为其动机的。那么,这些

---

① [英]罗素《东方人和西方人的快乐理想》,江燕译,《罗素文集》第一卷,内蒙古人民出版社1997年版,6页。
② [古希腊]亚里士多德《诗学》,陈中梅译注,商务印书馆1996年,47页:从孩提时候起人就有摹仿的本能。人和动物的一个区别就在人最善摹仿,并通过摹仿获得了最初的知识。其次,每个人都能从摹仿的成果中得到快感。可资证明的是,尽管我们在生活中讨厌看到某些实物,比如最让人嫌的动物形体和尸体,但当我们观看此类物体的极其逼真的艺术再现时,却会产生一种快感。
③ [德]席勒《论悲剧题材产生快感的原因》,张玉书选编《席勒文集·理论卷》,人民文学出版社2005年版,17—18页。

戏剧形式还够得上"艺术"这一崇高桂冠的资格吗?

三、从快感到生命自由的形式

答案是肯定的。这是因为戏剧体现了一种主体性的创造力量,而中国古典戏曲更是自觉地显现了生命对自由形式的追求。

首先,艺术包括中国古典戏曲在追求感官快感中,会充分调动主体的力量,建构一种多元存在者及其相互作用的艺术存在场,从而让其中诸存在者之中的与之间的关系昧式以一种无意识与有意识的方式相互作用,从而创造出某种艺术。在中国戏曲的发生中,我们看到戏剧如何在皇家教坊与民间瓦舍勾栏的存在场中为满足某种快感而成长起来的。从这个意义上说,即便一种艺术出于感官快感的动机,也并非仅仅是一种弗洛伊德的本能,而是一种狄尔泰的"生命表现"[①],或者说米歇尔·亨利的"生命现象学"。[②] 不仅如此,康德与海德格尔都曾做过类似阐释,这些问题尚无深入的研究,由于论旨所限,只能言尽于此。

问题还不止于此,更重要的是,在剧场诸存在者的相互作用中,主体并不是一般存在者,它是一种具有意识的和生命自由追求的主动存在者。因此,表演者这一主体在其中会起着一种主导性作用,尽管他的作用形式也会被其他剧场存在者所改写。但是,这些被综合的形式仍然会体现出主体的意志,这种意志就表现为主体生命对自由快感的追求。这使得中国戏曲形式在其本源的开显中,非常注重生命对现实生活与物质条件限制的超越性,我认为这才是中国戏曲艺术对快感追求的本质,正是这种追求导致了中国戏剧的基本性质。

由此,形成了中国戏曲形式有一个总体上的特点,即这些形式与现实的间离性。它们是在与日常生活完全不同的形式外创构一种观照现实的元语言,我们在中国戏曲看到的,是一种新的对存在的开显。这种开显由于其元语言而使得其开显的形式完全不同于其它的表演艺术,因为它在本质的意义上体现了海德格尔所阐述的"诗性"。正是在这种对现实性的超越中,中国戏曲的创作者、表演者、观赏者从中获得一种生命自由的快感。这种对生命自由的追求成为中国戏曲不自觉的意识。中国戏曲对生命自由的追求作为一种潜意识,就潜伏在中国戏曲诸多无意识的表征中,正因为如此,它是先在的,决定了戏曲诸多的表层追求。中国古典戏剧的一个特点是:非写实性。这种非写实性就是试图摆脱现实的羁绊,表现出一种艺术形式对存在的自由开显。李贽《琵琶记》总批:

> 总批:戏则戏矣,倒须似真,若真者反不妨似戏也。今戏者太戏,真者亦太真,俱不是也。

齐如山作于 20 世纪前期的《国剧要略》中指出:

---

① [德] 帕玛《诠释学》,严平译,台北,桂冠图书股份有限公司 2002 年版,128 页引《狄尔泰全集》第 7 卷:"(活生生的经验)表现所能包容的内在生命之联系超过任何反省所能领悟到的东西,同时表现是从意识绝不能揭示的深度中浮现出来的。……生命以一种再观察、反思,或理论中不可接近的深度将自身揭示出来。"

② [法] 米歇尔·亨利《艺术和生命现象学》,高宣扬主编《法兰西思想评论·2012》,人民出版社 2012 年版,257 页:新的艺术维度只能通过生命来加以阐释。也只有参照这个忧伤的维度,虽然狄奥尼索斯作为其形象,但是基督教也同样在其中得以展开,同与先验的因此是现象学规定了的生命相关联,艺术作品才是可能的。

戏中的一切动作，绝对不许写实，小花脸偶尔可以写实，乃是以出规矩的写实动作，来招人笑乐；观众所以笑乐，也就是因为他出了规矩。正经生旦等等，绝对不许（写实）。①

盖叫天的《一元复始，万象更新》也有类似的表述：

和生活对照，戏本来是假的，何必怕假，但要假里透真，不过，这个真并非要求和生活一模一样，而是真中有假，假中有真。常言道："两三人千军万马，五六步万水千山。"舞台上就要这样表现，人们也从来没说这样表现是不真实的。倘若要求完全合乎生活的样儿，骑马行船，就得真马真船上台，真马一上台，单开口一声嘶叫，准把整出戏给搅乱了，真船一上台，甭说台子上那么几丈见方，搁上一条船，戏就甭演了，而且台上又没有水，又怎么能开船呢？以前我在上海看过有人演《打渔杀家》，真搁上了一条假船，并且是一条跑海用的番头船，船头上搁了两个大眼睛，样子很威风，还搭上一块跳板，但是船高水低，站在岸上的李俊老担着心思，不敢上船，肖恩在船上也不敢从容地踏着跳板来接李俊上船，两人试了几试，一探一退，把个跳板也弄的滑掉了。好不容易再搁上跳板，两人互相搀扶上了船。②

齐如山的"不许写实"与盖叫天的"何必怕假"，就是一种对现实的间离性，它是有意识的，但为何"不许写实"则未必是意识到的。可见，这种对自由的追求是发自生命的不自觉的内在性，再转换为一种艺术的自觉。

四、生命自由对戏剧形式的开显

在中国古典戏剧中，生命对自由的追求所导致的艺术开显形式，表现出了非凡的创造力与想象力，这也造就了中国戏剧独特的品质。我们来具体考察一下这种生命自由形式在中国戏剧中的表达。

第一，生命自由对客体的开显。

按照一般的说法，戏剧的客体指戏剧舞台呈现的器物或者说道具，这种客体在中国古典戏剧中有一种独特的名称叫做"砌末"。"砌末"与"道具"并不仅仅是一种称谓上的差异，而是体现了一种完全不同的戏剧观念："道具"是现实生活中真实的器物，而"砌末"则不仅是一种真实客体的舞台美化形式，更重要的是，"砌末"是非真实的，按照齐如山的说法——"绝对不许真的物器上台"。齐如山在《国剧要略》中指出：

演戏所用的一切物器，戏界均名之曰切末，近来有人管它叫作道具，按切末与日本之道具是有相同之点，但确有大不同的地方，因彼系做事应用之物，与平常无异，切末乃完全是为歌舞应用的器具，可以说是舞具，与平常所用物器性质完全不同，都有特别的规定，以不妨害舞的姿势为原则，绝对不许真的物器上台。比方以包裹一物来说，无论何种人员都是用一红门旗一卷替代，因为他背在身上，不会妨害动作之类。例如《儿女英雄传》中，"能仁

---

① 齐如山《国剧要略》，《齐如山文论》，辽宁教育出版社 2010 年版，191 页。
② 盖叫天《一元复始，万象更新》，《人民日报》1962 年 1 月 4 日。

寺"一戏，十三妹身背黄金去赠安公子，若背较大之包裹则一定臃肿难看，且于十三妹之身段极有妨害。①

荀慧生的《虚拟与真实》也指出：

真把生活中东西"原封坛"的搬上台去，难免不闹笑的。我看过一次演出，戏中描写包饺子，为了追求真实，把面盆、案板、擀面杖、面粉、碗、锅、火炉子全搬上台了，演员在台上也真合面、真揪剂子、真包皮、煮上，观众哪是看戏呢？简直是看烹调技术表演呢？

对于中国古典戏剧的客体——"砌末"——的非真实性，布莱希特有一个著名的表述：间离效果。它通过与现实生活的形式差异而引起的反差，导致了一种强烈的戏剧效果。我们赞同布莱希特的这一真知灼见，但认为尚有未尽之意。本文的看法是，"砌末"一旦摆脱了真实器物的束缚，就为戏剧的表现形式创造了巨大的空间，从而体现了主体对生命自由的追求。

第二，生命自由对存在环境的开显。

在中国古典戏曲表现形式中，最能显示生命自由度的是对存在环境的开显。比"绝对不许真的物器上台"的客体更进一步，存在环境完全是在"空境"中显现特定环境的存在。无论是风霜雨雪，还是陆地水域，舞台上并无任何存在。程砚秋先生对此有过一段总结：

戏曲与欧洲歌剧不同，它本来不用布景，表演是写意的，不象话剧那样接近生活。如以桨代船、马鞭代替马等。但更重要的是以动作、舞蹈来表现它。如开门、关门、上楼、下楼、高山、大江、风雪、草木、花卉、白天、黑夜，可以说，剧中人所处的环境、时间、条件等，一切都是通过动作舞蹈来说明、来介绍。②

京剧《雁荡山》是一出没有唱念的纯做工戏。演隋朝末年，孟海公率起义军追击雁荡山守将贺天龙，在雁翎关歼敌的故事。全剧共有四种场景：上山追击、夜袭、水战、攻城。但整个舞台既无山也无水，更无黑夜，只在最后一节中舞台上有一简单的城墙布景。这些特定的存在环境完全是通过演员的表演体现出来的。例如通过上山的舞蹈动作表现在山上的行为；在武打动作中融入泳姿以表现水中的打斗；以摸黑的武打动作表现黑夜；以腾空筋斗翻越城墙表现攻城。由于全剧没有唱词念白，因此该剧表现的四种战争形式——上山追击、夜袭、水战、攻城——可以置于任何需要的剧情之中。

《雁荡山》中最经典的表演是融入泳姿的武打动作，但表现形式并不是《雁荡山》的首创，而是渊源有自。京剧《雁荡山》是1951年由东北戏曲研究院京剧实验团编创的，该团副团长徐菊华编写剧本初稿后，于1952年4月正式演出。其中水战的表演形式乃传统戏曲的经典程式。例如传统京剧《花蝴蝶》就有在空舞台上表现水战的情境。该剧敷演《七侠五义》花冲采花的案件，由展昭率蒋平等人在鸳鸯桥生擒花蝴蝶姜永志。这部戏剧最精彩的部分是蒋平埋伏在鸳鸯桥，等待花蝴蝶姜永志到来，随后二人在桥上与水中的激战。但剧本只有如下数言：

---

① 齐如山《国剧要略》，《齐如山文集》第四卷，河北教育出版社2010年版，253页。
② 程砚秋《程砚秋文集》，中国戏剧出版社1959年版，109页。

蒋平（白）花蝴蝶甚是厉害，如若败下，必从水道而逃，我不免在鸳鸯桥下等候便了。
　　（姜永志上。）
　　姜永志（白）且住！那厮杀法厉害，不免从水道而逃便了。
　　（开打。姜永志被擒。众人同下。）

　　该剧的水战表演堪称经典，已经在武打动作中融入了泳姿，这种表现形式使得"水"在完全"空"的舞台上呈现出来。此情景非笔墨能够描述，需要直接观看演出才能体会。程砚秋先生曾赞道："运用艺术的美如《花蝴蝶》的水战，浮沉撑拒，舞台上虽然不是长江大川，而演员做起来宛然在激流奔腾的水内战斗。"①
　　中国古典戏剧经由主体行为对具体环境的创造当然不止水战一种，京剧《御碑亭》通过演员在跑步圆场中所运用的滑步，展现了道路的泥泞。著名《三岔口》则创造了在灯火通明的舞台表现黑夜的情境。京剧《南天门》中有一幕表现雪山环境的戏，演明代吏部尚书曹正邦之女曹玉莲被魏忠贤党羽追杀，逃至广华山，遇天寒大雪，山路难行的艰难情景，因此该剧又名《走雪山》。该剧通过演员瑟缩战栗的行路舞蹈动作，表现出空舞台上寒风凛冽的冰天雪地。至于中国戏剧时空转换的表现形式——场随人移、景从口出——更是尽人皆知，举不胜举。

五、表现之后：生命自由的超越性形式开显

　　现在，需要进一步阐述上述中国古典戏曲表现形式的理论意义。
　　对于齐如山、荀慧生与盖叫天等人描述的中国戏曲对生活真实的处理，我们往往从"写意性"这个维度进行理解。例如上述表演中以"砌末"代替真实器物、以程式化的舞蹈动作表现规定情境而不用布景，都被理解为一种"写意性"。正因为"砌末"是写意的，因而和写实的布景的不协调，所以不需要真实色彩的布景。姜今《论戏曲舞台设计》就指出："写意的表演与写实的布景一接触，当人欣赏布景时，就感到表演的虚假，当人集中思想进入戏中时，就感到布景的虚假。"②
　　但我认为，中国古典戏曲的上述现象显示了一种独特的艺术观念。我们知道，关于艺术与现实的关系有两种理论：再现论与表现论。面对一种众所周知的生活场景，模仿再现的艺术形式是写实的，尽可能地采用真实的道具，以模仿现实中的行为方式，再现论背后的思维逻辑是"相似性"；而表现的艺术形式是在日常语言真实的基础上进行主体性的创作，其背后的思维逻辑是"表现性"。表现性最主要的特征是主体性。阿恩海姆认为表现性其实并不是由知觉对象本身的这些"几何——技术"性质本身传递的，而是由这些性质在观看者的神经系统中所唤起的力量传递的。③阿恩海姆的提醒值得注意，他强调的是表现中的主体性。也即表现性并不是知觉对象本身的因素导致的，而是出自主体"视觉式样"固有的表现性："一个视觉式样所造成的力的冲击作用，是这个式样本身固有的性质。"④

---

① 程砚秋《程砚秋文集》，70页。
② 姜今《论戏曲舞台设计》，《戏曲论丛》1958年第3辑。
③ （美）鲁道夫·阿恩海姆《艺术与视知觉》，滕守尧等译，中国社会科学出版社1987年版，616页。
④ （美）鲁道夫·阿恩海姆《艺术与视知觉》，滕守尧等译，619页。

艺术理论在"表现理论"之后一直徘徊不前，难以找到一条超越之路：如果一种艺术形式不对存在进行表现还会是什么呢？但中国古典戏剧所体现的观念能为我们探索一条新路。这条新路就是生命自由所追求的超越性形式，这种形式不仅是一种戏剧的形式，也是一种对存在的开显。这种观念不能仅仅用"再现"与"表现"来描述。表现性强调的是，对现实存在进行再现时主体独特理解的呈现，而对生命自由的追求的中国戏剧更强调主体对客观现实限制的超越。对现实性的超越不仅表现在对动作的模仿上，更重要的是表现在对生活的真实场景的超越上。对一种尚未艺术形式化的存在，中国戏剧采取的方式不是再现模仿，也不是表现，而是一种体现超越性的开显形式。

有意思的是，这种生命自由所追求的超越性形式，往往是一种不自觉的或者说模糊的意识。我认为，这正是中国戏剧理念隐晦但又深刻的所在：不自觉地追求主体的超越性。我们从中国戏剧的开显形式中可以明显地看出：中国戏曲对生命自由的追求最典型地体现在对一切客观条件尤其是物质客体限制的超越上，上述齐如山的总结就表明了这一点。

由此，我们可以回答本文最初的的那个问题：中国戏剧的喜剧性特征是肤浅的吗？如果我们从这种喜剧性所体现的正是生命对自由快感的超越性追求来认识，它的意义完全不亚于西方悲剧。无论中国式喜剧还是西方式悲剧，都体现了人类文明的伟大精神力量。

（作者单位：广州大学人文学院、广州大学文学思想研究中心）

戴善夫《陶学士醉写风光好》杂剧本事嬗变探微
——从杂传故事到通俗文学的个案考察

欧阳光

一

元人戴善夫《风光好》杂剧叙宋初陶穀出使南唐，被韩熙载等设美人计色诱的故事，其本事多认为出自北宋郑文宝之《南唐近事》与释文莹之《玉壶清话》。《南唐近事》载：

> 陶穀学士奉使，恃上国势，下视江左，辞色毅然不可犯。韩熙载命妓秦弱兰，诈为驿卒女，每日敝衣持帚扫地，陶悦之，与狎，因赠一词名《风光好》，云："好姻缘，恶姻缘，只得邮亭一夜眠？别神仙，琵琶拨尽相思调，知音少，待得鸾胶续断弦，是何年？"明日，后主设宴，陶辞色如前，乃命弱兰歌此词劝酒。陶大沮，即日北归。①

《玉壶清话》云：

> 朝廷遣陶穀使江南，以假书为名，实使觇之。李相密遗（韩）熙载书曰："吾之名从五柳公，骄而喜奉，宜善待之。"至，果尔容色凛然，崖岸高峻，燕席谈笑，未尝启齿。熙载谓所亲曰："吾辈绵历久矣，岂烦至是耶？观秀实公，非端介正人，其守可隳，诸君请观。"因令留宿。俟写六朝书毕，馆泊半年。熙载遣歌人秦弱兰者，诈为驿卒之女以中之。弊衣竹钗，旦暮拥帚洒扫驿庭。兰之容止，宫掖殆无。五柳乘隙因询其迹。兰曰："妾不幸夫亡无归，托身父母，即守驿翁姬是也。"情既渎，失慎独之戒，将行翌日，又以一阕赠之。后数日，醮于澄心堂。李中主命玻璃巨钟满酌之，穀毅然不顾，咸不少霁。出兰于席，歌前阕以侑之，穀惭笑捧腹，簪珥几委，不敢不醑，醑罢复灌，几类漏卮，倒载吐茵，尚未许罢。后大为主礼所薄，还朝日，止遣数小吏携壶浆薄饯于郊。迨归京，鸾胶之曲已喧，陶因是竟不大用。其词《春光好》云："好姻缘，恶姻缘，奈何天，只得邮亭一夜眠？别神仙，琵琶拨尽相思调，知音少，待得鸾胶续断弦，是何年？"②

---

① 《中国野史集成》第四册，巴蜀书社1993年版，第600页。
② 《玉壶清话》，中华书局1984年7月排印本，第41—42页。

上引两条材料或略或详，但其主要人物与情节却是一致的，与戴善夫《风光好》杂剧比勘，亦可见其一脉相承之迹。治曲者视其为《风光好》杂剧的本事①，显然是不错的。

然而，被治曲者所忽视的是，在这一故事流传过程中，并不仅有以上一种说法，据笔者考察，至少还存在着两种不同版本，其一为龙衮《江南野史》。其文云：

> 曹翰使江南，惟事严重，累日不谈笑。后主无以为计。韩熙载因使官妓徐翠筠为民间妆束，红丝标杖，引弄花猫以诱之。翰见，果问主邮者："此女为谁？"伪对曰："娼家。"翰因留之。至旦去，与金帛无所受。曰："止愿得天使一词以为世宝。"不得已，撰《风光好》遣之。翰入谢，留宴，使妓歌此词。翰知见欺，乃痛饮数月而归。②

其一为沈辽所作之《任社娘传》：

> 吴越王时，有娼名社娘者，姓任氏。妙丽善歌舞，性甚巧。其以意中人，人辄不自解，盖其妖媚者出于天资。
>
> 乾兴中，陶侍郎使吴越。陶文雅蕴藉，有不羁之名，神宗深宠眷之。王知其为人也，使使谓社曰："若能为我蛊使者，我重赐汝。"社即谢王曰："此在使者何如，然我能得之，必假王宠臣，使我居客馆，然后可为也。"王许诺。社即诈为阍者女，居穷屋，服弊衣，就门中窥使者。使者时行屏间。社故为遣其犬者，窃出捕之，佯惧迁延户旁。陶一顾已心动。其暮出汲水，驻立观客车骑甚久，陶复觇之，然而社未尝敢少望使者也。
>
> 明日，王遣使劳客，乐作，社少为涂饰，杂群女往来乐后以纵观。陶故逸荡其性，既数目社，因剧饮为欢笑。会且罢，使者休吏就舍，是时，客使左右非北吏，多知其事，吏既出，使者独望厅事上，社谬为不见使者，复出汲水，方陶意已不自持，乃呼为社曰："遗我一杯水来。"社四顾已为望见使者，乃大惊，投罂瓶拜而走。陶疾呼为社曰："吾渴甚，疾持入来。"社为羞涩畏人，久之，方进。使者曰："汝何为，乃自汲？"颔动不应。复问之，社又故作吴语曰："王令国中有敢邀使客语者，罪至死矣。"陶曰："汝必死，复何惮我也，令汝不死。"乃强持其手曰："我闱中故静，我与汝一观。"社固辞不敢。即强引入闱中，排置榻上，曰："敢动者死。"社即佯噤不敢语。陶即出呼吏，喜曰："持烛来。"吏进奉烛，烛来已具，吏引阖其户而去。社曰："我贱不可，我归矣。"比其就寝，甚艰难，已而，昼漏且下，社曰："我安从归？"陶曰："我送汝矣，然明日复来，我以金帛为好也。"社曰："我家贫，受使者金帛，是速我死。然我平生好歌，为我度曲为词，使我为好足矣。"陶许诺。乃为送至其家。然尚不知其为娼也。
>
> 使者明日见王，王劳之，语甚欢。既还馆，为作歌，自歌之，歌曰："好姻缘，恶姻缘，奈何天，只得邮亭几夜眠？别神仙，琵琶拨断相思调，知音少，待得鸾胶续断弦，是何年？"是夕，书以赠之。
>
> 明日，王召使者曲宴于山亭，命娼进，社之班在下，其服褒博，陶颇不能别也。王既知

---

① 张庚主编《中国大百科全书·戏曲曲艺卷》（中国大百科全书出版社1983年版）、庄一拂《古典戏曲存目汇考》（上海古籍出版社1982年版）、邵曾祺《元明北杂剧总目考略》（中州古籍出版社1985年版）、李修生主编《古典戏曲剧目提要》（文化艺术出版社1997年版）均采此说。

② 丁传靖《宋人轶事汇编》卷四引。按，《续百川学海》、委宛山堂《说郛》、《五朝小说大观》、《中国野史集成》中《江南野录》一卷本、《豫章丛书》、《中国野史集成》中《江南野史》十卷本均无此条，《宋人轶事汇编》所据何本未详。

之，从容谓陶曰："昔称吴越之女善歌舞，今殊无之，未知燕赵之下定何如也？"陶曰："在北时闻有任氏者，今安在？"王曰："公孰得之？"陶曰："久矣。"王乃使社出拜，陶熟视而笑，知其为王所盅也，亦不以为意，而社遂歌其词，饮酒甚乐。社前谢王，王大悦，赐之千金。

明年，北使来，请见社于王。王命社出。使者曰："昔谓何如，今乃桃符。"社应声曰："桃符正为客所厌。"使者不悦，已而，又嘲社曰："社如龟英，何客不钻。"社曰："客兆得游魂，请视其文。"使者大惭。明日，王赐千金。后社之家甚富。既老矣，将嫁为人妻，乃以其所居第与橐中金百万为佛寺，在通衢中，自请其榜于王，王赐之名，所谓仁王院者也，至于今，其寺甚盛。

余初闻乐章事，云在胡中，盖不信之，然其词意可考者，宜在他国。及得仁王院近事，有客言其始终，颇异乎所闻，因为叙之。寺为沙门者多倡家，余所知凡数辈。①

上引的四条史料，从时间顺序来讲，应以《南唐近事》为最早。其作者郑文宝，字仲贤，南唐镇海节度使彦华之子。初仕为校书郎。入宋，举太宗太平兴国八年（983）进士，历官至陕西转运使、兵部员外郎。据其自序，该书作于太平兴国二年（977），其时犹未仕宋也。其次为《江南野史》，大约成书于宋真宗时期（998—1022）②。再次为《玉壶清话》。作者文莹字道温，为钱塘僧。其所撰《湘山野录》卷上"欧阳公顷谪滁州"条，记欧阳修送友人词，并云："予皇祐（1049—1054）中，都下已闻此阕，歌于人口者二十年矣。"又云："文莹顷持苏子美书荐谒之。迨还吴，蒙诗见送……"据此可知，其活动年代大致与欧阳修、苏轼同时。最后是《任社娘传》，作者沈辽，字睿达，钱塘人。曾任官西院主簿、太常寺奉礼郎监杭州军资库、转运使使摄华亭县。受知于王安石，安石尝与诗，有"风流谢安石，潇洒陶渊明"之称。曾巩、苏轼、黄庭坚皆与唱酬相往来。元丰（1078—1085）末卒，年五十四③。由此可见，这一故事在北宋前期一百余年时间里是相当流行的④，且呈现出多种版本并存的局面。

二

考察以上几种北宋的版本，不难发现，它们存在着同中有异的现象。先说同的方面。这主要指其核心情节的基本一致——四个版本都是以美人计和《风光好》（一作《春光好》）词作为构成故事的基本元素，而且无论是美人计的实施过程还是《风光好》词的文字，均无大的不同。相异之处则有三点：首先是故事发生的时空的不确定。就时间来说，《南唐近事》、《江南野史》和《玉壶清话》三种均无明确纪年，其中能提供年代线索的，《南唐近事》有"明日，后主设宴，陶辞色如前"之句，《江南野史》有"后主无以为计"之句，是知故事发生在后主李煜时期，即公元961—975年间；《玉壶清话》则云："后数日，醮于澄心堂，李中主命玻璃巨钟满酌之"，是故事发生时间又上推到中主李璟时期，即公元942—960年间。《任社娘传》是唯一有明确纪年

---

① 《云巢集》卷八，文渊阁四库全书本。
② 参见燕永成《龙衮与他的〈江南野史〉》，《赣南师范学院学报》1994年第4期，第77—99页。
③ 《宋史》卷三三一《沈辽传》。
④ 北宋时期记载这一故事的还有彭乘《续墨客挥犀》和张邦幾《侍儿小名录拾遗》，此两种与《玉壶清话》文字大体一致，只是略有删节而已，显然是转抄于《玉壶清话》。

的版本，文中云："乾兴中，陶侍郎使吴越"。按乾兴（1022）为宋真宗赵恒年号，据《宋史·陶穀传》，穀卒于"开宝三年（970）"，此时距穀卒已52年，且穀出使之吴越钱氏，于宋太宗太平兴国三年（978）即已降宋①，至乾兴已过去了44年，故《任社娘传》的记载显然有误②。就故事发生的地点来说，《南唐近事》、《江南野史》和《玉壶清话》三种均作江南，即南唐，则故事发生的地点显然应为当时的南唐都城金陵；惟《任社娘传》作吴越，则故事发生的地点又在杭州了。另外，沈辽在《任社娘传》末的按语中云："余初闻乐章事，云在胡中"，则知此故事发生的地点不仅在南方，也有在北方的说法，只不过由于材料的缺乏，我们无法得知其详情。

其次是人物的不确定。就故事的男女主人公来说，男主人公存在两说，即《南唐近事》、《玉壶清话》和《任社娘传》的陶穀（陶侍郎），《江南野史》则作曹翰；女主人公亦有三说：《南唐近事》、《玉壶清话》的秦弱兰，《江南野史》的徐翠筠和《任社娘传》的任社娘。另外，主行使美人计者，《南唐近事》、《江南野史》、《玉壶清话》均为南唐大臣韩熙载，《任社娘传》则为吴越王。

再次是人物性格的不确定。这主要指男主人公而言。可分为两个系统。《南唐近事》、《江南野史》、《玉壶清话》男主人公的性格主线是虚伪——表面上正人君子道貌岸然，实则好色之徒。如《南唐近事》云，其初时"辞色毅然不可犯"；《江南野史》的描写是："惟事严重，累日不谈笑"；《玉壶清话》则作"容色凛然，崖岸高峻，燕席谈笑，未尝启齿"。正因有前面的这一铺垫，因此后面美人计真相大白后，就显得格外狼狈："陶大沮，即日北归"（《南唐近事》），"翰知见欺，乃痛饮数月而归"（《江南野史》），"穀惭笑捧腹，簪珥几委，不敢不釂，釂罢复灌，几类漏卮，倒载吐茵"（《玉壶清话》）。《任社娘传》中的陶侍郎则是另一种面貌。一开始就强调他"文雅蕴藉，有不羁之名"，出使吴越后亦无故作清高矜持之态。他初次见到社娘就"一顾已心动"，甚至在吴越王的宴会上也毫不掩饰其色欲之心："陶故逸荡其性，既数目社，因剧饮为欢笑"。接下来与社娘苟合的场面更是赤裸裸地近乎野蛮了："强持其手曰：'我闺中故静，我与汝一观。'社固辞不敢。即强入闺中，排置榻上，曰：'敢动者死。'"即使后来"知其为王所蛊也，亦不以为意"。这里所写的陶侍郎，性格单一且无变化，不仅没有上面三种版本男主人公刻意表现的虚伪，甚至有点不顾廉耻的痞子味道。

从上面简单的介绍我们可以得出以下结论：这一故事自北宋初期开始流传，流传中存在着多种不同版本，流传的地域有南方亦有北方。各种版本故事的基本框架并无明显不同，但也存在着若干差异。这种同中有异的情形说明，在该时期这一故事还处于最初流行的阶段，尚未完全定型。

到了南宋，这一故事仍在继续流传。据笔者所检得的材料，主要是以下两种：一为周煇《清波杂志》所载：

> 陶尚书穀奉使江南，恃才凌忽，议论间殆应接不暇。有善谋者选籍中艳丽，诈为驿卒孀女，布裙荆钗，日拥篲于庭。穀一见喜之，久而与之狎，赠以长短句。一日，国主开宴，立妓于前，歌所赠"邮亭一夜眠"之词，穀大惭沮，满饮至醉，顿失前日简倨之容。归朝，坐

---

① 详《宋史》卷四《太宗本纪》、卷四八〇《世家》三《吴越钱氏》。
② 《任社娘传》记载之误非止此一处，传文中还有"陶文雅蕴藉，有不羁之名，神宗深宠眷之"之语。按神宗即位为1068年，此时距陶穀卒已97年了。

此抵罪。①

另一种是题为皇都风月主人编辑的《绿窗新话》，原题《陶奉使犯驿卒女》，注云："出《玉壶新话》"。可见，南宋时流传的这一故事完全是从北宋的《南唐近事》、《玉壶清话》一脉承袭而来的，这一故事最终定型在这一版本上，而另两个版本则在流传过程中不见踪影了。这是为什么呢？个中原因，似值得作进一步探讨。

先看《江南野史》。该本的男主人公是曹翰。曹翰史有其人。周世宗时仕至德州刺使。入宋后从太祖征太原、平江南，终官左千牛卫上将军，卒谥太尉。曹翰乃一介武夫，《宋史》本传说他："少为郡小吏，好使气凌人，不为乡里所誉"；平江南时，"江州军校胡德、牙将宋德明据城拒命。翰率兵攻之，凡五月而陷，屠城无噍类，杀兵八百，所略金帛以亿万计"。② 可见其性格暴戾残忍。曹翰也有诗作流传后世，题为《内宴奉诏作》，诗云："三十年前学六韬，英名常得预时髦。曾因国难披金甲，不为家贫卖宝刀。臂健尚嫌功力软，眼明犹识阵云高。庭前昨夜秋风起，羞睹盘花旧战袍。"③ 亦是一副武夫口吻。将一个软性成分居多的风月故事加之于刚性的武夫身上，显然有些不伦不类④，曹翰的被淘汰也就不足为奇了。

奇怪的是《任社娘传》。在有关这个故事的所有版本中，大多只是记录了故事的梗概，惟有《任社娘传》与《玉壶清话》情节曲折，细节丰富，最为详赡生动，它何以也销声匿迹了呢？通过对这两个版本略作比较，或许可以找到答案。

我们先从历史人物陶榖谈起。陶榖（903—970），字秀实，邠州新平人。初仕后晋，历任校书郎、著作佐郎、监察御史等职。继仕后周，为户部侍郎、翰林学士。入宋，为礼部尚书、翰林承旨。⑤《宋史》本传谓其"十余岁，能属文"，又谓："榖强记嗜学。博通经史，诸子佛老，咸所总览；多蓄法书名画，善隶书"。可见是一个典型的文人和文官。《宋史》作者对其评价不高，在传文中多有褒贬，其中所记的几件小事犹可见其思想性格之一斑：

> 崧族子昉为秘书郎。尝往候崧，崧语昉曰："迩来朝廷于我有何议？"昉曰："无他闻，唯陶给事往往于稠人中厚诬叔父。"崧叹曰："榖自单州判官，吾取为集贤校理，不数年擢掌诰命，吾何负于陶氏子哉？"及崧遇祸，昉因公事诣榖，榖问昉："识李侍中否？"昉敛衽应曰："远从叔尔。"榖曰："李氏之祸，榖出力焉。"昉闻之汗出。
>
> 初，太祖将受禅，未有禅文，榖在旁，出诸怀中而进之曰："已成矣。"太祖甚薄之。
>
> 榖性急率，尝与兖帅安审信集会，杯酒相失，为审信所奏。

这几件小事生动地反映出陶榖的性格品行：急率、奸狡、背德弃义，特别是关于李崧的一条，对自己所做坏事并不掩饰，而且向受害者的亲人和盘托出，活现出一副赤裸裸的无行文人的嘴脸。对《宋史》记载的这个陶榖，我们可以骂他"无耻"，但无论如何是和"虚伪"挂不上钩的。

---

① 周煇《清波杂志》卷八"邮亭曲"，刘永翔校注本，中华书局1994年版，第342页。
② 《宋史》卷二六〇《曹翰传》。
③ 厉鹗《宋诗纪事》卷二，上海古籍出版社1983年排印本，第30页。
④ 王世贞《艺苑卮言》"陶榖风光好"条："或有以为曹翰者，翰能作老将诗，其才固有之，终非武人本色。"唐圭璋编《词话丛编》本，中华书局1986年版，第391页。
⑤ 《宋史》卷二六九《陶榖传》。

《任社娘传》的男主人公陶侍郎虽没有出现名字，但结合这个故事流传的情况综合考察，应是指的陶穀。《宋史》没有记载陶穀曾出使过南唐或吴越。仅就人物性格来加以比较，不难看出，《任社娘传》的描写与其比较接近。无论是初次见到社娘时的"一顾已心动"，还是苟合时的欲火焚身迫不及待，抑或是丑行败露后的厚颜无耻，无不与《宋史》所提供的陶穀的性格品行若合符节。可见，《任社娘传》虽然记的是正史未记之事，但基本上是按照作为历史人物的陶穀的本来面目记录这一人物的，虽然在记录中也吸收了一些民间传说的东西，如细节的丰富、心理的描写等，但从总体上看，用的仍然是史传实录的笔法。《玉壶清话》则显然是另一路数。在它所描写的陶穀身上，已很难看出历史人物陶穀的影子，整个故事重点表现的是陶穀表面上道貌岸然正人君子、实则一肚子男盗女娼的虚伪嘴脸。可见，这里不过是借用了陶穀的名字，披上了他的衣冠，而内在精神、性格已做了根本改造，实际上是把民间对文人劣根性——虚伪这一看法，赋予他的身上，至于这种描写是否符合历史人物的本来面目，则完全不被重视。实际上，这正是民间文学惯常使用的手法，即按照民众的趣味和审美取向对历史人物加以重塑。《玉壶清话》这一版本系统在流传中最终淘汰了其他版本，正是民众趣味和审美取向的胜利。

三

治曲者在论述戴善夫《风光好》杂剧本事时，只提《玉壶清话》这一版本系统，显然是不完全的。《任社娘传》的人物性格虽然为杂剧作者所不取，但这并不说明该传对杂剧毫无影响。例如，有关故事发生的地点，杂剧的处理是，陶穀出使南唐时中了韩熙载等人所设的美人计，真相暴露后，他无颜北返，于是亡命吴越，这显然是将《玉壶清话》和《任社娘传》的故事地点加以综合的产物。

然而，杂剧作为这一故事的集大成者，主要是沿着《玉壶清话》一脉民众趣味和审美取向的方向发展，并对这一故事进一步加以改造，主要表现在三个方面：

首先是进一步强化了《玉壶清话》对陶穀性格的描写。在这方面，杂剧将戏剧体裁擅长刻画人物的特点可谓发挥得淋漓尽致。如在《玉壶清话》中，对陶穀初时假道学的表现，只不过用了"容色凛然，崖岸高峻，燕席谈笑，未尝启齿"寥寥数语，杂剧中则对此作了浓笔重墨的渲染：当韩熙载设宴，并唤秦弱兰唱曲助兴时，陶穀的反映是："大丈夫饮酒，焉用妇人为？吾不与妇人同食，教他靠后，休要惹恼小官！"当韩熙载命令奏乐时，陶穀却云："住了乐声！小官一生不喜音乐，但听音乐，头昏脑闷。""小官乃孔门弟子，放郑声，远佞人；郑声淫，佞人殆。"秦弱兰上前为陶穀把盏，陶穀大怒，呵斥道："泼贱人靠后！小官一生不吃妇人手内饮食！""我头顶儒冠，身穿儒服，乃正人君子，不得无礼！"以致秦弱兰都被其假象欺骗了，无奈地唱道："〔金盏儿〕我这里觑容颜，待追攀，嗨，畅好是冷丁丁沉默默无情汉。则见那冬凌霜雪都堆在两眉间，恰便是额颅上挂着紫塞，鼻凹里躺着蓝关。可知道秀才双脸冷，宰相五更寒。"而当晚间在驿舍再次见到秦弱兰时，陶穀马上换了另一副嘴脸，他毫不掩饰自己的色欲熏心，惊呼："一个好女子也！"并迫不及待地表示："小官乃大宋使臣陶学士。若小娘子不弃，愿同衾枕。"只不过变换了一下场合——从公开变成了私下，其表现马上判若云泥。正如秦弱兰所唱的："〔隔尾〕我则道他喜居苦志颜回巷，却原来爱近多情宋玉墙。这答儿厮叙的言语那停当，想昨日那座上，苦眼铺眉尽都是谎！"不难看出，在塑造这一形象时，如何迎合观众的趣味和审美取向，如何调动一切手段来表现主题和塑造人物，成为作者关注的首要因素，在这种创作方法指导下，陶穀的形象比之历史人物越来越远了，但作为艺术形象却越来越饱满和生动了。

其次是隐语的运用。所谓隐语，又叫廋词，指的是不把本意说出而借别的词语来表示的一种类似谜语的文字游戏。隐语的使用在我国有着悠久的传统，《左传》、《国语》里已有关于隐语的记载，汉代将这种拆字游戏谓之"离合体"，如蔡邕书曹娥碑阴"黄绢幼妇，外孙齑臼"，杨修解之为"绝妙好词"四字之类①。这种既含蓄委婉，又富含机锋的文字游戏，在宋元时期尤为盛行，称为"拆白道字"②，不仅文人士大夫喜用它来谐谑逗趣，在民间流行的通俗文艺中亦得到广泛应用③，如元杂剧范子安《竹叶舟》行童的打诨：

（做入见科，云）师父，外面有个故人，自称耳东禾子即夕。特来相访。
（惠安云）这厮胡说，世人那有这等姓名的？
……
（行童云）我说与你，这个叫做拆白道字：耳东是个陈字，禾子是个季字，即夕是个卿字。却不是你的故人陈季卿来了也？

这种插入剧中的拆白道字显然对增加情节的趣味、活跃剧场的气氛起到积极作用，它得到观众的喜爱是可以想见的。在《风光好》杂剧之前，这个故事流传的各种版本中并没有拆白道字的记载，杂剧第一折所写的陶榖在墙壁上题写"川中狗，百姓眼，虎扑儿，公厨饭"十二个字，然后被韩熙载破译，乃"独眠孤馆"四字这一情节，显然是杂剧作者的创造。作者将深受民众欢迎的拆白道字引入剧中，的确为这龅轻喜剧增色不少，有了这一铺垫，后面情节的开展就更有层次，陶榖虚伪的性格特征也更加鲜明生动，同时也使得杂剧本身更富娱乐性。

第三是大团圆结局。《玉壶清话》的结局是写到美人计真相大白后，陶榖狼狈北返，至于秦弱兰的结局则没有作任何交代。《任社娘传》则写任社娘完成色诱任务后，受到吴越王的奖赏，成为巨富。后嫁为人妻，捐金百万为佛寺，香火甚盛。这两种结局似都没有摆脱史传实录的窠臼，对富于同情心和追求完满的民众心理来说，显然感到残缺而不满足。杂剧将结局改为陶榖羞于北返，逃往吴越，投奔故人钱俶；南唐被宋所灭后，秦弱兰亦逃到吴越，两人得以再次相逢。于是，在钱俶的主持下，与陶榖结为夫妻之好。这就将原本是表现政治阴谋的故事，演化成了旖旎的才子佳人的爱情故事，这一结局也许是荒唐可笑的，但它却是符合当时民众的心理和愿望的。

从宋初的笔记杂传到元代的杂剧，这个故事的嬗变显示了一条清晰的轨迹：它离正史渐行渐远，虚构创作的成分则越来越浓，而在这一发展趋势的后面，我们可以强烈地感到有一只看不见的手在起着导向性的作用，这就是民众的趣味和审美取向。作为个案，它对我们认识古代通俗文学作品的演化规律，颇具启迪意义。

（作者单位：中山大学中文系）

---

① 参见赵翼《陔余丛考》卷二二"谜"。
② 如黄庭坚《两同心》："你共人、女边著子，争知我、门里挑心。"（唐圭璋编《全宋词》，中华书局1986年版，第401页）即拆"好闷"两字为句。又如赵翼《陔余丛考》卷二二"谜"所载："王介甫柄国时，有人题相国寺壁云：'终岁荒芜湖浦焦，贫女戴笠落柘条。阿侬去家京洛遥，惊心盗寇来攻剽。'东坡解之曰：'终岁，十二月也，十二月为青；荒芜，田有草也，草田为苗字；湖浦焦，水去也，水去为法字；女戴笠，为安字，柘落木，剩石字；阿侬是吴言，吴言为误字；去家京洛为国，寇盗为贼民。盖言青苗法，安石误国贼民也。'"此为拆字诗，亦拆白道字之一种。
③ 有关宋代的情况，可参见孟元老《东京梦华录》卷五"京瓦伎艺"条、陶宗仪《武林旧事》卷六"诸色伎艺人"条。

邓志谟"争奇"系列作品的文体研究
——兼论古代戏剧与小说的文体分野

戚世隽

晚明万历、天启年间的文人邓志谟，曾留下了白话小说、类书等多方面作品。孙楷第先生在《中国通俗小说书目》卷五收有邓志谟小说三种，并简单介绍了他的生平①。王重民先生在三十至四十年代撰写的《中国善本书目提要》中，也收录了他在美国国会图书馆所见到的"四种争奇十二卷"，计有《花鸟争奇》三卷、《童婉争奇》三卷、《风月争奇》三卷、《蔬果争奇》三卷。"考北京图书馆藏本尚有《山水》、《茶酒》、《梅雪争奇》各三卷，则争奇不止四种也。"王重民将之录于"子部·小说类"②。郑振铎的《插图本中国文学史》也在第六十章"长篇小说的进展"中，以一小节简要论及邓志谟及其作品③，此后一直未有学者予以关注。近年来，学界注意到这位晚明文人及其创作的独特价值，日本学者金文京先生先后撰写了《晚明小说、类书作家邓志谟生平初探》、《晚明文人邓志谟的创作活动——兼论其争奇文学的来源及传播》等论文④，对其生平及作品都作了全面的论述。此外，潘建国《明邓志谟"争奇小说"探源》⑤、孙逊《中国古代小说与宗教》第五章"唐代佛道'论议'与古代争奇小说"⑥ 也都探讨了"争奇小说"这一文体的源流。

在邓志谟的著述中，学者都注意到了他的"争奇"系列作品：即《花鸟争奇》、《山水争奇》、《风月争奇》、《童婉争奇》、《蔬果争奇》、《梅雪争奇》。这六部争奇作品，现在易于见到的，是台湾出版的《明清善本小说丛刊》本⑦，可见编者是将其视为小说来看待的。

但是，这部小说与当时小说的文体定式的确都不太一样，又造成了一些困惑。从邓志谟这六部作品的著录情况来看，孙楷第《中国通俗小说总目》未见收录，而是著录了《飞剑记》、《铁树记》、《咒枣记》这另外三部小说，同样的，《中国通俗小说总目提要》也只著录了这三部作品，这部小说目录在作者小传中还特别提到了邓的六部争奇作品，但却并未将其收录进去⑧。郑振铎先生在《插图本中国文学史》中提及这六部争奇作品时，称它们"是一篇小说"，又说"其

---

① 《中国通俗小说书目》第195页，人民文学出版社1982年版。
② 《中国善本书提要》第400页，上海古籍出版社1983年版。
③ 《插图本中国文学史》第918页，人民文学出版社1957年版。
④ 分别参见《明代小说面面观：明代小说国际学术研讨会论文集》，学林出版社2002年版及台北中央研究院中国文哲研究所"经典转化与明清叙事文学学术研讨会"论文，台北，2004年11月。
⑤ 《上海师范大学学报》2002年第3期。
⑥ 复旦大学出版社2000年版。
⑦ 台湾天一出版社1985年版。
⑧ 《中国通俗小说总目提要》第133页，中国文联出版公司1990年版。

性质极类李开先的杂剧《园林午梦》"。① 可见以往的学者，对它的性质还是有些拿不准的。

一

那么，这六部小说，与邓志谟时期已流行的通俗小说相比，究竟有哪些不同呢？

这主要体现在作品的全部情节除了少量的交代和过渡外，就是双方的争辩、对嘲，这种通篇以"对话体"建构作品的模式，使之具有了明显的戏剧性特征，以至于与戏剧性文体有着高度的相似性。

试以《花鸟争奇》为例。故事讲述百花百鸟赴东皇之宴，却因座位问题发生争执，双方各派战将出战，计有闹阳花对百舌鸟，苌楚花对老鸹鸧，丁香对杜宇，牡丹对凤凰，不能分出上下，于是奏于东皇。东皇命合作乐府二篇以为考校方式，最终以东皇厚赏，牡丹、凤凰拜谢为结。故事通篇皆以此种对话的方式展开，试看闹阳与百舌相争一段：

> 时有闹阳花者，好闹不好静也，亦名踯躅花，顿足言曰："纪纲坏矣！"遂大声言曰："凤凰凤凰，尔何以位吾牡丹王之上乎？"
> 鸟中最生事者，百舌鸟也，挺而应曰："我凤凰王居牡丹之先，何害？"
> 闹阳曰："鸟之族类，孰愈于花？花之名色，奚让于鸟？尔纵百其舌，敢与我数之乎？"
> 百舌曰："我凤凰为百鸟之王，体备七德，文成五采，太平祥瑞，人所快睹。汝花中有么？"
> 闹阳曰："我牡丹为花中之王，色则国色，香则天香。魏紫姚黄，人所争重。汝鸟中有么？"
> 百舌曰："我鸟中有大鹏，扶摇狂飙，九万里只一瞬。汝何花可以敌之？"
> 闹阳曰："我花中有蟠桃，饱历甘露，三千年只一花，汝何鸟可以比焉？"
> 百舌曰："我鸟中瑞鹤，仙人之骐骥。"闹阳曰："我花中仙桂，姮娥之龙涎。"……

又如《风月争奇》一段：

> 少女曰：姮娥姮娥，你寂寞于广寒宫，却做了一世的寡妇。
> 姮娥曰：少女少女，你冷落于清冷洞，又何曾嫁得一个丈夫？
> 素娥曰：避暑的个个呼唤树头风，你少女是个贱货。
> 十八姨曰：读书的人人思量月中姨，你姮娥是个妖精。
> 素娥曰：你风家有一个飞廉司权，好一个杀人的逆贼。
> 十八姨曰：你月府有一个吴刚斫桂，好一个驼背的老儿。
> 飞廉曰：咄！你这些贱婢子，敢如此作怪？
> 吴刚曰：哇！你这些歪腊骨，敢如此猖狂？
> 飞廉曰：你被天狗捉尔而食，吞你在肚子里，又把你吐出来，你做甚行止？
> 吴刚曰：你被列子御风而行，夹你在卵胞下，又把你放下，你逞甚英雄？

---

① 《插图本中国文学史》第918页，人民文学出版社1957年版。

上述，都是非常典型的戏剧性场景，完全可以施于戏剧表演。

按现代人对戏剧与小说这两种文体的认识来看，小说与戏剧作为叙事性文学作品，都要有故事，但小说是由作者来叙述故事，而戏剧作品最终是供演员在舞台上表演故事之用的。

由于文体观念的深入人心，现代的小说与戏剧作者，比如《剧本》与《小说月报》这两本期刊所登载的文学创作，在撰写这两种不同文体的作品时，是有明确的区分的。《剧本》中的作品，作为戏剧体，有明显的供表演的性质。若从这一点来看，邓志谟的六部作品显然并不是在为舞台表演提供脚本，如《风月争奇》开头：

> ……时有风神少女，闻涤凡居士等以己不若于月，心甚不平，遂谓月姊姮娥曰："适才涤凡居士等，以尔胜于我，此尘氛之中，非论辩之所，我与尔同至沉默之乡，冥漠之馆，与尔较论一番。"姮娥不语，少女乃先行焉，回首招姮娥曰："来，予与尔言。"姮娥乃前步曰："去，吾何慊乎？"于是少女领十八姨，并飞廉之属，姮娥领素娥十余人，并吴刚之属，顷刻至沉默之乡，遂从冥漠馆中坐定……

显然，作品是以叙述人的口吻进入对话的。

问题是，当时的创作者有没有这样明确的文体区分？

由于有着共同的口头表演的传统，我们看到，古代的小说与戏剧一直保持着密切的亲缘关系。既然小说与戏剧有着共同的母体，即使后来分道扬镳，也必然会在文体形态上留下许多亲缘痕迹，甚至存在着水乳交融、无法割离的情况。这一点，我们从争奇小说的发展源流，便可得见一斑。

在研究小说与戏剧的源头时，人们都把视线投到了唐代讲唱文艺。在前述潘建国先生的文章中，指出这种"争奇小说有着十分深远的文化渊源，从曲艺史的角度来看，它可以直接上溯到唐代的论议伎艺表演"。

关于敦煌论议的特点，王小盾、潘建国的《敦煌论议考》一文所述甚详。从文中所举佛道论议表演来看，它采用具有强烈角色分工色彩的对话体或问答体，以两人或三人表演的方式，通过论辩双方富于诙谐、机智风格的问难和辩驳来娱乐观众。由于它的表演性质，而具有通俗化与口语化的风格，杂用协韵宽泛的四六骈句。该文还认为，敦煌俗文学作品《茶酒论》、《晏子赋》、《孔子项橐相问书》及五言体《燕子赋》，便是一组供论议伎艺演出所用的文学底本。而论议如果预设了情节，经过彩排，以角色身份表演，论议便变成为论议剧①。可见，论议伎艺与戏剧的天然联系，使得后来的争奇故事才有了强烈的戏剧色彩。

提出从口头表演艺术的角度看，敦煌文艺中应有"论议"这一表演形式，这一发现是非常重要的。但是，是否论议就是两人或三人角色表演的身份进行的呢？

敦煌写本中有两种《燕子赋》，甲种为四言散文体，乙种为五言韵文体。但从角色表演的角度来看，甲种是俗赋韵诵，乙种才是论议，因为乙种开头有"雀儿和燕子，合作开元歌"之语，表明它由两人联合表演。但是，《敦煌论议考》所举的另三部作品《茶酒论》、《晏子赋》、《孔子项橐相问书》，只有《茶酒论》有明显的两人联合表演的迹象，《晏子赋》和《孔子项橐相问书》

---

① 《中国古籍研究》创刊号，国家古籍整理出版规划小组主办，上海古籍出版社1996年版。

在叙事里对话，仍可以由一人讲述①——当然，也完全可以采用角色表演的方式。

延续至宋代，在宋杂剧及金院本中，有不少是以问难、争辩为主要表演形式的，如《大论情》、《四论艺》、《论秋蝉》、《大论谈》、《论句儿》、《难古典》、《难字儿》等篇，直接以"论""难"为名。《三教安公子》、《双三教》、《三教闹著棋》、《三教化》、《三教》、《领三教》、《打三教庵字》、《普天乐打三教》、《满皇卅打教》、《门子打三教夭孼》、《集贤宾打三教》等篇，以三教辩论为内容，《问相思》、《问前程》、《渔樵问话》明显也是以对话为主要内容的剧目。

宋元杂剧院本留存下来的资料不多，但礼失求诸野，我们在民间赛社表演中，发现了这类两物争奇故事的影子。

山西上党地区发现的迎神赛社演出脚本《十样锦诸葛论功》，也是一个典型的相争故事。

这篇赛社脚本以四句诗赞开篇："五代荒荒乱如麻，布衣箭（籍）［戟］隐沉沙。江山处处归明主，一统华夷属赵家。"事叙赵太祖登基之后，要修一座祭祀历代功臣的武庙，责令翰林院学士杨关部承办此事。大功将成之际，杨关部伏几一梦，"只见众神，前来（让）［认］位"，率先上场的是姜太公，座位居中为首，是为武成王，以下依次左右列班而坐的是张良、孙武、管仲诸神，惟诸葛亮临场就座之时，韩信突兀上场与之争夺。梦中韩信与诸葛亮各不相让，发生争吵：

乐毅言毕，左手走出一位，羽扇纶巾，道服鹤裳，出而言曰："贫道无功，只有八句诗，是平生之功也。

自幼躬耕在南阳，蜀主三顾请栋梁。

巴丘三气周瑜死，平蛮七擒孟获王。

散关八阵安天下，茅庐一论定兴亡。

六出岐山吾去后，再无人上卧龙岗。"

孔明言毕，太公言曰："吾知汝功最大，相让坐了。"只见右手一人韩信大怒："诸葛亮，休得无礼！我是前汉开国功臣，汝是汉末蜀主之臣，汝居吾上，是何道理？听吾道来：

气冲斗牛贯青云，君王捧毂臣推轮，

高皇亲捧黄金印，青史标名尧舜臣。

展土开疆三千里，一人掌握百万兵。

古今名士从头数，似我登坛有几人。"

韩信言毕，孔明哈哈大笑。说道："上有尊师太公，让吾此位，尔何多言。你说，似我登坛有几人？上有张子房、孙武子、管夷吾、白起、乐毅，这几位尊师皆不曾登坛，为何列于上座，倒把你这登坛的将军列于下位？不记当年之事，听吾道来：

自美虽能夸大言，古今谁似你登坛。

只把英雄威风逞，不记当初危少年。"

韩信言曰："你说我未遇之时，乞食漂母，受辱胯下，大丈夫岂与他们小人作对。一日得地，职授齐王，人臣之位极矣。"孔明曰："你职授齐王？听吾道来：

时来你才遇高皇，运退之时入未央。

你说你是大丈夫，当初何请假齐王。"

---

① 王重民《敦煌变文研究》一文称这些作品为"对话体变文"，但也认为"虽说都是对话体，但对话的方式不同"。见《敦煌遗书论文集》第183页，中华书局1984年版。

韩信曰："大丈夫岂与他们作对，立名一时，垂名万世。听吾道来：
　　筑台拜将是英雄，提兵调将有谁能。
　　饶你总有千般计，难比韩侯十大功。"
……

　　二人连比了十大功劳，直比得韩信无言以对。不想却因"气死周瑜"之语惹恼了周瑜，又是一番口舌。最后周瑜将怨气撒在杨关部身上，仗剑一砍，杨被惊醒，却是南柯一梦。回到金殿奏于太祖。太祖曰："寡人有福，感得诸神降临。寡人择吉日，前到武庙进香。"结尾四句诗赞：

　　赵太祖立位登龙，修武庙关部监工。
　　争座位韩侯斗智，十样锦诸葛论功。①

　　可见，《十样锦诸葛论功》与上述敦煌论议底本一样，皆是两两相争，均有强烈的诘难、论辩色彩。结束时，均有一篇赞词，如《孔子项橐相问书》末有名为《项橐诗》的七言词文，《十样锦》文末有一篇四句七言诗赞。但也有不同之处，一是敦煌论议文中，有一位调停者，如《茶酒论》叙茶酒争功，水为调停；《燕子赋》叙燕雀争胜，后有"雀儿及燕子，皆总立王前，凤凰亲处分，有理当头宣"的情节。"这种两方难，王者仲裁的情形，无疑就是御前佛道论议的写照。"但《十样锦》中，并未出现这位调停者的角色。在敦煌论议文体中，采用的是协韵宽泛的四六骈句，而《十样锦》则是用的七言体。但两者之间在文体上的高度相似，使我们可以确定，它们之间是存在延续性的。

　　值得注意的是，这篇赛社脚本在实际演出中，与论议表演有一个根本的不同，即它并非是以两人或多人以角色扮演的方式完成的，而是以一人讲唱的方式进行表演的。有意思的是，元代陶宗仪《南村辍耕录》卷二五《院本名目·诸杂大小院本》中亦有《十样锦》一目。而据学者们的考证，北方赛戏的形成时间，正是宋元之际②。我们有理由推断，宋金杂剧院本的性质复杂，其中相当部分属于说唱技艺甚至游戏杂耍之类，正如王国维所说："此院本名目中，不但有简易之剧，且有说唱杂戏在其间。"因此，王国维将《讲来年好》、《讲圣州序》、《讲乐章序》、《讲道德经》、《讲蒙求钁》、《讲心字钁》、《订注论语》、《论语谒食》、《播鼓孝经》、《唐韵六帖》等视为"推说经诨经之例而广之"；《背鼓千字文》、《变龙千字文》、《摔盒千字文》、《错打千字文》、《木驴千字文》、《埋头千字文》等"此亦说唱之类也"。③

　　实际上，宋金杂剧院本除了诸艺并呈外，当时不同艺术样式的演出，其演出脚本都是可以互相通用的。如《都城纪胜》关于傀儡戏、影戏的记载：

　　凡傀儡敷演烟粉灵怪故事、铁骑公案之类，其话本或如杂剧，或如崖词，大抵多虚少实，如巨灵神、朱姬大仙之类是也。
　　凡影戏乃京师人初以素纸雕镞，后用彩色装皮为之，其话本与讲史书者颇同，大抵真假相半，公忠者雕以正貌，奸邪者与之丑貌，盖亦寓褒贬于市俗之眼戏也。

---

① 剧本资料引自乔健、刘贯文、李天生《乐户：田野调查与历史追踪》第287页，江西人民出版社2002年版。
② 参李金泉《固义队戏确系宋元子遗》，《祭礼·傩俗与民间戏剧》，中国戏剧出版社1999年版。
③ 参见王国维《宋元戏曲考·金院本名目》，《王国维戏曲论文集》第62页，中国戏剧出版社1957年版。

可见，宋金时代的"话本"，并非仅仅指说话人的底本，杂剧、傀儡戏、影戏、崖词、诸宫调的本子都可作如是称。这诸种表演伎艺在勾栏中都是可以相通的，代言与叙事并未作严格区分。

实际上，戏剧与小说讲唱混同的现象，长期存在于中国文艺史中。虽然随着说唱底本的被搬上舞台，代言体的使用量越来越大，最终，第三人称的叙述体消失，代言体完全占领舞台，戏剧与说唱正式分野。但讲唱式的戏剧表演形态，仍一直在民间盛行，从而不但见有叙述讲唱式的赛社杂剧遗存，南方也见有地戏、傩戏的搬演。如今天的贵州地戏，池州傩戏，还有前引的上党赛社杂剧，以及相类的晋南锣鼓杂戏，晋北赛戏以及南方其他省域的傩戏，都有以第三人称的诗赞吟唱为特征的戏剧表演。池州傩戏即直接搬用说唱底本，池州傩戏《陈州粜米记》"全剧不分出，只分五'断'，全部为叙述体，七言唱词，夹有说白。与其说它是剧本，不如说是地道的唱本"。"这种戏曲，唱词不必尽用第一人称，演员可以随时跳出角色，用第三人称对情节和人物进行解说和描述"①。如贵州地戏搬演时，演员一齐上场，分别吟诵通报姓名之后，便开始讲唱搬演。代言处，则由本角色或说或唱，凡叙事交代处，则临时由某一角色"跳出"所扮人物，像局外人似的做旁唱或旁白。

由说唱到戏剧，经历过一个逐步变化的过程，后者既然是从前者脱胎而来，二者之间存在一个很难区分彼此的过渡阶段，那些中间过渡阶段的创作，其底本便具备了相当的模糊性，我们无法简单地将它说成是说唱还是戏剧，前述《十样锦诸葛论功》，不是可以很容易地由前行色的一人讲说变而为由角色表演吗？

二

若注意到底本使用的灵活自由这一因素，许多问题便可以重新考虑。如将晏子捷辩、燕雀争巢等故事定为论议表演的底本的同时，也有学者将它们定义为"白话赋体小说"②。

前人在研究敦煌讲唱文学（变文）时，认为它们与戏剧之间"在代言与叙述虽不同，在演故事及唱白兼用之两点则相同"。③ 唐文标说："（变文）这些作品大半以脚本方式出现的……它的流变由单纯讲唱到有背景，已渐进戏剧的形式了。"④ 周育德认为"不妨把唐末流传下来的那些俗讲底本'变文'式的说唱本称作'准剧本'"。"它们在本质上是属于叙述体的说唱曲本，但这种曲本提供了舞台戏剧表演的可能性，可作戏剧表演的根据。它相当于后世戏曲表演的'总纲'、'总讲'或'幕表'。它体现了叙事讲唱文学和戏曲文学的双重品格，是由说唱向戏曲过渡的桥梁。"⑤

学者们进一步指出，某些变文，就是戏剧剧本。如编号为 S.2440（7）写卷⑥，该写卷内容叙释迦牟尼出生及出家的故事，任半塘先生校录于《唐戏弄》中，称其为"关于剧本之资料"，

---

① 《池州傩戏与明成化本说唱词话——兼论肉傀儡》，《戏史辨》第 1 辑，中国戏剧出版社 1999 年版。
② 参见冯宇《漫谈变文的名称、形式、渊源及影响》，《哈尔滨师范学院学报》1960 年第 1 期，又见《敦煌变文论文录》（上），上海古籍出版社 1982 年版。
③ 任半塘《唐戏弄》第 905 页，上海古籍出版社 1984 年版。
④ 唐文标《中国古代戏剧史》第 96 页，中国戏剧出版社 1985 年版。
⑤ 周育德《中国戏曲文化》第 58 页，中国友谊出版公司 1995 年版。
⑥ 见王重民主编《敦煌遗书总目索引》，中华书局 1983 年。

并指出"开端布置，俨然已接近剧本"。① 饶宗颐先生也称其为"表演《太子修道》之歌舞剧，文中所言吟之人物有大王、夫人、吟生、新妇，可知'吟'即唱词"。② 石路《释熊踏》也说："被英国人斯坦因劫往伦敦的敦煌卷斯 2440 号，是一部难得的唐代佛教剧本存件。按王国维先生的'歌、舞、剧、代言体兼备即谓戏曲形式'的主张，则该卷足可证实：中国戏曲在唐代即已产生。"并说："以上载歌载舞的场面之中，出现了取代言体的戏剧人物的'吟'（唱），因此，可断定其为戏剧形式无疑。"③ 1987 年李正宇先生刊发《晚唐敦煌本〈释迦因缘剧本〉》，径直定其为剧本。④ 1991 年欧阳友徽先生又撰文，再次肯定该卷为剧本，并说明理由有三："第一，按角色分词，第二按角色分段，第三按角色提示。"⑤ 反对该写卷为剧本的有曲金良先生⑥，黄征及张涌泉先生也撰文认为"此篇乃抄撮《太子成道经变文》或《八相变》中的吟词而成，是一种节本，旨在供变文演说时配合吟唱者执以吟唱，与后世的独立构思创作的有完整情节的剧本不同"。⑦

按此卷之形制，的确出现了"大王"（净饭王）、夫人、太子、太子之妇耶输陀罗等人物，也有唱词对话，但现在并没有任何资料说明，它们曾以角色扮演的方式在舞台上表演过。仅从写卷来看，你可以说它是戏剧脚本，也可以视为一篇对话体的短篇小说。

因此，类似敦煌遗书中被任半塘先生疑其为"在和尚俗讲中，插入贫家夫妇互诉困苦之一幕戏剧"的 P.3128 号抄卷⑧，S.1497 及 S.6923 号写卷——任半塘先生在《敦煌歌辞总编》中拟题为《须大拏太子度男女》，并指出该曲辞作"代言、问答、对唱，戏剧性甚强，为目前所见敦煌歌辞中最接近戏曲者""惟体属分人对唱，又全演故事，用戏文，非偈赞"⑨。对话体的《下女夫词》——任光伟认为："《下女夫词》既有特定故事情节，并由固定的角色扮演特定的人物，全卷均用代言体，固定的时空中演出，有固定场地、固定道具，在表演上已能充分地运用唱、做、念、舞等手段，应该说这已经是完整的戏曲演出形式，其脚本自然应该称为戏曲剧本。"⑩《维摩诘经变文》——任半塘认为"唐变文与唐戏之关系最为显著者，从现有资料言，莫过于《维摩诘经变文》唱白分清，且即用'白'字为说白部分之标识一点"⑪ 等，均具有相同的性质，亦即具有讲唱脚本、戏剧脚本和对话体小说的三重性质，关键在于它如何被使用。

韵散结合，有人物情节这样的讲唱因子，在佛经中业已存在。如《法华经》就是长行和偈颂整齐交错、平分秋色，其基本内容是佛与弟子之间的互相问答，而且还有艺术性很强的对话讲诗，这样的对话形式，既适于吟唱，也适于表演。《维摩诘经》《佛所行赞》也同样具有戏剧色彩。以致有人将这类作品视为戏剧雏形，如研究印度佛教史的学者渥尔德便认为其中一些有戏剧情节的部分，在后来的宗教节日集会时曾在舞台表演，"有证据说明其中有某些戏剧化情节，尤

---

① 任半塘《唐戏弄》第 1000—1001 页，上海古籍出版社 1984 年版。
② 饶宗颐《敦煌曲与乐舞及龟兹乐》，《新疆艺术》1986 年第 1 期。
③ 《新疆艺术》1985 年 5 期。
④ 《敦煌研究》1987 年 1 期。
⑤ 欧阳友徽《敦煌 S.24407 写卷是歌舞戏角本》，《西域研究》1991 年创刊号。
⑥ 参见曲金良《敦煌 S.24407 写卷考辨》，《敦煌研究》1989 年 3 期。
⑦ 黄征、张涌泉《敦煌变文校注》第 482 页，中华书局 1997 年版。
⑧ 《唐戏弄》第 908—909 页，上海古籍出版社 1984 年版。
⑨ 《敦煌歌辞总编》第 788 页，上海古籍出版社 1987 年版。
⑩ 任光伟《敦煌石室古剧钩沉》，《西域戏剧与戏剧的发生》第 71—86 页，新疆人民出版社 1992 年版。
⑪ 任半塘《唐戏弄》第 904 页，上海古籍出版社 1984 年版。

其在杂阿含里面，在节日集会时曾在舞台表演"①。但也有学者认为，"与其把《法华经》视为戏剧，不如看做一部以对话为主的小说。"② 而陈寅恪先生在谈及《维摩诘经讲经文》时说："今取此篇与鸠摩罗什译《维摩诘所说经》原文互勘之，益可推见演义小说文体原始之形式，及其嬗变之流别，故为中国文学史绝佳资料。"③ 这就启示我们，以敦煌变文为代表的叙事性文学作品，实际上具备多种文体的特征，讲唱与戏剧与小说之间，并不具备不可跨越的鸿沟，当它施于讲唱时，便是讲唱文学，施于戏剧表演时，便是戏剧作品，作为案头读物时，也不妨视为对话为主的小说④。

三

前人在讨论到邓志谟的争奇之作时，已注意到"事实上，六篇争奇小说本身也非常适合演出，邓志谟在每篇之后，还辑录了数量可观的历代有关诗词曲赋，它们亦可视为是演员搬演时的参考材料"。⑤ 的确，邓作与上述赛社脚本《十样锦》，在文体上完全一致，既然《十样锦》可以用于讲唱或表演，那么邓作也同样可以。

但是，虽然如此，我们也要考虑到，邓志谟的创作在明代的天启年间，这一时期，戏剧与小说等叙事性文学作品，在文人的笔下，其体式皆已发展得非常成熟。因此，将邓志谟的六种争奇作品，著录为小说，这有它的充分理由，因为邓志谟就自称其为"稗说"，《蔬果争奇》前言也说"若齐谐之书志怪者"，作品开篇，也是以第三人称叙述的方式进入情节的。但根据我们前述的研究，代言还是叙述，并不是作家区分戏剧与小说文体的考量因素。实际上，元明清之际的曲学家，将戏剧称为"传奇"，就是这一观念的一种反映。不仅以"荆、刘、拜、杀"所代表的早期南戏作品和遵循《琵琶记》所确定的文本规范的明清戏剧作品被称为"传奇"，关汉卿、王实甫等创作的北曲系统的戏剧作品，也曾被称为"传奇"，如元人钟嗣成的《录鬼簿》所列"前辈已死名公才人，有所编传奇行于世者"，计56人，均为元杂剧作者。而"传奇"又可作为叙事性散文作品，比如唐、宋的文言短篇小说和宋、元以后的白话小说的称呼。这种把叙述性情节作品与代言体情节作品不加区别地称作"传奇"的状况，说明当时人们并未认识到戏剧情节艺术与小说情节艺术的实质性差异，这一现象一直延续到西方戏剧理论引入中国。

那么，邓志谟称其作品为"稗说"的立足点何在呢？

这六部小说中穿插了8个戏剧作品，全为1折，用曲牌体，是典型的南杂剧，如《童婉争奇》插有《幽王举烽取笑》、《龙阳君泣鱼固宠》二本；《风月争奇》末附《风月传奇》一本；《花鸟争奇》尾载"南腔""北腔"传奇二本；《梅雪争奇》书生以诗为判语公断梅雪之争后，又作传奇一本。邓志谟称之为"乐府"或"传奇"，以示与"稗说"的区别。此外，邓志谟还创作了《玉连环记》等五种传奇，这些都说明作者是有明确的文体意识的，他在创作时，是参照了同时期的文人创作的。因此，他是将以曲牌体的曲唱来对话的作品视为戏剧，而有角色，有故

---

① 渥德尔《印度佛教史》第219页，王世安译，商务印书馆1987年版。
② 侯传文《佛经的文学性解读》第26页，中华书局2004年版。
③ 陈寅恪《敦煌本〈维摩诘经·文殊师利问疾品演义〉跋》，《金明馆丛稿二编》第180页，上海古籍出版社1980年版。
④ 在讨论小说及戏剧的源头时，人们往往过分重视了敦煌讲唱文艺中，那些与后世小说或戏剧文体直接相关的文体形式，如谈小说的源头，会谈到敦煌话本，而忽视了在小说与戏剧的形成过程中，那些非常重要的其他说唱故事的讲唱类文体。
⑤ 见潘建国《明邓志谟"争奇小说"探源》一文，《上海师范大学学报》2002年第3期。

事，有人物对话，但没有曲牌体的曲唱的创作，则视为小说——这就是当时文人用以文体区分时的标准。

这与后来王国维给"戏曲"所下的著名定义——"戏曲者，谓以歌舞演故事也"恰好合拍①。

王国维在论说什么是"真戏剧"时，又说："必合言语、动作、歌唱，以演一故事，而后戏剧之意义始全。故真戏剧必与戏曲相表里。"② 王国维突出强调了"曲"的重要性，而强调"曲"的重要性，实际上是强调了中国古代戏剧的诗歌与音乐性特性。这在王国维以前，就已形成了传统，明代两部戏剧作品选集，称为《元曲选》和《六十种曲》；明代的戏剧理论著作，有王骥德的《曲律》，即使是非常讲究戏剧的情节作品特性的清代剧作家李渔，也将《闲情偶寄》中与戏剧有关的部分命名为"词曲部"。

王国维的《宋元戏曲考》写于1912年，自此，"戏曲"一词被普遍使用，用以作为13世纪初以来包括元杂剧、南戏、明清传奇和"地方戏"在内的全部中国传统戏剧的通用名称。直到1958年，任半塘的《唐戏弄》对此提出质疑：

> 按王氏赏元剧文章之横放杰出，又莫不代言，诚是也；然因此竟认我国戏剧非用套曲如元剧者，或用重头多首如明剧者，即不能演故事，成戏剧，则大误！此误逐渐硬化而为成见，于是以歌剧为一切戏剧之定型，以套曲为一切剧曲之定型③。
>
> 在我国戏剧史中，首先介绍唐宋优谏者，用王考；而首先等闲讽刺，轻视滑稽者，亦王考。由于此后一意识，对于歌舞戏之重视、及戏剧中演故事之重视，均嫌超过应有之分际，以致造成偏差。强求乃形成"剧本主义"，认为非戏曲不能构成真正戏剧，进而以"戏曲"一辞代替"戏剧"。遂至失却其歌舞类戏与科白类戏二者均衡发展之优点，以及我国古剧全面完整之精神，其影响于我国古剧之研究者，实相当严重！四十余年来，国内外研究我国古剧者，乃就此偏差，凝固成为一种不易动摇之成见，从而发展，王氏之说实启之也。④

任半塘认为，过分强调戏剧中"曲"的重要性，实质是抹煞了戏剧史上科白戏的实际存在与价值。任先生是立足于唐五代戏剧的基础上立论的，实际上，这在后来的戏剧发展史中，也有着十分重要的意义。正如任先生所说，由于文人创作的元杂剧与明传奇受到了普遍重视，人们忽视了在民间，还有另外一种不用套曲的戏剧样式的存在，这就是诗赞或说白为主的民间戏剧创作，它从唐代以参军戏为代表的科白戏，到宋金以说白、诗赞为特色的戏剧表演，一直延续到了今天民间赛社表演。

争奇故事本来是一个绝好的戏剧素材，我们后来的戏剧文体中却难觅踪影。明初文人贾仲明曾有《上林苑梅杏争春》杂剧。（见《录鬼簿续编》，今已佚失。）稍早于邓志谟的李开先（1502—1568），也曾创作过一本讲述相争故事的戏剧，即其《一笑散》中的《园林午梦》一剧，讲述一渔父读崔莺莺及李亚先传，觉二人行事相若，难分高下。时当正午，渔父困倦小睡，梦中见二人为高下低昂而争执折辩，彼此辱骂揭短，终至于相互攻讦扭打。后又由二人婢红娘、秋桂

---

① 《戏曲考原》，《王国维戏曲论文集》第201页，中国戏剧出版社1957年版。
② 《宋元戏曲考·宋之乐曲》，《王国维戏曲论文集》第36页，中国戏剧出版社1957年版。
③ 《唐戏弄》第53页，上海古籍出版社1984年版。
④ 《唐戏弄》第391页。

助阵,更是诟谇。

　　这个剧本在形制上的特别之处是:除渔翁、莺莺、李亚仙上场时有四阕北曲外,梦中的争执折辩皆以对白行之。因此,沈德符称为"《小尼下山》、《园林午梦》、《皮匠参禅》等剧,俱太单薄,仅供笑谑,亦教坊耍乐院本之类耳"。① 实际上,李开先在此剧跋语的最末说"午梦院本之作,其在何时耶?观者不待予言自知。但望更索诸言外,是则为幸不浅耳!"② 可见,李也是将自己的创作与曲牌体的戏剧分开,将其视为"院本"的。除了人物上场时用了四阕北曲外,其余的说白形式与邓志谟的争奇故事也十分相类,因此,郑振铎先生在介绍邓作时才说"其性质极类李开先的杂剧《园林午梦》"。但这样的创作被视为"俱太单薄,仅供笑谑"而且在后来就不见踪影了。

　　由于曲牌体戏剧被文人发扬光大,以诗赞或说白为主的民间创作潜流长期未能进入人们的视野,这不能不说是一个遗憾。学者唐文标曾反思:"为什么中国一直不发展出由'科''白'构成,而无唱词的'戏剧'?""简易,甚至更能动人的'说话戏剧'竟不出现,或不见之历史记载,岂非怪事?"③ 争奇故事本来更适宜成为一个戏剧素材,但是,无"曲"即不为戏的文体观,注定了邓志谟不可能将它演绎为一个戏剧作品。

(原刊《文学遗产》2008 年第 4 期)

---

① 《顾曲杂言·杂剧院本》,《中国古典戏曲论著集成》(四)第 215 页,中国戏剧出版社 1959 年版。
② 《李开先集》第 861 页,路工辑校,中华书局 1954 年版。
③ 《中国古代戏剧史》第 172—174 页,中国戏剧出版社 1985 年版。

观念变迁与戏剧改良
——从清末戏曲改良到文学革命运动

孙笛庐

清末，西方观念纷至沓来，这时期的知识人根据西方的知识系统对我国传统加以重新构建与阐释，诞生了一系列影响深远的著作，如王国维开现代戏曲研究之嚆矢的《宋元戏曲史》就是一例。然而，在某一个观念或概念初初传来之时，对其的接受需要经历一段时间。并且，因不同人所具有的知识体系不同，对新观念的判断与理解亦会产生些许偏差——戏剧观念的变迁就是其中一例。

"戏剧"、"戏曲"二词在我国传统语境中，前者带有"伎艺表演"之意[①]，而后者则多指戏中演唱之曲[②]。然而，在西方观念输入中国以后，这两个词语在内涵上却有了变化。首先，是"戏曲"一词，初时在传教士所编纂的各类英华字典中作为西语drama的译词使用，这一用法被日本社会所继承；而中国在甲午战争以后取径日本学习西方，"戏曲"一词也与日本相同，指中西方戏剧。[③] 1906年春柳社成立，中国开始发展现实主义戏剧，为了将这种以科白动作为主的表现形式与传统戏剧相区别，春柳社社员们又在"戏曲"中划分为出"新剧"、"旧剧"两种概念。再看"戏剧"一词，其传统含义与现代通常意义上的演员表演故事一词相类似，当时则与"戏曲"一词同时使用，在意义上并无专门的区分。

1918年，陈独秀、胡适等发起新文化运动，希冀推翻旧中国的一切，在戏剧领域也就有了"废旧戏，创新剧"的提议。新文化运动者在进化论的影响下，以西方戏剧形式为进化的方向，以传统戏剧为进化的低级阶段，在这一观念影响下，戏剧、戏曲二词的意义有了区别，中国传统的昆曲、皮黄戏等渐渐从"戏剧"的内涵中划分出来，而"戏曲"一词因对戏剧中的"曲艺"部分有所指涉，便成为了"以歌舞演故事"的传统戏剧之统称。

按照这一历史脉络，本文即论述随着西方观念输入中国，知识人在接受文学、戏剧等观念时，对于传统戏剧的看法所发生的变化，而这种变化最终影响了他们的戏剧改良策略，形成了关于中国戏剧改良的不同路径。

[①] 参见陈维昭《"戏剧"考》，《云南大学学报》2004年第2期；李简：《古代曲学中的"戏剧"概念》，《中国高校社会科学》2014年第4期。

[②] 例如明朝刘若愚《酌中记》有"光庙喜射又乐观戏。于宫中教习戏曲者，近侍何明、钟鼓司官郑稽山等也"。再如清代李斗《扬州画舫录》中的"清唱鼓板与戏曲异，戏曲紧，清唱缓，戏曲以打身段下金锣为难，清唱无是苦，而有生熟口之别"。其中"戏曲"一词皆指戏中演唱之曲。

[③] 关于"戏曲"与西语drama对译与受容的历史，参见拙文《"戏曲"观念的生成与发展》（待刊稿）。

一、清末戏曲改良中的戏剧戏曲观念

中国自甲午战争以后,多利用日本已经翻译出版的书籍学习西方的思想观念。其中不少概念也便借鉴了日本的翻译,而在社会上通行,其中就有"戏曲"与 drama 的对译。

康有为的《日本书目志》(1898)中就曾多次述及戏曲,在卷十一"文学门"中,康有为说道:"《诗》曰:'式歌且舞',以畅人之肌肤,而和人之血气。墨子谓孔子:'歌诗三百,弦诗三百,舞诗三百。'诗皆乐章也。戏曲即古乐府,能深入人心,使人乐,使人悲,忽然不知所由来。故移风易俗,莫善于乐。戏曲实为六教之大本,宜隶学官,损益以赠民。"①

《日本书目志》是康有为模仿《汉书·艺文志》之例,广收日本书籍所编写的目录。其中"戏曲"一类包括在文学门中,共收书籍二百八十种,其中大部分为日本的演剧脚本与净瑠璃院本。在这里,康有为对"戏曲"一词的使用,直接源自日人用法,指戏剧剧本。同样的,早年曾留学日本的廖仲恺,其以笔名渊实所译述的《中国诗乐之变迁与戏曲发展之关系》(1904),文中的"戏曲"也是源自日本原文,等等情况,不一而论。

而这时期的知识人之所以会注意到日本的"戏曲",是因为当时日本在接受了西方的文学(literature)②与戏曲(drama)观念以后,开始建构其本国文字所书写的文学(区别于原来的文化主流——汉文学),其传统戏剧形式净瑠璃从原来仅供妇孺观玩,一变而成为整个民族文学的典范,在地位上得到提升。

而此时的中国知识人为解释日本对戏曲的重视,同时也为利用戏曲在教化上的功能,而为其赋予了一个符合中国传统知识体系的阐释。他们通过"移风易俗,莫善于乐"的理论基础,借古代的诗教传统来抬高戏曲的地位,康有为的《日本书目志》就是一个典型的例证。在该书"演剧"类著作后,康氏作有如斯按语:"以经教愚民,不如小说之易入也。以小说入人心,不如演剧之易动也。孔子曰:'移风易俗,莫善于乐。'一成北出,再成灭商。周公左,召公右,非演剧欤?教化之诱民,未有过此。宜以大儒通人,居乐府领之,而后世乃付之优人,故乐亡而俗坏。"在对戏剧的教化功能加以论述以后,康有为却认为日本虽重视戏剧,但"日人尚未能及此意也"③,明言其观点与日人有所差异。

康有为的这种观点切合中国时势因此极具影响力。在他之后更有欧榘甲(1869—1912)、陈去病(1874—1933)、廖仲恺(1877—1925)、陈独秀(1879—1942)、蒋观云(1899—1929)等,在此理论基础上发表戏曲改良的种种观点。

作为康有为学生的欧榘甲,在 1903 年发表《观戏记》一文,文章先写作者在法国、日本观戏的体验,并发出"为此戏者,其激发国民爱国之精神,乃如斯其速哉"的感叹。之后讲戏曲作为"古乐府之遗"在正风俗、宣教化方面的作用,最后得出结论:"记者曰:……论世者谓学术有左右世界之力,若演戏者,岂非左右一国之力者哉。中国不欲振兴则已,欲振兴可不于演戏加

---

① 蒋贵麟主编《康南海先生遗著汇刊》卷十一《日本书目志·文学门》,台北,宏业书局有限公司 1987 年版,第 500—501 页。
② 关于西语"literature"与"文学"的对译以及"文学"观念的传入问题,参见[日]铃木贞美著,王成译《文学的概念》,北京,中央编译出版社 2011 年版。
③ 蒋贵麟主编《康南海先生遗著汇刊》卷十三《日本书目志·美术门》,第 627 页。

之意乎。"①

陈独秀的《论戏曲》（1905）认为戏曲是"普天下人类所最乐睹、最乐闻者也，易入人之脑蒂，易触人之感情。故不入戏园则已耳，苟其入之，则人之思想权未有不握于演戏曲者之手矣"在。对戏曲的移情作用加以解释后，陈氏对戏曲改良提出五点建议，即"宜多新编有益风化之戏"、"采用西法，戏中有演说，最可长人之见识，或演光学、电学各种戏法，则又可练习格致之学"、"不可演神仙鬼怪之戏"、"不可演淫戏"、"除富贵功名之俗套"。陈独秀所提出的这五点建议，主要是针对当时演戏的陋习，他以为"我国戏曲，若能依上五项改良，则演戏决非为游荡无益事也"②，也就是，陈氏的戏曲改良是旨在去除传统戏剧中的种种不善之处，主要是针对题材、内容上而言。

作为同盟会会员的陈去病，其《论戏剧之有益》（1904）一文亦是如此，他所关注的是戏曲能令平民百姓"通古今之事变，明夷夏之大防"，因此他以为戏曲改良需从题材入手，尤其是要编纂有益于民族主义和革命精神的题材，即"或编明季稗史，而演汉族灭亡记，或采欧美近事，而演维新或历史，随俗嗜好，徐为转移，而潜以尚武精神、民族主义，一一振起而发挥之"。③以促使同盟会"驱除鞑虏、恢复中华"之愿景的实现。

蒋观云的《中国之演剧界》（1905）一文，则以西方的悲剧理论为价值取向来论述戏曲改良，认为当下戏曲改良的关键在于编演符合时势的悲剧。蒋氏之说所针对的是其在日人报纸上见到的所谓"中国之演剧也，有喜剧，无悲剧，每有男女相慕悦一出，其博人之喝彩多在此，是尤可谓卑陋恶俗者也"④，对于这一评价蒋氏认为"深中我国剧界之弊"，并发出感叹，"曾见有一剧焉，能委曲百折，慷慨悱恻，写贞臣孝子仁人志士，困顿流离，泣风雨动鬼神之精诚者乎？无有也。而惟是桑间濮上之剧为一时王，是所以不能启发人广远之理想，奥深之性灵，而反以舞洋洋，笙锵锵，荡人魂魄而助其淫思也。"因此他认为"欲保存剧界，必以有益人心为主，而欲有益人心，必以以悲剧为主"。

可以看到，在社会变革之际，持有不同政见之人以戏曲改良为共同的议题。他们主要针对的是传统戏剧的题材方面，希冀通过对戏剧内容加以改良，使自己的政治思想能够为民众所知、感化民众。事实上，这种为戏曲、小说包裹上教化、开民智意义的功利性思想，却也在客观上提高了戏曲的地位。

二、剧分新旧：春柳社与新剧运动

1906 年，春柳社在东京成立，其目标与上述戏曲改良活动一脉相承。正如《春柳社演艺部专章》内所言，该社的成立是由于"吾国提倡改良戏曲之说有年矣，若者负于赀，若者负于迷诸途"⑤，因此这批留学生便想接过改良戏曲以转移风气的重任。

在春柳社成立伊始，首先便在"戏曲"中划分出"新派演艺"与"旧派演艺"两个概念。所谓新派演艺是指"以言语动作感人为主，即今欧美流行者"，而旧派演艺指"如吾国之昆曲、

---

① 无涯生《观戏记》，阿英《晚清文学丛钞·小说戏曲研究卷》，中华书局 1960 年版，第 67—72 页。
② 三爱《论戏曲》，《新小说》1905 年第 2 号。
③ 佩忍《论戏剧之有益》，《二十世纪大舞台》1904 年第 1 期。
④ 观云《中国之演剧界》，《新民丛报》1905 年第 17 号。
⑤ 李叔同《春柳社演艺部专章》，阿英编《晚清文学丛钞·小说戏曲研究卷》，第 635—638 页。

二黄、秦腔、杂调是也",而春柳社的戏曲改良则包括了这两个部分,即"本社以研究新派为主,以旧派为附属科"。

春柳社在编演新剧之余,又提出针对旧剧的改良办法,主要集中在场面、布景两个方面,即其所言"旧派脚本固有之词调,亦可择用其佳者,但场面、布景必须改良"。可以看到,他们对中国的传统戏剧所抱持的是一种开放的态度。而既然可以继续使用旧剧的脚本与词调,那也就说明春柳社对旧剧的体制并无异议,所针对的也就是旧剧的场面与布景。

结合春柳社的新剧运动实际上受到日本新剧改革家坪内逍遥(1859—1935)的直接影响[①],春柳社对戏剧的态度也与坪内逍遥相一致,即追求文学作品能够"毫无遗漏地反映时世的情态",追求使读者"发出仿佛亲身体验人情世态"的现实主义文学创作。坪内逍遥认为日本的传统戏剧已经"不堪反映真实"的,因而着力于科白动作为主的新剧改良;而春柳社虽未完全拒绝中国的旧戏曲,但他们所提倡的关于场面与布景的改良,实际上也是出于现实主义的考量,即改变场面与布景使其趋于写实,反映世态人情。

春柳社成立以后,国内王钟声等受其影响,于1907年成立春阳社,通过《申报》登载的该社广告与报道,可以看其演出具有浓厚的中国戏剧传统。例如,其发布在光绪三十三年九月二十六日(1907年11月1日)的演剧广告《春阳社演剧助赈》中就有提到:"九月廿九、三十、十月初一日,春阳社社员假座圆明园演唱西国著名戏剧,译成中国词曲说白,并用西国鲜明服饰,装点山海园林风雪各景。此三日内所得戏资悉数充助云南旱赈云。"即该剧是将原著译成中国词曲说白,主要以演唱的方式演出。

再如,同期的《春阳社演剧助赈记》一文,言该社排演的新作《黑奴吁天》的情况:"是剧本系西国著名杰构,今译成华词,谱为新剧,分其目曰:送学、索债、规夫、别妻、窃听、夜遁、落店、索奴、追逃、遇友、取汤、赠别,凡一十二出",是按照传奇分出的模式安排剧情,他们在演出时还会邀请京剧戏班丹桂菊部助演。根据话剧家徐半梅的记载,春阳社的演出也确实是"戏的本身,仍与皮簧的新戏无异,而且也用锣鼓,也唱皮簧,各人上场,甚至用引子,或上场白,或数板等花样"[②]。

诚然,在中国想要输入西方以科白动作为主的戏剧实属不易,因国人长久以来对于戏剧的观念就是"夫戏剧,原于乐舞,自宜点缀声容,不仅铺陈科白"[③]。因此春阳社早期所上演的新剧,采用以京剧的形式来上演西方故事,本质上与晚清戏曲改良中人所提倡的对旧戏题材内容的改造并无不同。当然,与春柳社一样,春阳社对于戏剧的场面与布景格外强调,"外装园林山水、风雪景致",以达到令观众"恍如身入画图"中的效果。从这点可以看到,春阳社还是保留了西方现实主义戏剧美学的影响。

综上,新剧运动在早期对传统戏剧或曰旧剧的态度是积极的,在演出实践中可以沿用传统戏剧的脚本或利用皮簧的演出体制上演西方戏剧,而并没有贬斥某一方的观念存在。

随着辛亥革命的胜利,中国进入了一个全新的时代,留学生们纷纷回国以期报效国家,这给了新剧运动进一步前进的契机——接受了国外戏剧审美的留学生给新剧演出以观众资源,这批留学生比之春阳社的京剧票友等在现实主义戏剧的表演技巧上也更胜一筹;就这样,新剧作为新社

---

① 关于这一问题,中日相关论著颇多,如黄爱华《20世纪中外戏剧比较论稿》"第三章 文明新戏与日本新剧",杭州:浙江大学出版社2006年版,第31—53页。
② 徐半梅《话剧创始期回忆录》,中国戏剧出版社1957年版,第19页。
③ 素隐《改良戏剧谈》,《直隶教育界》1913年第4期。

会的新戏剧，一时间蔚为大观，时人对此形容道，"近年来，中国各戏园，均树一号召看客之新旗，曰改良新剧"①。

然而，随着新剧的急速发展，剧团水准良莠不齐，两极分化严重。一部分剧团曲高和寡，"中下社会中人观之不甚明了"；而另一部分又为迎合民众而"专演所习闻之旧事实以招来看客"，失去新剧改良风俗、教育社会之本意；尤其是为吸引观众，更有些新剧团仅冠以新剧之名，而上演各类鄙俗、淫荡之剧，这些都让新剧逐渐失去魅力，正如旷望《新剧之悲观》中所形容的："今海上之新剧不为不多矣，剧人则俯拾即是，尤为满坑满谷。于是，有纸糊篾扎之道具、卑人狗官之台词，红绿错杂之衣装出现于舞台上者。尤有编演鄙俚不堪之唱本、淫荡异常之禁书，以求迎合下流社会之心理者。至于拆梢打降、吊膀子争风吃醋，又成为一种风习，为剧人所万不可少。"②

在目睹了新剧的种种不足以后，一些旧剧爱好者便从旧剧更符合中国社会之传统审美入手，提出改良旧剧的观点。例如，1913年素隐的《改良戏剧谈》中首先即对新剧的表演方式提出批评，认为其"实写多而乏凌虚之致"，并以为"旧剧之感人较之新剧为优"。并针对社会上的新剧改良提出自己的观点，即"要之，戏剧之作用在揣合社会心理，无论描写一人一事，或于庄严中寓指导，于滑稽中带讽刺，均宜归着此点。记者于改良戏剧甚表赞成，顾念吾国旧俗之美者，当实力保存，不当一概抹却。"③

海鸣之《改良旧剧说》亦有类似观点，即"新剧之在中国，尚不能流行于社会间，半梅喃喃辈，虽大有可取，然旧剧并非毫无道理者。予为迷信旧剧之一人，不忍任其澌灭，欲以改良旧剧自任，横竖只求有益于社会耳，又何须故作高尚必鄙旧剧为毫不足道乎。"

在目睹旧剧派的种种质疑以后，新剧改革者的观点也愈发激进，开始贬损旧剧以争取自己存在的合理性，例如《新旧剧之异点一、二》虽言仅列举新剧、旧剧之不同，但实为挑剔旧剧毛病之作，"旧剧纯系刻板文章，凡举动进退唱工道白皆有一定限制，故一戏而千百人演之不能变更其毫末。""新戏最重自然天机，活泼绝不似旧剧之千篇一律"；或曰"旧剧多迷信，大都皆取荒诞无稽之事，希图迎合观者心理，在旧社会时代民智未开，诚能轰动一时，然而时至今日此等习惯早已不适于用，且为新戏中之大忌。"④

《戏剧丛报》主编夏秋风形容当时的情形就是"旧剧因受新剧之挤轧故而搁浅，新剧因旧剧之合众抵制无懈可击，故而不进不退"⑤。实际上，在1918年新文化运动者提出废旧戏、倡新剧的戏剧改良运动之前，所谓旧剧、新剧就已渐成水火，难以调和。

三、中国为何无戏剧：进化论影响下的戏剧观念

新文化运动所提倡的文学革命是在自由平等观念的影响下，对贵族文学与传统文化的背反。正如陈独秀所说："吾辈有口，不必专与上流社会谈话。人类语言，亦非上流社会可以代表。优

---

① 海鸣《改良旧剧说》，《民权素》1914年第2集。
② 旷望《新剧之悲观》，《剧场月报》1914年1卷2号。
③ 素隐《改良戏剧谈》。
④ 瘦月《新旧剧之异点一、二》，《新剧杂志》1914年第1期。
⑤ 夏秋风《发刊辞》，《戏剧丛报》1915年第1期。

婉明洁之情智，更非上流社会之专有物。故《国风》、《楚词》多当时里巷之言也。"① 其所强调的是以里巷之言所写就的国民文学。而胡适亦在《建设的文学革命论》中提出"国语的文学，文学的国语"这十字方针，希冀中国能学习欧洲诸国用俗语取代拉丁语一般，以白话文取代文言文，并建构起本国的国民文学。

在这一思想观念的影响下，新文化运动者按照西方对文学的定义，将诗歌、戏剧、小说、散文作为新文学的四个组成部分，探索国语文学与写实文学的实践方式。而为了给文学革命提供一个理论基础，他们努力在传统中发现国民文学，按照历史的文学进化观念勾勒出一条从抒情到写实，以白话取代文言的过程，戏剧改良也是如此。因此与之前的新剧改革不同，以陈独秀为代表的新文化运动者所提倡的是废除旧戏，用西方话剧来代替传统戏剧。

这一类论述发轫于《新青年》杂志4卷6号的"易卜生号"（1918）中，而集中在5卷4号的"戏剧改良专号"（1918年）中。新文化运动关于戏剧改良的论述发轫于《新青年》"易卜生号""通信"栏目中所登载的张厚载《新文学及中国旧戏》一文，文中针对胡适、刘半农、钱玄同关于传统戏剧的种种论述予以驳斥，并提出张氏对戏曲改良的认识："总之中国戏曲，其劣点固甚多；然其本来面目，亦确自有其真精神。固欲改良，亦必以近事实而远理想为是。否则理论甚高，最高亦不过如柏拉图之'乌托邦'，完全不能成为事实。"②

在张氏通信之后，杂志附上了胡、钱、刘三人及陈独秀的回应。之后专设"戏剧改良专号"，登载张厚载《我的中国旧戏观》以及以该文作为箭垛的《文学进化观念与戏剧改良》、《戏剧改良各面观》、《予之戏剧改良观》、《再论戏剧改良》等。

与新剧改革人士具有丰富的剧团运作与剧本编演经验不同，新文化运动者在戏剧领域可谓"门外汉"，只是在论述其文学革命方略时，戏剧作为其中一部分略有涉及，而这部分内容却受到张厚载的质疑，因此新文化运动者不得不对此有所回应。于是，他们在论述戏剧改良时便选择以王国维《宋元戏曲史》中的观点与材料作为其论争的依据。例如胡适的《文学进化观念与戏剧改良》中就依据了《宋元戏曲史》中所梳理的中国戏剧进化过程，即"列位试读王国维先生的《宋元戏曲史》，试看中国戏剧从古代的'歌舞'（Ballad Dance，歌舞是一事，犹言歌的舞也），一变而为戏优；后来加入种种把戏，再变而为演故事兼滑稽的杂戏（……）；后来由'叙事'体变成'代言体'，由遍数变为折数，由格律极严的大曲变为可以增减字句变换宫调的元曲，于是中国戏剧三变而为结构大致完成的元杂剧。"③ 再如，傅斯年的《戏剧改良各面观》中所说"如元'北曲'明'南曲'之自然文学"，就是对王国维"元曲之佳处何在？一言以蔽之，曰：自然而已矣"的化用。

王国维的戏曲研究肇始于1907年，通过《曲录》、《古剧脚色考》、《唐宋大曲考》等一系列著作，分别对中国传统戏剧的音乐、脚色、剧本等加以全面系统的研究，最终其于1912年以三月之功完成《宋元戏曲史》一书。该书有别于古代曲论中对戏曲"劝善惩恶"功能的强调，有别于康、梁所提倡的戏曲改良，其本质即为按照西方的知识谱系，建构本国文学传统的一种尝试，正如傅斯年所说的"必此类书出于世间，然后为中国文学史美术史与社会史者，有所凭傅"④，王氏该书提供了现代文学史编纂的一种范式。

---

① 陈独秀《答陈丹崖》，《新青年》1917年2卷6号。
② 张厚载《新文学及中国旧戏》，《新青年》1918年4卷6号。
③ 胡适《文学进化观念与戏剧改良》，《新青年》1918年5卷4号。
④ 傅斯年《宋元戏曲史》，《新潮》1919年1卷1号。

而新文化运动者之所以会运用《宋元戏曲史》为戏剧改良之"武器",实际上也是因为二者有着共同的文化基因。其一,体现在王氏的《宋元戏曲史》运用进化论来梳理中国的戏剧发展轨迹,这一点与新文化运动所依据的理论基础相同,因而成为其在戏剧改良论争中的重要凭借。其二,则是王国维对元曲、南戏"自然"之强调与新文化运动者所推崇的欧洲自然派文学相一致,并且他们都对社会上流行的文学功利性思想有着反思。如王国维就曾发表过"又观近数年之文学,亦不重文学自己之价值,而唯视为政治教育之手段"。[①]

在《宋元戏曲史》中出现"戏剧"、"戏曲"两个概念。其中"戏曲"一词源自日本译语,指中西方戏剧,尤为强调戏剧的文学意义;而"戏剧"一词则指与戏剧剧本相对应的舞台艺术与角色扮演。在王国维的早期戏曲论著中并没有区分戏剧、戏曲两个概念,例如,《戏曲考原》(1909)中就有"戏曲者,谓以歌舞演故事"一句,而在《宋元戏曲史》中相似的观点,则转而形容"戏剧",即"合歌舞以演一事实者,实始自北齐……然后世戏剧之源,则自此始"(《宋元戏曲史》第一章"上古至五代之戏剧")。王国维在《宋元戏曲史》中,有意对"戏剧"、"戏曲"两个概念加以区分,应当受到了日本文化界的影响。该书正是王氏在日本京都之时所撰写而成的,而彼时,日本多将"演剧"作为西语 theatre 的译语[②]用来指舞台表演,恰与"戏曲"一词相区别。例如,在坪内逍遥的《小说神髓》一书中就出现了"戏曲"与"演剧"两个概念,书中将戏曲与音乐、诗歌一道归为无形的艺术,而认为舞蹈、演剧则兼有有形、无形艺术,其原因即是演剧令诗歌、戏曲形象化。在这里"演剧"一词倾向于舞台表演,而"戏曲"则指戏剧剧本,因此演剧能够令戏剧剧本形象化。

在《宋元戏曲史》中,王氏将"戏剧"定义为"必合言语、动作、歌唱,以演一故事,而戏剧之意义始全",并在此基础上对文献中的言语、动作、歌舞、故事与扮演这几个要素追本溯源,构建起其进化成最终形式的过程。这实际上是在进化论的逻辑中对中国戏曲发展过程的一种构建。换而言之,该书预设了一个现有之物作为标准或者说终点,而将传统的具有相似要素的东西纳入到同一系统中,梳理其发展成标准形式、最终形式的过程。

1898年,严复《天演论》出版,时人评价"自严氏之书出,而物竞天择之理,厘然当于人心,中国民气为之一变"[③]。自此达尔文的进化论与斯宾塞的社会达尔文主义输入中国,对国人的思想观念产生了深远影响,而王国维之《宋元戏曲史》毫无疑问受到了这一观念的影响。

同样是以进化论为理论基础,针对进化的"方向"之不同,或曰,进化的"标准"之不同,以陈独秀、胡适为代表的文学革命者对"戏剧"有着不同的定义。

王国维的《宋元戏曲史》以"完全演一故事"与"代言体"[④]作为戏曲形成的标志,这一点受到了西方戏剧理论的影响。在亚里士多德的《诗学》中对悲剧就有如下定义:"悲剧是对于一个严肃、完整、有一定长度的行动的摹仿;它的媒介是语言,具有各种悦耳之音,分别在剧的

---

① 王国维《论近年之学术界》,《教育世界》1905年第93号。
② 例如,在当时出版的日语、英语会话书籍内就普遍存在着 theatre 和演剧对译的现象,如大东馆1886年版《正则英语独学》一书中,就将"a theatre"译为"演剧的话"。再如赤志忠雅堂出版的1887年《杂居必用英和正则会话》中也将"the theatre"译为"演剧的事"。勝岡信三郎《正則英語独学》,大東館,1887年,第105页;[日]恒松保太郎《雜居必用英和正則会話》,赤志忠雅堂,1888年,第157页。
③ 汉民《述候官严氏最近政见》,1905年11月《民报》第2号。
④ 《宋元戏曲史》第四章"宋之乐曲"即云:"此种大曲,遍数既多,虽便于叙事,然其动作皆有定则,欲以完全演一故事,故非易事。且现存大曲,皆为叙事体,而非代言体。即有故事,要亦为歌舞戏之一种,未足以当戏曲之名也。"此段文字叙述戏曲与大曲之别,最为关键之处为两点,"完全演一故事"和"代言体"。

各部分使用；摹仿方式是借人物的动作来表达，而不是采用叙述法。"① 根据这一标准，王氏以元杂剧作为我国戏曲形成的标志，并因有"真戏剧必与戏曲相表里"的判断，所以王氏是以元曲南戏为中国戏剧进化的方向。

而文学革命者则以西方戏剧的普遍模式即说白为主的话剧作为进化的依据，按照这一观念，他们将戏剧的内涵窄化成仅指以动作、科白为主的西方现实主义戏剧，并因此提倡废旧戏、创新剧。

例如胡适的《文学进化观念与戏剧改良》一文就梳理出一条中国传统戏剧向着写生性进化发展的线索，所谓"写生"，该术语来自日本，即运用文字如写生般模写现实，最为著名的实践者即是俳句家正冈子规，他推崇前往自然用俳句写生。在这篇文章中，胡适说道"以文学上表情、写生的工夫来看，杂剧实不及昆曲"。又说，"杂剧之变为南戏传奇，在体裁一方面虽然不如元代的谨严，但因为体裁更自由，故于写生表情一方面实在大有进步，可以算得是戏剧史的一种进化"，这里的写生即指戏剧对现实的模写，从这个角度而言胡适认为南戏传奇比之杂剧就是戏剧向着写生进化的产物。而关于中国戏剧中不利于"写生"的因素，诸如脸谱、嗓子、台步、武把子等，胡适则将其归为进化的"遗形物"，认为可以删汰。

傅斯年的《戏剧改良各面观》则对戏剧做了如下定义，即"真正的戏剧纯是人生动作和精神的表像（Representation of human action and spirit）"，并在文中多次强调真戏剧在动作言语上需要具有真实性，以此为标准，傅氏认为"无论'崑曲'、'高腔'、'皮簧'、'棒子'……和那些下等的'碰碰戏'，'秧歌戏'，'高跷戏'，也在一个水平线上"②，都属于未进化到真戏剧、纯粹戏剧的发展阶段。

欧阳予倩的《予之戏剧改良观》则径称"中国无戏剧"，因其以为"戏剧者，必综文学、美术、音乐及人身之语言动作，组织而成。有其所本焉，剧本是也。剧本文学既为中国从来所未有，则戏剧自无从依附而生"③。

周作人《论中国旧戏之应废》也认为旧剧正处于原始阶段，所谓"中国戏多含原始的宗教的分子"，"这些五光十色的脸，舞蹈般的动作，夸张的象征的科白，凡中国戏上的精华，在野蛮民族的戏中，无不全备，在现今文明国的古代，也曾有过"④。

我们可以看到，从清末戏曲改良到新文化运动的戏剧改良，其背后的思想观念有了很大的变化。清末戏曲改良针对的是题材内容上的改良，彼时的知识人虽已接触西方戏剧却从未想过要以西方戏剧来取代传统戏剧，只是为传统戏剧在中国传统的知识体系中争取一席之地。而新文化运动中的戏剧改良，则是在历史的文学的进化观念影响下，以西方戏剧为进化的标准，希冀能废除旧戏而以西方戏剧取而代之。在此过程中，"戏剧"的内涵窄化，专指以科白动作为主的戏剧，例如在《怎么弄清楚新戏旧戏》一文内便有这样的论述："我们革新中国戏底起因，是为他完全没有'近代戏剧底意义，'所以在名字上也不肯假借他，凡是现在流行一切反背时代精神的东西——无论杂戏、唱跳戏、说白戏，都还他一个名实相符的绰号，叫做'戏'；不叫做'剧'，不叫做'戏剧'。"⑤ 至此，"戏剧"的内涵逐渐固定，即强调的是受到西方戏剧观念影响下的现代

---

① 参见罗念生《罗念生全集》第 1 卷《亚理斯多德〈诗学〉〈修辞学〉·佚名〈戏剧论纲〉》，上海人民出版社 2004 年版，第 36 页。
② 傅斯年《戏剧改良各面观》，《新青年》1918 年 5 卷 4 号。
③ 欧阳予倩《予之戏剧改良观》，《新青年》1918 年 5 卷 4 号。
④ 周作人《论中国旧戏之应废》，《新青年》1918 年 5 卷 5 号。
⑤ 观场《怎么弄清楚新戏旧戏》，《戏剧》1922 年 2 卷 1 号。

戏剧，中国的传统戏剧形式则以"戏曲"一词概括之。

四、写实主义：文学意义的探索

无论是清末戏曲改良通过比附诗教传统来提升戏曲地位，或是新剧改革强调运用新剧来改变风俗、教育社会，都是对戏剧功能性的强调，不脱传统的"文以载道"观念之窠臼。然而，戏剧改良却提倡戏剧的写实性，从描摹现实人生，揭露社会问题入手，为戏剧的独立存在寻找理由。这实际上也体现了在西方文学观念的影响下，知识人文学观念的变化。

例如，陈独秀曾表示"文学之文，特其描写美妙动人者耳。其本义原非为载道有物而设……即载道与否、有物与否，亦非文学根本作用存在与否之理由"。在《答曾毅》一文中，他也认为文学之本义在于"达意状物"，而对于如何"达意状物"，陈独秀总结其实质是"其目光惟在实写自然现象，绝无美丑、善恶、邪正、惩劝之念存于胸中。彼所描写之自然现象，即道即物，去自然现象外，无道无物。此其所以异于超自然现象之理想派也"[①]。从中可以看到这时的陈独秀其文学观念已产生了变化，他认为所谓文以载道、言之有物，这种功利性思想会消解掉文学的独立性，而"达意状物"、"实写自然现象"正是他为文学所赋予的意义。

在这一观念的影响下，陈独秀以为中国旧剧缺少写实的"技术"，即其在《水浒新叙》中所写的："文学家的使命，并不是创造理想，是用妙美的文学技术，描写时代的理想，供给人类高等的享乐……在文学的技术上论起来，《水浒传》的长处，乃是描写个性十分深刻，这正是文学上重要的。中国戏剧的缺点，第一就是没有这种技术。"[②] 这也就是为何以陈独秀为代表的新文化运动者提倡戏剧改良，即希冀能创造出"代表一种社会，或发挥一种理想，以解决人生之难问题，转移误谬之思潮"[③] 的新剧。

诚然，对戏剧功能性的过多强调，这势必会影响到它在艺术上、审美上的发展。就像新剧，因其在兴起之初便背负着改良风俗、教育社会的功用，导致了它的说教意味浓重趋于演说，因而不受普通民众欢迎。如下文所说的新剧改良建议就是颇为典型的一种："编辑新剧者，稍有不当，非特不足以造福于社会，将流毒于社会。故编辑新剧，宜分为四大类。一关有社会者：如破除迷信，改良家庭，一切兴学、劝工、禁烟及提倡公益化、除私见类皆属之。一关于政治者：如官场之黑暗，胥吏之恶毒，一切招权、纳贿、运动差缺、私卖矿产、谄媚外人之类皆属之。一关于国耻纪念者：如甲午之战、庚子之役、宋崖山之战、明末满人入关之惨杀、以及近来外交失败之种种，再借波兰安南印度朝鲜亡国之惨史以为对照。一关于战胜纪念者：如此次之革命大事、明初之驱逐蒙古、兼及秦皇汉武之盛业，以振起人之尚武精神为目的。"

而在旧剧改良方面，此前的论者也多围绕着要去除剧本中的迷信、诲淫诲盗情节，创作对时势教育有益之剧等等。然而在文学革命以后，旧剧改良者的文学观念也发生了变化，他们开始关注戏剧在语言艺术上的价值，开始注重诸如戏剧结构、表现方式等方方面面的问题。例如，为旧戏作积极辩护的马二先生（冯叔鸾），对于旧戏改良就提议"主义要合于现代思潮；表演的方法

---

① 陈独秀《答曾毅》，《新青年》1917年3卷2号。
② 陈独秀《水浒新叙》，原为陈独秀为亚东图书馆1920年版《水浒传》所作之叙，收入《陈独秀文章选编》，生活·读书·新知三联书店1984年版。
③ 欧阳予倩《予之戏剧改良观》。

要有精神；场子要少；情节要绵密"。①

在新剧方面更是如此，这以后的新剧提倡者所着重探讨的是戏剧剧本的艺术性、演员的表演方式等问题，如黄英《近世戏剧的新倾向》（1919）便是一篇绍介欧洲的现实主义、新浪漫主义与象征主义戏剧的文章。② 而宗白华的《戏曲在文艺上的地位》（1920），是其目睹社会上关于新旧戏剧的争论，希冀能从戏曲文学方面入手，探讨戏曲的艺术价值，以期有利于戏剧剧本的创作。文中，将欧洲文学分为抒情文学（lyne）、叙事文学（epic）和戏曲文学（drama）。定义"戏曲的艺术是融合抒情文学和叙事文学"，并认为"戏曲的制作要同时一方面表写出人的行为，由细微的情绪上的动机积渐，造成为坚决的意志，表现成外界实际的举动；一方面表写那造成这种种情绪变动、意志变动的因，即外境事实和自己举动的反响"③。

五、结论

要之，在西学东渐的背景下，中国曾经历过三次针对戏剧的运动，即以康、梁为代表的清末戏曲改良运动、新剧革命与新文化运动时的废旧剧、创新剧。这实际上是西方文学与戏剧观念输入中国以后，知识人对其接受的不同阶段。最初，面对"戏曲"在泰西日本的崇高地位，知识人努力为其寻找一个符合中国传统知识体系的解释方式——诗教论。到新剧革命时候，以春柳社为代表的新剧剧团，创造科白动作为主的戏剧，其全用科白动作不用歌舞的形式，为扭转传统戏剧浸润的审美奠定了基础。

然而，新剧革命将戏剧划分"新"、"旧"的这一举动，客观上也造成了两派人士的隔阂。于是，在新文化运动时期，提出废旧戏、创新剧的戏剧革命运动。知识人在进化论影响下，用西方知识体系来定义传统文化，其观点虽然激进，但他们对戏剧写实主义的强调，有利于人们跨过对戏剧教化作用的功利认知，而开始了对戏剧独立性与艺术性的探索。

（作者单位：中山大学中文系博士生）

---

① 马二先生《怎样方能改良戏曲》，《戏杂志》1922年第4期。
② 黄英《近世戏剧的新倾向》，《北京女子高等师范文艺会刊》1919年第3期。
③ 宗白华《戏曲在文艺上的地位》，《解放与改造》1920年第2卷第14号。

汤显祖戏曲在英语世界的译介、演出及其研究

徐永明

一、二十世纪前半叶汤显祖戏曲在西方的译介

最早对中国戏曲有过评价的西方人，当是出生于十六世纪的意大利传教士利玛窦（Matteo Ricci，1552—1610）了，他在《十六世纪的中国：利玛窦纪行》中说：

> 我认为中国人对戏剧演出是太感兴趣了。至少他们在这方面是超出我们的。这里有异常众多的青年为此而献身。有的戏班子在巡回演出时到处旅行，无远弗届；有的则常住大城市，为公众或私人演出。无疑地它将为国家造成危害。很难发现还有另外的活动更容易诱人误入歧途。有时戏班子的主人收买幼儿，强迫他们从小学唱习艺参加演出。几乎他们所有的剧目都来源很早，以历史或传奇为蓝本，近来也有不少新作问世。每逢盛大的宴会都要雇佣戏班子。一般剧目他们都能演出。戏单呈送到宴会主人那里，由他挑选一个或几个剧目。客人们一面吃喝，一面高兴地看戏。宴会可以长达十小时，剧目也跟着不断轮换演出。台词一般都是唱出来的，难得采用自然声部。①

利玛窦根据他在中国的所见所闻，描绘了十六世纪中国戏曲演出的状况，最后以他所持西方戏剧的观念，指出了中国戏曲与西方戏剧存在的差异。

根据徐朔方先生考证，比利玛窦大两岁的汤显祖（1550—1616）于万历二十年（1592）春天，在广东肇庆遇见了利玛窦，为此还创作了《端州逢西域两生破佛立义，偶成二首》的七绝诗。利玛窦于万历三十八年（1610）卒于北京，此前汤显祖的"玉茗堂四梦"《紫钗记》、《牡丹亭》、《南柯记》和《邯郸记》均已问世，但利玛窦生前是否看过或听说过汤显祖的"玉茗堂四梦"就不得而知了。

利玛窦是来到中国后看到中国戏曲的，那么，中国的戏曲又是什么时候真正传入西方世界的呢？

据文献记载，最早传入西方的中国戏曲是元杂剧《赵氏孤儿》，时间是十八世纪。法国传教士马若瑟（Fr. Joseph de Prémare，1666—1736）节译的元杂剧《赵氏孤儿》被收入杜赫德（Jean Baptiste Du Halde）主编的《中华帝国全志》，于1735年在法国巴黎出版刊行，并在随后的若干

---

* 本文为教育部人文社会科学研究一般项目"英语世界的中国古代戏曲研究"（项目编号10YJA751096）阶段性成果。
① 转引自徐朔方《汤显祖评传》，南京大学出版社1993年版，第81页。

年里相继被译成英文、德文及俄文等主要欧洲语种。从此，西方译介和改编中国的戏曲风生水起。《赵氏孤儿》在不长的时间里，先后出现了五个改编本，如法国伏尔泰、英国威廉·哈切特（William Hatchett）和阿瑟·谋飞（Arthur Murphy）各自的《中国孤儿》，意大利梅塔斯塔齐奥（Pietor Metastasio）的《中国英雄》。19世纪以后，《老生儿》、《汉宫秋》、《合汗衫》、《灰栏记》、《西厢记》等一大批元杂剧又相继有了欧洲语种的译本。

与元杂剧在欧洲受到热捧形成鲜明对照的是，明传奇这一时期在西方世界的传播似乎悄无声响，无迹可寻。以明传奇中最著名的《牡丹亭》而言，它在中国本土是"家传户诵，几令《西厢》减价"，是戏曲舞台上盛演不衰的经典剧作，但从《牡丹亭》诞生到20世纪初的三百多年时间里，西方世界没有任何片言只字的译介，这是一个非常奇怪的现象。

汤显祖的剧作直到上一世纪20年代末才有西方语言的译介。1929年，徐道邻（Hsü DauLing）撰写的德文《中国的爱情故事》（Chinesische Liebe）一文中，有关于《牡丹亭》的摘译和介绍，该文载《中国学》（Sinica）第四卷上。徐道邻的译介，标志着汤显祖剧作在西方的传播真正开始。1931年，德国的汉学杂志《中国学》（Sinica）第6卷刊出了Dschang Hing与德国汉学家洪涛生（Vincenz Hundhausen，1878—1955）选译《牡丹亭·劝农》德译本。此后，洪涛生又陆续译出《肃苑》、《惊梦》、《寻梦》、《写真》等出，或单独出版，或在汉学杂志上发表。1937年，洪涛生完成了《牡丹亭》全本的翻译工作，书名题《还魂记：汤显祖浪漫戏剧》（Die Rückkehr der Seele: ein romantisches Drama），分别由苏黎世与莱比锡拉施尔出版社出版。洪涛生30年代在北京大学任教期间，"还创办北平演剧剧团，经他翻译的《西厢记》、《琵琶记》和《牡丹亭》在北平以德文上演，引起了很大的轰动"。①

《牡丹亭》的法文选译略迟于德文。徐仲年（Hsu S N）译著的《中国诗文选》有《牡丹亭》第四出《腐叹》摘译文及评价文字，1933年由巴黎德拉格拉夫书局出版。

《牡丹亭》最早的英译本是1939年哈罗德·阿克顿（H. Acton）选译的《牡丹亭·春香闹学》（Chun Hsiang Nao Hsueh），载《天下月刊》（T'ien Hsia Monthly）第八卷4月号②。

从上述情况来看，汤显祖剧作在西方的译介和传播比元杂剧在西方的译介和传播晚了近两个世纪。当然，如果从各自的产生时间算起到传入西方，汤显祖的戏剧则又比元杂剧少用了两个世纪。

二、二十世纪九十年代以来汤显祖戏曲在西方的演出

汤显祖剧作在欧美的舞台演出，较之文字译介来说，又晚了半个多世纪。虽然上个世纪30年代初，梅兰芳率团出访美国演出，但他出演的四个剧目《汾河湾》、《青石山》、《剑舞》（《红线盗盒》片断）、《刺虎》均为京戏，而非昆曲。

昆曲在欧美的舞台演出则始于上个世纪90年代末。1998年5月，美国先锋派导演彼得·谢勒斯（Peter Sellars）和昆曲演员华文漪以及作曲家谭盾合作，在维也纳首先演出《牡丹亭》。该演出之后还在伦敦（同年9月）、罗马（10月）、巴黎（12月）及美国加州柏克莱（1999年3

---

① 吴晓樵《中德文学因缘》，上海外语教育出版社2008年版，第35页。
② 以上中国古典戏曲在西方的传播参考了王丽娜《中国古典小说戏曲在国外》（学林出版社1988年版）一书。

月)巡演。① 在几乎同一时期,1998年,上海昆剧团排演的《牡丹亭》本拟出访演出,由于剧中一些道具情节的革新不被上海文化局认同,故未能成行。不过,该剧的录相于本年7月15日在纽约亚洲研究会举行的座谈会中上映②。1999年7月,由华裔导演陈士争编排的全本《牡丹亭》在美国林肯中心上演,标志着汤显祖的剧作在西方的舞台演出真正开始。陈版《牡丹亭》首次将汤显祖《牡丹亭》的55出剧情改编成昆曲演出剧本,且将昆曲、评弹、花鼓戏、川剧丑角、秧歌统统搬上舞台,在美国引起轰动,被认为是体现"完整性"和"真实性"的昆曲创新。不过,对于陈版《牡丹亭》,国内也多有批评之词,以为是迎合"西方猎奇"的产物,其演出形式的革新,"由于没有传统的戏曲美学精神贯穿,这些戏曲形式只能成为空洞的文化符号出现,生拉硬凑在一起,勉强'讲述'完《牡丹亭》中的故事。"③

继彼得·谢勒斯版及陈士争版《牡丹亭》在欧美的上演之后,对西方观众产生震撼的当是白先勇执导、苏州昆剧院演出的青春版《牡丹亭》。2006年9月15日—10月8日,青春版《牡丹亭》在美国加州大学柏克莱、尔湾、洛杉矶、圣塔芭芭拉分校分别进行了连台演出。剧组还赴当地的学校、小区开展了10多次宣传。柏克莱大学举办了"《牡丹亭》的欢迎会"及"汤显祖与牡丹亭人文研讨会"。柏克莱大学开设了昆曲的选修课程,并记入学分。美国洛杉矶市长向剧组颁发了"特别嘉奖证书",圣塔芭芭拉市市长把10月3日—8日定为"牡丹亭"周,加州大学总校长认为这是一次成功的文化外交。"美国的主流媒体权威戏曲评论家对青春版《牡丹亭》也不吝版面和笔墨,予以热烈的报导与评论。"④

2007年起,青春版《牡丹亭》开始在欧洲各地演出。2007年4月16日至20日,苏州昆剧团赴法国巴黎参加了在联合国教科文组织总部举行的"中国非物质文化遗产艺术节"。苏昆演员们在艺术节上演出了《牡丹亭·惊梦》,受到教科文组织总部盛赞。2008年6月,青春版《牡丹亭》先后在英国伦敦、希腊雅典,受到当地观众的欢迎。据媒体报道,青春版《牡丹亭》连续6天在伦敦著名的萨德勒斯韦尔斯剧院上演,上座率达到90%。《泰晤士报》、《卫报》、《每日电讯报》、《金融时报》等英国各大主流媒体均对演出给予高度评价。2009年11月17日,苏州昆剧团再次在法国巴黎联合国教科文组织总部表演了昆曲《牡丹亭》的选段《惊梦》。2012年10月,苏州昆剧团又进军美国东部地区,在密歇根大学 Lydia Mendelssohn 剧场、纽约大学和纽约亚太文化艺术中心 Kaye 剧场等也上演了《牡丹亭》中的主要折子戏,以及《小宴》、《活捉》、《下山》等昆剧经典折子戏。

除了彼得·谢勒斯版、陈士争版、青春版《牡丹亭》在欧美的演出外,尚有浙昆版、皇家粮仓厅堂版《牡丹亭》、谭盾导演实景版等《牡丹亭》在欧美的演出。2010年6月,汤显祖曾任县令的遂昌县人民政府在浙江大学人文学院的促成下,与英国斯特拉夫德镇建立了文化交流合作关系,两地领导及有关学术机构开始互相走动。2011年4月29日至5月4日,遂昌县人民政府代表团与浙江省昆剧团应邀参加了莎士比亚故里斯特拉夫德镇莎士比亚诞辰447周年庆典活动,浙昆在斯镇艾文学院演出了两场经典折子戏《游园》、《惊梦》和《幽媾》。2012年4月19至26日,遂昌县人民政府代表团与浙江省昆剧团应邀参加了莎士比亚故里斯特拉夫德镇莎士比亚诞辰

---

① 史恺悌《舞台上的牡丹亭:中国戏曲四百年的发展历程》,第203页。该书第六章对彼得·谢勒斯版《牡丹亭》做了详细讨论。(篇名和书名的英文名称及出版项未注者,均见徐永明、陈靝沅主编,由浙江古籍出版社出版的《英语世界的汤显祖研究论著选译》附录《英语世界的汤显祖论著目录》,下同。)
② 陆大伟《陈士争版〈牡丹亭〉的传统与革新》注释2,《英语世界的汤显祖研究论著选译》第281页。
③ 李智《独立东风看牡丹——陈士争版〈牡丹亭〉与传统戏曲的挖掘视角》,《电影评介》2009年第20期。
④ 《青春版〈牡丹亭〉访美演出》,《苏州年鉴》,古吴轩出版社2007年版,第391页。

448 周年庆典活动。这是在英国政府为了庆祝英国女王伊丽莎白二世登基 60 周年及迎接 2012 年伦敦奥运会召开的背景下举办的一项文化盛典，因此有着特殊的意义。浙江昆剧团在斯特拉夫德镇上演了 4 场全本《牡丹亭》。观看了演出的斯特拉特福文学院副院长泰乐爱说，"中英两国人民很幸运能拥有汤显祖和莎士比亚这样的戏剧大师，他们留下了跨越时空的不朽名作"。

皇家粮仓厅堂版昆曲《牡丹亭》由林兆华和汪世瑜联袂指导改编，在国内也颇受观众的喜爱。2010 年 6 月，厅堂版昆曲《牡丹亭》应意大利威尼斯、波罗尼亚、都灵三地孔子学院邀请，先后在意大利威尼斯、波罗尼亚、都灵等地进行了 7 场巡回演出，受到当地民众的欢迎。由美中文化协会和纽约大都会艺术博物馆共同制作的大型园林实景版昆曲《牡丹亭》于 11 月 29 日至 12 月 2 日在纽约大都会艺术博物馆中的阿斯特庭院上演。该版《牡丹亭》由中国著名作曲家谭盾改编并导演，中国知名舞蹈家黄豆豆编舞，由"昆曲王子"张军担纲主演。演出实景呈现明代原版《牡丹亭》中《惊梦》《离魂》《幽媾》和《回生》四折经典曲目。

汤显祖的剧作在西方的演出可谓方兴未艾，相信走出国门的汤显祖剧作会拥有越来越多的西方观众。

三、二十世纪七十年代以来汤显祖戏曲在西方的研究

关于汤显祖及其剧作最早的英文论文，当以著名华裔学者夏志清（C. T. Hsia）教授的论文《汤显祖笔下的时间与人生》为最早，该文收入狄百瑞（William Theodore de Bary）编的《明代思想中的自我与社会》一书中，于 1970 年由纽约哥伦比亚大学出版社出版。70 年代，还出现了两篇研究汤显祖剧的博士论文。一篇是 Lily Tang Shang 的《汤显祖的四梦》（1974），另一篇是 Catherine Wang Chen 的《〈邯郸梦记〉的讽刺艺术》（1975）。

80 年代初，白之（Cyril Birch）教授翻译的《牡丹亭》全本由印第安娜大学出版（1980），这是汤显祖剧作在英语世界传播的一个重要事件。白之教授还撰写了《〈牡丹亭〉结构》（1980）一文，在 Tamkang Review 上发表。同年的 Tamkang Review 上，还发表了胡耀恒（John Y. H. Hu）的《从冥府到人间：〈牡丹亭〉的结构性阐释》一文。80 年代中期，芮效卫（David T. Roy）教授发表了《汤显祖创作〈金瓶梅〉考》（1986），考证《金瓶梅》的作者为汤显祖，引起轰动。这一时期有两篇博士论文，即郑培凯（Pei-kai Cheng）的《现实与想象：李贽与汤显祖之求真》（1980）和 I-Chun Wang 的《十六世纪末和十七世纪初中国、英国及西班牙剧场中的戏剧和梦》（1986）。

90 年代，英语世界的汤显祖研究进入了一个高峰时期，研究的学者和论文大大增加。主要学者和论文有：白之的《戏剧爱情故事比较：〈冬天的故事〉和〈牡丹亭〉》（1991）、华玮（Wei Hua）的《汤显祖剧中梦》（1993）、李惠仪（Wai-yee Li）的《晚明时刻》（1993）、史恺悌（Catherine Swatek）的《梅和画像：冯梦龙的改编本〈牡丹亭〉》（1993）、蔡九迪（Judith T Zeitlin）《异人同梦：〈吴吴山三妇合评牡丹亭〉考释》（1994）。高彦颐（Dorothy Ko）在其专著《闺塾师——明末清初江南的才女文化》（1994）的第二章《情教的阴阳面：从小青到〈牡丹亭〉》论述了《牡丹亭》一书在明清才女们中的阅读行为。这一时期还有五篇博士论文，即史恺悌的《冯梦龙的〈风流梦〉：其改编本〈牡丹亭〉的抑遏策略》（1990）、华玮的《追寻大和：汤显祖戏剧艺术研究》（1991）、容世诚（Sai-shing Yung）的《邯郸记批评研究》（1992）及 Jingmei Chen 的《害相思少女们的梦世界：1598 至 1795 年间女性对〈牡丹亭〉之回应》

(1994)、邱子修（Tzu-hsiu Beryl Chiu）的《二十世纪晚期：阅读汤显祖"玉茗堂四梦"》(1997)。

　　进入 21 世纪，英语世界的汤显祖研究继续呈现多产的势头。这一时期重要的成果是出现了《牡丹亭》研究的专著，史恺悌的《舞台上的牡丹亭：中国戏曲四百年的发展历程》（2001）探讨了作为舞台表演艺术的《牡丹亭》的发展历程及其与中国戏曲文化的关系。其他的成果有：雷威安（André Lévy）《汤显祖和小说〈金瓶梅〉的作者身份——戏剧〈牡丹亭〉相关资料的启示》（2001）、蔡九迪《我眼中的牡丹亭》（2002）、陆大伟（David Rolston）的《陈士争版〈牡丹亭〉的传统与革新》（2002）、伊维德（Wilt L. Idema）《"睡情谁见？"——汤显祖对本事材料的转化》（2003）、邱子修的《汤显祖：一位尼采式的超人》（2003）、李惠仪《〈牡丹亭〉和〈红楼梦〉中爱的语言和文化的因素》（2004）、袁书菲（Sophie Volpp）《文本、塾师与父亲——汤显祖〈牡丹亭〉中的教学与迂儒》（2005）、华玮《〈牡丹〉能有多危险？——文本空间、〈才子牡丹亭〉与情色天然》（2006）、马克林（Colin Mackerras）的《皇家粮仓版〈牡丹亭〉》（2010）、袁书菲《十七世纪中国曲家和文学游戏：汤显祖、梅鼎祚、吴炳、李渔、孔尚任的剧作》（2012）、Anne Burkus-Chasson《似与非似：〈牡丹亭〉中的写真》（2015，Like Not Like: Writing Portraits in The Peony Pavilion）、陈靝沅（Tian Yuan Tan）《〈牡丹亭〉中的春情和文学传统》（2016，Springtime passion and literary tradition in Peony Pavilion）[①]。此外，吕立亭（Tina Lu）的专著《人、角色与心灵：〈牡丹亭〉与〈桃花扇〉中的身份认同》（2001）、周祖炎（Zuyan Zhou）的专著《晚明清初文学中的双性混同》（2003）、蔡九迪的专著《魂旦：十七世纪中国文学中的鬼魂与性别》（2007）、沈静（Jing Shen）的专著《十七世纪中国的剧作家和文学游戏：汤显祖、梅鼎祚、吴炳、李渔、孔尚任的戏曲》（2010）、陈靝沅和史华罗教授（Paolo Santangelo）编著的三卷本《激情、浪漫、情——〈牡丹亭〉的情感世界和心灵状态》（Passion, Romance, and Qing: The World of Emotions and States of Mind in Peony Pavilion, 2014），都有或多或少的章节探讨汤显祖的剧作。

　　关于汤显祖剧作在西方的研究，这里有必要提及两次重要的国际学术会议。第一次会议是由台湾中研院中国文哲研究所与台湾大学文学院中文系、戏剧系、台湾传统艺术中心、美国加州大学圣塔芭芭拉分校东亚系于 2004 年 4 月 27 至 28 日在台湾"国家图书馆"共同举办的"汤显祖与牡丹亭国际学术研讨会"。与会的学者共有三十多位，其中来自加拿大和美国的学者占了八位。由华玮主编的会议论文集《汤显祖与〈牡丹亭〉》上、下二册，后由台湾中研院中国文哲研究所于 2005 年 12 月出版。收入论文集的西方学者论文或直接用中文写成，或由英文译成了中文，分别为哈佛大学伊维德教授的《"睡情谁见？"——汤显祖对本事材料的转化》、哈佛大学宇文所安教授的《〈牡丹亭〉在〈桃花扇〉中的回归》、哈佛大学田晓菲教授的《"田"与"园"之间的张力——关于〈牡丹亭·劝农〉》，哈佛大学王德威教授的《现代中国文学的两度"还魂"》、哥伦比亚大学商伟教授的《一阴一阳之谓道——〈才子牡丹亭〉的评注话语及其颠覆性》、芝加哥大学蔡九迪教授的《明末戏曲中的"魂旦"》、亚利桑那大学奚如谷教授的《论〈才子牡丹亭〉之〈西厢记〉评注》、加拿大英属哥伦比亚大学史恺悌教授的《挑灯闲看冯小青——论两部冯小青戏曲对〈牡丹亭〉的"拈借"》等。

　　第二次重要的会议是由英国伦敦大学亚非学院、莎士比亚出生地基金会、台湾中正大学等于 2014 年 6 月 5—6 日在伦敦大学亚非学院联合举办的"美丽新剧场：1616 年的中国戏剧与英国戏

[①] International Communication of Chinese Culture, 2015. 11, DOI 10.1007/s40636-015-0038-6.

剧国际研讨会"（Brave New Theatres：1616 in China and England）。来自英国、美国、荷兰、中国大陆、香港、台湾等国家和地区的 30 余位莎士比亚专家和中国古代戏曲研究专家参加了本次会议。会议的主题之所以定格 1616 年中英两国的戏剧，这是因为 1616 年在中英两国文学史上是不同寻常的一年。这一年的 4 月 23 日，英国伟大的剧作家莎士比亚（1564—1616）离开了人世。三个月多后，中国著名的文学家、戏曲家汤显祖（1550—1616）也飘然仙逝。而 2016 年，将是这两位同时闪耀在东西方文学舞台上的巨星逝世 400 周年。为了迎接这一重要纪念日，加强不同国家、不同领域学者的相互交流和对汤公莎翁那一时代中英戏剧的理解，推动汤显祖和莎士比亚研究的不断深入，主办方精心策划和组织了本次会议。研讨会为期两天，分成十个小组（Panel）进行，每个小组分担一个话题，设中英戏剧专家两名，报告各自领域相近话题的论文，并对对方的论文展开评论和质询，最后大家一同参与讨论。十个小组的话题分别为：一、风靡一时与大众化的故事；二、制造历史；三、国家和戏剧；四、戏剧文本的流传和印刷；五、观众、批评家和接受；六、音乐和表演；七、戏剧概念和表演空间；八、戏剧的作者身份和合作；九、地方性；十、戏剧、诗歌及其他文类。

本次会议的论文，主要围绕汤显祖和莎士比亚及他们所生活的那个时代的社会文化进行了对话式的探讨。其中研究中国古典戏曲的学者代表有伦敦大学亚非学院陈靝沅教授，美国斯坦福大学雷伊娜（Regina Llamas）教授，美国俄亥俄州立大学夏颂（Patricia Sieber）教授，亚利桑那大学的奚如谷教授，亚利桑那大学凌筱峤博士，香港中文大学的华玮教授，台湾中山大学的王瑷玲教授，台湾中央大学孙玫教授，台湾中正大学的汪诗珮副教授，浙江大学人文学院徐永明教授等。会议的论文集《1616 莎士比亚和汤显祖》（1616 Shakespeare and Tang Xianzu's China）已于 2016 年 2 月由英国 Bloomsbury Publishing 出版社结集出版。

四、英语世界关于《牡丹亭》研究的主要观点

汤显祖最负盛名、影响最大的戏曲作品莫过于《牡丹亭》，故西方学界关于汤显祖戏曲的研究，以《牡丹亭》的研究成果所占比重最大，其研究的成果主要表现在对《牡丹亭》的主题思想、人物形象、情节结构、舞台演出、后世影响等诸方面的分析和探讨上。

众所周知，《牡丹亭》主要塑造了一位热爱自然、热爱自由、为爱情出生入死的青年女子杜丽娘的形象，从而批判了虚伪的封建礼教对人性的摧残。已故的著名汤学研究专家徐朔方先生指出："她（指杜丽娘）是那么美丽动人的一个女性形象，那么不同于平庸的闺秀淑女，她富有个性，爱好自由，当她的愿望受到遏制时，她宁愿为自己理想而殉身。……在三百六十多年前她却不愧为出现于黑暗的封建王国中的一线光明。"[①] 与中国学者略有不同的是，西方学者关注更多的，是汤显祖对"情"的表达和《牡丹亭》所体现的"情"的力量，较少提及该作品对封建礼教的批判。譬如，由美国耶鲁大学孙康宜教授和哈佛大学宇文所安主编的《剑桥中国文学史》，就专门设置了"《牡丹亭》与情教"一节来探讨《牡丹亭》与"情"的关系。书中说道：

> 这部戏曲提出了女性在社会中所扮演的适当角色以及情感在社会中的位置的问题。甚至还可以将《牡丹亭》视为这一时期盛行"情教"的中心。对浪漫爱情的迷恋，与十六世纪

---

① 徐朔方《汤显祖和莎士比亚》，《徐朔方集》第一卷，浙江古籍出版社 1993 年版，第 483 页。

末李贽、公安三袁对真情、真实的兴趣密切相关，但这种爱情迷恋处于围绕传奇而生的文化之中，尤其是《牡丹亭》，激情、爱情、真情，都是其关注的重心。①

对于《牡丹亭》这部作品的感人力量，《剑桥中国文学史》也给予了肯定："我们从数百位读者的评论可知，《牡丹亭》的巨大影响，并不在于这类理论层面；这部作品的崇拜者——男性、女性，精英、非精英，全都发自内心地深受感动。众多剧作家重写它，不仅仅是为了纠正那些明显的犯律之处，而是因为他们深受原作的启发。无论男性读者还是女性读者，动手重抄作品，还在朋友之间相互传阅。……年轻书生柳梦梅与佳人杜丽娘，二人都有文学才华，且都容貌出众，他们两人的爱情故事，几乎在后世戏曲小说中的每一对情侣身上都留下了自己的印记。"②

正因为《牡丹亭》在情感上的感人力量，西方学者对《牡丹亭》情感用语作了深入细致的探讨。由伦敦亚非学院陈赟沉教授和罗马智德大学史华罗教授编著的《激情、浪漫、情——〈牡丹亭〉的情感世界和心灵状态》，收了两位编者合编的长达千余页的《牡丹亭》情感语汇表，共5451个情感词汇及其注释，还有两位编者以及另外两位作者 Isabella Falaschi 和 Rossella Ferrari（费莱丽）撰写的几篇论文，细致分析了"情"在《牡丹亭》中所展示的生命力以及相关衍生词和特定习语在情感表达和心理描写中的具体用法，从而展示了剧中情感用语的演变轨迹以及所含信息的持久性。本书认为，《牡丹亭》体现了那个时代的新潮流，即对"情"的尊崇和追求。陈赟沉教授在情感语汇著作的基础上，又撰文探讨了《牡丹亭》中"爱"这一复杂的概念，认为《牡丹亭》中的"爱情"与"春"有着密切的关系。汤显祖借春天的景物和前人关于春的诗词，来描写杜丽娘爱情的自我觉醒和情感欲求，展示其丰富的情感世界及转折，与整个中国文学传统有密不可分的关系（《〈牡丹亭〉中的春情和文学传统》）。

对于《牡丹亭》的主题，美国哥伦比亚大学的夏志清教授在《汤显祖笔下的时间与人生》③一文中，则从人与时间关系的角度加以了探讨。他说："我研究汤显祖的戏曲，系着重在其对人在时间之摧残下的情况这一主题的探讨。"作者认为《紫箫记》和《紫钗记》专注于写爱情，"在爱的狂喜中忘却时间"；《牡丹亭》则是汤显祖"向时间挑战的唯一作品"。汤显祖把"超时间、超生命和超死亡的热爱，注入杜丽娘的形体。但是爱情只有在未能获得时才像似永恒。一旦爱情正常化了，或是因有了实体的性的拥抱，而减少了相思，那份永恒的感觉便无法继续"。汤显祖利用戏中女主角的死和复活，来证明爱情打败时间，"只是她（杜丽娘）被自己的收获所诱，终究沦为时间的俘虏"。

《牡丹亭》中存在着两个"杜丽娘"，一个是大胆追求爱情，乃至不顾礼法在梦中与柳梦梅灵肉交欢的杜丽娘，一个是死而复生后，由皇帝主婚而与柳生结为合法夫妻的杜丽娘。杜丽娘自己也说："鬼可虚情，人须实礼"。对此，徐朔方先生指出："不可否认，《牡丹亭》夫荣妻贵的收场带有很大的封建性，但是有关爱情的古代小说戏曲，十之八九以男中状元、女封夫人作结束，并不意味着这些作品的思想性就是千篇一律。各种不同的大团圆，理应得到相应的不同评价。"④ 徐先生认为，在《牡丹亭》中状元并不是杜丽娘、柳梦梅结合的条件，在此以前他们早就有了梦中幽会，还魂以后他们就自己作出结婚了。因此，徐先生分析后认为："它总的倾向还

---

① 孙康宜、宇文所安主编《剑桥中国文学史》下卷，生活・读书・新知三联书店2013年版，第163页。
② 《剑桥中国文学史》下卷，第163页。
③ 夏志清《汤显祖笔下的时间与人生》，《英语世界的汤显祖研究论著选译》，第1—27页。
④ 徐朔方《论牡丹亭》，《徐朔方集》第一卷，浙江古籍出版社1993年版，第391页。

是强烈地指出，问题在于人们是否有像杜丽娘那样视死如归的对于封建礼教的反抗性。"① 对于前后不同的杜丽娘，西方学者对此表现了较浓厚的兴趣，如《剑桥中国文学史》写道：

> 就《牡丹亭》后半部分的文本而言，它并未过分推崇"情"。对爱情忠贞专一的杜丽娘，后来变为举止合宜的儒家贤妻，否定了自己从前的孟浪行为。这对年轻的爱侣，并未以悲剧性的私奔结束自己的故事，而是由皇帝亲自赐婚而结为合法夫妻。作品的结局是保守的，因为它再次肯定了君臣、父子之间伦理规范的首要地位，特别是让这种伦理最终能够融合个人的情感。②

可见，与徐朔方先生不同的是，《剑桥中国文学史》对还生后的杜丽娘否定较多。在《剑桥中国文学史》之前，夏志清教授也论及《牡丹亭》大团圆的喜剧结尾问题：

> 假如丽娘和梦梅两人恋爱的成功后仍继续不顾世俗的成功和道德，他们是会成为悲剧性爱侣的。但是汤显祖却不会采用悲剧形式的，因为明代的传奇，着重悲欢离合的情节，到底是喜剧形式。再者，柳梦梅原是个穷秀才，他所想的一直都是仕途显扬。照杜丽娘的家庭背景和教育看来，她若一辈子与一介穷书生过活也不会高兴。因此《牡丹亭》遂写成终于协调的喜剧：就女主角而论，爱的冲动带给她以世俗的尊荣和成功，假如她没有主动地去经历生死以求爱情，她是无法获得如此之大的成功和尊贵的。她虽然有一阵反抗时间，但很快就和时间欣然谋得妥协。时间将使她逐渐成为信守名教的母亲，关心着孩子的正当教育了。③

哈佛大学的李惠仪教授在其专著《引幻与警幻：中国文学的情爱与梦幻》的第二章《晚明时刻》中，对《牡丹亭》中梦中的杜丽娘和现实中的杜丽娘进行了分析。李教授将汤显祖剧作放置在晚明文化思潮的背景中进行思考，梳理了明清文学对情这一丰富复杂议题的不同处理，并提出汤显祖剧作对后世著作如《长生殿》、《桃花扇》及《红楼梦》的影响。作者认为，《牡丹亭》中杜丽娘的梦中之情，更具绝对性和超越性，能凌驾肉体与感官世界之上，具有自怜的因素。但是，戏曲的喜剧模式与梦幻中对情的强烈程度和无限性的颂扬之间存在着矛盾。杜丽娘穿行不同存在的世界，一方面她因情之强烈而死生，另一方面，一旦实现与柳梦梅现世的结合，便接受传统道德作为婚姻幸福的必然附属。《牡丹亭》就是以喜剧的圆融来完成对杜丽娘的性格塑造。④

耶鲁大学吕立亭教授则从西方语境中的梦的主体性问题、身份识别问题、感性认识和司法裁决问题、隐私和犯罪问题等角度分析了梦中杜丽娘和现实中杜丽娘的差异。吕教授在其专著《人、角色、心灵：〈牡丹亭〉和〈桃花扇〉中的身份问题》的第二章《情人的梦》⑤ 中说："我对概括一个普遍的十六世纪的中国人主体或二十世纪的美国人主体不感兴趣；作为一个文学评论者，我更关心特质，比如是否能在笛卡尔和汤显祖之间建立对话。在研究和编写这本书时，我引用了大量西方哲学的资料。"譬如，作者谈到身份问题，就有以下的论说："杜丽娘获得缓刑在很

---

① 徐朔方《论牡丹亭》，《徐朔方集》第一卷，第392页。
② 《剑桥中国文学史》，第166页。
③ 夏志清《汤显祖笔下的时间与人生》，《英语世界的汤显祖研究论著选译》，第21页。
④ 李惠仪《晚明时刻》，《英语世界的汤显祖研究论著选译》，第28—64页。
⑤ 吕立亭《情人的梦》，《英语世界的汤显祖研究论著选译》，第157—185页。

大程度上是由于她的逾矩行为都是在梦中进行的；从这样的论辩可否推断出，至少在提供法庭证据时，梦中的杜丽娘与杜丽娘的鬼魂有着不同的身份。""梦中人犯下通奸罪，与清醒时发生非法性行为，其后果完全不同。梦不会让杜丽娘有怀孕之虞，她的名声与贞洁也毫无损伤。""我们无法确认柳梦梅的梦中的女郎与他后来遇到的午夜情人是否是同一个人。"

戏曲作品和舞台上，常有亡灵的形象出现，死后的杜丽娘即是其中之一。美国芝加哥大学教授蔡九迪《魂旦：十七世纪中国文学中的鬼魂与性别》一书对17世纪的戏曲作品中的亡灵现象作了全面的探讨。作者称戏曲舞台上表演亡灵的演员为"魂旦"（phantom heroine）。作者认为汤显祖在《牡丹亭》中对杜丽娘的完美塑造，是建立在他所熟悉的、存在于早期戏曲文本中"魂旦"模式的基础之上；同时毫无疑问地受到与他同时期戏曲表演实践的影响。承旧纳新，他开启了一种新型的、流行的魂旦表现模式。作者认为沈璟的《坠钗记》、傅一臣的《人鬼夫妻》、吴炳的《西园记》、冯梦龙改编的《洒雪堂》、范文若的《梦花酣》在魂旦的概念和表现上，都深深受到了《牡丹亭》的影响。但不同于其他包含魂旦角色的戏曲，这些剧中的女主角不但分身成为正旦和魂旦，由同一个演员扮演，而且化身出更多的角色，以至剧中出现由另一演员扮演的第二女主角。剧情的发展以两个女主角的对抗为主线，不仅因为第一女主角的鬼魂在死后和男主角的幽会中，经常冒充第二女主角，更重要的是因为其中一位女性的生存和婚姻，必须以另一位的死亡为前提。在这类情节中，《牡丹亭》中让"死者复生"的简单解决方式，或《倩女离魂》让身体和离魂重新结合的办法，都不再能圆满解决魂旦所提出的身体和灵魂的分离问题——因为多出一个鬼魂。①

美国霍夫斯特拉大学副教授周祖炎在《晚明清初文学中的双性混同》一书中，试图用"双性混同"的概念和荣格分析心理学来解读《牡丹亭》、《桃花扇》、《红楼梦》等明清戏曲小说作品。作者认为，阴阳是中国文化的主题，《易经》所言的"一阴一阳之谓道"，普遍存在于天、地、人，即整个自然界和人类社会。"阴阳相争"或"阴阳相谐"，是阴阳运动中最常见的形态。就《牡丹亭》来说，周祖炎认为杜丽娘因情生梦、因梦而亡是程朱理学从生理和心理双方面压抑青年女性正常需求，打破其身体的阴阳平衡而导致早夭的极端案例。因此，杜丽娘的还魂，即丽娘为追寻爱情而出入生死的历险，也是追寻一种阴阳和谐共存的个体存在模式的精神历程。书中还探讨了《牡丹亭》里出现的"花"、"园"意向，花木兰、红拂女等"女中丈夫"与"双性混同"的关系②。

研究中国的文学，免不了要将中国的文学与西方的文学进行比较。哈佛大学伊维德教授的《"睡情谁见？"——汤显祖对其材料的转化》一文，比较了杜丽娘死后所葬的墓地荒园与德国格林兄弟《儿童与家庭童话集·玫瑰公主》中那座为荆棘所包围的城堡，认为两者存在惊人的相似之处："丽娘和玫瑰公主都是父母唯一的孩子；她们都进入到一个禁止进入的区域并在那里初次体验了性的亲密；玫瑰公主进入了百年沉睡之中，丽娘不久便憔悴至死；最后二者都因一个年轻男子的爱而得到复生。"作者考察《牡丹亭》的本事主要来自话本故事《杜丽娘慕色还魂》后，将其与戏曲《牡丹亭》和欧洲诸多睡美人的故事加以比较。作者认为欧洲童话故事和中国话本故事对女主人公之死有着不同的处理方式。欧洲童话故事把女主人公因伤而死表现为命运所致：源于某个女神或神祇的无可逃脱的预言，中国话本故事则用心理写实的手法呈现出导致女主人公之

---

① 可参见中译本蔡九迪《明末戏曲中的"魂旦"》（李雨航译）一文，收入华玮主编的《汤显祖与〈牡丹亭〉》，台湾文哲研究所2005年版。

② 详见武汉大学何博的博士论文《北美明清传奇的文化细读模式》，2012年。

死的事件发展。作者最后还探讨了《牡丹亭》中杜太守对女儿的父爱和女儿私情之间的矛盾冲突，作者以为这是《牡丹亭》一个非常重要的主题。杜太守对女儿的父爱过于自私，以致不能容忍"纯洁无邪的女儿一步一步与自己远离"，最后心甘情愿地成为别人的妻子。因此，作者认为杜太守拒绝把女儿适时地嫁出去是一种弗洛伊德式的"家庭情结"在暗地作怪，而他对女儿之纯洁的坚持则是他想把女儿据为己有这一潜意识扭曲的表达①。

除了对杜丽娘的形象进行研究外，西方学者也注意到了汤显祖利用《牡丹亭》的创作表达了他的反复古主义倾向。加州大学伯克利分校袁书菲副教授的《文本、塾师与父亲——汤显祖〈牡丹亭〉中的教学与迂儒》即是这样一篇探讨汤显祖《牡丹亭》反复古派倾向的论文。作者认为汤显祖对杜丽娘"真"的强调，是通过对比受到复古主义影响的社会话语之不真来实现。复古主义者的语言，较之"白话"，显得滑稽可笑而不真。杜宝的引经据典、柳梦梅的卖弄才华、陈最良的迂腐与学究气、石道姑利用《千字文》的放浪道白都在戏曲中受到汤显祖戏剧化的嘲讽。即便是杜丽娘，"全身心投入的激情反衬出复古主义引经据典的戏剧性"，其"自身也未能免俗地自怜自赏或进行复古主义的效仿"。作者还将《牡丹亭》中的教学与迂儒的现象置于晚明的整个时代背景中进行观照，指出"秀才荒谬的高雅化措辞，是晚明笑话的标准特色"②。

关于《牡丹亭》的舞台演出，当以加拿大英属哥伦比亚大学史恺悌教授的研究为最著。其专著《舞台上的牡丹亭：中国戏曲四百年的发展历程》，考察了《牡丹亭》在不同历史时期的版本演变情况，指出《牡丹亭》文本内容和形式的变化，体现了汤显祖、改订者、演员等不同的思想旨趣和曲学主张。如作者这样评价冯梦龙的改本："冯梦龙非常注意汤显祖的文本，表面上看来他所做的好像只是修改汤显祖曲词的音律，但实际上也是在淡化语言中明显的色情或粗鄙成分。"③ 作者十分关注《牡丹亭》的表演文本和舞台演出情况，在分析了《牡丹亭》历史上的演出状况和影响后，作者说："《牡丹亭》的出版和舞台历史，也是昆曲从晚明的全盛时期走向近百年的急剧衰落的历史的缩影。"对于陈士争和彼得·谢勒斯（Peter Sellars）各自导演的《牡丹亭》在当代美国的公演，作者也给予了介绍和评价。在谈到《牡丹亭》中的"性"的问题，作者说"性"在《牡丹亭》中既有纯洁美好的情色描写，又有粗俗黄色的插科打诨，这无论在折子戏还是几出折子戏串成的"完整"演出中，都是困扰演员的难题，"为此我将多次引用汤显祖创造的一个较为吸引人的角色石道姑，以此来检验作者对俗的审美意趣。石道姑很少能以汤显祖当初所构想的那个形式在剧本改编和修订的过程中幸存，因此陈士争对她的舞台重现招致强烈的批判这一点也就不足为奇了。"对于《牡丹亭》的形式和意义、雅和俗、表演美学、角色行当等问题，作者也都有简要的分析。

关于《牡丹亭》在当代的美国演出，有陆大伟教授的《陈士争版〈牡丹亭〉的传统与革新》一文④。该文对陈士争1999年在美国林肯中心导演的全本五十五出《牡丹亭》的成败得失作了评价。陈士争版的《牡丹亭》被观众认为是体现"完整性"与"真实性"的典范之作，作者认为，所谓"完整性"要从两方面来理解，一方面，陈版《牡丹亭》尝试把该剧五十五出统统按顺序在一个场地里连续演出，因为从来没有关于类似演出的记录，"这当然是一种前所未有的创新"，"比之前的任何有记录的演出版本都要更加完整"。另一方面，陈版《牡丹亭》与汤显祖原

---

① 《英语世界的汤显祖研究论著选译》，第107—127页。
② 《英语世界的汤显祖研究论著选译》第128—156页。
③ 史恺悌《〈牡丹亭〉与昆曲戏剧文化》，《英语世界的汤显祖研究论著选译》，第287—313页。
④ 《英语世界的汤显祖研究论著选译》，第275—286页。

作仍然存在差异，如第十七出的开场部分改动很大，删减很多；第二十三出的开场甚至被完全的省略掉了等等。所谓"真实"，在作者看来也易引起争议。不过，作者肯定了陈士争版《牡丹亭》在乐队设置、舞台布景、场务安排等方面所作的改革和创新，对某些不足之处，也给予了批评。

关于汤显祖剧的英译问题，有斯坦福大学王靖宇教授《"姹紫嫣红"——〈牡丹亭·惊梦〉三家英译评点》一文。王教授探讨了《牡丹亭》中最为经典的《惊梦》一出三个译本的英译。作者将张心沧（H. C. Chang）、白之（Cyril Birch）、宇文所安（Stephen Owen）英译的《惊梦》曲辞按曲牌先后，逐曲罗列比较，指出三家英译得失优劣。

五、英语世界关于《紫箫记》、《紫钗记》、《南柯记》、《邯郸记》的研究及其他

除了对汤显祖的代表作《牡丹亭》进行研究外，英语世界的学者对汤显祖的其他戏曲作品如《紫箫记》、《紫钗记》、《南柯记》、《邯郸记》也有所论及。之前我们已提到夏志清教授用时间和人生的关系来考察汤显祖的戏曲作品。《牡丹亭》已引之如上，对于其余几部作品，夏志清也有其独到的论述。他认为《紫箫记》和《紫钗记》专注于写爱情，"在爱的狂喜中忘却时间"；《紫箫记》、《紫钗记》和《牡丹亭》确定了情的价值，而情在时间的范畴内是至高无上的。《南柯记》和《邯郸记》，是汤显祖把情爱的价值在人生短暂的大前提下去考验它，"以梦来缩短时间，把生命之短促戏剧化"，"他们只是警觉到时间的诡诈，而采用了传统的宗教方式去逃避时间而已"。在论及《南柯记》时，夏志清还比较了卢生和歌德笔下浮士德的异同，他认为卢生和浮士德除了各自的职责和使命不同外，他们还有根本的的不同：

> 卢生和浮士德还有更根本的不同。浮士德本是一位厌倦了人生的学者；一被魔鬼梅非斯特引诱，便立刻跟随他去找寻快乐。一直要到度过了心灵消沮这个阶段，梅非斯特才无法挟持他。对歌德来说，浮士德的最后人道善举，可认为是对他年轻时所追求的个人浪漫主义之答复。汤显祖笔下的主角虽被奸相恶意驱迫，做了许多好事，他都认为是应该做的，并没有被浪漫的虚无主义所苦。只有在过度获得权势时，才开始在配偶之外，找寻肉欲方面的快乐。然而他之所以荒唐，主要还是为了要藉此求得长生。再如我们所见，卢生屡次声明，他对人生感觉满足。……对浮士德来说，满足等于是生命的尽头，所以那刹那是永不能来临的，他把生命看作一项在永无休止的自觉过程中的冒险。虽然在他生命将尽的最后一刻，他确曾要求在无穷尽的未来中，那假定的刹那，"稍作逗留"，但那只是表示，他对于新垦地之能成立理想小区感到极端满足而已。这种理想社区从不曾存在过，或许永不会有。……在汤显祖的戏曲里，这种至高无上的一刹，是迟早会来到的。

美国爱科德大学沈静教授《〈紫钗记〉对〈霍小玉传〉的改写》一文比较了汤显祖《紫钗记》传奇与唐代文言小说《霍小玉传》的差异，指出《紫钗记》在故事主题、人物形象、情节结构等方面对《霍小玉传》进行了改写①。作者认为，《霍小玉传》反映的是处于不同阶层男女

---

① 《英语世界的汤显祖研究论著选译》，第314—329页。

主人公的爱情故事，李益与霍小玉的爱情受挫，主要是由于门第观念。《紫钗记》则基本剔除了封建家长制对男女婚姻的干涉，加重政务给个人生活带来的波折，反映的是上流士绅阶层内部的联姻，"如果说唐传奇体现了唐人对浪漫主义的狂热追求，那么《紫钗记》立场鲜明地惩恶扬善，则体现了一种追求个人行为理性化的思想倾向。"谈到李益的形象，作者认为《霍小玉传》中李益是一个负心汉形象，"为了攀附门第更显赫的甲族而出卖了人格、背弃了真情"，而《紫钗记》中的李益则是一个有情有义的正面形象。"《紫钗记》中的李益则是社会现实的牺牲品。剧本不遗余力为李益洗刷负心之名，而让卢太尉承担制造悲剧的所有罪责。"至于霍小玉，作者认为唐传奇中的霍小玉是一个倡门妓女，而《紫钗记》中霍小玉"是青楼女子与上层妇女的混合体，似可反映出妓女文化对士人阶层的理想妻子形象的影响"。至于黄衫客，作者认为在唐传奇中所显示的任侠仗义的个人英雄主义在《紫钗记》中被削弱，汤显祖"将他塑造成皇权的维护者而不是挑战者"。

容世诚教授《〈邯郸记〉的表演场合》一文为其博士论文第二部分的第一章，主要考察了《邯郸记》在明清时期不同场合的演出情况，展示了该剧在当时的演出风貌及与社会文化生活的关系①。作者根据马林诺夫斯基（Malinowski）的戏剧理论，主要从"演出的场合"、"表演的具体环境"及"参加者和他们的关系"三个方面探讨《邯郸记》在明清时期的演出状况。作者以为，《邯郸记》的演出主要有以下几种场合：（1）汤显祖时期的私人演出场合。这一场合的演出是不公开的，观众严格地局限于相互熟悉的文人之间，他们都是受过良好教育的精英分子。（2）宜黄剧团的公开商业表演场合。宜黄剧团曾到江西的文人圈中进行私人室内表演，后来又在公共场合和商业场合演出，并逐步从江西省向其它省份扩展。（3）明清文人私人演出。文献显示明清文人宴集时曾有《邯郸记》的演出。（4）《邯郸记》在宗教场合的演出。"在宗教场合演出，从而进行和完成斋醮超度等祭祀礼仪"。作者认为在不同的场合下演出时，戏剧的接受阶层，观众的审美期待都会随着改变。例如，葬礼上，戏剧的功能、意义和场景的选择受观众挑选的局限，与在商业剧场演出时是不一样的。从地域上看，该剧到清初时，已经传播到中国大部分地区。

明清时期，评点之风甚行。《牡丹亭》作为戏曲中的名作，自然受到评点家们的青睐。关于《牡丹亭》的评点，主要有清人的《才子牡丹亭》和清人《吴吴山三妇合评牡丹亭》。前者的研究论文有华玮教授《〈牡丹〉能有多危险？——文本空间、〈才子牡丹亭〉与情色天然》，后者有蔡九迪教授《异人同梦：〈吴吴山三妇合评牡丹亭〉考释》一文。华玮教授《〈牡丹〉能有多危险？——文本空间、〈才子牡丹亭〉与情色天然》一文，对清代一部罕见而特殊的戏曲评本《才子牡丹亭》作了考证和解读②。作者考证《才子牡丹亭》出自于清乾隆间的吴震生和程琼夫妇。之所以称《才子牡丹亭》为"罕见而特殊的戏曲评本"，是因为这部书将《牡丹亭》解读为一部"色情书"，评点中充斥了大量的情色语汇和"性隐喻"。这些情色方面的批语，非常直露、大胆、粗鄙，不少直接指涉性行为及身体部位，譬如"'惊春谁似我'，喻男根也。'蒲桃褐'，喻二根色"之类，比比皆是。作者以为，评点者之所以这样做的一个动机，是为"读者打开了未曾有的、不可想象的世界，并引导读者的想象脱离理性与道德'正轨'的束缚"，如同《金瓶梅》的作者一样，"意欲借打破情欲的禁忌以娱读者，提供抒发情感上压力的管道"。作者认为，《才子牡丹亭》情色语汇显示出的情色观，"具有惊人的现代感"。最后，作者对《才子牡丹亭》的

---

① 《英语世界的汤显祖研究论著选译》，第 330—349 页。
② 《英语世界的汤显祖研究论著选译》，第 225—246 页。

社会意义作了评价，指出晚明思想并未在十八世纪的清朝断裂分离，清代的文化钳制既未影响知识分子的独立思考，亦无法压制反对声浪的表达与传播。

蔡九迪教授《异人同梦：〈吴吴山三妇合评牡丹亭〉考释》是一篇关于《吴吴山三妇合评牡丹亭还魂记》（简称《三妇合评》）的考证文章。所谓三妇，即为与清人吴吴山有关的前后三个女子陈同、谈则和钱宜，她们各有评点《牡丹亭》的文字，汇编合刊后，受到广大读者的欢迎①。作者对《三妇合评》的成书过程、评点的内容、署名的真伪等问题都作了细致入微的考证和揭示。作者指出，《三妇合评》初创于陈同，陈为吴吴山的未婚妻，未婚而殁，留下《牡丹亭还魂记》上卷及其评语。后娶谈则，补写下卷评语，如出一辙。谈不幸早逝，继室钱宜续写评语，怂恿丈夫合而刊之。作者以为，"《三妇合评》之功，主要在于注明了《牡丹亭》中所用集（句）唐诗中每句的作者"。《三妇合评》受到了金圣叹批点《西厢记》的影响，但"未对戏曲所涉的道德问题表现出多大兴趣"。认为《牡丹亭》实际上是以情阐理之作。"比较重视分析人物心理，以及语言艺术与各种意象在情、痴、梦等主题里的象征功能"。作者最后对钱宜和吴吴山的夫妻同梦现象作了理论的阐释。

芮效卫教授的《汤显祖创作〈金瓶梅〉考》探讨了汤显祖与小说《金瓶梅》的关系，作者罗列了《金瓶梅》与汤显祖生平、思想、作品等种种关联的例证，考证汤显祖是《金瓶梅》最有可能的作者②。《金瓶梅》的作者人选迄今有数十个之多，无一种说法能得到学界的公认。芮效卫教授的考证受到了徐朔方先生的质疑，其质疑的文章发表在《温州师范学院学报》1986年第2期。虽然《金瓶梅》作者汤显祖说不可能成为定论，但汤显祖与《金瓶梅》有关系是毫无疑问的。论文所举的例证及考证方法，依然有给人启发的地方。雷威安教授是《金瓶梅》和《牡丹亭》法文译者，他的《汤显祖和小说〈金瓶梅〉的作者身份》一文，为芮效卫的《金瓶梅》作者汤显祖说提供了一些佐证材料。

六、结　语

从上述汤显祖及其剧作在英语世界的译介、演出和研究来看，汤显祖的戏曲越来越受到西方观众的喜爱，越来越受到西方学者的重视。在汤显祖戏曲在英语世界的译介、演出和研究的过程中，不仅有华裔学者所作的努力，也有欧美本土学者所做的贡献；不仅有中国政府、民间艺术团体、高校所作的贡献，也有西方政府、艺术机构及高校所作的努力。从学者研究的方法来看，既有类似中国传统实证的研究方法，也有用西方的理论来研究汤显祖戏曲的方法（如吕立亭、周祖炎等）。中国的学者，也许不一定会赞同西方学者（包括华裔学者）的某些观点，但他们的研究无疑扩大了我们的视野，给我们以很好的启发。一些比较的文章，让我们看到了中西方文学既存在一些共通的现象（如伊维德的文章中关于《牡丹亭》墓地荒园与德国格林兄弟《儿童与家庭童话集·玫瑰公主》中那座为荆棘所包围的城堡的比较），也有相异之处（如夏志清关于卢生与浮士德的比较）。《牡丹亭》英文版的出版，青春版《牡丹亭》等多种昆曲版本在西方舞台的演出，遂昌政府与莎士比亚故里斯特拉夫德镇关于汤显祖和莎士比亚的文化交流合作关系的建立，2014年在伦敦亚非学院举办的1616汤显祖和莎士比亚研究的对话会议等等，都是汤显祖剧作在

---

① 《英语世界的汤显祖研究论著选译》，第186—224页。
② 《英语世界的汤显祖研究论著选译》，第65—99页。

海外传播的重要事件，这些事件大大提高了汤显祖在国际上的知名度和地位。2016年是汤显祖和莎士比亚去世四百周年，习近平主席2015年10月访问英国时，提议2016年中英两国共同纪念这两位文学巨匠，"以此推动两国人民交流、加深相互理解"，可以相信，汤显祖戏曲在海外的传播和研究，将会兴起新的热潮，揭开新的篇章。

（作者单位：浙江大学文学院）

日本内阁文库藏臧晋叔评改本《昙花记》考

仝婉澄

一

《昙花记》，明屠隆撰。屠隆（1543—1605），字长卿、纬真，号赤水、一衲道人、鸿苞居士等。浙江鄞县人。万历五年（1577）进士。曾任颍上、青浦知县及礼部郎中。因诗酒狂放，为仇家诬陷，被劾罢官。归田后卖文为生。屠隆诗文俱佳，书画造诣颇深，尤精戏曲，与胡应麟等并称"明末五子"。诗文集有《由拳集》、《白榆集》、《南游集》、《鸿苞集》、《栖真馆集》等，戏曲有传奇《修文记》、《彩毫记》、《昙花记》三种，其中又以《昙花记》影响为大。

据傅惜华《明代传奇全目》所载，《昙花记》现有如下七种版本：

（一）明万历间天绘楼刻本。郑振铎藏。二卷。首行标"昙花记"，次行署"武林天绘楼校梓"。版心题"昙花记"，下方作"天绘楼"。卷前载万历二十六（1598）九月一衲道人序文；凡例八条。

（二）明万历间刻本。北京图书馆藏。二卷。首行标："新镌全像昙花记"。

（三）明万历间刻本。日本神田喜一郎藏。二卷。首行标："玉茗堂重校音释昙花记"。

（四）明末刻朱墨套印本。日本内阁文库藏。四卷。明臧懋循评点。

（五）明末汲古阁原刻初印本。二卷。有封面，标作"昙花记定本"。

（六）汲古阁刻《六十种曲》本，亥集所收。

（七）1954年《古本戏曲丛刊》初集第七十二种，据天绘楼本影印。①

傅惜华著录了内阁文库所藏之本，但并未注意到该本与原本的巨大差别，故只作为一般评本著录。此后如郭英德的《明清传奇综录》②、李修生主编的《古本戏曲剧目提要》③均因袭之。而事实上，日本内阁文库藏本并非普通的评点本，准确地说，它是一个改编删定本，所以本文称其为臧晋叔评改本。

这个臧晋叔评改本《昙花记》，现已影印收入《日本所藏稀见中国戏曲文献丛刊》第一辑。④其原本藏于内阁文库，藏书号：枫一附4-18，系德川幕府枫山文库（即御文库）旧物。据《御文库目录》，此本《昙花记》入藏枫山文库的时间为宽永十六年（崇祯十二年，1639），而从中

---

① 傅惜华《明代传奇全目》，人民文学出版社1959年版，第58页。
② 郭英德《明清传奇综录》，河北教育出版社1997年版，第151页。
③ 李修生《古本戏曲剧目提要》，文化艺术出版社1997年版，第271页。
④ 据《中国古籍善本书目》，国家图书馆藏有臧氏评改本残本，存一、二两卷。

国输入到日本的时间应更早，可知此本刊行不久，即已流入日本。

此藏本凡四册，高宽261×173mm，匡郭207×148mm。朱墨套印刊。半叶九行十九字，四周单边白口，栏上镌评。卷首为"昙花记小序"，署"若下里人臧晋叔书"。正文卷端署："甬东屠长卿撰　吴兴臧晋叔批评"。

臧晋叔（1550—1620），名懋循，号顾渚山人，浙江长兴人。万历八年（1580）进士，授荆州学府教授、夷陵知县，万历十一年擢南京国子监博士。因与诸名流赏六朝遗迹，命题分赋，或至丙夜，忌者以沉湎弹劾之，遂罢归，时为万历十三年，至万历四十八年去世，未再出仕，以著述自娱。著有《负苞堂集》，编刻有《古诗所》、《唐诗所》等。于元明戏曲之编刊，厥功尤伟。尝编选校订《元曲选》，前集刊于万历四十三年，后集刊于次年；嗣即改订汤显祖之剧为《玉茗堂四种传奇》，合刊于万历四十六年。

唯今人多知晋叔改订汤显祖之"四梦"，而不知其改订《昙花记》之事。徐朔方先生《臧懋循年谱》亦未提及。据此本，则可知晋叔改订之戏曲，尚须增加《昙花记》一种。

此本卷首有《昙花记小序》：

> 余幼不善佞佛，窃谓轮回之说，犹夫抽添之术，皆荒唐也。乃世之达官居士，以及騃儿妇女，靡有不信心皈依者。故屠长卿氏为作《昙花》传奇，委婉援引，具有婆心。虽然，既云曲矣，则登场有唱法，有做法，况错综照应之间，棐几森如，乌得以己意加损哉！盖长卿于音律未甚谐，宫调未甚叶，于搬演情节未甚当行，遂为闻见所局，往往有纰谬处。因病，多暇日，取而删定焉。亡论奏曲筵上，可谢长卿，而晚始回向，即藉手以谢瞿昙亦可。
>
> 若下里人臧晋叔书

此序未收入《负苞堂集》，故世人对其此一改本知之不详。此处"因病多暇日，取而删定焉"，与所改订汤氏四剧序"予病后一切图史悉已谢弃，闲取四记，为之反复删订，事必丽情，音必谐曲"对看，可知与四梦改订于同时。又，改本中有评语，论屠隆"北曲亦有佳句，然去临川远矣"，亦可证晋叔改订汤氏四剧与改订《昙花记》实为前后相继之事，故此本当刊于万历四十六年（1618）之后。

原大东文化大学教授八木泽元（1905—1978）以作家的传记与作品的文献学研究为主，长年在内阁文库访书，发掘出大量珍贵的资料，在《明代剧作家研究》一书中对该版本最早予以介绍。[1]

齐森华等主编之《中国曲学大辞典》曾参考八木此书，其于《昙花记》义项的第二条作："屠隆原作，臧懋循改编。今存明刊朱墨本，藏于日本内阁文库。臧懋循《昙花记小序》云：……此文未收入臧懋循《负苞堂集》。原作五十五出，臧改本删缩为三十出。场次亦有调动，如原作第十九出《游戏传书》，臧改为第十一出《土地传书》。尤其下场诗，多有改动。全本评语，总计一百三十二条。世人熟知臧改本'四梦'，而臧改本《昙花》则罕见。"[2]

又，田同旭撰《昙花记评注》，在叙及版本时，据所见北京图书馆藏臧氏评改本残本，尝以半页篇幅有所论述；末谓"北京图书馆仅存二卷残本，未能看到全本"。[3] 此外似未见专文讨论。

---

[1] 八木泽元《明代剧作家研究》，东京，讲谈社，1959年；有罗锦堂中文译本，香港，龙门书店1966年版。

[2] 齐森华、陈多、叶长海主编《中国曲学大辞典》，浙江教育出版社1997年版，第343页。

[3] 田同旭《昙花记评注》，收入黄竹三、冯俊杰主编《六十种曲评注》第22册，吉林人民出版社2001年版，第502页。

此种《昙花记》作为"四梦"之外又一臧氏改本,对于了解臧晋叔的戏曲观念,了解晚明时期以昆腔为标准的审美观念的变化,研究晚明戏曲批评,均具有重要价值。对于了解臧氏编集并改订《元曲选》,也有其参考价值。故本文将臧氏评改本与原本加以比较,试作探讨。

二

臧晋叔评改本《昙花记》,将原剧五十五出缩编为三十折,出目序次间有调整,因音律之故而改动处尤多。以下试从结构关目、曲文曲律、宾白科诨、人物脚色、舞台效果几个主要方面进行梳理,并就其评改,展开讨论。

1. 结构关目方面的删、并、移

青木正儿在《中国近世戏曲史》中提及《昙花记》云:"此剧为二百余页之长篇,关目繁冗不堪,登场人物,陆续成队,应接不遑,狂噪热闹,混杂无类,可谓戏文中一怪物也。"① 臧晋叔在改定《昙花记》时注意到了这个问题,他对一些与主线无关的情节进行删减合并,使《昙花记》由原来的五十五出减至三十出,缩略的篇幅几近原剧的一半。

具体删减合并之处如下:

第二折(如前无特别说明为原本,即指臧氏改本,下同)"祖师说法"末尾有"此后有仙伯临凡折,头绪太多,今删"。原本第七出"仙佛同途"删去。

原本的第八出"云游遇师"和第九出"从师学道"在改本中变成一折,即第五折"云游遇师","原本作二折,今并入此"。

第九折"公子寻亲"前"原本有历试折、采访折、造谋折、私奔折、设谤折,则未免太冬烘矣,并删"。

在第十折"超度沉迷"中加入原本第十二出"群魔历试"的部分内容,"原本在历试折,今并入此"。

第十一折"土地传书"对应原本第十九出"游戏传书",并将原本第十三出"天曹采访"的部分内容加入。

第十二折"西来遇魔"对应原本第二十四出,且并入了原本第二十五出、二十六出的内容。

第十三折"夫人得信"折后"此后原本有冤对折、显圣折,烦冗可厌,并删"。第十四折"卓锡地府"前有眉批"此前原本有迓圣折,今删。后有勘罪折、遍游折、断案折、普度折、业报折,并删之,而节取一二入此"。第十五折"公子受封"前有"此前有思亲折,今删"。

第二十折"窥园遘难""原本作凡情折,今并入此",即相当于原本的第三十八出"阴府凡情"和三十九出"窥园遘难"。

第二十五折"尼僧说法"最后有眉批"此后有会勘折、自叹折,并删"。

从中可以看出,晋叔在删减合并故事情节时对原本的次序进行了较大的调整,故本文末尾附情节对照表,以作参考。

---

① 青木正儿著,王古鲁译《中国近世戏曲史》,上海文艺联合出版社1956年版,第209页。

2. 曲文曲律方面的删、并、改、增

　　晋叔不满于曲文的烦冗，对《昙花记》的曲子也进行了多处删减合并。臧氏改本《昙花记》第一折"原本有［玉女摇仙佩］一词，今删去"。第三折"郊游点化"中"［画眉序］原本五曲，今存其三"，［胜葫芦］中"原本有么篇，今删"。第四折"辞家访道"末尾处有眉批"原本生唱［玉交枝］一曲，又数语方下，似非刚肠，故删之"。第五折"云游遇师"中"原本有［新水令］、［步步娇］、［折桂令］、［江儿水］、［雁儿落］、［侥侥令］、［收江南］、［园林好］等曲，俱删"。第六折"仙桃祝寿"中有"原本作二曲，今并为一"。第八折"檀积施功"中"原本有［蛮牌令］，今删"。第十折"超度沉迷"中［嘉庆子］上有眉批"原本神唱［嘉庆子］，生唱［忒忒令］，今改生唱［嘉庆子］而删［忒忒令］，便觉紧严。"第十一折"土地传书"中"原本四曲，今删其二，所以节唱者之力也，不然亦嫌絮聒矣"。第十九折"东游仙都"末尾处"凡此等折不宜唱尾，故删之"。

　　对曲子的改动基本上是按照原意，保留曲调，改动部分曲词，以求合韵叶律。第三折"郊游点化"［赚尾］中把原本此处的"这时那里寻贵王公官品儿高"改成"我只问你定兴王可免得这奈何桥"，眉批为"结句欠韵，今改之。令长卿有知，自应鼓掌"。第六折"仙桃祝寿"中［排歌］第二曲上有眉批"原本白云间、香案班，二韵俱失，今改定"。第九折"公子寻亲"［二郎神］第二曲有"倘万一知些来历，问因依，没奈何，远叩阶墀"一句，原本此处为"倘万一知些因依，寻消息，没奈何，来叩阶墀"，眉批为"原本知些因依二句不叶，故改之"。第十三折"夫人得信"［忆多娇］一曲上有眉批"四曲略为点撺，以便歌喉，无甚佳处"。

　　除了强调合韵叶律而改动外，晋叔追求"元人风味"，强调本色当行。第三折"郊游点化"［节节高］有评语："［节节高］语甚浅近，极是当行。"第十八折"郊游卜佛"中［尾声］改"望吾家，乌衣朱桁，不少金钗红粉妆，且回去，鸾笼奏响，蜡炬生光"，为"（众合）望吾家甲第连云上，有多少金钗红粉妆，（丑）偏不如他野草闲花分外香"，眉批是"结句自谓有元人风味"。对原剧中曲词的评价亦是以元曲为标准，第十折"超度沉迷"［解三醒］一曲上有眉批"此等曲亦第时人赏之，然不可令元人见也"。第十二折"西来遇魔"［庆东原］中有曲词"那怕你鬼计千条，只将刀头儿一摇，妖光随手灭，烈焰一时消"，上有眉批"那怕你鬼计千条句，不减元人"。

　　此外，晋叔还对曲文进行了"自改觉胜"的改动，在此略举两例：第四折"辞家访道"［五供养］中有"（生）这漂零休论，总只在云林左近"，眉批为"原本从此云水间东西休论，今改觉胜"。第十折"超度沉迷"［江儿水］一曲起句为"只要你琴心挑，我敢将梭乍抛"，原本此处为"玉镜人归峤，秦楼女嫁萧"，上有眉批"起句改胜原本"。这些"自改觉胜"的地方也应是晋叔追求"元人风味"的体现。

　　屠隆《昙花记》中多处出现终折无曲的情况，是其突出的一个特点。原本《昙花记》五十五出，共有九出终折无曲，分别是：第三出"祖师说法"、第七出"仙佛同途"、第十三出"天曹采访"、第二十四出"西来遇魔"、第三十出"冥官迓圣"、第三十一出"卓锡地府"、第三十三出"遍游地狱"、第三十四出"冥司断案"、第三十八出"阴府凡情"。晋叔在改订《昙花记》时，对无曲或者曲子太少的出目进行调整，改变了这一状况。第二折"祖师说法"中有"终折无曲，几于冷淡，故增［清江引］耳"。第十四折"卓锡地府"［香柳娘］上有眉批"原本无曲，［香柳娘］四曲俱增"，［懒画眉］上有眉批"此二曲必不可少，若原本则终折无曲矣"。第

十六折"上游天界"中[玉芙蓉]上有眉批"此曲增入，无此则太冷淡矣"。因此，臧晋叔改本《昙花记》无一出无曲。

晋叔还指出了自己认为屠隆在用曲时的一些问题。如第十折"超度沉迷"中[夜行船]一曲上有眉批"惟北曲以诗上场，若南曲则必唱引子，此[夜行船]所以增也"。此外，本折[赤马儿]"原本作[衮遍]，非也，今改正"，[拗芝麻]"原本作[前腔]，而句字参差若此，长卿何愦愦也，今改正，复删其一"。第二十四折"西游净土"中[六犯清音]上有眉批"此[六犯清音]也，原本作[六犯宫词]，误矣"。

3. 宾白科诨方面的删、增、改

晋叔不满原作繁冗的宾白，尤厌其骈俪。第二折"祖师说法"中有眉批"此由《琵琶》黄门篇作俑故也，于本中重叠见之，惟伯龙、长卿辈为然"，第七折"夫人内修"中木清泰的两个侍妾的宾白上有眉批"所微嫌者，但多俪句耳"。第十六折"上游天界"中香案吏的宾白上有眉批"此白颇觉厌人，然又不能尽删，所谓聊复尔尔"。晋叔对《昙花记》的宾白删去而未作说明处为数不少，不再一一列举。

臧氏改本中宾白的增入和改动主要是为了增强情节的连贯性。在臧氏改本第一折"定兴开宴"木清泰的宾白中，原本没有提及儿子木龙驹，儿媳房琼瑶二人，特意增加"孩儿木龙驹，丰姿英敏，堪承带砺之荣。媳妇房琼瑶，意态幽闲，可寄苹蘩之托"。批云"原本无木龙驹、房琼瑶，今增"，为下文二人的出场作了铺垫。第十二折"西来遇魔"中"原本无此白，则地府折便觉突然"，增加宾白部分，"……我契你到地府一游，一则好与鬼兵证明，二则亲观诸狱苦恼，可以坚你修善之心，免堕轮回之业……"，就为以后木清泰游地府作了铺垫。第十四折"卓锡地府"末尾上有眉批"此处即说再往天宫，极有做法"。第十六折"上游天界"最后增加宾白，"仙都之游于此逗出，是串插法，长卿所不知也"。第十九折"东游仙都"最后"但白中逗出西游语，便觉前后有情"，增加了宾白，为后来西游作铺垫。如此这般，主人公木清泰上天入地、东西游历便都有了线索。第六折"仙桃祝寿"末尾有眉批"白亦觉胜原本"，类似的改动宾白的例子很多，兹不赘述。

4. 人物脚色方面的删、改、增

由于结构关目的删减，造成情节删减，自然也删去了其间出现的人物。另一种情况是保留了情节，但是删去了与情节进展关联不大的人物，且多是全剧中只出现一次的人物。如第六折"仙桃祝寿"中删去了原本第十七出"群仙会真"中小外扮的邢和璞。第十四折"卓锡地府"中有眉批"长卿颇有伤时之意，但不知戏止数人，而曹操等不啻数十辈，则改扮极难，且非做法，故削之"。第十六折"上游天界"中删去了原本第四十二出"上游天界"中小外扮的雷师、皓翁这个人物。

晋叔还对一些剧中人物作了改动。第八折"檀积施功"中"原本作吕翁，今改木韬，觉有来历，且与十三折、二十六折有线索，不然便无谓矣"。第二十一折"礼佛求禳"中有眉批："原本有驱邪折，作许旌阳，何冗杂如此，不若作关真君得之，且并入求禳折，庶搬演为有情。"在这里改许旌阳为关真君，与上文改吕翁为木韬道理一样，追求"有情"，也就是情节之间的照应。第十一折"土地传书"中对应原本第十九出"游戏传书"，将原本中的游戏儿郎改换成土地，原因是"原本作游戏儿郎，颇觉厌人，不若改土地为稳当"。

除了人物外，晋叔还对扮演人物的脚色进行了调整。现将两个本子共有的一些人物的脚色变化制成表格如下：

	原本	改本		原本	改本
卫德棻	旦	老旦	关真君	外	净
房琼瑶	小贴	旦	阎罗	小生	末
罗公远	外	搽旦	卢杞	净	丑
黄妙琼	贴	小旦	木韬	小外	副净
汾阳王	小外	外	李晟	小外	末
红绡妓	小贴	贴	郭暧	小生	丑
魔王	净	丑	北幽太子	小丑	丑
王琬	小旦	贴	严武	净	副净

脚色的变换较多地体现为调整人物与脚色之间的搭配，晋叔在第十八折"郊游卜佛"中汾阳王公子郭暧出场时上有眉批"原本作小生，今改为丑，得之"。除了调整之外，也有一些是新添加的脚色。比如，"搽旦"这个脚色就是晋叔在改本中增加的，并用它扮演了罗公远、臧义儿、尼僧、狐媚四个人物。此外，"老旦"和"副净"这两个脚色也是新增入的。

由此可见，晋叔对于《昙花记》的改评面面俱到。他在《元曲选后集序》中总结了戏曲创作的"三难"：一曰情词稳称之难，二曰关目紧凑之难，三曰音律谐叶之难。并针对此提出要求：语言上应"雅俗兼收，串合无痕"，结构上应"境无旁溢，语无外假"，音律上则要"精审于字之阴阳，韵之平仄"①。晋叔在《昙花记小序》中指出："盖长卿于音律未甚谐，宫调未甚叶，于搬演情节未甚当行，遂为闻见所局，往往有纰谬。"我们可以看出，其对《昙花记》的改评正是主要沿着这些方面进行的，充分体现了他的理论主张。

另一方面，晋叔对屠隆的《昙花记》也不乏褒扬之语，如第一折"定兴开宴"［满庭芳］上有眉批"侯王尊严气象全在一引，此得之"。第三折"郊游点化"中［余文］为"风光岁岁还依旧，青鬓俄惊又白头，便是明日阴晴也未可谋"，体现了一种岁月催人老、明朝不可知的情绪，眉批为："结句为下文张本，所谓藕断丝不断也。"第七折"夫人内修"中有眉批"收除钗钏三句佳"，"盼不到天边夫婿，流不尽思亲双泪句并佳"。

要之，屠氏原作确实存在着不足，臧氏的改订取得了一定的效果，有其合理的地方。如对场次的删并调整，较好地解决了演出中时间太长、演员过多过劳的矛盾；枝蔓曲文、次要人物的删除使主题更加突出；宾白科介的改订使之增进了前后情节的贯穿照应，加强了舞台演出效果等等。但也有部分改动，或是过于牵强，或是背离了原作者的创作意图，不如不改。

---

① 《元曲选后集序》，《元曲选》第一册，上海，中华书局1958年版，第4页。

三

　　明人之传奇，自明中叶文人曲家涉足戏曲，多卖弄文词，以文人之意而为之，且亦以文人意味自炫，于本色当行，多未熟悉。加以传奇承袭南戏而来，本身在音律等方面缺乏规范，这些问题，至晚明逐渐引起曲家的关注。晋叔有意参照北杂剧的剧本体制，规范传奇剧本体制。他在选编整理《元曲选》时说道："南戏之盛无如今日，而讹以沿讹，舛以袭舛。"① "予故选杂剧百种，以尽元曲之妙，且使今之为南者，知有所取则云尔。"② 从他对《昙花记》的评改，也可以清晰地看到这一点。

　　晋叔对《昙花记》的改评明显可见具有崇尚北曲的倾向：如改出为折，原本五十五出，删改为三十折。又提倡元人本色，如第十折"超度沉迷"［江儿水］一曲将起句"玉镜人归峤，秦楼女嫁萧"改为"只要你琴心挑，我敢将梭乍抛"，亦是想改变原作过于掉文袋的毛病。再如曲白，晋叔在《元曲选序》中谈及"屠长卿《昙花》白终折无一曲，梁伯龙《浣纱》、梅禹金《玉合》白终本无一散语，其谬弥甚"③，这一说法，与晚明曲家普遍关注本色当行的背景是一致的。清人刘廷玑对此持有异议，"前人云，郑若庸《玉玦》、张伯起《红拂》以类书为传奇。屠长卿《昙花》终折无一曲，梁伯龙《浣纱》、梅禹金《玉合》道白，终本无一散语，皆非是。如此论曲，似觉太苛，安见类书不可填词乎？兴会所至，托以见意，何拘定式。若必泥焉，则彩笔无生花之梦矣！"④ 刘氏此说，仍是站在文士观剧立场发论，似属偏颇，但强调屠隆别有机杼，也是有道理的。对于屠隆《昙花记》出现众多纯白而无曲的现象，青木正儿解释为"盖事件过多，欲使剧中情节迅速过渡之必要上所生之现象也"⑤。按：以情节构成而论，在剧中人物宣扬佛法道法的场次，多有宾白而无曲文，如原本第三出"祖师说法"、第七出"仙佛同途"、第十三出"天曹采访"、第三十三出"遍游地狱"，可证确是屠隆有意为之，其探索应当肯定，而其效果，则不妨见仁见智。

　　徐朔方先生在《汤显祖评传》引言中指出："正如元代杂剧作家大都是北方人，明清传奇作家的籍贯集中在以苏州为中心的太湖四周，即苏州、常州、松江、南京、杭州、嘉兴、湖州一带，稍远的浙东、皖南、赣东北是它的外缘。汤显祖的家乡不在苏州，而在赣东北。这对他的戏曲后来受到吴江沈璟、长兴（湖州）臧懋循、长洲（苏州）冯梦龙的非难和改编大有关系。"⑥ 这段话对我们理解晋叔评改《昙花记》，亦有所启发。晋叔是浙江长兴人，长兴地处太湖之南，与江苏省毗邻，而屠隆是浙江鄞县人，鄞县地处浙东。因此，晋叔带有很强的"吴中"地域自豪感⑦，自认为是南戏以至传奇的嫡派正宗，正如批评汤显祖"生不踏吴门"、"局故乡之闻见"⑧，

---

① （明）臧晋叔《玉茗堂传奇引》，据清初书业堂刊《玉茗堂四梦》引，东京大学东洋文化研究所仓石文库藏。
② 《元曲选后集序》，《元曲选》第一册，第 4 页。
③ 《元曲选序》，《元曲选》第一册，第 3 页。
④ （清）刘廷玑撰，张守谦点校《在园杂志》，中华书局 2005 年版。
⑤ 青木正儿著，王古鲁译《中国近世戏曲史》，第 209 页。
⑥ 徐朔方《汤显祖评传》，南京大学出版社 1993 年版，第 2 页。
⑦ 如臧懋循改本《牡丹亭》第九折批云："［四块玉］见散套［四时欢］，为吴中清唱所尚，临川何易视之，而更以［刷子序］、［尾犯序］、［鲍老摧］曲贯其首尾，删之。"而玉茗原本有五十五折，故予每嘲临川不曾到吴中看戏。"可见晋叔颇以吴中曲家为自得。
⑧ 《玉茗堂传奇引》，清初书业堂刊本。

他在《昙花记小序》中同样批评屠隆"所以遂为闻见所局,往往有纰谬"。为了强调这一点,晋叔对南曲的一些形式上的问题格外关注,比如,南曲中人物出场必唱引子,增强南曲合唱,等等。他在批语中解释其原因:"惟北曲以诗上场,若南曲则必唱引子,此〔夜行船〕所以增也","每曲必有合唱者,所谓闹场也,今人罕解此"①。

把《昙花记》从五十五出缩编为三十折,情节更加紧凑,但也造成某些情节不连贯,并且背离了屠隆的创作意图,有损原作。如晋叔删掉了道教之"仙",留下了佛教之"佛",并对相关情节加以改造。如第十折"超度沉迷"眉批:"原本僧道同往,烦冗厌人,今只一西来,觉有做法。"第三十折"法眷聚会"眉批:"长卿为此具有婆心,虽云三教归一,而仙释毕竟殊途,故余删仙伯存祖师,不欲人骑两头马也,观义仍《南柯》《邯郸》自见。"屠隆主张"以释道治世,若以浆济饥,固无所用之,欲存儒而去释道,若食谷而不饮浆,如烦渴何,故三教并立,不可废也"②。在原本《昙花记凡例》中言道"此记广谭三教,极陈因果,专为劝化世人,不止供耳目娱玩",剧中出目"仙佛同途"亦可见其主张。同时代人陈眉公以"二藏中语也"③来评价《昙花记》,也说明了《昙花记》宗教剧的特质。而晋叔素来不信仙佛之事,其《昙花记小序》劈头即说:"余幼不善佞佛,窃谓轮回之说,犹夫抽添之术,皆荒唐也。"改本第八折"檀积施功"中演木清泰搭救黄氏女子时,有眉批:"真正菩提,何必心外觅佛?"这就从根本上否定了木清泰离家访道的必要性和合理性。所以,对传奇戏曲理解有异之外,两人信仰迥异,也是造成剧情处理大异的重要原因。

屠隆论唐画云:"意趣具于笔前,故画成神足,庄重严律,不求工巧而自多妙处。后人刻意工巧,有物趣而乏天趣。"论学画则云:"若不以天生活泼为法,徒窃纸上形似,终为俗品。"④屠隆的画论亦可作曲论观之,不刻意求工,追求活泼天趣。晋叔则与之相反,过于强调照应,所以改本《昙花记》处处要求情节的照应。此举一例,臧改本第三折"郊游点化"〔寄生草〕中有"昙花树开应遍,九莲台路不遥",而原本作"三花树,开应遍。九莲台,路不杳",臧改本上有眉批"昙花树句,为下文关目地也"。昙花是贯穿全剧始终的一个重要道具,它的荣枯象征了木清泰辞家访道的成败,关系着木清泰家人的喜怒哀乐,故臧氏于此细微处亦做改动。但此处改作"昙花"为时过早,昙花的线索作用将在下文彰显,如臧改本《昙花记》第四折"辞家访道"中木清泰种昙花,第十三折"夫人得信"中木清泰家人观昙花,第二十九折"还乡报信"、第三十折"法眷聚会"中昙花开放,故臧氏这一改动有多余之嫌。且屠氏此处用"三花树"与"九莲台"更合对仗。

晋叔强调剧本的舞台性,文人的创作不能沦为案头之曲,要成为场上之曲,追求良好的舞台效果。他说,"夫既谓之曲矣,而不可奏于筵上,则又安取彼哉?"⑤有鉴于此,在其改本《昙花记》中就有不少与演出效果相关的批评。第三折"郊游点化"〔滴溜子〕眉批:"滴溜子、鲍老催、双声子三曲颇觉闹场。"第十一折"土地传书"有批云:"原本四曲,今删其二,所以节唱者之力也,不然亦嫌絮聒矣。"第十七折"面圣辞官"批云:"原本在受封折后,今移于此,不

---

① 钱南扬认为:"脚色上场,不一定用引子,在某些情况下,可以不用引子:一,用过曲代替引子;二,用上场诗代替引子;三,某些过曲,习惯在它前面可以不用引子。"其说实据明沈词隐之《南曲谱》,词隐则据早期南戏立言,故与晋叔所论不同。见钱南扬《戏文概论》,上海古籍出版社1981年版,第191页。晋叔所论,当是依据时俗演出之法。
② 《冥廖子游》,《中国丛书集成初编》本,第2987册,第12页。
③ 胡绍棠选注《陈眉公小品》,文化艺术出版社1996年版,第103页。
④ 《考槃馀事》卷之二,《四库全书存目丛书》,子部第118册,齐鲁书社1995年,第198、200页。
⑤ 《玉茗堂传奇引》,据清初书业堂刊本引。

惟节小生之力，亦做法应尔。"在这里，晋叔提出了"节力"这一观点，即考虑演员的休息问题。第十三折"夫人得信"［忆多娇］眉批谓"四曲略为点撺，以便歌喉，无甚佳处"，即是以利于演唱作为改动曲词的依据。第十四折"卓锡地府"中有眉批"长卿颇有伤时之意，但不知戏止数人，而曹操等不啻数十辈，则改扮极难，且非做法，故削之"，则是虑及演员的人数难以满足剧中角色的需求，不适合演出。第二十一折"礼佛求禳"中批云"原本郭贾同唱一引上场，恐抱病之人不宜如此，故改之"，是认为场上的表演必须合情合理。

此外，"介"是增强舞台性的必不可少的部分。臧氏改本《昙花记》增添了很多"科介"提示，即是将舞台表演细化了，作了导演的工作。不过他只对少数添加的"介"作了眉批，如第十折"超度沉迷"中花神试探木清泰时，增加了"神近生介，生做远介"，原本则无，加此科介，以示木清泰不受女色诱惑。第二十六折"义仆遇主"末尾为"（净叩头先下），（又回介），愿老爷早些回来（下）"，而原本此处作"（小外）如此没奈何，小人只得告回。（拜辞科）"，晋叔作眉批云："净下时极有做法，此曲家三昧也，庶几吴人知之。"这里用"净"的动作来表达对木清泰的依依不舍。

令人疑惑的是，屠隆有自己的戏班，且常带戏班出游，自己也以能下场演戏为荣①，《昙花记》也曾四处巡演、备受好评，为什么仍在演出问题上受到晋叔如此多的批评？这一问题或许应从"家班"这个特别的演出团体出发来考虑，"家班演出不论在什么场所进行，观众都只能是少数人，而且只能是和他们情趣相通、志向相同、身份相近的知识人群，这样的演出本身就具有了审美趣味和艺术观念彼此陶冶、相互熔铸的意义。"② 换言之，自己写的剧本一定是可以演出的，而且其观众也多是同道中人，故不用过多考虑怎样迎合大众，屠隆既是剧本作者，又是家乐班主，他的审美趣味决定了剧本的走向，这样就难免削弱戏曲的观赏性，沦为作者的传声筒。而晋叔恰恰站在一般演剧观赏的立场，对《昙花记》表示不满，通过改造，使之适合大众、适合当时的场上演出。

四

屠隆不属于吴中作家群，他对当时初兴的昆腔，并不稔熟，而据时人所载，他与汤显祖、梅禹金等人非常喜爱弋阳腔。如冯梦祯尝记载道："唐季泉等宴寿岳翁，扳余作陪。搬弋阳腔，夜半而散，疲苦之极。因思长卿乃好此声，嗜痂之癖，殆不可解。"③臧晋叔在他评改的《紫钗记》第四十四出［江儿水］曲作批语云："临川有尼持鉴、道捧龟等，及旦拜观音［江儿水］曲，皆弋阳派也。赏此者独四明屠长卿、宣城梅禹金而已。"④晋叔还对汤显祖笔下的"弋阳语"屡有

---

① 按：沈德符《万历野获编》言："近年屠作《昙花记》，忽以木清泰为主，尝怪其无谓。一旦遇屠于武林，命其家僮演此曲，挥策四顾，如辛幼安之歌千古江山，自鸣得意。"邹迪光《郁仪楼集》卷二十三其中一诗题为："五月二日，载酒要屠长卿，暨俞羡长、钱叔达、宋明之、盛季常诸君，入慧山寺，饮秦氏园亭，时长卿命侍儿演其所制《昙花》戏，予亦令双童挟瑟唱歌为欢，竟日赋诗三首。"陈眉公《与屠赤水使君》云："前读《昙花记》，痛快处令人解颐，凄惨处令人堕泪；批判幽明，唤醒醉梦，二藏中语也。往闻载家乐过从吴门，何不临下里，使俗儿一闻《霓裳》之调乎？若有新声，亦望见示。懒病之人，得手一编，支颐绿阴中，便是十部清商也。"又曾异《纺授堂集》有《集青林堂观剧演昙花记》诗三首，亦叙《昙花记》演出事。
② 宋波《昆曲的传播流布》，沈阳，春风文艺出版社 2005 年版，第 140 页。
③ 《快雪堂集》，卷五十，九月二十八日日记。
④ 臧晋叔改本《紫钗记》序，以下评语亦见此本，据清初书业刊本引录。

恶评，道是"临川以惯听弋阳之耳，矢口而成，其舛宜矣"；"此弋阳也，削之"；"此下白又作弋阳语，削之"；"当是弋阳腔误人"。晋叔站在吴中立场，对粗鄙的弋阳腔深表厌恶。

明徐树丕说："吴中曲调起魏氏良辅，隆万间精妙益出。四方歌曲必宗吴门，不惜千里重赀致之，以教其伶伎，然终不及吴人远甚。"[①] 隆庆、万历年间是昆曲发展的重要阶段。屠隆《昙花记》自序作于万历二十六年（1598），此剧或作于当年。晋叔评改《昙花记》，当是在万历四十六年之后。而沈璟的《南曲全谱》刻印于万历三十四年（1606）。也就是说，屠隆作剧之时，还未有完善的曲谱可依，而到万历四十六年（1618），沈谱早已成为词林"指南车"，人们对于曲律的理解，已经发生了很大的变化。

明人初撰传奇，并没有统一的曲律规范，多是据流行之名剧填词谱曲。用韵犹承南戏之旧，多以南方方言为据。至万历间汤显祖、屠隆等人作剧，仍是如此。另一方面，到万历后期，昆山腔渐执曲坛牛耳，万历三十四年（1606）沈璟《南曲全谱》刊行，时人奉为圭臬。沈璟强调"合律依腔"，用韵则主张以《中原音韵》为依据。他编有《南词韵选》，即以《中原音韵》十九韵为依归。而从之者众，如凌濛初、徐复祚论曲韵，均是紧守其樊篱，对《琵琶记》等早期南戏用韵混杂现象，大加抨击。臧晋叔亦精于音律，更因编选《元曲选》，尤以北曲为尚。凌濛初在《谭曲杂札》中云："吾湖臧晋叔，知律当行在沈伯英（璟）之上，惜不从事于谱。使其当笔订定，必有可观。"[②] 故晋叔实以北曲韵律来规范传奇创作。而汤显祖、屠隆、梅禹金等人，趣味尚在早期南戏，又不排斥鄙俗之弋腔，则其所撰之剧，自难以用吴中曲法绳墨，则其曲律用韵不入吴中曲家法眼，也就毫不奇怪。

不仅对曲律的要求在晚明发生了巨大变化，随着表演艺术的日渐成熟，昆曲的精致化演出渐受士大夫欢迎。同一曲调，昆曲的演出，所需时间也相应较长，为保证单位时间内演出完毕，情节主线必须集中，故剧本长度锐减，也成为明显的趋势。故明末吴中曲家所撰剧本，大多在三十出左右，与汤显祖、屠隆动辄超过五十出的情况，大是不同。

臧晋叔在其改本《牡丹亭》作批语曰："予观《琵琶记》四十四折，令善讴者一一奏之，须两昼夜乃彻。今改《牡丹亭》三十五折，已几《琵琶》十之八矣，常恐梨园诸人未知悉力搬演。而玉茗原本有五十五折，故予每嘲临川不曾到吴中看戏。"又在改本《紫钗记》中作批语曰："自吴中张伯起《红拂记》等作，只用三十折，优人皆喜为之，遂日趋日短，有至二十余折者矣。……予故取玉茗堂本细加删订，在竭俳优之力，以悦当筵之耳。"便是对上述情况的最好说明。晋叔改订《昙花记》为三十出，正是顺应了这一趋势。

舞台表演的成熟，与角色体系的成熟，合着同一节奏。臧改本《昙花记》增加了原本所无的"老旦""搽旦"和"副净"等脚色，如原本中卫德棻为"旦"扮，臧改本改为"老旦"扮[③]。改本中，用"搽旦"这个脚色扮演了罗公远、臧义儿、尼僧、狐媚四个人物。原本中"小外"和"净"扮演的木韬和严武在改本中都由"副净"扮演。

此外，原本有些人物没有注明脚色，存在着剧本中人物名与脚色名混合存在的情况，比如原本第三十六出"众生业报"，出现了杨再思、祝钦明、李林甫、伯嚭、张宗昌、元载、王戎、宋之问、司马懿、曹丕十个人物，但是却只在杨再思上场前有标明"丑扮杨再思叩头上"，其它俱无说明。而臧改本中这种情况几乎不存在，说明了传奇在不断的发展过程中脚色制的日益完善。

---

① （明末清初）徐树丕《识小录》卷四《梁姬传》，《涵芬楼秘籍》本。
② （明）凌濛初《谭曲杂札》，见《中国古典戏曲论著集成》（四），中国戏剧出版社1980年版，260页。
③ 关于此一问题，可以参看李舜华《南戏中"贴"的分化与"老旦"的形成》，《中国典籍与文化》2003年第1期。

同时，这与晋叔改订过程中力求规范也有关系。"整个中国传统戏剧的脚色制的发生，肇始于宋，盛于元，而最终确立于明代中叶，其关键因素正在于当时文人的普遍参与，——这一参与包括创作、改编戏曲与整理版本两种方式。"① 晋叔无论是在改编戏曲和整理版本这两个方面都体现出了这一点。

晚明戏曲评点之风大盛。屠隆弃世不久，其得意之作《昙花记》遭臧晋叔如此删改。长卿如泉下有知，夫复何言！

附：主要情节对照表

臧改本《昙花记》	原本《昙花记》	臧改本《昙花记》	原本《昙花记》
开场	第一出　本传开宗	第十六折　上游天界	第四十二出　上游天界
第一折　定兴开宴	第二出　定兴开宴	第十七折　面圣辞官	第二十九出　面圣辞官
第二折　祖师说法	第三出　祖师说法	第十八折　郊游卜佛	第三十七出　郊行卜佛
第三折　郊游点化	第五出　郊游点化	第十九折　东游仙都	第四十八出　东游仙都
第四折　辞家访道	第六出　辞家访道	第二十折　窥园遘难	第三十九出　窥园遘难
第五折　云游遇师	第八出　云游遇师	第二十一折　礼佛求禳	第四十出　礼佛求禳
第六折　仙桃祝寿	第十七出　群仙会真	第二十二折　讨贼立功	第四十六出　讨贼立功
第七折　夫人内修	第十出　夫人内修	第二十三折　凯旋见母	第四十九出　凯旋见母
第八折　檀积施功	第十一出　檀施积功	第二十四折　西游净土	第五十出　西游净土
第九折　公子寻亲	第十八出　公子寻亲	第二十五折　尼僧说法	第四十三出　尼僧说法
第十折　超度沉迷	第二十一出　超度沉迷	第二十六折　义仆遇主	第五十一出　义仆遇主
第十一折　土地传书	第十九出　游戏传书	第二十七折　菩萨降凡	第五十二出　菩萨降凡
第十二折　西来遇魔	第二十四出　西来遇魔	第二十八折　西来悟道	第五十三出　西来悟道
第十三折　夫人得信	第二十出　夫人得信	第二十九折　还乡报信	第五十四出　还乡报信
第十四折　卓锡地府	第三十一出　卓锡地府	第三十折　法眷聚会	第五十五出　法眷聚会
第十五折　公子受封	第二十八出　公子受封		

（原刊《文献》2011 年第 1 期）

---

① 李舜华《元明以来南戏旦色的发展及其意义》，《浙江学刊》2006 年第 5 期。

《知己》：从"白描"到"写意"

王 馗

一

清代顺治年间的"丁酉科场案"，蔓延顺天、江南、河南等省区，牵涉文人社团众多。由于传统社会中的文人结社、党争，与文化宗统、政治批评向有渊源，且丁酉科场案又处在清初社会动荡的背景之处，因此，清廷对此案所采取的严酷手段，人们更多地关注到它对汉族文士的规训与惩罚。在江南闱乡试案中蒙受冤屈的吴兆骞，才冠一时而在复试中竟未终卷，生长江南而流落宁古塔二十余年，这种起伏跌宕的传奇经历，让人"骨摧心裂"，嘘唏不已。在他远戍东北之时，吴伟业、徐乾学、陈维崧等众多知名文人以诗文相励，或同情，或哀伤，或感慨，或劝勉，显示出这一阶层同气相求的生命状态。

尤其是其挚友顾贞观以词代书，用两首《金缕曲》表达"留取心魂相守"的知己之情，并且多方营救，践行着"廿载包胥承一诺"的知己之行。顾贞观的诗歌折射出其时对蒙冤者的深切关怀，也感动着有力斡旋者的情感认同，以至于诗人纳兰性德豪情满腹，以"一日心期千劫在"的信念，投身到营救奔走的队伍中。兆骞之子吴桭臣在《宁古塔纪略》中说"大冯三兄，壬子拔贡，在京考选教习，得此人，南北音信乃不阻绝。赐还之事，固同社诸公如宋石之相国、徐健庵司寇、徐立斋相国、顾梁汾舍人、成容若侍卫，不忘故旧之德，而其中足跡舌敝以成兹举者，则大冯三兄之力居多焉"，顾、成二人的营救力量虽然未必最多，但却成为"不忘故旧之德"的重要张扬者，令人肃然起敬。

值得一提的是，历史中的顾贞观被同侪排挤后投身明珠府，容若以《金缕曲》数阕贬斥时俗对顾贞观"投靠权门"的讥讽攻讦，表达"知我者，梁汾耳"的知己之心。经过南北漂泊之后的吴兆骞，以沉郁顿挫的诗风，一改风花雪月、感春悲秋的惯常习气，用《秋笳集》中的边塞之诗，展示生命境界拓展提升之后的细腻情怀，又为众多文士所难企及，这种阔大的生命阅历亦足引人反思，纳兰性德在其客死京城后出资料理后事，展示出对他的知己之意。由吴兆骞、顾贞观、纳兰性德等人共同缔结的文坛佳话，丰富地诠释出传统文化对于"知己"的价值理念，这种由"心"而"行"的践行，超越了穷困与通达的境遇轮转，也超越了时空与历史的经验限制，最足为每一个中华文化的传承者所珍视。

二

清初一段历史以及流淌其间的《金缕曲》诗韵，应该是话剧《知己》（见文化艺术出版社2006年版《郭启宏文集》戏剧编卷一）所涉故事的历史背景。但是，话剧显然不是遵照历史真实进行的创作。

话剧选取顾贞观的个人视角，以其"等待"作为情节内核。故事叙述：在吴兆骞流放宁古塔之后，顾贞观屈身投靠明珠府，借机通过明珠的力量营救朋友，在二十年的等待中，他做了许多与其文人操守无法兼容的事情：他生性滴酒不沾，为了取信于明珠而满饮三大碗；他是汉族文人，为了表达谢意而遵从满族跪仪，甚至在明珠碎杯承诺之后，"庄严地行满礼，三度跪拜"。即便如此，顾贞观仍然一次次地失望，但是他并不通过巴结权贵去当"奴才的奴才"，而是作为权力世界的"圈外人"，以"读书人的骨气"，以饱满的期待，来面对风云变幻的世态人情。他在粉墙上书写"偷生"二字，面壁而跪，用自己的行动来感动那些有力斡旋者，云姬和纳兰性德对他理解同情，更多的官僚文人为他动容。但是吴兆骞九死一生回来的时候，其"形容举止略显猥琐，眼神里分明有一种迷茫与惶惑，时不时，流露出兔子般的怯弱、麋鹿般的警觉，还有狐狸般的狡猾、豺狼般的贪婪"，他操着浓重但又不纯正的关外口音，"诺诺连声"、"胁肩谄笑"，竟然"跪在地上，趴下"，一粒粒地拣去明珠袍子上的草籽，再也没有当初的文人襟怀。对于吴兆骞的异化，顾贞观表示理解，在履行完自己的营救承诺后，飘然返乡。

上述故事显然对真实的历史人物、历史事件、历史情感都有了太多的改变。这部从构思到排演长达三十年之久的作品，虽然以"知己"为名，但却并不完全展示"知己"所具有的友情内涵。对于该剧的创作，郭启宏先生曾经试图描写友情、人才难得之类的视角，但因为偶见身边熟人曾经因监狱经历而出现"人性的异化"，深感震动，心中升腾起宽容的精神。用作者的话说，《知己》是部"传神史剧"。在作家看来，历史剧的"传神"，要传达历史之神、人物之神、作者之神。这个"神"出自作者的审美经验，即以丁酉科场案而言，这一历史事件的"神"即在"统治者意欲摧折知识分子的精神家园"；即以顾贞观而言，其人之"神"则在"超越苦难的'人'的生命力"；对于作者而言，其"神"则在"以现时的心灵去涵盖过往的编年纪事，用以解决呈现于现时心灵的症结和问题"，诸如此类，便是"传神史剧"的内在肌理。（以上俱见郭启宏新浪博客《〈知己〉劄记》、《历史剧旨在传神》等。）

郭启宏对于"传神"的理解，以及他在创作中明确地以"六经注我"的方式来实现对历史真实性逻辑的裁选和凸显，显然将话剧在近百年来形成的现实主义、浪漫主义、现代主义等创作手法进行了别样的改变；对于中国近代以来戏曲舞台上已成惯例的真实再现、演义戏说等创作方法，也进行了全面的否定。事实上，他在话剧《知己》中的创作主张，正与古典文学所秉持的"幻设"观念是一脉相承的。

三

何为"幻设"？宋僧慧洪述《石门文字禅》卷二十录《鲁公玉器铭》有所谓："二乘马麦，为法忍馔。我观是法，纵横转变，皆即一心灵妙所现。觉知见闻，一一成办；色空明暗，一一如幻。设物譬道，古圣所羡"，以佛陀马麦之报的故事展示因果不爽、勿犯身口意三业的道理。其中六识所具功能虽然彰显了有情个体的物质存在，但是色空不二的辩证又在现实存在中深蕴空性，因此"设物"、"譬道"是现实关怀，而其终极目标仍然是以空幻为基础的佛教本旨，当然也包含着"一心灵妙所现"的自我观照。"幻设"一词大抵是对终极之"幻"与"设物譬道"一体两面的概括，佛教为"幻"赋予了本质性的界定，"设物"在呈现现实性存在的同时，也兼含着对于自性的高度体认，这与"先形生影"的"虚构"之法（语见葛洪《抱朴子·擢才》）有着极大不同。

明代胡应麟在其《少室山房笔丛》中对"幻设"一词尤多涉及，他说："凡变异之谈，盛于六朝，然多是传录舛讹，未必尽幻设语，至唐人乃作意好奇，假小说以寄笔端"（卷二十），"幻设"即"作意好奇"的文学寄意之法，当然包括了"变异之谈"的成分，但不论如何，都如鲁迅指出的："其云'作意'，云'幻设'者，则即意识之创造矣"（《中国小说史略》），是赋予作家主观意境的创造。这显然将佛教对于"幻"与"设物"、"譬道"的关系，移植到小说的创作中，既强调创作中语言与撰述的奇幻性，又主张对于"作意"的主观创造性。因此，"幻设"作为一种创作方法，往往因为追求奇而变异，导致在记录内容与记录形式上荒诞不经的趋向，亦如胡应麟对《剪灯余话》、《剪灯新话》之类的话本小说，评论称："以皆幻设而时益以俚俗"，将俚俗观念增入幻设，即是一例；另评《树萱录》曰："盖幻设怪语以供抵掌"（卷二十一），则玄奇呈怪又是此类创作的一种倾向。幻设虽然力在"幻"，成为古代志怪小说的渊薮，但却以事物的真实性为基础，即胡应麟认为的"古人著书，即幻设必有所本"（卷十六），这不但体现在他对于《山海经》真实性的考察（卷十六），也展现在类如薛用弱在《集异记》中记载的"旗亭画壁"之类的故事，这类故事未必是历史真实，但却对特定时代文化风貌进行了真实生动的展示。显然，"幻设必有所本"是志怪类文学创作时的前提条件，而非变异之谈的恣肆无拘。

明清戏曲如传奇、杂剧的创作，沿袭了小说所强调的"幻设"手法，依准说部蓝本进行增删改创，形成以"幻设"为特征的戏曲编剧法，甚至产生出创作方法的模式化。清代戏曲理论家李渔曾每每劝告观剧者："幻设一事，即有一事之偶同；乔命一名，即有一名之巧合。焉知不以无基之楼阁，认为有样之葫芦？"（《闲情偶寄·戒讽刺》）。在他看来，戏曲要传达的是"凡作传世之文者，必先有可以传世之心"所谓的"传世之心"，体现着他对于作家主体思想的推重。这种来自于戏曲编创者的妙构文心，承载着丰富的艺术想象，便是戏剧"幻设"之法的内容所在。当然，现实中遵守幻设之法进行的创作实践，又每每立意追"奇"，语涉附会，使得这种方法愈演愈幻，甚而出现完全改变生活真实的讽刺之作，这又是李渔所不取的。由此，李渔以"传奇无实，大半寓言"的原则，批评在戏剧幻设之时所出现的"虚不似虚，实不成实"的倾向，即作意求"虚"所导致的"空中楼阁""凭空捏造"的虚构，以及作意求"实"所导致的"本于载籍"、"必求可据"的实写（《闲情偶寄·审虚实》）。他指出的这些弊端至今屡见于戏曲创作，而在戏曲幻设中贯彻作家的"寓言"的法则，亦屡见于成功的作品中。

明清戏曲舞台上的"幻设"之法，紧密回应着"尽幻设语"的明代小说创作方法；又将广泛流行的"寓言"作为幻设的基础，强化着"一心灵妙所现"的创作主体能动，也与明人冯梦龙在《情史》序言中所谓"四大皆幻设，惟情不虚假"所提到的"情"是共通的，一起构成明清文学创作的重要内容。当然，明清戏曲中出现的"幻设"，立足的对象是中国戏曲独特的行当艺术，以及由这种独特的艺术形式而进行的创作法。如李渔所针对的戏曲现状："心之所喜者，处以生、旦之位；意之所怒者，变以净、丑之形，且举千百年来未闻之丑行，幻设而加于一人之身，使梨园习而传之，几成定案，虽有孝子贤孙不能改也"，即将道德分别和情感趋向通过不同行当得以彰显，这种严格的艺术规范决定了戏曲艺术对于现实生活的距离感，也决定了戏曲艺术不能成为"讽刺"真实生活的模板，这是古典戏曲在结构故事、塑造人物时最基本的原则与方法。

明清以来，诸多文人每每将明代传奇戏曲与唐代传奇小说等而观之，以"幻设"尽显作家的"意识之创造"的方法在两种文体间是共通的，那种在小说中惯用的白描技法又进一步地移用在戏剧文学的写作中。古典戏曲"一人一事"作为戏剧主脑的场面设置，使戏曲"幻设"的人事情节更多地凝结着创作者的主体意识，通过作者所传之"心"的过滤和幻设，来源于生活真实的人事也很自然地要与现实存在距离。正缘于此，戏曲艺术即通过高度的时空变化，借助人事的戏剧化流动，淋漓尽致地抒情写意，为舞台艺术敷加上浓郁的诗意特征。由此，戏曲结构方法俨然如同文学、绘画中出现的"白描"技法，抛除了人物、情节、本事等丰富的内容限定，而用剧作家心灵取舍后的线条，将戏曲的立意呈现出来。在这个基础上，演员群体为白描勾勒的戏曲文本设色泼墨，进行二度的重彩敷陈，甚至用笔"简易而意全"，实现写意化的境界呈现。说到底，"幻设"最终凸现的是创作者的主体观念，这也促使戏曲艺术能够实现对于不同时代观念的承载和置换，完成戏曲由古典向现代的过渡，这是中国戏曲鲜活的生命力之所在。

对照郭启宏的创作主张，《知己》显然更多地接续了传统戏曲创作观的影响。那种由顾贞观一人贯穿终始的叙事结构，那种在结尾时由吴兆骞近乎脸谱化的情节突转，不但完成了剧作家对于"传神"的主体诉求，而且也接纳了诸多个性有别的人物形象。这种承接戏曲"幻设"的创作手法，显然对于话剧演员是巨大的挑战，当然也对当代戏剧观引领下的戏曲改编提出了更有意义的挑战。

四

应该说，由李宝春编导、主演的京剧《知己》，是最符合郭启宏创作动机的作品（以下称"台本"，引文俱见2014年中国京剧节演出本）。创作者出于个人的生活经历，很能体贴话剧中张扬起来的政治高压以及这种高压给予人的变化。正如郭启宏所强调的因监狱经历导致的"异化"人性，台本紧扣的便是"异化"，而"异化"的基础则是郭、李二人以及现代中国的每一个走入老年的人共同经历和见证过的"文革"经历。

在台本中，宁古塔是"流放罪人劳改营地"，"文革"式的语言成为宁古塔通用的生活语言，"文革"式的动作体态成为宁古塔通用的生活行为。通过吹哨或打锣召集起的流人们，在面对差官时使用"机械形态"呼喊着："谢皇上"、"是，有罪，有罪，我们有罪"、"是，活该，活该，那是活该"、"明白，明白，太阳不会从西边出来"，这种来自于真实生活印象的语言，针对的即是"叩下身且把这罪当请，洗心换面要重新做人"的无奈命运。因此，身处其中的吴兆骞在哀叹"人自相残改造人"的同时，豪气渐销，最终趋于"山非山来水非水，生非生来活如鬼"的变异，群体环境与个体体验共同完成了京剧对于"传神"的写照，这正如李宝春对于吴兆骞的定位："他被世俗降服了"，甚至"再也无法回头"。因此，台本中"再也无法回头"的吴兆骞在戏曲结尾时，不但要呈现搬自郭启宏原作的动作、语言，也展示着剧作家所见到的那个有过监狱经历的形象特征。该剧结尾的第八场，俨然成为吴兆骞的独脚戏，以"官场现形"活现出吴兆骞早已麻木不仁、行尸走肉的生命状态。吴兆骞的丑角化趋向是台本解读"异化"的最终结果，也是李宝春独特生命体验的生动再现，具有很强的生活真实和生活感受。

台本的艺术处理在话剧《知己》白描结构中，完成了重彩设色，借助京剧行当塑造形象的艺术手法，李宝春亦实现了由生行而丑行的跨越与兼容，使该剧成为传达话剧《知己》所张扬的"作者之神"（亦即郭启宏赋予的"异化"的主旨）的重要载体。但是，工笔重彩的局限即在于积染套色所带来的形象的实化，在历史经验与艺术形象中本该具有的"神"，却因为层层敷色而渐行渐远。

郭启宏原作希望达到的文学高度，是与人性探索的力度相关的，正如作者自述的那样："不但从批判的表层而且从自省乃至忏悔的深层去开掘人性"、"我希望自己能够与平庸划清界线，能够向陀思妥耶夫斯基、向卡夫卡看齐，从污秽中拷问出洁白来"，由此展示"戏剧是神圣的事业"。当京剧《知己》将"文革"印象掺入到《知己》的情节中时，观众不但用感同身受的时代记忆来填充舞台空间，而且也必然要用历史的视角来审视舞台上吴兆骞、顾贞观生活的真实性，这显然是郭启宏"传神史剧"正力图避免的艺术状态。舞台的实化带来历史之"神"、人物之"神"的固化，也带来舞台诗化意境的损伤；而由作者之"神"带来的舞台上古今杂合，也必然导致舞台上非古非今的荒诞与错位。这正暗合了胡应麟指出的"传录舛讹，未必尽幻设语"的倾向，也跨越了李渔《闲情偶寄》提出的"戒讽刺"的创作禁区，显然并不符合戏曲所必有的演剧法则，当然也无法完好深化李宝春对于该剧的严肃性思考。

郭启宏的创作理想，在李莉编剧的《金缕曲》中得到了深入的开掘（以下称"沪本"，引文俱见2014年中国京剧节演出本）。应该说，沪本是最体贴郭启宏创作理想的作品，也是最能传话剧之"神"的作品。

话剧从人性的批判高度来呈现艺术形象，处处展现着深沉的反省，尤其是"从污秽中拷问出洁白来"的理想，是通过剧中顾、吴二人的相互发现予以实现的。话剧所强调的"异化"共存于这两个人物形象中，他们都有过被异化的切身感受。吴兆骞自不必说，顾贞观屈身相府，本身与他的自我操守有所悖违，而在营救友人的过程中屡次受辱，又让他每每升起"我身我主，我行我素"的个性执着，但事实上他二十多年在为着一个目的去立身处世的时候，他已经破坏了自己设定的个性追求，因此体会到的是无法释缓的不自由。正如剧作开篇出现的那首咏诵骰子的诗："一片寒微骨，翻成面面心。自从遭点染，抛掷到如今"，在严峻的现实面前，顾、吴二人都曾遭受点染而被生活随意抛掷，唯一不同的是，顾贞观心怀的是一个充满了知己意气的承诺，而吴兆骞面对的则是故园老母、妻儿的牵挂；顾贞观在处于绝境是可以用沉默来感动有力斡旋者，而吴兆骞在几无生还的边地只能用生命的苟延残喘来作伤感的期待。因此，话剧中的顾贞观行将离去时，表达对吴兆骞的态度："其实你我都没有资格鄙视他，因为你我都没有去过宁古塔"，并且说出："宁古塔是个摧毁志气的地方，是个剥夺廉耻的地方，宁古塔把人变成牛羊，变成鹰犬！如果你我都在宁古塔，谁能保证自己不是畜生？"这一质问，让"众人一时无语"；这一质问是对吴兆骞最深沉的体贴。而吴兆骞在看到墙上的"偷生"二字和木牌上书写着的"顾梁汾为吴汉槎屈膝处"，震惊而感慨地说："在宁古塔的时候，我总在想，每个人都有两颗心，一颗叫主子，一颗叫奴才，平常时候是不用取舍的，到了肯节儿时候，不选择不行了！咋办？我真希望自己能长出一颗新的心，不是主子，也不是奴才……"，虽然这颗"新的心"是什么，在吴兆骞那里是不明白的，但是，这颗心明显地包含着吴兆骞对于"异化"的内省与忏悔的。这正是郭启宏《知己》呈现人物形象的厚重之处。

台本对此并无涉笔，但沪本的处理将顾、吴二人的反省进行了酣畅的呈现和深入的拓展。该剧第五场《梦还》是顾贞观的一场独白戏。不忍看到吴兆骞"不在了"的现实，顾贞观行走江边，上下求索，他不能接受知己的奴颜婢膝、龌龊苟且，也无法接受"耗尽半生""知己不再"

的二十年付出，但是在云姬的劝解下，他真正意识到二十年的时间长度里，人的选择与坚守是何等艰难！正如他所说的"心有所求，身难自主"，这对于任何一个选择了坚守的人而言，都是一份用生命力量来面对的真实。"二十年来，若非你时时伴我左右，帮我助我劝慰于我，贞观实难撑到今日"，在顾贞观的周围有云姬这样女性的慰藉，有纳兰性德这样知己的扶持，而吴兆骞的身边却只有荒寒和孤独、死亡和恐怖。因此，出自云姬之口的"将心比心更痛心，这世间牢囚心囚两羁绊，谁能尽自由"，便成为深刻理解个人命运遭际的判词，也成为寻绎历史智慧的判词，这是顾、吴二人之所以成为惺惺相惜的"知己"的具体呈现。沪本深化了顾贞观自我反省的历程，也细化了他由人及己的思想脉动，这种深刻性，不但是台本顾贞观形象所缺少的，也是郭启宏《知己》所未予明确张扬的。

五

剧作家李莉为吴兆骞这一形象，幻设了同样的深刻性。在第三场《恸梦》中，她否定了"有骨气去死吧"的命运选择，为吴兆骞设下了一条生存之路，如剧词所说"自恃傲骨不屑为，由着脾性敢犯规。受尽刑罚欲求死，偏传信贤妻幼子来追随。丈夫豪气顿消散，慰家人，我必须挣扎再活一回"，充满着文人的个性纠结，但又是最丰富的内心独白。当外来的声音出现"孩子挣扎的嘶喊声"，吴兆骞的纠结最终被迫承认了"我是奴才，我是奴才……奴、奴才给大人请安——"。这是人性被污损的必然，但也是人性不能被消灭的契机，尤其是在吴兆骞身上始终保留着无法泯灭的人性之幽微。当他在病榻吟唱出"往事纷来如碎片，一片一片重勾连。今日兆骞自难认，过去兆骞记不全。我是谁？谁是我？混混沌沌、沌沌混混，我在阴曹还是在人间"，迷茫中已经透露出对异化自我的反思。这显然与话剧所要张扬的精神是一致的。

剧中的吴兆骞在安于现状的生活中，由顾贞观的坚守与情谊来反观自身的时候，"知己"成为自己的一面镜子，折射出面目全非的变化，令他恼羞成怒，让他无法遏制地宣泄着对顾贞观的责骂，并将二十多年的蒙冤受辱、变节屈曲的心灵诉求全部抛洒。一首《金缕曲》被哽咽地念出，走到生命尽头的吴兆骞举出揉皱的锦笺，说"我曾想一千次地烧了它，可、可又一万次地藏在胸前"、"二十余年，本已沦为猪狗，都是你、你这《金缕曲》让我心犹不甘！心犹不甘哪"，他想来世还做回人、再与顾贞观再成兄弟的理想，在生命结束时因为这首包含了友情牵挂、道义坚守的《金缕曲》而重新回归。显然，郭启宏要"从污秽中拷问出洁白来"的理想，立足的是人性的异化，在异化的人生中发现了分道扬镳的心灵走向；而在剧作家李莉那里，则从异化的人生中看到了人性所共有的"洁白"，从走向殊途的人性中探索着不能丢失的宝贵良知。二剧的创作动机看似不同，但却无限接近。

沪本对话剧《知己》的核心词"知己"进行了完整的诠释，这是话剧点到即止、言犹未尽的地方，也最能张扬并深化郭启宏主张的"宽容"精神。不过，郭启宏在展示知己的"守"与"分"时，抱着"君子绝交，不出恶声"的文化操守，终究对吴兆骞的着笔采取的是漫画式的勾勒，对顾贞观的描写也极尽含蓄委婉，因此在呈现异化的人性时，忽略了"知己"应该具有的友情内涵。事实上，这种跨越时空的将心比心应该是支撑顾、吴二人能够坚守的力量基础，即如宋人顾敻《诉衷情》中所谓的"换我心，为你心，始知相忆深"，显然这个基础在话剧中是展现不够充分的。

沪本将全剧的高潮全力投入到对"知己"内涵的深刻呈现上，将异化带来的心灵灼痛和摆脱异化所付出的生命代价，深刻而且细腻地宣泄出来。这种艺术呈现站在中华传统文化对于"性善论"的哲学高度，直透着民族自省的思想深度。悲剧化的结局不乏心灵扭转后的苍凉无助，但又显示出更加积极的人性亮色，是剧作家对于性善的文化观与慈悲的伦理观的辩证把握。这部体贴原作而在思想立意层楼更上的创作，将那个时代或者是数千年传统文化所张扬的人性的信任、理解和宽容，进行了出神入化的挥洒和抒发。

沪本极力张扬顾、吴二人由矢志坚守到小有嫌隙，再到重新理解，直至相知相惜的过程，凸显顾、吴二人的人格精神，虽然延续着戏曲艺术细针密缕式的白描技法，也不乏情到之处的重彩点染，但却将话剧《知己》对于人性异化与深层宽容的底蕴，不可遏制地张扬开去，形成大写意式的泼墨意趣。这种从"白描"到"写意"的提炼，将郭启宏笔下已经游移出历史真实的人物形象和事件场面，进行了历史真实的再赋予和再贴近。只不过这种赋予与贴近在保持"异化"的生命体验之时，又浓墨重彩地接近了体贴人性的文化传统和张扬幻设的戏曲传统。从这个角度而言，沪本对郭启宏原作进行了传神的再现，实践并张扬了郭启宏力主的"戏剧是神圣的事业"应该具有的戏剧神圣性。

六

面对话剧《知己》，海峡两岸的京剧人进行了各具机杼的艺术提炼，这是戏剧题材推演改造的良好状态，也是传统文化不绝如缕的具体显现，其间在艺术呈现与境界塑造中各有利弊的创作经验亦引人深思。从话剧到京剧的改编实际上带来一个很重要的问题：如何在跨越艺术形式的差别时，实现原有艺术高度的完美呈现和继续提升？如果说郭启宏创作的《知己》用现代理性将话剧这个艺术样式与古典戏曲的创作手法予以打通，那么京剧的改编在延续这种现代理性时，将戏曲特有的古典特征在当代审美中予以完美发挥，应该是最重要的艺术课题。显然，两部改编作品尚需进一步努力。

话剧采用"一人一事"的白描技法，完成了传神史剧应有的思想赋予，而习惯了以此结构故事的戏曲艺术，在改编"一人一事"的情节模式时，需要的是艺术的"加法"对于题材的扩容。戏曲是行当配合的艺术，一部完整的大戏作品，仅靠一人之力是难以支撑的。特别是戏曲不能像话剧那样，在完成主人公的形象塑造时，可以通过陪衬配角大量而前后相续的语言进行渲染，戏曲的行当艺术需要有主要角色之外的唱、念、做、打、舞的综合展示。

两部京剧改编本都试图突破话剧单线描写顾贞观的叙事形式，大量增加有关吴兆骞的叙事情节。例如台本第二场展现吴兆骞在宁古塔的异化过程，在第四场通过梦境展示吴兆骞在顾贞观心中的生活状态，在第八场展示吴兆骞面目全非的个性气质。沪本则在第三场通过顾贞观的梦境展示吴兆骞的变化，在第六场完成对吴兆骞气节的回归。这些都是适应戏曲特定行当需求的必然处理，尤其是台本用京、昆合演的方式，将京剧与昆曲各异的艺术风格作为吴、顾个性的代表；沪本则用生行中粗犷张扬的麒派与飘逸流畅的老生唱腔，实现对吴、顾个性的塑造，在中国京剧节上，两部作品通过李宝春、陈少云、关栋天、丁晓君等戏曲名家进行了成熟演绎，这都注意到了中国戏曲特有的声腔、行当、流派乃至演员的作用。但是，这样的改编仍嫌不足。在话剧中出现的云姬、纳兰性德等人物，是完成顾贞观"知己"理想的重要配合者，而剧中的纳兰明珠、徐乾学等人亦以老辣精明的形象气质，呈现着人性得以异化的外部力量。这些通过话剧语言艺术得以张扬的人物形象，在两部改编作品中却是相对弱化的，虽然小生、旦、净等行当的唱、念艺术，给予了人物性格的基本定位，但是这些行当承担的是话剧给予人物的任务，而非戏曲进行技艺展示的必需。尤其是其中对剧情产生重要作用的云姬，在郭启宏的视野中将她设定为"瘦马"，这个在明清时期以素质修养著称的特殊群体，应该是实现思想传神的重要载体，但在京剧改编中却失去了必要的行动动机，也缺少这一人物应有的历史之神与人物之神。对于这些重要的配角，剧作家们似乎还没有开掘出这些角色应有之"神"，这是遗憾的。当然，这个遗憾在话剧原作中就已存在。

　　此外，两部改编本对于第一场的设置，基本上沿袭了话剧本通过酒馆这个特定场景来展示人物的立意。通过群体之间的语言来呈现环境是话剧《知己》采用的结构方法，这种方法将世俗舆论最终导向了顾贞观的闪亮登场，尤其是吴兆骞的等待无果，又与话剧在结尾时吴兆骞的送友不得，首尾呼应。但是话剧表现手法一旦照搬到戏曲中来，便与戏曲艺术对于"出角色"的特定技法相违背。顾、吴二人在这一场中应该如何出场？二人出场后是否需要有情节和情感的交集？这些情绪的呈现对于之后故事的进行应有怎样的铺垫和推动？这是戏曲艺术必须解决的问题。台本照搬话剧的场景和情节，使两个主要人物在同一场次之间缺少必要的情节联系和情绪递进，加之第二场便转向对吴兆骞宁古塔生活的渲染，由此造成顾贞观这一线索的停滞和断裂。沪本虽然试图通过顾、吴二人的会面来伏设之后的情节线索，但却在开场时缺少更加深层的情境拓展，使二人见面应该具有的情感张力缺少表现力。显然，目前的戏曲呈现都过多地遵守了话剧的艺术定位，尚缺乏符合戏曲特征的开场方式。话剧擅长使用的艺术手段，在戏曲中未必同样适用，这是由特定艺术样式的本体特征所决定的。

　　总之，从话剧《知己》到台本《知己》、沪本《金缕曲》，当代戏剧人为观众奉献出了各具风采的艺术创造。那种洋溢在剧本、舞台之上的"神"，对于呈现丰富而深刻的舞台境界，无疑是最重要的。如果说郭启宏的艺术设定为"传神"赋予了丰富的内涵，那么李宝春、陈少云、李莉等为代表的京剧创作者则生动地展示了中国戏曲灵活变现人生智慧的神采，这是弥足珍贵的戏曲经验。当然，舞台境界是可以不断予以超越、幻设的，在《知己》白描化的艺术基础上，仍有足够的潜力可以出现更加多样的舞台图景，也许那不是工笔，不是设色，也不是写意，而是水墨、现代派等等。试想，如果贴近吴兆骞《秋笳集》中那种气象更加雄浑的生命境界，贴近纳兰性德《饮水词》中那种率意与真情同在的人格魅力，甚至贴近云姬那样的"瘦马"生活，在"知己"的世界中也许会有更加精彩而多样的幻设之境。这是令人期待的！

（作者单位：中国艺术研究院戏曲研究所）

论西南地区阳戏之"源"与"流"

吴电雷

引 言

阳戏是以驱鬼逐疫、祈福禳灾、酬神还愿为本质，以崇奉川主、土主、药王为"三圣"为主要标志，以喜庆娱人为表象特征，以"阳（或阳字的谐音字扬、杨、羊等）戏"为名称的一种祭祀戏剧。它在我国西南地区广泛流播，影响深远，其源流、传播问题一直以来是学界关注的问题。概括众说，论点主要聚焦于两个方面：一是阳戏形成的时间，一是阳戏源出之地点。阳戏产生时间主要有四类：明初说，清初说，乾嘉时期说和其他时期说。持明初学说者，把阳戏的产生归因于明初朱元璋调北征南、调北填南的军事行动。① 若仅以现在酉阳、福泉、罗甸阳戏"尚武"精神为主题的剧目来看，此说可以接受。但是以两地仪式戏文本脱胎于黔北重庆仪式文本的事实，以及唱词的板腔体格式，可以推断此地的阳戏不是形成于这一时期。要说阳戏的某种因素，比如弋阳腔的声腔系统随着"调北征南"、"调北填南"的军民来到西南，是比较合理的。持清初说者，主要是川北阳戏研究者，他们的判断依据是前辈艺人由湖广携艺迁入四川的时间。持乾嘉或以后学说者认为在乾隆、嘉庆年间的"花部"繁盛时期，作为湘西民间小戏形式的阳戏逐步形成。其他时期说，主要有三国时期、隋唐时期、南宋末年三类说法。其实无一不是传说附会，可忽略不计。上述研究成果表明，研究者的视角往往集中于某一区域、某一种时期形态的阳戏，没有把阳戏放在更为宽广的地域和历史发展的长河中去考察，其结论也就不可避免的存在一些待商榷之处。下文将通过梳理相关的文献和田调材料，来进一步厘清西南阳戏之"源"与"流"的问题。

一

追溯阳戏之源是一件非常有价值的事，由于时代久远，可鉴的信息不多。康保成先生从"乡人裼到阳（阳）戏"的发展，论证了阳戏的最早源头就是中原地区商代已有的"乡人裼"，就是傩。周时有"乡人傩"，《礼记·郊特牲》中"乡人裼"即论语中的"乡人傩"，且"裼"字，

---

① 参见郭净《试论傩仪的历史演变》（《思想战线》1989 年第 1 期）、王世昌《论贵州罗甸土坝阳戏》（《贵州民族学院学报》2007 年第 6 期）、杨光华《且兰傩魂》（人民文学出版社 2008 年版，第 11—12 页）、庹修明《巫傩文化与仪式戏剧》（台北，国家出版社 2010 年版，第 28—29 页）等。

相传读"傩"也。① "'乡人祊'甚至还早于'乡人傩'"。② 阳戏、傩戏其源同一，时间在商周，空间上应该在商周属地的中原地区。而随着不同时期中原政权向周边的拓展，傩事活动传演到江南、华南等地成为可能。而今，安徽贵池，浙江台州，江西南丰、万载、上栗等地的傩事活动依然频繁。

从文献看，最早出现的"阳戏"是明正德江西《瑞州府志》："阳戏，傀儡戏剧也，民或从而神之。执而弄者曰'棚戏'，挚而弄者曰'提戏'，谓之'还愿'。"③ 清康熙江西《高安县志》亦载："阳戏，即傀儡戏也，用以酹神赛愿。"④ 阳戏经过四百多年的发展，已从所敬之"神"到取乐之"优"，娱乐化成分大大加强，演出时间没有严格限制，各家即时还愿，大大小小的岁时节令都可以演阳戏。且民间阳戏演出已成气象，"率与邻邑无甚异"⑤，具有较强向外乡传播的张力。

从以上材料看，以傀儡演剧形态的阳戏在明朝和清初一段时间在江南尤其是江浙一带的确很流行。而在清中叶以后，傀儡形态阳戏演变为人偶同台的演出形式，而且也不再以"阳戏"称之。直到20世纪30年代又见文字记载⑥，只是与之前所载傀儡阳戏的演出时间与形态相距甚远。相比，当江南阳戏正陷衰微期，以"祀三圣"为主要特征的阳戏在我国西南地区却悄然兴起，在几个地方的方志材料上数度提及。清乾隆《沅州府志》载：

> 又有许愿于神之事，若五显三公，赤岩飞山而外最神北帝天王。凡酬愿，设位于空旷处，以黄色纸钱篾为神像盖覆之，刲豕而烹，请巫降神。⑦

湘西"请巫降神"于空旷处敬"五显三公"的"酬还愿戏"，即实质上的阳戏演出，此处"五显"即五通神，"三公"即为阳戏三圣。在清道光年间，贵州遵义一带亦出现"歌舞祀三圣"形态阳戏演出，道光《遵义府志》载：

> 歌舞祀三圣，曰阳戏。三圣，川主、土主、药王也。近或增文昌曰四圣。每灾病，力能祷者则书愿帖，祝于神，许酬阳戏。既许，后验否必酬之。或数月，或数年，预洁羊豕酒，择吉招巫优即于家，歌舞娱神，献生献熟，必诚必谨，余皆诙谐调弄，观者哄堂。至勾愿送神而毕，即以祭物燕乐亲友，时以夜为常。⑧

而同治时期的《酉阳直隶州总志》又载：

---

① （清）阮元《十三经注疏》，中华书局1980年版，第1448页。
② 康保成《从乡人祊到阳（陽）戏——兼说祭祀戏剧与观赏性戏剧的关系问题》，重庆酉阳阳戏会议论文，2011年11月。
③ 《（正德）瑞州府志·卷之一》，《天一阁藏明代方志选刊续编（第42册）》，上海书店1990年版，第650页。
④ （清）张文旦修，陈九畴等纂《（康熙）高安县志·风俗卷之九》，台北，成文出版社1989年版，第1195页。
⑤ （民国）龙赓言纂修《万载县志·卷一之三》（据民国二十九年刊本影印），台北，成文出版社1975年版，第269页。
⑥ 指（民国）《万载县志》载："又有所谓阳戏心愿者，提挈傀儡，始为神，继为优……"，参见龙赓言纂修（民国）《万载县志·卷一之三》，第268页。
⑦ （清）瑭珠修，朱景英、郭瑗龄纂，中国科学院图书馆选编《稀见中国地方志汇刊（第40册）》《（乾隆）沅州府志·卷二十三》，中国书店1992年版，第647页。
⑧ （清）黄乐之、平翰等修，郑珍纂《遵义府志》，《中国地方志集成·贵州府县志辑（第32册）》，巴蜀书社2006年版，第416页。

(阳戏)其法生旦净丑插科打诨,谓之上川教,代人还愿,歌舞求神。①

以上材料显示,阳戏在西南各地演出形态大同小异。从西南地区"愿戏"之"戴假歌舞"的面部扮装,以及清乾隆时期沅州府所演的"酬愿"、"请巫降神"仪式戏看,实与江南傀儡酬愿阳戏如出一辙。之后的"祀三圣"、"耍狮走马、打花鼓、唱四大景曲、扮采茶妇,带假面哑舞(俗名'跳大头'),入人家演之。"② 及"生旦净丑插科打诨"等演出形态,则是阳戏与各种地方曲艺形式融合的结果。

比较江南、西南两地阳戏,可以看到如下事实。第一,两地阳戏同名,都称作"阳戏",演出宗旨也相同:"驱鬼逐疫,酬神还愿",所以说两地阳戏同源应该没有疑问。第二,从两地阳戏传演的时间看,江南傀儡阳戏早于西南木偶、面具阳戏。而我国西南地区的阳戏却与"祀三圣"等民俗融合,由木偶戏逐渐发展成为"生旦净丑"脚色齐全,"插科打诨"群众参与性较高的民间戏剧。第三,从形态演化的视角分析,早期江南阳戏形态为傀儡戏,而西南阳戏的演变线索表现为从人偶同台到面具戏,再到涂面扮装演戏形式,与江南阳戏演出形态恰好呈现前后顺承关系。至此,不难得出这样的结论:现在西南地区流行的阳戏源于江南地区,而孕育阳戏的文化根源则是殷商时期的中原地区。

二

前辈学者或从学理层面,或从实地调查层面入手对傩戏的"源"、"流"问题进行过初步探讨,基本认同傩仪、傩戏产生、形成于中原,辗转江南,后在我国西南地区广泛传播的观点。③作为傩仪次生态的阳戏理应沿着从中原到江南再到西南的传播路线,也就是说,西南阳戏直接从江南傀儡阳戏演化而来,其文化本源则是远古中原地区的傩仪。

实地调查阳戏形态可知,湘西、黔东南样式应是最新层次,黔渝阳戏属于新旧两者之间的过渡层次,川北阳戏形态最为古老。上世纪,日本民俗学家柳田国男提出"方言周圈论"的研究方法,物象越远离发源地,越接近它的原貌。④ 人类学知名学者庄孔韶先生从文化传播形象地阐释了这种现象:"文化或文明具有地域性,每个区域自有文化的创造和变迁中心。中心文化向外传播扩散,犹同入水的石头激起的波纹。文化圈有空间和时间两个角度。空间角度注重文化特质的分布状态。一个文化圈内的文化特质有中心和边缘。由于中心区文化容易变迁创新,所以边缘区的文化比中心区的古老。"⑤ 因此,经过千百年来的沧桑变化,中原地区的傩仪基本消失殆尽,而处于传播弧的江南阳戏的信息材料也只是留在古文献中。

关于阳戏传播的信息,因为其民间文化性质而正史少有记载,所以迄今为止没有发现能直接

---

① (清)王麟飞等修,冯世瀛、冉崇文纂《酉阳直隶州总志》,《中国地方志集成·四川府县志辑(第48册)》,巴蜀书社1992年版,第767页。
② (清)盛庆绂、吴丙慈修,盛一棵纂《芷江县志》,《中国地方志集成·湖南府县志辑(第67册)》,江苏古籍出版社2002年版,第424页。
③ 参见度修明《巫傩文化与仪式戏剧》(第28—29页)、宋运超《祭祀戏剧志述》(贵州民族出版社1995年版,第306—317、326—331页)、郭净《试论傩仪的历史演变》等。
④ [日]柳田国男《蜗牛考》,东京,岩波书店1980年版,第142页。
⑤ 庄孔韶《人类学通论》,山西教育出版社2003年版,第47页。

证明江南阳戏班迁至西南某个区域为当地乡民演出的材料，只能从不同区域文化因素的密切关联性，寻觅其传播的痕迹。从江南、西南两地阳戏的演出形态看，在木偶演出、弋阳声腔的运用、剧本出目特点、"五显神"的崇拜等几个方面印证它们之间的传承关系。

（一）木偶演出

江南、西南两地阳戏皆有木偶神演出的历史。"傀儡"演戏是江西阳戏主要特色，像史载瑞州、高安即称"傀儡戏"。至今，江西德安傩戏《潘太公游春》中仍以木偶类扮作祖神潘太公夫妇。

西南各地阳戏坛木偶扮神演出的孑遗现象至今仍较常见。尤其以川北阳戏坛保存最为完整，例如四川省梓潼县马鸣乡红寨一村梓潼阳戏，"天戏"全部由提线木偶表演，木偶"上台"演出习俗保留至今。芦山庆坛出春牛、出二郎也是以木制玩偶形式演出。重庆市江北区舒家乡龙岗村刘宅还阳戏，当外坛戏演出时，戏帐后有一神案，供放神灵老郎太子、戏书。神案也应是早期木偶"老爷"表演的操作台，因为在上演"踩棚"一出时，由坛师操作木制的"神牛神马"在戏帐上表演踩五方。渝黔一带的阳戏存有"棚上二十四戏"和"棚下二十四戏"[①]、"棚"上木偶戏演出传统说法。重庆市酉阳土家族苗族自治县的面具阳戏，（天戏）由一人在幕后操纵戴有面具的提线木偶进行表演，地戏则由人涂面化装或戴面具扮装角色进行表演。等等，不一而足。

贵州阳戏文献材料也常见有偶人上戏棚参与演出的记载。如《独山县志》所云："右手执神带，左手执牛角"[②]，应该是提线木偶的表演形态，右手提着操纵木偶戏神的线，左手操持木质牛偶，似是记录梓潼阳戏《出春牛》一出的活态再现。当今，此地仍留有大量木偶演出阳戏的痕迹。福泉市曾华祥阳戏坛，保留着十九个已严遭虫蚀的十九木偶戏神，原本二十四个，称作阳戏"二十四戏小菩萨"，外坛戏演出时挂在戏台正中的布帘上。开阳阳戏有些剧目仍保留操作木偶动作的"提"、"亮"等动词，如"提牢子"、"提秀才"、"提太子"、"提碓磨"、"提杨大口"、"亮五方"、"亮盆"、"小神亮相"等。息烽县黄云武阳戏坛班已在上个世纪五十年代停演，在民国以前为木偶班，演木偶戏和观音戏，如《目连救母大孝记》。而罗甸阳戏《安太子》，所安之神——太子菩萨就是一具穿袍戴冠的木偶雕像。

湘西、黔东南民间阳戏坛班称木偶班的演出为"矮台戏"，这是与演出传统戏的高台戏相对言。阳戏班还保持着早期木偶班"七紧八松九快活"的人员编制传统，因为这种编制规模的演出队伍，轻简、开支小、进入偏远市镇和村寨灵活方便。

由两地傀儡阳戏或木偶班在历史上出现的时间判断，江西《瑞州府志》里面所说"执而弄"的"棚戏"和"击而弄"的"提戏"，对西南偶人阳戏和面具阳戏产生深远的影响。

当然，江西与西南的木偶阳戏存在种种差异性。傀儡阳戏在发展过程中，有两种方式代替木偶上场演出神灵出场受祭的情节：一是演出人员多时，由艺人涂面着戏服扮神灵上场；再者，演员少的时候，由掌坛师一人站在戏帐后面，照本宣科，呈现中原傀儡戏"弄傀儡人当隐与棚后"[③]的遗痕。进而，由于阳戏积极吸收各种地方戏以及传统戏剧的表演艺术，致使大多地方的

[①] 参见光绪本《阳戏全集》"接造棚"一出，胡天成编《中国传统科仪本汇编（六）——四川省重庆接龙区端公法事科仪本汇编》，台北，新文丰出版股份有限公司2003年版，第352页。

[②] 王华裔、何幹群等《中国地方志集成·贵州府县志辑第23册·独山县志》，巴蜀书社2006年版，第355页。

[③] 孙楷第《近代戏曲演唱形式出自傀儡戏影戏考》，《沧州集》，中华书局2009年版，第165页。

提线木偶渐渐淡出阳戏神坛。相对而言，川北梓潼、广元、剑阁依然上戏坛表演的木偶"老爷"，就成了弥足珍贵的"原生态"演出形式。

当今仪式性阳戏的"棚戏"表演不再有"执而弄"的杖头木偶。但清道光时期遵义一带傩事活动中"各以一竹承其颈，竹上下两箧圈，衣以衣，倚于案左右，承以大椀"的"师爷"、"师娘"是两个木偶头，为跳端公"傩堂戏"的两个主神，却与江西德安《潘太公游春》中的祖神潘太公夫妇类似。虽没有直接的文字说明它们之间的联系，但同属于"驱逐疾祟"之傩戏，其关联性不言而喻。

西南阳戏坛普遍戴面具演出，可以看做早期傀儡阳戏演出的另一遗存形式。正如孙楷第先生言：

> 近代傀儡有两派：一以真人扮演，如宋之傀儡"舞鲍老"、"耍和尚"等是也。"舞鲍老"、"耍和尚"戴假首，与汉之舞方相同。今戏台班鬼神及元夕扮傀儡，尚存此制。以一假人扮演，如宋之傀儡戏棚所作杖头悬丝诸傀儡是也。二者性质不同而皆谓之傀儡。①

我们有理由相信，在地理环境恶劣、生活条件简陋的时期，由人戴面具比"执而弄者曰"的杖头木偶与"击而弄者曰"的提线木偶更经济、便捷。

透过西南、江南两地傀儡阳戏形态的种种差异性，在某种程度上我们能够判断阳戏的传播途径。

（二）弋阳声腔的运用

追根溯源西南阳戏唱腔即是江西弋阳腔流变。元末明初弋阳腔形成于江西弋阳一带，后各地乐曲广泛采用。明徐渭《南词叙录》载："今唱家称弋阳腔，则出于江西、两京、湖南、闽、广用之。"② 清李调元《雨村剧话》载：

> "弋腔"始弋阳，即今"高腔"。所唱皆南曲。……京谓"京腔"，粤俗称之"高腔"，楚、蜀之间谓之"清戏"。向无曲谱，祇沿土俗，以一人唱而众和之，亦有紧板、慢板。③

这段话点明了川剧"高腔"、川北"清戏"的渊源。高腔是发展了的弋阳腔，保持着弋阳腔的传统特点。"高腔流入川蜀之后和当地乡音语调紧密结合，吸收、融合当地民间音调及演唱的特点，逐渐衍变形成。"④ 至今川北阳戏演出，仍用唢呐帮腔，还愿仪式中要夹唱"清戏"以娱乐观众。黔渝、湘西阳戏同样体现"一唱众和"的帮腔方式。不论是川剧高腔还是辰河高腔，无不是弋阳腔在名称上发生了变化，后来一般呼之为清戏，而且变成了各地的土戏。⑤

弋阳声腔在湖广及西南地区的传播过程中与当地音乐唱腔结合，形成具有地方特色的高腔系统：如江西弋阳腔、安徽青阳腔、湖北高腔、辰河高腔、川剧高腔。弋阳声腔在西南各地阳戏坛

---

① 孙楷第《近代戏曲演唱形式出自傀儡戏影戏考》，《沧州集》，中华书局2009年版，第145页。
② （明）徐渭《南词叙录》，《续修四库全书》第1758册，上海古籍出版社2002年版，第412页。
③ （清）李调元《雨村剧话》，《中国古典戏曲论著集成》（八），中国戏剧出版社1959年版，第46页。
④ 常静之《中国戏曲及其音乐》，郑州，黄河文艺出版社1986年版，第71页。
⑤ 廖奔、刘彦君《中国戏曲发展史·第四卷》，山西教育出版社2003年版，第30页。

上的广泛利用、传播，成为江西阳戏西渐的证据之一。

从西南阳戏剧本体制上看，一个演出段落常见"出□□"出目类型。如芦山庆坛的"出土地"、"出二郎"、"出裸裸"，马鸣乡梓潼阳戏二十二天戏全是"出小鬼"、"出走马"、"出春牛"、"出猿猴"一类的"出□□"型出目，酉阳阳戏坛坛班师傅也习惯说"出庞氏女""出关爷"等。"出"，出现，搬临，鬼门道之意。源于古时降神演剧分段方法，较早出现在江南傩戏中，如池州傩戏抄本作"一出□□"一致，如"一，出□"，"二，出包文拯"，"三，出章文显"，即为某神降临神坛的一个独立单元。后来，南戏以人物出场分段用"出"或"齣"，正是受神灵搬临的影响。今天，这类出目体制仍存于形态较为古老的川北阳戏剧目中。

从民俗方面看，西南阳戏有时与当地民风民俗不吻合，却与江南之民俗相一致。最为典型的就是阳戏坛祀"五显"神祇现象。"五显"其别称甚多，如"五显灵公"、"五圣"、"五郎神"、"五猖"、"五通"等，为西南阳戏神灵之一，广受崇奉。西南阳戏文本体现"五显"神特别突出，胡天成先生辑录《阳戏全集》民国本《开坛》一折，有唱词"五猖下来五猖兵，五人弟兄共修行。个人头戴明镜子，开膛破肚取肝心。玄黄会上五猖兵，请降香坛作证盟"①。福泉阳戏《参土地》："东方青帝青五猖、南方赤帝赤五猖、西方白帝白五猖、北方黑帝黑五猖。中央黄帝黄五猖。"贵州《独山县志》亦载："大巫手挽诀占卦，小巫戴鬼面，扮土地神者导引，受令入，受令出，曰'放五猖'。通曰'唱阳戏'。"②

何谓"五显"神？据有关资料记载，北宋时祀"五显"的风俗最先流行于江西婺源、德兴一带。宋郭彖《睽车志》卷五载："郡人素传有五通神，依后土祠为祟。"③ 南宋时五显影响超出江西，波及临安，《夷坚丁志》卷十九"江南木客"条云："大江以南地多山，而俗礼鬼，其神怪甚佹异，多依岩石树木为丛祠，村村有之。二浙江东曰'五通'，江西闽中曰'木下三郎'。……名虽不同，其实则一。"④ 明代"猖祭，召师巫着五色衣，鸣锣吹角跳舞以祀五通神，云即猖亡败鬼，祈福免灾"⑤。清王士禛《香祖笔记》云："江浙所祀五通邪神，乃明太祖伐陈友谅阵亡兵卒，诏令五人一队，得受香火。"⑥ 清中后期，五通神以偶像形式在江南广受庙祀。严复《有如三保》："往者江浙之间，有五通神，淫祀也。"⑦ 可知，西南阳戏"五显"神随同阳戏西渐应该在成为"江南淫祀"的明清时期，随江西、湖广人入川为最大可能。

从上述四个方面可以看出，西南阳戏的确受到江南傀儡阳戏的影响，可以佐证两地阳戏之间的"源"、"流"关系。

三

江南阳戏西渐则是史上阳戏流播的主体方向。所谓江南阳戏西渐，指明清时期广泛流播于长江下游江浙一带的傀儡阳戏，随着西迁的移民或频频往返其间的商人，向长江中上游的湘西、黔

---

① 胡天成编《中国传统科仪本汇编（六）——四川省重庆接龙区端公法事科仪本汇编》，第557页。
② 王华裔、何幹群等《独山县志》，《中国地方志集成·贵州府县志辑（第23册）》，第355—356页。
③ （宋）郭彖《睽车志·卷五》，上海古籍出版社1991年版，第259页。
④ （宋）洪迈撰，何卓点校《夷坚志·夷坚丁志》卷十九，中华书局1981年版，第695页。
⑤ （明）陶屡中等纂修《瑞州府志》，台北，成文出版社1989年版，第422页。
⑥ （清）王士禛《香祖笔记》，上海古籍出版社1982年版，第56页。
⑦ （清）严复著，王栻主编《严复集·第一册诗文》，中华书局1986年版，第80页。

渝、四川等地蔓延、传播。再细而分之有北路阳戏入川、南路阳戏入湘黔、川地阳戏播黔滇三个主要传播途径。

（一）北路阳戏入川

尽管巴蜀地区各县都有移民记载，因在这次战乱中，江南损坏程度小于江北地区，所以大多移民集中于长江北岸。由于地缘关系，川东各县的移民均以湖广移民为主。如位于长江沿岸的大宁、云阳和丰都三县移民绝大多数来自湖广。咸丰《云阳县志》卷二："邑分南北两岸，南岸民皆明洪武时有湖广麻城、孝感奉敕徙来者，北岸民则皆康熙、雍正间外来寄籍者，亦惟湖南、北人较多。"① 另有部分广东、江西、福建、贵州、陕西移民，其他省籍的移民比例较低。

从一些调查报访谈录上看，似乎印证了阳戏文本"湖广麻城、孝感奉敕来者"的说法。四川、重庆阳戏坛艺人基本坚持说祖籍为湖广地区。法师们多为明末清初的"湖广填四川"的移民运动中移民来西南地区的，他们或直接或辗转来到当前居住地。如重庆巴县一些坛师艺人，如杨立中、犹致君、犹泽民、江维林、杨枝芳、刘照全、朱文光、陈发亨、张升平等，江北县阳戏艺人余万盛，他们的祖籍都是湖北省，且集中于麻城、孝感一带。② 川西芦山县庆坛清源乡仁嘉坝的艺人任明礼和向阳坝的段奇烈，说祖辈是湖北麻城人，顺治年间搬到现住址。③ 这些说法或来自家谱记载，或来自受访者自述。

材料一：开阳县中桥村《刘氏宗谱》《纂修宗谱原序》："我刘氏系开阳县南龙乡坝桥村《刘氏宗谱》明太常少卿（纲鉴成化二年以太常少卿刘定之入阁预机务）之裔。由江西徙楚，明末兵燹。《恭赠》康熙年间始祖讳祐诸公，由常宁迁蜀，受廛于潼，分驻三台、蓬溪二邑。"④

材料二：据于一先生调查：射箭提阳戏时任掌坛师李国生说，李家原是湖北孝感人氏，清初，"湖广填四川"时入川。⑤ 梓潼县马鸣乡刘映富所抄写《刘氏家谱》记载，刘姓"系湖广省麻城县孝感人士"，其"启祖刘芳盈、刘芳诚二人于明代崇祯十七年（1644）入川，到梓潼县回龙山枫厢沟东岭湾插地为业"。⑥

材料三：在现存的科仪本、剧本中，也以多种形式涉及湖广。一些神灵的籍贯也是湖广，如苏州药王神功妙济真君，出自湖广省苏州府燕子街药王庙。再如张升平烧胎赌魂科仪《请神》："车马出在湖广武当山救济万民之处。正是本堂，正是本殿下。请降何州？请降何县？请降大中国四川省重庆府巴县□里□甲地名□□□宅。"云南西畴县鸡街乡太平村《造棚》之扫棚鸡唱："吾是兴国州太阳县湖广武昌府金牛池玉子溪药王门下差来的一个扫棚蛇（龙）鸡"，而据1954年版《阳戏全本》唱词得知，安盘使者是在湖广武昌府兴国州大阳县半坡寺乐王门下所差；请神童子，则是受半坡寺乐王门下差来的金童玉女；点盆土地，则是由湖广武昌府兴国州大阳县的地方药王差遣的。从这些众多小神多来自湖广武昌府的唱词信息看，说明阳戏与湖广一带必有千丝万缕的联系。

湖广人迁四川，江西人迁湖广，使得江西高安、万载等地的傀儡阳戏西迁湖广、四川成为可

---

① （清）江锡麟修，陈崑纂《（咸丰）云阳县志》，《四川府州县志（第15册）》，海南出版社2001年版，第55页。
② 胡天成编《中国传统科仪本汇编（六）——四川省重庆接龙区端公法事科仪本汇编》，第31页。
③ 于一《四川省芦山县清源乡芦山庆坛田野调查报告》，台北，施合郑民俗文化基金会1995年版，第14页。
④ 《刘氏宗谱》，刘正远存。受访人：刘正远，贵州省开阳县坝桥村阳戏坛掌坛师；访谈时间：2010年7月27日。
⑤ 于一《巴蜀傩戏》，北京，大众文艺出版社1996年版，第25页。
⑥ 《刘氏家谱》，刘天朝存。受访人：刘天朝，四川省梓潼县马鸣乡红寨村四队阳戏艺人；访谈时间：2011年5月6日。

能。元末明初,"江西填湖广"移民规模比较大,"湖南北部的家族中,江西移民占60%左右,中部有80%强,而西部只有41%。湖北东部的家族比例中,江西移民达80%,而在西北部还不到30%"①。而麻城、孝感正是江西移民移居湖北最集中的地区之一。巧合的是,川地(包括现重庆)戏班艺人祖籍多为"湖北麻城县孝感乡"。"江西填湖广"与"湖广填四川"对移民来说存在"再移民"的时间差。被称为傀儡戏的"阳戏"很可能随着大批移居"孝感"的江西移民,经几代"世居"后再"随身携艺"辗转"填四川",实非臆测。

总之,阳戏西渐为文化传播的主流方向,由江西,经湖北、湖南,传播到四川。入川途径主要有两条,其一,从秀山经酉阳、黔江、彭水一线入川。而当今阳戏流行的湘西北部及重庆秀山、酉阳等地正是"湖广填四川"的一条重要通道,也是高腔入川的主要通道。② 其二,长江是阳戏另一条西进途径。江西弋阳腔、安徽青阳腔、湖南高腔以及湖北的皮黄腔都可以通过长江黄金水道到达重庆,再通过嘉陵江、沱江流向川南、川北、川中地区。

(二) 南路阳戏入湘黔③

1. 阳戏入湘黔的历史背景

同样,湘西南路阳戏受东"阳"西渐的影响也是显而易见的。"江西填湖广"的移民运动,大大促进了阳戏在湘黔一带的传播。这次移民潮发生在"元末明初",朱元璋安定西南、充实边防,分别采取"调北征南"、"调北填南"措施。在湘西、黔、滇一带大量屯军屯民,为稳定社会、发展经济、各民族团结等方面做出了很大贡献,影响更为深远的是加强了文化艺术的交流和传播。

东阳西渐的原因之一,明太祖时期,大批江淮将士被征调征战在滇黔前线,而驻扎在湘黔边境的多为江西籍将士。他们不仅带来勇武的斗争精神,还包括丰富的江南文化。贵州安顺一带的地戏、云南玉溪的关索戏,当然也包括黎平一带的阳戏。其曲调具有弋阳腔的特点,粗犷、明快、激越,间有帮腔、滚调形式。湘西、黔中、黔东南阳戏唱腔亦是由江西弋阳声腔演化而来。

原因之二,明正统二年(1437),江南地区"连遭荒旱,人民饥甚,流移甚多"④,许多江西农民逃荒流入湖南,有的流落到黔阳、洪江、怀化等地落户。⑤ 这些逃荒的难民同时也把江西的傩戏、弋阳腔、采茶调等民间娱乐形式带进来,与本地的民间文化形式相融合。

原因之三,清朝雍正四年(1726),为"使地方永远宁谧",清政府以武力废除"土司"制,实行"改土归流"制度。⑥ 一时土司制度土崩瓦解,当地居民百姓大量外流。同时,外地人也相应地流入湘西一带。人口的外流内进,促进了民间艺术的相互交流、影响,阳戏因之得到广泛传播。

---

① 王炎松、何滔《中国老村:阳新民居》,湖北人民出版社2008年版,第38页。
② 杜建华《从川剧之形成发展看川渝文化的互补共荣》,《四川戏剧》2008年第2期。
③ 湘黔:包括湘西南部的古辰州一带和今黔东南地区沅江上游的天柱、锦屏、黎平等地。
④ 《明实录》,南京,江苏国学图书馆传钞本,第85册二十七卷。
⑤ 湖南省戏曲研究所编《湖南地方剧种志(二)》,湖南文艺出版社1989年版,第259页。
⑥ 《清实录》,中华书局2008年版,第6551页。

2. 阳戏传播湘黔的证据

在阅读文本和实地田野调查中发现西南阳戏有很多"江西"元素。

首先，黔南、黔东南及滇众多阳戏坛艺人的祖籍为江西、湖南。在贵州许多受访艺人说自己祖籍江西。如息烽流长乡阳戏坛四坪村阳戏坛掌坛师黄晓亮，祖籍江西吉安，明初迁至四川内江，祖父时才从四川内江迁至现址。开阳南龙乡中桥村阳戏坛掌坛师刘正远，祖籍江西吉安。据《刘氏宗谱·修谱序》"原籍由江西吉安府太和县明成化年间迁楚南衡州府常宁县礼义乡修义里充花沟至国朝定鼎"①。在阳戏演出盛行的黔东南，江西籍移民更为多见。据黎平韩氏家谱载："始祖韩添公，江南徽州婺源县人也。大明时开辟靖州、委以重任，封为讨掳将军……至永乐二年（1404）拔军之时，四世祖礼公，分守湾寨屯。叠生五支始靖州；后五开（今黎平）。皆有田园庐墓存焉。"②韩姓在黎平已有24世。江西杨、吴两姓在黎平定居者甚多。

更为偏远的滇、黔一些地方阳戏坛演出成员，其祖籍主要是江西、湖南两省。据唐永啸对流布于云南文山州的梓潼戏调查，其戏班成员祖籍主要是江西、湖南等地：斗法梓潼戏坛，共十五人，祖籍江西；仰天窝梓潼戏，祖籍江西、湖南。③

还有，黔东南地区留下不少明清时期江南文化随商贸联系传播的记录。古时湘、鄂、川、黔凡是水运航道能辐射到的区域皆为江西富商巨贾的传统商路。据《唐国史补》载："舟船之盛尽于江西。……洪鄂之水居颇多，与邑殆相半，凡大船必为富商所有，奏商声乐从婢仆以据。"④而黔东南黎平府有明代万寿宫演戏的记录历史。据《黎平府志》载：黎平城内早在弘治三年（1490），在城西广运街建了内有大戏楼的城隍庙；在城南相家坡西，明嘉靖四十二年（1563）建五显庙；清乾隆三十四年（1769）建了内有大戏台的杨公祠；嘉庆二年（1797）建了内有大戏楼的万寿宫等等。⑤这一时期湘西、黔南大修"万寿宫"，因为只有商贸繁荣，商贾聚集，修建江西会馆成为风气，方能有钱筑戏台、唱大戏。

湘西亦有还愿阳戏演出的记录。前文《沅州府志》所载的"许愿于神之事，若五显三公"，"凡酬愿，设位于空旷处，请巫降神"的酬神还愿戏，其演出形态与川黔地区至今流行的阳戏仪式戏极为相似。只是由于西迁的移民和流动的商贾把家乡的戏曲歌舞与当地的民间艺术相融合而发展形成新的曲艺形式，使得后期湘西阳戏演出不再含有仪式活动。

从以上艺人籍贯、相关戏剧文物，以及阳戏在这一区域的演变情况，可以得出黔东南阳戏、湘西阳戏是在东"阳"西渐的过程中逐步形成的。

3. 阳戏传播湘黔的途径

古时交通不发达，地理条件成为影响地域间经济、文化交流的主要因素。湘西位于我国第二阶梯向第三阶梯的过渡带上，地势渐高，高山陡增，陆路交通极为不便，水路运输就显得十分重要。

位于阳戏带的水路，首推长江干流，其次是流入洞庭湖的沅江、芷江、澧水。其中，沅江上

---

① 《刘氏宗谱》，刘正远存。受访人：刘正远，贵州省开阳县坝桥村阳戏坛掌坛师；访谈时间：2010年7月27日。
② 李瑞岐主编《黔东南苗族侗族自治州戏曲曲艺概览》，贵州民族出版社2001年版，第2页。
③ 绵阳市文化局《梓潼阳戏》，（内部刊行）1991年印，第48页。
④ （唐）李肇《唐国史补》，上海，古典文学出版社1957年版，第62页。
⑤ （清）俞渭《（光绪）黎平府志》，《中国地方志集成·贵州府县志辑录（第17册）》，巴蜀书社2006年版，第125—128页。

游贵州的锦屏、天柱、瓮洞和湖南的会同、洪江、中方、溆浦、辰溪、泸溪、沅陵也是阳戏繁盛流播区域。这就不禁让人联想到南路阳戏传播和水路运输的关系。

据调查，贵州天柱阳戏是由湖南黔阳地区（今属湖南怀化市）传入的。由于这一带群山叠叠，沅江成为出入湘黔门户的主要通道。沅江又称沅水，在贵州都匀汇入了分别来自南源的龙头江和北源重安江，始称清水江。清水江东流至洪江市与舞阳河汇合后，即称沅江。沅江在湘西辰州一带汇入酉水，水量颇丰，有较强的运输能力，是旧时联系湘黔的重要交通运输线。可以说对于多山的湘西、黔东、黔南地区来说，沅江就成了茶、马、木材、药材出入云贵的水运古道。戏路随商路，湖南黔阳阳戏传入贵州，也就成为顺理成章之事。与之形成鲜明对比是贵州福泉阳戏。福泉与天柱仅一苗岭之隔，但其阳戏形态呈现与湘西阳戏迥然的风格，而宗主川派系统阳戏。这足见水路交通对这一地区文化传播影响之大。

事实的确如此。旧时湖南黔阳和贵州锦屏、天柱、远口、白市、瓮洞等地，沿着沅江、清水江一路码头都有流传杨公调，祭祀时常唱阳戏。贵州《黎平府志》"杨公祠"条载："杨公祠，即镇江王庙祀杨五将军，在府城南隅神鱼井右，乾隆三十四年建，嘉庆十八年重修，为黎平会馆。又敖寨簸箕滩有杨五庙，船过此甚险，往来竭诚祷祀以保无虞。"[1] 阳戏艺人何长盛（生于1923年）回忆：他从八九岁到二十几岁都看过杨公庙庙会演唱阳戏。进入庙会看阳戏的有不少是湘黔在清水江、沅江放排撑船的水运工人，他们看阳戏的同时祈求平安。一些清水江上的放排老板和放排工人中的阳戏爱好者，先是有意无意地学唱阳戏，后请师传教，阳戏便在天柱一带流传。[2] 天柱阳戏来源与之相仿，最早看到阳戏的是经清水江到沅江放排、跑码头的工人。据天柱县度慕《陈氏族谱》载："康熙大疫，合族皆染，固适公避疫香炉坡，数载温散嗣归，重兴寨户……恐疫复袭，咸丰八年（1858）请戏入祠，'作万人缘'"[3]，可知，天柱、锦屏等县的阳戏大约从清咸丰年间开始流行，至今（2012年）已有6代。

古时，确有大量黔东南阳戏坛艺人积极向湖南阳戏艺人学习的记录。首先，采取请进来的方式，请湖南阳戏艺人授艺。例如，黎平顺化瑶族乡桥头寨阳戏坛就有请湖南阳戏艺人学艺的经历。黔东南最早演阳戏的是黎平，阳戏传入黎平的第一个定居点是顺化瑶族乡桥头寨。瑶族乡桥头寨阳戏坛"至今已经相传五代，第一代是生于嘉庆四年（1799）的杨光庭。他十七岁（1816），请湖南阳戏艺人进寨教戏，学徒10多人"[4]。当然更多情况是走出去，黎平、天柱很多艺人有到湘西学习的经历。清道光三十年（1850）黎平县潘老寨的杨生保、陈国光去湖南靖州的浦口学阳戏，当年回寨建立阳戏班演出。[5] 天柱县远口园田艺人吴述德早年师从湖南会同县阳溪戏师杨开基。

实际上，黔东南阳戏与湘西阳戏同属一个系统，前者是后者向西部山区纵深演播。黔东南阳戏距祭祀酬神的核心最远，为民间小戏形式。与早期的傩傿酬愿戏相比，这些地区的阳戏积极吸收融合当地的花灯、花鼓等地方曲艺形式，世俗性、娱乐性大大加强。

以上是阳戏在江南和西南地区以东"阳"西渐为主体方向的多层面传播情况。当然，这只是传播的主体方向，具体过程会受多种因素的影响而产生多种异化现象。

---

[1] （清）俞渭《（光绪）黎平府志》，《中国地方志集成·贵州府县志辑录（第17册）》，第126—127页。
[2] 陶光弘《民族戏剧集——幕启春归》，北京，作家出版社2009年版，第284页。
[3] 李瑞岐主编《黔东南苗族侗族自治州戏曲曲艺概览》，贵州民族出版社2001年版，第2页。
[4] 李瑞岐主编《黔东南苗族侗族自治州戏曲曲艺概览》，第2页。
[5] 李瑞岐主编《黔东南苗族侗族自治州戏曲曲艺概览》，第5页。

（三）川地阳戏播黔滇

江南阳戏传播至川地，积极与当地本土文化融合，并不断向周边地区传播，如云南、贵州除黔东南以外的大部分地区。也就是说，阳戏在传播史上再次发生了大的转向——南转。

1. 贵州阳戏来自四川

讨论贵州阳戏渊源之前，应该正确理解"川地"概念。川地指古蜀地，包括现在重庆市，云南东北部和陕西南部广大地区。贵州遵义、湄潭、桐梓、凤冈、正安、务川、道真、思南、沿河等黔北、黔东北，该地区历史上很长一段时期内隶属四川辖制。《阳戏全本》1948年本《接圣》唱词："家住贵州铜梁府"，铜梁府原属四川东道。同版本《接神》唱词："请贵州胡蛮子去请涪州胡贵郎，头戴凤冠一顶，近前行水又行相。"可知贵州、重庆民间多用文化间交流。而阳戏在黔南、黔西的罗甸、福泉、瓮安、惠水、长顺、平塘、金沙、织金等流行地，主要归因于川、黔地区区域间之民族迁移的影响。

从多维角度看贵州阳戏，都有足够的证据证明其由川入黔的传播途径。从演出形态看，贵州"即于家歌舞娱神"、"燕乐亲友，时以夜为常"[①] 的阳戏演出形态，其许愿形式、还愿的目的、活动程序等方面，皆与"伪饰女旦，亦居然梨园弟子，以色媚人者"[②] 的酉阳阳戏演出形态相吻合。

从戏坛主神看，贵州中北部阳戏与川、渝祀奉相同主神。黔北、黔东北阳戏都把历史上长期流行于巴蜀的"川主、土主、药王"看作戏坛"三圣"。更有甚者，在黔北遵义、桐梓一带阳戏坛如川北地区一样，除奉"三圣"外，"近或增文昌曰四圣"，亦称阳戏为"梓潼戏"、"文昌戏"。

从演出剧目看，贵州各地阳戏文本同样能证明黔地阳戏，尤其是黔中、北部阳戏与川地阳戏的传承关系。黔北、黔东北阳戏坛所请神祇除阴阳二十四戏外，还有"棚上、棚下二十四戏"，与川蜀地区阳戏同出一脉。况且，川、黔两地所演有关二郎主神的剧目、剧情几乎相同，均以二郎降伏孽龙故事为主线。贵州除黔东南以外的阳戏，都有一个共同的剧目《二郎降龙》。罗甸戏坛为《二郎锁孽龙》、开阳戏坛为《梦斩逆龙》、息烽戏坛为《降孽龙》、道真《三元台》，《平越直隶州志·风俗篇》所载李樾"太平阳戏诗"亦见阳戏唱"二郎降龙"。此剧在各地虽有差异，篇幅长短略有不同，但主要情节相同，皆写川主李二郎在四川灌口降服孽龙，为民除害的故事。以二郎神为主角的另一出剧目《桃山救母》，唱述二郎神杨戬劈山救母的故事，同样广泛流行于贵州各个地区。

从艺人师承关系看，川、黔两地间阳戏坛班有师承关系。在田野调查时，当说及阳戏传承情况时，有的阳戏艺人及掌坛师常出口成诵"教由西蜀传千古，法播黔南第一家"的诗句。当问及阳戏艺人的祖籍时，他们给出的回答无外乎两种：一是祖辈由四川迁入贵州，一是祖辈由江西到四川，再由四川迁入贵州。有的还以家谱为证，如前文所提开阳县南龙乡中坝村掌坛师刘正远出

---

① （清）黄乐之、平翰等修，郑珍纂《遵义府志》（影印清道光二十一年刊本），《中国地方志集成·贵州府县志辑（第32册）》，巴蜀书社2006年版，第416页。
② （清）王鳞飞等修，冯世瀛、冉崇文纂《酉阳直隶州总志》，《中国地方志集成·四川府县志辑（第48册）》，第766页。

示族谱《刘氏宗谱》就记载祖上从江西吉安先后迁到湖南衡阳，再迁四川子贡，最后到贵州开阳。

从口语特点看，《上云台》《三圣登殿》《将军闯营门》《下河东》等文本中的语言带有四川口语。如《将军闯营门》小鬼一段："小鬼生得恶，头上八只角。栓在西（须）弥山、蹦断九股索。小鬼生得懒，睡在床上喊，嫂嫂铲锅巴，吃了几大碗。"《上云台》："太阳出来红似火，二八佳人胭脂抹，有人问我名和姓，邓铁匠家婆娘就是我。"等等。

可见，黔北阳戏、黔中、黔南阳戏与川渝阳戏存在着一脉相承的关系。

结　语

综上所述，阳戏产生于商周时期的中原地区。两宋之间随着政治中心南移到经济繁荣、政局稳定的江南地区。在明清时期由于与西南政治、经济联系的加强，包括阳戏在内的各种文化艺术形式随着大规模的人口迁移和频繁的商贸活动传播到西南地区。主体的流布方向为从江南地区到湖广，再到四川、重庆、贵州、云南等地。由江西湖广地区分两路向古川地、黔地传播。川地基本是湖北、湖南北部艺人的影响。湘西、黔东南一带受南路阳戏影响明显。由于地缘关系和巴蜀文化等方面因素的影响，除黔东南外，贵州阳戏多宗川渝阳戏。

当然，文化艺术的流播不是直线形的，其过程往往受到历史文化、商业贸易、自然灾害、战事时局及民族迁移等因素的影响。在其流布过程中，与当地文化艺术、民风民俗积极融合相互吸收，很快形成具有当地特色的民间文化形式。因此，可以判断我国阳戏流播的主体方向：从江南地区到湖广到四川再到贵州、云南。黔东南阳戏则是由江西传至湖广（湘西地区）的阳戏沿沅江上游水道传入，再向周边辐射。

（作者单位：贵州民族大学西南傩文化研究院）

移民、遗民、逸民，自由意志与岭南文化精神

徐燕琳

遗民是传统中国一个重要的历史和文化现象，其涵义既包括亡国之民、前朝百姓、劫余人民，又可指不仕新朝的人、隐士、后裔等。遗民及其义项乃至移民、逸民其实互相联系。比如伯夷叔齐是商的遗民，周的前朝百姓，鼎革之际的孑民；他们不食周粟，隐居首阳山，因此又是移民和不仕新朝的隐士、逸民。遗民和逸民的概念有时可以通用，并显示出一定的道德判断。

由于特殊的历史地理，岭南移民、遗民、逸民的文化非常久远，大规模、长时期的移民潮和遗民文化交织错综，夹杂因各种原因隐居或避居而来的逸民。漫长的历史时期中，移民、遗民、逸民群体将传统文化和民族精神发扬光大，在岭南谱写出灿烂的篇章。

一、移民遗民逸民：岭南文化的基石

回溯岭南发展史，是一部移民史，也是一部遗民史。

岭南与内地的文化交流先秦已经开始。秦始皇征岭南时，"限以高山，人迹所绝，车道不通，天地所以隔外内也"；气候暑湿，"近夏瘅热，暴露水居，蝮蛇蠚生，疾疠多作，兵未血刃而病死者什二三"[1]。之后秦大军留驻，"行者不还，往者莫返"，"发谪戍以备"，"使尉佗将卒以戍越"[2]。又"发诸尝逋亡人、赘婿、贾人略取陆梁地，为桂林、象郡、南海，以适遣戍"，"适治狱吏不直者，筑长城及南越地"。后赵佗"求女无夫家者三万人，以为士卒衣补，秦皇帝可其万五千人"[3]。这成为中原大规模移民的开始。

秦推行移民实边"与越杂处"，南越国"和集百越"，以后灭南越的汉武帝"以其故俗治，无赋税"[4]，古越遗民与中原汉族日渐相融。高凉太守冯宝与冼氏的结合即是北方南迁居民与南方土著俚人融合的典型。同时北方移民因为种种原因不断南下，包括因避战乱而南迁、因不为所容而南迁、改朝换代之际前朝人物被迫南迁、因战败被掠南迁、因军事需要而南迁等种种情况[5]，特别是汉末、西晋末年"八王之乱"、"永嘉丧乱"到后来"安史之乱"、"靖康之难"等战祸造成大的人口迁移，越来越多的移民、遗民来到岭南。

移民潮将先进文化带往岭南。经过长期民族融合后的岭南人、闽人至今外表特征与北方人差

---

[1] 姚鼐纂集，胡士明、李祚唐标校《古文辞类纂》卷一三《淮南王安谏伐闽越书》，上海古籍出版社1998年版，第163页。
[2] 见《汉书》卷四五《伍被传》、卷六四《严助传》，《史记》卷一一二《平津侯主父列传》。
[3] 《史记》卷六《秦始皇本纪》，卷一一八《淮南衡山列传》，中华书局1982年版，第253、3086页。
[4] 《史记》卷一一三《南越列传》，《汉书》卷二四《食货志》。
[5] 吴松弟《中国移民史》第3卷《隋唐五代时代》，福建人民出版社1997年版，第260—265页。

异颇大,有学者认为是因为历来南迁的北方人口都未能在闽、广人口中占多数,因此未能根本改变越人的外表特征①。这也使得岭南旧地古越遗民的基因、语言、习性等能够保存下来。

古越人在秦大兵压境、杀西瓯君译吁宋后"皆入丛薄中,与禽兽处,莫肯为秦虏",成为岭南最早的遗民②,或逸民。《论语》志逸民首称伯夷、叔齐,谓:"不降其志,不辱其身,伯夷叔齐与!"何晏注:"逸民者,节行超逸也。"颜师古《汉书·律历志》注:"逸民,谓有德而隐处者。"③晋陆机《招隐》诗:"寻山求逸民,穹谷幽且邃。"可见,"逸",既是一个道德评价,也是一种行为方式。

"逸"的本义是奔跑、逃跑。《说文解字》:"失也。从辵、兔,兔谩訑善逃也。"④《荀子·哀公篇》"其马将失",杨琼注为"失读为逸,奔也"⑤。伯夷、叔齐的故事,也是一个"逃"的故事。父欲立叔齐,及父卒,叔齐让伯夷,伯夷"遂逃去"。叔齐亦不肯立而逃之。天下宗周,而有一二士焉,义不食周粟,武王不得而臣,隐于首阳山,又是逃。伯夷叔齐是殷商的遗民,也是周的逸民。

纵观岭南移民史,相当部分是奔逃而来。一者逃命,一者逃政。汉末战火连天,"白骨蔽平原"(王粲《七哀诗》),出现了中原、东南居民的南迁高潮,一部分来到岭南,甚至"浮海南投交阯"⑥。据研究,两晋时"江、扬二州经石冰、陈敏之乱,民多流入广州"⑦。南朝梁武帝时发生侯景之乱,江东一片战火,大批民众涌入岭南,许多举族而迁,如官吏萧引"与弟彤及宗亲等百余人奔岭表",徐伯阳"浮海南至广州","家世农夫"的章华也因侯景之乱"乃游岭南"⑧。此后,唐安史之乱令"农桑井邑,靡获安居,骨肉室家,不能相保"⑨,李白有诗:"三川北虏乱如麻,四海南奔似永嘉。"宋代金兵入侵江南,由于荆襄和长江沿岸平原不安全,不少移民进入本地区的山区或经此迁入岭南避难。宿州人吕好问、荆门人胡安国、开封人王蕃及其子、洛阳人陈与义曾在郴州、邵阳、永州、道州等地住过,以后吕好问、陈与义再迁入岭南,胡安国和王春儿子王镇定居在湖南中部⑩。宋末,更多民众南迁。大量的移民逐渐成为岭南的主体,并保留了不少传统文化。韩愈、苏轼、柳宗元等谪宦也对岭南文化教育贡献卓著。唐宋以降的潮州地区成为"海滨邹鲁"。黄遵宪也说客家多古语古音古礼,并引林海严之言称客家人乃"中原之旧族,三代之遗民"⑪。

岭南崇山密林,是逃避官府战乱的好地方。唐"自幽蓟兵兴"以后,便出现"人无土著,

---

① 赵茂桐、张工梁等《中国人免疫球蛋白同种异形的研究:中华民族起源的一个假说》,《遗传学报》1991年第2期;吴松弟:《中国移民史》第4卷《辽宋金元时期》,福建人民出版社1997年版,第410—411页。
② 《隋书》卷八二南蛮列传:"南蛮杂类,与华人错居,曰蜒,曰獽,曰俚,曰獠……"称其"俱无君长,随山洞而居,古先所谓百越是也"。《隋书》,中华书局1973年版,第1831页。顾炎武认为疍民是古越遗民:"蛋,其来莫可考。按秦始皇使尉屠睢统五军,监禄杀西瓯王。越人皆入丛薄中,与禽兽处,莫肯为秦,意者此即入丛薄中之遗民耶。"顾炎武《天下郡国利病书》第27册广东上,四十五,上海书店出版社1935年版。
③ 刘宝楠《论语正义》卷21,中华书局1957年版,第395、396页。
④ 许慎撰,崔枢华、何宗慧校点《标点注音说文解字》,北京师范大学出版社2000年版,第404页。
⑤ 王先谦撰,沈啸寰、王星贤点校《荀子集解》卷二〇,中华书局1988年版,第546页。
⑥ 《后汉书》卷三七《桓荣丁鸿列传》附桓晔传,卷四五《袁张韩周列传》附袁忠传,中华书局1965年版,第1260、1526页。
⑦ 阮元等编,李默校点《广东通志·前事略》卷一,广东人民出版社1981年版,第24页。
⑧ 陈长琦《汉唐间岭南地区的民族融合与社会发展》,《华南师范大学学报》1996年第5期。引文见《陈书》卷二一《萧允弟引传》、卷三四《徐伯阳传》、卷三〇《章华传》,中华书局1972年版,第298、468、406页。
⑨ 《旧唐书》卷一四一,中华书局1975年版,第3838页。
⑩ 吴松弟《中国移民史》第4卷《辽宋金元时期》,福建人民出版社1997年版,第401、387页。
⑪ 黄遵宪《己亥杂诗》,《黄遵宪集》上,吴振清、徐勇、王家祥编校整理,天津人民出版社2003年版,第240页。

士者农者迁徙不常。慕政化则来，苦苛暴则去"①的情况。一部分中原南迁居民不堪政府的赋税，逃入俚乡。《宋书·徐豁传》言，始兴"郡大田，武吏年满十六，便课米六十斛，十五以下至十三，皆课米三十斛，一户内随丁多少，悉皆输米。且十三岁儿，未堪田作，或是单迥，无相兼通，年及应输，便自逃逸。既遏接蛮、俚，去就益易"②。也有逃入瑶地。明嘉靖戴璟《广东通志初稿》卷35《瑶僮》说："瑶本盘瓠之种，产于湖广溪洞间，即古长沙、黔中、五溪之蛮是也。"此为荆楚旧地。《隋书·地理志》称："其人率多劲悍决烈，盖亦天性然也。""长沙郡又杂有夷蜒，名曰莫瑶，自云其先祖有功，常免徭役，故以为名。"③《宋史·蛮夷列传》："蛮猺者，居山谷间，其山自衡州长宁县属于桂阳、郴、连、贺、韶四州，环纡千余里，蛮居其中，不事赋役，谓之猺人。"④瑶人进入岭南以后，"亦与居民婚姻往来。其耕田亦输赋、亦应役者，熟猺也。间有输赋而不应役者，生猺也。更有一种号山子，不赋不役，砍山而食，食尽复徙。"⑤不赋不役，无拘无束，这是多么的自由与快乐！一些避入瑶地的汉人甚至融入瑶族。《明世宗实录》载："广东新宁、新会、新兴、恩平之间皆高山丛箐，径道险仄，奸民亡命者辄窜入诸瑶中，吏不得问。"⑥屈大均《广东新语·人语》谓，罗旁瑶"其非盘姓者，初本汉人，以避赋役潜窜其中，习与性成，遂为真瑶"⑦。更"有明朝遗老多人，慨汉族之沦亡，愤腥膻之满地，多徙族入排，杂瑶而居。历史既久，遂与同化"⑧。汉族与壮、畲等各民族之间⑨，壮、瑶等各民族之间的融合也十分普遍。

高山险道，瘴疠猛兽，竟使蛮荒的五岭之南成为避世桃源。远来迁客，披荆斩棘，一路跋涉，艰难地翻越高山深峡，将烽烟战火抛在脚下。展现在他们眼前的莽莽苍苍，是多么"美好宽阔"！虽然不过是暂时相对太平，但他们已经很满足了！于是他们用身心，深情颂赞这片"流奶与蜜之地"。广州西郊、南郊晋墓出土的墓砖上有"永嘉世，天下荒。余广州，皆平康"、"永嘉世，九州空。余吴土，盛且丰"、"永嘉世，天下荒。余广州，平且康"、"永嘉世，天下灾。但江南，皆康平"⑩的铭刻。庄绰说："自中原遭胡虏之祸，民人死于兵革水火疾饥坠压寒暑力役者，盖已不可胜计。而避地二广者，幸获安居。"虽然"连年瘴疠，至有灭门"⑪，但一个"幸"字，千般酸楚，万种欢欣。

但巍巍南岭，终于不能将兵燹永久阻隔。"盖九州之内，几无地能保其生者"⑫。两场亡国覆家的巨变，直接发生在岭南，留下了深深的创痛，也深刻地影响了岭南和岭南人。宋末二帝南迁，途经广东潮州、惠州、广州、香港、东莞虎门、吴川、中山、新会等地。文天祥率部在梅州、潮州、惠州、河源、海丰、江门各地辗转抗元两年多，解北途中，在广州、韶关写下《登

---

① 庞严《对贤良方正直言极谏策》，《全唐文》五，卷728，山西教育出版社2002年版，第4429页。
② 《宋书》卷九二，中华书局1974年版，第2266页。
③ 《隋书》卷三一，第897、898页。
④ 《宋史》卷四九三，中华书局1977年版，第14183页。
⑤ 陆祚蕃《粤西偶记》，丛书集成初编《粤述（及其他一种）》，中华书局1985年版，第9页。
⑥ 《明实录》八八《明世宗实录》卷四四一，1965年，第7554页。
⑦ 屈大均《广东新语》卷七，中华书局1983年版，第236页。
⑧ 黄远奇、苏桂《阳山西部的黎埠和寨岗同冠水流域传统社会调查》引民国《广东全省地方纪要·连阳化瑶区》记载，并以寨岗当地民间传说与此印证为可信。见谭伟伦、曾汉祥主编《阳山、连山、连南的传统社会与民俗》上，香港，国际客家学会、海外华人资料研究中心、法国远东学院出版，2006年，第100—101页。
⑨ 练铭志《试论广东汉族的形成及其与瑶、壮、畲等族的融合关系》，《民族研究》2000年第5期。
⑩ 麦英豪、黎金《广州西郊晋墓清理报导》，《文物参考资料》1955年第3期，第32页。
⑪ 庄绰撰，萧鲁阳点校《鸡肋编》卷中，中华书局1983年版，第64页。
⑫ 庄绰撰，萧鲁阳点校《鸡肋编》卷中，第64页。

楼》、《英德道中》、《南华山》等诗篇。南明瞿式耜在永历帝"半年之内，三四播迁"，从肇庆奔逃梧州、平乐、桂林、全州的情况下坚守桂林，取得三次桂林保卫战的胜利，最后城破，与张同敞慷慨就义于叠彩山风洞前。"三忠"（陈邦彦、张家玉、陈子壮）在极其艰苦的情况下抗清10个月，与数十处义军拖住了广东清军全部兵力，使之不能西进，支持了南明西南的半壁江山。其后，张献忠余部一代战神李定国率大西军联明抗清，攻克桂林、梧州，十多天收复广西，出师广东、海南，孤立无援败退广西，护驾入滇，最后黯然而终。

这些战斗都发生在岭南，也与当地民众直接相关，其中无数可歌可泣的故事。梅州客家先民举族参加义军，在闽粤赣边区辗转攻守，与元兵大战经年，终于寡不敌众，退守海丰，血战崖山，死者十八九，井邑皆空。当时梅州客家人口总数不过万人，追随文天祥从军的男女就有八千之多，仅松口卓姓一族即有八百人，战后仅一人生还也已重残①。黄遵宪赞曰："男执干戈女甲裳，八千子弟走勤王。崖山舟覆沙虫尽，重戴天来再破荒。"② 李曾伯、马塈先后在靖江府（桂林）顽强抵御元兵。外城、内城皆破，马塈部将娄钤辖犹以二百五十人守月城。围之十余日，娄从壁上呼："吾属饥不能出降。苟赐之食，当听命。"乃遗之牛只粮食。士卒椎牛炊米，未熟即食，食毕鸣角伐鼓，自炸城牺牲，誓不死敌手。元兵悉坑其民。七百百姓逃入西山，自杀死，竟无一人降元③。明永历四年，清尚可喜与耿继茂兵围广州城近十个月，"城中人亦婴城自守，男子上城，妇女馈饷。清兵环围城外……"④清军筑垒相逼、以楼车攻城、动用荷兰炮手，终于攻破，"怒其民力守"，进行了长达十二天的大屠杀，死亡人数达数十万。元军、清军在潮州、新安（今深圳）、南雄等各地遇到顽强的抵抗，城破后大肆屠城。但岭南人民并没有被吓倒。西乡男女数万，无一降者。惨遭两次屠城的潮州，反抗一直不绝⑤，潮、客一带至今流传中秋烧瓦塔等习俗和传说。历史上各地"复仇报怨，视死如归"⑥，如地下野火，屡扑屡起，最终与全国志士汇合，恢复中华，塑起岭南乃至民族血性的丰碑。

以上，我们看到由历史而来的构成岭南文化的基础：移民、遗民和逸民。岭南的人群构成中，既有古越后裔或称遗民，又有因各种原因离开或奔逃而来的中原或东南移民、遗民或逸民，还有各种反抗强权暴政、异族统治的遗民逸民，尤以宋末明末为突出。

二、崖山：遗民精神及岭南文化的主帜

宋末二王虽在广东时间不长，却留下不可磨灭的民间记忆。高高在上的皇族，以"孤儿寡母"落魄逃难的形象来到岭南，不能不触动当地人的同情，也唤起他们的共同命运之感和国家意识、故土情怀。潮州开元寺旁有八角形大井，传说宋帝路经此地，口渴难耐，正愁无汲水之具，水骤涌至井面，信手可掬，因名"义井"。"崖门吟玺"的故事称，南海龙王为陈献章感动，献

---

① 郑淑真、萧河、刘广才主编《根在河洛》，北京，华艺出版社2000年版，第59页。
② 黄遵宪《己亥杂诗》，《黄遵宪集》上，第240页。
③ 毕沅《续资治通鉴》卷一八三《元纪一》，上海古籍出版社1987年版，第1027页。
④ 戴笠《行在阳秋》，李逊之等著《三朝野记（外四种）》，北京古籍出版社2002年版，第287页。
⑤ 广州市地方志编纂委员会编《广州市志》卷17《社会卷》，广州出版社1998年版，第361页；王琳乾、黄万德《潮汕史事纪略》，花城出版社1999年版，第27—59页；广东省地方史志编纂委员会编《广东省志·军事志》，广东人民出版社1999年版，第415—420页。
⑥ 《嘉靖德庆州志》十六《夷情外传》，《天一阁藏明代方志选刊续编65》，上海书店出版社1990年版，第1058页。

出沉落海底的玉玺①。凤凰山鸟嘴茶、潮州护国菜，澄海无尾螺、击剑石，丰顺万江留皇、崖山蟠龙山桔等传说，均反映了民众的感情。澄海上华镇有一石板小桥，相传宋室君臣至此，被水沟挡路，一大将抬石板架桥，后人遂名"接龙桥"。汕头南澳、香港九龙还有宋井、太子楼、宋王台等遗址。湛江硇洲岛有宋皇村、宋皇井、宋皇碑、赤马村、翔龙书院。当地流传一首民谣："唐时硇洲岛，宋末帝王都。幽境仙风在，不见宋王朝。"②

终结这些故事的崖山之役，震动了中国和世界，也让岭南刻骨铭心。

"崖山，在新会县南八十里钜海中，与汤瓶嘴山对峙，如两扉然，故亦曰崖门，乃会邑之咽喉，潮汐之所出入也。……宋季陆丞相秀夫、张太傅世杰以此为天险可据，因奉幼主建宫居之。国亡，君臣同蹈于海以死。于乎！北元能夺宋之天下，而不能夺宋之人心。一时同赴海者十余万众，此天地古今之大变，非独宋室君臣之遗恨也。"③ 崖山之战对中国运命造成重大影响，也作为"汉人亡国的一大纪念"④ 深刻影响着岭南。"万古遗民此恨长，中华无地作边墙。"⑤ 明末抗清的陈邦彦战败被杀，临刑高歌："崖山多忠魂，后先照千古！"⑥ 苏曼殊《断鸿零雁记》开篇即引崖山事："有遗老遁迹于斯，祝发为僧，昼夜向天呼号，冀招大行皇帝之灵。故至今日，遥望山岭，云气葱郁；或时闻潮水悲嘶，尤使人欹歔凭吊，不堪回首。"⑦ "崖山情结"⑧ 是民族的，也是岭南的。明陈献章先世仕宋，"少读宋亡崖山诸臣死节事，辄掩卷流涕"⑨，后倡建崖山慈元庙、大忠祠，并多有诗文旌扬英烈。清末民初梁启超的故居新会县茶坑村，南向正是崖山海口。其先祖以宋、明儒义理名节之教贻后昆，幼时祖父梁维清时举"亡宋、亡明国难之事"以教其"古豪杰哲人嘉言懿行"。"每与儿孙说南宋故事，更朗诵陈独漉'山木萧萧'一首，至'海水有门分上下，关山无界限华夷'，辄提高其音节，作悲壮之声调，此受庭训时之户外教育也。"⑩ 梁启超《三十自述》亦以崖山为故乡及"悲愤之记念"⑪。新会人赵士觐在纽约开创美东中国同盟会，曾自号"哀崖"⑫。1939 年日寇进犯新会，民众奋起反抗，两次打退日伪军进攻，英雄事迹震动全省。1946 年举行追悼大会，献联有："猾夏痛当年，岭表勤王余一脉；歼倭快此日，崖山烈士有三千"，"不屈于元，不屈于日，两代山河留正气；无忝乎国，无忝乎乡，三江风月照忠

---

① 新会县地方志编纂委员会《新会县志》，广东人民出版社 1995 年版，第 917 页；龚源超：《五邑的传说之陈白沙的传说》，《中国侨都》2010 年 6 月 26 日。
② 骆国和《南宋末代王朝曾建都湛江硇洲》，《湛江晚报》2009 年 6 月 8 日。
③ 黄淳等撰《崖山志》卷六《杨太后像赞》按，广东人民出版社 1996 年版，第 682—683 页。
④ 陈天华《狮子吼》，陈天华《陈天华集》，湖南人民出版社 1958 年版，第 109 页。
⑤ 屈大均《吊永福陵》，欧初、王贵忱主编《屈大均全集》2，人民文学出版社 1996 年版，第 1274 页。
⑥ 陈恭尹《兵科给事中赠资政大夫兵部尚书先府君岩野陈公行状》，陈恭尹著，郭培忠校《独漉堂集》，中山大学出版社 1988 年版，第 887 页。
⑦ 柳亚子编《苏曼殊全集》2，北京，当代中国出版社 2007 年版，第 153 页。
⑧ 黄柏军《从"崖山情结"看陈白沙的爱国精神——兼谈陈白沙正统观念的作用和影响》，江门五邑炎黄文化研究会编：《陈白沙与江门学派学术研讨会论文集》，中国文联出版社 2001 年版，第 187—193 页。
⑨ 张诩《白沙先生行状》，陈献章著，孙通海点校《陈献章集》附录二，中华书局 1987 年版，第 868 页。
⑩ 丁文江、赵丰田编《梁启超年谱长编》，上海人民出版社 1983 年版，第 6 页。
⑪ 梁启超《梁启超全集》第 4 卷，北京出版社 1999 年版，第 957 页。卢湘父《万木草堂忆旧》亦记述了梁启超、梁启勋、陈荣衮等学子处罚张宏范木主的故事。冼玉清《康有为与万木草堂》认为可见学风之一端。见康有为撰，陈汉才校注：《长兴学记》附录，广东高等教育出版社 1991 年版，第 111、115 页。
⑫ 张霭蕴《辛亥前美洲华侨革命运动纪事》，中国人民政治协商会议广东省委员会文史资料研究委员会编《孙中山与辛亥革命史料专辑》，广东人民出版社 1981 年版，第 61 页。

魂"①,至今镌刻在安葬着皇族村30多位赵姓子弟的马坑烈士陵园。九旬老翁赵关沃守护烈士墓58载,并将此重任传与子孙②。

崖山之战,是生存之战,是尊严之战,更是自由之战。它源于炎黄子孙从屈原自沉、田横五百壮士以来,"三不朽"、"富贵于我如浮云"、"舍生取义"、"尽其道而死者正命也"等人文熏陶下,在传统意义上对生命自由和理想人格的追求。崖山精神光耀后世,也更加激发和凝重了岭南思想文化。近人黄尊生讨论岭南民性时,认为崖山的影响"在血统上,在文化上,在思想以及民族意识上":南粤人民不仅亲眼看到,而且躬亲参加此种亡国悲剧,同时也造成中原向岭南的第一大规模移民;明社覆亡之刺激,其惨痛与深刻不减于宋亡,一种很强烈的民族精神因此升腾,所以两百年来,广东成为洪门会党的大本营,太平天国、辛亥革命由此发端,"还我河山"、"恢复中华"义帜相继高举。黄氏指出:因为祖先有一部分是南宋的遗民,因为曾经以其人力地力奉献于历史,又本为海国,富于冒险进取心和反抗性,因此岭南民族思想特别发达。表现在文化上,因为羁人谪宦,因为孤臣遗老的遗民文化,苦节,坚贞,特立独行,孤芳自赏,成为岭南文化的特质,从而产生了虚静自然、澹声华而薄荣利的白沙之学以及近代的革命文化。"理学与革命文化,都是遗民文化的子孙。一个禀赋了他的苦节,的孤芳,一个秉承着他的忠勇,的义烈。惟苦节孤芳,故清苦自立,而闇修独行。惟忠勇义烈,故热血满怀,而澎湃磅礴。""这两个子孙都是遗民文化之嫡传,一个等于皓月,一个等于朝阳。一个是内敛的,一个是外放的。一个是心灵的,一个是气魄的。一个是道德的,一个是政治的。一个是整饬岭南文化之家风的,一个是光大岭南文化之门楣的。"③

宋末岭南为最后战场,南明时也是重要战场,大批遗民、逃亡民众、残败士卒定居岭南,乃至远走海外。江门新会古井镇霞路村犹为"皇族村";深圳福永一直流传文天祥侄孙文应麟建望烟楼的故事;文天祥部将张天宗残兵三百余人在广西靖西县生息繁衍。广西《凤山县志》说,"南末既亡,遗民流徙而来,与原守丁兵,编入齐民,生聚休养,烟火日稠。"《隆山县志》载,郑成功的散卒也有不少流寓广西隆山④。清初"八郡中节义大臣,避腥膻于深箐穷谷间,转徙困顿,全发以待时,始终不改其守"⑤。李定国、何腾蛟及部将在桂柳一带抗清,桂王"由肇庆播迁南宁,次濑滩,走右江,过暹江,次广南,最后驻隆安,然后入云南,到缅甸,沿途即用他们为卫士,为先锋,此外,又随处酌留一部以留守各地。最后,桂王死国,他们慨然于国事之不可为,乃相率入山,效伯夷叔齐的行事,而作遁世行为。因为他们所操为普通话,大异土音,而本地概以普通话为湖广话,又因为他们山居,所以世俗通称他们山湖广人。他们即为山湖广人,自居于遗民,灰心仕途,而且告诫子弟,不许应科举试,不食清禄。但是他们并不因此而不读书,相反,他们深明子孙虽愚,经书不可不读之诫,仍以半耕半读为事。"⑥ 此为"高山汉人"的先

---

① 谭仲川、李兆强、张炳图搜集,谭仲川编注《新会历代楹联选》,新会区文化广电新闻出版局出版,新会区文学艺术界联合会编印,2008年,第87页;施见三《新会抗日民众义勇游击队的几次战役》,新会县政协文史资料研究工作组编:《新会文史资料选辑》第27辑,1987年,第27页。

② 《三江抗战:江会地区最激烈悲壮的守卫战》,《江门日报》2007年8月14日。

③ 黄尊生《岭南民性与岭南文化》,曲江,民族文化出版社,1941年,第11、13、20、35、46、47页。

④ 范洪贵《广西汉族的来源》,袁少芬、徐杰舜主编《汉民族研究》第1辑,广西人民出版社1989年版,第144—145页。

⑤ 瞿玄锡作,余行迈、吴奈夫、何永昌点校《稼轩瞿府君暨邵氏合葬行实》,中国社会科学院历史研究所明史研究室编《明史研究论丛》第5辑,江苏古籍出版社1991年版,第413页。

⑥ 雷宾南《广西地方文化的研究一得》(二),《教育通讯周刊》1939年第3期,第13页。

行。又有吴三桂残部、云贵川湘等地民众相继①,成为地域特色的汉族遗民现象。

三、"人"与"新民":崖山精神的扬厉

对于进入岭南的许多早期移民来说,落后偏僻的岭南,山高林密、瘴气横生的自然环境,予他们生命安全和人身自由。但这种恬淡自安的悠游很快为身边眼前两次亡国的惨剧打破。崖山所代表和深化了的遗民精神、反抗情绪涌入岭南的血脉,促发了岭南人对自由更深刻的认识和更热切的向往。

对被奴役的抗争,就是对自由的追求。崖山作为汉人亡国的永久"纪念"(毋宁说是耻辱),加深了岭南与中原的联系和认同,激发了岭南人强烈的危机意识、社会责任感和主体担当,也促进了对历史和传统的理性批判和反思,乃至积极甚至激烈的行动。其共同特点是:"以天下为己任"、"敢为天下先"②。

两位深具崖山情结的新会人,陈献章与梁启超,分别屹立在各自时代的顶峰。他们无不以爱国的炽情,对历史和现实进行深刻思考,贡献于当时的社会,推进了对人的自由和价值的思考。

明人陈献章认为宋亡原因在于"无精一学问以诚其身,无先王政教以新天下"、"大志弱而易挠,大义隐而弗彰"③,遂以布衣之身,扶世救世、"无负于斯世斯民"④的主体担当,冲破数百年的程朱官学,倡言"自得"的心学,在"有明一代第一个提出了自己的哲学思想"⑤,为儒学"起了一个极大的革新"⑥。其"孤行独诣"⑦被称为"独开门户,超然不凡"⑧。陈献章追求的"浩然自得"与主体的"自立"精神关系密切。他推崇"自信"、"贵疑"、"觉悟",以独立的主体意识,独立思考、大胆怀疑,实现觉醒和觉悟:"小疑则小进。大疑则大进。疑者,觉悟之机也。"⑨尽管他是在传统文化的框架下谈论人的"贵重",但苟小泉研究发现,陈献章将儒家"推己及人"的"爱人"落回"自爱"的本源:"人凡有爱,必先爱其身,然后可以推己及物",即重视自我价值、个人尊严;他甚至赞扬"拔一毛以利天下而不为"的杨朱曰:"莫笑杨朱小,杨朱解爱身"⑩,其对个体权益的重视具有现代意义。

陈献章对于人的价值、人的主体性的思考和认识,对于"知疑"的肯定,振聋发聩,也让白沙心学达到了当时所能够达到或许是最高的心灵自由:"宇宙间更有何事,天自信天,地自信地,吾自信吾;自动自静,自阖自辟,自舒自卷;甲不问乙供,乙不待甲赐;牛自为牛,马自为马;感于此,应于彼,发乎迩,见乎远。""会此则天地我立,万化我出,而宇宙在我矣。得此霸柄人

---

① 袁少芬《汉族"孤岛文化现象"探析》,何光岳主编《汉民族的历史与发展》,岳麓书社1998年版,第110—111页。
② 本文酝酿多年,2012年8月动笔,次年6月完成。2013年9月读到左鹏军《崖山记忆与岭南遗民精神的发生》(《华南师范大学学报》2012年第6期),既惊且喜,引为同调。是文研究了明代众多岭南诗人及其他诗人的歌咏,指出岭南诗人及其他诗人的崖山书写形成具有遗民文化色彩的崖山记忆,产生了深远的影响,标志着岭南遗民精神的形成。很是。特记于此。不过笔者以为岭南遗民精神始于伴随岭南发展史的移民、遗民和逸民文化,而以崖山为特定标志。
③ 陈献章《慈元庙记》,《陈献章集》上,孙通海点校,中华书局1987年版,第49、50页。
④ 陈献章《复江右藩宪诸公》,《陈献章集》上,孙通海点校,第138页。
⑤ 章沛《陈白沙哲学思想研究》,广东人民出版社1984年版,第1页。
⑥ 陈郁夫《江门学记:陈白沙及湛甘泉研究》,台北,学生书局1984年版,第11—12页。
⑦ 《明史》卷二八二儒林传序,中华书局1974年版,第7222页。
⑧ 黄宗羲《师说·陈白沙献章》,《明儒学案》(修订本)上,沈芝盈点校,中华书局2008年版,第4页。
⑨ 陈献章《与张廷实主事》十三,《陈献章集》上,孙通海点校,第165页。
⑩ 苟小泉:《陈白沙哲学研究》,中华书局2009年版,第80页。

手，更有何事？往古来今，四方上下，都一齐穿纽，一齐收拾，随时随处，无不是这个充塞。会得，虽尧舜事业，只如一点浮云过目，安事推乎？"这种超逸，尽管是精神之思，但由于陈献章独特的生命体验和人生抉择，同样属于岭南传统逸民对肉身自由和精神自主的探索，并呈现淡泊明志、潜忍苦行的岭南风格。在他推崇的"自重"、"自得"、"自立"、"自信"、"有为"，"心地要宽平，识见要超卓，规模要阔远，践履要笃实"① 等基础上，其传人增城湛若水主张"学贵疑，疑斯辩，辩斯得"、"多歧而后择所从，知择所从者，进乎行者也"②，开创经世致用之学风，打破程朱理学一统天下而寻求思想解放。吴熙钊认为，白沙、甘泉新风，成为近代接受西学之契机，也是岭南商业文化带来的书院文化的成果③。

陈湛之学虽是儒学框架下的哲学思考和教育实践，但已经远逸程朱理学之外并具先觉意义和现实推动。另一位是使中国思想走上现代化的功臣梁启超。"在全国人蒙昧无知的时候，他便叫人争权利、争自由、爱民族、爱国家。"④ 虽然"毁誉参半"更甚于白沙心学，但其痛彻于中国的危机，贯穿一生的爱国主线，及其对"我国旧思想之总批判"及在"我新思想界力图缔造一开国规模"⑤ 的努力则为公认。梁启超说，"变法之本，在育人才；人才之兴，在开学校；学校之立，在变科举；而一切要其大成，在变官制"，反对"欲以震古烁今之事，责成于肉食官吏之手"⑥。他将中国问题归结于"制度和寄生在这个制度的官僚集团"，从而对中国数千年的政治架构进行颠覆。刘再复、林岗指出，变法失败后，"梁启超最先从寻求具体的现实变革中退出来，转而思考人自身的问题"，"以人和价值观念的革新为新的出发点寻求历史的突破"。他办《新民丛报》，发表《论新民为今日中国第一急务》等文章，鼓吹"新民说"，认为中国的关键在于"新民"，"新民"的关键在于培育"新民"的独立之品格、独立之精神。"梁启超的'新民'命题，不但是维新失败以后的思想主题，也是辛亥以后的思想主题。"⑦ 郑世兴认为，梁氏"在思想界的最大贡献，是他所倡导的思想自由。他既不盲目于新学，也不固执泥古，他对于我国过去思想界各家思想受儒家思想的束缚，极为不满；他认为这种儒家思想所形成的束缚，使我国二千年来殊少杰出的大思想家，即使有也只能托古而存，毫无独立精神。所以他一生致力于提倡思想自由，力图破除这种思想界的痼疾。"⑧

一部近代史，离不开岭南和岭南思想家、革命家的危机意识、深刻反思和勇于担当。亡国灭种的边缘，康有为讲学于万木草堂，"如大海潮，如狮子吼"⑨，"每语及国事机阢，民生憔悴，外侮凭陵，辄慷慨欷歔，或至流涕。吾侪受其教则振荡怵惕，懔然于匹夫之责而不敢自放弃自暇逸。"⑩ "在朝野昏暗、举世欲杀之秋，独能不畏强暴，不避艰险，高瞻远瞩，开风气之先，不可

---

① 陈献章《与陈时矩》一、《与林郡博》六、《与贺克恭黄门》八，《陈献章集》卷二，第 242、217、135 页。
② 湛若水《湛甘泉先生文集三十二卷》卷三《雍语》，《四库全书存目丛书》集部第 56 册，齐鲁书社 1997 年版，第 534—536 页。
③ 吴熙钊《从明清人的"杂记"看岭南文化》，广东炎黄文化研究会编《岭峤春秋：岭南文化论集》二，中国社会科学出版社 1995 年版，第 128 页。
④ 张朋园《梁启超与清季革命》，吉林出版集团有限责任公司 2007 年版，第 217 页。
⑤ 梁启超《清代学术概论》，《梁启超全集》第 10 卷，第 3101 页。
⑥ 梁启超：《变法通议·论变法不知本原之害》，《梁启超全集》第 1 卷，北京出版社 1999 年版，第 15 页。
⑦ 刘再复、林岗《传统与中国人》，安徽文艺出版社 1999 年版，第 73—74 页。
⑧ 郑世兴《梁启超》，刘真编：《师道》，台北，台湾中华书局 1977 年版，第 320 页。
⑨ 梁启超《南海康先生传》，《梁启超全集》第 2 卷，第 484 页。
⑩ 梁启超《南海先生七十寿言》，康有为撰，陈汉才校注《长兴学记》附录，广东高等教育出版社 1991 年版，第 85 页。

谓非进步之杰出者矣。"① 梁启超"冒九死一生，首先发难，勇往直前地冲锋"②，勇于以平等开放的心态，进行反省和批判。"在梁启超看来，真正要救国，要真正地分担民族的忧烦，就应当求诸自己，而不是责备他人。只有这种不推诿责任，而勇于自责自救的爱国者，才是具有忧国精神的切实的爱国者。"③ 孙中山自幼激励于太平天国、激励于刘永福黑旗军的故事，"于圣贤六经之旨，国家治乱之源，生民根本之计，则无时不往复于胸中。"④ 不仅他们，万万千千的华夏子弟、崖山后人，以不畏强权的斗志，奋发自立的精神，强烈的社会责任感和主体担当意识，加入维新，加入革命，加入北伐，加入抗战，推动岭南走在近代史的前端。

四、逸：出世理想和现实超越

崖山所代表的遗民精神，激励了岭南人自由意志的勃发，推动了激烈的社会革命。梁启超说，清末变迁"最初的原动力"，即"是残明遗献思想的复活"⑤。与遗民文化相连的逸民精神，则以不合作的姿态，自觉疏离，自我放逐，从而获得身心的统一和解放。

中国人习惯守土重迁。唐以前的岭南人，除了古越后裔，多是无奈离乡背井的移民逸民、逃亡流徙，以及留在岭南的军人、贬官谪宦及家属。唐玄宗将死罪者"配流岭南恶处"⑥，可见岭南当时就是死地绝地，有学者称为衰人聚集的衰地⑦。外界对岭南人的评价也很低。《六祖坛经》记五祖初见慧能时说："汝是岭南人，又是獦獠，若为堪作佛？"慧能答："人即有南北，佛性即无南北。獦獠身与和尚不同，佛性有何差别。"话铿锵有力，但显然承认岭内与岭外的巨大落差。考慧能身世，其父"本贯范阳，左降迁流岭南，作新州百姓。慧能幼少，父又早亡。老母孤遗，移来南海，艰辛贫乏，于市卖柴"；待于黄梅见了弘忍大师即被雪藏碓房踏碓八月。好容易三更受法，便负上极大之责任、极大之风险而避祸南逃，隐居山中，"辛苦受尽，命似悬丝"⑧，的确无以再衰。但就是在这样的绝境中，慧能以"直指人心、见性成佛之旨，一扫僧徒繁琐章句之学，摧陷廓清，发聋振聩，固我国佛教史上一大事也"⑨。

慧能的重要贡献在于予佛教的平等意识以岭南化的发挥并深入人心。《礼记·王制》说："中国戎夷五方之民皆有性也，不可推移。东方曰夷，被发文身，有不火食者矣。南方曰蛮，雕题交趾，有不火食者矣。西方曰戎，被发衣皮，有不粒食者矣。北方曰狄，衣羽毛穴居，有不粒食者矣。……五方之民，言语不通，嗜欲不同。"⑩ 在五方四裔的理论下，岭南一向被视为南蛮，慧能弟子惠象即自谦"偏方贱品"。宣传众生平等、主张"四河入海无复河名，四姓出家同称释

---

① 张伯桢《万木草堂始末记》，康有为撰，陈汉才校注《长兴学记》附录，第90页。
② 吴其昌《梁启超传》，天津，百花文艺出版社2004年版，第17页。
③ 刘再复、林岗《传统与中国人》，第9页。
④ 孙中山《上李鸿章书》，中国社科院近代史所等编：《孙中山全集》第1卷，中华书局2011年版，第16页。
⑤ 梁启超《中国近三百年学术史》，《梁启超全集》第15卷，第4442页。
⑥ 《全唐文》1，山西教育出版社2002年版，第151页。
⑦ 2012年8月28日广州市文史馆在中山图书馆组织"广州学术报告会"，一位学者即席发言。
⑧ 《南宗顿教最上大乘摩诃般若波罗蜜经六祖慧能大师于韶州大梵寺施法坛经》、《（大乘寺本）韶州曹溪山六祖师坛经》，杨曾文校写《新版敦煌新本六祖坛经》，北京，宗教文化出版社2001年版，第8、7、91页。
⑨ 陈寅恪《论韩愈》，《金明馆丛稿初编》，上海古籍出版社1980年版，第287页。
⑩ 《礼记正义》卷十二，上海古籍出版社1990年版，第246—247页。

氏"①的佛教进入中国，其中一路循南海而来，达摩又登陆于此，拉近了岭南与佛土的心理距离。何方耀所言汉唐佛门独特的"边地意识"（即视天竺为中国，视中国为边地）②一定程度上消解了与中原的差距。岭南生活简朴，文化匮乏，在被外人冷落贱视的"獦獠"中诞生的禅宗思想视角向下，平民化、通俗化、简捷化，对"直心"的强调与岭南人文地理相契。将深奥的佛理和修行寓于行住坐卧的踏实生活，以现实关照和日常实践取代对彼岸净土的飘渺追求，也适合以生存为目的的化外之民的现实倾向。

唐时岭南与中原相对隔绝。大量流人贬谪，本就异端云集，不容于时世。此为不利，亦是好事。既然已是"衰人衰地"，天高皇帝远，也就得了自在，无分贤愚，没有贵贱。在禅宗来说，众生平等的佛学思想，"佛性无南北"的平等观念，成为"下下人有上上智"的顿悟基础；一空依傍的无奈，化为自铸伟词的自觉、自由和飞越。学者认为，慧能的另一项改造就是用觉、正、净三个无相学说的范畴，取代佛、法、僧三个有相的存在，"皈依本自觉悟、纯正、清净的自心"，从而将佛家义理"无痕换骨"，实现了佛教的中国化③。正是远离中心的"边地"造就了"自见本性清净，自修自行，自成佛道"的岭南禅宗思想，其超越精神，创新精神，其清心净虑、反求诸己的态度，也与岭南独特的历史地理人文直接相关。人们惊叹："何期岭南有佛出世！"④

慧能及《坛经》的出现与岭南与中国密不可分，升华为岭南精神和中华文化的重要部分。其无贵无贱的平等意识，见性成佛的自尊自立，自我作祖的创新精神，从心而行的浪漫情怀，既超脱尘世又脚踏实地的生活态度，源于岭南，也影响和发展着岭南文化和岭南精神。

为中国绘画史翻开走向近代一页的岭南人，藩于桂林、甲申之后僭乱被杀的明靖江王朱亨嘉之子朱若极，后来的僧人原济、画家石涛，幼年奔窜，乱世苟全，辗转桂林、全州、梧州，16岁告别故国山川⑤，乡园之思只能萦回在纸上梦中，在"靖江后人"、"清湘遗人"的沉重款印。他也曾有过不做遗民的幻想，终究发现自己不过"诸方乞食苦瓜僧，戒行全无趋小乘。五十孤行成独往，一身禅病冷如冰"⑥，遂坚定了遗民身份而做了逸民，鬻画扬州，一意在艺术里寻他的国。其后期画风转向沉雄质实，艺术创作进入最为纯熟旺盛的时期。

"逸品必还逸品之士。"石涛逃禅，又逃于山水。他笔下的山川"神遇而迹化"⑦，成为主体精神的表述。他的理论和实践均超逸于他的时代。中国绘画早有"解衣盘礴"、"外师造化，中得心源"的传统，日久蒙尘，至于清初"四王"（王时敏、王鉴、王翚、王原祁）皆严格守法、刻意师古，以得古人"脚汗气"为荣。石涛一涤陈规，夐夐独造，凭借"无法无天"、唯我独尊的气魄宣布："我之为我，自有我在。古之须眉，不能生在我之面目；古之肺腑，不能安入我之

---

① 原文见《增壹阿含经》卷二一。中国佛教文化研究所点校《增壹阿含经》上，北京，宗教文化出版社1999年版，第337—338页。
② 何方耀《汉唐中国佛门的"边地意识"和梵语学习热潮》，郑培凯主编《九州学林》2005年第4期，复旦大学出版社2006年版，第140—141页。
③ 麻天祥《中国禅宗思想发展史》（修订版），武汉大学出版社2007年版，第27页。
④ 《（大乘寺本）韶州曹溪山六祖师坛经》，见杨曾文校写《新版敦煌新本六祖坛经》，北京，宗教文化出版社2001年版，第94、103页。
⑤ 陈国平《石涛广西境内行踪考》，《艺术探索》2013年第1期；徐京《石涛画中的桂林山水》，中国美术家协会江苏分会编：《美术纵横·美术史论丛编》第2辑，江苏美术出版社1986年版，第79—84页。这部分和文章结构得到张曦先生提点。深谢。
⑥ 石涛《客广陵平山道上见驾恭纪二首》其一、《题山水册之一》，汪世清《石涛诗录》，河北教育出版社2006年版，第75、125页。
⑦ 石涛著，周远斌点校纂注《苦瓜和尚画语录》，山东画报出版社2007年版，第208、33页。

腹肠。我自发我之肺腑,揭我之须眉。"① "造化为师"、"自用我法"的精神促成笔墨的解放,感召了从扬州八怪到齐白石、傅抱石、张大千等后世画家,亦为岭南人士理解。"粤东四大家"之首黎简肆力摹拟,得其神髓,倡言"我用我法"②。吴冠中、刘海粟指出石涛的现代意义,认为他的感受说、移情说是绘画创作的核心与根本,其"超然脱然"是生命、情感和人格的表现,"从一切线条里表现狂热的情感以及心状","不受人的支配,不受自然的束缚,不受理智的制裁,不受金钱的役使","不能以时代思想相间杂,真永久之艺术也"③。

现代艺术研究认为,"'人'是意志和自由的载体,不是充斥感觉和个性的偶然性个体";"对自我意识的赞颂是对人类自由的追求,有了自由意志,人才能成为理性的存在。"④ 清廷所喜欢和能够容纳的画是温柔和顺、无棱无角、安分守己的。"四王"这一派降臣顺民随人俯仰,不革新不反抗,无刺激无个性,无怨无望,因此得到鼓吹并蔚为正宗⑤。石涛以"破碎山河颠倒树,不成图画更伤心"的风格表现亡国之音⑥,发泄郁勃之气,倾泻血和泪,画风恣肆,不能为当政喜好,但终以高扬的自由意志为画史开创了一个新时代。

石涛离开政治中心北京,终老于扬州。在文字狱大行、动辄得咎的文化恐怖主义时代,逸于画,确是出世之具。300年后,一位江西九江客家人陈寅恪来到广州,度过生命的最后二十年。他一生与政治和任何一个政治中心保持距离,竭力做一个"独立思想""自由精神"的文化遗民或政治逸民。但"文化"与政治并没有忘记他。"'达'已全然无望,'独善其身'亦复不可能。"⑦ 陈氏"在'卧榻沉思'中追寻那种他惟恐失落的民族精神,自觉地承担起华夏文化的托命",为弱女子柳如是作传,孤怀遗恨发而为激楚苍凉的民族心灵之歌,既"痛哭古人",又"留赠来者"⑧。深于历史的陈寅恪将做遗民逸民的希望放在岭南,孰料康乐园终不能康乐,故纸之堆也无法埋首遁迹。陈氏深深地理解和称许王国维"以一死见其独立自由之意志"⑨,而怀着独立自由之意志纵浪大化,亦难、亦沉重。然,惟其难,方显其可贵、可仰。古往今来,莫不如是。

五、结　语

移民、遗民与逸民的历史,赋予岭南独特的文化精神。

现代意义上的自由"不是一个达到更高的政治目标的手段。它本身就是一个最高的政治目标。其所以需要它的理由并不是为了一个良好的公共行政,而是为了保证追求文明社会崇高目标

---

① 石涛著,周远斌点校纂注《苦瓜和尚画语录》,第13页。
② 王丽金《师石涛笔墨,绘岭南山水:论黎简之中年变法》,《中国美术馆》2013年第10期。
③ 吴冠中《百代宗师一僧人:谈石涛艺术》,《沧桑入画》,上海,学林出版社1997年版,第320页;袁志煌、陈祖恩编著《刘海粟年谱》,上海人民出版社1992年版,第45、50页。
④ 高名潞《理性绘画》,《美术》1986年第8期;高名潞《意派·世纪思维》,哈尔滨工程大学出版社2009年版,第16页。
⑤ 陈传席《中国山水画史》,江苏美术出版社1988年版,第757、760页。
⑥ 俞剑华《山水画的时代精神》,周积寅、耿剑主编《俞剑华美术史论集》,东南大学出版社2009年,第350页。
⑦ 徐葆耕《清华学术精神》,清华大学出版社2004年版,第140页。
⑧ 蔡鸿生《"颂红妆"颂》,胡守为主编,中山大学历史系编《〈柳如是别传〉与国学研究·纪念陈寅恪教授学术讨论会论文集》,浙江人民出版社1995年版,第35—38页。
⑨ 陈寅恪《清华大学王观堂先生纪念碑铭》,《金明馆丛稿二编》,上海古籍出版社1980年版,第218页。

和私人生活的安全"。哈耶克引用阿克顿勋爵和政治自由先驱者的意见说，自由意味着免于强制、摆脱了他人专断权力，从种种长官意志束缚中得到解放①，是"独立于他人的专断意志"②的状态。尽管行为所受的种种制约和影响导致自由意志的经常被质疑，但面临各种不同行为选择的人的确具有自由意志的可能。欧美立法史实也显示，在人类认识自我价值的过程中，追求人的意志最大自由和价值最大实现是一个必须经过的阶段③。

自由意味着个人的独立和思想的尊严，意味着意志的自主和自由。但学者也提出，中国文化源头欠缺平等、民主、自由、法治等意识，造成了文化遗传基因的先天缺失④。刘再复、林岗《传统与中国人》以批判理性精神审视中国古典传统与文化，探讨传统社会结构中人格的缺失和不平等不独立、对个性尊严与主体自由的取消和压抑，认为直到"五四"才确立了具有现代意义的主体价值观，包括人的存在的主体性和自主性、个人的独创性和能动性的发挥以及个人尊严、人格的平等和尊重⑤。这个意见洞幽发微，思深忧远。就岭南局域看，无论在是书所批评的佛老、心斋、坐忘等理论和方式的岭南表现（慧能、江门之学），还是在所涉及的康有为、梁启超、孙中山等人的思想及活动，都有对传统的革命性的突破和"批判理性的成长另一个重要的条件"——"异质性思想、文化的输入"⑥。他们在中国人正视世界、正视自己，实现具有现代意义上的人的转变，并以"五四"的狂风骤雨形式开始中国人的自省与自救的进程中，留下了或深或浅的足印。

---

① 哈耶克著，滕维藻、朱宗风译《通往奴役的道路》，商务印书馆1962年版，第70、28页。
② 哈耶克著，邓正来译《自由秩序原理》上，三联书店1997年版，第5页。
③ 费安玲《著作权权利体系之研究：以原始性利益人为主线的理论探讨》，武汉，华中科技大学出版社2011年版，第30页。
④ 郭绍明《文化遗传论》，北京，中国书籍出版社2010年版，第509页。
⑤ 刘再复、林岗《传统与中国人》，第181—185、158、418页。是书批评传统礼治实质是以伦理道德为贵而不是人所秉有的不容侵犯的自由与尊严，并对传统伦理和泛道德化的困境进行描述，鞭辟入里，发人深省。但以崖山"可杀不可辱者"为"末世儒生"代表及伦理道德原因分析，或许与后世特别明儒对崖山评价过于倾向这方面有关。笔者以为，崖山的抵抗是南宋生死存亡的最后一役，是保家卫国的殊死战斗，是文明对抗野蛮的无奈自卫。战败后军民数万人投水，根本无从一一记载名姓，可见并非是因"贞节牌坊和名垂青史"的缘故，很大程度上是亡国的绝望、战败的耻辱和不堪奴役不甘再辱的自愿。联系徽钦二帝及随从在金的遭遇、元军对俘虏尤其反抗他们的战俘的屠虐以及南宋朝廷的再四奔窜、陆秀夫负幼帝投海前"不宜再辱"之言（《崖山志》卷1），可见这种生命选择的理性和自然。在这个意义上，崖山精神恰好成为传统"伦理道德"与"人所秉有的不容侵犯的自由与尊严"（刘再复、林岗《传统与中国人》第153、285页）能够完美统一的一个范例。又明黄淳等提出"使后世立国知所本焉，又不特为臣妾忠节之劝"（《崖山志》卷首），或可见当时人的一些反思。
⑥ 刘再复、林岗《传统与中国人》，第78页。例如，康有为已经提出"人人独立平等"、"自由自立"的观点（见康有为著，蒋贵麟主编：《康南海先生遗著汇刊》之五《孟子微》卷4，第267页，之六《论语注》卷14，第388页，香港，宏业书局1987年），并对民主、司法独立等多有阐发。张积家认为，康有为对儒家传统人性论进行批判吸收，提出"天生之人，并皆平等"、"人生而有欲，天之性哉"、"人有天生之情"、"男女之欲，必不能免"，肯定人的自然本性和欲望，肯定"去苦求乐"的人情，从而肯定了人追求幸福与完美的正当性与合理性，把人摆到了至高无上的地位。康有为注意到人的情感与欲望的丰富性，并称其为人的"大愿至乐"。张积家认为，康氏对人的欲望的看法与当代人本主义心理学家马斯洛的需要理论类似，他的人性思想受到中国古代人性论思想、西方资产阶级民主思想和进化论思想的影响，具有很强的实践性、革命性和战斗性。见张积家：《康有为人性论思想研究》，《心理学报》1996年第1期。李强华认为，康有为不仅把"去苦求乐"看作人的共同自然本性、人生的唯一目标以及支配人们一切行为的准则，亦肯定其社会属性，认为其同样推动社会前进。康谓，有凡人的凡俗之乐，也有圣贤豪杰的拯救苍生之乐；凡俗之乐是个体存在的起点，追求大乐是终极目标（李强华：《批判与超越：康有为人性论思想新解》，《兰州学刊》2007年第4期）。另康有为对宋亡多有批评，认为宋儒轻鄙功利、压抑人才，造成种族文明之厄，并批评其伦理道德的悖谬："盖施仁大于守义，救人大于殉死。宋儒乃尚不知此义，动以死节责人，而不施仁覆天下。立义狭隘，反乎公理，悖乎圣意，而世俗习而不知其非，宜仁义之日微，而中国之不振。"（《论语注》卷14，第362—370页）综上，梁启超《南海康先生传》说，康有为"使学者理想之自由日以发达，而别择之智识亦从生焉"（《梁启超全集》第2卷，第483页），仅此来看，也是很有道理的。

"尚得昔贤雄直气，岭南犹似胜江南。"① 移民、遗民、逸民和他们为自由的不屈奋斗，是岭南及岭南精神筑建形成的基石，并从对生命安全和人身自由的追求，进而为对平等、民主、民权、国权的争取；从对个人生命和价值的体认，走向对社会思想、文化、制度的批判、改革甚至革命。岭南特殊的人文历史地理更激发了岭南人的危机意识、深刻反思和勇于担当。在两千多年的发展中，在近代史上，自由引领着岭南及中国的前行，并作为中华文明的一部分，传递民族精神，承担起华夏文化的运命，而从广义上推动了人类对自由和发展的艰辛探索。这个过程还在继续，对自由的渴望和追求引领我们不断地向着新的、更高的天际飞翔。行文至此，回视一生践行独立精神、自由思想的陈寅恪，以为学术争自由之志，"决不从时俗为转移"②，"未尝侮食自矜，曲学阿世"③，而将意志自由之帜，留在了岭南。中山大学校园内陈氏故居前春草年年，"救国经世，尤必以精神之学问为根基"④ 的坚持"古道照颜色"，与莘莘学子长久地展书以读。

（原刊《文化遗产》2016 年第 1 期）

---

① 洪亮吉《道中无事偶作论诗截句二十首》之五，《洪亮吉集》第 3 册，刘德权点校，中华书局 2001 年版，第 1244 页。
② 蒋天枢《陈寅恪先生编年事辑》，上海古籍出版社 1981 年版，第 158 页。
③ 陈寅恪《赠蒋秉南序》，《寒柳堂集》，上海古籍出版社 1980 年版，第 162 页。
④ 吴宓著，吴学昭整理注释《吴宓日记》第 2 册：1917—1924，三联书店 1998 年版，第 101 页。

上博简《孔子诗论》"文亡隐意"说的文体学意义

徐正英

在具体评述《诗经》六十三首作品（包括逸诗）和归纳概括"风"、"小雅"、"大雅"、"颂"四类诗旨的基础上，上博简《孔子诗论》又升华到理论高度，对文艺本质问题作了深刻揭示。诗歌的言志功能问题，音乐的抒情功能问题，文章的达意功能问题，分别为中国诗学、音乐学、文章学的核心问题，而《孔子诗论》第一简提出的，正是这三个问题，本文仅拟谈第三个问题。

一、"文亡隐意"文本考释

整理者马承源隶定《孔子诗论》第一简孔子后三句话文本为：

孔子曰：诗亡隐（離）志，乐亡隐（離）情，文亡隐（離）言。

马承源又称，此三句话"可以读为'诗不离志，乐不离情，文不离言'"[①]。这一整理成果公布之后，曾引起了学术界的热烈讨论，不少专家对马氏的隶定结果提出了不同看法。因为这些不同意见直接关系到我们对文本原义的理解和理论价值的判定，所以，下面不避烦琐将其中代表性的意见排列出来，并作较为详尽的考察。

马氏之外，比较有代表性的意见有：
①李学勤、裘锡圭、黄怀信等隶定为："诗亡隐志，乐亡隐情，文亡隐意。"[②]
②廖名春、邱德修等隶定为："诗亡泯志，乐亡泯情，文亡泯言。"[③]
③庞朴、周凤五、陈桐生等隶定为："诗亡隐志，乐亡隐情，文亡隐言。"[④]

---

① 马承源主编《上海博物馆藏战国楚竹书》（一），上海古籍出版社2001年版，第123页，第126页。
② 李学勤《〈诗论〉简的编联与复原》，《中国哲学史》2002年第1期，第8页；裘锡圭：《关于〈孔子诗论〉》，《中国哲学》第二十四辑，辽宁教育出版社2002年版，第139—140页；黄怀信：《战国楚竹书〈诗论〉解义》，社会科学文献出版社2004年版，第18页，第267—271页。
③ 廖名春《上海博物馆藏〈诗论〉简校释》，《中国哲学史》2002年第1期，第9页；邱德修：《〈上博简〉（一）"诗亡隐志"考》，《上博馆藏战国楚竹书研究》，上海书店出版社2002年版，第305页。
④ 庞朴《上博藏简零笺》，《上博馆藏战国楚竹书研究》，上海书店出版社2002年版，第241页；周凤五《〈孔子诗论〉新释文及注解》，（同上）第152页；刘信芳：《孔子诗论述学》，安徽大学出版社2003年版，第106页，第109页；陈桐生《〈孔子诗论〉研究》，中华书局2004年版，第257页。

④饶宗颐、李零、王志平等隶定为："诗亡吝志，乐亡吝情，文亡吝言。"①
⑤何琳仪等隶定为："诗亡陵志，乐亡陵情，文亡陵言。"②

每种代表性意见内的不同学者对各句文意的解释和概括又有较大区别。综观各位专家对简文的隶定和阐释，其不同意见全部集中在三个"🈳（隱）"字和简文最后的一个"🈳"字上。

先谈前一个"🈳"字。观图版，该字笔画、结构很清晰，马承源将其隶定为"隱"，对此，专家们无任何异议。意见纷争来自于对这个字的释读上，因为《说文解字》中没有该字，也没有其右半的字。为了正确释读该字，众多专家耗费大量心血，作了深入缜密的考辨，各自做出了值得尊重的贡献。在诸多结论中，李学勤、裘锡圭、黄怀信等先生释其为"隐"的意见更具说服力，也更合情理，这一点仅从两字的外形（"隱"、"隱"）便不难看出。同时，学者们在综合运用文字学、音韵学、训诂学等小学知识深入考辨该字的同时，还潜在着一个共同的指导思想，就是使该字的义解尽量向中国古代诗学的核心理论"诗言志"说靠拢，甚至连文字学家裘锡圭先生也不例外。他从文意和孔子心理角度分析道："诗言志，乐抒情，文（裘氏指文辞——引者注）达意，但诗文之志意不见得一目了然，乐之情也不是人人都能听出来的。孔子之意当谓，如能细心体察，诗之志，乐之情，文之意都是可知的。所以说：'诗亡隐志，乐亡隐情，文亡隐意。''隐'有不可知之意。孔子说诗，也就是要明诗之志。"③ 这一指导思想和努力方向是正确的（不过，总不免有主观先行之嫌）。因此，各位专家对该字释读的结果虽有"离"、"隐"、"泯"、"吝"、"陵"、"私"多种④，并且正确的结论只能有一个（也许那个正确的结论在这几个字之外），但除"陵"字之解文意不大通顺之外⑤，多数训解都能帮助我们对前两句作出大致相同的理解："诗亡离志，乐亡离情"，"诗亡隐志，乐亡隐情"，"诗亡泯志，乐亡泯情"⑥，"诗亡吝志，乐亡吝情"⑦，可依次理解为"诗歌离不开表达思想感情，音乐离不开抒发感情"，"诗歌不隐藏思想感情，音乐不隐藏感情"，"诗歌不泯灭思想感情，音乐不泯灭感情"，"诗歌不吝惜表达思想感情，音乐不吝惜抒发感情"。可见，这几种释读，都只不过是"诗言志"、"乐抒情"的不同表述而已，并无本质区别。

再谈后一个"🈳"字。马承源先生将《孔子诗论》第一简最后一字"🈳"隶定为"言"，学术界多遵从之。而李学勤、裘锡圭等先生则对此提出异议，并将其隶定为"意"。理由有三：第一，因该字下部竹简缺损，看不清楚，其与后面二、三、八、十七、十九、二十、二十五、二十八共八简十处"🈳（言）"字的下部是否完全一致不得而知；第二，后面十处"言"字顶上均无一小横，而此字顶上却有一小横，说明此字即使下半部与后面"言"字完全一致，也不能隶

---

① 饶宗颐《竹书〈诗序〉小笺》，《上博馆藏战国楚竹书研究》，上海书店出版社2002年版，第228页；李零《上博楚简校读记（之一）》，《简帛研究网站》2002年1月4日，收入李零《上博楚简三篇校读记》，中国人民大学出版社2007年版，第11页；王志平《〈诗论〉笺疏》，《上博馆藏战国楚竹书研究》，上海书店出版社2002年版，第210页。
② 何琳仪《沪简〈诗论〉选释》，《上博馆藏战国楚竹书研究》，上海书店出版社2002年版，第243—244页。
③ 裘锡圭《关于〈孔子诗论〉》，《中国哲学》第二十四辑，辽宁教育出版社2002年版，第141—142页。
④ 方铭《〈孔子诗论〉第一简与〈诗序〉》一文云："那么，究竟应该怎么解释'诗亡隐志，乐亡隐情，文亡隐意'这句话，我认为'隐'应该训为'私'的意思，则这句话的意思就一目了然了。"说明"私"是对"隐"字意思的进一步解释，可与"隐"视为同一种意见。（参见《第五届海峡两岸先秦两汉学术研讨会论文集》第74页，未刊稿）
⑤ 何琳仪解释三句话大意为："诗歌不可使心志陵越，音乐不可使感情陵越，文章不可使言辞陵越。"笔者以为文意不通，故不取。
⑥ 这里仅是对廖名春意见的概括。邱德修解三句为："《诗经》如果散亡了，就会泯灭了人志"，"乐章如果散亡了，就会泯灭人情"，"文词如果散亡了，就会泯灭文献。"笔者认为邱氏之解与文本本义相去甚远，故不取。
⑦ 这里主要是对饶宗颐、李零意见的概括。王志平释"吝"为"贪"，很有新意，然恐未必符合文本本义，故不取。

定为"言";第三,该字的字形、结构上部与容庚《金文编》中的"意"字写法"🙵"① 相近。应该说以"言"为"意"理由充分,甚可信从。

同时,在李、裘二氏实证性理由之外,还可以从文意疏通角度补充两条理由。

(一)从该句句意自身的疏通看。首先,在上述"文亡离言"、"文亡隐意"、"文亡泯言"、"文亡隐言"、"文亡吝言"、"文亡陵言"六种意见中,有五种意见隶定其最后一字为"言"。此五种意见中除何琳仪释"文"为"文章"外,有四种意见释其"文"为"文采"②,依次疏通文意,当为"文采离不开发挥语言(言辞)"、"文采不泯灭语言(言辞)"、"文采不隐藏语言(言辞)"、"文采不吝惜发挥语言(言辞)"。与前两句对应,也就是"文采发挥言辞"的意思。如此隶定和释读,该句文脉似通非通,其所表达的文意亦含糊不清。马承源甚至把《左传》中孔子引古书"文以足言"并阐发的一段话"看作是'文亡离言'的具体解释"③,更是对古语意思的误读,"文以足言"是说文采能使语言的功能得到充分发挥,两者文意相去甚远。其次,李学勤、裘锡圭、邱德修以"文辞"释该句之"文",以此解疏通该句,则为:"文辞离不开语言(言辞)"、"文辞不泯灭语言(言辞)"、"文辞不隐藏语言(言辞)"、"文辞不吝惜语言(言辞)"。皆不成句,且远离文本本义。再次,黄怀信释"文"为"文字",以此疏通该句,则为:"文字离不开语言(言辞)"、"文字不泯灭语言(言辞)"、"文字不隐藏语言(言辞)"、"文字不吝惜语言(言辞)",则不知所云。复次,何琳仪释"文"为"文章",以此疏通该句,一种可通,三种不通:"文章离不开语言(言辞)","文章不泯灭语言(言辞)","文章不隐藏语言(言辞)","文章不吝惜语言(言辞)"。其中,"文章离不开语言(言辞)",可视为有价值的文学理论见解,但此解释能否站得住脚,还需要放到三句大语境下进行检验。最后,试借用李学勤、裘锡圭、黄怀信对该句的隶定疏通之。三氏隶定为"文亡隐意",若以"文采"之义疏之,则为"文采不隐藏文意",即"文采"表达文意;以李、裘的"文辞"之解疏之,则为"文辞不隐藏文意",即文辞表达文意;以黄氏"文字"之解疏之,则为"文字不隐藏文意",即文字表达文意;若以"文章"疏之,则为"文章不隐藏文意",即文章表达文意。显然,除"文采表达文意"意思不通之外,"文字表达文意"、"文辞表达文意"、"文章表达文意"皆文意豁然,尤其后两种是颇有价值的文学理论见解。但是,这三种见解能否站得住脚,同样需要放到三句大语境下统一审视。

(二)从三句文本句式和用词属性的统一看。经过以上层层否定和排除,《孔子诗论》第一简最后一句,学术界只有四种隶定和解释方式可以疏通自身文意:

① "文亡离言":即文章离不开语言(文章是靠语言来表达的)。
② "文亡隐意":即文字不隐藏文意(文字是用来表达文意的)。
③ "文亡隐意":即文辞不隐藏文意(文辞是用来表达文意的)。
④ "文亡隐意":即文章不隐藏文意(文章是用来表达文意的)。

---

① 李学勤《谈〈诗论〉"诗亡隐志"章》,《文艺研究》2002年第2期;容庚《金文编》,中华书局1995年版,第717页。

② 1. 马承源云:"'文'在这里是指文采。"(参见《上海博物馆藏战国楚竹书》(一),第126页)2. 周凤五释"文"为"言语文饰"云:"简文谓人心之真实情志皆反映于诗歌、音乐、言语之中,无法隐匿或矫饰。"(见《上海博物馆战国楚竹书研究》,第156页)3. 饶宗颐释"文"为写文章,云:"'文亡吝言'者,谓为文只要尽意,无所吝惜。"(参见《上海博物馆藏战国楚竹书研究》,第231页)饶氏虽释为"言",却当"意"解,认为不吝惜语言就是让言尽意,把两个问题混同成一个问题,其释文令人费解。

③ 马承源主编《上海博物馆藏战国楚竹书》(一),第126页。

下面将此四种意见依次纳入笔者所信从的李学勤、裘锡圭及黄怀信所隶定的三句简文中进行考察：

① "诗亡隐志，乐亡隐情，文亡离言"。第三句与前两句明显不一致，故不可取。

② "诗亡隐志，乐亡隐情，文亡隐意"。三句都是李、裘及黄隶定的原文，但是释"文"为"文字"或"文辞"则与前两句文意不统一。首先，"诗"、"乐"与"文"的性质不统一。这里的"诗"和"乐"分别指诗歌和音乐（或乐曲），它们是两种不同的文艺类型和文艺体裁，而"文字"和"文辞"既不是文艺类型，也不是文艺体裁，"文字"在古代或泛指表意工具，或与"文辞"一样具指单音节的字，它们只是构成文艺体裁（如散文、诗歌）的一项基本要素和最小单位。故"文字"之文和"文辞"之"文"不可能在这三句排比工整、用词属性完全统一的句式中出现。其次，前两句与第三句揭示的问题性质不一样。"诗亡隐志，乐亡隐情"，即诗歌表达志意，音乐抒发情感，揭示的是这两种文艺样式的本质特征，而"文亡隐意"即"文字"或"文辞"用来表达文意，揭示的只是"文字"或"文辞"在文章（包括诗歌）写作中达意的具体功能，不涉及对文艺本质特征的揭示问题。最后，前两句的"诗"、"乐"与后一句的"文字"之"文"和"文辞"之"文"，在发挥作用时实施的对象不一样。诗言志或乐抒情，指诗歌或音乐的本质特征是用来表达、抒发作诗者、谱曲者或演奏者的思想感情，也可以是读诗者或听乐者在阅读吟诵或听乐中与诗歌、音乐发生共鸣，借诗歌、音乐渲泄思想感情。其作用的对象不论作者还是读者抑或听者，都是人。而文字或文辞表意的实施对象则是文章本身，是物。因此，"文字"之"文"和"文辞"之"文"句亦皆不合孔子言论原意。

③ "诗亡隐志，乐亡隐情，文亡隐意"。"诗"、"乐"、"文"分别指诗歌、音乐、文章，它们是三种相互区别又密切相关的文艺类型、文艺体裁和文艺形式；"志"、"情"、"意"分别指作者的思想感情、感情、思想，它们是人类精神世界中密不可分的三种最主要的东西。故三句隶定为"诗亡隐志，乐亡隐情，文亡隐意"，且释"文"为"文章"、释"意"为"思想"，当是唯一正确的结论，最合孔子原意。诗歌言志，音乐抒情，文章表意，是孔子对当时所存在的文艺形式本质特征所作的最全面的概括。

因此，第一简的最后一残字"🀄"唯一正确的隶定和释读只能是"意"。

此外，专家们对三句中每句第二个字的训读，有"亡"、"不"、"无"、"毋"之别，因不影响文意，故不赘述。

二、"文亡隐意"说是对先秦时期诗歌之外所有文体本质特征的全面揭示

如前所说，所谓"诗亡隐志，乐亡隐情，文亡隐意"是说诗歌的本质是言志的，音乐的本质是抒情的，文章的本质是表意的。整体而言，所有文学艺术形式，无论是诗歌创作或吟诵，还是乐曲谱写或演奏，抑或是文章写作或口述，作者最根本的目的，都是为了把自己的想法表达出来。那么，孔子又是为什么将诗、乐、文放在一起讨论并用"志"、"情"、"意"三个不同词语分别揭示出各自的本质特征呢？依笔者理解，从浅层的原因去体认，可能是他的《孔子诗论》全文讨论的是《诗经》，而《诗经》又是配乐演唱的，尽管春秋时期受外交聘问赋诗断章之风影响，诗乐分离趋势明显，但毕竟尚未完全分家，所以论诗而及乐是自然之事。其在分类归纳概括风、二雅、颂四类诗歌内容特征时，也未曾忘记对每类诗歌音乐特征作附带评论，因此，最后揭

示文艺本质时，诗乐并论，并不难理解。但是，孔子在诗乐并论的同时，却突然加入了对文章本质的讨论，就不是用"自然而然"所能解释得了的，而是有意为之。其深层原因，很可能就是孔子想借讨论《诗经》之机将他对有史以来所有文学样式本质特征的认识都概括揭示出来，因而将诗、乐、文放在一起集中讨论，以便于区分清楚先秦时期诗、乐、文本质特征的相异之处。在孔子看来，尽管所有文学艺术创作的根本目的都是为了表达作者的想法，但不同的文艺样式，其本质特征、表达重点和方式并不一样，诸如诗歌的本质特征就是以表达作者理性思维的思想意志为主，表达感性的情感为辅；音乐的本质特征正好相反，以抒发作者或演奏者的情感为主，而表达其思想为辅；文章的本质特征则主要是表达作者理性的思想，虽不能说完全排斥情感，但就当时已生成的散文文体看，确实基本都是纯理性的。如命、诰、盟、约、册、典、谟、判等，皆是应用性公文。合而观之，孔子对当时存在的文学文体和主要艺术门类本质特征作了最为全面系统的概括与揭示。

所谓"诗亡隐志"，意思就是"诗言志"，即诗歌的本质是表达作者的思想感情的。有关"诗言志"说的讨论，前修时贤，成果已多不胜计，毋需本文再费辞饶舌。但是，大致判定"诗言志"说及其相关提法的生成顺序及时间段是本文论题无法绕开的前提。"作诗言志"的观念在西周早期已经产生，《诗经》中一批直接表明写作目的的作品即是明证，这一观念发展到西周晚期愈加明晰。① 在"作诗言志"观念发展的同时，"陈诗言志"的意识也逐渐增强，并在西周晚期正式提出，《国语·周语上》"邵公谏厉王弭谤"的著名片段即是明证。② 春秋鲁僖公二十三年（前637）孔子出生前八十六年至鲁定公四年（前506）孔子四十六岁，风靡各诸侯国一百三十余年的外交聘问赋诗断章之风，产生了"赋诗言志"说，该说虽始见载于《左传·襄公二十七年》（前546）孔子六岁时，其实很可能在赋诗之风兴起不久就提出了，此语见载时"似已作为成语来引用"。③ 而《尚书·尧典》所载我国诗歌理论开山纲领"诗言志"说也当是这个赋诗断

---

① 《诗经》中直接表明作诗目的的作品依时间顺序排列如下：西周成王时《大雅·卷阿》："矢诗不多，维以遂歌。"西周厉王时《小雅·四牡》："岂不怀归，是用作歌，将母来谂。"《大雅·民劳》："王欲玉女，是用大谏。"《大雅·板》："犹之未远，是用大谏。"《大雅·桑柔》："虽曰匪予，既作尔歌。"西周宣王时《大雅·崧高》："吉甫作诵，其诗孔硕，其风肆好，以赠申伯。"《大雅·烝民》："吉甫作诵，穆如清风。仲山甫永怀，以慰其心。"西周幽王时《小雅·节南山》："家父作诵，以究王讻。式讹尔心，以畜万邦。"《小雅·正月》："维号斯言，有伦有脊。"《小雅·何人斯》："作此好歌，以极反侧。"《小雅·巷伯》："寺人孟子，作为此诗。凡百君子，敬而听之。"《小雅·四月》："君子作歌，维以告哀。"《小雅·白华》："啸歌伤怀，念彼硕人。"春秋初年，《魏风·葛屦》："维是褊心，是以为刺。"《魏风·园有桃》："心之忧矣，我歌且谣。"春秋时期《召南·江有汜》："之子归，不我过。不我过，其啸也歌。"《陈风·墓门》："夫也不良，歌以讯之。讯予不顾，颠倒思予。"《小雅·车舝》："虽无德与女，式歌且舞。"

② 徐元诰撰，王树民、沈长云点校《国语集解》（修订本），中华书局2002年版，第11—12页："邵公曰：……故天子听政，使公卿至于列士献诗，瞽献曲，史献书，师箴，瞍赋，矇诵，百工谏，庶人传语，近臣尽规，亲戚补察，瞽史教诲，耆艾修之，而后王斟酌焉，是以事行而不悖。"可见陈诗是为进谏。

③ 王运熙、顾易生主编《中国文学批评通史》，上海古籍出版社1996年版，第34页。其所言是指《左传·襄公二十七年》中赵文子听郑大夫伯有赋《诗经·鄘风·鹑之贲贲》后，评论时所用"（赋）诗以言志"一词（参见杨伯峻注《春秋左传注》，中华书局1981年版，第1135页）："卒享，文子告叔向曰：'伯有将为戮矣。（赋）诗以言志，志诬其上而公怨，以为宾荣，其能久乎？'"既然王、顾两先生认为赵文子是将"（赋）诗以言志"作为成语来引用的，其生成和流传的时间应已不短。"赋诗言志"《左传》虽始见载于鲁襄公二十七年（前546），不过，各诸侯国外交聘问场合的"赋诗言志"之风则在鲁僖公二十三年（前637）就已兴起了，一开始赋者的"赋诗言志"意识和听者的"听赋诗观志"意识就非常明确，因为他们代表的是各诸侯国的国家意志。故而，我们不妨把"赋诗言志"说的实际生成时间向前推移九十二年。

章时代的产物①，只是它的提出晚在"赋诗言志"说之后罢了。因为"作诗言志"、"陈诗言志"、"赋诗言志"都是具象性质的具体说法，而"诗言志"虽然仅一字之少，却标志着对此前各种说法和表述的兼容与融汇，其将各种具象化的功能认识，抽象化并提升为对诗歌这一文学样式功能性本质特征的归纳，不仅具有总结性、概括性，而且升华为理论学说，所以其晚出是很明显的。该学说提出的时间下限当不会晚于孔子时代。一则尽管《尚书》的成书时间聚讼纷纭，但《尧典》篇的写定当不会晚于春秋时期②；二则依事物生成的基本原理，支离零散的理论生成在先，系统完备的理论生成在后，是自然的事情，比较可见，孤立的"诗言志"说只是孔子系统化文艺本质理论"诗亡隐志（诗言志），乐亡隐情（乐抒情），文亡隐意（文表意）"的一个部分，所以其生成于孔子的文艺本质论之前而不可能生成于之后是符合历史实际的。

如此，"作诗言志"主要是言作者个人之志，这个"志"里的情感成分自然偏多；而"陈诗言志"则主要是借"献"诗、"赋"诗、"诵"诗向听政的天子进谏，其代表民意的公共成分和理性成分增多，而个人情感成分自然减少；外交聘问场合的"赋诗言志"则更是代表各自诸侯国的国家意志，赋诗者的个人情感要绝对服从国家理性，即便偶有赋个人志意之例，也是与政治任务一致的政治怀抱，否则，就会断送自己的政治前途，赵文子预测郑国大夫伯有"将为戮"即其例③，故其情感成分几乎可以忽略不计。融合各种说法提炼升华而成的"诗言志"说，则比此前任何一种提法的涵盖面都要广泛，作诗者、读诗者、陈诗者、歌诗者、赋诗者、诵诗者、听歌赋诵诗者等等，所有思想情感都囊括在内。同时，宽泛的"诗言志"说又主要兼有"作诗言志"和"赋诗言志"两大主块，并且本身又是"赋诗言志"时代的产物，因此，"诗言志"的"志"在理性的志意思想占主导地位的同时，感性的情感成分亦占一定比重，称"诗言志"指诗歌的本质特征主要是表达作者的思想感情，应符合该学说的实际。当然，其"情"的比重是有限度的，后来《毛诗大序》一面称"在心为志，发言为诗"，一面又称"情动于中而形于言"，将"情"与"志"合称并举，孔颖达《左传正义》更直接解为"情志一也"，则只能代表后人对诗歌本质特征的体认，并不符合"诗言志"说产生时期的原意。而如前所说，孔子的"诗亡隐志"说可视为已有"诗言志"说的另一种表述，其贡献就在于变"诗言志"说的孤立提出为与"乐亡隐情"说、"文亡隐意"说并提共论，以便全面体认并划清诗、乐、文各自本质特征的分界。正因为三者并论，"诗亡隐志"说才会让人明确无误地体认诗区别于乐、文的本质特征就是表达作者

---

① 这场盛行一百三十二年至鲁定公四年（前506）才骤然沉寂的"赋诗言志"之风，遍及鲁、晋、郑、楚、卫、齐、秦、宋等十个诸侯国，不仅深刻影响甚至主导了一个时代的政治生态，而且还深刻影响了各国贵族士人的思维方式和生活方式，"赋诗言志"、"取义专对"成了莘莘学子出仕立身的基本素养和必备技能，孔子所谓"诵诗三百，授之以政，不达；使于四方，不能专对；虽多，亦奚以为"（《论语·子路》），便是最好的说明。由此推测，在"赋诗言志"之风的长期熏染下，士人贵族将"赋诗言志"意识或"赋诗言志"的说法直接发展为"诗言志"学说，并借帝舜之口说出，当是情理之中事。因此，称"诗言志"说是赋诗断章时代的时代产物应符合历史实际。
② 载录"诗言志"一语的《尚书·尧典》生成时代问题是汉代以来争论最多最难定论的学术悬案之一，竟有唐、虞、夏、周、秦、汉诸说。应该清楚的是，《尚书》的最后编成定型年代，不等于就是书中各篇的写成年代（因原为单篇流传），而各篇的写成年代也并不等于就是篇中所保存的史料生成年代（后人可依原有史料编写）。既然孔子在《论语》中几次称说或引用《尚书》，先秦典籍《墨子》、《左传》、《国语》等都征引过该书内容并称《书》曰或《尚书》"某篇名曰"，其所引内容之篇写成时间就不会晚于战国前期。再进而推之，既然孔子用《尚书》作教材，说明《尚书》核心篇子的生成时间就不可能晚于孔子，王充、康有为、郭沫若、刘起釪等人甚至认为《尚书》就是孔子为给学生作教材而亲自编定的（参见王充《论衡·须颂》，黄晖撰《论衡校释》，中华书局1990年版，第847页；康有为《孔子改制考》卷十二《孔子改制法尧舜文王考》，中国人民大学出版社2010年版，第261页；郭沫若《古代社会研究》，人民出版社1964年版，第78页；刘起釪《尚书校释译论》第一册，中华书局2005年版，第381页等）。而《尧典》篇又是《尚书》的首篇，乃核心中的核心，其写成时间自然不会晚于孔子。
③ 详见上页（第384页）注③。

理性志意思想为主、抒发感性情感为辅，不会有"诗言志"说后来所引发的如《毛诗大序》和孔颖达志情并举或其它志情对立等种种歧解论争现象的发生，因为解作志情并举就逾越了"乐亡隐情"之界，解作有志无情就逾越了"文亡隐意"之界。

所谓"乐亡隐情"，其揭示的音乐的本质特征就是以抒发谱曲者或演奏者的情感为主，以表达其理性的思想志意为辅，这一揭示无疑是符合音乐艺术形式实际的。江苏丹徒背山顶出土的早于孔子的春秋墓编钟中，有一件纽钟铭文"我以夏（雅）以南，中鸣媞好，我以乐我心"[①]，对音乐的乐心功能作了揭示，可视为其从理论上对音乐抒情性本质特征的间接指陈。也许孔子"乐亡隐情"说是此"乐心"说进一步发展的结果，就是说"音乐抒情"说的理论可能不是由孔子首创的。相对而言，音乐虽亦表达作者的思想，但它的形式是抒情性的演奏，不论什么内容的音乐，即便是孔子认为尽美而未尽善的带有征伐内容的《武》乐，其演奏也都主要是抒情形式。不论创作者、演奏者还是听者，演奏的情感，受到的感染，都主要是非理性的。孔子之所以说君子人格修养需要经历"兴于诗，立于礼，成于乐"（《论语·泰伯》）三个阶段，主要也是看重的音乐对人类心灵非理性的陶冶作用。所以，音乐与诗歌的区别性表达，主要就是抒情性表达，是以抒发情感为主，表达思想为辅。这既是音乐与诗歌的区别，也是艺术与文学两大门类本质特性的区别。

所谓"文亡隐意"，是说文章的本质特征是表达作者的志意思想，那么什么是文体之"文"，如何界定文体之"文"的范围？这是学术界争论了很长时间而又一直未能梳理清楚的问题，也不是本文要展开辨析的问题。其实，简文的意思很明白，认为除了诗歌样式之外，当时已经产生的所有书面和口头的文体样式，都可统称为"文"，近似于今天所说的广义的文章（当时还没有独立的文学散文产生）。在孔子看来，和作诗、赋诗、唱诗一样，写文章或口头表述也是表白想法，但与作诗赋诗的"言志"不同的是，后者主要指可以理性地将想要表达的意思直接表述清楚，并且越直接、越条理、越明白甚至越简易越好。这里所说的直接表达并非否定文采，是否直接表达与要不要文采不是一个概念。这种表白，虽不可能完全排斥情感，但是按孔子之意则是越理性越好，其与诗歌的区别在于理性主导的程度。孔子对文、诗、乐本质特征的概括与揭示，似乎是以情感成分的多少来区分的，即文章的本质特征主要是理性表达思想而较少涉情；诗歌的本质特征则是以理性表达思想为主，而以抒发情感为辅；音乐则是以抒发情感为主，而理性表达思想为辅。在文史哲不分、学术著作繁盛而文学散文尚未正式独立、文体皆应用性、以《诗经》为主的诗歌作品被打上礼仪色彩的春秋时代，孔子对这些文艺样式本质特征的揭示，是符合当时的文学实际的。不容忽视的是，简文三句话出现本身就说明孔子已对有史以来至他那个时代所存在的所有文学样式和主要艺术样式的本质特征，已形成了自己的基本看法和理论认识，其系统性、全面性和准确性超越时人，其理论贡献不可小视。

三、"文亡隐意"说是对文章本质特征的最早揭示

如前所论，简文的"诗亡隐志"说，其实是当时已有"诗言志"说另一种方式的表述；"乐亡隐情"说则可能是此前音乐"乐心"说的发展结果；而"文亡隐意"说就不同了，它则是由孔子首创的。其首创性至少表现在三个方面。

[①] 商志䪨：《江苏丹徒背山顶春秋墓出土钟铭文释证》，《文物》1989年第4期。

其一，此简文与传世文献中孔子的言论共同使"文"具有了文章的含义。关于"文"在先秦时代的含义，学术界讨论很多，兹不赘述。大体说来，由广到狭无非就是文化学术、文献、文采、文辞、文字，等等，但少有学者认为先秦的"文"具备"文章"的义项（唯见何琳仪将此简之文释为"文章"，而却又将"意"误隶为"言"了）。当然，如上结论，多是归纳"文"在先秦文献中使用实例基础上研究得出的，因此颇有道理。本来孔子明明已有了文章意识和文章概念，但学界因主观上认为此概念汉代才有，所以便尽量曲解而避之，致使不少结论似是而非。据传世文献可知，孔子早已明确讲到文章概念了，只是未被重视罢了。《论语》中记孔子关于"文"的言论25次，杨伯峻在《论语译注》中解文献11次，文采6次，文辞1次，文饰2次，谥号3次，周文王2次，但是，有两处明显归错了类。一处是《颜渊》篇"君子以文会友，以友辅仁"，此处的"文"决不能理解为"文献"或"文化学术"，而只能理解为"文章"，在"文章"大行其道的孔子时代，君子只能以文章会朋友（论述见后）。尽管此语出自孔子弟子曾子之口，而以孝著称的曾子表述的应该就是孔子的意思，代表了孔门对"文"的认识。第二处是《卫灵公》篇，孔子称："吾犹及史之阙文也。"这里的"阙文"之"文"，亦当是"文章"，他是在庆幸自己还能读到史书中存疑的文章内容。另外，为人们所熟悉的《公冶长》篇子贡对老师所作"夫子之文章，可得而闻也，夫子之言性与天道，不可得而闻也"之评价，其中的"文章"一词杨伯峻解为"文献学问"，有增字作解之嫌。"文章"要么解作"文献"，而作"文献"解则不成句；要么解作学问，而作"学问"解又没有依据，"文章"从未作"学问"解。再说，"文献学问"学生怎么能"闻"？宋邢昺《论语注疏》释为"夫子之述作威仪礼法"，即使按邢氏的注疏去理解，不管是口头的"述"，还是书面的"作"，在当时都可视为创作；不论口述或写作的是"威"或"仪"，还是"礼"或"法"，从文体的角度讲，都应是"文章"。这里的"文章"，就是指孔子的口头讲章。因为孔子自称"述而不作"，今文经学家归在孔子名下的多部经典皆存在争议。今天研究《论语》、《孟子》的散文特征，实际上研究的都是孔子、孟子口头表述之文的特征，而不是他们写出的文章特征。子贡用的是"闻"而不是"读"，只有讲出来的才能"闻"听到。子贡是说老师的口头讲章，我们可以听得到，但他关于性和天道的讲章，我们听不到，也就是孔子没有明说过。如上传世文献中的"文"、"文章"和出土文献中的"文"合观，说明孔子及弟子们最早为"文"赋予了"文章"含义。

其二，简文还为"文"赋予了区别于有韵之诗的其它所有无韵文类统称的散文文体意义。因为诗歌有韵便于记诵，在文字产生之前就已产生并代代口耳相传，而散文由于无韵，不便记诵和相传，只能在文字产生之后记录下来才算正式产生。如殷商时代的甲骨文，就至少已经有了九种文体的存在，至西周铜器铭文，已有占、命、卜、记、诰、训、约、铭、律、颂、文书、盟、劾、诉状等十几种文体在使用，同时，西周传世文献中还有与铜器铭文重复之外的誓、谟、典、祝、诔、戒、诅等文体流行。不论从文体种类上讲，还是从贵族阶级日常生活的运用频率上讲，都比有韵的诗歌要广泛得多。尽管如此，人们只顾使用，好像还没有从文体概念、文体理论的高度去总结的意识。当然，不论铜器铭文，还是简牍文字，一般都是单篇流传的，这也是造成通览归纳意识淡薄的客观因素。周平王东迁之后，随着天子王权的衰落，采诗制度消亡，因此，不同于韵文诗歌的无韵之文，也就是今天所称的广义的散文，便迎来了创作的黄金期。这就是为孟子所羡称的"王者之迹熄而《诗》亡，《诗》亡然后《春秋》作"的时代。所谓"《春秋》"，这里可宽泛理解为广义的散文文类，而不必局限于《春秋》一书或《春秋》一体。值得注意的是，这个时代首先兴盛起来的是口头散文创作，随后才是对口头创作的记录，如孔子的"述而不作"，就是重在口头阐述，由学生记录，他死后学生将所记老师言论辑在一起所成《论语》，也就成了孔子的散文创作。这只是例子之一。其实，即便如《左传》这样的史书所记，不少也是当时的口头之言。正如董芬芬《春秋辞令文体研究》一书所称："创造一代的新文学，寻找能够自由表达思想的文学样式，春秋时人在口头语言中找到了源泉，只要能把富有表现力、灵活多变、声音铿锵和谐的口语准确地记录下来，就是高水平的'文'。春秋时代推崇'立言'、'慎言'、'言以足志，文以足言'等观念，使得时人特别重视口头的表达。……除了个别篇目明确记载为文书外，《左传》、《国语》所载议论文辞，大多已经分不清哪篇来自本人的翰墨，哪篇来自史官的记录。"① 随着口头散文创作之兴，记录亦随之而盛，庄子所始尊称的"六经"中有四经是散文即可说明其繁盛情况。归纳分类意识自当随之产生，正是时代的需要。如前笔者所推论，《尚书》的单篇文章很可能就是这个时间段被汇集成书的。汇集在一起时自然就需要为一些篇章分类命名，所以，《尚书》按诰、典、谟、誓、命、训六种文体命名，应该就在孔子稍早散文开始兴盛的时代，不可能在春秋之前。同时，《周礼·春官·大祝》"作六辞以通上下、亲疏、远近：一曰祠，二曰命，三曰诰，四曰会，五曰祷，六曰诔"，对六种辞令文体所作归纳，也当是稍早于孔子散文口头创作开始兴起的时代。

孔子之前，尽管多种散文体裁都已产生，并且有了初步归类命名的意识，如所谓《尚书》中的"六体"，《周礼》中的"六辞"，但终究没人为这些有别于诗歌的众多之体起一个总的文类或文体名称。而以《尚书》授徒、晚年读《易经》、亲定《春秋》散文经典的孔子，其贡献在于，他在前人基础上，适应时代需要，终得为当时颇为繁盛的众多文体，取了一个与"诗"相对应的统名"文"。如此，这个早被广泛使用的"文"字，就不仅有了"文章"的含义而且还具备了文体学的含义，其价值不可低估。因为任何事物，从存在、流行、普遍使用状态，到概括提炼升华出概念，都标志着对事物认识质的飞跃。孔子对广义散文文体概念的概括也不例外，它标志着春秋时代已对广义的散文文体"文"在理论上的确认。而不是现在学术界所定论的到了汉代"学"、"文学"仍指文化学术，"文"、"文章"始指广义散文。今天的结论比实际情况晚了五六几百年。随着简文的重现，学界观点的修正亦当为期不远。

其三，最早揭示了"文章"即广义散文文体"表意"的本质特征，这是传世文献和出土文献中他人从未言及且传世文献中孔子也未曾言及过的，是对散文本质特征最早的原创性揭示，它标志着文章本质理论或称广义散文本质理论在春秋末期的正式确立，可称为散文本质特征理论的开山纲领。

四、"文亡隐意"说后少来者

与"诗亡隐志"说演变为两汉时期的志情并举论、魏晋时期的情志并举论、六朝至清代的情志互有消长论的代代呼应不同，孔子的"文亡隐意"说可谓"前无古人，后无来者"，后代很少呼应者，并且没有直接运用这一概念去讨论问题的。综观传世文献，孔子在《卫灵公》篇中所说的"辞达而已矣"，和《左传·襄公二十五年》追记者借孔子所引古书之言"言以足志，文以足言。不言，谁知其志？言之无文，行而不远"②，是谈如何用言辞表意问题，虽谈论的对象是散文而不是诗歌，但与"文亡隐意"说谈的应该不是同一个层面的问题，简文谈的是文章"表意"

---

① 董芬芬《春秋辞令文体研究》，上海古籍出版社2012年版，第301页。
② 杨伯峻《春秋左传注》第三册，中华书局1981年版，第1106页。

的本质特征，传世文献谈的则是如何操作实践文章这一本质特征。《庄子·天下篇》所说的"《诗》以道志，《书》以道事，《礼》以道行，《乐》以道和，《易》以道阴阳，《春秋》以道名分"①，倒是对诗乐和四种散文题材所表之意的分别概括，其中如对《诗》言志、《乐》抒中和之情、《易》表阴阳之意概括得还比较准确，但所论比孔子概括的文章本质特征理论低了一个层面，回答的不是表意特征问题，而是具体表什么意的问题。至于《荀子·劝学篇》所论"《礼》之敬文也，《乐》之中和也，《诗》《书》之博也，《春秋》之微也，在天地之间者毕矣"②，则更是对《礼》、《书》、《春秋》三种散文内容特征的评论，而非如《庄子》对其表意特征的概括。

到了陆机的《文赋》，探讨的主要是"文"的创作构思问题，其中"恒患意不称物，文不逮意"的著名言论③，确比前引言论向"表意"说靠近了一步，是从反面谈对文章不能表意的忧虑。但是陆机之论，毕竟不是"文表意"说，因为他这里所说的"文"，虽整体而言可以理解成文章写作，但似更应理解为具体的文辞文句写作，故不是对"文表意"说的发展。至苏轼《答谢民师书》那段著名论"辞达"的文字，也重在说明文达意的不易，可他的落脚点是"辞至于能达，则文不可胜用矣"④，即讲文辞的达意问题，而不是文章的达意问题，因此，比陆机的讨论距"文表意"说又远了一步。朱熹在《朱子语类·论文》中称："古人文章，大率只是平说而意自长，后人文章务意多而酸涩。"⑤ 其实还是回答的文章如何表意问题，而不是表意特征本身，好在他肯定了古代散文的"平说"，也就是认为散文的表意应该平易直白，不加修饰。这倒是在操作实践"表意"说的层面上对简文"文亡隐意"理论的一个呼应。

由此可见，自孔子首倡"文亡隐意"即"文表意"说之后，一直没有得到直接的呼应和发展，也没有对后世产生应有的影响，这是我国散文理论发展史上的缺憾，这一缺憾既与孔子言论失传有关，也与后世对散文本质特征探讨不够有关。而换个角度看，也彰显了孔子关于散文本质特征理论的原创性及其发现的可贵。

综上所述，"文亡隐意"说不仅在文体学上，也在文学史上具有重要的价值和意义。首先，"文亡隐意"说从文类上将文与诗、乐等作了区分，揭示了散文的本质特征与文体功能，标志着散文文体的独立。孔子之前，虽然作为文类的"文学"、"文章"、"文"等概念已经产生，但对于文学、文章、文的本质特征却没有界定。孔子已注意到有韵律之"诗"与无韵律之"文"的区别，并以含"情"成分多少，区分清楚了诗、乐、文三者本质特征的界限，符合当时抒情诗尚不发达、文学散文尚未独立的历史实际。"文亡隐意"说的提出，表明诗、乐、文一体的文艺形态已被打破，诗歌、音乐、文章已开始独立发展。其次，客观上确立了以思想内容表达为主的文章评价标准。"文"就是为了传达人类对世界和自身的深刻认识，而为了传达意义的需要，就要特别强调"文亡隐意"。后世文章文体纷繁多样，但是每一种文体形式的出现，主要还是为了更好地"达意"。随着文章沿达意的方向发展，形成了与诗歌、音乐等文艺形式完全不同的评价标准与文论体系，促进了文学意识的觉醒。

（作者单位：中国人民大学文学院）

---

① 郭庆藩撰《庄子集释》第四册，中华书局1961年版，第1067页。
② 王先谦撰《荀子集解》上，中华书局1988年版，第12页。
③ 陆机撰，张少康集释《文赋集释》，上海古籍出版社1984年版，第1页。
④ 苏轼《答谢民师书》，《苏诗文集》，中华书局1986年版，第1418页。
⑤ 黎靖德《朱子语类》第139卷，中华书局1986年版，第3299页。

唐墓壁画演剧图与《踏摇娘》的戏剧表演艺术研究

姚小鸥　孟祥笑

　　2014 年第 12 期《文物》杂志刊登《长安地区新发现的唐墓壁画》（以下简称《唐墓壁画》）一文，公布了西安市长安区大兆乡郭庄村唐玄宗时期尚书右丞韩休夫妇合葬墓的壁画图片。其中的"乐舞图"（见下图）是研究唐代乐舞和唐代戏剧的重要资料。

图片原为两幅，本图系将其拼接而成。（《长安地区新发现的唐墓壁画》，《文物》2014 年第 12 期）

一

　　为讨论方便，下面首先对该图作简要介绍。画面由男女乐队、舞蹈演员和其他场上人员共十六人构成。左侧为女乐队，共计五人。乐床左前方系一名站立的女乐，头梳倭堕髻，着长裙并披帔帛。由于这一部分壁画损毁严重，尚不明其参与演出的具体状态。《唐墓壁画》作者称其为"说唱伎"[①]，未加论证。根据其站立的位置，当为乐队成员。坐在乐床上的四位女乐，一弹箜篌，一吹笙，一持拍板，一抚琴。持拍板者梳丫髻，着圆领袍服。弹箜篌者上身损毁不能辨其装扮，余者皆梳倭堕髻，着长裙并披帔帛。

　　画面右侧为男乐队，共计六人，列为两排，皆着圆领袍服，腰束革带。第一排三人，皆正

---

　① 见程旭《长安地区新发现的唐墓壁画》。

坐。右侧（从里面数）第一人裹黄幞头，八字胡，弹奏箜篌。第二人黄巾包裹幞头，八字胡、虬髯，弹奏琵琶。第三人黄巾包裹幞头，八字胡，吹奏排箫。第二排的右侧（从里面数）第一人幞头扎黄抹额饰宝珠，侧身跪起，持钹演奏。第二人黄巾包裹幞头，八字胡，正坐，吹奏筚篥。第三人黄巾包裹幞头，八字胡、虬髯，拱手而立，前方置一琴。①男乐队右前方为一胡人，未执乐器，单腿跪立，长卷发、八字胡，右手扬起，作招手状，左小臂平端，左手食指上翘。当为演出辅助人员。

场上正中有男女演员各一人，分别立于左右两个花纹圆毯之上。女演员体态丰腴，梳倭堕髻，上着长袖黄衫，下着长裙，披叶状纹饰帔帛，右肘抬起，身体微左倾，作舞蹈状。男演员头戴黄巾包裹的幞头，身穿圆领袍服，腰束革带，右胁腰上附一瓶状物，右脚踮起，左脚屈于右腿后，在神情和动作上与女演员相配合。女乐队正前方有男子一名，头戴黑色幞头，穿黄色圆领袍服，腰束革带，左臂前伸，手掌立起，掌心向前。由左向右，作行进状。其右手执一条状物，上部置于肩，其上竹节隐约可见。该男子身体左侧（画面里侧）有一孩童，朝向男女演员，呈奔跑状，张手前扑，正介入演出场面。

《唐墓壁画》一文认为该壁画呈现的是唐代著名的胡旋舞。②关于胡旋舞，杜佑《通典》卷一四六曰："《康国乐》，二人皂丝布头巾，绯丝布袍，锦衿。舞二人，绯袄，锦袖，绿绫浑裆袴，赤皮靴，白袴帑。舞急转如风，俗谓之胡旋。乐用笛二，正鼓一，和鼓一，铜钹二。"③胡旋舞者所着为浑裆袴等紧身轻便之衣，舞姿轻快灵动。其伴奏多用鼓、钹等打击乐，表明它是一种节奏性很强的舞蹈。该壁画中的男女演员所穿则为长袖衫裙、长袖袍服等相对宽松的舞衣，舞姿轻柔婉转。其伴奏乐队中，多弹拨乐与吹奏乐，打击乐仅一钹，无鼓类。这显然与重节奏的胡旋舞不相称。

我们认为，韩休墓壁画所呈现的并非一般歌舞，而是唐代著名歌舞剧《踏摇娘》。画面提供的信息与历史文献的记载相合，且含有文献未曾记录的新的信息。根据内容，该图当命名为《唐代韩休墓壁画〈踏摇娘〉演剧图》，可简称《〈踏摇娘〉演剧图》。这是唐代戏剧史上前所未见的重大发现，具有重要的史料价值。

二

关于《踏摇娘》，文献中多有记载。刘𫗧《隋唐嘉话》：

> 隋末有河间人，齇鼻使酒，自号郎中，每醉必殴击其妻。妻美而善歌，每为悲怨之声，辄摇顿其身。好事者乃为假面以写其状，呼为踏摇娘，今谓之谈容娘。④

崔令钦《教坊记》：

---

① 见程旭《长安地区新发现的唐墓壁画》。
② 程旭：《长安地区新发现的唐墓壁画》，载《文物》2014年第12期。
③ 杜佑撰，王文锦等点校《通典》卷一百四十六，中华书局1988年版，第3724页。
④ 刘𫗧撰，程毅中点校《隋唐嘉话》，中华书局1979年版，第57页。该书"补遗"录此条。其注曰：见今本《刘宾客嘉话录》，唐兰考为《隋唐嘉话》佚文。

>《踏谣娘》——北齐有人姓苏，鲍鼻，实不仕，而自号为郎中，嗜饮酗酒，每醉辄殴其妻。妻衔悲，诉于邻里。时人弄之。丈夫著妇人衣，徐行入场。行歌，每一叠，傍人齐声和之云："踏谣，和来！踏谣娘苦，和来！"以其且步且歌，故谓之"踏谣"；以其称冤，故言苦。及其夫至，则作殴斗之状，以为笑乐。今则妇人为之，遂不呼郎中，但云"阿叔子"。调弄又加典库，全失旧旨。或呼为"谈容娘"，又非。①

杜佑《通典》卷一四六：

>《踏摇娘》生于隋末。河内有人丑貌而好酒，常自号郎中，醉归必殴其妻。妻美色善自歌，乃歌为怨苦之词。河朔演其曲而被之以管弦，因写其妻之容。妻悲诉，每摇其身，故号《踏摇》云。近代优人颇改其制度，非旧旨也。②

上述文献对《踏摇娘》的名称、起源、情节和表演形式的记载有所差异，然裁长补短，可从中窥见《踏摇娘》一剧的基本要素。如所周知，《踏摇娘》的主要情节为醉酒男子殴打美貌的妻子。从舞蹈方面来说，"踏"被认为是基本的舞步，"摇"是引起广泛注意的舞蹈姿态。③男女角色作殴斗之状是该剧的高潮。凡此，皆可从《〈踏摇娘〉演剧图》中觅得踪迹。

从文献记述来看，《踏摇娘》剧的主要角色为一男一女共两名。《〈踏摇娘〉演剧图》中的女性角色为"踏摇娘"本人，与女演员对演的男性角色扮演其醉酒的丈夫。场中女演员右肘上抬，右小臂折屈于面颊前，长袖部分搭于右腕之上，部分下垂，做拭泪科。其左臂伸展下落，小臂微屈，长袖下垂。细察，可见其左手掌上立，左袖微挑起。女演员面朝场面右方，身体左倾，右膝向右前略屈，背向男演员，作欲离别状。这些与文献所载《踏摇娘》一剧的情节皆可建立联系。关于该剧进行至画面时的情节，我们将在后文再予论述。下面先结合文献，讨论《踏摇娘》的基本舞蹈姿态及其与中国传统舞蹈的关系。先说"踏"。

在研究《踏摇娘》的舞容时，人们首先关注到的是"踏"这一舞蹈术语。任半塘先生说："此剧之舞蹈，早基于剧名第一字——'踏'，而此字实有其重要与特殊之意义在。倘无舞踏，固不成其为《踏谣娘》。"④关于"舞踏"，任先生说："唐人本以'踏'为简单之舞。'踏曲'谓循声应节，以步为容也。"⑤《酉阳杂俎》卷五《怪术》条："僧谓尼曰：'可为押衙踏某曲也。'因徐进对舞，曳绪回雪，迅赴摩跌，技又绝伦也。"⑥任半塘先生引用这条材料后评论说，这"显已非简单之踏步，然其始仍曰'踏其曲'耳"⑦。任半塘注意到，"踏某曲"系以"某曲"为节而舞蹈。这蕴含着以"踏"为唐代通用的描写舞步的术语这一意义，是一个正确的学术判断。然任半塘又言"唐人本以'踏'为简单之舞"⑧，与前说似有未协。

---

① 崔令钦《教坊记》，中国戏曲研究院编《中国古典戏曲论著集成》（一），中国戏剧出版社1959年版，第18页。引文中的"和来"为本文点断。
② 《通典》卷一四六，第3729—3730页。
③ 参见董每戡《论隋唐间两歌舞剧——之二：〈踏摇娘〉》，载《戏剧艺术》1983年第3期。
④ 任半塘《唐戏弄》，上海古籍出版社2006年版，第505页。
⑤ 任半塘《唐戏弄》，第505页。
⑥ 段成式撰，方南生点校《酉阳杂俎》，中华书局1981年版，第54页。
⑦ 任半塘《唐戏弄》，第505页。
⑧ 任半塘《唐戏弄》，第505页。

"踏"字究作何解？留意可知，它是与"蹴"、"践"互训的、描写足部舞蹈动作的词语。[①] 李端《胡腾儿》诗描写胡儿舞蹈，既言"扬眉动目踏花毡，红汗交流珠帽偏"，又曰"环行急蹴皆应节，反手叉腰如却月"[②]。这是"踏"、"蹴"二字互训之佳例。至于"践"、"踏"二字互训，人所共知，兹不赘举。"踏"与"蹴"、"践"浑言则同，析言则异。在用于舞蹈时，三者皆用于描述前进舞步。若细分，"践"强调前行，"蹴"稍有停顿之意[③]，"踏"则在描写前进舞步时通用。元稹《赠刘采春》："新妆巧样画双蛾，谩裹常州透额罗。正面偷匀光滑笏，缓行轻踏破纹波。"[④] 诗中的"踏"字即为此用。

考察汉魏六朝至唐初文献对舞蹈的描写，可以发现，上引《酉阳杂俎·怪术》条所言，实为中国古代传统舞蹈经典场面的简要表述。东汉傅毅《舞赋》："长袖交横，骆驿飞散……于是合场递进，按次而俟。……回身还入，迫于急节。纡形赴远，漼似摧折。"[⑤] 与《酉阳杂俎·怪术》所述相比，二者所异者，唯《舞赋》未述"摩跌"而已。"摩跌"谓以足顿地。从现存文献看来，它承自汉代歌舞剧《公莫舞》中之"钎［振］缩［蹴］"[⑥]。就本论题而言，可与《踏摇娘》中的"摇顿其身"建立关联。

人们在讨论《踏摇娘》的舞容时，多将其与中国古代的"踏歌"等同。我们认为，《踏摇娘》的舞蹈有可能吸收了"踏歌"的某些技巧，但两者之间有本质区别。康保成教授指出，"踏歌"之"踏"要运用腿部力量，用力顿地。"踏地为节"在"踏歌"中是以歌声相配，贯穿始终的[⑦]，而《踏摇娘》的基本舞步为"徐行入场"、"且步且歌"。女主人公"摇顿其身"有特定前提，即"每为悲怨之声"时，方作此态。女主人公在悲诉之中，摇顿其身，有助于哀怨情绪的表达，是一种高度戏剧化的表演动作，非"踏歌"可比。

另一方面，我国从汉代起，即以打击乐控制乐舞节奏。《公莫舞》的科仪本《巾舞歌辞》清楚地记载了演出过程中击"相"为节的事实（"相"又名"节"，现代汉语尚有"击节"一语）。[⑧] 后世伴奏乐器的种类虽累有变化，但舞蹈与戏剧表演过程中以打击乐控制节奏之情事一以贯之。这也是"踏地为节"的"踏歌"所不能比拟的。

三

"摇"是《踏摇娘》研究中另一个需要重点讨论的术语。《踏摇娘》一剧之得名与其密切相关。据崔令钦《教坊记》载，《踏摇娘》又被称作《踏谣娘》。任半塘倾向于后者。他说："'谣'与'摇'非一事。——崔记曰'踏谣'，'踏'指舞，'谣'指歌；并解释曰'以其且步

[①] 《孟子·告子章句上》："蹴尔而与之，乞人不屑也。"朱熹注："蹴，践踏也。"（朱熹《四书章句集注》，中华书局1983年版，第290页。）
[②] 陈贻焮主编《增订注释全唐诗》第二册，文化艺术出版社2001年版，第910页。
[③] 参见姚小鸥《巾舞歌辞校释》，载《文献》1998年第4期。
[④] 元稹《元稹集》，中华书局1982年版，第695页。
[⑤] 徐坚等《初学记》，中华书局1962年版，第381页。
[⑥] 参见姚小鸥《巾舞歌辞校释》，载《文献》1998年第4期。
[⑦] 康保成《〈踏谣娘〉考源》，北京大学国学研究院中国传统文化研究中心编《国学研究》第10卷，北京大学出版社2002年版。
[⑧] 参见姚小鸥《巾舞歌辞校释》，载《文献》1998年第4期。

且歌，故谓之踏谣'，义甚周匝。"① 然而，"自《通典》起，以后之称此剧者，都不遵崔记，而用'踏摇'。"② 任半塘说，"《通典》作'摇'，必有所据，不能详。"③ 任半塘对《踏摇娘》的命名采取了多闻阙疑的审慎态度。其后学者亦未能得出定论。为何《通典》以后，此剧一直被称作《踏摇娘》呢？我们发现，这一名称的采纳，基于古人对"摇"作为《踏摇娘》一剧主要审美特征的认可。

作为舞容的"摇"或写作"媱"。《楚辞·九思·伤时》："音晏衍兮要媱。"王逸《章句》："要媱，舞容也。"洪兴祖补注："《说文》：媱，曲肩行貌。《方言》：媱，游也。江、沅之间，谓戏为媱。"④《说文段注》引《广韵》曰："媱，美好。"⑤ 学者据此指出，"媱"为"戏预之状"⑥。由上可知，《踏摇娘》中的"摇"是姿态优美的戏剧性舞蹈动作。对于《踏摇娘》舞蹈的这一审美特征，学界的认识是不够的。任半塘在谈到文献所述《踏摇娘》的舞蹈动作时认为："所谓'每摇顿其身'者，思之亦非美姿，难夸舞容。"⑦ 学者未能认识到《踏摇娘》剧中的"摇"不是一个简单的舞蹈动作，而是与剧情相关联的、具有高度审美价值的一系列优美舞姿组合的总称，这与他们对相关文献的误读不无关系。

清黄葆真《增补事类统编》卷四四《音乐部》："谈容娘蹴躃为姿，张净琬风流可掬。"⑧ 任半塘先生对此评论说："'踏摇'为'蹴躃'，并无依据，乃拈二字以与下句之'风流'偶耳。'蹴'与'躃'，皆状足跛难行。此二字岂是《谈容娘》舞之姿态！读者不可误信。"⑨ 这里所谓"足跛难行"云云，实为一误解。

《增补事类统编》中的"蹴躃"，本为"蹴躃"之误。"蹴躃"又作"婆屑"、"蹩屑"或"徼𧗠"，为形容舞蹈姿态的连绵词，不宜分拆解说。古人诗赋中，多以"蹴躃"等词语摹写舞蹈姿态。张衡《南都赋》："翘遥迁延，蹴躃踾跉。"《文选》李善注："翘遥，轻举貌。迁延，却退貌。《上林赋》曰：'便姗蹩屑'。"⑩ "便姗蹩屑"，《史记·司马相如列传》所载《上林赋》作"媥姺徼𧗠"。⑪《文选》所录《上林赋》作"便姗婆屑"⑫。由"便姗"亦作从"女"的"媥姺"，"蹩"亦作从"女"的"婆"，可知其所示有美好意。凡此可证，"蹴躃"当训美姿，可夸舞容。

构成"蹴躃"、"婆屑"、"蹩屑"、"徼𧗠"这族连绵词的字，或从"足"，或从"彳"，说明它们是形容足部动作的词语。需要说明的是，"徼𧗠"一语，《史记·集解》引郭璞曰："衣服婆娑貌。"⑬ 这是一个很大的误解。当代汉赋注本多依此训释"徼𧗠"，是不可取的。⑭ "蹴躃"等

---

① 任半塘《唐戏弄》，第513页。
② 任半塘《唐戏弄》，第513页。
③ 任半塘《唐戏弄》，第513页。
④ 洪兴祖、白化文等点校《楚辞补注》，中华书局1983年版，第325页。所引《说文》"行"字原漏缺。
⑤ 段玉裁《说文解字注》，上海古籍出版社1981年版，第619页。
⑥ 姚华《说戏剧》，陈多、叶长海选注《中国历代剧论选注》，湖南文艺出版社1987年版，第555页。
⑦ 任半塘《唐戏弄》，第513页。
⑧ 黄葆真：《增补事类统编》卷四四，上海：上海积山书局石印，光绪十四年本，第七册，第18页。
⑨ 任半塘：《唐戏弄》，第507—508页。
⑩ 萧统编，李善注《文选》，上海古籍出版社1986年版，第158页。
⑪《史记·司马相如列传》，中华书局1959年版，第3040页。
⑫ 萧统编，李善注《文选》，第376页。
⑬《史记·司马相如列传》，第3041页。
⑭ 参见龚克昌等《全汉赋评注》，石家庄，花山文艺出版社2003年版，第160页。费振刚、仇仲谦、刘南平《全汉赋校注》，广东教育出版社2005年版，第109页。

词在文献中往往与"便姗"、"蹁跹"、"媥姺"联言，而后者意味着主体的空间位移。下面就此略作论述。

"便姗"、"蹁跹"和"媥姺"等连绵词与亦出《上林赋》的"便嬛"，以及王逸《楚辞·九思》中的"便旋"为同族连绵词。《文选·西京赋》："便旋闾阎，周观郊遂。"李善注："闾，里门也。阎，里中门也。"① 《西京赋》中的"便旋"系人们日常行为中的空间位移，而《上林赋》等所言"便姗"、"蹁跹"、"媥姺"则描述舞蹈场面中舞者之移位。古代舞者的移位往往与身体的旋转结合在一起。费正刚等注《上林赋》："便姗，即蹁跹。形容旋转的舞态。"② 张震泽注《南都赋》："'蹴蹋'，'蹁跹'皆旋行貌。"③ "便嬛"，李善注："轻利也"。前文所引《南都赋》中，"蹴蹋"又与"翘遥迁延"连言。"翘遥"，李善《文选》注曰："轻举貌"。综合来看，"蹴蹋为姿"是不仅包括舞者的旋转移位，同时还伴有身体起伏的轻盈舞步。

总之，"蹴蹋为姿"，是"踏摇娘"以形体演述"悲怨之声"的系列舞蹈动作，它构成《踏摇娘》一剧的重要审美特征。《增补事类统编》以"蹴蹋为姿"夸其舞容，与之正相符合。

四

服饰与道具是戏剧表演的重要组成部分，在一定程度上反映了戏剧演进的历程。《〈踏摇娘〉演剧图》为此提供了不少新的信息。画面中呈现的演员形象设计、道具、服饰及表演，反映了唐代戏剧的发展水平。

前面已经提到，画面中与"踏摇娘"对演的角色是其丈夫。各种文献都记载醉酒是这一角色的显著特征。段安节《乐府杂录》载："今为戏者，着绯，戴帽；面正赤，盖状其醉也。"④ 这表明在《踏摇娘》一剧的演出中，曾有通过面部化装表现醉酒的舞美手段。《〈踏摇娘〉演剧图》中，男舞者既未戴面具，亦未见其涂面，然其右胁腰间革带之上系有一瓶状物，上端有红色遮盖，显系酒壶，用以表现角色的酒鬼身份。酒壶这一道具的呈现方式及其性质，值得注意。古代男子佩饰主要有玉佩、鞶囊、香囊、帛鱼等，这些饰物皆垂于腰带下方。以鞶囊为例，"佩戴时，有的位于腰部左下侧，有的位于腰部右下侧。"⑤ 《〈踏摇娘〉演剧图》中男子腰间的酒壶位于革带之上，可见并非佩饰一类的物品，而是表明其身份的砌末。将酒壶固定于革带之上是一种刻意安排，若悬于腰带下方，则不利于舞蹈。另外，文献记载"踏摇娘"貌美而其丈夫"鲍鼻"（《教坊记》）、"丑貌"（《通典》）。在《〈踏摇娘〉演剧图》中，扮演丈夫的男性角色鼻子奇高，舞蹈动作亦显得滑稽可笑。这些，皆与文献所载异曲同工。

《〈踏摇娘〉演剧图》中男、女演员所着舞衣皆长袖。如前所述，从画面看，女演员舞袖运用纯熟，表现内涵丰富。与其对演的男演员左臂长袖下垂，有甩袖的迹象。其右臂伸展下落，长袖下垂，可察见手、腕对衣袖的控制。凡此可知，至少在唐代中期，《踏摇娘》一剧的表演艺术已相当成熟。

"袖舞"为中国传统的舞蹈样式。《周礼·乐师》载周代乐师教授"国子"的六舞中有"人

---

① 萧统编，李善注《文选》，第 78 页。
② 费振刚、仇仲谦、刘南平《全汉赋校注》，第 109 页。
③ 张衡撰，张震泽校注《张衡诗文集校注》，上海古籍出版社 1986 年版，第 185 页。
④ 段安节《乐府杂录》，中国戏曲研究院编《中国古典戏曲论著集成》（一），第 45 页。
⑤ 高移东、王银田、龚甜甜《鞶囊考》，载《文物》2014 年第 4 期。

舞"。《郑注》曰："人舞，无所执，以手袖为威仪。"① 舞袖有举袖、扬袖、甩袖、掷袖等多种方式②，用以表达不同的情绪。古人对此多有描述。梁代刘遵应令《咏舞诗》："举腕嫌衫重，回腰觉态妍。"初唐时期的谢偃《观舞赋》："纤移袂而将举，似惊鸿之欲翔。"③《〈踏摇娘〉演剧图》中，演员"舞袖"时有"举腕"、"移袂"等动作。"回腰"问题我们将在下文涉及。

画面中男女演员在舞蹈动作和神情上相互照应，是男女相配合的双人舞，这是解读《〈踏摇娘〉演剧图》的关键。壁画此时呈现的是《踏摇娘》剧高潮的一个代表性瞬间。从情节和舞蹈方面来说，都是值得关注的重要节点。

首先讨论画面此时的舞蹈动作与《踏摇娘》的情节进展。《教坊记》言："及其夫至，则作殴斗之状，以为笑乐。"该剧中男女角色之间的殴斗，是以舞蹈这一审美形式表现的。任半塘在谈到《踏摇娘》剧中的表演时说："作殴斗之状，……非舞蹈所能表达。"④ 任先生的这一看法不符合中国舞蹈史和戏剧史的实际。宋代以后的戏曲不说了，仅汉魏时期的文物资料所提供的信息，就足以推翻这一论断。汉代歌舞戏中，以舞蹈形式表现男女间追逐、打闹情节的嬉戏多见于文物。⑤《唐诗纪事》记载了唐代诗人以《踏摇娘》为典故，描写妓女间互殴之事，其中"醒后犹攘腕，归时更折腰"，"争挥钩弋手，竞耸踏摇身"等诗句⑥，为讨论《踏摇娘》表现殴斗情节的舞容提供了参照。

"钩弋手"用汉代钩弋夫人典，"踏摇身"与之相对，诗中"竞耸"一词，使人联想到《观舞赋》"纤移袂而将举，似惊鸿之欲翔"之句。"归时更折腰"是讨论《踏摇娘》舞蹈时需要特别注意的内容。"折腰"这一舞蹈动作在汉代已有记载。⑦ 张衡《舞赋》"搦纤腰而互折，嫒倾倚兮低昂"⑧，表明双人舞中的"折腰"需要二人配合。在汉代的歌舞剧表演中，"折腰"已经相当戏剧化了。《公莫舞》是由杨公骥首先破译的汉代歌舞剧。⑨ "三针[振]—发、交、时、还"，是该剧剧情高潮时的一连串的程式化舞蹈动作。这段舞蹈中的"交"即含"折腰"，是该舞剧的重要舞蹈造型。"折腰"之后的动作为"还"。"还"即"旋"，两位舞者这时各以自我为中心，回旋移位。⑩ 就女演员的舞姿而言，包含前文所说的"回腰"。

在歌舞剧中，演员通过糅合在舞姿中的节奏表现人物的性格、情感和行动。⑪ 从舞蹈的结构来说，《〈踏摇娘〉演剧图》呈现的是《踏摇娘》中男女舞者"折腰"之后的画面。此时节奏尤其重要。"钹"是《〈踏摇娘〉演剧图》中唯一的打击乐器。画面中，持钹乐人面向舞者，侧身跪起，奋力击奏，与剧情发展正相配合。画面中男演员右脚踮起，左小腿屈于右腿后，耸身，左臂抬起，小臂内曲，其右臂伸展下落。这一姿态符合舞者回旋分离后身体平衡的要求，亦与舞剧进程密合无间。

---

① 郑玄注，贾公彦疏《周礼注疏》，《十三经注疏》，中华书局 1980 年版，第 793 页。
② 王克芬《中国舞蹈发展史》，上海人民出版社 1989 年版，第 125 页。
③ 徐坚等《初学记》，第 382—383 页。
④ 任半塘《唐戏弄》，第 506 页。
⑤ 参见周到《论汉魏六朝嬉戏文物》，《汉画与戏曲文物》，中州古籍出版社 1992 年版，第 112 页。
⑥ 计有功《唐诗纪事》卷五十七，中华书局 1965 年版，第 875 页。
⑦ 王克芬《中国舞蹈发展史》，第 162 页。
⑧ 欧阳询《艺文类聚》卷四十三，上海古籍出版社 1965 年版，第 770 页。
⑨ 杨公骥《西汉歌舞剧巾舞〈公莫舞〉的句读和研究》，载《中华文史论丛》1986 年第 1 期。
⑩ "针（振）"为"针（振）缩"，具体为"舞者将脚抬起，然后用力下顿，下顿时以脚着地，着地时又向后蹴的动作，着地后不马上抬起，而稍作稽留，并由此身体的重心有所下降。"（姚小鸥《〈公莫巾舞歌行〉考》，载《历史研究》1998 年第 6 期。）
⑪ 关于这一点，可参见[古希腊]亚里士多德《诗学》，陈中梅译注，商务印书馆 2008 年版，第 48 页。

五

《〈踏摇娘〉演剧图》画面左前方手持竹竿的男子，为古代乐官装扮，其举动显示正在指挥演出。在中国古代乐事活动中，手持竹竿者有两种不同的身份与职能。其一，在大型宫廷礼乐活动中承担的指挥调度职能。孟元老《东京梦华录》、吴自牧《梦粱录》称其为"参军色"。[1] 其职事主要为念诵致语，勾队和遣队。其二，直接介入乐舞、戏剧表演，人们往往径称其为"竹竿子"。南宋史浩所撰《鄮峰真隐大曲·剑舞》中，"一曲中演二事。一为项庄刺沛公，一为公孙大娘舞剑器。"[2] 其中，"竹竿子"参与演出的方式为介绍情节，串联各段间的表演以及结束表演，其职能还带有一定的仪式性特征。河南省荥阳市东槐西村北宋石棺杂剧线刻图上的"竹竿子"则直接参与戏剧演出。[3]《〈踏摇娘〉演剧图》画面左前方男子的身份与之相类。这一脚色所提供的信息，为我们认识"竹竿子"在早期戏剧中的地位和作用，提供了新的重要资料。

一般认为，作为乐事活动中道具的竹竿子始见于宋代。[4] 实际上，它在唐代已经出现。唐淮安王李寿墓石椁线刻《仕女图》中，女乐所持乐舞用具就有竹竿子，其上竹节清晰可辨。[5] 与李寿墓石椁线刻《仕女图》所绘相比，《〈踏摇娘〉演剧图》中的竹竿子较短，形制近于宋金戏曲文物图像中相关脚色所持"细木杖"[6]，更适合持者现场介入戏剧表演的需要，与前述北宋石棺杂剧线刻图上的"竹竿子"相类。[7]

分析《〈踏摇娘〉演剧图》画面所反映的戏剧情节，可以更清楚地了解"竹竿子"的戏剧属性。一般认为，《踏摇娘》的经典性情节中包括两名角色的表演。关于其演变，《教坊记》说："调弄又加典库，全失旧旨。"任半塘《唐戏弄》依此说："初期限于旦末两角……晚期之演出，多一丑脚登场，扮典库，前来需索。"[8] 据学者研究，《踏摇娘》增加的"调弄"角色，不限于"典库"。《唐诗纪事》载温庭筠诗云："吴国初成阵，王家欲解围。拂巾双雉叫，飘瓦两鸳飞。"[9] 康保成教授解说"王家"句："表示此剧可能还有第三个演员，在殴斗的'夫妻之间'进行调节、打诨。"[10]

如前所述，《〈踏摇娘〉演剧图》的画面左前方，"竹竿子"身体左侧（画面里侧）有一孩童，朝向男女演员，呈奔跑状，张手前扑，介入演出场面。孩童这一角色的出现，表明《踏摇娘》情节演变的多样性，并说明此类演变可能在盛唐时期已经出现。更值得注意的是，孩童参与演出的时机及方式，不仅蕴含着戏剧情节复杂化的因素，而且提供了唐代戏班构成与戏剧演出体

---

[1] 孟元老《东京梦华录》卷九，《东京梦华录（外四种）》，上海古典文学出版社1957年版，第53—55页。吴自牧《梦粱录》卷三，《东京梦华录（外四种）》，第154页。
[2] 刘永济《宋代歌舞剧曲录要》，中华书局2007年版，第60页。
[3] 吕品《河南荥阳北宋石棺线刻画考》，载《中原文物》1983年第4期。
[4] 参见景李虎、许颖《"竹竿子""参军色"考论》，载《山西师大学报》（社会科学版）1992年第1期；翁敏华《"竹竿子"考》，载《扬州大学学报》（人文社会科学版）1997年第5期。
[5] 孙机《唐李寿石椁线刻〈仕女图〉、〈乐舞图〉散记（上）》，载《文物》1996年第5期。
[6] 黄竹三、延保全《中国戏曲文物通论》，山西教育出版社2010年版，第231页。
[7] 吕品《河南荥阳北宋石棺线刻画考》，载《中原文物》1983年第4期。
[8] 任半塘《唐戏弄》，第499—500页。
[9] 计有功《唐诗纪事》卷五十七，第875页。
[10] 康保成《〈踏谣娘〉考源》，《国学研究》第10卷。

制的宝贵信息。

前面已经提到，《〈踏摇娘〉演剧图》选取的是《踏摇娘》经典情节中的代表性瞬间。此时是该剧戏剧冲突的高潮。殴斗之后，女子悲愤欲离，孩童的适时上场使剧情得以转化与接续，保证了戏剧的长度。① 值得注意的是乐队右前方单腿跪立的胡人。画面中，该胡人右手扬起，朝向孩童招手，引导其上场，显然是在协助"竹竿子"进行舞台调度，依其在戏剧中的作用，当属戏班中的后行脚色。这一脚色在文献中不见记载，考古资料中亦仅此一见，其命名有待考虑。关于《踏摇娘》的演出体制，文献有阙，人们罕有讨论。《隋唐嘉话》、《教坊记》等对此记载甚为简略。《通典》所言"制度"，亦主要涉及剧情。《〈踏摇娘〉演剧图》的发现，使得我们对唐代戏剧的研究深入到戏班构成与演出体制。

《〈踏摇娘〉演剧图》画面显示，鉴于表演的紧张与剧情的转换，此时整个场面需要"竹竿子"的统一调度和指挥。就伴奏音乐而言，"竹竿子"在场面中的行进姿态及肢体语言的运用，显然与画面中对打击乐的强调及部分弦乐的停置密切相关。需要附带指出的是，"竹竿子"的乐官服饰与胡人常服的差异，既显示两者在戏班中的身份地位不同，又提示了唐代以后"竹竿子"的职能分化与脚色演变之迹。

王国维《宋元戏曲考》说："唐、五代戏剧，或以歌舞为主，而失其自由；或演一事，而不能被以歌舞。其视南宋、金、元之戏剧，尚未可同日而语也。"② 这一戏剧史观念对20世纪以来的中国古代戏剧研究产生了重要影响。然而，《〈踏摇娘〉演剧图》表明，唐代的《踏摇娘》剧已经具有一定的长度、复杂情节和相当成熟的表演体制，完全符合静安先生"以歌舞演故事"的定义。这件重要戏剧文物的发现，对中国古代戏剧乃至整个中国艺术发展史的研究都具有重要意义。

（作者单位：中国传媒大学）

---

① 关于戏剧对长度的要求，参见亚里士多德《诗学》第六章。
② 王国维《宋元戏曲考》，《王国维戏曲论文集》，中国戏剧出版社1984年版，第14页。

声诗元素与杂剧之"杂"

曾 莹

上个世纪 90 年代末，黄天骥师撰有《元剧的"杂"及其审美特征》一文，指出："元剧的表演体制，包括每折戏、每套曲的间场以及人物的登场方式，既是继承了宋金杂剧，又是十分驳杂的。……追求娱乐性，是元代观众审美理想的重要方面，他们既需要从完整的故事情节中获取教益，也需要从精湛的伎艺表演中获得愉悦。当'载道'与娱乐的双重需求在表演的层面尚未渗透、统一和水乳交融，元剧就呈现出'杂'的审美特征。"① 是知杂剧之"杂"，涵盖了表演体制的方面，也反映了时人特有的审美取向。而就声诗元素在杂剧中的各色亮相来看，则杂剧之"杂"，或许还有些新的神情尚待探寻。

一

曲是元代音乐文学的主体，也是杂剧的核心。作为入乐可歌的韵文，曲的呈现形式最为自由与参差。然而在满目的参差错落中，元代也有齐言诗歌入乐歌唱的记载。这类记载虽然为数不多，却也反映出声诗——能够入乐歌唱之齐言诗，于元代犹存的事实。

比如，元初李治②有一段关于《阳关三叠》唱法的议论，其文曰：

> 王摩诘《送元安西》诗云："渭城朝雨浥轻尘，客舍青青柳色新。劝君更尽一杯酒，西出阳关无故人。"其后送别者多以此诗附腔，作《小秦王》唱之，亦名《古阳关》。予在广宁时学唱此曲于一老乐工某乙，云"渭城朝雨和剌里离赖浥轻尘，客舍青青和剌里离赖柳色新。劝君更尽一杯酒不和，西出阳关和剌里来离来无故人。"当时予以为乐天诗有"听唱阳关第四声"必指"西出阳关无故人"一句耳，又误以所和"剌里离赖"等声便谓之"叠"。旧称阳关三叠，今此曲前后三和，是叠与和一也。后读乐天集，诗中自注云：第四声，谓劝君更尽一杯酒。又《东坡志林》亦辨此，云：以乐天自注验之，则一句不叠为审。然则劝君更尽一杯酒前两句中果有一句不叠，此句及落句皆叠，又叠者不指和声，乃重其全句而歌之。予始悟向日某乙所教者未得其正也。因博访诸谱。或有取《古今词话》中所载叠为十数句者，或又有叠作八句而歌之者。予谓词话所载，其辞粗鄙重复，既不足采。而叠作八句虽若

---

① 黄天骥《元剧的"杂"及其审美特征》，《文学遗产》1998 年第 3 期，第 47、48 页。
② 李治（1192—1279），通常作"李冶"，此据《元人传记资料索引》改。《元人传记资料索引》"李治"条有："字仁卿，号敬斋，……《敬斋古今黈》八卷"，是为同一人，而传后案语有："治名一作冶，然其兄澈、弟滋，名偏旁皆从水，故以作治为是。"见王德毅、李荣村、潘柏澄编《元人传记资料索引》，新文丰出版公司 1979 年版，第 464 页。

近似，而句句皆叠，非三叠本体。且有远于白注苏志，亦不足征。乃与知音者再谱之，为定其第一声云"渭城朝雨浥轻尘"，依某乙中和而不叠；第二声云"客舍青青柳色新"，直举不和；第三声云"客舍青青柳色新"，依某乙中和之；第四声云"劝君更尽一杯酒"，直举不和；第五声云"劝君更尽一杯酒"，依某乙中和之；第六声云"西出阳关无故人"，及第七声云"西出阳关无故人"，皆依某乙中和之，止，为七句，然后声谐意圆。所谓三叠者，与乐天之注合矣。①

《阳关三叠》，又名《阳关曲》、《渭城曲》，或简称《阳关》，是唐时著名的声诗格调，始辞即王维《送元二使安西》一诗。从李治所记，易有结论如下：第一，《阳关》一调，至元时犹然可歌，"学唱此曲于一老乐工某乙"差可证之；第二，元时《阳关》的歌唱方式，大约已非唐代旧貌，由"作《小秦王》唱之"可知，而像"剌里离赖"这类和声辞，则是当日乐工之创设；第三，元代仍然有像李治这样，关注唐代声诗歌唱方式的知音之人。他们对于声诗的关注，一则有文献足征——"博访诸谱"是也，一则对声诗旧调的具体歌唱，也不无自己的洞见卓识。

再看元末，昆山顾瑛的玉山雅集，便也不时闪现声诗活动的吉光片羽。试举一例以观：

> 至正辛卯秋九月十四日，玉山宴客于渔庄之上。芙蓉如城，水禽交飞，临流展席，俯见游鲤。日既夕，天宇微肃，月色与水光荡摇楹槛间，遐情逸思使人浩然有凌云之想。玉山俾侍姬小琼英调鸣筝，飞觞传令，酣饮尽欢。玉山口占二绝，命坐客属赋之。赋成，令渔童樵青乘小榜倚歌于苍茫烟浦中，韵度清畅，音节婉丽，则知三湘五湖，萧条寂寞，那得有此乐也！赋得二十章，名之曰《渔庄欸歌》云。河南陆仁序。是日诗成者十人。②

此次席上，雅集诸君所作《欸歌》，即与唐代声诗《欸乃曲》十分相近——同为七言四句之齐言体，都和棹船之声相关。赋成可歌，且"韵度清畅，音节婉丽"。其中"倚歌"云云，则道明渔童樵青所唱乃是有调可"倚"之歌，此亦合于声诗之常。

由此二例，元代有声诗活动可知。观乎杂剧，与声诗相关的痕迹不在少数。相对于曲的参差，声诗强调的恰是"齐言"的体性特征，是以与之相关的各色元素，给杂剧带来的首先是一份整饬的意味。像是杂剧中那些由正色承担的齐言歌唱，便是如此。

狄君厚《新编关目晋文公火烧介子推》第三折，在正末所饰介子推的一段念白之后，有"歌曰"字样，所歌即七言四句齐言之体——"别恨山妻泪满腮，含悲老母痛伤怀。忠心替代储君死，孺子疾忙取剑来。"③此外，杂剧中还有一些篇幅较长的歌唱段落，像《随何赚风魔蒯通》第三折正末所饰蒯通之所歌："形骸土木心无奈，就中消息谁能解。忠言反作目前忧，佯狂暂躲身边害。笑韩信，为元帅，伤心枉立功劳大。野兽尽时猎狗烹，敌国破后谋臣坏。觑咸阳，天一带，乾象分明见兴败。文星朗朗自高悬，武星落落今何在！"④以及《庞涓夜走马陵道》第三折正末所饰孙膑之"歌云"——"亭亭百尺半死松，直凌白日悬晴空。翠叶毿毿笼彩凤，高枝曲

---

① 李治《敬斋古今黈》卷七，《影印文渊阁四库全书》第866册，台湾商务印书馆1986年版，第397页。引文中着重号为笔者所加。
② 陆仁《欸歌序》，顾瑛辑，杨镰、叶爱欣整理《玉山名胜集》上册，中华书局2008年版，第246页。
③ 王季思主编《全元戏曲》第三卷，人民文学出版社1999年版，第293页。此剧为元刊本，未经明人孟浪染指，所载应能反映当日杂剧之实。
④ 王季思主编《全元戏曲》第六卷，第156页。

曲盘苍龙。岂无天地三光照，犹然枯槁深山中。其奈樵夫无耳目，手携巨斧相催蹙。临崖砍倒栋梁材，析作柴薪向人鬻。终可笑兮终可笑，每日只在街头闹。浅波宁蓄锦鳞鱼，知谁肯下丝纶钓。空愁望，空悲慨，举动唯嫌天地窄。若有风雷际会时，敢和蛟龙混沧海"①，二者大体亦是齐言的格式。

以上诸例，都可谓散漫错落中偶然闪现的整饬篇章。它们的存在，便把齐言诗歌的演唱带入了杂剧当中。这几部都是末本戏，按照常规，正末拟要抒怀，唱曲即可。以上几种，却另辟蹊径，让正末藉由曲之外的齐言歌唱来表达内心。这大概反映了剧作者对于变化的追求——或在音乐上，或在表演上，应有令人耳目一新的地方。

杂剧中还有些曲牌，其形制本身即整饬的齐言，其来源亦或与声诗有关。最典型的，要数【雁儿落】、【白鹤子】二种。【雁儿落】一曲，朱权《太和正音谱》"双调"所列格式即五言四句齐言之体。杂剧中，不加任何衬字、与曲牌格式全然一致的【雁儿落】不乏其例。比如，高文秀《保成公径赴渑池会》第四折之【雁儿落】即为："旗开云影飘，炮响雷霆噪。弓开秋月圆，箭发流星落。"②张寿卿《谢金莲诗酒红梨花》第四折也有"堪宜桂影圆，可爱丹青面；清风随手生，皓月当胸现"③。这么整饬的歌唱，相较通篇的错落，可谓别具神情。其与声诗之间，相似远胜相异。

【白鹤子】一调，《太和正音谱》"正宫"所收也是五言四句齐言之格。所举之例为——"四边风凛冽，一望雪模糊。行过小溪桥，迷却前村路。"④关汉卿撰有四曲【白鹤子】，形制亦与此同：

四时春富贵，万物酒风流。澄澄水如蓝，灼灼花如绣。
花边停骏马，柳外缆轻舟。湖内画船交，湖上骅骝骤。
鸟啼花影里，人立粉墙头。春意两丝牵，秋水双波溜。
香焚金鸭鼎，闲傍小红楼。月在柳梢头，人约黄昏后。⑤

而【白鹤子】一调，按照田玉琪先生的说法，属金代词调，见于马钰之作，"马钰词名《白观音》，自注本名《白鹤子》。五言句式，与五律形式相同，双片四十字，平韵，赋道情，声情流美欢快。《白鹤子》曲名最早见《高丽史·乐志》，属《莲花台》大型舞曲音乐。此调后又入曲牌，《中原音韵》入正宫"⑥。马钰所作《白观音》有两首，皆为五律形式。试看其一。词曰："谑号不勤勤，名为养拙人。穿衣慵举臂，吃饭懒抬唇。面垢但寻水，头蓬倦裹巾。尘劳不复梦，悟彻个中真。"⑦显然，就形制来看，【白鹤子】与其说近词，倒不如说近诗。作为北曲曲牌的【白鹤子】则是五言四句，形如五绝，更类声诗。何况声诗中亦有不少即脱胎自舞曲。

曾永义先生曾将曲的特色归结到"衬字"之上——"衬字的功用在于转折、联续、形容、辅佐，能使凝练含蓄的句意化开，变成爽朗流利的话语，有助于曲中'豪辣浩烂'的情致；曲之

---

① 王季思主编《全元戏曲》第六卷，第367页。
② 王季思主编《全元戏曲》第一卷，第639页。
③ 王季思主编《全元戏曲》第三卷，第343页。
④ 朱权著，姚品文点校笺评，洛地审订《太和正音谱笺评》，中华书局2010年版，第147页。
⑤ 关汉卿《汇校详注关汉卿集》，中华书局2006年版，第1653页。
⑥ 田玉琪《词调史研究》，人民出版社2012年版，第526页。
⑦ 马钰《洞玄金玉集》卷九，《道藏》第25册，文物出版社、上海书店、天津古籍出版社1988年版，第609页。

一大特色，即在衬字之运用"①。显然，衬字就是锻造曲之参差有致的主力。但衡一味参差，未免也有些单一。所以，齐言歌唱在杂剧中的出现，可谓参差中显著的变化。有了这类齐言的歌唱，则杂剧除了参差错落，也具有了整饬的韵致。主体参差，不拒整饬，且能够融整饬于参差，足见杂剧之不拘泥。

二

杂剧中还有一类形同"插曲"的歌唱，它们充满了诙谐嘲谑的意味、田野山间的清新。这些歌唱的出现，进一步强化了杂剧本身即具有的俚俗色彩。此类当中，亦有声诗影迹。另外，这类歌唱多由正色以外的脚色承担，对于杂剧舞台的丰富，自不待言。

郑廷玉《楚昭公疏者下船》第三折，丑扮艄公上场，有所谓"嘲歌"如下：

月落乌啼霜满天，江枫渔火对愁眠。也弗只是我里艄公艄婆两个，倒有五男二女团圆。一个尿出子，六个弗得眠。七个一齐尿出子，艎板底下好撑船。一撑撑到姑苏城下寒山寺，夜半钟声到客船。②

这一段唱，显然是在唐人张继那首著名七绝《枫桥夜泊》的基础上，渲染了一派俚俗谑浪的风情。唐人七绝，大体可歌。这一段"嘲歌"虽非规整的齐言，却因借助了《枫桥夜泊》一绝，嘲谑戏弄之情味也略显不同。

郑德辉《醉思乡王粲登楼》第三折，有一大段七言齐言《捣练歌》的歌唱段落，具体有：

（许达云）仲宣，时遇清秋，阶下有等草虫，名寒蛩，又名促织。此等草虫叫动，家家捣帛捣练。小生不才，作《捣练歌》一首，则是污耳。（歌云）忽闻帘外杵声摇，声上声低声转高，罗袖长长长绕腕，轻轻播播播风飘。看看看是谁家女，巧巧巧手弄砧杵。停停听是两娉婷，玉腕双双双擎举。湾湾湾月在眉峰，花花花向脸边红；星眼眼长长出泪，多多多滴捣衣中。袢开袢入袢波纹，叠叠重重重数多。相相相唤邻家女，欲裁未裁裁绮罗。秋天秋月秋夜长，秋日秋风秋渐凉，秋景秋声秋雁度，秋光秋色秋叶黄。中秋秋月旅情伤，月中砧杵响嘡嘡，嘡嘡响被秋风送，送到征人思故乡。故乡何在归途远，途远难归应断肠。断肠只在纱窗下，纱窗曾不忆彷徨。休玩休玩中秋月，月到故乡偏皎洁。此夜家家家捣衣，添人离愁愁更切。寒露初寒寒草边，夜夜孤眠孤月前。促织促织叫复叫，叫出深秋砧杵天。谁能秋夜闻秋砧，切切悲悲悲不禁，况是思归归未得，声声捶碎故乡心。③

此歌虽云自作，风调却大类山歌。那些字词重复叠用之密集，已经超出了我们一般所讨论的"叠字"范畴，纯然只是一派声情的奔涌焕映——层层的回环往复，所构筑的，正是秋夜砧杵那此起彼伏、不绝于耳的情状，所谓"声上声低声转高"是也。民歌特有的趣味与诙谐亦在其中。朱权

---

① 曾永义《评骘中国古典戏剧的态度与方法》，《曾永义学术论文自选集》，中华书局2008年版，第15页。
② 王季思主编《全元戏曲》第四卷，第101页。
③ 王季思主编《全元戏曲》第四卷，第507页。

《太和正音谱》列举"凡歌唱所唱题目",有"杵歌"一种①,此处《捣练歌》,当可归入其类。

郑德辉另一部杂剧,《㑇梅香骗翰林风月》的第四折,还有所谓山人下亲时所唱小调,具体有:"(行科,山人唱科,诗云)锦城一步一花开,专请新人下马来。今日鸾凰成配偶,美满夫妻百岁谐。"②这一七言四句典型的齐言歌唱,仪式感十足,令当日之婚礼风俗活泛于目前,庶可触及。

元末朱凯《刘玄德醉走黄鹤楼》第二折,又有"禾旦"之所唱:

(禾旦云)官人,恰才俺伴哥唱了去也。我也唱一个官人听。(禾旦唱)
【楚天遥】重重叠叠山,曲曲湾湾水。山水两相连,送伊十万里。送你几时回,两行恓惶泪。庄家每快活,枕着甜瓜睡。③

该折所用宫调为"正宫",而【楚天遥】乃入"双调",朱权《太和正音谱》"双调"下列有【楚天遥】曲牌,举薛昂夫所作小令为例,并称"元人令作仅存此曲",其格即五言八句齐言之体。④

而像这类同一折中出现、不同宫调也不同韵部的曲词,郑骞先生将其称之为"插曲"——"在任何一折套曲的中间或是前后,可以插入曲子一两支,这个没有专名,借用现代语名之为插曲。这一两支插曲,不必与本套同宫调韵部,反而是不同的居多。不一定用北曲;有时用南曲;有时用不入调的山歌小曲"⑤。此处【楚天遥】虽然有调可依,但就曲文内容来看,显更接近所谓"山歌小曲","打诨"为主,无关正经⑥。朱权《太和正音谱》列有"禾词"一种,其风味大致近此。⑦

这一段落从整体来看,也曼衍于剧情本身,与诡谲的政治风云无甚关联,反是敷演了一番庄家生涯的快活自在。禾旦于其间的数曲诨唱,就似黄天骥师所说的"补空的'爨弄'"⑧。这样一种补空的"爨弄",就其客观效果而言,在舒缓戏剧节奏、形成变化同时,也带入了耳目一新的排场、清新谐趣的风调;从主观而言,则大致反映了元剧在审美上对于娱乐性、驳杂风调的恒定好尚。而如此规整的一曲【楚天遥】唱来,则此类补空爨弄显不排斥齐言歌唱的参与。

实际上,声诗与民歌之关联从来紧密——"所谓声诗,包含民歌与文人诗两部分。民歌并不以齐言为限。……唐声诗内之'文人诗'部分,一面直接继承汉、魏、六朝、隋之'文人诗',一面又摹仿唐代民歌,歌谣乃声诗之本体,并非其流变"⑨。照此,上引这些山野气息浓郁的齐言唱段,杵歌也好,禾词也罢,其与声诗之关联分明可见。

---

① 朱权著,姚品文点校笺评,洛地审订《太和正音谱笺评》,第88页。
② 王季思主编《全元戏曲》第四卷,第574页。
③ 王季思主编《全元戏曲》第五卷,第214页。
④ 朱权著,姚品文点校笺评,洛地审订《太和正音谱笺评》,第299页。
⑤ 郑骞《元杂剧的结构》,见郑骞著,曾永义编《从诗到曲》,商务印书馆2015年版,第146页。
⑥ 上引郑骞《元杂剧的结构》论及"插曲",还指出:"插曲都是'打诨'性质,其唱句都是无理取闹,诙谐滑稽的;大都由丑、净或搽旦唱,正旦向不唱插曲,正末偶尔来唱,也还是'打诨',无关正经。"见郑骞著,曾永义编《从诗到曲》,商务印书馆2015年版,第146页。
⑦ 朱权著,姚品文点校笺评,洛地审订《太和正音谱笺评》,第88页。
⑧ 黄天骥《元剧的"杂"及其审美特征》,第44页。
⑨ 任半塘《唐声诗》上册,上海古籍出版社2006年版,第416页。

三

  元代全真道风行一时，反映在杂剧中，则有许多敷演"道情"的段落。这些"道情"段落中，便不乏与声诗相关的齐言歌唱。

  所谓"道情"，参照朱权的说法，就是："道家所唱者，飞驭天表，游览太虚，俯视八纮，志在冲漠之上，寄傲宇宙之间，慨古感今，有乐道徜徉之情，故曰'道情'。"① 杂剧中出现的《青天歌》舞唱，就是由声诗展开的唱道情。

  《青天歌》，始创于全真道丘处机（1148—1227），是一组齐言体的七言诗，共有三十二句。该诗于元代筵席上曾入乐歌舞，其为元时声诗可知②。明初贾仲明《铁拐李度金童玉女》第四折，则有八仙共舞合唱《青天歌》的相关表演：

  [金母云] 金童玉女，您离瑶池多时，您则知您女直家会歌舞，可着俺八仙，舞一会你看。[八仙上歌舞科] [共唱]

  【青天歌】真仙聚会瑶池上，仙乐和鸣鸾凤降。鸾凤双飞下紫霄，仙鹤共舞仙童唱。仙童唱歌歌太平，尝得蟠桃寿万龄。瑞霭祥光满天地，群仙会里说长生。　长生自知微妙诀，番口开口应难说。不妨泄漏这玄机，惊得虚空长吐舌。　舌端放出玉毫光，辉辉朗朗照十方。春风只在花稍上，何处园林不艳阳。　艳阳时节采灵苗，莫等中秋月色高。颠倒离男逢坎女，黄婆拍手喜相招。　相招相唤配阴阳，密雨浓云入洞房。十载灵胎生个子，倒骑白鹿上穹苍。　穹苍颢气罡风健，吹得璇玑从左转。三辰万象总森罗，三界仙官朝玉殿。　玉殿金阶列众仙，蟠桃高捧献华筵。仙酒仙花映仙果，长生不老亿千年。③

  这一组【青天歌】，显然是由八支七言四句的齐言体构成，形制与丘诗一致；所押韵部也和丘作如出一辙④，却与同折之"皆来韵"颇为参差。剧中【青天歌】低一格书写，除了表明演唱者不同外，也足见其曲调之特殊。伊维德曾就贾剧有论："第一折中，这一对让一群歌女给李表演，让李看到豪华生活的乐趣。第四折中，八仙一起按常规歌舞一番。金童玉女则应西王母之请也翩翩起舞。这两场配合舞蹈的歌并不属于常见的乐曲，也不见于一般的杂剧或散曲，很可能是些专门的舞曲。"⑤ 诚如伊氏所言，【青天歌】的确不见于一般的杂剧或散曲，其专门，就在于它向为敷演道情之声诗。

  郑骞先生将【青天歌】这类也视作"插曲"，不过，"打诨的插曲比较常见，道情或舞曲比较少见，而且是元剧末期的产物。剧中插入歌舞场面始于元末，入明而盛，合唱也是元末以后的

---

  ① 朱权著，姚品文点校笺评，洛地审订《太和正音谱笺评》，第86页。
  ② 夏庭芝《青楼集》记有连枝秀唱《青天歌》，《中国古典戏曲论著集成》第二集，中国戏剧出版社1959年版，第28、29页。昂吉《分韵诗序》也记录了玉山雅集筵席上宾客歌舞《青天歌》的情况，顾瑛辑，杨镰、叶爱欣整理《玉山名胜集》上册，第279、280页。
  ③ 臧晋叔《元曲选》，中华书局1958年版，第1105页。
  ④ 就押韵看，丘诗所押韵部依次是江阳韵、庚青韵、车遮韵、齐微韵、萧豪韵、侵寻韵、鱼模韵、先天韵；八曲【青天歌】所押韵部则依次为江阳韵、庚青韵、车遮韵、江阳韵、萧豪韵、江阳韵、先天韵、先天韵。唯有三首不同，可谓大体相似。
  ⑤ 伊维德著，张惠英译《朱有燉的杂剧》，北京大学出版社2009年版，第67页。

风气"。① 作为不入调的"道情声诗"②,【青天歌】出现在杂剧中,带来的不仅仅是热闹的歌舞排场,还有新的演唱方式——合唱,以及新的声情——道教音乐。这同样是在丰富着杂剧的"杂",亦可见元明之际杂剧作家寻求突破与创新的努力所在。《北词广正谱》将《青天歌》列为曲牌,又足见北曲杂剧对于新音乐的吸纳与融合。

用齐言唱道情的,还有无名氏《瘸李岳诗酒玩江亭》一例。杂剧第二折,文字如下:

> (牛员外打渔鼓简子上,唱道情云)年少青春正好修,一口咬破铁馒头。滋味得时合着口,稳取白日赴瀛洲。(又)未生我时谁是我,生下我来我是谁?今日方知我是我,休也,合眼知他谁是谁。(又)才离阆苑下蓬瀛,举步轻抬不见踪。世人不识吾名姓,则我是油嘴光边夹脑风。(又)身穿羊皮百衲衣,饥时化饭饱时归。虽然不得神仙做,则我是躲奸避懒磣东西。(又)身在公门道在心,道心不与利心同。船到江心牢把棹,箭安弦上慢张弓。炉中有火休添炭,扇遇凉时莫助风。临危不与人方便,休也,念尽弥陀总是空。(又)我是天台一先生,逍遥散澹在心中。灵丹妙药都不用,吃的是生姜辣蒜大憨葱。空心将来只管吃,登时螫的肚里疼。③

依上所引,牛员外唱了六曲"道情",格式大体都是七言的齐言体诗作,偶见参差。且此处打诨色彩明显浓郁过道情本身。伴奏乐器值得注意——"渔鼓简子",又作"愚鼓简子",是杂剧中"唱道情"的主要乐器。杨荫浏《中国古代音乐史稿》写作"鱼鼓、简子",定其创制于元,称之为歌舞导具④。这显然属打击乐器一类,则以之伴奏的"唱道情",其韵律与节奏的明快不难想见。新乐器往往意味着新的音乐风调,而新的音乐风调汇入杂剧,自为"杂"之表征。

四

唐代声诗中有《鹧鸪》一调,任半塘先生考订该曲"原起于湘楚之民间,曾模仿鸟鸣,故其乐宜用吹声"⑤,又称"此曲在唐代,与《竹枝》为近,不仅声辞之体制、风格如此,即踏地为节,作简单舞容,二者亦复相同。且此种踏舞,予后世之影响颇著",以及"金、元人犹唱《鹧鸪》"。⑥ 实际上,《鹧鸪》来至元代,乃以舞蹈闻名。

元杂剧中,《鹧鸪》不仅用来渲染歌舞之盛,更与杂剧具体的表演体制——"散场"有关,具有"舞终送场"之功能。

杂剧中出现的《鹧鸪》,基本都在强调舞容,及其"吹声"之特性。关汉卿《诈妮子调风月》第四折,【驻马听】的最末两句即有:"悠悠的品着鹧鸪,雁行般但举手都能舞。"⑦《哭存

---

① 郑骞著,曾永义编《从诗到曲》,第147页。
② 该曲牌未见收于朱权《太和正音谱》。李玉《北词广正谱》将其列在"双调"之下,大约是受贾剧影响,因贾剧是折所用宫调即"双调"。《续修四库全书》第1748册,上海古籍出版社2002年版,第305页。
③ 王季思主编《全元戏曲》第七卷,第12页。
④ 杨荫浏《中国古代音乐史稿》,人民音乐出版社2004年版,第730页。
⑤ 任半塘《唐声诗》下册,第104页。
⑥ 任半塘《唐声诗》下册,第106页。
⑦ 《汇校详注关汉卿集》,第84页。

孝》中，邓夫人所唱【油葫芦】一曲又有："一壁厢动乐器是大体，将一面鼍皮画鼓鼕鼕擂，悠悠的慢品鹧鸪笛。"①贾仲明《铁拐李度金童玉女》第三折【凉亭乐】写道："迅速光阴过隙驹，一梦华胥，走兔飞乌、紧相逐，昼夜催寒暑。便道你本来面目，仙风道骨，争如俺鼍鼓笛儿耍刺古，歌鹦鹉，舞鹧鸪。"②易知当日《鹧鸪》多为笛曲，以舞见长。

夏庭芝《青楼集》"魏道道"一则记有：

> 魏道道，勾栏内独舞《鹧鸪》四篇打散，自国初以来，无能继者。妆旦色，有不及焉。③

而在《古杭新刊的本关目风月紫云亭》第四折，有【川拨棹】一曲，语及"不索你自夸扬，我可也知道你打了个好散场"④，是知"打散"者，即为"散场"表演之谓。元刊本中，《拜月亭》、《气英布》、《薛仁贵》、《介子推》、《霍光鬼谏》、《竹叶舟》、《博望烧屯》等剧，剧末都注明"散场"。元刊《紫云亭》杂剧虽无"散场"字样，却有一曲【鹧鸪天】及诗一首：

> 玉软香娇意更真，花攒柳衬足消魂。半生碌碌忘丹桂，千里駸駸觅彩云。鸾鉴破，凤钗分，世间多少断肠人。风流公案风流传，一度搬着一度新。
> （诗曰）象板银锣可意娘，玉鞭骄马画眉郎。两情迷到忘形处，落絮随风上下狂。⑤

观其曲文，乃是就四折杂剧做一番总结和申发；再看韵脚，则与第四折韵部迥异，已非同一套曲；复观曲牌，由上引《青楼集》所记，其特殊效用一目了然。是以此处的一曲一诗，俱属"散场"表演段落；所唱为【鹧鸪天】，则打散与《鹧鸪》、与舞蹈的关联可知。

元人杨弘道有《鹧鸪》一篇，其具体诗句或可帮助我们想见当日"舞《鹧鸪》"之情状。首先，其舞蹈亦分四段，"鹧鸪有节四换头，每一换时常少休"；其次，舞蹈动作明显比踏舞复杂，"低头俯身卷左膝，通袖臂摇前拜毕"、"初如秋天横一鹗，次如沙汀雁将落。红袖分行齐拍手，婆娑又似风中柳"，"或如趋进或如却，或如酬酢或如揖。或如掠鬓把镜看，或如逐兽张弓射。翩跹蹩躠更多端，染翰未必形容殚"；第四节是女真族舞蹈，"次四本是契丹体，前襟倏闪靴尖踢"，"僚属对起相后先，襟裾凌乱争回旋"；最后，此调于金时为贵家声乐，入元后却沦为勾栏之舞，"倡家蝇营教小妓，态度纤妍浑变异。吹笛击鼓阓阓中，千百聚观杂壮稚。昔时华屋馨浓欢，今日乐棚为贱艺"。⑥

可见，《鹧鸪》一调在金元流行过程中，吸纳了女真族音乐艺术的特质，逐渐由重歌转而重舞，演出的场所也由筵席来至勾栏。其与杂剧"散场"之间存在的关联，表明"散场"不仅是杂剧特有的结构单元——四折之后宣告结束的段落，同时也是一种表演体制——用一番特定的歌舞对剧情加以总结渲染，热闹之余，也补偿了观者意犹未尽之内心，慰藉了那些因剧终而生的空落与伤感。演剧当中，歌舞贯穿；剧情终了，歌舞又起，则杂剧舞台之丰富错落自不待言。

---

① 《汇校详注关汉卿集》，第106页。
② 王季思主编《全元戏曲》第五卷，第505页。
③ 夏庭芝《青楼集》，《中国古典戏曲论著集成》第二集，第24页。
④ 王季思主编《全元戏曲》第三卷，第561页。
⑤ 王季思主编《全元戏曲》第三卷，第562页。
⑥ 杨弘道《小亨集》卷二，《影印文渊阁四库全书》第1198册，第176页。

五

  当然，杂剧中最为常见的声诗元素，还属声诗故典之穿插点染。这样的声诗元素，给杂剧注入的，就是一脉文学上的蕴藉与意趣。譬如说，像《阳关》、《金缕》、《鹧鸪》、《柘枝》、《六幺》、《霓裳》、《欸乃》这一类，它们或以调名焕映声情、渲染舞容，或以相关背景渲染情境，都是杂剧中常见的处理。其中，尤以《阳关》一调，蔚为大观。

  杂剧中，零星散见的《阳关》众如繁星，举不胜举。值得一提的，有以曲词檃括《阳关》诗句之例。比如，元刊《紫云亭》杂剧，楔子中有【仙吕·赏花时】一曲，其词即为："客舍青青杨柳新，驿路茸茸芳草茵。朝雨浥轻尘，一杯酒尽，歌罢渭城春。"①《阳关》，乃为家喻户晓的声诗名篇，其与离情之紧切无需多言。用曲词将其檃括，则不事铺渲就已令别绪萦怀。情感抒发得自然晓畅，也不失清俊深长。

  还有的杂剧，乃以《阳关》贯串整本全篇，针线细密地织出一片凄楚恻然。马致远代表作，《破幽梦孤雁汉宫秋》，就是其中典型的一例。杂剧第二折，【哭皇天】有"如今阳关路上"②的叹息；第三折，【步步娇】又见"您将那一曲阳关休轻放"③；第四折，【幺篇】则作"伤感似替昭君思汉主，哀怨似作薤露哭田横；凄怆似和半夜楚歌声，悲切似唱三叠阳关令"④，至【随煞】一曲，犹有"一声儿绕汉宫，一声儿寄渭城"⑤的回环。以往，阐发《汉宫秋》抒情特色，关注的焦点往往落在孤雁的数度凄鸣上。而今看来，其间《阳关》之点染穿插，也分明使得剧中离恨缠绕不绝，往复回旋。

  相似的例子，还有《郑月莲秋夜云窗梦》一本。该杂剧也是藉由声诗《阳关》在曲词间的缭绕穿插，焕映出离愁满纸。杂剧第一折，有【仙吕·点绛唇】，唱道"席上尊前，抵多少阳关怨"⑥，继见【元和令】，唱及"洞房春，口内言，阳关路，眼前现"⑦之伤感；第二折，【倘秀才】袭用原句，叹道"眼睁睁，西出阳关无故人"⑧；第三折，一曲【石榴花】，径称"听的唱阳关歌曲脑门疼，委实的倦听惨然凄声"⑨；第四折，又有【七弟兄】一曲，叹息着"眼面前便待把阳关闭"⑩。

  《阳关》一调，作为唐人声诗的典型代表，其声情特性具体如何其实已不复清晰——纵然此调元时依旧可歌，恐怕已非唐代旧貌。然而那些存于诗句、系于调名的情感因子，却分明在旷日持久的使用与流传中得到不断强化，是以但云《阳关》，顿时离愁焕然。杂剧向以本色为当行，本不事用典。但这类声诗故典毫不生涩隔膜，几为人所共知，使用起来不仅能够理想地传情达意，也往杂剧惯常的爽利佻达中投寄了一丝蕴藉风雅。

---

① 王季思主编《全元戏曲》第三卷，第 547 页。
② 王季思主编《全元戏曲》第二卷，第 117 页。
③ 王季思主编《全元戏曲》第二卷，第 121 页。
④ 王季思主编《全元戏曲》第二卷，第 126 页。
⑤ 王季思主编《全元戏曲》第二卷，第 127 页。
⑥ 王季思主编《全元戏曲》第六卷，第 757 页。
⑦ 王季思主编《全元戏曲》第六卷，第 759 页。
⑧ 王季思主编《全元戏曲》第六卷，第 763 页。
⑨ 王季思主编《全元戏曲》第六卷，第 766 页。
⑩ 王季思主编《全元戏曲》第六卷，第 772 页。

结　　语

综上所述，就各色声诗元素与杂剧发生的关联来看，则杂剧之"杂"，除却黄天骥师所指出的"元代戏剧表演承宋金杂剧余绪，而且主要是受'诸宫调'演出的影响。一个主唱，势必需要以'杂扮'、'杂耍'诸般伎艺间场"① 等客观情势导致的驳杂外，似乎还有主动的吸纳与增设；所反映的审美特征，除了娱乐性的需求外，也有对于层出叠现、铺张扬厉这类效果的热衷。是以杂剧之"杂"，洵为一种摇漾生姿的情致。具体的，它表现为对于繁复多样的趋奉，对于新鲜特异的好尚；虽有自己突出的核心特质，却也不排斥与之相异的元素汇入；于所处发展进程来看，既有承继的必然，也有突破的自觉。而声诗元素在杂剧中的各色存在，正是这样一种情致的焕映与证明。

作为唐代盛极一时的声乐文学，声诗能够在杂剧中登场亮相，这本身就是承继——旧有的声情趣味，藉助于此，自然汇入。比如，尚仲贤《洞庭湖柳毅传书》的第三折，在钱塘君唱了一曲之后，有"（内奏乐科）（夜叉报云）这是钱塘破阵之乐"② 的提示。《破阵乐》者，即唐代著名的声诗格调。此处尚仲贤的处理，本自唐人传奇。李朝威《洞庭灵姻传》写及此处，有"初笳角鼙鼓，旌旗剑戟，舞万夫于其右。中有一夫前曰：'此《钱塘破阵乐》。'雄铓杰气，顾骧悍慄。"③ 杂剧虽无过多的笔触写及舞容声情，但因为承继的客观存在，是以该曲一起，场面自知。

当然，声诗在杂剧中的出现也不限于承继。以《青天歌》为例，所呈现的就是元代声诗全新的声情——源于道教的音乐风调。这一类唱道情的声诗来至杂剧，带入渔鼓简子明快节奏的同时，也把"道情"所特有的冲豁闲逸、乐道徜徉引入戏曲。另以新鲜谐趣丰富着杂剧声情的，还有那些形如"插曲"的山野小唱，和生活习俗相关联的民间小调。这些歌唱在杂剧中出现，既能令时人备感亲切，也能使后世之人触到当日的生动鲜活。这些歌唱的存在，无疑说明了杂剧声情的多样性。而在参差错落的曲的序列中，间以"整饬"为文体特征的齐言歌唱；在极情尽致、豪辣浩烂的曲的表达中，穿插声诗元素以点染一味隽永蕴藉，这同样是爱好繁复，不拒异己的有力说明。

另外，《青天歌》之于杂剧，除了声情的特点，也意味着表演体制的创新和突破。如前所述，作为敷演道情的声诗，《青天歌》出现在杂剧中，带入了合唱这一崭新的演唱方式，以及群体歌舞之闹热排场。而同样与表演体制相关的，还有声诗《鹧鸪》与散场之间的关联。现存元刊杂剧仅有三十之数，却有七本在四折以后明确标出"散场"字样，还有两本可见实际的散场段落。所以，"散场"在当日杂剧的演出中，其特殊地位可知。借助《鹧鸪》所提供的舞容，不难想见"散场"在表演上具有的色彩。就《鹧鸪》与散场的关联来看，杂剧所重视的也许不限于敷演一个完整的故事，而是更在意舞台表演的那份层波叠涌、摇漾生姿。另外，杂剧中的这些齐言歌唱，多数由主唱以外的脚色承担，这对于杂剧舞台来说，亦不啻为一种突破和丰富。

最后，各色声诗元素之存于杂剧，足见杂剧之"杂"在声情上的那份摇漾多姿——横肆中有蕴藉，参差中有整饬；延续了曾经的旧调，又纳入新异的时歌；俚俗中增了味山歌的清新谐趣，

---

① 黄天骥《元剧的"杂"及其审美特征》，第 47、48 页。
② 王季思主编《全元戏曲》第三卷，第 745 页。
③ 李剑国辑校《唐五代传奇集》第二编卷八，中华书局 2015 年版，第 653 页。

歌舞中多了份道曲的仙乐烟霞。与此同时，声诗元素之存，还反映出杂剧在表演体制上的不断融合与创新。这充分说明了观剧者的审美心理，也折射出剧作者通晓音律、俚俗擅场，作剧逗弄才具、自娱娱人的特性。要之，杂剧之"杂"，有驳杂的特质，又不限于驳杂而已。它呈现出一种兼收的胸怀，以及对于繁复多样、新异独得的突出好尚。参差与整饬、俚俗与风雅、继承与突破，这些看似矛盾的并存，既是成就杂剧之"杂"的原因，也是其本身所具有的特异所在。不板滞、不单一、不拘泥，丰富而摇漾，这就是杂剧之"杂"，也是此种文艺独步一时所凭借的主要神情。

（作者单位：云南大学文学院）

民俗演剧视阈下的乡民戏剧观

詹双晖

长期以来，受文人传统审美思维的影响，中国传统戏剧研究一直偏重于研究所谓观赏性戏剧（或者说"真戏剧"），注重戏剧的文学性、艺术性、思想性，而对于民间戏剧、民俗演剧则因其仪式性、民俗性与质朴性而受到鄙视，被边缘化。显然，这种以文学艺术话语的戏剧审美取向与传统社会大多数老百姓的戏剧审美取向不大吻合，难以解释诸如乡民们是怎么看待戏剧的，他们有怎样的戏剧观，这种戏剧观又怎样反作用于乡村戏剧演出实践的等问题，难以客观地认识中国传统戏剧的生成与发展规律，难以还原民俗演剧、民间戏剧在中国戏剧史中应有的地位与价值。因此，中国戏剧理论既需要文人戏剧观，也需要乡民戏剧观。基于民间戏剧、民俗演剧的乡民戏剧审美研究对于发展中国戏剧理论具有重要意义。

一、对以文学艺术话语戏剧观的反思

虽然自宋元以来，戏剧一直是各阶层中国人最重要的文化艺术样式与娱乐方式，但是戏剧理论研究却并没有相应的发展。1959年出版的《中国古典戏曲论著集成》（十卷本）几乎囊括了中国历代所有与戏剧相关的重要著述，内容涉及戏曲源流的考察，作家、演员的传记和掌故、史料方面的记载，以及编剧、制曲、歌唱和表演技巧论述等方方面面。这些笔记式的研究，虽然缺少严整、系统、深入的理论阐述，严格来说，大多数都算不上戏剧理论研究，但都有着鲜明的戏剧审美取向：将戏曲唱词置于核心位置，非常讲究曲词韵律与曲调音律，甚至将戏剧等同于曲，将其看作接续诗词文统的另一种文学艺术样式——曲套。笔者把这种戏剧审美取向称之为文学艺术话语的文人戏剧观。

20世纪初由王国维开创的现代意义的中国戏剧理论承载的就是这种传统文人戏剧观。这种理论基本上由大学中从事戏剧研究与教学的教授们按照20世纪20年代以前的西方戏剧理论体系建构，其研究对象限于以文人戏剧与城市商业戏剧为代表的所谓观赏性戏剧，研究素材也限于历代戏剧剧目文本以及文人士夫相关的戏剧文献。50年代以后，中国戏剧理论转向苏联体系，而包括地方声腔剧种在内的许多民间戏剧也受到前所未有的关注，在思想性、人民性价值标尺下"去除糟粕，存其精华"，将其收编国有，并改造成国家意识形态工具，从根本上改变其民俗演剧的性质。然而在浓郁的政治话语背后依然是传统的审美思维，依然在戏剧文本中打转转。这种理论思维在学术界是如此的根深蒂固，以至于在21世纪的今天，在民俗学、文化人类学的田野考察研究方法被普遍认可并且取得重大成果的背景下，依然有相当部分学者难以接受观赏性戏剧以外的祭祀戏剧、仪式性戏剧等民俗戏剧，在他们眼中以文人戏剧与城市商业戏剧为代表的观赏性戏剧才是中国传统戏剧的"真戏剧"，它与仪式性戏剧有本质的不同。青年学者解玉峰对日本学者田仲一成的《中国戏剧史》的"献疑"有一定的代表性。

田仲一成先生的《中国戏剧史》是其一系列以民俗学方法研究中国传统戏剧成果的总结性著作，该书颠覆了王国维以来戏剧史撰写的基本观念与框架，从乡村祭祀演剧的角度重新建构中国戏剧的发生、发展和演变的历史。① 解玉峰先生在其批驳田仲氏的《献疑于另类的中国戏剧史——读田仲一成〈中国戏剧史〉》② 一文中认为，田仲教授《中国戏剧史》一书存在的最大问题是混淆了仪式性戏剧（即祭祀戏剧）和观赏性戏剧这两类戏剧的差异；把祭祀戏剧与观赏性戏剧这两种截然不同的戏剧当成同一种戏剧来对待，"可以说使后者受到无辜的轻视，是对中国民族戏剧的一种贬低"；"华夏民族有自己可以为之自豪的戏剧，就是因为我们有独具特色的'民族戏剧'，而非'祭祀戏剧'"。何谓观赏性戏剧？他引用王兆乾先生《仪式性戏剧与观赏性戏剧》③ 中的说法：观赏性戏剧主要指以娱乐观众为主要目的的戏剧，包括南戏、杂剧、传奇以及近代地方戏。他进一步认为，起自宋元的中国民族戏剧（即观赏性戏剧），是在华夏民族特有的审美观念之下逐步形成和完善的，它与祭祀戏剧有艺术与非艺术的本质性差异。"中国戏剧虽然起自民间，（中略）但后来随着时间的推移，特别是因为作为文化载体的文人的参与，它逐渐成为中国传统文化的重要组成部分，中国戏剧由'民间戏剧'逐渐上升成为'民族戏剧'。'祭祀戏剧'作为'民间戏剧'，就其文化含量而言，是完全无法跟'民族戏剧'相提并论的。"④

或许有鉴于此，一些从事民俗演剧、民间戏剧研究的学者深深感受到构建有别于此正统文人戏剧理论的重要性。刘祯先生就是这样一位学者，他尝试并呼吁学术界建立民间戏剧理论，他说："建立一套规范、全面的、不同于文人批评话语的民间戏剧批评标准和话语系统，不仅是学术发展的需要，也是民间戏剧发展的需要。"笔者深深认识到，建立"不同于文人批评话语的民间戏剧批评标准和话语系统"，仅仅在书斋里爬古纸堆是不够的，必须走出书斋，走向田野，走进民间，走进中国传统戏剧赖以产生、发展与演变的人文土壤中去；必须改变传统文人狭隘的文化心态，从传统的只注重戏剧的文学艺术属性回归到戏剧的文化属性，从唯观赏性戏剧独尊的一元戏剧观回归到展现包括观赏性戏剧、仪式性戏剧、祭祀戏剧以及其他类型的戏剧在内的多元戏剧文化观。

今天，在传统民俗演剧在全国范围内普遍消亡的大背景下，在东南沿海的一条带状地带（如浙江的台州、温州，福建的福州、莆田、泉州、漳州、厦门，广东的潮汕、海陆丰、湛江、茂名等），依然存活着浓郁的民间宗教习俗以及民俗演剧传统。在这一弥足珍贵的传统演剧文化生态区里，民俗演剧不仅保存了古老的戏剧样式与形制，还保存了与文学艺术话语的文人戏剧观不同的乡民戏剧观。

---

① 田仲一成的日文版《中国演剧史》1998年由东京大学出版会出版，2002年由云贵彬、于允译成中文并改名为《中国戏剧史》由北京广播学院出版社出版。田仲氏相关研究著作还有：《中国祭祀演剧研究》（日文版，东京大学出版会，1981）、《中国的宗族与演剧》（日文版，东京大学出版会，1985年；中译本《中国的宗族与戏剧》，钱杭、任余白译，上海古籍出版社1992年）、《中国乡村祭祀研究》（日文版，东京大学出版会，1989年）、《中国巫系演剧研究》（日文版，东京大学出版会，1993年）、《明清戏曲》（日文版，东京创文社，2000年；中译本，云贵彬、王勋译，北京广播学院出版社2004年）以及《中国地方戏剧研究——元明南戏在东南沿海地区的传播》（日文版，日本汲古书院，2006年）

② 解玉峰《献疑于另类的中国戏剧史——读田仲一成〈中国戏剧史〉》，胡忌主编《戏史辨》第四辑，中国戏剧出版社2004年，第376—380页。其后，解氏把该文题目改为《巫风傩影中的迷失》，并收入其于2006年论文集《二十世纪中国戏剧史研究》。

③ 王兆乾《仪式性戏剧与观赏性戏剧》，胡忌主编《戏史辨》第二辑，中国戏剧出版社2002年版。

④ 以上解氏观点及引文分别见胡忌主编《戏史辨》第四辑，中国戏剧出版社2004年版，第377—379页。

二、民俗演剧里的戏剧审美

粤东闽南福佬人有句堪称经典的话语很能说明民俗演剧中乡民的戏剧观:"戏首先是做给神看的,其次才是给人看的。""给神看"属于信仰文化、民俗文化范畴,"给人看"才是艺术欣赏。换句话说,福佬人民俗演剧中的乡民戏剧观首先注重的是戏剧的文化属性,其次才是戏剧的艺术属性,这与文人戏剧观单纯强调戏剧的文学与艺术属性有很大的不同。

1. 民俗戏剧的文化属性

民俗演剧并不是单纯的艺术演出与欣赏活动,它是中国传统社会乡民们表达俗民信仰、展示民俗文化的重要媒介,也是基层社会自我管治的重要手段。一方面从价值取向上看,民俗演剧必须体现乡民的宗教信仰情怀并具有教化乡民之功效;另一方面从表现形式上看,民俗戏剧的创作、演出必须遵循宗教仪式与民俗传统。因此,宗教性、教化性、仪式性和民俗性是民俗戏剧文化属性的四个重要标志,也是乡民们衡量戏剧的四把重要文化标尺。

宗教性

俗民宗教信仰情怀是乡民戏剧观的核心内容。民俗演剧最重要的功能是宗教功能,即通过戏剧这一老百姓喜闻乐见的媒介表达祀神敬祖、祈愿纳福、避邪消灾的宗教诉求。在乡民戏剧观中是否表达俗民信仰,是否存在与俗民信仰不和谐声音,是重要原则,也是参与民俗演剧的戏班必须严格把握的底线。特别是祀神演剧,在老百姓心目中,戏剧是用来"和平神听"的,是奉献给神灵的特殊祭品,也是最高祭品。不仅海陆丰如此,潮汕、湛江、茂名、闽南、莆仙、台州等地至今仍然保留相同或相似的民俗。实际上,在传统社会,以戏剧表达俗民信仰是非常普遍的现象。诚如山西长治东北陈村乡民族谱所言"戏无以演,神无以奉,抑且为一村之羞也"。[①]

田仲一成教授钩稽的中国大量宗族、乡村、寺庙演戏资料,以及香港新界及国内其他地区的田调成果均表明,祭祀戏剧主要的功能就是宗教功能,在于镇抚孤魂野鬼,祈求平安福祉。他甚至认为,元杂剧中的许多剧目,如《关张双赴西蜀梦》、《地藏王证东窗事犯》、《窦娥冤》、《汉宫秋》、《梧桐雨》、《岳孔目借铁拐李还魂》、《散家财天赐老生儿》、《西厢记》等,都是从村社祭祀仪式中产生及演变而来的。[②] 其实,我国各地遗存的民间剧本都有着鲜明的佛道儒巫相互融混的俗民信仰烙印。

为了表示对神灵的虔诚,乡民们还把选择演出剧目的权力交给神灵,通常以在神像前抓阄或掷筊杯的方式来选定剧目。今天,许多人或许会觉得神选剧目是多么可笑,甚至愚昧的事情,但在传统社会乡民们眼中却非常严肃、神圣。明清时期的许多小说对神选剧目都有细致的描述,如《鼓掌绝尘》三十九回:"只见那几个做会首的,与那个扮末的,执了戏帖,一齐到关圣殿前,把阄逐本阄过,阄得是这一本《千金记》。……众人见得关圣要演《千金》,大家缄口无言,遂

---

① 车文明《20世纪戏曲文物的发现与曲学研究》,文化艺术出版社2001年版,第236页。
② 田仲一成《中国的宗族与戏剧》,钱杭、任余白译,中译本序。

不敢喧哗了。"① 据海陆丰许多老人会总理以及老童伶介绍，20 世纪 50 年代以前村社演戏演出剧目基本上由神选。虽然现在神选剧目已不普遍，但笔者依然在好几个演戏点发现其踪迹。如汕尾盐町头大王公庙 2006 年大王公诞暨观音得道演戏，老人会聘请五家戏班连演一个月（从九月十一至十月初十），所有演出剧目皆由神选。具体选戏如下：先由戏班列出拟演的剧目单（一般 8—10 个剧目），经老人会总理认可后，于演戏当日择吉时在大王公神像前（有的在观音神像前）由总理（或者老人会其他成员）或者捐戏者按剧目单顺序先后掷珓杯选定。

教化性

教化性是民俗演剧的重要特征，以戏为史、以戏为师、以戏教化是乡民看待戏剧的基本态度，也是乡民戏剧观的重要内容。在文化教育还只是少数人的奢侈品、绝大部分民众处于文盲状态的传统社会，在广袤的中华大地，在交通不便、语音隔阂的客观环境下，戏剧是他们认识历史、辨别善恶、获得宗教与伦理教化的重要途径。诚如李渔所云："窃怪传奇一书，昔人以代木铎，因愚夫愚妇，识字知书者少，劝使为善，戒使勿恶，其道无由，故设此种文词，借优人说法，与大众齐听。谓善者如此收场，不善者如此结果，使人知所趋避。"② 所谓"不关风化体，纵好也徒然"，这种戏剧教化诉求直接影响到民俗戏剧的主题：戏剧必然要宣传因果报应的宗教思想，必然要弘扬忠孝节义的伦理道德，必然要把各种历史演义、野史入戏成为乡民认识历史、认识社会的教科书。

此外，乡民戏剧观中的教化性还体现在利用民俗演剧达到聚众宣约、维护乡规民约、文化传承以及增进凝聚力等功效。对于我国最广大的乡村民众来说，民俗演剧、乡土戏剧是维系族群认同与共同体凝聚力的不可替代的精神纽带。正是数以千计的乡土戏剧剧目千百年来不间断地以乡村百姓喜闻乐见的方式宣传灌输"仁义"、"诚信"、"忠孝"、"礼仪"等中国传统文化的核心价值观，使得南腔北调的中国人不论身处何地，都拥有一颗"中国芯"。正是这颗用"仁义"、"诚信"、"忠孝"、"礼仪"等传统文化核心价值观做成的"中国芯"，才形成了中华民族强大的凝聚力。

仪式性

笔者在粤东、粤西、闽南等当今民俗演剧繁盛地区的田调证明，民俗演戏是乡社迎神赛会、时令节庆、宗族祭祀等宗教民俗活动的一个环节，演剧本身就是一项特殊的俗民信仰仪式。其实，在传统社会，全国各地的民俗演剧，尤其是祀神祭祖演戏都是如此。田仲一成教授记录的 1983 年香港长洲墟建醮祭祀及演剧日程安排也说明，戏剧与其他祭祀仪式紧密结合，并成为整个建醮祭祀仪式中不可或缺的一项。

1983 年香港长洲墟建醮祭祀及演剧日程安排③

前一日，四月初四（5 月 16 日）：

礼仪：扬幡竿、迎神、铺坛、请神、开光。

演戏：粤剧第一夜。

第一日，四月初五（5 月 17 日）

---

① （明）金木散人《鼓掌绝尘》第三十九回，上海古籍出版社 1994 年版。
② （清）李渔《闲情偶记》之"戒讽刺"条，广文书局，第 14—15 页。
③ 田仲一成《中国的宗族与戏剧》，钱杭、任余白译，第 81 页。

礼仪：发表、早朝、扬幡、三官经；午朝、上元宝忏、中元宝忏、发榜；晚朝、下元宝忏、晚参科。

演戏：粤剧第一日、粤剧第二夜。

第二日，四月初六（5月18日）

礼仪：早朝；走午朝、北斗经；晚朝、晚朝科、祭水幽。

演戏：粤剧第二日、粤剧第三夜。

第三日，四月初七（5月19日）

礼仪：星晨宝忏；早朝、谢幡、北斗经、遣船科、颁符、放生、巡游、超幽、烧大士王。

演戏：粤剧第三日、粤剧第四夜。

后一日，四月初八（5月20日）

礼仪：送神、回銮。

演戏；惠剧第一夜（5月21日、5月22日惠剧续演两昼夜）

民俗演剧的仪式性还体现在戏剧演出的各个环节，主要仪式有：

演出前的开台仪式——净棚。

戏班每到一个演戏点演出（特别是新搭建的台口）的当天，要举行驱除鬼煞的开台仪式，海陆丰、潮汕、闽南等地称作净棚，又称洗叉、出煞，江南一带称作破台（或扫台）。净棚时要择吉时，并准备灵符、公鸡等物品，一如巫道仪式。

演出开场仪式——吉祥例戏。

开台仪式之后，首先演出的是表达祈瑞纳福意愿的仪式戏，又称吉祥例戏。吉祥例戏剧目主要有《跳加官》、《仙姬送子》、《京城会》、《满床笏》、《月华园》、《五桂记》、《郭子仪拜寿》、《六国大封相》以及《扮大仙》等，有的地方把《净棚》也纳入例戏。各地及不同剧种演出的吉祥例戏不尽相同，如海陆丰、潮汕地区往往把净棚仪式与四个吉祥例戏连在一起整合成五福连，白字戏、正字戏、潮剧演出的吉祥戏多为《跳加官》、《仙姬送子》、《京城会》以及各种版本的《扮大仙》，西秦戏则是《跳加官》、《神仙送子》（送子娘娘与张仙送子）、《六国大封相》以及《扮大仙》，粤西、珠三角地区粤剧多演出《跳加官》、《郭子仪拜寿》、《六国大封相》等。

演出过程中的仪式——随时配合场下祭祀仪式。

戏班演出过程中要随时配合场下祭祀仪式及各种宗教民俗活动，如乡众祭拜神灵、祖先，吉时一到，鞭炮一响，场上正常演出马上暂停，乐队要鼓乐齐鸣，演员须扮成仙人（或其他村民认可的吉祥人物）在乐队伴奏引领下到寺庙、宗祠甚至乡民家中举行送子、拜寿及其他祭祀项目，与乡众一起祭拜。待仪式结束后，再继续演出。剧中仙佛现身时，场上演员也要作相应的敬拜赞颂仪式。

演出终场仪式——谢神祝愿。

当日演出终场时，场上演员要唱谢神祝愿曲。最后一个晚上演出终场还要《扮大仙》。

民俗性

许多地方在长期的民俗演剧中还形成了一整套演戏规俗，戏班必须严格遵守。

首先，在演出时间与节奏上，戏班必须配合寺庙或者村社祭祀、酬神活动，按照规定时辰开鼓、演出，演出时间一般不少于七八个小时，过去海陆丰、潮汕、闽南不少乡社还要求演天光戏。

其次，在演出剧目类型上，许多大的乡社演出点一般日场及夜场上半场演热闹的武戏，夜场下半场演文戏，最后一晚一定要演出"团圆戏"。

其三，许多乡社民俗演戏还有许多忌讳，如忌演杀气重的戏，忌演互相残杀、妻离子散、家破人亡的悲剧，忌演乡民认为其他不吉利的戏，如关帝庙会演剧忌演《走麦城》、陈姓村社忌演《秦香莲》、蔡姓村社忌演《斩蔡阳》等。

其四，通过戏彩奖赏机制以及乡民评议加强演员与观众之间的互动，激励并引导戏班按乡民的戏剧价值取向发展。

此外，戏班除了场上演戏之外，还要到寺庙、村社甚至村民家中祈祷祝福。

2. 民俗戏剧的艺术属性

上述民俗戏剧的文化属性以及民俗演剧主体与受众的草根性决定了民俗戏剧是一种典型的下里巴人艺术，质朴性与生活化是其艺术属性的显著标志。

质朴性

与文人戏剧审美追求精致、高雅、韵味，讲究"风神虚实、曲词才情、格律音韵"的艺术风格不同的是，民俗戏剧是一种质朴艺术，这种质朴不仅体现在语言文字（曲词说白）、声腔音乐和表演风格上，还体现在与仪式戏剧相对应的祭祀主题、程式化结构、类型化人物上，也体现在乡民们对待戏剧的情感态度上。

首先，从戏剧语言来看，民俗戏剧的语言是典型的大白话，质朴无华，不仅角色说白用日常生活语言，而且唱词也浅白易懂，还特别喜欢用各种充满民间宗教色彩的"劝世文"。大部分民俗戏剧没有完整的戏剧文本，甚至没有文本，剧目传承主要靠艺人的口传。程式化的语言是长期处于口传状态的民间戏剧在语言表达方面的重要特征，叙述身世、事件有一套程式语，不同人物、不同动作、做派均有一套对应的语言程式，落魄书生、白鼻公子、奸臣贪官、商人艄公、狱卒媒婆等都有表明其身份特征的程式语言。作为完全场上戏剧的民俗戏剧，与文人戏剧将戏剧置于平面，以文学标准评价戏剧，将唱词宾白当做案头阅读品味的诗词文赋是完全不同的。由于民俗演剧中演出时间很长，乡民喜欢看连台戏，许多戏班稍作改动就把各种演义、野史搬上舞台，为凑足演出量，大量套用程式语言，显得语言繁琐、贫乏、粗俗。

其次，从戏剧音乐来看，民俗戏剧声腔音乐有两大特色，一是大量使用民歌小调、里巷歌谣以及山歌、渔歌、歌册等地方特色音乐，这些民歌小调轻松活泼，富有生活情趣，深受乡社老百姓的喜爱；二是大量使用佛曲、道调等庙堂法曲及其他祭祀音乐，这些祭祀音乐与祀神祭祖演戏非常合拍。当然，这些音乐旋律比较单调，不大讲究音律音韵，喜用子母句滚唱，多用拉腔、帮腔，乐器也比较简陋，且多用打击乐，显现出祭祀戏曲音乐质朴的风格。自然，这些质朴的音乐在文人士大夫听来难免"呕哑嘲哳难为听"。

其三，从表演形态来看，以民俗演剧为生的各种乡土戏剧的活动舞台，上好的也就是大寺庙、大宗祠戏台，一般的就是在寺庙、村社的开阔地（甚至田间地头）临时搭建的简易戏棚，戏班的演出设施也比较简陋。海陆丰有"三张草席，八个戏笼一棚戏"的谚语，即是对过去白字戏班简陋的设施的形象说法。三张草席是说舞台空间很小，八个戏笼是说戏班的设备很简陋，除了人之外的一切东西用八个戏笼就可以装下，有的草台班甚至只有四五个戏笼。在表演上虽然不乏一些做功唱技出众的名班名演员，但总体上技艺较粗，不够细腻，显得比较质朴、粗犷。

其四，从剧目内容来看，不论是故事题材、结构情节，还是人物形象都有着鲜明的仪式化、程式化特征。民俗演剧的故事题材不外乎宣扬佛道教化及儒家伦理道德，诸如富贵、贫贱、生死、姻缘有命；万物皆有因果报应，善有善报，恶有恶报；讲求善良诚实，有忠有义，感恩图报；讲求传宗接代、光宗耀祖、孝义贞节等是其一以贯之的主题思想。民俗演剧的文化属性要求每一个剧目都必须按照统一的结构程式来敷演故事，不仅剧目故事有其基本结构程式，而且具体的情节、语言，乃至于篇幅都有一定的程式。以白字戏为例，几乎所有的传统剧目都遵守这样一种结构程式：落难（小人、坏人先得势，好人先落难）——逢凶化吉（贵人、神仙相助加上个人奋斗）——团圆（恶有恶报，善有善报）——祝祷（答谢神灵、祖先的祝祷词，类似祭祀榜文）。在这条结构主线之下，追求故事的离奇曲折、大落大起、大悲大喜。为达此目的，有的剧目还在"落难——逢凶化吉——"之后，再来一次"落难——逢凶化吉——"。而人物形象则呈现明显的类型化特征，不同剧目中的同一类人物，不论是帝王将相、达官贵人，还是中上人家的员外夫人、书生小姐，又或是社会底层的贩夫走卒、农夫奴仆，大多按照统一的模式来塑造。这些特征充分体现了民俗演剧表达俗民信仰诉求，讲求仪式性、民俗性的文化属性，同时也是艺术创作的紧箍咒，不利于艺术的创新求异。虽然民俗戏剧不乏具有艺术特色的剧目，但总体上剧目内容千篇一律、缺少变化。

其五，从对待戏剧的态度来看，乡民们在民俗演剧中寄托了自己质朴而丰富的宗教情怀。在乡民们心目中，戏剧不仅是献给神灵及祖先的祭品，还承担着向宗族、乡社成员传播、教导人生道理、宗法伦理道德的任务。他们把剧目中的人物故事、格言、谚语、"劝世文"，当成人生的教科书，现在海陆丰、潮汕还有许多上了年纪的观众流行有这样的口头禅："戏文里怎么怎么说"，"戏文是这么说的"，"你忘了戏文里是怎么说的吗"，等等。实际上剧目中的这些格言、谚语、"劝世文"许多就引自古代私塾中的教科书，如《今古贤文》、《弟子规》等。这与文人戏剧、商业戏剧更加重视娱乐性，强调审美欣赏功能有较大的不同。正因为如此，一方面，乡民们很容易融入戏场，场上演员与场下观众很容易交流、互动，融为一体。每当场上演到好人遭受苦难、处于悲惨境地，或者当坏人遭到报应、大快人心，又或者滑稽搞笑、令人捧腹大笑之类剧情时，场上场下通常会有强烈的互动。乡民们独特的戏彩机制不仅可以激励演员下功夫演出，而且客观上也增强了演员与观众之间的互动。正如刘祯所言，"民间戏剧的艺术价值、艺术精神是在共同的集体表演活动形成的热烈场面、气氛中体现、升华的"。另一方面，乡民对戏班演出也很较真，甚至很苛刻。明人张岱《陶庵梦忆》就记载了绍兴严助庙元宵节赛神演戏时戏班"一字脱落，群起噪之"的情形："夜在庙演剧，梨园必倩越中上三班，或雇自武林乾，缠头日数万钱，唱《伯喈》《荆钗》。一老者坐台下，对院本，一字脱落，群起噪之，又开场重做。"① 而海陆丰的戏雕刀更是其中的缩影。作为乡村评戏人的戏雕刀经常以非常苛刻的态度记下台上演员的缺点或演出失误，不管这种缺点或失误是否紧要。一旦发现演员失误，戏雕刀就向台上递纸条，或批评或耻笑或责令重演甚至退场。

生活化

相对于文人戏剧及商业戏剧而言，民俗演剧在艺术表现上更具生活化，其生活化不仅在于戏剧语言、音乐与人物形象的生活化，还在于其相对写实的表演手法，更在于其开放互动的戏场。

戏剧语言、音乐的生活化、通俗化，前文已简述，这里不赘。剧目中各式各样的人物形象，

---

① （明）张岱《陶庵梦忆》卷四"严助庙"条。

基本上是以宗法社会乡民的生活与类型作为模板加以塑造的，表现的也是宗法社会环境下乡村老百姓的生活、理想与思想逻辑。以白字戏剧目为例，其对宗族社会家庭成员人物形象的塑造，不论是恶妇形象，还是公婆、小孩，甚至族长形象，都颇具生活真实性，对于乡村观众来说，仿佛是演述自己身边的人物事件。前者如《剪月蓉》中的曾氏，《蓉娘》中的姚氏与郑氏妯娌，《金花女》中的嫂嫂金章婆，《张碧英投庵》中的王英婆，《双玉鱼》中的姜氏，《白兔记》中李三娘的嫂嫂，《蓝继子》中的许氏，《太子劈陵》中的贾妃等恶妇、刁妇形象，或者因妒生恨或者贪图家财，歹毒残忍、狡诈奸滑。后者如《秦雪梅教子》中秦雪梅的公公、婆婆、孩童商辂，《苏六娘》中苏六娘的父母、族长，《蔡伯皆》中的赵五娘的公婆，《蓝继子》中的小叔蓝继子、公公蓝芳草，《白兔记》中的李太公等形象，他们之间的矛盾，他们的言行，他们的思想愿望，与他们生活于其中的那个时代的宗族社会环境完全合拍。许多冠以帝王将相之名的人物其生活环境依然是普通宗族社会背景下的乡村生活，其思想言行依然是宗族社会普通成员的思想言行。《吕蒙正》、《萧光祖》、《崔鸣凤》、《珍珠记》等剧中的当朝宰相，除了一身戏服之外，其言行一点也不像宰相，而是活脱脱的地主老财。

民俗戏剧虽然与文人戏剧、商业戏剧一样离不开虚拟与象征的手法来展现特定的戏剧场景，但是与文人戏剧刻意用虚拟与象征的手法营造写意的戏剧场景不同，只要条件许可，民俗演剧的戏班总是喜欢以质朴的写实手法来展现现实生活，演员对现实生活的模仿越真实，观众越受落、越欣赏。试以海丰县春蕾白字戏剧团演出的《秦雪梅教子》中的"断杼教子"一场戏为例：演秦雪梅织布，不仅把织机搬上了舞台，还把织布的整个过程完整地展现了一番，甚至线断了，如何接线，都表演得非常逼真。邻居小孩亚歪装哭、撒尿都模拟真实场景表演。海丰县盛兴白字戏剧团在《剪月蓉》之"灭杀"一场戏中演得更绝：冯凌标之妻曾氏不满其夫对小妾月蓉的宠爱，乘其外出公干之机对月蓉极尽摧残凌辱，用烧红的铁饼把她活活烙死。为了追求逼真的效果，剧团特意买来一大块肥猪肉，事先绑在饰演月蓉的演员的裤子中的大腿位置上，并把铁饼烧得通红。曾氏就用这样通红的铁饼烙在月蓉的大腿上。只见阵阵青烟散发着肉焦臭味从月蓉的大腿上窜起，伴着月蓉凄惨的叫声，引来观众的阵阵喝彩。当然由于过于求真求实，从文人的角度来看，这类表演在艺术上未免有琐细冗长、缺少提炼之嫌，不过民俗演剧的观众并没有这种审美意识，他们毫不介意。

在笔者看来，开放互动的戏场是民俗戏剧生活化艺术特征的重要标志。开放的舞台，仪式化的演出流程，场上演员与场下观众的互动与融合，热闹的场面与氛围，使舞台上下融为一体，成为独特的戏场，民俗演剧堪称最具中国乡土特色的艺术狂欢节。戏班艺人既是场上戏剧演出的主角，同时也是乡民艺术狂欢的配角；乡民既是场上戏剧演出的观众，同时又是乡民艺术狂欢的主角。

所有这些，都使得民俗演剧呈现出浓郁的乡土生活气息。

（作者单位：广东省社会科学院）

从杂剧《西厢记》到影戏《玉环扣》*

张 军

张生与崔莺莺的爱情故事因王实甫的杂剧《西厢记》而家喻户晓，众口流传，"《西厢记》是超过时空的艺术品，有永恒而且普遍的生命"①，各种地方戏曲不断改编和演绎着这个经典剧作，滦州影戏②剧本《玉环扣》也对其进行了沿袭与重构，从而让西厢故事在民间小戏中焕发出别样的风采。王季思在《从〈凤求凰〉到〈西厢记〉》一文中指出："王实甫的《西厢记》在古典戏曲中影响最大，版本也最多。"③ 其影响当然也体现在滦州影戏剧本的改编之中，由于《西厢记》版本众多，而明末清初金圣叹（1608—1661）的评点本一出即风行天下，被称为"第六才子书"，青木正儿评价道："至于以文学的眼光评论《西厢记》的书，没有能出金圣叹《第六才子书西厢记》之右者。圣叹的评本，颇多改窜原文之处，这一点虽然非常粗卤，但是他能详论曲白的妙味，这一点启发读者的地方又很多，也是研究《西厢》不可或缺的好书。"④ 我们通过一些相关文字的对比，也可看出滦州影戏剧本《玉环扣》依托的是此版本。⑤

一、《玉环扣》对西厢故事的沿袭

杂剧《西厢记》以张生、崔莺莺和红娘三人为主体，敷演了崔、张这对才子佳人之间的爱情故事。金圣叹《读第六才子书西厢记法》云："《西厢记》止写得三个人：一个是双文，一个是张生，一个是红娘。其馀如夫人，如法本，如白马将军，如欢郎，如孙飞虎，如琴童，如店小二，他俱不曾着一笔半笔写，俱是写三个人时，所忽然应有之家伙耳。"⑥ 在故事情节方面，滦州影戏剧本《玉环扣》采用了《西厢记》中惊艳、借厢、酬韵、寺警、请宴、赖婚、前候、闹简、赖简、酬简、拷艳、郑恒求配、衣锦荣归等主要情节，对其进行了沿袭和改编，特别是其中与爱情相关的段落，亦即与崔、张、红相关的故事。

滦州影戏剧本《玉环扣》将杂剧中的人物姓名大都进行了改换，三个主要人物的关系和结局

---

* 本文系国家社会科学基金项目《滦州影戏剧本整理与研究》（编号：11XZW043）阶段性成果。
① 郭沫若：《〈西厢记〉艺术上的批判与其作者的性格》，《文艺论集》，人民文学出版社1979年版，第191页。
② 影戏，习称"皮影戏"，是一种由艺人在幕后操纵皮制或纸作的影人，并配和唱白、伴奏等表演形式来演绎故事的民间小戏。滦州影戏是指以河北东部一带为中心，在东北三省、内蒙古、京津等地流传的影戏。
③ 王季思《从〈凤求凰〉到〈西厢记〉——兼谈如何评价古典文学中的爱情作品》，《王季思全集》第一卷，石家庄，河北教育出版社2005年版，第119页。
④ ［日］青木正儿《元人杂剧概说》，隋树森译，中国戏剧出版社1957年版，第83页。
⑤ 《西厢记》版本采用（元）王实甫著，（清）金圣叹批评，陆林校点《金圣叹批评本〈西厢记〉》，南京，凤凰出版社2011年版。
⑥ 《金圣叹批评本〈西厢记〉》，凤凰出版社2011年版，第11页。

也略有变化。大家熟知的男女主角张君瑞、崔莺莺被改换为李仲、顾莺铃,李仲的出场描写如下:"(出文生)今年寒食月无光,夜色才侵已上床。得意文章通天下,玉枕深处自生香。学生李仲,字登云,原籍湖广武昌府嘉鱼县人氏。父母双亡,昆仲无一,先父在世官居礼部尚书之职,一世清廉,宦囊空虚。幼年好学,侥幸得中解元,今乃又逢大比,正应前去。此去路过河中府,那里有我的窗友姓张名威,字扬声,因文未就,由武成名,现任镇守蒲关。此去一为探望,二者求些资助,以备学费可也。"① 影戏从李仲探望张威写起,或受崔时佩、李景云《南西厢记》(《六十种曲》本)影响,该剧最后郑恒自愿退婚也与影戏相类,但影戏中的其它内容大都与杂剧吻合,因此,本文只选取杂剧《西厢记》作为参照物。顾莺铃和母亲佟氏欲扶父亲灵柩归葬原籍云南昆明,途中寓居梅花镇普救寺,后与李仲邂逅,相关故事情节便渐次展开。

滦州影戏剧本首先描写了李仲眼中所见顾莺铃丫环兰香的形象:"(唱)李仲仔细留神看,暗夸好个女红颜。年纪不满二十岁,举止端庄甚可夸。并无半点轻狂样,言语分明礼不差。面目儿淡扫蛾眉天然秀,官粉胭脂何用搽。一双环睛如秋水,两道春山似月牙。樱桃小口一点点,鬓边斜插牡丹花。耳坠八宝环一对,浑身缟素甚清雅。腰间紧系香罗带,哈哈妙哇,小金莲不过将一掐。使女既然这样美,小姐一定似仙家。"《西厢记》第一本第二折对应的描写如下:"(张生云)好个女子也呵!【脱布衫】大人家举止端详,全不见半点轻狂。大师行深深拜了,启朱唇语言的当。【小梁州】可喜庞儿浅淡妆,穿一套缟素衣裳。"影戏明显借用和发展了这些描写,重点展现了兰香的容貌和穿戴,并将其与顾莺铃形象进行对比:"趁月留神仔细看,打量千金女莺铃。娇滴滴的桃花面,水灵灵的二双睛。白嫩嫩的牙如玉,一拧拧的口朱红。周正正的鼻似胆,细弯弯的眉如弓。尖生生的指玉笋,风流流的体清风。正端端的两只脚,密稠稠的绣花红。风飘飘的裙八幅,红扑扑的衫袖绫。黑鬓鬓的发如墨,俏生生的纂盘龙。颤巍巍的花一朵,鬓边斜插透春风。说什么貂蝉貌美能闭月,说什么西子堪称羞花容。我料小姐必出众,果比兰香抢上风。"这是人物视点叙事手法在滦州影戏剧本中的运用,通过李仲眼中所见,不仅可以充分展现顾莺铃、兰香主仆二人的美丽容颜,而且也可折射出其心中所想。

在滦州影戏剧本中,特别抒写了李仲对兰香的相思之情:"小生李仲自从见了兰香之后,犹如失魂一般,可惜她年纪虽小,性格纯刚,可爱她风流无比,绝色非常,实实叫人难以放下。(唱)可爱她性格刚说话气正,可喜她风流流女中超群。可爱她淡梳妆浑身缟素,可惜她句句是夫子之文。慢说是侍女中天下少有,就是那千金体何方去寻。最可恨她与我隔山隔水,不能够成鱼水似雨如云。最可恨巫山路虽隔不远,不能够与温柔鸾凤同林。自觉着魂灵儿被他引去,坐不安行不宁少魄失神。……"这是在《西厢记》之外的描写,但却符合普通民众的情感,他们希望这位"红娘"式的人物也能与李仲结成姻缘,有此铺排和点染,也让最终两人的结合显得更为合理。张生"轻狂兼有诚实厚道,洒脱兼有迂腐可笑"②的性格特点在影戏中也基本延续了下来,但部分转移到了他与兰香的关系上面。后来,老夫人让李仲将兰香纳入房中:"姑爷,老身有意欲将兰香纳你房下,一来不失吾女之伴,二来不枉她为你们千筹百计。"这也使李仲最初对兰香的喜爱和思念得以落实,也是对兰香"他二人如成就百年之好,我小姐怎能忘我的情哉。她若能成全我也归李仲,也不枉为他俩跑破香鞋"的呼应。同时,这也是对《西厢记》第一本第三折"愿俺姐姐早寻一个姐夫,拖带红娘咱",第三本第四折"不图你白璧黄金,则要你满头

---

① 滦州影戏剧本《玉环扣》采用中央研究院历史语言研究所俗文学丛刊编辑小组编辑《俗文学丛刊》第 252 册所收文本,中央研究院历史语言研究所、新文丰出版股份有限公司 2003 年版。
② 章培恒、骆玉明主编《中国文学史》(下),复旦大学出版社 1997 年版,第 41 页。

花，拖地锦"①的发展，吴晓铃认为："'满头花，拖地锦'是金、元时代的结婚礼服，红娘向张珙提出的答谢条件是做个陪嫁的小夫人，从女婢变成妾。"②侯虹斌也推测"红娘成为张生的侍妾，是可能性最大的"③，滦州影戏剧本便将这种"可能性"变成了现实。红娘性格中的这种"世俗因素""不仅不在总体上影响这一人物性格的光芒四射，而且使人感到这一性格自然浑成的特点"④，影戏将杂剧中的理想转变成现实，让红娘形象更符合普罗大众的情感期待和审美趣味。

影戏在总体沿袭杂剧情节、文辞的同时，又做了一些细微的改编和处理。《西厢记》第一本第三折中红娘替莺莺代祝第三炷香在滦州影戏里略有增饰："（兰）这第三炷香小姐为何不往下言呢？呸！谁许你这娼妇前来多嘴。非是奴婢要替小姐祷告祷告。替我祷告什么？横竖对的了你老的心眼吧。呸！我有什么心事，可你就知道呢？你老听着吧。这三炷香，愿我小姐配一学多才广、性格温柔、风流俊俏、独占鳌头的这么一位姑爷，和和顺顺，白头到老，如意遂心。每月初一十五、暗逢九，持斋把素，答谢三清上届、诸天圣佛、南海大慈大悲观世音菩萨。祷告已毕，望空再拜。呸！没六儿搭撒的，你说这些个闲话。咳哟，这个闲话只怕还是开你老的肺腑，透的你老的肝肠之话吧。呸！着实的提防这我的把娼妇。我还记着你的嘴硬呢，小姐。"相较而言，影戏剧本的描写更为俚俗和具有民俗色彩，如方言、詈词的使用及答谢神灵的列举。

《西厢记》第二本第一折孙飞虎兵围普救寺时莺莺提出的"五便"之说亦被影戏沿袭："此乃正是上策，若将孩儿献与贼人，其便者有五也。此话为娘的断断不肯，还须另想良谋。咳，娘呵！（唱）佳人含泪尊声母，你老仔细听原因。为儿的岂不知道节为要，三贞九烈女之根。母亲呵，只知一来不知二，岂知他屈全之内五便分。何为五便？第一来你老人家年高迈，从了他不致贼人生残心。母亲不受伊之害，为儿就死也甘心。第二件免得诸神众佛像，殿宇山门化灰尘。第三件我父灵柩在寺内，亡身无恙儿安心。第四件满寺僧众无连累，还有那法真长老得安存。第五来众奴仆不受刀下苦，不连合镇众乡亲。"除去第三、第四便位置交换之外，由于影戏中未出现与杂剧中欢郎相对应的人物，顾莺铃"上无兄来下无弟"，因此也就不得不对《西厢记》中"第五来，欢郎虽是未成人，算崔家后代儿孙"进行改换。

影戏剧本省略了杂剧中"情节充满喜剧性"⑤的"张生跳墙"后的几许曲折，顾、李直接在兰香的撮合之下私下结合。相关描写如下："（莺）这佳人思量半晌说也罢，羞羞惭惭把话回。若非兰香提始末，再不肯失身报恩德。（白）哦，相公，奴今从一而终，莫当妾身是桑中之女，蠢笨之妇。今既成就良缘，大料相公病体必痊。望君莫以恩爱为重，仍图进步之功。妾虽失身亦不愧也。（生）小生既蒙雅爱，敢不铭于肺腑，只是污了小姐的清白，小生于心已有不忍。（兰）咳哟，你罢哟。既知非礼，何必今还在此下跪呢？我们又不得教书的先生，你这么听说直直的在此罚跪。起来罢，你看明月如辉，莫负美景时光，你二人从此如情如愿，别忘了我们这跪脚的苦哇。（生起）兰姐的恩德，焉能忘乎？（兰）什么忘不忘的，天也不早咧，你们也该睡觉去咧。（下）（旦）正是：几番寂寞西厢下，从此相思一笔勾。哈哈哈。（下）"

---

① 此两处引文采用（元）王实甫著，王季思校注《西厢记》，上海古籍出版社1996年版，这个校注本是以暖红室翻刻明末凌濛初的刻本为底本。
② 吴晓铃《关于〈西厢记〉七事》，《吴晓铃集》第五卷，河北教育出版社2006年版，第202页。
③ 侯虹斌《怕是风流负佳期——西厢记里的世情与男女》，山西人民出版社2008年版，第114页。
④ 邓绍基主编，么书仪等著《元代文学史》，人民文学出版社1991年版，第121页。
⑤ 黄天骥《情解西厢：〈西厢记〉创作论》，南方日报出版社2011年版，第225页。

《西厢记》第四本第二折"拷艳"是全剧的"情感高潮",也是"全剧最激动人心的一折"①,其中红娘辩驳老夫人的大段对白也被沿袭,老夫人佟氏戏称兰香为"牵头中的魁首",影戏将杂剧中老夫人以"俺家三辈不招白衣女婿,你明日便上朝取应去"为由逼张生赴京改为由兰香建议李仲"赴京应试":"奴看李郎才高班马,貌胜潘安,终非池中之物。今日重设花烛完了大愿,着他急急赴京应试,那时得第回来,还怕什么指女二聘之罪。"

滦州影戏剧本中与郑恒对应的人物是佟坦,但佟坦的形象更为不堪:"(出丑生)欺的是贫穷孤老,惧的是肥马轻裘。最爱花街柳巷游,有财有势任风流,任风流。哈哈哈。我大爷姓佟,名坦,号是兰秋,只因我喜爱闲游,终日耗荡,他们把个兰秋念白了,叫我无来忧,在这四川顺庆府营山县小东村居住。家老子与舍妈一路呜呼哀哉,死之去矣。把这百万家财,就属了区区一人,不上几年,叫我花了个精光,空空如也,那些花街妓女就不像从前的亲近。因此想起我那姑娘有个爱女,曾许学生为妻,只因路远途长,未得搬娶。听说我姑爷也死之故矣,现在寄居河中。我今在本处正碍难久住,何不去到那里就亲。一来姑母就是一个女儿,定是难割难舍,不让远离;二来姑母一死,那份绝户家当岂不是我一人承受。"佟坦欲娶顾莺铃,前来闹事,因李仲得中状元,钦点河南巡按,圣上赐金花一对,奉旨入赘,交给佟坦二百两纹银将其打发。

王实甫之词被喻为"花间美人"②,其曲词的藻丽在《西厢记》中体现得最为显明,但杂剧中一些文雅的唱词在影戏中却变得更加通俗。如《西厢记》第三本第一折对崔、张相思情状的描摹:"【混江龙】……一个糊涂了胸中锦绣,一个淹渍了脸上胭脂。【油葫芦】一个憔悴潘郎鬓有丝,一个杜韦娘不似旧时,带围宽过了瘦腰肢。一个睡昏昏不待观经史,一个意悬悬懒去拈针黹;一个丝桐上调弄出离恨谱,一个花笺上删抹成断肠诗。笔下幽情,弦上的心事,一样是相思。"金圣叹赞誉道:"连下无数'一个'字,如风吹落花,东西夹堕,最是好看。"③ 而在影戏剧本中则做了较为通俗化的处理:"一个糊涂了胸中锦绣,一个减去了粉面胭脂。一个憔悴了潘郎之貌,一个更去了闭月容颜。一个昏昏不能观经史,一个呆呆如何学绣鸾。一个思佳人恹恹带病,一个念才郎泪珠不干。两个人成了一个病,就是神仙医不痊。"

被金圣叹评为"千载奇文"④的张生、红娘初见时的经典对白被影戏借用:"小生姓李,名仲,字登云,本贯嘉鱼县人氏。先父曾作礼部尚书之职,在下今年交二十有二,系正月十五日子时建生。谁问你来?我又不是算命的先生,要你生年日月何用?"崔张墙角联吟的"月色溶溶夜"、"兰闺深寂寞"云云,莺莺的"待月西厢下"云云均被沿用,张生写给杜确的求救书、写给莺莺的书柬在影戏剧本中也被部分袭用。

由于杂剧《西厢记》本事来源于元稹的《莺莺传》,学界有一种观点认为张生为元稹自况,如陈寅恪认为:"《莺莺传》为微之自叙之作,其所谓张生即微之之化名,此固无可疑"⑤,因此滦州影戏剧本亦将元稹之诗借用过来。如李仲的上场诗"今年寒食月无光"、"风轻夜永绕回廊"云云出自元稹《杂忆诗五首》其一、其三,顾莺铃的上场诗"自爱残妆晓镜中"云云,出自《离思诗五首》其一,普救寺老僧法真的上场诗:"悟透红尘懒回顾,半为修道半为君"化用《离思诗五首》其四。另,顾莺铃的上场诗:"隔花人远天涯近,系春情短柳丝长"出自《西厢记》第二本第一折【混江龙】曲。

---

① 段启明《西厢论稿》,四川人民出版社1982年版,第89页。
② (明)朱权著,姚品文点校笺评《太和正音谱笺评》,中华书局2010年版,第23页。
③ 《金圣叹批评本〈西厢记〉》,第114页。
④ 《金圣叹批评本〈西厢记〉》,第51页。
⑤ 陈寅恪《陈寅恪集·元白诗笺证稿》,生活·读书·新知三联书店2001年版,第112页。

总体来看，滦州影戏剧本《玉环扣》中铺排顾、李、兰三人的故事情节不及杂剧《西厢记》完整、曲折，相对更为简单；其用语也不及杂剧雅致，相对较为通俗。

二、《玉环扣》对西厢故事的重构

滦州影戏剧本《玉环扣》命名是因荀建功与妻子扈兰芳分别后，其弟荀立功建议哥哥留下一个日后与嫂子相见的"见证"，荀建功回应道："现有先祖相传玉带扣一双，名为白玉双环扣，将其阴扣拿回与你嫂嫂好好收藏，可为证见。"最后夫妻重会，也只在扈兰芳的唱词中提及"白玉双环成了对"。笔者曾经指出："影戏还延续了小说、戏曲以一种物品充当亲人、情人相认的信物，推动故事情节发展，或以此物为作品命名的传统。"①《玉环扣》也正是这一传统的延续，荀建功、扈兰芳一线看似与西厢故事无关，但他们与《西厢记》中孙飞虎、杜确分别对应的人物欧飞龙、张威的关联，却又明显与西厢故事密切相关。

在杂剧《西厢记》中，孙飞虎、杜确只是两个功能性的人物，对推动故事情节的发展产生了一定的作用，但可以肯定的是，他们绝不是剧中的主角。孙飞虎欲掳崔莺莺为妻，被杜确领兵擒杀，很快便退出了舞台，他的生事只是为崔、张结合提供了暂时的可能性。白马将军杜确也只是在替普救寺解围和最后促成崔、张结合时发挥作用，其它时候则处于退场状态。而在滦州影戏剧本中，与他们两人对应的欧飞龙、张威虽也算不上主角，但其戏份与发挥的作用都要大得多。

由于崔、张、红三人的故事早已定型，在普通民众的心里也已形成定势，要对其进行再创作是存在诸多困难的，因此影戏剧本作者只能在整体沿袭的情形下，进行一些细小的修改，如将红娘直接纳入张生房中。而次要人物的影响较小，对其进行重新设计不会带来民众在接受方面的排斥，影戏剧本作者就在这些人物身上倾注心力，重构其人物网络和故事走向，使其呈现出全新的面貌，并借此充分展现滦州影戏艺术独具的魅力。

滦州影戏剧本中欧飞龙的出场介绍如下："（出花面反王）赫赫威名领喽兵，聚草屯粮住高峰。待到兵精又粮广，更年改号论江洪。孤家飞虎大王欧飞龙，原籍广西桂林人氏。自幼结交绿林，皆因窃盗杀伤施主三人，避罪逃至这河中府北叉头山为王。手下头目数名，喽卒五百之余，时常下山劫夺来往客商，聚得粮丰草广，不日杀到京师，推倒大明皇帝，重整山河，方遂孤志，这也不在话下。孤今缺少压寨夫人，不免命大头目下山去访，如有绝色佳人，不管乡绅富户，硬抢上山来与孤追欢。"欧飞龙欲强娶顾莺铃，被张威带兵击退，逃回叉头山。欧飞龙与蒋刁勾结，率兵攻打蒲关，张威不敌，上表告急，朝廷挂榜招贤，荀建功、艾连香等人领兵相助，欧飞龙伏法。

其中蒋刁的描写如下："（出蓝面红发和尚）自幼生来性情豪，习成枪棒武艺高。杀人放火为世业，专交绿林与土豪。衰家世空，俗家广西桂林人氏，姓蒋名刁。只因劫路杀人无数，本府出了官结，各处严拿，是俺闻风逃出，竟来在这江南交界赤云峰红霄洞内削发，参星拜斗，学会拘妖弄鬼。又无意得了异书一部，吞兽牌一面，如遇交锋对敌不过之时，将牌边敲三下，出来无数狼虫，可以吓退敌人。那异书列着排兵布阵、拘神遣将之法，真是无边妙术，仗此任意施威，无人敢惹，因而这一方送了我个外号儿，叫俺'赛瘟神'。"此类神妖人物的设置，有利于展现滦州影戏高超的表演艺术，艺人通过精彩的操纵技艺再现这些神妖的奇妙法术，从而在幕后光影

---

① 张军《滦州影戏研究》，郑州，大象出版社2010年版，第160页。

映照之下营造出一种迷离惝恍、动人心魄的效果。

刘锐华曾指出"两点几乎是影戏独有的特点"："一、剧本里不管写什么勾当，都得有个占山为王的人物主宰时势，扭转乾坤。这个人物总是以造反开始，以受招安告终，为皇上卖了力气，受到封赠作为结局。二、哪出戏里都有妖精作怪，神仙下凡，神妖充斥人物之中。"① 其中第二个特点主要借蒋刁来体现，他在大摆阴风阵的时候，差遣托塔天王、杨任、齐天大圣、二郎神和众妖鬼助阵，在艾连香领兵破阵之时，双方的攻守场面十分热闹。体现第一个特点的主要人物则为占山为王的女寨主艾连香。

艾连香的形象也出现在荀建功这一条线索之中："（出反旦升帐）袅娜风流似孋姬，排兵布阵有虚实。虽是闺门多娇女，英勇不亚七尺躯。奴乃凄风山寨主艾连香，今年一十九岁，祖居江西广信府赵柏县人氏。生母柏氏早年下世，爹爹艾纯刚官居云南提台，因被奸臣陷害，拿问枭首，还要抄除家眷。是奴闻风逃至这山西交界凄风山上，招聚喽兵无数，常劫贪官污吏、来往客商，现在粮草颇广，真是无拘无束。咳，虽然如此，思起终身无兄无弟，独自一人，混到几时是我的叶落归根之处呢。"

艾连香眼中的荀建功形象是："艾氏连香将山下，打量来者小英雄。年纪儿不过二十一二岁，咳咳哟，面白如玉嘴唇红。周正鼻子似悬胆，两道春山弯似弓。水灵灵杏子眼转赛虎目，戴一顶英雄小帽是鲜红。身高足有七尺五，紧身战袄勒绒绳。薄底缎靴其会便，手使一口剑钢锋。恶狠狠的有杀气，果像那三国温侯吕相公。天资一表真俊俏，男子长得是女容。"而顾莺铃眼中的李仲形象为："佳人观到得意处，忽然见禅堂廊下立一人。年纪不过二十岁，一派秀气透斯文。天庭饱满美一表，风流儒雅似裙钗。哪个见过潘安貌，宋玉无非书上云。似这样大概世界就少有，哪有男儿似佳人。"两相比较，除两人均有女人般俏丽容颜外，一文一武，相映成趣。这位"袅娜风流"的寨主艾连香将路过凄风山的荀建功擒上山寨，并不顾其已有妻室而与之结成夫妻。后荀建功借机逃出凄风山，前往京城求取功名。艾连香思念荀建功，在梦中得太白星君赐兵书一部、柬帖一联，遂改名定边，乔装改扮下山追寻荀建功。艾连香、荀建功分别担任讨逆大元帅和副帅，率兵攻打欧飞龙，大破阴风阵，平定叛乱。

滦州影戏剧本作者似乎有意将文武两条线索之中的男女主角进行对比，这样既可充分展现两组人物不同的形象和特点，又可通过文武场次的交替达到良好的演出效果。与顾莺铃对照的艾连香形象描写如下："但只见闪出一位多娇女，粉面桃腮齿白唇红。凤翅金额饰狐尾，左右双分雉鸡翎。外穿一件锁子甲，内衬战袄绣花红。勒甲系绦拧九股，护心宝镜亮又明。一双金莲瘦又小，绣花鞋准尺不过二寸零。座下一匹胭脂马，手拿偃月刀青铜。美貌如同天仙女，那威风不亚梨花女娇红。"在描写艾连香美貌的同时，也展现了她威风、英武的一面。艾连香虽是惯于征战的女将，地位一度在荀建功之上，但影戏剧本也描写了她柔情似水的一面，如用大段唱词抒写荀建功私自下山后其"又痛又恨"的情状："世上多少薄命女，无非是缺衣少食针黹勤。谁似奴抛家失业身落寇，与那些无法之徒度光阴。痴心欲招个名门子，为的是随夫归正弃山林。一来不玷艾氏祖，二来奴有依靠人。谁知道凑巧来了将门后，遂了奴的平生心。这时候落了个猫咬尿泡空欢喜，竹篮打水白费了神。恨只恨奴家为他屈折性，为他不去下山林。终朝与他说与笑，猜拳破谜饮刘伶。鸳鸯枕上何曾慢，不知是咋的总不称他的心。终日里不是咳声就是叹气，念念不忘下山林。可可的那里我说了句玩耍话，谁知他就信了真。拿刀动枪要寻死，好容易哀告的他才息了

---

① 刘锐华《皮影戏剧本的特点及唱腔结构》，唐山市戏曲志编辑部《唐山戏曲资料汇编》第3集（内部资料），未署出版社和出版年月，第201页。

嗔。偏凑巧来了一伙买卖客，没提防奴就单人下鄂云。谁知他就得了空，暗暗的下了宝山林。至如今音也没来信也杳，闹的我一日一粟不沾唇。入罗帏合眼就把荀郎见，梦里的云雨巫山妙更神。教则是好梦最怕金鸡唱，醒来是更觉被冷与孤衾。这如今自觉花容大改样，身子瘦的实可怜。这光景日子要是过长了，一定准作相思魂。荀郎呵，算是你把奴家害，大概不久命归阴。这佳人越思越想悲又恨，气的她二目呆滞头昏沉。"封为讨逆大元帅的艾连香借故重责副帅荀建功三十大板，后赔罪相认，荀建功笑称其是"女中魁首"、"老婆尖"、"降汉子头把交椅"。

留居在家的扈兰芳遭继母牛氏虐待，被逼外出拾柴，小叔子荀立功为其解围，褚是仁撺掇牛氏将扈兰芳改嫁赵谦，扈兰芳女扮男装上京寻访丈夫荀建功。途中扈兰芳欲寻自尽，被朋好善救回家中，并想将自己的女儿朋似馨嫁给扈兰芳，荀立功寻嫂亦至朋家，遂与朋似馨结为夫妻。赵谦上门娶亲未果，纵人打死牛氏，得胜归来的荀建功请求李仲惩处了赵谦、褚是仁。荀建功、扈兰芳、艾连香一夫二妻相聚，各得封赏。

杂剧《西厢记》是典型的才子佳人爱情故事，罗锦堂将其归类入"恋爱剧"中的"良家男女之恋爱"，"凡此等杂剧，男女主角多为品学兼优，才貌无双之典型。……加以文字清丽，曲辞缠绵，于恋爱过程中，时点缀以文雅风流，功名遇合之事，情致蕴藉，波澜叠生，故颇为社会人士所喜。"① 杂剧中最为动人的是男女主角之间旖旎缠绵的情感纠葛和委婉抒情的优美唱词，滦州影戏剧本在总体沿袭的基础上，将结局改换成李仲与顾莺铃、兰香结合的一夫二女模式。滦州影戏剧本作者在"玉环扣"故事这一条线索之中，增添出荀建功与扈兰芳、艾连香一夫二妻的故事，其中荀、艾男武将女寨主的结合，恰与顾、李故事形成一武一文的对应，这样便于文场、武场次的交替，冷、热场面的安排，也更符合观众的审美意识和欣赏习惯。另外，扈兰芳逃难团圆的故事，也能打动人心。如扈兰芳被逼拾柴时的唱词："佳人思前又想后，不由二目泪涟涟。自从奴到荀门内，自知道朝夕侍奉二老年。得闲描鸾与刺凤，敬夫孝姑里儿全。并未做过不良事，苍天哪，为何加罪奴红颜。想必是前生未修到，今生今世来补还。果如此该我奴家死限至，无非早去见五阎。想叫我忍耐拾柴去，宁死怎肯舍面颜。"因此，双线结构的运用使得"西厢"故事与"玉环扣"故事两条线索交替进行，这样也让故事情节更加曲折动人。

结　　语

赵春宁认为："从传播接受的角度来说，《西厢记》的改编基本上可以归纳为两种，一是在内容基本保持不变的情况下，改变原著的艺术形式，重现和延续经典，如李日华所说'移宫换羽，气象一回新'，'一腔风月事，传与世间闻'。改作和仿作属此。二是以改编者个人的审美观点和审美趣味对原著进行重新建构。翻作和续作相当于此。前者强调形式上的变换，后者注重内容上的翻新。"② 滦州影戏剧本《玉环扣》对杂剧《西厢记》的改编既有形式上的改变，即由杂剧转换为影戏，由真人登台表演转换为影戏艺人在幕后操纵影人表演；又有内容上的翻新，即增加了与"玉环扣"相关的人物和故事。正是由真人表演到影人表演的转换，为两军交战、神妖争斗等场面的呈现提供了便利，因此，滦州影戏剧本在这方面增加了一些内容，以发挥自己的特长

---

① 罗锦堂《论元人杂剧之分类》，邝健行、吴淑钿编选《香港中国古典文学研究论文选粹（1950—2000）·小说、戏曲、散文及赋篇》，江苏古籍出版社 2002 年版，第 267—269 页。
② 赵春宁《〈西厢记〉传播研究》，厦门大学出版社 2005 年版，第 106 页。

和展现自己的特色。滦州影戏剧本《玉环扣》对西厢故事的沿袭与重构，使这个经典的爱情故事在滦州影戏流行区域传播，让生活在这里的乡民可以借助影戏的演绎重新体味这个故事的无穷韵味。伏涤修指出："《西厢记》无论是思想精神还是艺术手法，在各体文学中都可见其影响的印迹。"[①] 其"影响的印迹"也留在了滦州影戏这种民间小戏之中，但一直未受到应有的重视，因此，我们理应继续挖掘《西厢记》在民间的流传情况，以便更加全面地梳理和展示《西厢记》的传播历程。

（原刊《戏曲研究》第 91 辑，文化艺术出版社 2014 年版，第 181—191 页。收入本书有所增改。）

[①] 伏涤修《〈西厢记〉接受史研究》，黄山书社 2008 年版，第 427 页。

明刊戏曲插图之演变及其戏曲史意义

张青飞

明代戏曲演出、创作、出版较之元代皆繁盛一时,现存的明刊戏曲剧本大多有插图,这些插图在质和量方面皆大有可观。现今留存下来的明刊戏曲版本约有近300种,插图数量约有40000多幅。从文体看,有戏文、杂剧、传奇;从版本形态看,有单刻本、选集本、总集本、别集本。前辈学者对这些插图版画颇为重视,自二十世纪初叶,董康、陶湘、王孝慈、郑振铎、阿英、傅惜华、黄裳、周芜等花费心血进行搜罗,至今戏曲插图版画资料已蔚为大观[①]。中国古代的戏曲版画主要为戏曲插图,这些插图与刊刻的剧本同时流通,与戏曲史的发展演变密不可分。以往的研究者往往将版画从剧本中析出单独研究其美术史价值,戏曲史研究者多不太重视插图本所蕴含的戏曲史意义。本文主要从明刊戏曲插图之形态演变来考察其戏曲史意义。

一、明刊戏曲插图之发展历程

明代戏曲插图本的刊刻,根据其出版情况大致可分为三个阶段:明初至隆庆年间,万历年间,明泰昌、天启、崇祯年间。

1. 明初至隆庆年间(1368—1572)

明刊戏曲插图本现今留存的最早的为明宣德十年(1435)金陵积善堂刊刻的《新编金童玉女娇红记》[②],此本有文字86面,配单面方式图86幅,每面配图一幅,合"左图右史"之久远传统。成化年间(1465—1487)北京永顺书堂刊刻的南戏戏文《新编刘知远还乡白兔记》[③],有插图6幅,单面方式,插于出中。明弘治十一年(1498)北京书坊金台岳家刊刻《新刊大字魁本全相参订奇妙注释西厢记》[④],此书分五卷,每卷前冠单面方式图一幅,书内插图为上图下文式。

---

① 代表性的有:郑振铎编《中国版画史图录》,中国书店2012年版;周芜编《中国古本戏曲插图集》,天津人民美术出版社1984年版;首都图书馆编《古本戏曲版画图录》(修订增补版),学苑出版社2000年版;周心慧撰集《中国古代戏曲版画集》,学苑出版社2000年版;周亮《明清戏曲版画》,安徽美术出版社2011年版等。这些图录仅仅收录插图,真正富有成效之研究更需要的是剧本之影印本,因此《古本戏曲丛刊》也是不可或缺之基本文献,近年的一些其他戏曲影印本,如《不登大雅文库珍本戏曲丛刊》、《傅惜华藏古典珍本戏曲丛刊》、《日本所藏稀见中国戏曲文献丛刊》、《哈佛燕京图书馆藏齐如山小说戏曲文献汇刊》皆提供了众多的插图本。
② 《古本戏曲丛刊》初集收入,古本戏曲丛刊编辑委员会辑,上海,商务印书馆1954年版。
③ 1973年上海博物馆有内部影印《明成化说唱词话丛刊》,附《白兔记》一种,1979年6月又由北京文物出版社据以重新影印出版,《续修四库全书·集部·曲类》(上海古籍出版社2002年版)收有。
④ 《古本戏曲丛刊》初集收入,古本戏曲丛刊编辑委员会辑,上海,商务印书馆1954年版。

全书共 150 幅图，犹如一部"唱与图合"的连环画。明嘉靖三十二年（1553）建阳书林詹氏进贤堂刊刻的《新刊耀日冠场攉奇风月锦囊正杂两科全集》①，有图 371 幅，上图下文。嘉靖四十五年余氏新安堂刊《重刊五色潮泉插科增入诗词北曲勾栏荔镜记》，三节板，中栏插图，共有 209 幅，左右各有诗句，以七字句为主，以文释图，概括每幅插图的主要内容。

总体看来，这些戏曲插图本的插图，皆较为古朴粗陋，插图的绘、刻皆不知其人。此一时期的剧坛还较为沉寂，缺乏生气②，从这些戏曲插图本的面貌我们似乎也可以体味到这一点。

嘉靖三十二年《风月锦囊》

万历四十四年《樱桃梦》

崇祯十三年闵齐伋刻《会真六幻》

2. 明万历年间（1572—1620）

这一时期留存至今的戏曲插图本大约不下 150 种，从刊刻地点来看，可分为：金陵地区、建安地区、徽州地区、浙江地区。刊刻戏曲插图本的书坊众多，金陵地区有文林阁、世德堂、富春堂、广庆堂、继志斋等，建安地区有三槐堂、日新堂、萃庆堂、师俭堂、乔山堂、爱日堂等，徽州地区有玩虎轩、高石山房、存诚堂、敦睦堂、尊生馆等，浙江地区有天绘楼、文会堂、容与堂、函三馆、阳春堂等。除此之外，还有一些插图本之刊刻书坊则不可考。这些地区书坊所刊刻的戏曲剧本几乎都有插图，如金陵地区的五大书坊刊刻的戏曲剧本皆有插图，除世德堂外，文林阁、富春堂、广庆堂、继志斋四家为几乎专门刊刻戏曲插图本的书坊，富春堂留存至今日的插图本有近 40 种，首屈一指。这一时期戏曲插图本刊刻的主要地区在江浙地区，数量也大有增加，质量也有明显提升，与明初至隆庆年间不同。这也与这一时期戏曲的繁盛局面密不可分。

3. 泰昌、天启、崇祯年间（1620—1644）

这一时期建安、金陵、徽州仍继续有戏曲插图本出现，引人注目的是杭州地区、苏州地区，尤其是杭州地区呈一枝独秀之态势，出现了异军突起的吴兴版画群③，尤以凌、闵所刊朱墨套印本插图本而声名远扬。这一时期之插图本精品不断涌现，如《红拂记》、《邯郸记》、《幽闺记》、

---

① 王秋桂主编《善本戏曲丛刊》第四辑第 37 册收有，台北，学生书局 1987 年版。
② 郭英德《明清传奇史》，江苏古籍出版社 1999 年版，第 21 页。
③ 关于明末湖州版画的最新研究成果，可参考董捷《明末湖州版画创作考》，中国美术学院博士学位论文，2008 年。

《西厢六幻》皆精美绝佳。戏曲插图本在这一时期愈来愈精致，与戏曲的雅化、文人化基本同步。

从明刊戏曲插图本演变的历程看，在时间上，以万历朝最为兴盛，其后仍势头不减；从地域看，多集中于南方，尤其是江浙一带；从出版者看，既有书坊以营利为目的的刊刻，又有文人以自娱为目的的刊刻；从插图风格来看，万历前以古朴为主，万历后逐渐精美雅致。从插图本的发展历程来看，其演变轨迹大致与明代戏曲史发展相一致①。

二、明刊戏曲插图之演变

在明刊戏曲插图本的发展历程中，插图本中之插图在插图位置、插图形制、插图内容、插图功能等方面皆发生着演变。

1. 插图位置

这些插图在书中的位置并不是一成不变的，其位置有一个变化过程。大致看来，明初至隆庆间，插图位置多为上图下文抑或左图右文，可以称之为每叶皆有插图，插图的数量和密度都很高。例如明宣德十年（1435）金陵积善堂刊刻的《新编金童玉女娇红记》，此本有正文86面，配单面方式图86幅，每面配图一幅，即是叶叶有图。

至万历年间，随着戏曲演出与创作的兴盛，以及经济的繁盛，戏曲插图本的数量激增。这时总体来看，戏曲插图主要是选择剧中的重要、关键出目给予配图。以现今所留存的富春堂所刊的戏曲插图本来看，其插图皆插于出中。

至泰昌、天启、崇祯年间，从现今留存的戏曲插图本来看，插图大多置于卷首，要么是集中置于全书卷首，抑或分别置于上、下卷卷首。

插图位置的演变显示着插图与戏曲文本间逐渐疏离的关系，其独立欣赏的价值越来越高。

2. 插图形制

插图的形制则大致有上图下文式、嵌入式、单面方式、双面连式、月光式。在明初至隆庆年间主要是上图下文式与嵌入式，插图占整面版少于二分之一，乃至更小，这就限制了插图的表现空间，插图看起来更像一个缩小了的舞台平面，因此插图的表现力显得较弱，看起来更古朴一些。如嘉靖四十五年（1566）所刊《荔镜记》，即是中栏插图。②

万历年间主要是单面方式或双面连式，相比而言，插图的面积扩大了一倍乃至数倍，这样，插图的表现力增强了，人物之神态情貌刻画得更为生动。例如富春堂刊刻的戏曲插图本多为单面方式，图目顶端横排，插于出中；继志斋的戏曲插图本多为双面连式。在万历后期，插图中出现了用不同的书法字体题写摘自剧中的曲文，且镌有印章，这样，插图从形式上看越来越接近文人书画，讲求诗画书印之配合。有的插图，一正一副，正图为剧情，副图为山水、花鸟、山石之

---

① 可参看廖奔、刘彦君《中国戏曲发展史》第三卷，山西教育出版社2000年版。
② 《明本潮州戏文五种》，广东人民出版社1985年版。

类，如崇祯间刊刻的《长命缕》①，有插图 5 幅，月光式，集中置于卷首，正图为剧情，副图为花鸟小品；有的插图前图后赞，例如明天启三年（1623）刊刻的《博笑记》②，插图共 8 幅，上下卷各 4 幅，正面为剧情，图背面摘取对应出中曲文，以不同书法字体书写于其后。崇祯年间武林山阴延阁李廷谟刊本《北西厢记》③，其首先采用了外方内圆的月光式插图。这种插图形制看上去如镜取形，精致灵巧，别具一格，其后大行其道。

插图形式一直在发生着变化，这种变化对插图的表现力也产生着重要的影响。插图形制作为一种"有意味的形式"④，也影响着受众对其的接受以及对剧本的阅读。

3. 插图内容

明初至隆庆年间，此一时期的戏曲插图本其插图内容为连环故事图，其插图数量相对较多，如杂剧《娇红记》，一页图像配合一页文字，左图右文，插图的密度加大，其叙事性强，到《新刊大字魁本全相参增奇妙注释西厢记》，这一特点就更为鲜明了：全书上图下文，共插图 273 幅，在翻阅这些剧本时，仅仅翻看其中的一幅幅插图，读者就可以理解剧情。

此外，此一时期戏曲插图的舞台演出痕迹十分强烈。刊印于嘉靖年间的南戏插图剧本《重刊五色潮泉插科增入诗词北曲勾栏荔镜记》⑤，版式分三层，上为诗词北曲，中为插图，且左右有概述剧情的四句诗，下为《荔镜记》正文。插图外形呈长方形，类似舞台的外形，图中人物背景简略，人物保持舞台演出的身姿。当读者阅读剧中文字的时候，眼光注视着中栏的插图，似乎有正面对着舞台的感觉。戏曲是场上艺术，在戏曲插图本产生的早期，制作者在追求插图讲故事的同时，也极力让插图更能呈现戏曲艺术场上表演的特性，因而尽力追求"唱与图合"⑥。

万历时期，戏曲插图本的数量激增，从内容看，插图的内容既有故事图与演出图，同时又有一些新的变化。这一时期赫赫有名的富春堂戏曲插图本，多以人物为主，人物多占画面的三分之二强，插图中人物的动作有浓厚的舞台演出意味。其插图与全剧出数多保持在百分之五十的比例，这一比例与页页插图相比低一些，但插图的叙事性仍很强。⑦ 世德堂与富春堂的插图类似，画面较粗犷，古朴豪放。文林阁、广庆堂、继志斋的插图多为双面连式，所刻人物在画面中仅占较小的比例，整个画面注重背景的描绘。其插图通过其瑰丽、繁芜的背景给读者以视觉刺激。

寄寓金陵刻书自娱的汪廷讷，其环翠堂所刻戏曲插图本由著名画家汪耕、钱贡绘稿，名工镌刻，富丽堂皇，精致细微。由《西厢记》⑧、《投桃记》、《三祝记》、《义烈记》、《彩舟记》⑨、

---

① 现存明崇祯间刻本，《古本戏曲丛刊》初集据之影印，上海，商务印书馆 1954 年版。
② 现存明天启三年（1623）刻本，《古本戏曲丛刊》初集据之影印，题"新刻博笑记"，上海，商务印书馆 1954 年版。
③ 明崇祯辛未年（四年，1631）序刻，明延阁主人订正，国家图书馆、上海图书馆等处有藏，《国家图书馆藏〈西厢记〉善本丛刊》第 11 册，国家图书馆出版社 2011 年版。
④ "艺术是有意味的形式"是由英国视觉艺术评论家克莱夫·贝尔提出的，见［英］克莱夫·贝尔《艺术》，江苏教育出版社 2005 年版。若纯粹从插图的形制看，其作为"有意味的形式"的演变也与戏曲史密切相关。
⑤ 《明本潮州戏文五种》，广东人民出版社 1985 年版。
⑥ 《新刊大字魁本全相参增奇妙注释西厢记》卷末牌记："本坊谨依经书，重写绘图，参订编次大字魁本，唱与图合。使寓于客邸，行于舟中，闲坐游客，得此一览始终，歌唱了然，爽人心意。"此为戏曲插图本中最早提及插图与演出之关系的。
⑦ 目前所见由富春堂刊刻之戏曲插图本有 25 种，据说在万历年间逾百种。从其插图数与出数之比例来看，有一半保持在 50%。
⑧ 明万历间环翠堂刻，今藏上海图书馆。
⑨ 此四种《古本戏曲丛刊》二集皆影印收入，上海，商务印书馆 1955 年版。

《狮吼记》① 等插图本来看，可以看出戏曲插图更加注重背景的精细镂刻，人物退居其次，插图风格由粗豪一转而为精丽。徽州书肆玩虎轩刊刻的《元本出相北西厢记》、《元本出相琵琶记》②，画面人物仅占一小部分，整幅画面以山水溪流、树木远山的优美景色为主，犹如一幅幅风景画。

总之，万历时期，插图呈现了一个转变，插图的抒情性更加强烈，插图更加精致，插图的演出痕迹也在逐渐消失。

至泰昌、天启、崇祯年间，戏曲插图整体来看更加精致。天启年间《词坛清玩·盘薖硕人增改定本》（西厢定本）③，前冠莺莺像一幅，双面连式图 14 幅，插图不再注重情节，每幅图题有曲文，画面更加追求意境之美，如第 6 幅：图中不见特征性人物，只有一人撑着伞站在一小桥上，俨然一幅山水画。左上角题"雨打梨花深闭门"，款署"袁玄/袁玄（白文钤印）"。再如崇祯十二年刊本《张深之正北西厢记秘本》④，前有"双文小像"，单面方式，其余为"目成"、"解围"、"窥简"、"惊梦"、"报捷"。尤其是"目成"一图，构思奇绝，在僧人幡幢引导下，张生、老夫人、莺莺、红娘迤逦行来，二人似乎心领神会。插图并没有注重情节，而是更加注重人物内心世界的展示。

此外，此一时期的插图更加注重对曲词的赏析，在呈现情节的同时，插图用不同的书法字体题写曲文，且有钤印，这意味着插图具有了抒情性与叙事性的双重特征。甚至有时插图成为了曲意画，如：明崇祯庚辰（十三年，1640）仲秋序刻《李卓吾先生批点西厢记真本》⑤，卷前有十美图 10 幅，四季花鸟图 10 幅，均双面连式，较其他明刊本不同，它们由 10 幅莺莺在各种不同情境的肖像图与另外 10 幅花鸟、怪石、竹木图等组成，一幅莺莺图后为花鸟图或竹石图，每幅图中还题有《西厢记》中的曲文等，插图成了纯粹的曲意画，且围绕剧中主角莺莺来画。

插图中出现了副图，也是这一时期插图的一大特色。副图分两类：一为用不同书法字体题写的图赞，一为花鸟虫鱼或器皿宝玩，几乎与剧本正文无甚关联，纯为玩赏而已。

总之，至泰昌、天启、崇祯年间，插图更加注重其内在的意境与趣味，其叙事性虽还存在，但已不占主流了。

4. 插图功能

明刊戏曲插图的功能主要有导读功能、促销功能、装饰功能、批评功能等。插图具有直观性，可以帮助读者，尤其是文化层次不高的读者理解剧意、欣赏剧情，这是插图的最基本的功能。这在明代早期的插图本中表现得最明显。首先这一时期插图的数量多，密度高，整个插图的

---

① 现存明万历间环翠堂原刻本，题"环翠堂新编出像狮吼记"；孤本，今藏京都大学文学部，为著者手定初刻本，《日本所藏稀见中国戏曲文献丛刊》（桂林，广西师范大学出版社 2006 年版）第一辑第十一册据以影印。

② 《元本出相北西厢记》今藏中国国家图书馆、安徽省博物馆，均有残缺。国家图书馆藏本仅存附录，无正文及插图，《国家图书馆藏〈西厢记〉善本丛刊》（国家图书馆出版社 2011 年版）第 7 册收入；《元本出相琵琶记》，明万历二十五年（1597）汪光华玩虎轩序刻本，今藏中国国家图书馆。

③ 1963 年，原中华书局上海编辑所据国图藏本按原书板框大小影印出版了此本，末有王季思先生所撰跋文；《国家图书馆藏〈西厢记〉善本丛刊》（国家图书馆出版社 2011 年版）第 9 册收有。

④ 明崇祯十二年（1639）暮冬序刻，国家图书馆、南京图书馆、浙江省博物馆、浙江图书馆、台湾"中央图书馆"等处均有藏。《古本戏曲丛刊》初集据南京图书馆藏明崇祯刊本影印，上海，商务印书馆 1954 年版；《国家图书馆藏〈西厢记〉善本丛刊》第 11 册收有，国家图书馆出版社 2011 年版。

⑤ 明崇祯庚辰（十三年，1640）仲秋序刻，明李卓吾批点，中国国家图书馆、清华大学图书馆、浙江省图书馆等处有藏。《国家图书馆藏〈西厢记〉善本丛刊》（国家图书馆出版社 2011 年版）第 13、14 册收有三本，后二本一残缺、一无图。

人物形象突出，人物背景简单，例如金陵世德堂刊于宣德十年（1435）的《新编金童玉女娇红记》，左图右文，可以称之为最早的戏曲连环画。这一插图本其最主要、最明显的功能就是导读。在阅读时，图像作为文字的补充说明，帮助读者理解。这一功能应该说是贯穿于整个明刊戏曲插图本全程的，前期这一功能强，后期这一功能弱化，这实际上也与戏曲趋于雅化、文人化的进程相表里。

插图具有促销功能。在中晚明随着戏曲活动的兴盛，在激烈的出版市场中，插图成为书坊营销的一大法宝。不同的书坊在卷首、版心、扉页会标出"出像"、"出相"、"绘像"、"全像"、"全相"、"绣像"等字样，以表明其剧本有插图。万历年间的富春堂就以"新刻出像音注"标榜，世德堂以"新刊重订出相附释标注"标榜，文林阁以"新刻全像"标榜。在当时的图书市场上，这也是争取读者的一大策略。正如天启乙丑（1625）武林刻《牡丹亭还魂记·凡例》云："戏曲无图，便滞不行，故不惮仿摹，以资玩赏，所谓未能免俗，聊复尔尔。"① 可见戏曲插图的巨大促销作用。

另外由文人组织刊刻的戏曲插图本，虽然没有标榜，但对插图却极其重视，延请名画家与名刻工加盟，制作精美的插图本。例如汪廷讷环翠堂刊刻的戏曲插图本，即是由著名画家汪耕、钱贡为之绘稿，徽州刻工镌刻，二美兼具，堪称精品。再如万历四十四年（1616）海昌陈与郊自刻《诊痴符四种》②，绘刻者无考，但其精致之极，应是当时名家参与下的产物。正是因为剧本中插入了一幅幅精美的插图，当购买者面对这些刊本时，插图往往成为购买的一大动力。

戏曲插图具有装饰功能。我们翻开一本本书籍，若其中不时有插图，我们不免会多看几眼。正如梯月主人《〈吴歈萃雅〉选例》云："图画止以饰观，尽去难为俗眼，特延妙手，布出题情，良工独苦，共诸好事。"③ 戏曲插图具有这一功能，在剧本中配上插图，可以美化书籍，调节读者的阅读心情，甚至会缓解阅读的疲劳。可以说正是有插图的存在，书籍变得不再单一死板，而是形象可感。随着万历以来插图本的愈加精致，插图的装饰功能愈加凸显。插图的绘刻者，出现了一批名家，画家如陈洪绶、汪耕、钱贡、仇英、丁云鹏、汪修、蔡汝佐等，刻工如徽州歙县虬川黄氏家族。正是由于这一批名家的通力合作，插图愈加精美，装饰功能愈加凸显。插图更加重注背景的精雕细琢，与早期的古朴截然有别，更甚者在插图中人物仅占极小一部分，画面的大部分留给了山水风景。插图不再以人物为主，而是愈来愈接近于山水风景画，且越来越多的插图题有曲文，为名家或仿名家手笔。这样插图就呈现出了诗歌的意境，曲情与画境紧密结合。戏曲在古人看来，就是诗词之变通，插图追求诗情画意，也是渊源有自。另外，万历间出现的月光式插图，以及更加注重插图的边框，插图形成一正一副相配的形式，这也都显现了插图的装饰功能愈来愈强。

插图具有批评功能。戏曲插图的批评不同于中国古代传统的评点，其具有一定的隐蔽性。

在戏曲插图本中，绘图者往往要在认为关键的情节处来绘制插图。这其实是在原作者创作出的剧本的基础上，进行的"二次创作"。绘图者选择在某一出或某一情节来插图，其实皆体现了插图者对剧本的理解。此中其实暗含着插图绘制者认为剧中的精彩之所在。

戏曲插图中往往会有不少据剧中曲词所绘制的曲意图，其将文字性的曲词转化为图像性的曲

---

① 《牡丹亭还魂记》，四卷，明天启五年（1625）梁台卿刻《词坛双艳》本，中国国家图书馆藏。
② 《古本戏曲丛刊》二集收有，上海：商务印书馆1955年版。《樱桃梦》卷前有万历甲辰（三十二年，1604）齐悉序，此为《诊痴符》总序，次为凡例，次为总目：勘破一生樱桃梦，姻缘两世鹦鹉洲，为国忘家麒麟阁，仗义全贞灵宝刀。
③ 周之标《吴歈萃雅》卷首，见王秋桂《善本戏曲丛刊》第二辑，台北，学生书局1984年版，第21页。

意图。这一转换过程其实是用图像的方式，将曲词的意境阐释了出来，此中其实也含有批评的功能。如万历三十八年（1610）夏虎林容与堂刻《李卓吾先生批评北西厢记》，一改明刊本常见的以《西厢记》情节内容为构图内容的做法，而以《西厢记》中的曲文或诗句立意。如下卷第 7 幅图题"苍烟迷树，衰草连天，野渡舟横"，出自第十七出【逍遥乐】。整幅插图完全据曲词而写，小舟自横江边野渡，四处是连天的衰草，萧瑟的古树，苍烟弥漫，一切是如此的孤寂。插图将曲词的意境绘制出来，可以与读者的个人感受形成潜在对话，可以对曲词形成更深的理解。

插图有时会在副图中题写评论性的话语，这也是一种批评。此中蕴含着绘图者对所绘剧情或剧中角色的评价。如明天启三年（1623）刻本《博笑记》，上下卷各有插图 4 幅置于卷首，图背面摘取对应出中曲文，以不同字体书写其后。此图后题辞的批评意义主要体现在所镌的印章。如第 1 幅，对应"巫举人痴心得妾"，插图所画为第 3 出巫举人置酒与新娘楼上饮酒，新娘不饮，仆童端酒侍立。图后楷书题"朝陌路，夕誓盟，免使痴心宁耐等，不容几日停留，读书人直恁骄矜，风流少年偏急性，况明早后日就标名姓，岂容易今宵学两星。情痴子（印章情痴子）"。这些题名显然为子虚乌有，其构思与曲文内容有关联，其实是绘图者对巫举人的评价，认为他是一个"情痴"。

在明刊戏曲插图本中，其中有不少戏曲刊本既是插图本又是评点本。此时，插图与评点作为批评的两种不同方式，发生了亲密接触。插图或与评点的着眼点一致，加强了评点的效果；或对评点形成某种补充。

整体看，插图的装饰功能愈来愈凸显，导读功能、促销功能愈来愈弱，插图的独立性增强，明崇祯十三年（1640）湖州乌程闵齐伋刻《会真六幻》之插图就是这一转变的直接例证。①

三、插图演变背后之戏曲史意义

任何一项主观行为之背后都有一定的意义存在，明刊戏曲插图本之演变自不例外。戏曲史大致而言由阅读史与演出史构成，插图本为阅读而设，插图本的演变会影响到戏曲阅读史，进而会牵涉到整个戏曲史。明刊戏曲插图本基本一直处于演变之中，其对于戏曲史之意义大致有：

1. 读者群的变化

从明刊戏曲插图演变之过程来看，插图从每页有图转变为每出插图，插图位置也从上图下文变为插于出中乃至置于卷首，图与文之间的关系逐渐疏离。如此以来，对于低文化层次的市民读者而言，阅读插图本势必会变得愈来愈困难。同时，伴随着这一转变的是插图愈来愈精美，文人书画的气息越来越浓，这也就导致了插图本的读者群从最初的市民转变为文化修养较高的文人。现今留存最早的明刊戏曲插图本为宣德十年（1435）金陵积善堂刊刻的《新编金童玉女娇红记》，此本有文字 86 面，配单面方式图 86 幅，每面配图一幅，最晚的可以举明崇祯十六年

---

① 关于此插图的精彩分析可参看［日］小林宏光《明代版画的精华——科隆市东亚美术馆所藏崇祯十三年（1640）刊闵齐伋本西厢记版画》，第 37 页，《古美术》85 号，东京，三彩社，1988 年；此文中译本见《美苑》2010 年第 5 期；范景中《套印本和闵刻本及其〈会真图〉》，《新美术》2005 年第 4 期；董捷《德藏本〈西厢记〉版画及其刊刻者》，《新美术》2009 年第 5 期。

(1643）刻《笔耒斋订定二奇缘传奇》①，其有插图共 8 幅，月光式，集中置于卷首，前为剧情，图右上行书题曲文，后为副图。从这一转变中，我们不难看出读者群的变化。

2. 欣赏视角的变化

插图的内容由故事图、情节图向曲意图转变，读者的欣赏从情节转向了曲词。明初至隆庆年间的戏曲插图主要为故事图，大约从万历后期开始，插图之中增添了曲文。这些摘自全剧的曲文往往是有意味的佳句，耐人寻味。插图既呈现情节，又与所摘曲文相得益彰。至泰昌、天启、崇祯年间，纯粹的曲意画开始出现，插图根据所摘曲文的意境而画，曲画合一。如万历三十九年（1611）冬刻《重刻订正元本批点画意北西厢》②，每幅插图均题诗一句，大多出自《蒲东诗》。其插图写意与叙事相结合，情节与意境兼具。这意味着对戏曲的欣赏视角从早期的以剧情为主，转到了后来的以曲词为主。中国传统戏曲始终脱离不开曲的轨道，直到板腔体的崛起，唱词仍是主要的欣赏对象。

3. 戏曲的雅化

元代的戏曲作家多为民间艺人或下层文人，自元末高明作《琵琶记》伊始，文人学士、官僚士大夫逐渐成为戏曲作家的主体。我们考察明代现存戏曲之作者，也可以看出多为有功名的文人，有的甚至地位颇高。③ 同时，戏曲的演唱也日渐融入到上层人的日常生活之中。宋元至明初，戏曲演出以草台班为主，万历以后，戏曲演出进入到文人的日常生活，观剧成为文人的日常娱乐方式之一。与此同步，在明初至隆庆年间，戏曲插图本古朴简约，进入万历年间以后，变得愈加精致瑰丽。正如明崇祯四年（1631）《徐文长先生批评北西厢记凡例》云："摹绘原非雅相，今更阔图大像，恶山水，丑人物，殊令呕唾。兹刻名画名工，两拔其最。画有一笔不精必裂，工有一丝不细必毁。内附写意二十图，俱案头雅赏，以公同好。良费苦心，珍此作谱。"④ 插图的独立欣赏价值越来越高，插图逐渐成为了文人欣赏把玩的艺术品。

4. 戏曲名著的经典化

插图本的产生催生、加速了戏曲的经典化，最有代表性的例子是《西厢记》与《琵琶记》。在中国戏曲发展史上，《西厢记》、《琵琶记》几乎与整个戏曲的产生发展始终相依。产生于元代的两大名剧，在进入到明代以后，产生了数量众多的插图本。据统计，明刊《西厢记》的插图本有 40 种，《琵琶记》的插图本大约有 20 种⑤。以《西厢记》为例来看，从现存完整的最早的明弘治十一年（1498）金台（今北京）岳家刻本《新刊大字魁本全相参增奇妙注释西厢记》起，直至明崇祯庚辰（十三年，1640）仲秋序刻《李卓吾先生批点西厢记真本》、明崇祯十三年

---

① 见《古本戏曲丛刊》三集，北京，文学古籍刊行社 1957 年版。
② 《国家图书馆藏〈西厢记〉善本丛刊》第 4 册，国家图书馆出版社 2011 年版。
③ 方志远：《明代城市与市民文学》，中华书局 2004 年版，第 234—242 页。
④ 延阁主人谨识《徐文长先生批评北西厢记凡例》，明崇祯辛未年（四年，1631）序刻，明延阁主人订正，国家图书馆、上海图书馆等处有藏，《国家图书馆藏〈西厢记〉善本丛刊》第 11 册收有，国家图书馆出版社 2011 年版。
⑤ 黄仕忠《〈琵琶记〉研究》，广东高等教育出版社 1996 年版。

(1640）湖州乌程闵齐伋刻本《会真六幻·西厢记》，可以看出明刊《西厢记》的插图本几乎贯穿了中晚明。从刊刻地点看，有北京、南京、建阳、苏州、杭州、徽州等地，囊括了当时的出版中心。如此看来，《西厢记》的流传之广可想而知。

如许之多的插图本，或多或少有创新之处，既有民间无名画家参与其中，又有陈洪绶、王文衡、项南洲等一批声名卓著的人物参与其中，共同创造了一部又一部的插图本。《西厢记》文本的内容基本保持稳定，故事情节、人物形象大致固定，而插图却可以通过画家个人不同的理解来呈现剧情与人物形象。在一幅幅插图之中，《西厢记》之文本内容会被逐步深入开掘，插图所呈现之图像信息与文本之内容对读者产生影响。在文字与视觉图像的双重作用下，《西厢记》的经典地位也逐步确立乃至巩固。

此外，明初朱元璋评《琵琶记》曰："五经、四书，布、帛、菽、粟也，家家皆有；高明《琵琶记》，如山珍、海错，贵富家不可无。"[1] 此语一出，为《琵琶记》在有明一代之传播奠定了基调。现存的 20 余种明刊《琵琶记》插图本，加深了对全剧的阐释，也加速了其传播。

总之，《西厢记》与《琵琶记》在阅读层面上与其他文体之一流文学作品相较毫不逊色，其经典地位的确立，与插图本之流行甚有关联。

四、结　语

明刊戏曲插图本数量众多，质量上乘者亦颇多，对当时戏曲的案头阅读产生了一定的影响。我们发现插图的位置从剧中转向卷首，插图与剧本愈来愈疏离；插图的形制经历了从上图下文式、嵌入式、单面方式、双面连式到月光式的转变；插图的故事性逐渐减弱，抒情性越来越强，且逐渐具有独立的艺术赏玩价值；插图的装饰功能愈来愈凸显，导读功能、促销功能愈来愈弱，插图的独立性增强。在这一变化背后，昭示着这样的事实：戏曲剧本读者群从低层次市民转向文人读者，对戏曲的欣赏也倾向于曲文，戏曲逐渐迈向雅化之路。在这一过程中，《西厢记》和《琵琶记》也逐步确立了其经典地位。

（作者单位：洛阳师范学院文学院）

---

[1] 徐渭《南词叙录》，中国戏曲研究院编《中国古典戏曲论著集成》（三），中国戏剧出版社 1959 年版，第 240 页。

汤显祖的苍梧梦与岭南情

周松芳

"达则兼济天下，穷则独善其身"，是中国古代士人出处行止的要则之一。这种要则的另一种表达，就是儒道并用，以儒者进取，以道家恬退。这在儒释道合流的晚明，在汤显祖身上有非常鲜明的表现；他三十七岁时的述怀诗，有清晰的表达："……历落在世事，慷慨趋王术。神州虽大局，数着亦可毕。了此足高谢，别有烟霞质。何悟星岁迟，去此春华疾。陪畿非要津，奉常稍中秩。几时六百石，吾生三十七。壮心若流水，幽意似秋日。兴至期上书，媒劳中阁笔。常恐古人先，乃与今人匹。"[1]

万历十九年，汤显祖因上《论科臣辅臣疏》遭贬徐闻；瘴疠之地，人也不堪其忧，他则化之以道教之旅："徐闻吞吐大海，白日不朗，红雾四障。猩猩狒狒，短狐暴鳄，啼烟啸雨，跳波弄涨。人尽危公，而公夷然不屑，曰：'吾平生梦浮丘、罗浮、擎雷、大蓬、葛洪丹井、马伏波铜柱而不可得，得假一尉，了此夙愿，何必减陆贾使南粤哉！'"[2] 也是，他后来的岭南之行，道教之旅的色彩确实颇重，特别是往游罗浮，留下了大量的诗文。但游兴之中，时时显现的苍梧山色及其意象，人们往往容易忽略。其实这正是他"慷慨趋王术"不息儒者之心的体现。

一

在汤显祖关涉岭南之行的诗中，"苍梧意象"最突出的，当数他从岭南回来之后，万历二十三年，他的顶头上司处州知府任可容擢升广东宪副，为作《九日宴别奉赠任大府开宪潮阳》诗，有曰："为谒苍梧影，曾飘赤海涯。风云团巨蜃，气脉隐长蛇。"[3] 把他的岭南之行，说成"为谒苍梧影"；在表现岭南独特的壮美的同时，也彰显其致君尧舜的儒家的豪壮胸怀。舜"南巡狩，崩于苍梧之野，葬于江南九疑"[4]，"苍梧"、"九疑"等，便成后世儒家士大夫兼济用世的象征，尤其是处在仕途低潮的有理想有抱负的士大夫，更容易强化使用这一意象托物言志。如明初开国

---

[1] 徐朔方编《汤显祖集全编》诗文卷八，上海古籍出版社2015年版，第409页。

[2] 邹迪光《临川汤先生传》，引自徐朔方编《汤显祖诗文集》，上海古籍出版社1982年版，第1512页。浮丘、罗浮、葛洪丹井俱在罗浮山，众所周知。擎雷、大蓬在雷州。顾祖禹《读史方舆纪要》曰："又（遂溪）县西南二百里海中有㵦洲山，中有三池，旧产珠。《志》云：山团围皆海，周七十余里内有八村，人多田少，皆以采海为生。一名大蓬莱，旧为防海要隘，万历十七年以珠贼为患，增兵戍守山。"又曰："擎雷水，在府南擎雷山下，一名南渡水。《志》云：水源有三，一出海康县北铜鼓村，一出县西鹧鸪坡，一出徐闻县界。三水合流，环绕郡治，南流七十里东入于海。"清稿本，卷一百四。至马伏波铜柱，则因东汉马援南征交趾，功成，立铜柱而返，事布史册，斑斑所在，无需另注。

[3] 徐朔方编《汤显祖集全编》诗文卷一二，第717页。其实《答李郴州乞雨苏仙有应，因忆与高太仆谢友可吴拾之夜游，时谪徐闻不得过郴为恨耳》中"更欲苍梧一来往，不堪憔悴向江潭"语已约略及之。

[4] 《史记》卷一，中华书局1959年，第44页。

勋臣、著名文学家刘基，在元末时，抱材无施，"九疑"、"苍梧"意象，便屡屡见诸辞章，凡四十余处之多①。

汤显祖最早在万历十二年其挚友邹元标谪官南京刑部照磨时的赠诗中，显示了这一精神情怀的渊源："南迁殊北征，今心岂昔惩。昔坚怀苍梧，今子谒钟陵。晚龚称竟夭，弱贾惮恭承。揆余昧修惜，何以赞居兴。"② 另从其《湘山障子》、《送林贵县》诗③，也可知汤显祖"苍梧"意象，确是虞舜指向。而其《送太常西署翁君归潮》曰："肃祖玄威兵积战，酋雄俺答天心见。北阙大臣诛死多，汝好家公当一面。金革衣冠铁林冢，诏书星火潮阳县。苍梧起家多苦雾，紫荆过国仍微霰……"④ 则是将整个广东澜入苍梧之地了——潮阳与韶阳等地相去甚远，他当然是知道的。这恰恰暗示了他对于南贬的一种心态或曰情怀：可以说，从南贬一开始，他就是以致君尧舜的儒家精神作为支撑；其诗文中的苍梧意象，自此屡屡形于篇章。

当然，汤显祖此前的诗歌中也时现"苍梧"意象，更见其秉效昔贤"胸怀苍梧"的素志与初心。如《送范敬之郎中奏满便游匡山》曰："受命钟陵下，杳暧苍梧间。清斋隔浮世，道书酬素颜。往往应乡语，时时留子餐。君容何朴栎，君心殊蕙兰。虽沉中圣答，弥著独醒言。尘情若飞叶，素惯乃流根。忽闻当北陆，奏秩且南辕。芳春集庐岳，晏岁及家园。家园日月晚，庐岳烟云繁。出山苦不易，入山良复难。愿言最幽躅，无令芳绪残。"⑤ 再如《秋忆黄州旧游》："飞鸿一声芦荻洲，飒飒芦花吹尽秋。故人零落东南流，白水苍梧云色愁……"⑥ 又如《送艾太仆六十韵》曰："光禄征能就，陪台出似游。苍梧蟠帝寝。芳树绕潮沟……"⑦ 虽然都是淡淡提及，未及强调，但更彰显其象征意味——一个江西高安籍镇江知府，进京奏事，事毕往游江西庐山，如何及于苍梧？湖北黄冈与苍梧旧地也相去甚远。更具意味的，则是以"苍梧精神"相送贬谪之人——《送杜给事出宪延安，并问高君桂吴君正志二郎吏（杜讳华先，失同乡杨太宰意出）》："金台桃李气相新，接手徘徊君意亲。君向河源作星使，予从江表寄波臣。不谓君迁亦南省，祠曹岁月苍梧影。虽知历落映心期，未及留连尽烟景。何知即出镇西军，晴雪芳皋归雁群。少妇将雏裁满月，尊君割锦正停云。吏迹牵旋从此始，边候烽烟珠未拟。由来计策重诸生，似是人情薄乡里。㸒绣牙旗君少年，何必男儿不在边。甘泉健令宜君尉，独笑为郎江阁眠。"⑧ 在送直隶籍的何卫辉出任河南卫辉知府这种完全没有"苍梧"的地域背景中出现"苍梧意象"，其"致君尧舜"的情怀更为昭显："帝子新封接帝乡，何郎新命守河阳。江花碧署年光满，云气苍梧秋色长。

---

① 如其《长相思》曰："长相思，在沅湘，九疑之山郁苍苍。……"如其《彭泽阻风》曰："苍梧凤逐重华去，赤水珠元罔象求。"参见拙著《自负一代文宗：刘基研究》，广东人民出版社2006年版，第25—26页。
② 汤显祖《赠邹南皋留都六首》之六，徐朔方编《汤显祖集全编》诗文卷九，第341—342页。徐朔方先生笺曰："作于万历十二年甲申，时在北京礼部观政。三十五岁。邹南皋名元标。江西吉水人。《明史》卷二四三有传。时谪官南京刑部照磨。"
③ 汤显祖《湘山障子》："苍梧云影落人间，帝子浮湘竟不还。千载泰皇问尧女，不能烧却泪痕斑。"《送林贵县》："苍梧猿断泣湘君，人向清浔逗日曛。直下宝江明月影，能开二十四峰云。"分见徐朔方编《汤显祖集全编》诗文卷二一，第1291、1283页。
④ 徐朔方编《汤显祖集全编》诗文卷九，第473页。徐先生系弃官家居作。
⑤ 徐朔方编《汤显祖集全编》诗文卷一〇，第530页。徐朔方先生系为万历十六年前作。
⑥ 徐朔方编《汤显祖集全编》诗文卷四，第210页。徐朔方先生笺曰："黄州之游在万历八年（1580）初夏，时友人龙宗武任黄州通判，摄黄冈知县。此诗当作于同年秋。"
⑦ 徐朔方编《汤显祖集全编》诗文卷九，第486页。徐朔方先生笺曰："作于万历十八年庚寅九月。"
⑧ 徐朔方编《汤显祖集全编》诗文卷九，第479页。徐先生系万历十七年南京礼部祠祭司主事任上作。据明实录，是年十一月杜论劾南京户部尚书耿定向、应天府丞周希旦等，十二月被明升暗贬出任陕西按察使金事，整饬延安兵备。汤、杜为同年进士。

内史未须秦法律，朝歌曾识汉循良。人传万乘旌旗出，总为猗兰是国香。"①

汤显祖获贬后最早抒写苍梧情怀的是《尉徐闻抵家直丁侍御庄浪备兵迁越归觐远遗西物却寄三十韵》，有句曰"苍梧韶奏谒，白雪郢沉骚"②，谒舜比屈，堪称励志。《牛首饮林尉平将出守南宁即赠》作于上疏事起之后，正式被贬之前，其苍梧之思，也值得特别关注："寺涌烟花满石梯，还留春闱与攀携。端居玄武湖心北，出守苍梧云气西。月上芳林人去远，雾迷铜柱鸟飞低。心悲道喝南行日，江峤笼晴挂饮霓。"③ 踏上贬途，则有《秋夜入广别帅郎》："江潭殊自叹，摇落未经知。昨夜秋声起，相逢憔悴时。园林阻芳色，河汉渺佳期。起视浮云气，苍梧不可思。"④ 虽"苍梧"，言不可思，然知其不可为而为之，正是儒家的情怀。行经赣州郁孤台，作《郁孤台留别黄郡公钟梅，时李本宁参知引病并怀》曰："原泉回豫章，云气连苍梧。岭海轩楑间，远势若可呼。"⑤ 以"气连苍梧"，化解内心远谪的焦虑。所以，当他亲临传说中舜履之地韶阳，心绪起伏，歌咏连篇："舜帝南巡日，传闻此地回。秋风响灵峡，还似凤飞来。谒帝苍梧道，行歌赤水滨。乐昌好鸣磬，能待有心人。五月奏南熏，千秋仰白云。可怜箫管韵，不得到徐闻。大圣虚忘味，何曾到海涯。今朝抚韶石，直似见重华。"⑥ 字里行间，处处以致君尧舜自任——"乐昌好鸣磬，能待有心人"；虽曰"何怜箫管韵，不得到徐闻"，实际上意味着自己乃是将尧舜之音带往徐闻之人——其人未至已决定居讲合一，良有以也；卒章意味更显豁——触物如见人，膺命于古圣先贤，岂能萦怀于贬谪！再前行，借送人以喻己，借苍梧以御愁："清远江前唱竹枝，香炉峡口暮风吹。看君不尽愁云色，直望苍梧似九嶷。"⑦ 又如《岭外送客平乐下第》："南行三十六滩泷，依旧龙门得化龙。别有清湘起愁色，踏歌人望九疑峰。"⑧ 即在游赏之中，亦不忘"苍梧"之意："峡山云气深，松栝糁苍径。缥幡绕屏翠，阑干抵一凭。山僧日影过，禅房点清磬。窅尔寒泉下，冷然惬孤听。近音风叶洒，远韵苍梧应。"⑨

抵广州后所作《宿浴日亭因出小浪望海》曰："为郎傍星纪，江湖常久居。倏忽过南海，扁舟挂扶胥。隐隐岸门青，杳杳天池虚。培塿澹凌历，气脉流纡徐。潮回小洲渚，龙鳞勒清渠。于中藏小舟，其外悬日车。云影苍梧来，咸池相卷舒……"⑩ 如此远离苍梧之地，只可以"心影"解之——望日思尧舜！《至日怀刘兑阳太史》，更具此意味："合乐清斋夜，春堙拜舞余。苍梧有云气，太史不曾书。"⑪《东莞江望白云山》之"苍梧"亦同理："霏靡番禺路，青山间白云。轻霄含缥缈，丛荟出氤氲。迥接苍梧影，微销碧海氛。安期留舃远，仙馆若为分。"⑫ 稍后罗浮访道，仍不忘礼敬苍梧："极庐衡之经首，昈赤岳于贲禺。略招摇之桂树，望云气于苍梧……属湘嶷于垒碓，辨交廉于陇埒……"⑬

---

① 汤显祖《送何卫辉，时喜潞藩新出》，徐朔方编《汤显祖集全编》诗文卷九，第 479 页。徐朔方先生系为万历十七年三月作。并说，霍卫辉即霍鹏，直隶井陉人，万历五年进士，今年以南京工部郎中升任卫辉知府。
② 徐朔方编《汤显祖集全编》诗文卷一一，第 621 页。
③ 徐朔方编《汤显祖集全编》诗文卷九，第 521 页。徐朔方先生系为万历十九年闰三月作。
④ 徐朔方编《汤显祖集全编》诗文卷一一，第 624 页。
⑤ 徐朔方编《汤显祖集全编》诗文卷一一，第 629 页。
⑥ 汤显祖《韶石》，徐朔方编《汤显祖集全编》诗文卷一一，第 629 页。
⑦ 汤显祖《清远送客过零陵》，徐朔方编《汤显祖集全编》诗文卷一一，第 648 页。
⑧ 徐朔方编《汤显祖集全编》诗文卷一一，第 650 页。
⑨ 汤显祖《飞来寺泉》，徐朔方编《汤显祖集全编》诗文卷一一，第 647 页。
⑩ 徐朔方编《汤显祖集全编》诗文卷一一，第 659 页。
⑪ 徐朔方编《汤显祖集全编》诗文卷一一，第 671 页。
⑫ 徐朔方编《汤显祖集全编》诗文卷一一，第 656 页。
⑬ 汤显祖《游罗浮山赋》，徐朔方编《汤显祖集全编》诗文卷一三，第 1342、1345 页。

二

  在明代中后期，讲学成为士大夫实现政治抱负的一种方式，且不说退居乡里的官员，即在朝堂的高官，也有鼓吹兴办书院讲学的。汤显祖作为王学正宗传人罗汝芳的弟子，抵达徐闻贬所后，就辟居室为讲堂，亦可谓其实践"苍梧梦"的一种表现形式。其实，他在一众好友的关怀下，同时在他本人与县令熊敏的沟通下，早已商定了的。如他在赴徐闻途中所写的《答徐闻熊令》说："疏愚之资，孤焉瘴海。天幸得挹长者卷卷。还乡病起，更辱远谕，乃至处以餐钱。徐闻几许闲田，添尉一口，可谓荒饱矣。九日欲吊长沙，怀湘而雷，一宿贵生书院，视海上人士自贵其生何如也？"① 如今开坛徐闻，堪慰乃师在天之灵，无疑是他人生历程中的重要事件。后来他在回答徐闻乡绅对他讲学的感念时，对此有一番夫子自道："独念'君子学道则爱人'，常见古人虽流寓一时，不肯僛焉如不终日，诚爱人也。无论与诸生相劝厉，不敢虚其来，即朴莲编民，流离蛋户，有见未尝不响尉而提诱之。此自门下心神所照矣。"② 其用心用情之深，溢于言表。

  他讲学的效应，诚如他的好友刘应秋《贵生书院记》所说："徐闻之士知海以内有义仍才名久，至则摄衣冠而请谒者趾相错也。一聆謦欬，辄传以为闻所未闻焉。乃又知义仍所縶重海内不独以才，于是学官诸弟子争先北面承学焉。义仍为之抉理谈修，开发欵繁，日津津不厌。诸弟子执经问难靡虚日，户屦常满，至庠舍隘不能容。"为了扩建贵生书院，等到后来"有当道劳饷"，汤显祖与熊敏商量，选择了一块干爽之地，用这笔钱"构堂一区，署其扁曰贵生书院，义仍自为说训诸弟子"③。这笔饷钱，其实就是当局给他的"安家费"④；他后来在给广东巡按汪云阳的信中说得很明白："弟为雷州徐闻尉，制府司道诸公计为一室以居弟，则贵生书院是也。其地人轻生不知礼义，弟故以贵生名之。"⑤ 虽然刘应秋说"无几，以书来告成事，属余记之"，其实可能只建成了一两间，可以将就讲学而已。因为在他北归后的《答徐闻乡绅》中还说："闻贵生书院成，甚为贵地欣畅。"⑥

  由于书院之等到汤显祖离开才建成，可知其待在徐闻时间甚短，但不妨碍他对书院的看重。他在给汪云阳的信中，要求将刘应秋的文章补录入新修省志之中："兑阳兄为记，已立石。昨新志不录其文，弟思兑阳兄有道气，其文非偶然者。仁兄宜一补刻之，亦嘉惠后学意也。"⑦ 他在《寄徐闻陈慎所》中也念兹在兹："贵生书院已入省志，刘公应秋记文尚遗，似宜增入。"陈慎所应是当时的书院山长，因为信中有言："惟门下加餐难老，引翊主持，幸甚。"虽曰幸甚，其实并不放心，因为信中言及贵生书院，又曰："今当草深一丈乎？"⑧ 他实在是担心人走教息，故在《答徐闻乡绅》里也说："闻贵生书院成，甚为贵地欣畅。然必有人焉，加意讲德弦歌鼓箧其中，

---

① 徐朔方编《汤显祖集全编》诗文卷四四，第1771页。
② 汤显祖《答徐闻乡绅》，徐朔方编《汤显祖集全编》诗文卷四四，第1772页。
③ （明）欧阳保《雷州府志》卷二十《艺文志》，万历四十二年刻本。
④ 一说是汤显祖和熊敏的薪俸。见欧阳保《雷州府志》卷十《学校志》："贵生书院，万历十九年添注典史汤显祖、知县熊敏其捐资俸建于公馆东，汤显祖有记。"万历四十二年刻本。
⑤ 徐朔方编《汤显祖集全编》诗文卷四四，第1989页。
⑥ 汤显祖《答徐闻乡绅》，徐朔方编《汤显祖集全编》诗文卷四四，第1772页。
⑦ 汤显祖《与汪云阳》，徐朔方编《汤显祖集全编》诗文卷四八，第1989页。
⑧ 徐朔方编《汤显祖集全编》诗文卷四八，第2001页。

乃不鞠为茂草耳。"① 这种担心的更深层原因，可见于其《留别贵生书院》："天地孰为贵，乾坤只此生。海波终日鼓，谁悉贵生情？"② 好友刘应秋是知者："孟子曰：'豪杰之士，虽无文王犹兴。'夫义仍且以豪杰望弟子，岂其诸弟子之自待甘于凡民下乎？必不然矣。"同时进一步表彰汤显祖的贵生之教，实布道之教，大符王学之旨："义仍文章气节，嚆矢一时，兹且以学术为海隅多士瞽宗，则书院之兴颓，吾道明蚀之一关也。"开坛讲学，实在也是"致君尧舜上"的一种实现形式。汤显祖平生正面阐述其说，凡三篇而已，而以《贵生书院说》为首，《明复说》承此而作③，《秀才说》在观点上也与此相承。如此，则贵生书院的讲学，在他的思想史和人生史上，实占有非常重要的地位，是值得特别关注和珍视的。

在徐闻，更能体现汤显祖的"苍梧梦"和"岭南情"的，是他拟代的《为士大夫喻东粤守令文》④《为守令喻东粤士大夫子弟文》⑤。作为添注典史，汤显祖除了辟院讲学，在具体生民事务上，似乎无所措手，尤其是在超越于一邑一府之上的大政治理上，更难以沾边。但是，他是一个胸怀天下，至少是自视有"干济之才"的儒家士大夫，却挺"犯忌"地写下了这两篇一方面能集中而充分地反映他对岭南的了解、理解和关切，另一方面也充分反映了他对现实政治的理解、对岭南治理的方略的文章，堪称其"苍梧精神"的最佳体现。

治国先治吏，于一方之政治亦然，故汤显祖应该先作了《为士大夫喻东粤守令文》。为什么要从士大夫的立场来论吏治呢？汤显祖劈头就作了说明，同时也显示了作文之时间——因为"独沽外贸"（近宝），有钱，难管，加上天高皇帝远，官员的情况不容易掌握，所以得问计于士大夫。再则是因为登科入仕多年，虽然也有同年及旧僚一同为官岭南，毕竟不是知交，向他们了解，虚与委蛇，不得要领。至于御史巡按一类的监察官员，也难免官官相护；而士大夫又难免恩怨偏见，不可尽信。因此，综合调查了解，才是正途。

地方官员怕他偏信，老在他面前说士大夫的不是。但汤显祖说他是从内地来的，才不理这一套，当然宁愿相信士大夫，相信舆论。并举例说前几任的广州知府周启祥和周宗武，以及司理鲁点、郡丞董志毅，士大夫们至今传诵其清芬，说明舆论是公正的，也是公平的。秉持这种"民本"立场，汤显祖接下来以大篇幅申说要问计于士大夫，问政于士大夫；其中虽必有失，终是枝节问题，亦可具体问题具体分析，具体问题具体解决。再下来，汤显祖以设的方式，提出了一个非常有意思的问题：

> 曰：如东粤海大夫之节，庞中丞之才，亦可以治人矣。所至不能大治，而常为其部士大夫所危以去。士大夫固有必不可治者乎。吾所云士大夫可治者，乃东粤，非东吴也。彼虽号难治，然未尝不敬服海公而畏避庞公也。二公虽去，东吴之俗亦变，又安在东吴士大夫之难治也。

扬粤抑吴，既充分表彰了岭南的民风士气，更敬服以海瑞、庞尚鹏为代表的清正廉直的岭南籍官员；尤其是将世称蛮夷之地号为难治的岭南民风，轶于文化渊薮的东吴之上，最显其对于岭南的深厚情缘。所以，最后，他希望："今以始从我东粤者，宜以政正身，以礼先人。兴废必询

---

① 汤显祖《答徐闻乡绅》，徐朔方编《汤显祖集全编》诗文卷四四，第1772页。
② 汤显祖《留别贵生书院》，徐朔方编《汤显祖集全编》诗文卷一一，第683页。
③ 徐朔方编《汤显祖集全编》诗文卷三七，第1645页。
④ 徐朔方编《汤显祖集全编》诗文卷三六，第1631—1634页。
⑤ 徐朔方编《汤显祖集全编》诗文卷三六，第1634—1638页。

众心，低昂必持平法。他日血食斯土，循良有书，士大夫必不负汝有司也。更无以疑忌禁制为不可治之言。"同时又说，只要是真正"以民为本"，即便"前士大夫虽于一二有司有所言，余无成心也。如陈郡丞鸿渐署新会，阁余文书不行。徐察其意，在便民也，雅信之。冯令渠治番禺，每与论议常左。然知其志在古人也，甚重之。此二事皆汝守令所见，余岂以士大夫有言为芥蒂，不察其后者哉。各安乃心，度乃职，无贪无残，无昏无纵，以清涨海，纾朝廷南顾之忧"。因为有牵涉到时任府县官的极为具体的事例，则此文是真代拟而非徒扬己意的虚拟之作，当然也是能充分反映己意之作。搜检文献，所代者当为广东总督刘继文："刘继文，江南灵璧人，进士，十八年以侍郎兼佥都御史任（总督）；陈蕖，湖广应城人，进士，二十一年以侍郎兼佥都御史任。"① 清人尹继善之《（乾隆）江南通志》于其本传曰："刘继文，灵璧人，嘉靖壬戌进士，历官给谏，章奏激切，大著直声，出为浙江参政，与海瑞齐名。巡抚广西，总制两广，歼海寇有功，擢户部左侍郎。"② 其性情官声，与汤显祖颇合，代拟也在情理之中。

《为守令喻东粤士大夫子弟文》，对广东的士气民风，更多表彰，也更多批判训导，在更深层次的义理上，近于《贵生书院说》。文章先说："东粤山海绵奥不可测，所为宝藏兴焉，货财殖焉。然近宝而反贫。多藏厚亡，天之道也。"但这样的环境却更有助于产生奇崛之士："惟粤中人材为天地精宝，万有益于世而无一费于其乡。古远无论，陈湛二先生之正学，梁方霍三公之伟业，丘海二公之博文危节，至于今粤之后学末宦，未尝不称之，与古圣贤豪杰争铢两，何问今世哉。"及至今日，"其士大夫修名行，不坠先达之风者固多。余是以论吏举事，未尝不就士大夫也"。这也是汤显祖一贯的岭南人材观③。

接下来则以"本院下车问俗问学，乃稍有异"为引，历数士大夫请托守吏，横行乡里，争田争利，欺侮百姓，甚至包举贼囚，令人喟叹："岭表多奇士，何士气一至于此。"喟叹之余，也不忘指出原因："然则岭海士风之敝，徒其下举人诸生未有命教者耳。"而文章的波澜之处还在于，汤显祖于此又设辨解之辞："然此必非士大夫所为，亦其家子弟贫薄失教，无行义一至此耳。"再复归于教化之本，则理势更显强明："虽然，子弟亦不可以无教也。礼，于父母几谏；得罪于乡党州闾，宁熟谏，三则涕泣而随之。况于子弟，父兄乃得而义方之者乎，夫士大夫子弟，犹吾子弟也。余不明于义方，亦有一得之劝，可乎？"并进一步申论道："如复轻佻暴乱，即与细民何异。甚则有细民自爱所不为者。以此称嘉宾，不已羞乎。于是乡中细民得而轻之矣，况在有司，复安所见重而相宾礼乎！……再世之后，编氓一也。汝今日无奈人何，人他日亦无奈汝何矣。"诚为警语！最后，循理学之正途引孔子之语"吾未见过而内自讼者"促其内省自讼，指出向善向上一路：

> 即士大夫有一二过举者，惧然谓其子弟曰："吾今日以往，多非人所为，汝等良子弟慎毋效之，惟孝友慈让是为。争渡船，不如渔者之让坻也。争蔀田，不如耕者之让畔也。领税领盐，不如领诗书仁义之为富也。使乡里称为小人，不如使乡里称为君子；使他日称为恶种，不如使他日称为善门。如此虽陈湛梁方诸公之训子，亦何以远过于斯乎。"《诗》不云：

---

① 阮元《广东通志》，清道光二年刻本，卷十八。也有一定的可能是布政使沈应文："沈应文，浙江余姚人，进士，十七年任。"继任者："游应乾，江南婺源人，进士，二十年任；应存卓，浙江仙居人，进士，二十年任。"时限过晚，不太可能了。阮元《广东通志》，清道光二年刻本，卷十九。

② （清）尹继善《（乾隆）江南通志》，文渊阁四库全书本，卷一百四十九。

③ 参见拙文《汤显祖的岭南情缘与岭南想象》，《戏曲研究》第97辑，北京：文化艺术出版社2015年版，第179—198页。

"神之听之，终和且平。"本院之言，神之所听也。此谕。

如此循循教谕、谆谆告诫，旨趣何异于《贵生书院说》之大旨！

三

　　从某种意义上讲，他在遂昌知县任上的施为，也是"苍梧情结"或"苍梧精神"实践；添注典史，除了讲学宣道，是难以有更大作为的。所以，他不仅在遂昌任上时时以苍梧入诗以励志，弃官家居后还更多咏及，可见其弃官非弃世；作为优秀的儒家士大夫，致君尧舜的情怀，总是念兹在兹的。《送鲁司农还南漳》当遂昌作。鲁点是其同年进士，如前所述，其出任广州司理时汤显祖曾有诗相送，在广州也曾相聚并留以诗。如今宦海相逢又相送，不由得回想联翩。先回想起他们同登进士，同留京阙，意气相投，砥砺有为："上林非一树，逸翮有同林。忽逢春气美，因听黄鸟音。忆昔乘云翔，凝华散簪襟。晨趋建礼月，昼息兰台阴。年发方向盛，意气亦交深。洗刷自清汉，何言有飞沉。"二十年间，虽历挫折，不改致君尧舜的悠悠初心："冉冉二十年，悠悠方寸心。寸心纡北阙，羁孤并南粤。枕席气清远，江山候明发。荡舟星岩游，留筏海珠歇。侧影罗浮外，洗气苍梧谒。……"①《铜马湖赋为友人金坛邓伯羔作》或亦作于遂昌任上，即便在这么寻常之作中，他也很容易将身历之地系之于苍梧："……水国波臣，渔父贤人。苍梧兮浙水，黄河兮卫津……"②

　　即便辞官家居，仍不忘岭南，不忘初心，"苍梧意象"及其情结仍屡形歌咏。如《送马仲高入都并问欧太史邓吏部梅岭诗》曰："……垂杨依远道，迁莺动侪侣。苍梧旧所历，长安有心与。海目迥清旷，韶阳美风绪。恻恻江潭人，梅花相忆汝。"③再如《止周叔夜岭行并示丹坛诸友》："羁栖游岭南，所适一何远……罢谒苍梧道，晦息幽兰畹。来成吕生驾，去作子猷返。曲坛多道书，荆扉且愉偃。"④又如《送岳石梁仲兄西粤》："汝兄颜发旧萧然，十五从君计吏年。世事始知碁局浅，悲歌全赖唾壶坚。春光老去碧湘尽，瘴雨青来寒烧连。欲向苍梧同谒帝，一时魂梦九嶷烟。//夜半传杯玉茗堂，一麾千里寄宜阳。登朝积岁游何薄，失路逢知语自长。客兴漫随春草绿，臣心真与帝梧苍。何时独宿天台上，风雨莓苔看石梁。"⑤苍梧僻在炎方之地，生理上或避之不及，精神上却念念朝谒，其济世之志不得尽乎！

　　在他晚年，约万历三十五年左右，因其同年好友汪云阳主政广东，还曾就广东吏治问题激烈建言。他在《复汪云阳》中说："承谕已如教以对。弟观迩来言不忠信行不笃敬，州里蛮貊都不可行，而可行于铨省之上，名利两盛者有之，然或不可久行？故遂昌令辛志会，六年冰蘗，至不能遣女。东乡令曾遇，去县时，士民环泣者千余人。清惠之声，科甲中所不能多见者。乃仅得知万州与丞廉州而已。铨瞆瞆若此，欲吏无贿得乎？俱系贵属，惟仁兄有以异之，非弟私也。"⑥

---

① 徐朔方编《汤显祖集全编》诗文卷一七，第1019页。徐先生系弃官家居作。
② 徐朔方编《汤显祖集全编》诗文卷二二，第1330页。
③ 徐朔方编《汤显祖集全编》诗文卷一四，第826页。徐先生系为万历二十七年弃官家居作。
④ 徐朔方编《汤显祖集全编》诗文卷一七，第1019页。徐先生系弃官家居作。
⑤ 徐朔方编《汤显祖集全编》诗文卷一七，第1054—1055页。徐先生系弃官家居作。
⑥ 徐朔方编《汤显祖集全编》诗文卷四八，第1989页。

汤显祖说辜志会贫不能遣女，曾遇赴任廉州，连盘缠都不够呢！① 曾遇去职东乡令迁廉州丞时，曾问讯于当时显已辞官家居的汤显祖，汤显祖感慨系之，为作《送曾东乡廉州以予前谪雷阳问路答之》、《见东人扶道遮留曾明府者，曾故蜀材昈朗，再考人无间言，数荐宜以高第内征，苦贫甚，旁郡贵公子索之不能应，迁廉州丞，士民悲而祠之，婉娈三日，亦异也，廉吏不可为而可为》二相送诗。

据万斯同《明史·汪昆玉传》附传："道亨，怀宁人，万历十一年进士，授南京工部主事，历泉州知府，举治行卓异，进福建副使，累迁广东右布政使。平钦州贼有功。三十八年，吏部尚书孙丕扬奏举天下廉吏，道亨与焉。改陕西为左。入为应天府尹。以右副都御史巡抚宣府。封事成，加兵部右侍郎。缮修亭障，抚辑属夷，塞上无警。道亨吏事强敏，其操行与（汪）昆玉埒。莅边六年，卒官。天启时，群小为东林同志录，密授魏忠贤。道亨已没，犹与并列焉。"② 其任职广东时间，《明实录》曰："（万历三十四年七月辛未）升浙江左参政汪道亨为广东按察使。"③ 综此，汤显祖与这个同年友应该颇相得，故敢在信中指斥当道昏聩，托请关照廉直，并代拟此"涉嫌干政"之文；其致君尧舜的情怀，关怀岭南的情缘，溢于言表。

（作者单位：广东省公安厅）

---

① （清）李士棻《东乡县志》曰："曾遇，字传吾，富顺人。万历时任为吏五载，政事简易近民，宽里胥，蠲锾赎，吏不扰民，民不畏吏。及晋秩琼海，不能具千里之粮。"清同治八年刻本，卷十二。
② 清抄本，卷三百三十四《列传》一百八十五。
③ （明）张溶《明神宗显皇帝实录》，抄本，卷四百二十三。

从小说到戏曲：
《红楼真梦》的文体转换与文化内涵

左鹏军

续书作为中国文学史上一种重要创作现象，在多种文体形式中都可以看到，尤常见于小说、戏曲、说唱等方面。仅就小说方面来看，续书最多者当推《红楼梦》。《红楼梦》的续书从清代中后期开始，至今仍延续不绝，最典型地反映了小说续书创作的复杂现象。《红楼梦》的续书类型颇多：从内容上看，有在原书情节内容的基础上继续敷衍发挥的正续，有针对原书情节内容反其意而作之的反续；有揣摹原书未尽之意而继续生发扩展的补续，也有在原书情节人物影响之下另外进行构思描写的仿作；从文体上，除运用长篇小说进行续作这一最主要的方式之外，还有采用散曲、戏曲、说唱文学等形式续作的，林林总总，蔚为大观。

在众多的《红楼梦》续书中，民国年间郭则沄所作的长篇小说《红楼真梦》和随后在小说基础上创作的戏曲《红楼真梦传奇》是很有代表性的一种。这不仅表现在郭则沄既以小说续之，又以戏曲续之，如此执著用心的续书作者盖不多见，而且表现在通过续书所着力坚守宣扬的道德理想与文化观念，留下了足当深长思之的道德追问和文化困惑。本文旨在考察《红楼真梦》从小说到戏曲的文体转换及其间所反映的作者的创作心态，在此基础上认识这种在极其特殊的思想文化背景下出现的创作现象所蕴含的道德信念与精神价值。

一、郭则沄及其《红楼真梦》

郭则沄（1882—1946），字啸麓，号蛰云，又号子厂、龙顾山人、云淙花隐。福建侯官（今福州市）人，生于浙江台州。光绪二十八年（1902）举人，光绪二十九年（1903）进士，任翰林院编修。宣统初补浙江温处道，宣统二年（1910）擢署浙江提学使。辛亥革命后，曾依徐世昌任北洋政府国务院秘书长，后专力著述。一生著述甚富，已刊者有《龙顾山房集》、《十朝诗乘》、《清词玉屑》、《庚子诗鉴》、《竹轩摭录》、《旧德述闻》、《遁圃詹言》、《洞灵小志》、《洞灵续志》、《骈体文钞》、《红楼真梦》、《红楼真梦传奇》等。

《红楼真梦》凡六十四回，以第一回《梦觉渡头雨村遇旧　缘申石上士隐授书》起，以第六十四回《庆慈寿碧落会团栾　聚仙眷红楼结因果》终，约 53 万言，创作于 20 世纪 30 年代末，初刊于民国二十八年至二十九年（1939 至 1940）出版的《中和月刊》，作者《自序》作于民国二十八年己卯小春（1939 年 11 月），尝刊载于民国二十九年一月（1940 年 1 月）出版的《古学汇刊》第六期。后有民国二十九年（庚辰，1940）铅字本，署"子厂"，牌记有"庚辰长夏雪苹校印"字样，首有许璐（署"申庵子"）作于"庚辰清明前十日"（庚辰二月十九日，1940 年 3

月27日）的序文，继为作者（署"云淙花隐"）自序。

关于此书的用意主旨，许璐在序文中引用郭则沄有关言论对此有所涉及："吾之为是书也，溺而蠲虑，劬而忘疲。倏而哂然笑，若濛泛之见晖；俄又唏然涕，若昧谷之雾霏。人见之为吾疑，问其故而莫之知；吾习之若无奇，问其故，吾亦不自知也。"描述了创作过程中相当执著、独特甚至带有几分神奇的精神情感状态，实际上是想传达书中的深远寄托和言外微旨。因此许璐接着写道："辛庵子始而哑然，继以怃然，终乃恍然曰：'呜呼，噫嘻！我知之矣。往在海滨，共叩白瞽，白瞽曰：异哉，子忠孝人也，而蜷志厌厌之与伍。'翁闻泣下，久之无语。"①特别拈出"忠孝"二字以示人，显然是在揭示作者的用心和小说的主旨。确是如此。作者《自序》中云："《红楼》杰作，传有窜编；脂砚轶闻，颇参歧论。雌黄错见，坚白等梦：或则妄规胶续，滋刻鹄类鹜之讥；或则虚拟璧完，忘断鹤益凫之拙；又或殚心索隐，逞臆谈空，附会梅村赞佛之诗，标榜桑海遗民之作；等玉卮之无当，枉绨絮之相衿。世或推之，蒙无取焉。……嗟乎！回天志业，类一现之昙花；汗史功名，视数行之楮叶。畴知我者，与谈天宝旧闻；若有人兮，试证贞元朝士。未免绛珠匿笑，问甚事而干卿；定知浊玉有灵，愿是乡以老我。"②在对《红楼梦》产生之后众说纷纭、歧见叠出状况的描述中，在对《红楼梦》多年来知音难遇、真意湮没的感慨中，强调表达的是作者本人在《红楼真梦》这部续书中寄托的挽回人心、昭明天道、留名青史的决心并终老于此的意志。作者将创作用意、作品的思想主旨表达得相当充分，作者通过小说着意寄托的深远凝重的道德用意和承载的人生感慨也表达得非常分明。

《红楼真梦传奇》是郭则沄继小说《红楼真梦》之后所作。黄甦宇在赠史树青《小重山》词注中说过："曲本子厂六十生辰称觞自制，螾庐为划度工尺旁谱"③，可知是作者六十岁生日时所作，有自寿之意。凡八折：第一折《斗猿》、第二折《廷荐》、第三折《安江》、第四折《仙宴》、第五折《禽宼》、第六折《闺话》、第七折《献俘》、第八折《仙祝》。附工尺谱。署"子厂填曲，螾庐制谱"，螾庐即王季烈。有民国三十一年（1942）石印本④。据载又有稿本，史树青原藏，笔者未见⑤。

与小说《红楼真梦》相似，戏曲《红楼真梦传奇》中同样寄托了浓重的传统道德观念和无可奈何的人生感慨。此剧卷首有王季烈作于壬午中秋（1942年9月24日）的《螾庐叙》，不仅集中概括了创作主旨，对认识作品的思想意义至关重要，而且分明可见王季烈的文化观念和道德理想。中有云：

天生万物，惟人独灵，非其智巧膂力胜物也，为有纲常大义，范围人心，使人彼此相

---

① 郭则沄撰，华云点校《红楼真梦》卷首，北京大学出版社1988年版，第1页。笔者对原标点略有调整。
② 郭则沄撰，华云点校《红楼真梦》卷首，第3—4页。
③ 见林东海《学者风范——记俞平伯先生》，《文汇读书周报》2001年9月1日；又见《师友风谊》，人民文学出版社2007年版，第37页。
④ 洪惟助主编《昆曲辞典》列有"红楼真梦"条云："近人刘则沄作"（台北，国立传统艺术中心，2002年第1版，2006年6月第1版第2次印刷，第165页），显系"郭则沄"之误；且中央大学戏曲研究室编、国立传统艺术中心2006年5月出版的《〈昆曲辞典〉勘误册》中，并未对此误进行更正。
⑤ 林东海《学者风范——记俞平伯先生》中有云："1942年《红楼真梦传奇》问世，郭则沄填曲，王季烈（螾庐）制谱。同年俞铭衡（平伯原名）、王季烈各作一序。传有石印本，北图、首图、科图均未见，所借史树青先生所藏乃稿本。"《文汇读书周报》2001年9月1日；后辑入《师友风谊》，文字有所改动："1942年《红楼真梦传奇》问世，郭则沄填曲，王季烈（螾庐）制谱。同年，俞铭衡（平伯原名）、王季烈各作一序。有石印本流传，但北图、首图、科图均未见，所借史树青先生收藏的稿本，也可以说是珍本。"人民文学出版社2007年版，第35—36页。

安,不致纵人欲以悖天理也。乃者茫茫禹域,受西潮之鼓荡,弃纲常,非忠孝,致国家颠覆,骨肉寇雠。循是以行,岂特人禽无别,人类将绝灭矣。子厂忧之,作《红梦真梦》,以正人心,旨深哉!……《斗猿》,劝仁也。……《廷荐》,教忠也。……《安江》,美尽职也。……《春宴》(引者按:原剧第四出作《仙宴》),美能容也。……《禽寇》(引者按:原剧第五出作《擒寇》),辟以止辟也。……《闺话》,美悔过也。……《献俘》,美补衮也。……《仙祝》,劝孝也。……世衰道微,君臣之义先废,次夫妇,次父子。此本八折,于君臣夫妇父子之道,三致意焉,三纲之大义明矣。明琼山邱文庄著《五伦记》传奇,以劝世人。作者之旨,亦犹是耳,愿读者知之。①

对于《红楼真梦传奇》,王季烈不仅以著名昆剧家兼作者朋友的身份,为之谱写了工尺谱,使完全具备了歌之场上的条件与可能,而且作为此剧的第一位批评家,对作品主旨和寄托于其中的人生感慨进行了最充分、最全面的阐发,确可称之为知己见道之语。这也为后来的读者准确认识和评价此剧,进而恰当地认识和评价同名小说奠定了坚实的基础。

因此,从作者郭则沄及其所处时代、作品表现的创作态度、寄托的道德理想、文化观念等方面来看,《红楼真梦》小说和戏曲的创作,虽然均是以《红楼梦》续书面目出之,但情节与人物安排大多与《红楼梦》相反,也有的是与《红楼梦》原书的情节无甚关联的有意发挥。作者的主要用意和基本观念完全与《红楼梦》针锋相对,而且大多与20世纪30年代至40年代的社会政治状况、道德观念、文化变迁等密切相关,蕴含着针砭世道、挽救人心、感慨时局世变之深意。

二、从小说到戏曲

在中国文学史上,同一题材内容而采用不同文体样式予以表现的例子屡见不鲜,甚至已经成为中国文学家的一种创作习惯;但在郭则沄的创作中,从小说《红楼真梦》到戏曲《红楼真梦传奇》的文体转变仍然是值得注意的。这不仅是因为同一作者在较短的时间内、以连续集中的方式完成了这两部别解红楼作品的创作,实现了从小说到戏曲的文体转换,成为《红楼梦》众多续书中一个特色突出的创作事例,而且是因为从这种创作现象中可以看到作者文学创作观念、政治文化观念、道德文化理想的某些重要侧面,以及这些方面蕴含的更加深广的有关时代新变、时局动荡、传统崩解、道德挽救等思想文化内容。而这,也正是郭则沄通过文学创作活动所再三表达、频频致意并孜孜以求的。

关于《红楼真梦》的创作情况,第一回《梦觉渡头雨村遇旧 缘申石上士隐授书》写道:"不想更若干劫,历了若干年,又出了一部《红楼真梦》。当时,有个燕南闲客瞧见书中回目,认为希奇,要想买他回去。偏生那个卖书的说是海内孤本,勒掯着要卖重价。那燕南闲客一来买不起,二来又舍不得,只可想法子向那卖书的商量,花了若干钱托他抄了一部。那天拿回来,便从头至尾细看了一遍。"② 很明显,这样的话并不足征信,只是小说家最为擅长且经常使用的故事编排,主要是增强小说的神秘感、增加作品引人注意的因素,同时也不无自诩才华、自我表现

---

① 王季烈《螾庐叙》,《红楼真梦传奇》卷首,民国三十一年石印本,第5页。标点为笔者所加。
② 郭则沄撰,华云点校《红楼真梦》,第1页。

的味道，自然也增加了小说的趣味性。

假如要深入准确理解《红楼真梦》的主旨，作品中的重要人物、情节是必须充分关注的，特别是其中一些主要人物的行为和言语，经常表现作者的观念和作品的用意，这当然是郭则沄的有意为之。如第八回《薛姨妈同居护爱女　王夫人垂涕勖孤孙》中，贾兰说道："若说学问，我的经历很浅，但就读书所得，觉着古人大文章、大经济，都是从忠孝两字出来的。咱们世禄之家，白白的衣租食税，若虚受厚恩，一无报答，这忠字何在？老爷、太太这们爱惜我，期望我成人，若不替我父亲图个显扬，这孝字何在？亏了忠孝，丢了根本，不但那膏粱文绣白糟蹋了，就是侥幸得了令闻广誉，也等于欺世盗名一流，不足齿数的了。"[①] 值得注意的是，作者非常有意地强调"忠孝"二字，将其作为古往今来一切"大文章、大经济"的本原，并着重指出，作为世禄之家的后代，必须在家行孝，在朝尽忠，这才是为人处世的"根本"。此语集中反映了作者的思想观念和作品的创作宗旨。非常明显，这种道德观念和价值取向与《红楼梦》恰恰相反，完全对立。郭则沄明确针对《红楼梦》的基本价值立场而从反面立意，坚定执著地进行小说创作和戏曲创作的动机，恰在于此。

将《红楼真梦》与随后完成的《红楼真梦传奇》对读，可以发现二者之间存在着非常密切的关系，并可以进而推测两部作品创作过程的某些侧面，从两部作品的密切关联和明显差异中甚至可以考索和体察郭则沄小说戏曲创作的基本情况与某些细节。

戏曲第一折《斗猿》写宝玉与柳湘莲在大荒山中从师傅茫茫大士、渺渺真人学道，一日师父外出云游，二人遇一猿于洞外，柳湘莲欲杀之，宝玉劝其勿开杀戒。此折内容出自小说第二回《青埂峰故知倾肺俯　绛珠宫慧婢话悲欢》之前半，还有一部分内容出自小说第六回《话封狼痴鬟慰红粉　赐真人浊玉换黄冠》。两相比较可知，戏曲中的部分字句与小说非常接近，甚至完全一致。戏曲第二折《廷荐》写威烈将军贾珍怀一腔热血，感慨有心报国，无力撑天，适南阳邪匪构乱，贾珍于众大臣相互推诿之时，出南北夹击良策，经北静王上奏皇帝，极受嘉许，遂带贾蓉赴南阳剿匪平叛。此折系据小说第二十一回《慈太君仙舆欣就养　勇将军使节出从征》后半部分情节写成，把贾珍描写成一个有忠有义、临危受命、为国效力、杀敌立功的忠勇之士。从作品对贾珍性格品质的正面褒扬和高度评价中，可以认识作者的道德观念和对人物的处理评价。

戏曲第三折《安江》写九江兵备道贾兰晋摄提刑，将赴省上任，众官员与百姓以襄阳兵起，请求贾兰坐镇，贾兰遂推迟行期，指挥军民平叛，为国忘身，不惮辛劳。这一情节出自小说第十九回《登鹦荐稚兰邀特简　续鸳盟侠柳仗良媒》，特别集中地表现贾兰的过人才华和深受皇帝欣赏、予以提升职位的经过。作品宣扬忠孝节义的主旨再一次得到充分的表现。戏曲第四折《仙宴》写时值花朝，贾母要开团圞会，宝玉安排家宴，众人俱来参加，饮酒行令，其乐融融；宝钗、黛玉二人共事宝玉，颇为和睦，三人相敬如宾，甚为欢洽。此折内容出自小说第二十六回《降兰香良缘凭月老　宴花朝雅令集风诗》。这部分内容最集中地反映了郭则沄正统保守的爱情观念和对于黛玉、宝钗、宝玉三人关系的理解与理想化表现。从小说和戏曲的内容安排来看，这部分内容处于核心位置，也是最能反映郭则沄以小说和戏曲形式续写、重写《红楼梦》的创作意图和寄托精神向往的部分。

戏曲第五折《擒寇》写贾珍新授钦差大臣，督队南征，至黄龙关，遇周琼所部，会师前进，至荆门，与贼首江魁、武大松、白胜等激战并杀之，且擒获贼魁卢学义、童惠明二人，大获全胜。小说第二十一回《慈太君仙舆欣就养　勇将军使节出从征》后半部分曾写到贾珍出征前情

---

① 郭则沄撰，华云点校《红楼真梦》，1988年7月，第85—86页。笔者对原标点有所调整。

节，颇能反映作者对贾珍性格、功业的表现，也反映了作者从正统观念出发对于犯上作乱者的否定态度。戏曲第六折《闺话》写宝钗梦见宝玉、黛玉已证仙缘，命莺儿点起寻梦香送自己生魂前去，二日后醒来，探春、湘云皆来看望，宝钗自言别有难言之隐；众人同赏牡丹，湘云再劝宝钗，宝钗表示以后只有事亲教子，我尽我心，一切听天由命便了。此折内容出自小说第二十六回《降兰香良缘凭月老　宴花朝雅令集风诗》后半、第二十七回《碧落侍郎侍姬共戏　紫薇学士学使超迁》前半。这一较长篇幅的情节片段，将已经成仙的宝玉、黛玉安排在赤霞宫中共同生活，而仍在荣国府中生活的宝钗虽然颇显冷落孤单，但寂寞时也前往探望，可以自由来往于仙界与人世之间。这种完全出自虚构、具有极强荒诞色彩的情节安排，恰恰最集中地表现了作者对三人故事的完美设计，寄托了作者的理想。

戏曲第七折《献俘》写忠勇军统制周琼获胜，派其子隆清门侍卫周铭押贼魁赴京，路遇江西学政贾兰新署刑部左侍郎奉召回京，就此同行；回京后面见皇帝，深受嘉奖。贾兰之母李纨、探春等得此消息，甚为欢喜。小说第二十八回《平蚁穴丹宸奖元勋　赏龙舟红闺酬节令》着重描写此项内容，从贾兰等人建功立业、受皇帝嘉奖、子贵母荣的角度表现贾府的兴旺景象，从另一角度反映了作者的道德理想和人生追求。戏曲第八折《仙祝》写王夫人七十寿辰，贾政虽谦谨为怀，力戒铺饰，仍有众朝贵亲朋前来贺寿；贾兰等主持举行家庭庆寿宴，阖府庆贺，席间宝玉化身道人，带领釁儿所化麻姑，晴雯、紫鹃、麝月、金钏所化四位仙女回家祝寿，成仙而不忘尽孝，众人颇多感慨。小说第五十六回《舞彩衣瑛珠乍归省　集金钗柳燕共超凡》是此折所本，只是人物安排有所不同。二者的差异主要是因为小说和戏曲文体的不同特性和表现作者道德观念、价值立场、人生理想的需要，后完成的戏曲当更能反映作者的思想观念和艺术修养。

从《红楼真梦》到《红楼真梦传奇》、从小说到戏曲的文体转换，不论是对作者郭则沄来说，还是对这一时期的文学史来说，都是一个值得注意的创作现象。由此也可以更加准确深入地认识作者郭则沄的创作观念与心态、艺术才能与技巧、道德理想与文化态度。

《红楼真梦》与《红楼真梦传奇》的文体形式、篇幅长度存在巨大差异，但二者在主要内容、核心观念、价值取向、创作意图等方面表现出高度的一致性，形成了前后连贯、一脉相承的创作关系；而二者之间某些语言文字的相近和相同之处，则透露出戏曲创作是参照了小说的相关部分而成，甚至有明显的改写之迹。也就是说，从郭则沄的创作情况和两种作品的文本内容来看，从小说《红楼真梦》到戏曲《红楼真梦传奇》，在内容上也必然有详略、增删、改动等设计与处理，特别是仅为八折的戏曲必然省略小说中原有的大量叙述性内容，也会根据戏曲的需要增加部分情节。但总体上并未出现相悖矛盾现象，二者的形式变迁和文体转换比较顺畅自如，也是比较成功的，至少在作品的内容主旨方面看是如此。

另一方面，小说和戏曲毕竟是两种具有重大差异的不同文体样式，各有其内在的体制要求和创作习惯；《红楼真梦》共六十回，50余万字，属典型的长篇小说体制，《红楼真梦传奇》只有八折，字数约在1.7万左右，属比较短小的传奇体制，二者篇幅长短迥然不同，也必然存在显著的差异。作为小说的《红楼真梦》虽然也穿插一点诗词、散曲，但作者必须更多地注重叙述性因素，关注情节设计、人物塑造、场面设计、前后照应等，努力使作品具有比较高的完整性和一致性。而作为戏曲的《红楼真梦传奇》则除了必要的叙事性成分之外，不能不更多地考虑关目设置、曲白关系、场面安排等综合艺术因素，最明显的是增加了大量抒情性曲词，情节设计、人物活动、场面安排都更加集中。这实际上是由小说和戏曲两种既关系密切又大不相同的文学样式、文体形式及其对于作者的不同要求造成的。

从读者的阅读经验来看，这种从小说到戏曲的文体转换所带来的阅读感受的差异性也是非常明显的。小说《红楼真梦》采取的基本结构方式是相当自由的三线情节各自发展而又相互联系的设计：一条线索是以出家修道的贾宝玉和已入仙界的林黛玉为中心，主要活动场所是太虚幻境；另一条线索是以尚在尘世的薛宝钗及其他姊妹为中心，主要活动场所是大观园及荣国府；还有一条线索是以贾府中贾珍、贾兰、贾蓉等的建功立业、忠孝传家、享受利禄为中心。在此基础上，通过非常主观、极其自由的故事情节安排，使得这三条线索产生经常性的交叉联系，全书遂形成了比较完整的故事结构和人物关系。与此同时，小说流露出的故事叙述与人物描写方面的生硬之处也相当明显：在情节设计上，三条线索之间的过渡，如从太虚幻境到大观园，从以吟诗作赋、饮茶聊天为主要生活内容的众多女性到以讨贼平乱、建功立业为主要内容的数位男性，其间的联系和转换时显生硬；在人物描写上，作者的主观意志过于明显、过于直接地反映在小说人物的塑造之中，使包括主要人物在内的一些人物表现出平面化、观念化的倾向。这种情况的出现，当然可以理解为是郭则沄小说艺术才能的局限性的反映；但笔者更愿意将其理解为是过于强烈的道德理想、文化观念对于小说创作直接渗透影响而造成的负面结果。

三、道德理想与文化信念

《红楼真梦》第一回《梦觉渡头雨村遇旧　缘申石上士隐授书》中，作者借书中人物顾雪苹之口说道："那《石头记》原书上就说明那些真事都是假的，但看他说的将真事隐去，自托于假语村言，便是此书的定义。其中一甄一贾，分明针对。书上所说都是贾府的事，那甄府只在若有若无之间。可见有形是假，无形是真，这话是定然不错的。即至黛玉的夭折，宝玉的超凡，做书的虽如此说，又安知不是假托？……由此看来，宝黛虽离，终必复合，与金玉姻缘的结果恰是相反。但书中虽然揭出，读者未必领会得到，枉自替宝黛伤心落泪，岂非至愚？这部《红楼真梦》鄙人未曾寓目，臆料必是就此发挥，揭破原书的真谛，唤破世人的假梦，故于书名上特标一'真'字。"① 已经就《红楼梦》中的甄府与贾府、宝玉和黛玉之间相反相成的微妙关系，表明了小说的创作用意和主旨，特别强调"真"字的用意。其中虽不无小说家讲故事、弄玄虚的技巧性因素，但作者的思想指向、价值取舍仍然分明可见。作者在另一处又写道："等到临走，雪苹向燕南闲客商借此书，起先不肯，还亏那老者出面担保，才肯借给他。雪苹先从头检阅了一回，见所说大旨与前书不悖，且按迹循踪，不涉穿凿。那上面还有大贤大忠理朝廷、治风俗的善政，是前书所不及的，奇警处颇能令人惊心动魄。因此也手抄了一部。"② 作者将创作用意表达得如此充分，特别值得注意的是所强调的"按迹循踪，不涉穿凿"的创作态度，表彰"大贤大忠理朝廷、治风俗的善政"的创作主旨；而"奇警处颇能令人惊心动魄"的说法，则分明可见作者对这部小说内容与技巧的自信，其中当然也有引人注目、得人青睐的用意。

第六十四回《庆慈寿碧落会团栾　聚仙眷红楼结因果》的最后、即全书的结尾处，作者写道："忽然有一个空空道人来访，要借此书看看。顾雪苹给他看了，空空道人道：'我那回走过青梗峰，见那块补天灵石上有好些字迹，当时都抄下了。昨儿又从那里走过，见那石头背面，又添得字迹甚多，和这书上所说中的，十有八九对得上，那上头还有'石头补记'四个大字。可惜渺渺真人催我同去云游，匆促间没得将字迹抄下。如今借你此书拿去一对如何？'"又云："顾雪苹

---

① 郭则沄撰，华云点校《红楼真梦》，第3—4页。笔者对原标点有所调整。
② 郭则沄撰，华云点校《红楼真梦》，第8页。笔者对原标点略有调整。

抱着此书，正没有办法，忽然找出这部《红楼真梦》的娘家，又知他别名叫做《石头补记》，不觉狂喜，当下哈哈一笑，便将此书交与空空道人去了。正是：悟到回头处，欢娱即涕洟。强持真作梦，莫谓梦为痴。"① 从古代小说家的常用创作技法和小说的文体习惯来看，这样的结尾并无太多新意和创见；但从《红楼真梦》的具体情况来看，这个结尾却是意味深长的，从中再次可以看到作者对作品的自信态度和肯定评价，作者的道德观念、文化态度从中也得到了充分的反映。

在这样的创作观念驱动下，郭则沄借小说中的人物言语、情节设计及其他表现手段，经常性地表达自己的道德理想和文化观念。第二十一回《慈太君仙舆欣就养　勇将军使节出从征》写道："平儿道：'天下做事的人，总带几分傻气。……'宝钗道：'新近还出了一个小傻子，也是咱们家里的。'大家问是谁，宝钗道：'就是走马上任的小兰大爷啊！这回送大嫂子的人回来说：兰儿到了那里，因为老爷从前上过李十儿的当，把什么门稿、家人、刑名老夫子都裁了，单找些幕僚办事。那些佐杂小官和生监们，见知府都没坐位的，他偏要他们坐炕说话。有一个官儿，拿着中堂的信，当面求差使。他可翻了，立时挂牌出去，训饬了一大套，就得罪中堂也不管。这还不算呢，九江那缺，管着海关，本来不坏。他把自己应得的钱，大把的拿出去，办了许多工艺局、农学书院。如今做官的，那个不为的发财？像他这傻子，恐怕没有第二份罢！'"② 这段文字的核心内容实际上是褒奖赞誉贾兰为官时的这种正直之气和效忠皇帝的实干精神，与此相对照，当然也讽刺了其他官员贪财钻营的习气。通过这样的描写和议论，作者对于自己所处时代政治局势、官场习气的关注和感慨，也得到了一定程度的宣泄。

第三十一回《直报怨赵伦犯秋宪　德胜才贾政领冬官》中写道："薛蟠道：'听说宝兄弟到了太虚幻境，究竟是什么地方？算神仙不算呢？'贾政叹道：'古来神仙总离不开忠孝二字，这畜生背君弃亲，只徇那儿女私情，就做了神仙也是下品。'"③《红楼真梦》中贾政对宝玉的基本态度和评价大体如此，这一点与《红楼梦》相比并没有发生显著的变化。但值得注意的是，此处的重点仍然在于强调贯穿全书的"忠孝"二字，并将这种价值标准和道德理想由人间推而广之，作为一个牢笼古今、贯通仙人的普遍恒久的道德标准，即便是神仙也不能超越"忠孝"的范围。作品中这样的言论所在多有，从中可以一再看到作者的道德理想和与之息息相通的守护正统价值、复归传统标准的文化信念。

可见，在20世纪30年代末至40年代初的几年间，郭则沄先做《红楼真梦》小说，继撰《红楼真梦传奇》，这一重要的再度创作活动、从小说到戏曲的文体转换，充分反映了作者对重新解读红楼故事的执著与自信。虽然有记载说《红楼真楼传奇》是作者"六十生辰称觞自觏"④ 之作，戏曲中也未始没有表现出这样的含义，如第八折《仙祝》即是；但从总体上看，作者连续创作这两部小说戏曲的主要用意显然不仅限于此。从作者的道德观念、人生态度和所处的政治局势、思想文化背景来看，应当认为，郭则沄进行这两部小说戏曲创作的主要用意并不在于文学样式本身的追求，而是怀有一定的人生理想、文化信念所进行的具有价值追求、道德象征、文化符号意义的文学活动，作品中蕴含着超越了一般的文学艺术价值的深远的文化内涵。

大概也是由于这样的原因，在以政治动荡、道德崩解、文化倾覆为主导形态的中国近现代历史背景下，郭则沄及其小说和戏曲创作根本不可能产生什么明显的影响，也不可能被其他文化背

---

① 郭则沄撰，华云点校《红楼真梦》，第763页。笔者对原标点有所调整。
② 郭则沄撰，华云点校《红楼真梦》，第238—239页。笔者对原标点有所调整。
③ 郭则沄撰，华云点校《红楼真梦》，第364页。笔者对原标点有所调整。
④ 黄甦宇赠史树青《小重山》词注，见林东海《学者风范——记俞平伯先生》，《文汇读书周报》2001年9月1日；又见《师友风谊》，第37页。

景、社会阶层或怀有不同道德观念、文化立场的人士所关注。这种孤独和寂寞几乎是无法避免或无从改变的，而其间留下的反省、思考和认识空间也应当是广阔辽远的，甚至应当带有几分对于文化既往、当下与未来的沉重和忧患。

四、馀　论

其实，当年的郭则沄及其《红楼真梦》和《红楼真梦传奇》并不是没有人注意，也并不是从来就处于被遗忘甚至被批判的境地；恰恰相反，郭则沄其人其书曾得到著名人士的高度评价。只是数十年的社会动荡、道德重估、价值重建、文化变迁，使得许多像郭则沄这样的人士及其著述变得愈来愈与时代格格不入，直至成为陌生甚至怪异的存在。

《红楼真梦传奇》出版时，卷首有俞铭衡（字平伯）作于壬午中元节（1942年8月26日）的《红楼真梦传奇叙》，起首一段有云："红楼一梦，惚恍哀艳，匪特一代之盛，亦千古之奇也。而读者每致赏风华，昧其寄托；于书中人，则以意为爱憎，辄右黛晴而左钗袭；续者纷纷，翻案未已。所谓痴人前不得说梦欤？子厂吾兄《红楼真梦》最为晚出，径使二玉聚于幻境，而谢庭兰蕙，仍以忠孝承家。洵无谬于天人，不失作者之旨，而又大快人之心目也夫。顷出其馀绪，编成传奇八折。螾庐世丈以曲坛尊宿，为订旁谱，俾可播诸管弦，备其声容。诚艺囿之珍闻也。"①对郭则沄其人及其所作小说《红楼真梦》和戏曲《红楼真梦传奇》予以极高评价，热切赞誉、极力褒奖之声情溢于言表、难以复加。这样的文字恐不能全部看作俞平伯的客套之语，更不宜视为言不由衷、口是心非，而应当看到其中包含了俞平伯当时对这两部小说戏曲的真实看法，也反映了他当时真实的思想观念和文化态度。

时间仅仅过去了不到三十年，关于郭则沄及其《红楼真梦》、《红楼真梦传奇》的认识和评价却发生了翻天覆地的变化。林东海《学者风范——记俞平伯先生》中说："郭则沄（子厂）所作《红楼真梦》，又名《石头补记》，1940年出石印本；1942年《红楼真梦传奇》问世，郭则沄填曲，王季烈（螾庐）制谱。同年俞铭衡（平伯原名）、王季烈各作一序。传有石印本，北图、首图、科图均未见，所借史树青先生所藏乃稿本。据启功先生说，俞序为俞平伯先生亲笔字。稿本扉页有平伯致庶卿一札云：'庶卿先生：惠示《红楼真梦传奇》稿本，是书提倡封建道德，与《红楼梦》原意相反，只可作批判资料用。卷首拙作序文，于卅年后重读，弥感惭愧，所谓'讹谬流传逝水同'者也。鄙怀当荷鉴谅。匆复，原件附还。1971年5月平伯启'在编评红资料时，

---

① 俞铭衡（平伯）《红楼真梦传奇叙》，《红楼真梦传奇》卷首，民国三十一年石印本，第2页。标点为笔者所加。

我曾提出附录此信，后以其在编选时限之外而未予录入。新近版《俞平伯全集》书信卷收录此信。"① 非常明显，到1971年，俞平伯对郭则沄及其《红楼真梦传奇》的态度已经发生了革命性的变化，以至于面目全非，让人不能不产生强烈的惊愕诧异之感。但这两种截然相反的言论的确是出自同一人的笔下，其中的差异性及其产生的原因、何者更符合作品的原意、何者更贴近评论者的本心等问题，都是值得深入思考而且可能是意味深长的。

另外，《红楼真梦传奇》稿本之末有张伯驹1971年秋所作题诗云："岂愿缁衣换锦衣，当时负却首阳薇。雪芹眼泪梅村恨，付与旁人说是非。"并有识语云："树青先生藏蛰园《红楼真梦传奇》原稿，与雪芹原意大相径庭，煞风景矣。但亦存续作之一流。昔在蛰园律社作击钵吟，题为'题红楼真梦'，余前作一绝，以后结句评列榜首，今已三十馀年，回首亦一梦也。"② 稿本中夹有便笺二纸，一是俞平伯致姊丈信，一是黄甦宇赠史树青词一阕。后者与《红楼真梦传奇》有关，录出如下："庶卿先生出示《红楼真梦传奇》稿本、《瓶花簃故事》，匆匆三十馀年，梦华酖毒，零落山邱，平翁一札尽之矣。潸然念逝，为识以小令，调寄《小重山》：小影槐安说梦人，匆匆谁管得，百年身。墙东词客水东邻。浇红宴，头白总伤春（曲本子厂六十生辰称觥自纂，蟫庐为划度工尺旁谱）。萧萧滕梁尘，人天都扫尽，旧巢痕。遗珠还蹩醒菴罋，周郎顾，休向曲中论。庶卿词家哂正，辛巢黄甦宇倚声，苏宇印（一枚）。"③ 同样反映了特殊人士在特殊文化背景下对郭则沄及其《红楼真梦传奇》的评价，可与俞平伯同一时期的言论相参照。

林东海《师友风谊——记启功先生》中云："我把周汝昌同仁所写的便条给启先生看，并说：'我正在编《红楼梦》研究参考资料，听说史树青先生所藏郭则沄《红楼真梦传奇》原稿在您这儿，想借来过录俞平伯先生的序文，好编入资料集。'启功先生看了周汝昌的便条，笑嘻嘻地说：'树青要我题写书名，我没写，这本书续《红楼梦》却反《红楼梦》，所以我不写，我还写了一首诗把它臭骂一通，你看看。'说罢便翻检诗稿，没找着。我说：'别找了，以后找着我再拜读。'"④ 启功的言论同样出于20世纪70年代初，同样表达了非常进步的立场和坚定的态度，也可以与上述材料相参观。

可见，到了20世纪70年代初期，张伯驹、启功对郭则沄及其《红楼真梦》、《红楼真梦传奇》评价极低，甚至多有鄙夷之辞；曾于1942年为此剧作序并予以高度评价的俞平伯尤其如此。这一方面说明此剧从正统思想观念出发，极力维护传统家庭伦理、政治秩序、道德体系的文化立

---

① 林东海《学者风范——记俞平伯先生》，《文汇读书周报》2001年9月1日；后辑入《师友风谊》，第35—36页。引者按：此文后辑入书中时，文字多有改动，上引文字后为："郭则沄（子厂）所作《红楼真梦》，又名《石头补记》，1941年出石印本；1942年《红楼真梦传奇》问世，郭则沄填曲，王季烈（蟫庐）制谱。同年，俞铭衡（平伯原名）、王季烈各作一序。有石印本流传，但北图、首图、科图均未见，所借史树青先生收藏的稿本，也可以说是珍本。据启功先生说，俞序为俞先生亲笔字。稿本扉页有平伯致庶卿一札，云：'庶卿先生：惠示《红楼真梦传奇》稿本，是书提倡封建道德，与《红楼梦》原意相反，只可作批判资料应用。卷首拙序文于三十年后重读，弥感惭愧，所谓'讹谬流传逝水同'者也。鄙怀当荷鉴谅。匆复，原件附还。1971年5月 平伯启''讹谬流传逝水同'出自何典？原来俞先生颇为风趣，竟以自作诗为'典'。1970年1月，俞先生由河南信阳包信集迁东岳集干校，住农家茅屋，常有邻居小孩问字，乃作《邻娃问字》（又作《农民问字》）诗云：'当年漫说屠龙技，讹谬流传逝水同。惭愧邻娃来问字，可留些子益贫农。'引的是自己的诗句，不过只是重复'检讨'而已，意思是说，以前自以为考证《红楼梦》很高明，其实是谬种流传。倒是教邻娃识几个字，还算有益农民。在给庶卿的信中引'讹谬'句，还是那个意思。在编评红资料俞评卷时，我曾提出附录此信，后以其在编选时限之外而未予录入。新近河北版《俞平伯全集》书信卷收录了此信。"

② 林东海《学者风范——记俞平伯先生》，《文汇读书周报》2001年9月1日；又见《师友风谊》，第36—37页。

③ 林东海《学者风范——记俞平伯先生》，《文汇读书周报》2001年9月1日；又见《师友风谊》，第37页。引者按：后书引此段文字"邱"作"丘"；无"划"字。

④ 林东海《师友风谊——记启功先生》，《文汇读书周报》2001年6月16日；后辑入《师友风谊》，第194—195页。引者按：此系林东海回忆1973年8月11日下午拜访启功先生时二人之谈话；"启功先生"后书中改为"启先生"。

场，表现出与《红楼梦》针锋相对的思想倾向；另一方面也说明，五四新文化运动之后，特别是中华人民共和国成立后，传统价值体系、文化观念、道德理想日益明显地被否定、逐渐深刻地被清除的可悲命运，以及老一代知识分子在全新的政治背景、意识形态、思想观念规范下，传统道德理想和价值体系的失落和不断进步与趋时，也表现了他们在有意与无意之间、主动与被动之间思想观念、学术见解所发生的深刻变化。这在当时是一种具有一定普遍性的精神文化现象，反映了那批传统知识分子在新旧道德之间、新旧文化之间、道德与信仰之间、学术与政治之间处境的尴尬和选择的艰难，甚至产生无地自容的感受。

其实，完全否定《红楼真梦》、《红楼真梦传奇》这类作品的思想意义和道德内涵，明显地缺少应有的学术真诚和人文情怀，当然其中有着在特定历史时期的某些不得已或言不由衷。应当认为，这类作品的出现，从一个重要的角度反映了一批对传统道德理想、传统文化信仰饱含眷恋之情的文人知识分子在新的政治文化处境和意识形态背景下，道德理想、精神信仰、人生追求、价值观念等方面面临的空前困惑，发生的深刻变化，也透露出中国传统文化在西方文化日益深入的渗透冲击面前出现的种种无所适从；由于迅速西化、抛弃传统带来的一系列新的道德困境、新的文化难题，也从中得到了相当明显的反映。

从晚清以来中国文化乃至世界文化的发展与世道变迁的总体情况来看，不能不承认，郭则沄等一批传统文人、学者所表现出来的这种道德忧患和文化忧虑并非多余，更不宜从非文化的角度、以反文化的标准认定其为落后腐朽而完全予以否定，而应当看到其中蕴含的深刻而长久的思想价值和认识价值。因此，尽管《红楼真梦》这类小说戏曲在观念上、文化信仰上总体是保守和落后的，但是其文学史乃至文化史意义与价值，却不应当因此而受到削弱。相反，由于这类作品具有悲悯的文化情怀、深刻的忧患意识和超越流俗的前瞻性，应当得到足够的关注和尊重。

（作者单位：华南师范大学国际文化学院岭南文化研究中心）

戏曲艺术传承为何必须口传心授

吕珍珍

说口传心授是中国传统戏曲的主要传承方式，恐怕无人反对。如郑培凯先生提出"以口传心授为载体的非实物文化艺术传承"是人类文明存在的三种方式之一，[1] 从人类文明载体的高度肯定了口传心授在文化艺术传承中的价值。戏曲作为"非实物文化艺术传承"之一种，当然也不例外。但是，对于口传心授为什么会成为戏曲传承的主要方式，却很少见到相关讨论。其实，在文字剧本、录音、录像乃至电视、网络等物质媒介日益发达的当下，追根溯源地思考这个问题，对于我们重新认识口传心授与物质工具在戏曲传承中的关系，以及从师徒互动的角度来改进当前的戏曲传承活动，都有非常重要的意义。

尽管20世纪50年代以来，受意识形态的影响，口传心授一度成为研究者批判旧式戏曲教育弊端的一个靶子，且至今仍然受到一些人的质疑，但在戏曲演艺界，向来极其重视师徒之间的口传心授。戏谚说：

> 脖子后头来的不实受，口对口教的才实受。
> 戏得过口，要啥啥有；戏不过口，等于没有。
> 照黑而断，必定没饭。（"黑"指唱本上的白纸黑字）[2]

所谓"实受"，也称"实授"，意为"真实授受"，也就是扎扎实实、规规矩矩地接受了师傅的传授。"口对口教"、"过口"，都是在强调口传心授在传承中的不可或缺。如果没有师徒之间面对面的口传心授，即使私下用心学到了一些技艺，也会被视为"不实受"，因而"等于没有"。这样的艺人，不仅在艺术水平上难以与得到"实授"的人相比，其从业资格也会受到同行的质疑，难以靠演戏在梨园行生存。

昆剧表演艺术家、上海昆剧院院长蔡正仁先生精准地指出了口传心授在戏曲传承中的地位：

> 传承之重要就因为它是口传心授！是老师把自己几十年的经验、体会教给学生，使学生能"茅塞顿开"，避免走歪路，这些是录音、录像都无法解决的。老师教学生是手把手地教，无论是教的人，还是学的人，都要下大功夫，才能把戏传下去。[3]

---

[1] 郑培凯《口传心授与文化传承》，见郑培凯主编《口传心授与文化传承》，桂林，广西师范大学出版社2006年版，第4页。
[2] 任骋《从艺人谚语看民间说唱的师承传统》，《民间文学论坛》1984年第2期。
[3] 陈春苗、古兆申整理《昆曲的今日与明天：六大昆曲院团负责人访谈》，见《口传心授与文化传承》，第99页。

这是一位长期从事戏曲表演的艺术家的切身体会。那么，为什么戏曲必须采用口传心授的方法来传承？究其原因，主要有以下四个方面：

一、文字剧本等物质资料的匮乏

中国传统戏曲，尤其是长期在乡间庙会草台上演出的民间戏曲，向来缺乏文字形式的剧本。从创作的角度来看，由于戏曲艺人低下的社会地位和戏曲供人取乐的"玩意儿"的属性，亲自为戏班撰写剧本的文人很少，因此戏曲艺人演出的多是他们自己编撰的剧作。而艺人通常目不识丁，他们的创作"只不过是模仿早先的作品，采用原文，配上平庸的曲调而已。后来，随着这类文学作品的发展，伶工借鉴历史和民间传奇故事而尝试着编出了剧目提纲。这些戏的词句从来不是用文字写出而固定下来的。伶工把它们记在心里，而且记忆力想必是非常之好，然后再传授给徒弟们"①。也就是说，由于艺人文化水平的低下，戏曲难以以文字剧本的形式产生和存在。

当然，无论在多么落后的时代，文字形式的剧本也还是存在的，能够识文断字的艺人虽然凤毛麟角，也总不至于绝迹。但这原本就非常稀少的文字剧本，只属于少数人的私有财产，难以在艺人中传播开来，成为共享资源。剧本在戏曲表演中的重要地位决定了它的保密性和稀缺性。作为"一剧之本"，剧本一旦与懂戏会戏的教戏人和善于表演的艺人结合，便可搬之场上。在竞争激烈的戏曲行业，若剧本落入他人之手，便无异于被抢走了饭碗。所以，那些拥有文字剧本的人，无不将其视若珍宝，轻易不肯示人，成为戏班或个人的"私房戏"。即使关系非常亲密者，也不会轻易将剧本赠人。如能通过交换或者购买获得，就算是一件幸事了。直到20世纪中叶，在民间剧团中，"有时为了一个剧本，要托人花钱到别的班子去抄，还不一定能抄来"②的情况仍然很普遍。

媒介的不发达也是一个不可忽视的因素。在现代化的复制技术尚未普及之前，记录剧本的唯一方式是手抄，抄写一个剧本，往往要花费相当长的时间。如近代京剧艺人李洪春跟王鸿寿学戏时，为了多学一些戏，请了几个人每晚帮忙抄写王派剧本。③这还仅仅是个人收藏的一个行当、一个流派的剧本。要将口述剧本转化为文字剧本，更非易事，它受到口述者的表演水平、记忆力、口头表达能力、体力、情绪，记录者的文化程度、对戏曲的熟悉程度，口述者与记录者的关系、交流方式以及现场气氛等多方面因素的影响。复制的不易，给文字剧本的传播带来了不便。

文字剧本本来就为数不多，再加上流通中的各种限制，更加剧了其稀缺程度。在这种情况下，口传心授自然成为艺人传承戏曲的主要方式。

二、戏曲表演艺术的"活态性"

口传心授成为戏曲的必然选择，也是由戏曲自身的特点决定的。戏曲是一种非物质的活态存在，演员在舞台上的歌唱，声音一经发出，立即消失在空气中。绕梁三日，不过是人的主观感

---

① 焦菊隐《民间戏曲的情节与作者》，见《焦菊隐文集》第一卷，北京，文化艺术出版社1986年版，第139页。
② 刘正平《河北省记录戏曲剧本的工作》，《河北戏曲资料汇编》第7辑，第203页。
③ 李洪春述，刘松岩整理《京剧长谈》，中国戏剧出版社1982年版，第105页。

觉。形体动作也是如此。对于戏曲表演的这种特性，晚明的张岱形象地描述道：

> 余尝见一出好戏，恨不得法锦包裹，传之不朽；尝比之天上一夜好月，与得火候一杯好茶，只可供一刻受用，其实珍惜之不尽也。①

"好戏"与"好月"、"好茶"一样，"只可供一刻受用"，而难以"法锦包裹"、"传之不朽"。这种即时性，正是其值得分外珍惜之处。

戏曲是诉诸声音和舞台形象的视觉、听觉艺术。戏曲表演存在于活态的人身上，它以人的身体为载体，无论剧情还是人物形象，都必须依附于声音和肢体动作才能得以呈现。人在戏在，人亡戏亡。因此，戏曲无论是传还是承，都必须以声音和肢体为手段，进行现场的示范、模仿、练习、表演。

不仅如此，戏曲表演经验也是活态的。比如歌唱中的"口法"。所谓"口法"，即"每唱一字，则必有出声、转声、收声及承上接下诸法是也"②。清代度曲家徐大椿认为，宫调、字音、口法，是唱曲者不可不知的要素，三者之中，口法是最易变化、最难把握的要素：

> 然宫调大端难越，即有失传，而一为更换，即能循板归腔，至字音亦能一改而能正其读，惟口法则字句各别，长唱有长唱之法，短唱有短唱之法，在此调为一法，在彼调又为一法，接此字一法，接彼字又一法，千变万殊，此非若律吕、歌诗、典礼之可以书传，八音之可以谱定，宫调之可以类分，字音之可以反切别，全在发声吐字之际，理融神悟，口到音随。顾昔人之声已去，谁得而闻之？即一堂相对，旋唱而声旋息，欲追其已往之声，而已不复在耳矣。此口法之所以日变而亡也。③

概而言之，口法之所以难于把握，是因为它变化万千，且只存在于歌者之口，于发声吐字之际，"理融神悟，口到音随"，歌声一止，口法即消。由于没有固定的物质形态，所以口法"日变而亡"。徐大椿所论虽是清曲歌唱的经验，但对戏曲同样适用。戏曲的"口法"，所指范围比清曲的"口法"要广泛，但其"旋唱而声旋息"的特性则是相同的。不仅口法，戏曲表演的手法、眼法、身法、步法，无不如此。这些歌唱、表演之"法"，无法从活态的人身上剥离下来，必须在师徒同时在场的情况下，通过口传心授来传承。

戏曲表演艺术的"活态性"，使人成为戏曲传承中的最重要因素。师徒之间的口传心授，是其他任何物质手段都无法取代的。当然，文字、曲谱、照片、录像等资料也能起到一定的辅助作用，但都无法脱离口传心授这一根本方法。如歌唱而言，如果不经口授，纵使一板一眼地照乐谱唱，也未必能唱出"戏"来。昆曲演员王传淞说：

> 有些演员嗓子条件不算差，但是都照一种谱子哼，既不讲究韵味，也不追求风格特色，既唱不出味道，也唱不出感情，总是"依——呓——吁——哦"！你说唱得不对，倒是有板有眼，而且都是定了曲谱的，何况简谱、五线谱都比你工尺谱要科学，可是却唱得连自己都

---

① （明）张岱《陶庵梦忆》"彭天锡串戏"，中华书局 2008 年版，第 107 页。
② （清）徐大椿《乐府传声》序，《中国古典戏曲论著集成》（七），中国戏剧出版社 1959 年版，第 152 页。
③ （清）徐大椿《乐府传声》序，《中国古典戏曲论著集成》（七），第 152、153 页。

要瞌熟，观众都想瞌睡。所以有些原先对昆曲并不了解又偶尔只听过一次的新观众，就把昆曲叫做"瞌曲"了。①

有了好的嗓子条件，有了曲谱，为什么唱出来的还是"瞌曲"而不是"昆曲"呢？因为其中缺乏了"味道"、"感情"。而这些是乐谱中所没有的，只存在于前辈们的头脑中，呈现于他们的声音中。其他文字、音像资料也有这一局限。周德清说"构肆语"是"俗语、谑语、市语皆可"，因为它"不必要上纸，但只要好听"②。以是否入耳作为高下标准的声音艺术，只能直接通过人的声音来传习。活态的戏曲艺术的习得，必须通过师徒间的口传心授才能达成。

当然，随着时代的发展，在剧本与曲谱之外，记录戏曲表演经验的媒介也越来越丰富，无论是整理为文字的表演经验，还是直接以声音、视觉形象呈现的录音、录像、舞台艺术片等，都对戏曲传承发挥了重要的辅助作用。然而，由于戏曲表演艺术的活态性，师徒之间的口传心授始终是戏曲传承活动的基本方式。

三、表演"诀窍"的非直观性

戏曲是一门艺术，也是一门技术。无论是唱念还是做打，都有"术"，即技巧、诀窍存在其中。《乐府杂录》认为歌唱的技巧在于：

> 歌者，乐之声也。……必先调其气，氤氲自脐间出，至喉乃噫其词，即分抗坠之音。既得其术，即可致遏云响谷之妙也。③

运气发声之"术"，乃是歌唱臻于遏云响谷之妙境的关键所在。

"诀窍"是普遍存在的。戏曲表演依赖于"技"，技巧的精熟，不仅有赖于坚持不懈的练习，更有赖于传承活动中关键之处的点拨。徐珂《清稗类钞》说：

> 戏之难，非仅做工，尤必有技而后能胜其任。武技（俗谓之把子）无论，即以文戏言之，其能事在衣装一方面者，则如《黄鹤楼》之冠（皇叔应以首上冠掷丈许，落于拉场人手），《李陵碑》之甲（不能见解脱痕，且须合板），《琼林宴》之履（生一出台，便须以足掷履，以首承之，不得用手扶助，自然安置顶上方合），《乌龙院》之靴（宋江应于旦膝上左右旋其靴尖，与指相和，必相左以速而善变其方位为能）。其能事在用物一方面者，则如《九更天》之刀（时刻促而准），《战蒲关》之剑（旦炷第三香时，生立旦后，剑自落手），《杨妃醉酒》之爵（衔而折腰），《采花赶府》之花（招手而出，近戏法），《虹霓关》丫鬟之盘（以两指旋转之，飞走而衔其杯，走定盘正置杯甚速，皆须应节，甚难），《打连箱》稚妓之鞭与扇（式甚多，皆非久练不能）。其技皆应弦按节，炫异惊奇，非凤能者，苟易人

---

① 王传淞口述，沈祖安、王德良整理《要讲形式，不要形式主义——王传淞和王朝闻谈艺录之三》，见《丑中美——王传淞谈艺录》，上海文艺出版社1987年版，第144页。
② （元）周德清《中原音韵》，见俞为民、孙蓉蓉主编《历代曲话汇编·唐宋元编》，黄山书社2006年版，第289页。
③ （唐）段安节《乐府杂录》，见《中国古典戏曲论著集成》（一），中国戏剧出版社1959年版，第46页。

为之，断不能灵敏新奇，悦人至此。虽精不必如由基之射叶，而习有类于丈人之承蜩。技艺之长，亦非幸致。①

诀窍对于戏曲表演的意义不言而喻。那些被称为"绝招"的表演诀窍，是由表演者在长期的艺术实践中摸索出来的独特的个人经验，即使是行家里手，只凭观摩，也难以明白其奥妙所在。比如上引徐珂所举出的种种技巧，难度相当高，除了多练之外，皆有其诀窍所在。豫剧艺人将这些表演中的关键之处称为"褾（音溃）头"。"褾"意为纽，方言称绳带纽成的结为褾，"褾头"即绳子的头，拉住了绳子的头，也就找到了打开整个结的关键所在。"褾头"若非本人亲自指点，旁人很难学到。

对于诀窍而言，最重要的是得其真传，即本人的口传心授。

明代沈德符在《顾曲杂言》提到马四娘家的婢女巧孙，"貌甚丑而声遏云，于北词关捩窍妙处，备得真传，为一时独步，他姬曾不得其十一也"。② 也就是说，巧孙的高超造诣，主要得力于在"关捩窍妙处"得到了"真传"。戏曲传承中也经常有这样的情景：徒弟观摩师傅的某一名剧已经多次，其中某一动作早已烂熟于心，但就是"做"不出来，或者硬"做"时感觉"不顺"。其原因就是没有掌握"诀窍"。这个诀窍就是发声的技巧或动作起承转合的要领。老师要教学生的不仅是"唱什么、做什么"，更要教其"怎么唱、怎么做"。如京剧演员裘盛戎在给学生吊嗓时，总是"亲自操琴，边吊边讲，边教边吊"，以便让学生细心领会每一个腔的唱法，以及如何换气、缓气、偷气等演唱技巧。③

掌握了"诀窍"，才能够表演得"美"，表演得"真实"。周信芳曾经教过袁世海一个抓髯口的诀窍：

> 我记得在这一次演出前，他在后台还教过我一个魏延抓黄忠髯口的窍门，从这个窍门，足见周先生舞台经验的丰富。《战长沙》中，魏延有一个动作，要去抓黄忠的髯口；这个可不好抓，要是真的一把抓住了，那么黄忠就不好演戏，因为头部不能动，一动会把髯口抓下来。周先生告诉我，不要真的去抓髯口，艺术真实不在这一点上；只要等他把髯口稍稍往左边一甩，我的左手就可以伸过去作抓胡子状，他的双手会从髯口后边伸过来抓住我的左手。这样，手抓住手，使得上劲；黄忠的髯口盖在上面，观众看了，又象是真的抓住了胡子，可又不会把髯口抓下来。这真是一个好办法，以后我演《战长沙》，或别的戏中有类似动作，就一概采用这个办法抓髯口。周先生的这个教导，使我懂得了京剧表演艺术虚与实结合的一些道理。④

这个动作，虽然演员并没有真正地去抓黄忠的髯口，但若从观众席来看，则是真的抓住了。如果周信芳不说出其中的秘密，仅凭台下的观摩学习是很难看出来的。如果不知道这个秘密，"真的一把抓住了，那么黄忠就不好演戏，因为头部不能动，一动会把髯口抓下来。"可见，在戏曲表演中，仅凭基本功是不够的，个人的观察和领悟有时也是力不能及的，在关键之处，必须有

---

① 徐珂《清稗类钞》"戏剧类"，中华书局1986年版，第一一册，第5030页。
② （明）沈德符《顾曲杂言》"北词传授"，见《中国古典戏曲论著集成》（四），中国戏剧出版社1959年版，第212页。
③ 王正屏《裘老师教我演〈盗马〉》，《人民戏剧》1981年第8期。
④ 袁世海《我学麒派艺术的一些心得》，《戏剧报》1961年第24期。

人给以正确的指点，方能掌握要领。

那么，如果不经传授，没有掌握诀窍，又会如何呢？燕南芝庵《唱论》说：

> 凡歌节病，有唱得困的，灰的，涎的，叫的，大的。有乐官声，撒钱声，拽锯声，猫叫声。不入耳，不着人，不撒腔，不入调，功夫少，遍数少，步力少，官场少，字样讹，文理差，无丛林，无传授。嗓拗。劣调。落架。漏气。①

芝庵列举了歌唱中的种种毛病，其症状与病因多种多样，"无传授"即是其中之一。而传授之关键，尤在"诀窍"。

清代王德晖、徐沅澂著《顾误录》，把"按谱自读"列为"学曲六戒"之一。书中写道：

> 略解工尺之高下，即谓无须口授，自己持曲按读，与细腻小腔，纤巧唱头，不知理会，纵能合拍，不过背诵而已。甚至有左腔别字，缺工少尺之处，罔不自觉。而于曲情字眼、节奏口气，全然未讲，不知有何意味？②

清曲如此，比清曲更复杂的剧曲演唱更是如此。没有口授，没有"曲情字眼、节奏口气"等关键之处的点拨，不过只能背诵或依葫芦画瓢而已，知其然而不知其所以然，难以达到精妙的境界。

就连最基础的基本功练习，也是有技巧存在的，非经传授不可。昆丑演员华传浩回忆自己小时候练习翻筋斗，因为方法不正确，跌倒在地，当场闷（指昏死）去，差点送命。③ 因此盖叫天说，苦练并不是练功的唯一方法，门路不对，枉费苦劳。老师要给徒弟开门引路，以防学生练傻了，练僵了。④

诀窍的本质，在于它是仅被一部分人掌握的规律和方法，它隐藏于显性的舞台表演背后的，是前辈艺人在长期的演出实践中得出的经验和体会。诀窍的非直观性，决定了戏曲学习必须采用口传心授的方法。在口传心授中，师傅要教给学生"在舞台上实践的体会，哪些地方只要点到一下，哪些地方需要发挥一下，哪些地方需要特别'卖'一下，哪里又可以'偷'一下，等等"⑤。这是口传心授的要点所在。相声大师侯宝林也说，学艺要有人指点，无师是行不通的。⑥ 即使在电磁化、数字化资料被广泛使用的今天，许多人习惯向"录老师"（录音、录像）学戏，但能够实施口传心授的真正的老师还是必不可少的，原因正在于此。

四、戏曲角色扮演的本质与形神兼备的美学追求

戏剧的本质在于角色扮演。能否塑造出生动逼真的人物形象，是评判演员艺术水平高低的重要标准。与中国戏曲虚实结合、神形结合、意象结合的美学追求相一致，塑造戏曲人物形象要求

---

① （元）燕南芝庵《唱论》，见《中国古典戏曲论著集成》（一），第 162 页。
② （清）王德晖、徐沅澂《顾误录》，见《中国古典戏曲论著集成》（九），中国戏剧出版社 1959 年版，第 62 页。
③ 华传浩演述《我演昆丑·谈〈盗甲〉》，上海文艺出版社 1961 年版，第 95、96 页。
④ 盖叫天《冰冻三尺非一日之寒——漫谈练基本功》，《戏剧报》1961 年第 3 期。
⑤ 蔡正仁《我敬爱的俞师》，《人民戏剧》1980 年第 4 期。
⑥ 侯宝林《我的自传》，见《燕都艺谭》，北京出版社 1985 年版，第 245 页。

"形神兼备"。

一个演员要表现各种身份、地位、性格、经历的不同的戏剧角色，必须抓住人物的"神"。戏谚说："达意传神，才算进门。"谭鑫培常说："唱戏唯哭、笑最难，因为难在逼真；但真哭、真笑，又有何趣？"① 因为真哭、真笑，不过是表面上的形似，未能传其神韵。如何才能"传神"呢？

小铁笛道人在《日下看花记》中对清代著名旦角艺人高朗亭的艺术有如下描述：

> ……体干丰厚，颜色老苍，一上氍毹，宛然巾帼，无分毫矫强，不必征歌，一颦、一笑、一起、一坐，描摹雌软神态，几乎化境；即凝思不语，或诟谇哗然，在在耸人观听，忘乎其为假妇人。岂属天生，未始不由体贴精微。而至后学，循声应节，按部就班，何从觅此绝技？②

高朗亭高超的表演艺术，使其克服了性别和外貌上的不利因素，出神入化地描摹出剧种角色的神态、声口。而这种能力并非天生，"循声应节、按部就班"的表演更是不够的，必须经由表演者对表现对象的"体贴精微"的揣摩方可达到。

徐珂《清稗类钞》中关于艺人如何塑造戏曲形象的见解颇为精辟：

> 做工之能事，无穷尽，如唱《盗宗卷》必忠直，但饰为痴，则谬矣。唱《空城计》必闲雅，若露为诈，则远矣。为《天雷报》之老父者，必如乡愚，方为合格。为《白虎帐》之元帅者，必力持镇定，乃近人情。非然者，不厌则疏，过犹不及。曩时名伶，必经数十年之揣摩阅历，始能现身示人，惟妙惟肖。观于《壮悔集》中之马伶，欲扮严嵩，必鬻身于权奸之门，窥探三年而后得。《阅微草堂笔记》中之某伶，欲充妇人，必先自忘为男子，贞淫喜怒，先拟境于心，然后登场自合，其难其慎，概可知矣。③

要成功地塑造人物形象，必须抓住人物性格中最主要的因素，遗貌取神，方可惟妙惟肖。做到这一点，主要依靠表演者的潜心揣摩。揣摩要有生活依据，如马伶以某权奸为模型，在门下寄身三年，细致观察，悉心钻研。揣摩还要设身处地，"拟境于心"，方可演出剧中人物的精神面貌。因此，臧懋循认为行家演剧，贵在能够"随所妆演，无不模拟曲尽，宛若身当其处，而几忘其事为乌有"④。孟称舜也说，戏曲的妙处在于"因事以造形，随物而赋像"，故其难于诗词的地方，在于"学戏者不置身于场上，则不能为戏；而撰曲者不化其身为曲中之人，则不能为曲"⑤。

模拟曲尽、体贴精微的前提，是对剧情大义和人物性格的深刻理解。这种理解，对于尚未成年、知识经验和生活阅历都比较浅的学习者来说，因不具备完全自行揣摩的能力，必须借助于师徒间的口传心授。阮大铖家班对艺人"讲关目，讲情理，讲筋节"，使艺人"知其义味，知其指

---

① 徐慕云《谭鑫培唱腔的革新》，《戏剧报》1962年第2期。
② （清）小铁笛道人《日下看花记》，见张次溪编《清代燕都梨园史料》（上册），中国戏剧出版社1988年版，第103页。
③ 徐珂《清稗类钞》"戏剧类"，中华书局1986年版，第十一册，第5029页。
④ （明）臧懋循《元曲选序·二》，见蔡毅：《中国古典戏曲序跋汇编》，齐鲁书社1989年版，第439页。
⑤ （明）孟称舜《古今名剧合选序》，见《中国古典戏曲序跋汇编》，齐鲁书社1989年版，第445页。

归"，因而其表演能"咬嚼吞吐，寻味不尽"①；明代一位调腔戏女艺人得精通音律的姚益城为其"讲究关节"，故其所演之剧"妙入情理"，"虽昆山老教师细细摹拟，断不能加其毫末也"②。李渔说"欲唱好曲者，必先求明师讲明曲意"③，原因即在于此。师傅"讲明曲意"以及个人表演经验的口传心授，是他们正确揣摩、恰切表现人物精神气质的必经之途。清初乡贤、康熙朝大学士李光地述其在家乡泉州安溪观看教戏的情景便有力地说明了这一点：

> 少时见土戏，于《断机教子》商辂母怒其子云："他又说我不是他的亲生母"。"母"字其学徒高声唱，其师呵之云："母"字大声便不是，他是不曾成婚的处女，于此字尚含羞涩，低微些方是……④

师傅要求年幼的徒弟唱"母"字时"低微些"，因为主人公是"不曾成婚的处女，于此字尚含羞涩"，就是以自己的生活和艺术经验来帮助徒弟理解剧情、表现人物。这样的传承活动，离开口传心授无疑是不行的。

总之，戏曲是一种社会活动，又是一种艺术活动。它既受社会因素的制约，又受到艺术自身规律的制约。文字剧本等物质资料的匮乏，使戏曲在客观上丧失了以文本为主要传承媒介的前提条件；戏曲表演艺术的活态性，使戏曲在主观上不具备通过文本传承精髓的可能性。如果进一步深究的话，则戏曲作为一种特殊技术的性质，其"诀窍"的隐蔽性，否定了无师自通的纯观摩方式的学习；戏曲作为一门艺术，其角色扮演的本质和形神兼备的美学追求，使对角色的精微体会与传神体现，成为非"人"不可的传承核心。因此，无论是从客观上，还是从主观上，口传心授都是戏曲艺术传承的必然选择。口传心授突出体现了传承活动中师徒双方的在场性和互动性，在物质媒介高度发达的当代社会，这一点尤需重视。

（原刊《戏曲艺术》2014年第3期）

---

① （明）张岱《陶庵梦忆》，中华书局2008年版，第153页。
② （明）张岱《陶庵梦忆》，中华书局2008年版，第102页。
③ （清）李渔《闲情偶寄》，见《中国古典戏曲论著集成》（七），第98页。
④ （清）李光地《榕村全集》"古乐经传"卷五，转引自吴捷秋《梨园戏艺术史论》，见王秋桂主编《民俗曲艺丛书》，台北：台湾施合郑民俗文化基金会1994年版，第436页。

【点绛唇】曲牌流变考

龙赛州

曲牌是戏曲音乐中极其重要的一部分，由于古代记谱方式的不完善，还原历代曲牌的唱法存在很大困难。不过，依靠文字记录，我们可以对曲牌的流变进行一定程度的梳理，从中得知各文体对曲牌音乐的具体应用。【点绛唇】曲牌是戏曲音乐的常用曲牌，它在宋词、诸宫调、北曲、南曲、皮黄等不同形式的作品中均存在。关于曲牌音乐的研究，冯光钰《中国曲牌考》（安徽文艺出版社 2009 年版）一书主要从音乐传播的角度，考释了曲牌的基本调原型（或称母曲、母体）及其变体。此书下篇例举了 100 首曲牌音乐的个案，【点绛唇】即其中之一。迟景荣在《京剧曲牌源流及运用》一文中谈到了京剧【点绛唇】曲牌的分类。该文从演出的角度，将京剧中的【点绛唇】牌子分为"点绛唇"、"快点绛"、"起布点绛"、"上板点绛"等几类。① 以上所举论著主要从音乐传播、舞台演出的角度对【点绛唇】的音乐沿革和流变规律进行了探寻。其它探讨【点绛唇】曲牌的文章或未涉及格律，或未明其流变。② 本文主要从文本形态的角度出发，进一步探究这一曲牌的流变规律，以期加深曲牌的个案研究，从而为多角度全局性的整体考查提供基础。

一

曲牌来源复杂，或源于诗词，或源于民间小调，或源于异域外方，不同的来源往往昭示着不同的风格。王骥德《曲律》"论调名第三"提到"有取古人诗辞中语而名者……点绛唇则取江淹明珠点绛唇"。王骥德所说的"明珠点绛唇"来自梁朝江淹诗《咏美人春游》：

江南二月春，东风转绿苹。不知谁家子，看花桃李津。白雪凝琼貌，明珠点绛唇。行人咸息驾，争拟洛川神。③

此诗中，"白雪凝琼貌，明珠点绛唇"是唯一一句正面描写美人容貌的句子，采其"点绛唇"为意入乐而为曲调，可见其本意是婉转艳丽之乐。清代舒梦兰《白香词谱》："毛先舒云：'江淹诗：'白雪凝琼貌，明珠点绛唇'；本词采以名。'按此名甚艳，盖谓女郎口脂也。故又名

---

① 迟景荣《京剧曲牌源流及运用》，《戏曲艺术》1981 年第 2 期。
② 周来达《宁海平调三支曲牌与诸宫调渊源探微》一文以【点绛唇】等三支曲牌为例，初步梳理了其流变及与诸宫调的关系，然未过多涉及其格律。程从荣《〈元刊杂剧三十种〉【仙吕·点绛唇】斠律》对【点绛唇】格律进行了分析，其对象为《元刊杂剧三十种》，其流变又未明晰。
③ 江淹著，胡之骥注《江文通集汇注》，第 170 页，中华书局 1984 年版。

《点樱桃》。至更名《南浦月》、《沙头雨》，则取作家词中语耳。"①"此名甚艳"一句道出了此词在情感表达上的婉媚柔艳。王灼《碧鸡漫志》卷二有"周美成点绛唇"条②，词写相思愁绪，极尽艳词之体。《全宋词》中有392首【点绛唇】词，几乎均延用其本意，为艳丽旖旎之作。哪怕连对改变词情有重大影响的苏轼，在使用本词牌时依然是伤春悲秋、离愁别绪之作。如"不用悲秋，今年身健还高宴。江村海甸，总作空花观。尚想横汾，兰菊纷相半。楼船远，白云飞乱，空有年年雁"。虽由艳丽变得清丽，但中间总透着"词为艳科"的本色。

格律方面，【点绛唇】最先采入词中，见于南唐冯延已《阳春集》，《钦定词谱》录其词及平仄如下③：

荫绿围红，飞琼家在桃源住。画桥当路，临水开朱户。柳径春深，行到关情处。
◎●○○句◎○◎●○○●韵◎○○●韵◎●○○●韵◎●○○句◎●○○●韵
颦不语，意凭风絮，吹向郎边去。
◎○●韵◎○○●韵◎●○○●韵

《钦定词谱》下注为"双调"，此双调是指两叠，并非指音乐上的宫调。【点绛唇】以冯词为正体，即其平仄、押韵依此词为准，万树《词律》则选赵长卿"雪霁山横"词，其平仄韵脚均与冯词同。④

至苏轼"不用悲秋"词（见上文所引），其格律稍作变化，即第二句第四字藏韵，也因此，此句可分作两句，南北曲大多采用这一体格。

值得注意的是，《词律》和《钦定词谱》的编选者均注意到了一首特别的词，即韩琦"病起恹恹"：

病起恹恹，对堂阶花树添憔悴。乱红飘砌，滴尽真珠泪。惆怅前春，谁相向花前醉。愁无际，武陵凝睇，人远波空翠。

此词见《花草粹编》卷二，"对堂阶花树添憔悴"与"谁相向花前醉"比正格均多一字。万树《词律》后注曰："沈氏别集，选韩魏公病起恹恹一首，次句云对庭前花树添憔悴，此误多对字，沈不能辨明，乃注题下云，前段多一字，是使后人误认有此四十二字体矣，谬哉。"杜文澜则提出："万氏注韩魏公'对庭前花树添憔悴'句，误多对字，按魏公此词见《花草粹编》，前后段第二句均八字，并非误多，盖变体也。"

万树所说的"沈氏别集"是指沈谦《词韵》，沈氏误认为此词四十二字。而《钦定词谱》下注曰："双调四十三字"，前后段均多一字，则此词似有四十一、四十二、四十三字体。万树认为

---

① 【点绛唇】多取词中丽句为别名，《钦定词谱》记录曰："宋王禹偁词名点樱桃，王十朋词名十八香，张辑词有邀月过南浦句，名南浦月，又有遥隔沙头雨句，名沙头雨，韩淲词有更约寻瑶草句，名寻瑶草。"
② 赛州按，《中国曲牌考》一书认为"王灼记述的作【点绛唇】的周成美其人虽史无记载，而且与南北曲【点绛唇】的词格也相异，但说明那时【点绛唇】已为人采用了"。此话有失查处，其一，作者误将周美成作周成美，致认为史无记载，其实周美成即周邦彦，此词收于《清真集》中，唯与《碧鸡漫志》所载异文较多；其二，此词词格虽与北曲异，然与南曲同。
③ 陈廷敬、王奕清《钦定词谱》，第246页，中国书店1983年版。
④ 万树《词律》，第114页，上海古籍出版社1984年版。

沈氏误，而《钦定词谱》及杜文澜俱认为万氏误①，韩氏此词前后段均多一字，并非误排、误作，而是变体之一种。

宫调方面，关于词牌和宫调的关系，洛地先生在《宋词调和宫调》②一文中有过详细的解说与对比，标记宫调的词作仅占宋代全部词作的 3.25%，由此得出结论，认为宫调对于词调词作（的唱）并无决定性意义。然而宋词中既有一部分词牌标明宫调的情况，鉴于宫调对于曲的重要性③，在探讨曲牌所借用的词牌名时，其词牌的宫调归属也应考虑其中。

《全宋词》中，仅有周邦彦【点绛唇】词牌标明"仙吕"，一为仙吕宫，一为仙吕羽，即表明这个词牌从属于两种宫调。《钦定词谱》在【点绛唇】曲牌下注明"元《太平乐府》注仙吕宫，高拭词注黄钟宫，《正音谱》注仙吕调"。《太平乐府》为元代散曲总集，《太和正音谱》为北曲曲谱，同为曲谱，一为仙吕宫，一为仙吕调，实与宋词【点绛唇】所属宫调无异④。

高拭是元成宗大德前后人，其使用的词牌宫调已与宋词有异。从宫调的声情上来讲，"仙吕调唱，清新绵邈"、"黄钟宫唱，富贵缠绵"⑤，两者并不相同。不过，这只是一个粗略的印象，许之衡《曲律易知·论过曲节奏》云："仙吕入双调，慢曲较多，宜于男女言情之作，所谓清新绵邈，宛转悠扬，均兼而有之。正宫、黄钟、大石，近于典雅端重，间寓雄壮。越调、商调，多寓悲伤怨慕，商调尤宛转。至中吕、双调，宜用于过脉短套居多。然此但言其大较耳，若细晰之，则不惟每套各有性质，且每曲亦有每曲之性质。决不能如北曲以四字形容之，概括其全宫调也。"⑥【点绛唇】曲调对宋词宫调的借用，于声情上的区别并不大。北曲【点绛唇】属仙吕宫，而南曲【点绛唇】则属黄钟宫，这一宫调差异体现在运用这一词牌时对其格律的改变。

二

由宋词到南北曲，不能忽略其间起过渡作用的一种音乐与文学形式，即宋金杂剧和诸宫调。宋金杂剧因无文本留存，具体情况已不明确。传世的诸宫调作品，因其体裁的特殊而被认为是"北曲"、"传奇"，直至王国维著《宋元戏曲史》才证明《董解元西厢记》是诸宫调⑦。古人对于诸宫调体裁的误解，造成了对南北曲格律方面的争议⑧。探讨这一问题，还需要从文本入手，

---

① 《钦定词谱》在韩琦词下注曰："此词见《花草粹编》，前后段第二句俱多一字，词律疏于考据，反驳草堂之误，非也。"
② 参见洛地《宋词调与宫调》，《西华师范大学学报》2012年第1期。
③ 王正祥《新定十二律昆腔谱自序》也说"既有牌名，则断乎不可更以宫调称谓"。王正祥否认俗曲宫调，是想将词牌置于十二乐律的统辖之下，然实不可行，详见周维培《曲谱研究》（江苏古籍出版社1997年版，第四章）。
④ 凡以宫声乘律皆名曰宫，以商、角、羽三声乘律皆名曰调，所以仙吕羽也可称仙吕调。
⑤ 燕南芝庵《唱论》，《中国古典戏曲论著集成》（一），第160—161页，中国戏剧出版社1959年版。
⑥ 《曲律易知》，第38页，饮流斋刊本1922年版。
⑦ 诸宫调至元时开始衰亡，《董解元西厢记》虽被完整保留，但锺嗣成《录鬼簿》称之为"乐府"，朱权《太和正音谱》称之为"北曲"，胡应麟《少室山房笔丛》称之为"传奇"，徐渭《北本西厢记题记》称之为"弹唱词"，沈德符《顾曲杂言》称之为"乐府"，毛奇龄《西河词话》称之为"挡弹词"，梁廷枏《曲话》称之为"弦索"，名称纷繁复杂。后人不知其为诸宫调作品，目之为"北曲"。王国维在写《曲录》时，亦尚未能确定诸宫调为何物，故《董解元西厢记》和王伯成《天宝遗事》皆被著录于"传奇部"。
⑧ 李玉《北词广正谱》录《董西厢》三曲，其后注曰："沈宁庵云，琵琶月淡星稀，此调乃南引子也，不可作北词唱，北词第四句平仄平平，南曲第四句仄平平仄，北无换头，南有换头。北第一第二句用韵，南曲至第三句用韵。今阅董解元西厢记，北仍有么篇，第四句北仍仄平平仄。首二格第一第二句北仍不用韵，故备录以证之无南北之分也。"因《董解元西厢记》为诸宫调作品，并不是北曲，相反，从其格律来看，更接近南曲，所以不能以此来证明南北无分。

以现存《西厢记诸宫调》为例，其中共有【点绛唇】曲六首：

  卷一【仙吕调】【点绛唇缠】楼阁参差，瑞云缥缈香风暖。法堂前殿，数处都行遍。花木阴阴，偶过垂杨院。香风散，半开朱户，瞥见如花面。

  卷二【仙吕调】【点绛唇】这个将军，英雄名姓非此仳。嫌小官不做，欲把山河取。状貌雄雄，人见森森地惧。法聪觑，恐这人脸上，常带着十分怒。

  卷四【仙吕调】【点绛唇】惊见红娘，泪汪汪地眉儿皱。生曰："可憎姐姐，休把人僝僽。百媚莺莺，管许我同欢偶，更深后与俺相约，欲学文君走。"

  卷五【仙吕调】【点绛唇缠令】㜸雨尤云，靠人紧把腰儿贴。颤声不彻，肯放郎教歇！檀口微微，笑吐丁香舌，喷龙麝，被郎轻啮，却更嗔人劣。

  卷六【仙吕调】【点绛唇缠令】美满生离，据鞍兀兀离肠痛。旧欢新宠，变作高唐梦。回首孤城，依约青山拥。西风送，戍楼寒重，初品《梅花弄》。

  卷七【仙吕调】【点绛唇缠令】百媚莺莺，见人无语空低首。泪盈巾袖，两叶眉儿皱。擅损金莲，搓损葱枝手。从别后，脸儿清秀，比是年时瘦。

  与词牌相比，《西厢记诸宫调》卷一、卷五、卷七所用格律与词格一致，第二句无一处藏韵，沿袭了冯延巳所作之体，即《钦定词谱》所认为的正体。但也产生了如下变化：

  其一，开始使用衬字，卷二四个衬字句，共用四个衬字，卷四两个衬字句，使用三个衬字；其二，卷四第二段第四句为"仄仄平平"，与词格"十平十仄"异；卷六第二段第二句"平仄平平平"，与词格"十仄平平仄"异；第三，【点绛唇】曲牌后标"缠"或"缠令"①。关于缠令，宋代灌圃耐得翁《都城纪胜·瓦舍众伎》："唱赚在京师日，有缠令、缠达：有引子、尾声为'缠令'；引子后只以两腔互迎，循环间用者，为'缠达'。"吴自牧的《梦粱录·妓乐》亦有相同记载。卷二和卷四所录【点绛唇】并没有标"缠"或"缠令"，但从《都城纪胜》等的记录及现存诸宫调形式来看，这两卷所用的应该也是缠令。② 另外，《都城纪胜》既说"有引子、尾声为'缠令'"，那么在缠令中，【点绛唇】已经充当了引子的作用。这一点对元曲及南传奇有深远的影响。③

  李玉编写《北词广正谱》时，选录了《西厢记诸宫调》三曲，分别是卷一（第四句起韵，与诗余不同）、卷七（第三句起韵，与诗余不同）、卷六（第二句起韵，与诗余同）三曲。三曲中的下阕均标为【么篇】，示与上阕分离。北曲发展到后来，完全脱离了宋词与诸宫调四十一字之体格，仅用其上阕二十字，从李玉《北词广正谱》即可看出端倪。④

---

  ① "缠"是"缠令"的简称。
  ② 各卷套曲如下：卷一、卷五为【点绛唇缠】—【风吹荷叶】—【醉奚婆】—【尾】，卷六为【点绛唇缠令】—【瑞莲儿】—【风吹荷叶】—【尾】，卷七为【点绛唇缠令】—【天下乐】—【尾】。而没有标"缠令"的卷二其曲牌格式为【点绛唇】—【台台令】—【风吹荷叶】—【醉奚婆】—【尾】，卷四为仙吕调【点绛唇】—【尾】。
  ③ 关于词牌、曲牌与诸宫调的关系，周来达在《宁海平调三支曲牌与诸宫调渊源探微》（《文化艺术研究》2008年第3期）一文中以【点绛唇】、【混江龙】、【不是路】三曲牌为例作了较为详细的解说，此文撷其要点，不作展开。
  ④ 关于诸宫调对于南北曲的影响，可参看周来达《宁海平调三支曲牌与诸宫调渊源探微》，《文化艺术研究》2008年第3期。

三

　　由诸宫调往后发展，【点绛唇】曲牌在南北曲中出现分离。各家曲谱对【点绛唇】曲牌分南北的情况多有论及。① 先看时间较早、具备北曲格律谱雏形的《中原音韵》。《中原音韵》将【点绛唇】列于"仙吕四十二章"下②，在论及用阴字法时，又以【点绛唇】为例："【点绛唇】首句韵脚必用阴字，试以'天地玄黄'为句歌之，则歌'黄'字为'荒'字，非也；若以'宇宙洪荒'为句，协矣。盖'荒'字属阴，'黄'字属阳也。"③ 然而《元刊杂剧三十种》中所用 30 支【点绛唇】仅有 11 支曲首句用阴平。④ 另外，《中原音韵》提到"首句韵脚"，意即首句必入韵，然《元刊杂剧三十种》中，高文秀的《新刊关目好酒赵元遇上皇》所用"东倒西歪"一曲中，"歪"属皆来韵，全曲用江阳韵，首句并未入韵，为一特例。

　　曲谱既是对前人所作之曲的总结，同时也为后来的作家作曲提供范例。《中原音韵》虽提到【点绛唇】曲牌，但在"作词十法"之"定格四十首"中并未例入【点绛唇】⑤。至朱权《太和正音谱》才以乔梦符《金钱记》头折首曲"书剑生涯"一支为例：

　　　书剑生涯，几年窗下，学　　　班马。吾岂匏瓜，待一　　举登科甲。
　　　平去平平，上平平去，作平声　平上。平上平平，　作上声上平平作上声

　　南北曲合谱《钦定曲谱》及《九宫大成南北词宫谱》所举北曲之【仙吕·点绛唇】均以此为例。此曲有以下特点：

　　1. 首句入韵，但句末为阳平，与《中原音韵》所说"首句韵脚必用阴字"不同。

　　2. 此曲第四句为"平仄平平"，与词之"仄平平仄"大异。

　　3. 与词及诸宫调相比，此曲仅用【点绛唇】之前段，即省略后面之【么篇】。查《元曲选》中，所有使用【点绛唇】曲牌的曲子均只用前段。这是南北【点绛唇】曲牌的区别之一，同时也是"北无换头，南有换头"（沈璟语，见下文）的由来。

　　4. 此词在格律上既与宋词不同，在声情上也产生了些变化，不再是艳丽之作，文辞转向壮美。

　　北曲曲谱将【点绛唇】曲牌归入"仙吕"，南曲曲谱则将其归入"黄钟引子"，如蒋孝《旧编南九宫谱》列入"黄钟引子"，选琵琶记"月淡星稀"曲。⑥ 然此曲谱并未标明平仄、韵脚，亦未说明与北曲【点绛唇】的区别。至沈璟编定《南词全谱》，方对【点绛唇】南曲曲牌的定格

---

① 北曲系统的曲谱包括周德清《中原音韵》、朱权《太和正音谱》、李玉《北词广正谱》等，南曲系统的曲谱包括蒋孝《旧编南九宫谱》，沈璟《南词新谱》，徐于室、钮少雅《南曲九宫正始》。另外，还有南北曲合谱《钦定曲谱》和《九宫大成南北词宫谱》等。

② 周德清《中原音韵》，《中国古典戏曲论著集成》（一），第 225 页。

③ 周德清《中原音韵》，第 235 页。

④ 程从荣《〈元刊杂剧三十种〉【仙吕·点绛唇】斟律》，《戏曲研究》2003 年第 1 期。

⑤ 出现这种状况可能存在两个原因：一是【点绛唇】格律尚未完全定型，因此不能列入定格；二是"定格四十首"只是泛例，未能举出所有曲目。这里应该是第二种情况，因《中原音韵》在"定格四十首"每首曲子后均有评语，点出此曲用字妙处。有妙语俊句则收录是选定格曲牌的一条规律，其它没有选入的曲牌应是未能满足这一条件。

⑥ 王秋桂主编《善本戏曲丛刊》第三辑，第 154 页，台北，学生书局 1984 年版。

作了详细的解说:①

【点绛唇】与诗余同　　琵琶记
月淡星稀,建章宫里,千门晓。御炉烟袅,隐隐鸣梢杳。
入去平平,去平平上,平平上。去平平上,上上平平上。
【换头】忽忆年时,问寝高堂早。鸡鸣了,闷萦怀抱,此际愁多少。
入入平平,去上平平上。平平上,去平平去,上去平平上。

此曲标明"与诗余同",主要是指平仄方面,而其所属"黄钟引子",则沿袭高拭词的宫调归属。另外,此词标明【换头】,将词之上下阕关系进一步分明。在南曲中,【换头】又叫【前腔换头】,而【前腔】可依据剧情增减。此曲文后有注,详细区分了南北曲在使用时的不同:

此调乃南引子也,不可作北调唱。北调第四句平仄平平,南曲第四句仄平平仄;北无换头,南有换头。北第一第二句皆用韵,南直至第三句方用韵。今人凡唱此调及【粉蝶儿】俱作北腔,竟不知有【南点绛唇】及【南粉蝶儿】也,可笑哉。况【北点绛唇】就在此调之前,有何难辨,而世皆随人附和也。

沈璟在此处说明【点绛唇】"乃南引子",而"登场首曲,北曰楔子,南曰引子"②,此曲牌在南北曲中均为首曲,亦是诸宫调"缠令"引子的余响。沈璟所说"【北点绛唇】"即指《琵琶记》第十五出开场"[末扮小黄门上唱]【北点绛唇】夜色将阑,晨光欲散。把珠帘卷,移步丹墀,摆列着金龙案。"沈璟下列三条南北曲之差异。一是平仄,二是换头,三是用韵,均可以从这一出所用【点绛唇】两曲中得到印证。

清王奕清《钦定曲谱》卷八"黄钟引子"所选例曲及曲后注与上文所引基本一致。而徐于室、钮少雅所编《南曲九宫正始》③ 在引用沈璟的论说后加入评论,对沈璟的观点提出异议:

词隐先生虽有此论,但惜忘却董解元之北西厢耳。按董解元北西厢之点绛唇,其第一第二句仍不用韵,直至第三句起韵,且其第四句亦仄平平仄,甚至亦有换头,今试备其一二阕证之。

下引《董西厢》之卷七"百媚莺莺"曲,标【么篇换头】,又在此曲后注曰:"按此南北【点绛唇】之句韵平仄皆无所异,所争者宫调也。南属黄钟宫,北属仙吕宫。"《南曲九宫正始》选用《董解元西厢记》作反例,完全消解了沈璟所说的南北之分。依上文分析,《董解元西厢记》在格律上与宋词虽有差异,但并不是特别大,可以说,《董西厢》其实是一部"词体"诸宫调。而南【点绛唇】在格律上与宋词一致。所以,用《董西厢》作为北曲的代表反驳沈璟,其实是拿同是宋词格律的诸宫调和南曲作比较,得出的结论自然会有偏颇。

然而《南曲九宫正始》所说是否完全没有道理呢?现有以下几例:

---

① 王秋桂主编《善本戏曲丛刊》第三辑,第452页。
② 王骥德《曲律》,《中国古典戏曲论著集成》(四),第117页,中国戏剧出版社1959年版。
③ 王秋桂主编《善本戏曲丛刊》第三辑,第39—41页。

一、【点绛唇】仙仗初开，晨光渐启，祥云里。殿影参差，玉陛千官至。(《春芜记》第二十二出)

二、【北点绛唇】玉露沾衣，九重金殿，珠帘起。伫立丹墀，上下传恩旨。(《三元记》第三十出)

三、【点绛唇】万点星悬，九光霞见，芙蓉殿。上元灯树，晻映黄罗扇，海色红云，玉班深护从龙宴。香雷烛电，缓步着流苏辇。(《紫箫记》第十七出)

四、【北点绛唇】淡云笼月华，潜迹巫山下，寒蛩鸣四野，云雨阻巫峡。担惊担怕，步行迟苔径滑，怎捱得恨绵绵如年长夜。粉墙高一似雾阻云遮，为着琴边诗里耽误了花开花谢，这的是母亲见兵兴诈为姻娅，今日事息拜为兄妹争差。(《南西厢记》"跳墙弈棋")

五、【点绛唇】世陟春台，民歌人寿，和风扇。香蔼内殿，南极祥光现。(《九宫大成南北词宫谱》卷六十九"法宫雅奏")

六、【点绛唇】月淡星疏，花凝清露，晓啼乌。千官蹈舞，玉陛动山呼。【前腔】四海无虞，东南荼苦，奏天衢，当施时雨，吊伐慰焦枯。(《怀香记》第三十一出)

沈璟曰"北第一第二句皆用韵，南直至第三句方用韵"，例一例二均为北曲，例一全曲用"支思"韵，而第一句用"皆来"韵，首句不入韵。例二全曲用"支思"韵，而第二句用"先天"韵，第二句不入韵。例三为南曲，用"先天"韵，第一第二句亦入韵，可见北曲亦有第一第二句不用韵处，南曲亦不必直至第三句方用韵。沈璟曰"北无换头，南有换头"，例四为北曲，有换头，例五为南曲，仅用半阕，且曲后有注"点绛唇引，第一系半阕，第二系全阕，各具一体，以备选用"，可见南曲亦可以无换头。沈璟曰"北调第四句平仄平平，南曲第四句仄平平仄"，例六为北曲，第一支第四句为"平平仄仄"，第二支第四句为"平平平仄"，与沈氏所言差别较大。

另外，虽然曲谱的辑录者们不断总结着曲牌的创作规律，并试图规范化，但在实际创作过程中，这种规范性与灵活性也并存，出现了一些不依律的情况，如：

【点绛唇】计割鸿沟，鸿门设宴，亡秦鹿早已吾收，大业归吾手。(《千金记》第十三出)

【点绛唇】奋武鹰扬，老当益壮，指挥间开拓边疆，图甚么封侯赏。(《千金记》第十五出)

【点绛唇】呈军容，出塞荣华。这其间有喝不倒的灞陵桥接着阳关路。后拥前呼，百忙里陡的个雕鞍住。(《紫钗记》第二十五出)

前两曲，其平仄与北曲一致，然其词第三句已不入韵，且与第四句文意相连而成为一句，完全打破了句韵的限制；第三曲则不再依"4，4，3。4，5"的句式，并加入大量的衬字。

沈璟所说的南北点绛唇之区别均能找到反例[①]，可见《南曲九宫正始》认为南北点绛唇的区别仅在于宫调，"句韵平仄皆无所异"是有一定道理的。但沈氏是针对大多数而言，以上所举不

[①] 郑骞在《北曲新谱》(第77页，台北，艺文印书馆1973年)中提到【点绛唇】曲牌的变例，"如白朴金凤钗分套；或用南体而省去幺篇换头，如朱庭玉可爱中秋套。杂剧则全用北体；仅杨景贤西游记平仄韵协参用南体，又有幺篇"，并且认为是"明初变例"，然从本文所举曲例来看，变例不仅只出现在明初，至明中后期依然存在。

依律的情况并不多见，元明杂剧传奇在使用这一曲牌时大体不出沈璟所说的这几点规律。以至于现当代人在整理【点绛唇】曲牌时仍基本依从沈璟所说①，可见沈璟对于曲牌的整理不仅总结了前人的规律，也一直影响着后世的戏曲创作。

四

【点绛唇】曲牌发展到皮黄中，其格律已规范化，音乐结构也已趋定型，此即《中国曲牌考》所谈到的曲牌音乐的程式性。② 值得注意的是，从大量的统计来看，不仅曲牌音乐结构具有此特点，其使用的曲牌曲辞也具备程式化的特点。如武将出场都用"起霸"，在做功方面，是提甲出场、亮相、云手、踢腿、弓箭步、骑马蹲式、跨腿整袖、正冠紧甲等一系列基本动作，而在唱词方面，多用【点绛唇】：

> 杀气冲霄，儿郎虎豹，军威好。地动山摇，要把狼烟扫。

以反映清代北京地区戏曲演出的车王府藏曲本为例，仅在"三国故事戏"中，就有《白门楼》、《反西凉》、《葭萌关》、《连营寨》、《雍凉关》、《失街亭》、《出祁山》、《度阴平》、《取雒城》、《瓦口关》、《白马坡》、《孝义节》、《神亭岭》、《取冀州》等多出皮黄戏用到这一曲牌，曲辞也大体相同，可见此曲牌已经形成程式。《战历城》第二场车王府抄本作"（龙、虎、彪、豹、仁、义、杨阜七人起霸上，唱）【点绛唇】将士英豪，儿郎虎豹，军威好。地动山摇，要把狼烟扫。（各通名字）"而《京剧汇编》本并没有如此详细，直接作"六将上，起霸"。③ 艺人们在演出时已经心领神会，遇到武将出场即可唱此曲牌，曲词已不需要全部记录在曲本上。

笔者在审读清中后期的戏曲抄本时，发现民间艺人在抄写时将"点绛唇"简写为"点绛"的情况时有出现，在抄写与演出的双重作用下，"点绛"进一步讹为"点将"。前者是省写，后者是同音而误，这与戏曲口传身授的特点有关。这一举动虽已改变了曲牌名，但其内容与曲牌题目倒是能结合得恰到好处。

皮黄中起霸场面用【点绛唇】曲牌并非空穴来风，明初王济创作的传奇《连环记》第十七出已用此曲："【仙吕北曲·点绛唇】（末刘玄德，众小军引上）誓逐豺狼，兵驱虎豹，（外关公上）忙征讨，奋起威风，试把狼烟扫。"④ 此出情节为刘备三兄弟与吕布大战，此为刘备上场之首曲，已开起霸之先河。

在格律上，皮黄在使用【点绛唇】曲牌时，依据的是北曲仙吕宫的格律，曲辞短小精练，声

---

① 如吴梅在《顾曲麈谈》里提到《琵琶记·陈情》（俗名《辞朝》）折内云："'月淡星稀，建章宫里千门晓。御炉烟袅，隐隐鸣梢杳。'此真黄钟引子之正格，故'建章宫里'之'里'字，并不押韵，显与北曲之【仙吕点绛唇】大异也。顾今之歌者，皆用六凡工度之，同南词之【黄钟点绛唇】，尽变为北曲之【仙吕点绛唇】矣。"另如郑骞提到："点绛唇为宋词常用之调，南北曲皆袭用之。南曲点绛唇是黄钟引子，与词全同。北曲则入仙吕，仅用词之前半，而不用其后半（即所谓幺篇）。此外复有异于词及南曲者二事。其一：词及南曲至第二句方起韵，北曲首句即起韵，且于第二句第四字藏韵，此句遂可分为两句。其二：词及南曲第三句为'仄平平仄'，北曲为'十仄平平'。经此改变，南北判然，故北曲中用点绛唇者远较八声甘州为多。"
② 《中国曲牌考》（第51页）谈到曲牌音乐具有程式性的特点："各种曲牌的音乐结构、旋律、节奏、调性、调式及唱词格律，演唱、演奏的技艺，都有规范化的音乐方法样式。"
③ 《京剧汇编》第十七集，第70页，北京出版社1957年版。
④ 王济撰，王树英点校《连环记》，第40页，中华书局1988年版。

情则变得更为雄壮刚健，完全脱离宋词词牌的旖旎妩媚。另外，由于皮黄的音乐体式为板腔体，在使用曲牌时，不能以套曲的形式整套带入，形成了曲牌多以支曲形式出现的特点。皮黄中上场唱【点绛唇】后，一般较少接其它曲牌，多继以"西皮"、"二黄"。【点绛唇】在套曲中多为首曲，皮黄亦以其为首曲，甚至标"引点绛唇"（《失街亭》），即是南北曲的特点在文字上的遗存。

值得注意的是，皮黄中有不依【点绛唇】南北曲曲牌的地方，如：

（毛玠、于禁、许褚、张辽、张郃、文聘、焦触、张南唱）【点绛唇】将士英雄，军威压众，强将勇。战马如龙，要把东吴平。（《博望坡》第十二本第四场）

（毛玠、张郃、许褚、曹洪、于禁、夏侯渊、张辽、夏侯惇起霸上，唱）【点绛唇】将勇兵强，威武雄壮。中军帐，摆列刀枪，要把擒周郎。（《博望坡》第十三本第十五场）

【点绛唇】曲牌从形成的宋词之初，到诸宫调，再至南北曲，最后一字均为仄声，几无出格的情况。这两曲其它字虽依北曲，但最后一字为平声，大大改变了【点绛唇】曲牌的原有格律。再如《博望坡》第九本：

（四白文堂、四白大铠站门上。周瑜上唱）【点绛唇】手按兵提，观挡要路。施英武，虎视吞吴，谁敢关门抵。

此曲产生的变化在于韵脚。提、抵押"齐微"韵，路、武、吴押"鱼模"韵，一曲而出现两韵，这是极其稀见的情况。

以上所举三例均出自于《博望坡》，《博望坡》由京剧形成初期演员卢胜奎（1822—1889）改编。卢胜奎熟读史书，通透戏场，其将【点绛唇】格律改变，亦或是适应场上演出的需要，这也可视为【点绛唇】后期的流变之一。

五

王骥德在《曲律》卷二"论腔调第十"一节中说："世之腔调，每三十年一变，由元迄今，不知几经变更矣。大都创始之音，初变腔调，定自浑朴，渐变而至婉媚，而今之婉媚极矣。"①王骥德这里所说的"腔调"，有曲牌之意②。曲牌在传唱过程中不断演变而各具形态，【点绛唇】即是如此。然而，【点绛唇】并不像王骥德所说，由浑朴而到婉媚，而走上了一条完全相反的道路，初时婉媚，到皮黄中时，竟一变为豪放之曲。此文探讨这一有着特殊规律的曲牌，大致可用下图总结其流变过程：

---

① 王骥德《曲律》，《中国古典戏曲论著集成》（四），第117页。
② 《曲律》卷一"论调名第三"有曰"曲之调名，今俗曰'牌名'"。

上图中，宋词是否通过诸宫调影响北曲，这一点尚不是十分明确。李昌集在《中国古代散曲史》提出"北曲中与唐宋词相同之曲牌，有部分是通过宋杂剧为中转衍为北曲的"。[1] 如今宋杂剧的具体音乐形式无法得知，宋词通过宋杂剧影响北曲只能是猜测。而宋词通过诸宫调影响南曲则是显而易见的。至于皮黄曲牌，它直接来源于北曲，而没有借用南曲，正印证了焦循的一句话："花部原本于元剧"[2]。从【点绛唇】曲牌的流变看，这或许是戏曲史发展所隐藏的一条规律。

（作者单位：南华大学文法学院，湖南衡阳）

---

[1] 李昌集《中国古代散曲史》，第29页，华东师范大学出版社1991年。
[2] 焦循《花部农谭》，《中国古典戏曲论著集成》（八），第225页，中国戏剧出版社1959年版。

后　　记

恩师黄天骥教授1956年毕业于中山大学中文系，并留校任教，迄今已六十周年。

整整一个甲子，天骥师在中山大学教书育人，辛勤耕耘。他的为人和为学，他的著作，他在课堂上的风采，他爱中国、爱广州、爱中大、爱学生的精神，他对中国文化、岭南文化的深刻理解与践行，他对中大、中文系、中国非物质文化遗产研究中心的卓越贡献，他对后学的尽心提携与扶植，尤其是对中国古代戏曲学科建设所耗费的心血和所取得的成就，在学术界口皆碑。于是，我们这些弟子们，萌生了为老师编一个《文集》的想法。

现在，这个集子即将付梓，有些话须向读者做些交待。

本书原拟书名为《纪念文集》，今接受陈春声教授的建议，改名《庆贺文集》。春声兄是历史学家，又是学校一把手，日理万机。不仅亲为《文集》作《序》，而且提出了很好的建议，令吾等备感亲切与荣幸。

《文集》"征稿函"发出以后，不仅各地校友、同门纷纷响应，而且北京大学廖可斌教授、浙江大学徐永明教授、中国传媒大学姚小鸥教授也慨然赐稿，令《文集》生辉。

中山大学中文系党委书记范元办先生、系主任李炜教授，素来对天骥师执弟子礼，《文集》的编纂与出版，得到了他们的鼎力支持。

中大出版社裴大泉先生，自担任本书责编以来，不顾炎炎酷暑，加班加点，对文稿反复审核与校对，仅选用照片、核对人名一事，就七八次上门与编者商讨，还在微信圈中广泛征求验证。他的敬业精神使《文集》避免了许多失误。

除在《文集》中署名者外，黄竹三、郭启宏、延保全、车文明、孔美艳、彭绮文、罗曼莉、刘丽丽等学者和校友，或提供资料，或接发稿件，或参与校对，都作出了自己的贡献。

在《文集》即将出版的时候，谨向以上提到的诸位致以诚挚的谢意！

最后，祝天骥师健康长寿，祝为《文集》做出贡献的各位校友和校外同行学术进步，祝天骥师的精神和成果发扬光大。

康保成　欧阳光　黄仕忠
2016年8月13日于中山大学中国非物质文化遗产研究中心